Microsoft
Visual Basic 2013

O autor

MICHAEL HALVORSON é autor ou coautor de mais de 35 livros, incluindo *Microsoft Visual Basic 2010 Passo a Passo*. Conquistou vários prêmios de literatura de não ficção, incluindo o Computer Press Best How-To Book Award (categoria Software) e o Society for Technical Communication Excellence Award (categoria Escrita). Halvorson é bacharel em Ciência da Computação pela Pacific Lutheran University em Tacoma, Washington, e mestre e doutor em História pela Universidade de Washington em Seattle. Trabalhou na Microsoft Corporation de 1985 a 1993 e tem sido um divulgador da programação Visual Basic desde o lançamento do produto no Windows World em 1991. Atualmente, é professor associado na Pacific Lutheran University. Saiba mais sobre seus livros e ideias em *http://michaelhalvorsonbooks.com*.

H197m   Halvorson, Michael.
        Microsoft Visual Basic 2013 : passo a passo / Michael Halvorson ; tradução: João Eduardo Nóbrega Tortello ; revisão técnica: Daniel Antonio Callegari. – Porto Alegre : Bookman, 2015.
        xxiii, 662 p. : il. ; 25 cm.

        ISBN 978-85-8260-318-5

        1. Computação – Programa – Desenvolvimento. I. Título.

        CDU 004.413Visual Basic

Catalogação na publicação: Poliana Sanchez de Araujo – CRB 10/2094

Microsoft

Michael Halvorson

Microsoft Visual Basic 2013
// Passo a Passo

Tradução:
João Eduardo Nóbrega Tortello

Revisão técnica:
Daniel Antonio Callegari
Doutor em Ciência da Computação e professor da PUCRS
Profissional certificado Microsoft

bookman

2015

Obra originalmente publicada sob o título
Microsoft® Visual Basic 2013 Step by Step, de Michael Halvorson
ISBN 978-0-7356-6704-4

Edição original em inglês ©2013 de Michael Halvorson.

Tradução para a língua portuguesa © 2015, Bookman Companhia Editora Ltda., uma empresa do Grupo A Educação S.A. Todos os direitos reservados.

Gerente editorial: *Arysinha Jacques Affonso*

Colaboraram nesta edição:

Editora: *Mariana Belloli*

Capa: *Kaéle Finalizando Ideias*, arte sobre capa original

Leitura final: *Bianca Basile*

Editoração eletrônica: *Techbooks*

Microsoft e todas as marcas listadas em *http://www.microsoft.com/about/legal/en/us/IntellectualProperty/Trademarks/EN-US.aspx* são marcas comerciais registradas do grupo de empresas da Microsoft. Outras marcas mencionadas aqui são marcas comerciais de seus respectivos proprietários.

Os exemplos de empresas, organizações, produtos, nomes de domínio, endereços de correio eletrônico, logotipo, pessoas, lugares ou eventos aqui apresentados são fictícios. Nenhuma associação com qualquer empresa, organização, produto, nome de domínio, endereço de correio eletrônico, logotipo, pessoa, lugar ou eventos reais foi proposital ou deve ser inferido.

Este livro expressa as visões e opiniões dos autores. As informações aqui contidas são fornecidas sem quaisquer garantias expressas, legais ou implícitas. Os autores, a Microsoft Corporation e seus revendedores ou distribuidores não poderão ser responsabilizados por qualquer dano causado, ou supostamente causado, direta ou indiretamente, por este livro.

Reservados todos os direitos de publicação, em língua portuguesa, à
BOOKMAN EDITORA LTDA., uma empresa do GRUPO A EDUCAÇÃO S.A.
Av. Jerônimo de Ornelas, 670 – Santana
90040-340 – Porto Alegre – RS
Fone: (51) 3027-7000   Fax: (51) 3027-7070

É proibida a duplicação ou reprodução deste volume, no todo ou em parte, sob quaisquer formas ou por quaisquer meios (eletrônico, mecânico, gravação, fotocópia, distribuição na Web e outros), sem permissão expressa da Editora.

Unidade São Paulo
Av. Embaixador Macedo Soares, 10.735 – Pavilhão 5 – Cond. Espace Center
Vila Anastácio – 05095-035 – São Paulo – SP
Fone: (11) 3665-1100   Fax: (11) 3667-1333

SAC 0800 703-3444 – www.grupoa.com.br

IMPRESSO NO BRASIL
PRINTED IN BRAZIL

Sumário

PARTE I	INTRODUÇÃO AO DESENVOLVIMENTO COM VISUAL STUDIO

Capítulo 1   Oportunidades de desenvolvimento com Visual Basic 2013 e a Windows Store   3

Produtos e oportunidades com o Visual Basic 2013. 4

    Uma variedade impressionante de oportunidades e plataformas. 5

    Adote a estratégia multiplataforma no aprendizado do Visual Basic . . . 7

A Windows Store 8

    O que é a Windows Store? 8

    Acesse a Windows Store 9

    Informações de vendas e faixas de preço. 10

    Ou seu aplicativo pode ser gratuito.... 11

    Planejamento antecipado para a certificação 12

    Lista de requisitos da Windows Store 12

    Tudo está nos detalhes 15

Resumo 16

Capítulo 2   O ambiente de desenvolvimento integrado do Visual Studio   17

Apresentação 18

O ambiente de desenvolvimento do Visual Studio. 19

Ferramentas importantes no IDE. 22

    Organize as ferramentas no IDE 24

    O Designer e a marcação XAML 25

    Execute e teste aplicativos Windows Store 30

Trabalhe com a janela Properties. 33

Organize as ferramentas de programação............................. 36
    Mova e encaixe ferramentas 37
    Oculte janelas de ferramentas 38
Configure o IDE para os exercícios passo a passo....................... 39
Saia do Visual Studio 42
Resumo 42

Capítulo 3   Crie seu primeiro aplicativo Windows Store   43

Lucky Seven: um aplicativo em Visual Basic para a Windows Store......... 44
Programação passo a passo 44
Projete a interface do usuário 45
Configurações e ajustes de propriedades finais 61
Escreva o código... 63
Um exame da rotina de tratamento de evento *SpinButton_Click*........... 67
Execute aplicativos Windows Store...................................... 68
Crie uma tela de abertura para seu aplicativo.......................... 70
Compile um arquivo executável 74
Resumo 78

Capítulo 4   Aplicativos de área de trabalho para Windows: um passo a passo utilizando Windows Forms   79

Por dentro dos aplicativos de área de trabalho para Windows 80
Visual Basic e aplicativos de área de trabalho para Windows............. 81
Crie um aplicativo de área de trabalho para Windows 83
Configure propriedades 93
    As propriedades da caixa de figura............................. 97
    Atribua nomes para objetos por clareza 98
Escreva o código... 99
Os bastidores da rotina de tratamento de eventos *SpinButton_Click* 101
Execute o aplicativo de área de trabalho Lucky Seven................... 103
Compile um arquivo executável 104
Publique um aplicativo de área de trabalho para Windows 105
Resumo 107

Sumário **vii**

PARTE II PROJETO DA INTERFACE DO USUÁRIO

Capítulo 5 Controles de aplicativos Windows Store 111

Controles de aplicativos Windows Store. 112

    Origens da Windows Presentation Foundation e da XAML 112

    Projete para o Windows 8.1. 113

Utilize o controle *TextBox* para receber entrada 114

    Atribua conteúdo de *TextBox* a uma variável. 118

    Controles *TextBox* multilinhas. 120

    Correção ortográfica em um controle *TextBox* 124

Uso do controle *FlipView* para exibir uma série de imagens. 127

Uso do controle *MediaElement* para reproduzir mídia
de entretenimento. 133

Uso do controle *WebView* para exibir conteúdo web ativo. 141

Resumo 145

Capítulo 6 Controles Windows Forms 147

Controle *DateTimePicker* 148

Controles para coletar entrada. 154

    Controle *CheckBox*. 155

    Caixas de grupo e botões de opção 159

    Processe entradas com caixas de listagem. 164

Adicione menus com o controle *MenuStrip*. 169

    Recursos de menu 170

    Adicione teclas de acesso a comandos de menu 172

    Processe escolhas de menu 175

Adicione barras de ferramentas com o controle *ToolStrip*. 180

Controles de caixa de diálogo 183

Rotinas de tratamento de eventos que gerenciam caixas
de diálogo comuns 185

Resumo 190

Capítulo 7 Marcação XAML passo a passo — 191

Introdução à XAML 192
- XAML no IDE do Visual Studio. 193
- XAML no Blend for Visual Studio. 193
- Elementos da XAML. 194
- Namespaces na marcação XAML. 196
- Como examinar arquivos de projeto XAML. 196

Adicione elementos XAML com o Code Editor 202

Resumo 213

Capítulo 8 Estilos XAML — 214

Introdução aos estilos XAML 214
- Para onde foi o arquivo StandardStyles.xaml?. 215
- Crie novos estilos XAML 216
- Consideração sobre o escopo de um estilo 217
- Exemplo de marcação para um estilo XAML novo. 218
- Referencie um estilo 219
- Estilos explícitos e implícitos 219

Pratique com os estilos XAML 220

Construa estilos novos a partir de estilos já existentes. 227

Atalhos do IDE para aplicar estilos 230

Resumo 232

Capítulo 9 Recursos de design do Windows 8.1: barra de comandos, flyout, blocos e toque — 233

Crie uma barra de comandos para gerenciar tarefas comuns. 234
- Recursos da barra de comandos 235
- Projete sua barra de comandos. 236
- Prática com barra de comandos passo a passo. 238

Utilize o controle *Flyout* para coletar entrada e exibir informações. 241

Projete blocos personalizados para seu aplicativo 247
- A pasta Assets. 247
- Blocos obrigatórios e usos 247
- Programe blocos ativos. 255

Planeje entrada por toque 257
        Os controles XAML manipulam toque automaticamente 258
        Gestos comuns 258
        Considerações sobre usabilidade 260
Configurações de segurança e permissões 261
Resumo 264

Capítulo 10   Aplicativos de console   265

Aplicativos de console no Visual Studio 266
        Crie um aplicativo de console 266
        Módulos e procedimentos 268
        O procedimento *Sub Main()* 269
Jogos matemáticos interativos 273
        Descubra o número 273
        Simule dados 278
Compile, publique e execute aplicativos de console 282
Resumo 286

PARTE III   TÉCNICAS DE PROGRAMAÇÃO COM VISUAL BASIC

Capítulo 11   Tipos de dados, operadores e processamento de strings   289

Estratégias para declarar variáveis e constantes 290
        A instrução *Dim* 290
        Defina as constantes 293
        Diretrizes para atribuição de nomes de variáveis e constantes 294
Tipos de dados e o controle *ListBox* 295
Operadores e fórmulas 302
        Operadores aritméticos 303
        Operadores aritméticos avançados 306
        Operadores abreviados 311
        Como o Visual Basic calcula fórmulas 312

Converta tipos de dados... 313
    O método *ToString*.. 314
    O método *Parse*... 314
    A classe *Convert*.. 316
    Funções de conversão de tipo antigas e seus usos............... 317
Processe strings com a classe *String*................................ 318
    Tarefas comuns.. 318
    Classifique texto... 320
    Códigos ASCII... 321
    Classifique strings em uma caixa de texto....................... 323
    Examine o código do programa Sort Text........................ 326
Proteja o texto com criptografia básica............................... 329
    O operador *Xor*... 332
    Examine o código do programa de criptografia................... 334
Resumo... 337

Capítulo 12   Estruturas de decisão criativas e loops   338

Programação baseada em eventos................................... 339
    Expressões condicionais.. 340
Estruturas de decisão *If...Then*..................................... 341
    Teste várias condições em uma estrutura de decisão *If...Then*... 341
    Operadores lógicos em expressões condicionais.................. 346
    Curto-circuito utilizando *AndAlso* e *OrElse*..................... 349
Como dominar as estruturas de decisão *Select Case*.................. 350
    Como utilizar operadores de comparação com uma
    estrutura *Select Case*... 352
Como dominar os loops *For...Next*.................................. 358
    Como utilizar um loop para preencher um controle
    TextBox com dados de string.................................. 359
Loops *For...Next* complexos.. 360
    A instrução *Exit For*... 364

Escreva loops *Do* 365

    Evite um loop infinito 366

    Converta temperaturas 367

    Como utilizar a palavra-chave *Until* em loops *Do* 369

Resumo 370

Capítulo 13   Interceptação de erros com tratamento de erros estruturado   371

Como processar erros com a instrução *Try...Catch* 372

    Quando utilizar rotinas de tratamento de erros 372

    Como configurar a interceptação: o bloco de código *Try...Catch* 374

    Erros de nome de caminho e unidade de disco 374

    Aplicativos Windows Store e tratamento de exceções embutido 379

Escreva uma rotina de tratamento de erros para um flash drive 380

Como utilizar a cláusula *Finally* para realizar tarefas de limpeza 381

Rotinas de tratamento de erros *Try...Catch* mais complexas 383

    O objeto *Exception* 383

    Especifique um período para nova tentativa 386

    Blocos *Try...Catch* aninhados 388

Comparação entre rotinas de tratamento de erros com técnicas de programação defensiva 389

A instrução *Exit Try* 390

Resumo 391

Capítulo 14   Arrays, coleções e genéricos para gerenciamento de dados   392

Arrays de variáveis 393

    Crie um array 393

    Declare um array com elementos definidos 394

    Reserve memória 395

    Elementos do array 396

    Declare um array e atribua valores iniciais 397

    Como criar um array para armazenar temperaturas 399

    Os métodos *GetUpperBound* e *GetLowerBound* 399

Configuração do tamanho de um array em tempo de execução.......... 404
Preserve o conteúdo de um array com *ReDim Preserve* 409
    Como utilizar *ReDim* para arrays tridimensionais................... 410
Processe arrays grandes com métodos da classe *Array*................ 411
    A classe *Array* 411
    Dê prosseguimento à sua classificação........................... 417
Coleções... 417
    Crie coleções e listas genéricas 418
    Declare coleções genéricas... 419
    Exemplo de aplicativo com lista genérica e imagem de fundo 420
Resumo 428

Capítulo 15   Gerenciamento de dados inovador com LINQ   429

Ferramentas e técnicas da LINQ 429
    Sintaxe de consulta básica 430
Como extrair informações de arrays 431
Como utilizar LINQ com coleções...................................... 444
Como utilizar LINQ com documentos XML 448
Resumo 452

Capítulo 16   Técnicas de programação orientada a objetos   453

Como herdar um formulário com o Inheritance Picker 454
Crie suas próprias classes base.. 460
    Adicione uma nova classe ao seu projeto 461
Herde uma classe base 470
Polimorfismo... 474
    Sintaxe para sobrescrever métodos e propriedades................ 474
    Como referir à classe base com *MyBase*........................... 475
    Experimente com o polimorfismo................................. 475
Resumo 480

PARTE IV   BANCOS DE DADOS E PROGRAMAÇÃO WEB

Capítulo 17   Controles de banco de dados para aplicativos de área de trabalho para Windows   483

Programação de banco de dados com ADO.NET 484

    Terminologia de banco de dados 484

    Banco de dados Access....................................... 486

    A janela Data Sources 495

Controles da caixa de ferramentas para exibir informações de banco de dados 500

Instruções SQL e filtragem de dados................................ 503

Resumo 508

Capítulo 18   Acesso a dados para aplicativos Windows Store   509

Vinculação de dados em XAML...................................... 510

    Uma variedade de origens de dados 510

    Elementos da vinculação 510

    Como vincular um controle a uma classe........................ 511

    Como utilizar uma coleção como origem de dados 516

Acesse dados em documentos XML 520

    Leia um arquivo XML... 520

    Procure itens em um arquivo XML 527

    Grave em um arquivo XML.................................... 530

    Uma interface de usuário para entrada de dados 534

Resumo 535

Capítulo 19   Desenvolvimento para web com ASP.NET no Visual Studio   536

Por dentro do ASP.NET 537

    Web Forms 538

    ASP.NET MVC 539

    Web Pages (com Razor) 540

    HTML5 e JavaScript 541

Construa um site Web Forms com ASP.NET 543
    Requisitos de software para desenvolvimento com ASP.NET 543
    Etapas essenciais 544
    Páginas web *versus* Windows Forms. 545
Web Designer 550
Adicione controles de servidor a um site 554
Escreva rotinas de tratamento de eventos para controles de página web .. 556
Personalize o template de site 563
Como exibir registros de banco de dados em uma página web 566
Como editar propriedades de documento e do site mestre 574
Resumo 577

PARTE V   PROGRAMAÇÃO PARA MICROSOFT WINDOWS PHONE

Capítulo 20   Introdução ao desenvolvimento para Windows Phone 8   581

Oportunidades na plataforma Windows Phone 8. 582
    Principais recursos do Windows Phone 8. 583
    Requisitos de hardware. 584
    Integração e colaboração. 584
A Windows Phone Store 585
    O que é a Windows Phone Store? 585
    Acesse a Windows Phone Store. 585
    Quanto os desenvolvedores ganham? 589
    Planejamento antecipado para a certificação 589
O SDK 8.0 do Windows Phone. 590
    Baixe o SDK. 592
Comparação entre as plataformas Windows Phone 8 e Windows Store. ... 594
    Diferenças 595
    Semelhanças 597
Resumo 599

Capítulo 21 **Crie seu primeiro aplicativo para Windows Phone 8** **600**

Crie um projeto Windows Phone. 601

Projete a interface do usuário do aplicativo Golf Caddy 607

Escreva o código. 610

Teste aplicativos Windows Phone 613

Considerações sobre o ciclo de vida de um aplicativo. 619

    Fechar ou desativar? 619

    A classe *PhoneApplicationService* 621

    Gerenciamento de ciclo de vida com a classe
IsolatedStorageSettings 629

Configure opções no arquivo de manifesto do Window Phone. 630

Resumo 632

Índice **633**

Introdução

O Microsoft Visual Basic 2013 é uma versão atualizada e aprimorada da conhecida linguagem de programação Visual Basic, tecnologia com uma base de milhões de programadores fiéis em todo o mundo. O Visual Basic 2013 não é um produto independente, mas um componente-chave do Microsoft Visual Studio 2013 – sistema de desenvolvimento abrangente que permite criar aplicativos poderosos para o Microsoft Windows 8.1, para a área de trabalho do Windows, para a Web, para Windows Phone 8 e muitos outros ambientes.

Seja comprando uma das edições comerciais do Visual Studio 2013, seja baixando o Visual Basic Express 2013 para um *test-drive* gratuito do software, você embarcará em uma experiência sem igual. Os mais novos recursos do Visual Basic vão aumentar a sua produtividade e perícia na programação, especialmente se você gosta de usar e integrar informações de bancos de dados, mídia de entretenimento, páginas web e sites. Além disso, uma vantagem importante de aprender o Visual Basic e o Visual Studio Integrated Development Environment (IDE) é que você pode utilizar grande parte das mesmas ferramentas para escrever programas em Microsoft Visual C# 2013, Microsoft Visual C++ 2013, HTML5, JavaScript e outras linguagens conhecidas.

Este livro é uma introdução abrangente à programação Visual Basic com o software Visual Basic 2013 e o Windows 8.1. Projetei este tutorial prático levando em consideração diversos níveis de conhecimento. Em minha opinião, a melhor maneira de dominar uma tecnologia complexa como o Visual Basic é adotar a premissa de que os programadores aprendem fazendo. Portanto, lendo este livro e trabalhando nos exemplos, você vai aprender as técnicas básicas de programação, utilizando os tutoriais cuidadosamente elaborados que podem ser concluídos de acordo com sua agenda e em seu próprio ritmo.

Embora eu tenha bastante experiência no ensino universitário e em gestão de projetos, este livro não é um compêndio árido nem uma referência de "A a Z" para o programador; é um tutorial de programação prático que coloca você como responsável por seu aprendizado, por seus marcos evolutivos e por suas realizações. Com este livro, programadores iniciantes neste assunto aprenderão os fundamentos do desenvolvimento com o software Visual Basic por meio de aplicações úteis e reais; já os programadores com conhecimento intermediário poderão dominar rapidamente as ferramentas e técnicas básicas oferecidas nas atualizações do Visual Basic 2013 e do Windows 8.1.

Nesta obra, adotei uma estratégia multiplataforma; portanto, além de adquirir conhecimento sobre programação com Visual Basic, você vai aprender a criar uma grande variedade de aplicativos, incluindo aplicativos Windows Store, aplicativos Windows Forms (área de trabalho do Windows), aplicativos de console, aplicativos web (ASP.NET) e aplicativos para Windows Phone 8. Cada um desses tipos de aplicativo tem um lugar e um propósito no desenvolvimento para o mundo real.

Para complementar essa abordagem abrangente, o livro está estruturado em cinco partes organizadas por tópicos, 21 capítulos e dezenas de exercícios passo a passo e programas de exemplo. Com ele, você aprenderá rapidamente a criar aplicativos em Visual Basic 2013 de qualidade profissional para o sistema operacional Windows, para a plataforma Windows Phone 8 e diversos navegadores web. E também vai se divertir!

Quem deve ler este livro

Este é um tutorial passo a passo sobre programação para leitores que gostam de aprender coisas novas fazendo-as. Parto do princípio de que você já tem certa experiência em programação, possivelmente até em uma versão anterior do Visual Basic, e que está pronto para aprender sobre o produto Visual Studio 2013 no contexto da compilação de aplicativos que possam ser comercializados na Windows Store, sobre Windows Forms (área de trabalho do Windows) para propósitos pessoais e empresariais, sobre aplicativos web (ASP.NET) que executam em navegadores e sobre aplicativos para as plataformas Windows Phone 8.

O conteúdo deste livro o equipará com técnicas de codificação em Visual Basic concretas e dará um panorama amplo das estratégias de programação adequadas para desenvolvimento com Visual Basic. O extenso conjunto de exercícios passo a passo tem um enfoque geral; eles foram escritos por pessoal técnico que entende de programação e não se destinam simplesmente a quem programa por hobby nem a quem é completamente iniciante. Além disso, você vai conhecer os recursos do sistema operacional Windows 8.1 e as diretrizes de projeto específicas recomendadas pela Microsoft para aplicativos Windows 8.1 e Windows Phone 8.

Suposições

Esta obra se destina a ensinar os leitores a utilizar a linguagem de programação Visual Basic. Você também vai aprender a usar o IDE e as ferramentas de desenvolvimento do Visual Studio 2013. O livro não presume uma experiência anterior com o Visual Studio 2013, mas foi escrito para leitores que conhecem programação e não são completamente iniciantes. Presumo que você esteja familiarizado com os fundamentos da programação ou já tenha estudado alguma versão de BASIC ou Visual Basic e agora está pronto para deixar as habilidades elementares para conhecer técnicas específicas da plataforma.

Caso não tenha conhecimento anterior sobre programação ou sobre Visual Basic, talvez você queira preencher algumas lacunas com minha introdução ao Visual Basic 2012 e ao desenvolvimento para Windows Store, *Start Here! Learn Visual Basic 2012* (Microsoft Press, 2012). De vez em quando, vou me referir aos exercícios desse livro a fim de fornecer mais recursos para seu aprendizado.

Esta obra também presume que você adquiriu e está executando o sistema operacional Windows 8.1 e que quer aprender a criar aplicativos para a plataforma Windows Store e outros ambientes. Para tirar o máximo proveito de sua prática de programação, você precisará conhecer um pouco sobre a execução de tarefas comuns no Windows 8.1, como personalizar a página Iniciar e a interface do usuário, como trabalhar com informações na web e como ajustar configurações básicas de sistema. Caso também tenha o Windows 8.1 instalado em um tablet ou em um dispositivo touchpad, melhor ainda, pois a ênfase de projeto fundamental do Windows 8.1 é tornar os toques e os gestos uma maneira natural de manipular conteúdo. Você pode compilar seus aplicativos em um laptop ou desktop executando Visual Studio 2013 e Windows 8.1 e, então, testá-los em seu tablet ou touchpad.

Quanto ao software Visual Studio, presumo que você esteja usando uma das versões comerciais completas do Visual Studio 2013, como Visual Studio Professional, Premium ou Ultimate. Isso permitirá criar toda a gama de tipos de aplicativos que descrevo neste livro, incluindo aplicativos Windows Store, aplicativos Windows Forms (área de trabalho do Windows), aplicativos de console, aplicativos Web Forms (ASP.NET) e aplicativos para Windows Phone 8.

Caso não tenha acesso a uma versão comercial completa do Visual Studio 2013, você pode testar o software Visual Studio 2013 baixando versões gratuitas. Essas versões limitadas ou "Express" do Visual Studio 2013 são chamadas Express for Windows, Express for Windows Desktop, Express for Windows Phone e Express for Web. No site do Visual Studio (*http://www.microsoft.com/visualstudio*) você encontra as versões comerciais e Express do Visual Studio e explicações sobre as diferenças entre todas as versões disponíveis.

Quem não deve ler este livro

Você poderá ficar desapontado com este livro, caso já seja programador versado em Visual Basic e esteja apenas querendo explorar os novos recursos do Visual Studio 2013. A série Passo a Passo tem como alvo desenvolvedores profissionais, mas com pouca ou nenhuma experiência no assunto em questão. Se você é desenvolvedor avançado de Visual Basic, provavelmente está cansado de exercícios passo a passo que apresentam recursos fundamentais, como estruturas de decisão, marcação XAML, estratégias de acesso a dados ou uso do .NET Framework.

Os desenvolvedores que têm bastante experiência acharão que estou explorando o óbvio – mas o que é óbvio para programadores experientes muitas vezes não é nem um pouco para alguém que está aprendendo a usar uma nova plataforma de desenvolvimento. Se programação para Windows Store ou Windows Phone com Visual Basic é um conceito novo para você, este é o lugar para começar.

Organização deste livro

Este livro está dividido em cinco seções, cada uma das quais enfocando um aspecto ou uma tecnologia diferente dentro do software Visual Studio e da linguagem de programação Visual Basic. A Parte I, "Introdução ao desenvolvimento com Visual Studio", fornece uma visão geral do IDE do Visual Studio 2013 e de seu papel fundamental na criação de aplicativos .NET; em seguida, faz um acompanhamento passo a passo do desenvolvimento nas plataformas Windows Store e Windows Forms (área de trabalho do Windows).

A Parte II, "Projeto da interface do usuário", continua a enfocar a criação de aplicativos no IDE do Visual Studio, enfatizando a construção de aplicativos para Windows Store, aplicativos Windows Forms (área de trabalho do Windows) e aplicativos de console. Em particular, você vai aprender a trabalhar com marcação XAML, estilos XAML, controles importantes e os novos recursos de projeto do Windows 8.1, incluindo barra de comandos, flyout, blocos na página Iniciar do Windows e entrada por toque.

A Parte III, "Técnicas de programação com Visual Basic", aborda as principais habilidades de programação com Visual Basic, incluindo gerenciamento de tipos de dados, uso do .NET Framework, tratamento de erros estruturado, trabalho com coleções e genéricos, gerenciamento de dados com LINQ e habilidades fundamentais de programação orientada a objetos.

A Parte IV, "Bancos de dados e programação web", apresenta técnicas de gerenciamento de dados em aplicativos de área de trabalho do Windows e Windows Store, incluindo vinculação de dados a controles e o trabalho com documentos XML e origens de dados para o Microsoft Access. Você também terá uma visão geral das estratégias de desenvolvimento para a web com ASP.NET, junto com um exame completo do desenvolvimento para web na plataforma Web Forms (ASP.NET).

Por fim, a Parte V, "Programação para Microsoft Windows Phone", fornece uma visão geral dos recursos e possibilidades apresentadas pela plataforma Windows Phone 8. Você vai identificar as principais características de hardware no ecossistema Windows Phone, as oportunidades de comercialização oferecidas pelo Windows Phone Store e vai criar um aplicativo Windows Phone 8 completo, passo a passo.

Encontre o melhor ponto de partida

Este livro foi feito para ajudá-lo a desenvolver habilidades em diversas áreas essenciais. Você pode utilizá-lo se for iniciante em programação, se estiver vindo de outra linguagem de programação ou se estiver migrando do Visual Studio 2010 ou do Visual Basic 2012. Utilize a tabela a seguir para encontrar seu melhor ponto de partida neste livro.

Se você está...	Siga estes passos
Iniciando na programação com Visual Basic	1. Instale os projetos de exemplo, conforme descrito na seção "Instale os exemplos de código", mais adiante nesta Introdução. 2. Aprenda as habilidades básicas para usar o Visual Studio e o Visual Basic, trabalhando sequencialmente do Capítulo 1 ao Capítulo 21. 3. Consulte o livro *Start Here! Learn Microsoft Visual Basic 2012* para instruções adicionais, conforme seu nível de experiência impuser.
Atualizando a partir do Visual Basic 2010 ou 2012	1. Instale os projetos de exemplo, conforme descrito na seção "Instale os exemplos de código". 2. Leia o Capítulo 1, examine superficialmente os Capítulos 2 a 4 e complete os Capítulos 5 a 21.
Interessado principalmente em criar aplicativos Windows Store para Windows 8.1	1. Instale os projetos de exemplo, conforme descrito na seção "Instale os exemplos de código". 2. Complete os Capítulos 1 a 3, o Capítulo 5, os Capítulos 7 a 16 e o Capítulo 18.
Interessado principalmente em criar aplicativos Windows Forms (área de trabalho do Windows) para Windows 8.1, Windows 8 ou Windows 7	1. Instale os projetos de exemplo, conforme descrito na seção "Instale os exemplos de código". 2. Complete os Capítulos 1 a 2, o Capítulo 4, o Capítulo 6, o Capítulo 10 e os Capítulos 11 a 17.

Introdução **xxi**

Convenções e recursos deste livro

Este livro apresenta as informações usando as seguintes convenções, projetadas para torná-lo fácil de ler e acompanhar:

- Cada exercício consiste em uma série de tarefas, apresentadas como passos numerados (1, 2 e assim por diante) listando cada ação a ser executada para completá-lo.

- Os nomes de todos os elementos do programa – controles, objetos, métodos, funções, propriedades e assim por diante – aparecem em *itálico*.

- Ao executar os passos, ocasionalmente você verá tabelas com listas de propriedades que irá configurar no Visual Studio. As propriedades de texto aparecem entre aspas, mas você não precisa digitar as aspas.

- Elementos dentro de caixas de texto, com títulos como "Nota", fornecem informações adicionais ou métodos alternativos para concluir um passo com êxito.

- O texto que você precisa digitar (incluindo alguns blocos de código) aparece em **negrito**.

- Um sinal de adição (+) entre dois nomes de tecla significa que você deve pressionar essas teclas ao mesmo tempo. Por exemplo, "Pressione Alt+Tab" significa que você tem de manter a tecla Alt pressionada enquanto pressiona Tab.

- Uma barra vertical entre dois ou mais itens de menu (por exemplo, File | Close) significa que você deve selecionar o primeiro menu ou item de menu, então o próximo, e assim por diante.

Requisitos de sistema

Você precisará do seguinte hardware e software para trabalhar nos exemplos deste livro:

- O sistema operacional Windows 8.1. (Dependendo de sua configuração de Windows, talvez também seja necessário direitos de Administrador Local para instalar ou configurar o Visual Studio 2013.) Observe que, embora as versões completas do Visual Studio 2013 aceitem versões anteriores do Windows, como Windows 8 e Windows 7 SP1, os recursos descritos neste livro exigem o Windows 8.1, e todas as capturas de tela mostrarão esse ambiente.

- Uma edição comercial completa do Visual Studio 2013, exigida para fazer todos os exercícios deste livro (Visual Studio 2013 Professional, Premium ou Ultimate). O site do Visual Studio (*http://www.microsoft.com/visualstudio*) explica as diferenças entre essas versões. Como alternativa, você pode testar o software Visual Studio 2013 baixando versões gratuitas do conjunto projetadas para plataformas específicas. As versões limitadas do Visual Studio 2013 são chamadas Express for Windows, Express for Windows Desktop, Express for Windows Phone e Express for Web. Para fazer os exercícios do livro, será preciso baixar todas essas quatro versões Express para ter o software necessário. (Contudo, mesmo com essas edições Express haverá algumas lacunas; por exemplo, você não poderá completar o Capítulo 10, "Aplicativos de console".)

- Conexão com a Internet para ver os arquivos de ajuda do Visual Studio, testar o Windows Store e o Windows Phone Store e baixar os arquivos de exemplo deste livro.
- Um computador com processador de 1,6 GHz ou mais.
- 1 GB de RAM (32 bits) ou 2 GB de RAM (64 bits).
- 16 GB de espaço disponível em disco rígido (32 bits) ou 20 GB (64 bits) para o Windows 8.1.
- Dispositivo gráfico DirectX 9 com driver WDDM 1.0 ou superior.
- Resolução de tela mínima de 1024 × 768.

Se quiser usar toques para a entrada do usuário, você precisará de um laptop, tablet ou vídeo multitoque. O equipamento multitoque é opcional para os exercícios deste livro, embora seja útil, caso queira saber do que esses dispositivos são capazes. Normalmente, um programador desenvolverá software em um computador de mesa ou laptop e, então, testará a funcionalidade multitoque em um equipamento com essa capacidade.

Embora este livro desenvolva aplicativos para Windows Phone 8, não é necessário um Windows Phone para fazer os exercícios passos a passo.

Exemplos de código

A maioria dos capítulos do livro contém exercícios com os quais é possível testar interativamente a nova matéria aprendida no livro. Todos os exemplos de projeto podem ser baixados em:

www.grupoa.com.br

Cadastre-se gratuitamente no site, encontre a página do livro por meio do campo de busca, acesse a página do livro e clique no link Conteúdo Online para fazer download dos arquivos.

Instale os exemplos de código

Siga estes passos para instalar os exemplos de código no computador a fim de usá-los com os exercícios do livro.

1. Faça download do arquivo Visual_Basic_2013_SBS_sample_code.zip a partir da página do livro no site www.grupoa.com.br.
2. Descompacte na sua pasta Documentos (ou em um diretório específico, se preferir) o arquivo Visual_Basic_2013_SBS_sample_code.zip que você baixou.

Utilize os exemplos de código

O arquivo .zip dos exemplos de código para este livro cria uma pasta chamada Visual Basic 2013 SBS contendo 19 subpastas — uma para cada capítulo do livro que tem exercícios. Para encontrar os exemplos associados a um capítulo específico, abra a pasta do capítulo relevante. Os exemplos para esse capítulo estarão em subpastas separadas. Os nomes das subpastas são iguais aos dos exemplos do livro. Por exemplo, você encontrará um exemplo chamado Music Trivia na pasta Meus Documentos\Visual Basic 2013 SBS\Chapter 02 em seu disco rígido. Se seu sistema está configurado para exibir as extensões dos arquivos de projeto do Visual Basic, procure a extensão .sln. Dependendo de como seu sistema estiver configurado, você poderá ver uma pasta Documentos, em vez de Meus Documentos.

Agradecimentos

Fizemos uma extensa revisão no livro *Visual Basic 2010 Passo a Passo* para publicar esta edição. Na verdade, em quase todos os aspectos, trata-se de um livro totalmente novo; ele é o primeiro título sobre programação que escrevi especificamente para ser um guia multiplataforma, abordando desenvolvimento de Visual Basic nas plataformas Windows Store, Windows Forms, Web Forms e Windows Phone. Sou muito grato aos programadores e editores talentosos que ofereceram suas ideias e contribuições para esta obra.

Na Microsoft Press, gostaria de agradecer a Devon Musgrave por seu entusiasmo antecipado pelo projeto e por me conectar com os membros da equipe do grupo do produto Visual Studio. Na O'Reilly Media, gostaria de agradecer novamente a Russell Jones, que discutiu muitos dos tópicos deste livro comigo e deu sugestões técnicas e práticas para concluir o trabalho dentro do prazo. Agradeço também a Tim Patrick, revisor técnico, autor e desenvolvedor experiente, que trabalhou neste volume e no livro, *Start Here! Learn Microsoft Visual Basic 2012*. (Talvez também trabalhemos em um livro de história algum dia, Tim!)

Dentro do grupo editorial da O'Reilly Media, gostaria de agradecer a Kristen Brown, por sincronizar a revisão editorial e por responder às perguntas sobre o design; e a Richard Carey, por seu copidesque aprimorado e por resolver todos os problemas de estilo e localização que surgiram. (É bom trabalhar com você novamente, Richard!) Gostaria de agradecer também a Rebecca Demarest, Kim Burton-Weisman e Linda Weidemann, por suas importantes contribuições artísticas, editoriais e técnicas.

Também sou muito grato à equipe de desenvolvimento do Microsoft Visual Studio 2013, por fornecer a versão de pré-estreia do software e a versão "candidata" para distribuição com as quais trabalhei. Além disso, gostaria de agradecer à equipe do Microsoft Windows 8.1 pelo suporte e dar meu agradecimento especial aos muitos colaboradores do fórum MSDN, que fizeram e responderam as perguntas sobre programação com Visual Basic e Windows.

Por fim, ofereço meu agradecimento e admiração à minha família, pelo apoio contínuo aos meus projetos de publicação e às várias atividades acadêmicas. Mais uma vez, pude envolver meu filho, Henry Halvorson, com a criação de música eletrônica e imagens – suas contribuições aparecem nos Capítulos 3, 4, 5 e 9.

Suporte técnico

Todos os esforços foram feitos para garantir a exatidão deste livro e do conteúdo complementar que o acompanha. Caso queira fazer comentários ou sugestões, tirar dúvidas ou reportar erros, escreva para secretariaeditorial@grupoa.com.br.

PARTE I

Introdução ao desenvolvimento com Visual Studio

CAPÍTULO 1	Oportunidades de desenvolvimento com Visual Basic 2013 e a Windows Store 3
CAPÍTULO 2	O ambiente de desenvolvimento integrado do Visual Studio 17
CAPÍTULO 3	Crie seu primeiro aplicativo Windows Store 43
CAPÍTULO 4	Aplicativos de área de trabalho para Windows: um passo a passo utilizando Windows Forms 79

CAPÍTULO 1

Oportunidades de desenvolvimento com Visual Basic 2013 e a Windows Store

Neste capítulo, você vai aprender a:

- Descrever as oportunidades de desenvolvimento oferecidas pelo Microsoft Visual Basic 2013.
- Conhecer os requisitos para a distribuição de aplicativos na Windows Store.

Você está pronto para começar a trabalhar com o Microsoft Visual Basic 2013? Este capítulo traz uma visão geral dos recursos e capacidades do sistema de desenvolvimento Microsoft Visual Studio 2013 e das diferentes edições de Visual Studio que você pode comprar ou baixar *gratuitamente*. Aqui você vai aprender também sobre as plataformas de hardware e software emergentes e seus usos, e sobre a incrível variedade de aplicativos que pode criar para essas plataformas, incluindo aplicativos Windows Store para Windows 8.1; aplicativos de área de trabalho para Windows 7, Windows 8 e Windows 8.1; aplicativos Windows Phone 8; aplicativos web; aplicativos de console e muito mais.

Este capítulo também dá a oportunidade de conhecer a Windows Store, um estimulante novo ponto de distribuição para aplicativos projetados especificamente para o Windows 8.1. Você examinará uma lista de tarefas de planejamento, a ser considerada antes de começar a criar um aplicativo Windows Store, e conhecerá os procedimentos necessários para comercializar e distribuir aplicativos por meio da Windows Store. Depois de conhecer uma lista clara dos requisitos e recursos para programas da Windows Store, você poderá criar seus próprios programas, incluindo aplicativos Windows Store, que poderá distribuir para milhões de clientes em potencial em todo o mundo.

Antes de iniciarmos, um comentário sobre terminologia. Este livro foi projetado e testado com o sistema operacional Windows 8.1. Os aplicativos Windows Store que você criará vão funcionar no Windows 8.1 e terão como alvo o .NET Framework versão 4.5.1. Você também aprenderá a criar programas em Visual Basic com os modelos de aplicativo Windows Forms e de console, executados no que conhecemos como "área de trabalho do Windows". Esses tipos de aplicativos serão executados no Windows 8.1, no Windows 8, no Windows 7 e nas versões anteriores do Windows, desde que a instalação do Windows tenha os arquivos corretos do .NET Framework instalados.

Ainda outro tipo de aplicativo que você criará neste livro, utilizando Visual Studio e ASP.NET, são os aplicativos Web Forms. Eles são executados em um navegador web, como o Internet Explorer. Ao longo do livro, você criará aplicativos para celulares com o Visual Studio e o Windows Phone SDK 8.0. Eles são executados na plataforma Windows Phone 8.

Produtos e oportunidades com o Visual Basic 2013

Suponho que você tenha comprado este livro porque quer aprender a programar em Visual Basic. Na verdade, minha suposição básica é a de que você já possui certa experiência em desenvolvimento – talvez até com uma versão anterior do Visual Basic – e que está pronto para aprender sobre o produto Visual Studio 2013 no contexto das plataformas Windows Store, Windows Forms, Windows Phone e Web Forms. Aprimorar suas habilidades de desenvolvimento com o Visual Basic é uma excelente escolha; existem mais de quatro milhões de programadores de Visual Basic no mundo, desenvolvendo soluções inovadoras, e o sistema operacional mais recente da Microsoft, o Windows 8.1, apresenta muitas oportunidades surpreendentes para eles.

Basicamente, "Visual Basic" tem dois significados no mercado de desenvolvimento de software. Em uma acepção de engenharia mais limitada, Visual Basic é o nome de uma linguagem de programação, com regras sintáticas específicas e procedimentos lógicos que devem ser seguidos quando um desenvolvedor cria código para um compilador com o objetivo de produzir um programa executável ou *aplicativo*. Contudo, Visual Basic também é usado em uma acepção mais abrangente, relacionada ao produto, para descrever o conjunto de ferramentas e técnicas utilizadas pelos desenvolvedores para compilar aplicativos baseados no Windows com um conjunto de software em particular. No passado, os desenvolvedores podiam comprar uma versão independente do Visual Basic, como o Microsoft Visual Basic .NET 2003 Professional Edition, mas atualmente o Visual Basic é comercializado apenas como um componente dentro do conjunto de software Visual Studio, o qual também inclui o Microsoft Visual C#, o Microsoft Visual C++ e outras ferramentas de desenvolvimento.

O conjunto de desenvolvimento Visual Studio 2013 é distribuído em várias configurações de produto diferentes, incluindo Professional, Premium e Ultimate, junto com um subconjunto de ferramentas do Visual Studio, destinado a engenheiros de teste, conhecido como Visual Studio 2013 Test Professional. Além desses produtos comerciais, você pode testar o software Visual Studio 2013 baixando versões gratuitas do conjunto, destinadas a plataformas de desenvolvimento específicas. Essas versões de recursos limitados ou "Express" do Visual Studio 2013 são chamadas Express for Windows, Express for Windows Desktop, Express for Windows Phone e Express for Web.

As versões comerciais completas do Visual Studio 2013 têm diferentes preços e conjuntos de recursos, sendo a Ultimate o pacote de desenvolvimento mais abrangente (e caro). O site do Visual Studio (*http://www.microsoft.com/visualstudio*) explica as diferenças entre todas essas versões. Normalmente, as versões comerciais completas do Visual Studio também estão disponíveis para um período de teste de 30 dias, que pode ser prorrogado para 90 dias. Essas versões de teste possuem mais recursos do que os produtos Express. Além disso, faculdades, professores e alunos de instituições acadêmicas reconhecidas podem baixar edições completas do Visual Studio 2013 através do programa Microsoft DreamSpark, e esses downloads gratuitos não expiram.

Escrevi este livro para destacar os recursos e as oportunidades de desenvolvimento oferecidas pelo Visual Studio 2013 Professional e pelo Visual Studio 2013 Premium. Se você está usando Visual Studio Ultimate, também terá o que precisa para fazer os exercícios do livro – e muito mais. Os recursos extras incluídos no Visual Studio Ultimate se relacionam principalmente a projetos de desenvolvimento em equipe maiores e a cenários de computação empresarial que estão fora dos objetivos desta obra.

CAPÍTULO 1   Oportunidades de desenvolvimento com Visual Basic 2013 e a...   **5**

Você também poderá fazer a maioria dos exercícios deste livro se instalar *todas as quatro* edições Express do Visual Studio 2013 e, então, alternar entre elas conforme indicado. (Isto é, você poderá fazer a maioria dos exercícios se instalar o Visual Studio 2013 Express for Windows, o Visual Studio 2013 Express for Windows Desktop, o Visual Studio 2013 Express for Web e o Visual Studio 2013 Express for Windows Phone 8.) Vou fazer com que você saiba qual produto Express é necessário para cada capítulo e quando os produtos individuais têm limitações que restringirão sua capacidade de fazer os exercícios. Ocasionalmente, as instruções do livro servirão somente para as edições comerciais completas do Visual Studio 2013, como no Capítulo 10, "Aplicativos de console".

Coletivamente, os capítulos deste volume têm a intenção de abrir um estimulante mundo novo de oportunidades técnicas e comerciais para os programadores em Visual Basic 2013. O extenso conjunto de exercícios passo a passo do livro tem um enfoque amplo, e foi escrito para pessoal técnico que conhece programação e não simplesmente para quem faz isso por hobby ou é totalmente iniciante. Em resumo, eles dão uma ideia das práticas de programação e experiências do mundo real. Caso não tenha conhecimento anterior sobre Visual Basic ou Visual Studio, talvez você queira preencher algumas das lacunas com minha ampla introdução ao desenvolvimento com Visual Basic 2012 e Windows 8, *Start Here! Learn Visual Basic 2012* (Microsoft Press, 2012). De vez em quando, vou fazer referência aos exercícios desse livro, a fim de fornecer recursos adicionais para seu aprendizado.

Uma variedade impressionante de oportunidades e plataformas

Como a programação com Visual Basic evoluiu com o passar do tempo e quais oportunidades existem agora para os programadores em Visual Basic 2013? Antes de começarmos a escrever código, vamos examinar brevemente algumas das tendências recentes no desenvolvimento de software e na programação para Windows.

A Microsoft lançou o Visual Basic 1.0 em 1991. Desde seu anúncio inicial na Windows World, o produto impressionou os desenvolvedores de software, pois combinava de forma inovadora um compilador avançado para a linguagem Visual Basic com um IDE (Integrated Development Environment) que permitia aos programadores compilar aplicativos Windows organizando os controles visualmente em um formulário Windows e, então, personalizá-los com configurações de propriedades e código em Visual Basic. A partir de seu início modesto, o Visual Basic tornou-se uma ferramenta de desenvolvimento poderosa, intimamente ligada à programação para Windows, capaz de criar aplicativos baseados no Windows rápidos e eficientes, que podiam ser executados em diversas plataformas de hardware.

No início dos anos 2000, os programadores em Visual Basic estavam interessados principalmente em criar aplicativos para Windows que ajudassem as empresas a gerenciar dados de modo eficiente. A capacidade do Visual Basic de exibir informações graficamente e fornecer acesso a elas com controles de interface de usuário poderosos conquistou muitos adeptos para o produto, e a base instalada atingiu os milhões. Na última década, os principais aplicativos em Visual Basic têm sido *front-ends* de bancos de dados, sistemas de gerenciamento de inventário, aplicativos e utilitários web, ferramentas de compra, programas CAD, aplicativos científicos e jogos.

No entanto, nos anos 2010, a explosão da conectividade com a Internet e do comércio online mudou radicalmente o cenário para os desenvolvedores de software.

No passado, a maioria dos aplicativos para Windows era executada em um servidor ou em um PC de mesa. Hoje, laptops, tablets e smartphones estão por toda parte e, muitas vezes, a mesma pessoa possui três ou quatro tipos de equipamento. Os consumidores precisam mover aplicativos e informações automaticamente entre os dispositivos, e os desenvolvedores de software precisam das ferramentas que permitam criar aplicativos que funcionem em várias plataformas ou que possam ser portados com facilidade de um equipamento para outro.

A equipe de produto do Visual Studio 2013 levou a sério o desafio de codificar para diversas plataformas e criou um conjunto de software que permite aos desenvolvedores aproveitar seu trabalho existente, ao passo que permite terem como alvo uma variedade de diferentes modelos de aplicativo. A lista a seguir destaca as principais plataformas de desenvolvimento e oportunidades para os programadores em Visual Basic (algumas das quais são suportadas apenas pelas versões comerciais completas do Visual Studio 2013):

- **Windows 8.1** Os desenvolvedores em Visual Basic podem criar aplicativos Windows Store para Windows 8.1 que funcionam em uma ampla variedade de dispositivos, incluindo PCs de mesa, laptops e tablets Microsoft Surface. (Nota: para criar novos aplicativos Windows Store para Windows 8, é preciso utilizar o Microsoft Visual Studio 2012.)

- **Windows 8, Windows 7 e Windows Server** Os desenvolvedores em Visual Basic podem criar aplicativos de área de trabalho para as versões anteriores do Windows e distribuí-los de diversas maneiras. Você pode criar aplicativos de área de trabalho usando o modelo Windows Forms ("Win forms") ou o modelo Windows Presentation Foundation (WPF).

- **Windows Phone 8** Com o Visual Studio 2013, os programadores em Visual Basic podem criar aplicativos que funcionam na plataforma Windows Phone 8 e tirar proveito de suas características exclusivas. Você vai aprender a escrever aplicativos de celulares para dispositivos Windows Phone no Capítulo 20, "Introdução ao desenvolvimento para Windows Phone 8", e no Capítulo 21, "Crie seu primeiro aplicativo para Windows Phone 8".

- **Desenvolvimento para web** Os desenvolvedores podem usar Visual Basic, HTML5, CSS3 ou JavaScript para criar aplicativos que funcionarão na web e aparecerão muito bem em diversos navegadores. Uma tecnologia conhecida como ASP.NET permite aos programadores em Visual Basic criar sites, aplicativos web e web services rapidamente, sem conhecer todos os detalhes sobre como as informações serão armazenadas na web. A lista completa de opções é explorada no Capítulo 19, "Desenvolvimento para web com ASP.NET no Visual Studio".

- **Aplicativos de console e drivers de dispositivo** Os programadores em Visual Basic podem escrever aplicativos que são executados no modo de linha de comando, o qual às vezes é chamado de console de texto do Windows ou janela DOS. Embora os aplicativos de console efetuem cálculos principalmente "nos bastidores", eles também podem utilizar bibliotecas do .NET Framework. A programação para console está descrita no Capítulo 10.

- **Aplicativos para Office** Os programadores em Visual Basic podem ainda construir macros e outras ferramentas que aprimoram a funcionalidade de aplicativos Microsoft Office, como Excel, Word, Access e PowerPoint.

- **Xbox 360** Os programadores em Visual Basic podem escrever jogos para Xbox com o Visual Studio e o Microsoft XNA Game Studio (versão 4.0 e posteriores).
- **Aplicativos Windows Azure para servidores web e para a nuvem** O Visual Basic é poderoso o suficiente para se escrever aplicativos que serão utilizados em servidores web sofisticados, centros de dados distribuídos e uma versão do Windows projetada para computação na nuvem, conhecida como Windows Azure.

Essa é uma lista espantosa de tipos de aplicativo! Embora ela possa parecer assustadora à primeira vista, a boa nova é que as habilidades fundamentais de programação em Visual Basic que você vai explorar aqui permanecem as mesmas de uma plataforma para outra, e existem numerosas ferramentas e técnicas que o ajudam a portar trabalho entre elas com facilidade. Este livro oferece uma sólida introdução a muitas habilidades básicas que você vai usar, especialmente às novas ferramentas fornecidas pelo Visual Studio 2013 para ajudá-lo a desenvolver sua solução para Windows 8.1, para a área de trabalho do Windows e para Windows Phone 8. Contudo, depois de dominar as habilidades de programação básica com o Visual Basic, você poderá passar para plataformas específicas adquirindo materiais especificamente relacionados a esses mercados.

Adote a estratégia multiplataforma no aprendizado do Visual Basic

Conforme você provavelmente já descobriu, os aplicativos para Windows 8.1 são frequentemente chamados de aplicativos Windows Store. Sim, a ligação entre Windows 8.1 e a Windows Store é *direta*. Mas a Microsoft entende que nem todos os desenvolvedores estão preparados para escrever aplicativos *somente* para Windows 8.1, pois ainda precisam dar suporte para versões anteriores do Windows, e muitos estão projetando aplicativos para navegadores web, os quais devem funcionar em diversas plataformas. Por isso, estou descrevendo neste livro as técnicas de programação em Visual Basic para uma ampla variedade de plataformas de programação. Você vai aprender a criar aplicativos Windows Store, aplicativos para a área de trabalho do Windows, aplicativos de console, aplicativos Web e aplicativos para Windows Phone.

Em alguns casos, em um capítulo vou discutir as técnicas de programação com Visual Basic relacionadas a uma plataforma específica, como no Capítulo 3, "Crie seu primeiro aplicativo Windows Store". Em outros, vou alternar entre as plataformas, mostrando como a linguagem Visual Basic, ou os recursos do Visual Studio relacionados às diferentes plataformas, podem ser adaptados a situações únicas. Um exemplo dessa estratégia é o Capítulo 14, "Arrays, coleções e genéricos para gerenciamento de dados", no qual forneço instruções de gerenciamento de dados utilizando exemplos das plataformas Windows Store e da área de trabalho do Windows (Windows Forms).

Adotei essa estratégia abrangente neste livro porque o Visual Studio 2013 Professional foi projetado para suportar todos esses tipos de aplicativos. A realidade atual é que a programação em Visual Basic é um esforço multiplataforma, e os programadores em Visual Basic de nível intermediário precisam estar em contato com muitos ambientes à medida que expandem e aprimoram suas habilidades de desenvolvimento. Ao mesmo tempo, a programação para Windows Store é muito nova, de modo que passo um pouco mais de tempo explorando essa plataforma do que as outras.

A Windows Store

Como a Windows Store oferece uma maneira nova e potencialmente lucrativa de vender e distribuir aplicativos para um público amplo, quero iniciar este livro com uma descrição do que é a Windows Store e como você pode utilizá-la para atingir clientes em potencial. Além de oferecer um forte incentivo *comercial* para o desenvolvimento de aplicativos Windows Store, quero que você conheça os requisitos técnicos da Windows Store antes de começar esse tipo de desenvolvimento, para que saiba o que precisará fazer antes de se aprofundar em um projeto grande para ela. A Microsoft também recomenda essa "instrução inicial", pois as equipes que estão criando aplicativos para a Windows Store podem ser mais produtivas quando conhecem todos os requisitos da certificação antecipadamente.

O que é a Windows Store?

A Windows Store é uma loja eletrônica que permite aos clientes procurar e adquirir aplicativos para Windows. Ela se destina a distribuir aplicativos para Windows 8 e Windows 8.1, algo muito parecido com a Mac App Store da Apple, que permite aos consumidores baixar software para Mac, e com a Windows Phone Store, que permite baixar produtos para aparelhos que executam Windows Phone 8.

> **Nota** A Windows Phone Store (loja de aplicativos do Windows Phone) está descrita em detalhes no Capítulo 20.

A Windows Store permite aos desenvolvedores atingir um mercado global de maneiras que no passado seriam difíceis ou impossíveis. Por meio da Windows Store, aplicativos baseados no Windows podem render dinheiro, ou pela cobrança por um aplicativo ou pela inclusão de anúncios no aplicativo. Os programas baixados da Windows Store são certificados e prontos para executar; depois que você conhece os requisitos para preparar um aplicativo para o mercado, os detalhes sobre o download e a distribuição do aplicativo são tratados pela loja de aplicativos Windows Store.

Ao longo deste livro, você vai aprender a criar aplicativos para executar no Windows 8.1 utilizando o Visual Basic e o Visual Studio 2013. Neste ponto, você precisa saber apenas como os produtos são comprados e vendidos na Windows Store, e examinar uma lista da Windows Store que identifica quais recursos são necessários para a certificação e distribuição para o mercado global.

CAPÍTULO 1   Oportunidades de desenvolvimento com Visual Basic 2013 e a...   **9**

Acesse a Windows Store

Se você estiver executando o Windows 8.1 em seu computador, verá um bloco (tile) da Windows Store na página Iniciar do Windows, o qual é a porta de entrada para acessar a Windows Store. Se não estiver executando o Windows 8.1 no momento, você pode aprender *sobre* a Windows Store em *http://www.windowsstore.com/*, mas não poderá acessar a Windows Store em si, pois ela é projetada para uso somente dentro do Windows 8.1.

A ilustração a seguir mostra como é a Windows Store quando você o acessa pela primeira vez. Como a lista de produtos apresentados está sempre mudando, sua tela será diferente.

Se clicar com o botão direito do mouse na Windows Store, você verá um painel de navegação que permite ver os aplicativos mais bem pagos e os principais novos aplicativos da Windows Store. Além disso, verá categorias de produto úteis, como Games, Social, Entertainment, Photo, Music & Video, Sports e Books & Reference*. Ao selecionar uma categoria e um item, você verá uma página de listagem do aplicativo semelhante à tela a seguir:

A página de listagem do aplicativo é o lugar onde os vendedores de software têm a chance de promover seus produtos e descrever as vantagens do aplicativo. É tremendamente importante apresentar seu aplicativo da melhor maneira possível aqui. O nome do aplicativo, a descrição, a lista de recursos, a faixa etária, o preço e capturas de tela são todos fatores significativos para causar uma boa impressão em seu público. Quando as pessoas compram ou baixam seu aplicativo, o sistema de classificação (baseado em cinco estrelas possíveis para o nível mais alto de satisfação do cliente) também é um fator importante para atrair clientes para seu aplicativo.

Instalar um aplicativo da Windows Store é extremamente simples; basta clicar no botão Install e em poucos instantes o aplicativo será implantado em sua página Iniciar e estará disponível para uso. É necessária uma conexão confiável com a Internet tanto para baixar o aplicativo quanto para (frequentemente) alimentá-lo com dados, quando o programa executa.

Informações de vendas e faixas de preço

Os aplicativos baseados em Windows podem ser distribuídos gratuitamente por meio da Windows Store ou podem ter um preço. Uma configuração chamada *faixas de*

---

* N. de R. T.: O idioma utilizado para os nomes das categorias depende da configuração do seu sistema.

preço (price tiers) define o valor do aplicativo que você pretende vender. Você pode definir a faixa de preço que deseja; as faixas começam em 1,49 dólares e aumentam em incrementos de 0,50 a 4,99 dólares, com preços de produto mais altos disponíveis.

Se você pretende vender aplicativos via Windows Store, é importante saber um pouco sobre como esse processo funciona, mesmo antes de iniciar o desenvolvimento. Pelos primeiros 25.000 dólares das vendas de um aplicativo, você receberá 70% do faturamento recebido pela Microsoft pelo produto. Se e quando um aplicativo render mais de 25.000 dólares em vendas, você receberá 80% do faturamento sobre 25.000 dólares. Lembre-se de que seu produto será vendido internacionalmente e de que, em alguns países, do valor recebido pela Microsoft serão deduzidos os impostos exigidos por lei.

Também é necessário você se registrar como desenvolvedor na Windows Store antes de poder vender produtos pelo novo mercado eletrônico da Microsoft. O custo anual inicial de uma conta de desenvolvedor nos Estados Unidos era de 49 dólares para um indivíduo e de 99 dólares para uma empresa. Você também precisará preencher alguns formulários de registro, contendo informações de contato e outros detalhes.

Ou seu aplicativo pode ser gratuito...

Evidentemente, não é necessário vender seu aplicativo. Você também pode oferecê-lo como download gratuito para usuários de todo o mundo. Isso pode ser útil, caso você queira fornecer informações gerais ou um serviço público, ou queira chamar a atenção para sua empresa ou ainda tornar seus produtos ou serviços mais utilizáveis. Por exemplo, talvez você queira criar um aplicativo Windows Store que apresente o cardápio e outros serviços fornecidos por um restaurante, ou publicar manchetes e fotos de um serviço de informação.

Dentro desses aplicativos gratuitos, você poderia optar por usar ferramentas de anúncio online para gerar renda, ou simplesmente distribuir informações e saber que promoveu a comunicação sobre seu produto no mundo todo. A Windows Store tem uma categoria de marketing especial para aplicativos gratuitos, como mostra a ilustração a seguir:

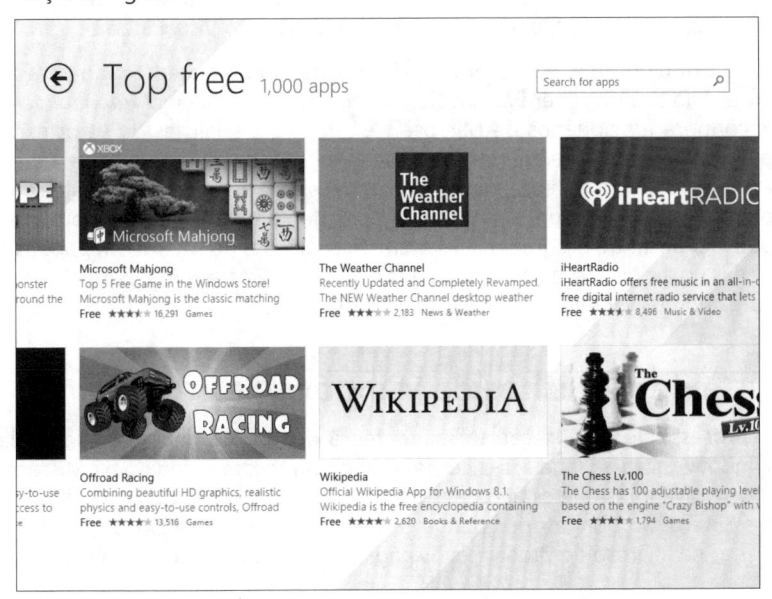

Se você vai vender ou distribuir seu aplicativo gratuitamente ou não fica por sua conta e das necessidades de seu negócio e de seus clientes!

Planejamento antecipado para a certificação

Antes de você iniciar um desenvolvimento importante em seu projeto, a Microsoft recomenda examinar cuidadosamente os requisitos de certificação para aplicativos Windows Store, para que não seja surpreendido com os passos necessários. Na maior parte, esses passos são apenas boas práticas de desenvolvimento que tornarão seus programas robustos e de alta qualidade. A Microsoft está impondo padrões elevados para que os clientes confiem na Loja de Aplicativos do Windows e em todo software distribuído por meio dela. Estamos todos atrelados ao sucesso da Windows Store.

O IDE do Visual Studio Professional contém um submenu Store no menu Project, com oito comandos pertinentes à Windows Store, como mostra a ilustração a seguir:

```
Open Developer Account...
Reserve App Name...
Acquire Developer License...
Edit App Manifest
Associate App with the Store...
Capture Screenshots...
Create App Packages...
Upload App Packages...
```

Antes de iniciar um desenvolvimento importante em um projeto que pretenda enviar para a Windows Store, você deve executar os três primeiros comandos do submenu Windows Store. O comando Open Developer Account fará sua inscrição na Microsoft como indivíduo ou como empresa. Isso habilita o processo de envio (*submission*, em inglês) e permite que você obtenha mais informações. O comando Reserve App Name permite reservar um nome para seu aplicativo dentro da loja. É bom fazer isso antes de ir longe demais (e depois saber que precisa mudar o nome). O comando Acquire Developer License permite obter uma licença de desenvolvedor temporária, o que você talvez já tenha feito durante seu trabalho no Visual Studio.

Um blog útil para desenvolvedores que estão se preparando para a Windows Store está disponível em *http://blogs.windows.com/windows/b/appbuilder/*. Ali, você encontrará funcionários da Microsoft e outros especialistas do setor explicando os principais conceitos referentes a aplicativos e respondendo perguntas pertinentes. Por exemplo, além da lista da Windows Store mostrada na Tabela 1-1 neste capítulo, você precisará preencher um manifesto de pacote completo para seu projeto e exercer outras práticas de programação segura. Informações úteis também podem ser encontradas no artigo "Take your app to market" do MSDN, em *http://msdn.microsoft.com/en-us/library/windows/apps/br230836.aspx*.

Lista de requisitos da Windows Store

O processo de certificação formal começa quando você carrega seu aplicativo no Windows Store. A Tabela 1-1 contém uma lista recomendada pela Microsoft para os desenvolvedores que estão criando aplicativos para a loja de aplicativos. Na maioria, esses itens são obrigatórios para a certificação e serão avaliados quando você se registrar na Microsoft e preencher as páginas de envio exigidas online. Os requisitos de

CAPÍTULO 1   Oportunidades de desenvolvimento com Visual Basic 2013 e a...   **13**

certificação podem ser atualizados periodicamente, mas esta lista o ajudará a começar. O fato é que você precisa de alguma preparação antes de entrar online e enviar seu aplicativo para certificação. Você deve ter as informações necessárias prontas e certificar-se de que foram cuidadosamente revisadas.

TABELA 1-1   Lista de envio da Windows Store

Página do envio	Nome do campo	Descrição
Name	App Name	Forneça um nome para seu aplicativo com 256 caracteres ou menos. Escolha um nome que chame a atenção de seus clientes. É melhor manter esse nome curto.
Selling Details	Price Tier	Especifique um preço de venda para seu aplicativo (ou defina o preço como "free/gratuito").
	Free Trial Period	Permita que seu cliente baixe o aplicativo por um período de teste. Se o cliente não comprá-lo no período de tempo especificado, ele deixará de funcionar.
	Countries/Regions	Identifique o mercado de seu produto.
	Release Date	Defina a data de lançamento do aplicativo.
	Category	Atribua uma categoria para seu aplicativo, para que os clientes possam encontrá-lo no Windows Store. Existe uma útil lista de categorias predefinidas para escolher.
	Accessible App	Se seu aplicativo foi projetado para atender às diretrizes de acessibilidade da Microsoft, indique isso aqui.
	Minimum DirectX Feature Level	Indique os requisitos de vídeo e hardware de seu aplicativo.
	Minimum System RAM	Indique a quantidade de memória RAM exigida por seu aplicativo. Talvez você queira conferir os requisitos básicos de sistema dos dispositivos em que seu aplicativo será executado.
Advanced Features	In-App Offers	Forneça informações sobre os produtos que os usuários podem comprar dentro de seu aplicativo, incluindo o que o cliente deve pagar e por quanto tempo o recurso adquirido pode ser usado.
Ratings	Age Rating	Especifique uma faixa etária adequada para seu aplicativo, utilizando os níveis fornecidos.
	Rating Certificates	Caso esteja vendendo um jogo, talvez você precise fornecer um certificado de um órgão de classificação, dependendo de onde pretende vender seu aplicativo.
Cryptography	Question 1	Indique se seu aplicativo utiliza criptografia ou codificação.
	Question 2	Verifique se qualquer uso de criptografia está dentro dos limites permitidos impostos pelo Bureau of Industry and Security do Departamento de Comércio dos Estados Unidos.
Packages	Package Upload Control	Forneça o caminho para o pacote completo de seu aplicativo.

(continua)

14 PARTE I Introdução ao desenvolvimento com Visual Studio

TABELA 1-1 *Continuação*

Página do envio	Nome do campo	Descrição
Description	Description	Forneça material de marketing claro e conciso que descreve seu aplicativo, seus recursos e suas vantagens. Examine essas informações atentamente, antes de postar. Elas devem ter no máximo 10.000 caracteres.
	App Features	(Opcional) Forneça até 20 recursos ou características de seu aplicativo. (Cada recurso deve ter no máximo 200 caracteres.)
	Keywords	(Opcional) Forneça até sete palavras-chave concisas que descrevam seu aplicativo.
	Description of Update	Forneça uma descrição de como essa nova versão de seu aplicativo atualiza a anterior. (Deixe em branco para a primeira versão de seu aplicativo.)
	Copyright and Trademark Info	Forneça um aviso breve sobre direitos de cópia, com no máximo 200 caracteres.
	Additional License Items	(Opcional) Forneça no máximo 10.000 caracteres para descrever eventuais itens de licença adicionais.
	Screenshots	Até oito capturas de tela de qualidade de seu aplicativo em execução. Cada uma pode ter uma descrição de até 200 palavras. O tamanho mínimo da imagem deve ser de 1366 × 766 pixels. Você pode capturar essas telas com o comando Store | Capture Screenshots no Visual Studio.
	Promotional Images	(Opcional) Forneça outras imagens promocionais de seu aplicativo (até quatro).
	Recommended Hardware	(Opcional) Forneça até 11 observações sobre os requisitos de hardware de seu aplicativo.
	App Website	Forneça o URL do site de seu produto.
	Support Contact	Forneça um URL de contato para os clientes, a fim de que eles possam obter suporte ou fazer mais perguntas. Prepare-se para ser bastante ágil nas respostas às perguntas e comentários dos clientes.
	Privacy Policy	Prepare uma declaração adequada sobre sua política de privacidade com relação aos dados coletados sobre os usuários.
	In-App Offer Description	Forneça informações sobre os produtos que os usuários podem comprar dentro de seu aplicativo, incluindo o que o cliente deve pagar e por quanto tempo o recurso adquirido pode ser usado. (Este campo também foi indicado anteriormente. Utilize as mesmas informações.)
Notes to Testers	Notes	Forneça aos avaliadores da Microsoft informações adicionais sobre seu aplicativo, para que eles possam testar sua funcionalidade. Por exemplo, descreva recursos ocultos ou forneça informações de nome de usuário e senha, se necessário.

CAPÍTULO 1   Oportunidades de desenvolvimento com Visual Basic 2013 e a...   **15**

Tudo está nos detalhes

O valor da lista anterior se torna evidente quando você olha de novo o conteúdo dos aplicativos Windows Store dentro da Windows Store. Quanto mais você souber sobre seus clientes e sobre os principais recursos de seu produto antes de começar, mais fácil será tomar decisões de projeto e layout ao criar seu aplicativo. Na ilustração de tela a seguir, observe como são importantes as classificações, a descrição e as categorias de recursos do aplicativo apresentado, assim como o valor da captura de tela que descreve o produto visualmente.

A página Details (não mostrada, mas acessível por meio do link Details) apresenta mais informações, incluindo notas sobre versão, processadores suportados, idiomas aceitos e permissões do aplicativo. A página Reviews (também não mostrada) contém comentários de clientes reais.

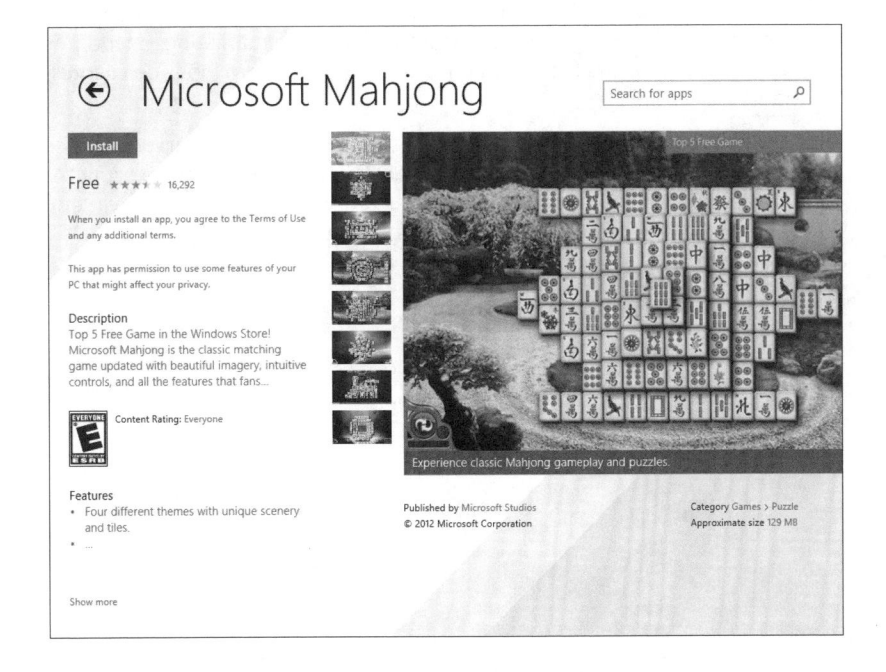

Agora que você examinou os mecanismos básicos de marketing e distribuição para aplicativos na Windows Store, é hora de começar a construir aplicativos em Visual Basic no Visual Studio. Embora muitos dos aplicativos que você vai criar neste livro sejam programas de demonstração destinados a ensinar elementos distintos da linguagem de programação Visual Basic, você sempre deve ficar de olho no objetivo final de seu aprendizado – criar software que outras pessoas possam *usar*.

Resumo

Todos os capítulos deste livro terminam com uma seção Resumo, que faz uma revisão do que foi apresentado. Você pode usar essas seções para recapitular rapidamente o que aprendeu em cada capítulo, antes de passar para o seguinte.

Este capítulo apresentou oportunidades de desenvolvimento para programadores em Visual Basic, incluindo as diversas oportunidades disponíveis para usuários do Visual Studio 2013. Você aprendeu sobre os tipos de aplicativo que pode criar com o Visual Studio 2013 e sobre as ferramentas e plataformas específicas descritas por este livro. Aprendeu também sobre a Windows Store, um incrível ponto de distribuição e oportunidade de comercialização para desenvolvedores de software que queiram vender ou distribuir gratuitamente seus produtos. Você soube como a Windows Store funciona e conheceu os requisitos que precisará satisfazer para distribuir aplicativos para Windows 8.1 via Windows Store. Embora o processo exija certo planejamento antecipado, assim como conhecimento técnico e de marketing, o lado positivo é significativo. A Windows Store tem o potencial de atingir milhões de clientes no mundo todo.

No Capítulo 2, "O ambiente de desenvolvimento integrado do Visual Studio", você vai explorar o IDE do Visual Studio 2013, incluindo como executar e testar programas em Visual Basic, como utilizar as ferramentas de desenvolvimento do IDE e como ajustar importantes configurações do compilador.

CAPÍTULO 2

O ambiente de desenvolvimento integrado do Visual Studio

Neste capítulo, você vai aprender a:
- Utilizar o Integrated Development Environment do Visual Studio 2013.
- Carregar e executar aplicativos Windows Store.
- Trabalhar com marcação XAML no Designer.
- Utilizar a janela Properties para alterar configurações de propriedades.
- Organizar as janelas e ferramentas de programação do Visual Studio.
- Configurar o IDE para os exercícios passo a passo.

O Capítulo 2 apresenta as habilidades necessárias para começar a executar o ambiente de desenvolvimento integrado (Integrated Development Environment – IDE) do Visual Studio 2013 – o lugar onde você escreverá programas em Microsoft Visual Basic. Suponho que você já tenha escrito programas em alguma versão anterior do Visual Basic e que só precise lembrar como as principais ferramentas do IDE funcionam. Pretendo abordar, contudo, algumas habilidades essenciais do IDE aqui, inclusive alguns detalhes sobre como o Visual Studio 2013 funciona em relação à marcação XAML e à programação para a Windows Store.

No início deste capítulo há uma revisão dos principais comandos de menu e procedimentos de programação do Visual Studio. Você abrirá e executará um aplicativo Visual Store simples, chamado Music Trivia, alterará uma configuração de propriedade e praticará a movimentação, o dimensionamento, o encaixe e a ocultação de janelas de ferramentas. Além disso, aprenderá a configurar o IDE para corresponder às instruções passo a passo deste livro. Este último exercício é especialmente importante, pois os exercícios de programação que se seguem contam com essas configurações específicas.

Antes de iniciar este capítulo, é preciso que você instale o Visual Studio 2013. Para ter mais informações sobre esse processo e as opções disponíveis, consulte a Introdução e o Capítulo 1, "Oportunidades de desenvolvimento com Visual Basic 2013 e a Windows Store".

Não há material introdutório suficiente aqui? Lembre-se de que este é um livro para programadores que já utilizaram alguma versão do Visual Basic ou do Visual Studio antes. Como um livro da série Passo a Passo para Desenvolvedor da Microsoft Press, este tutorial tem o objetivo de passar informações para programadores iniciantes no assunto e ensinar técnicas e recursos cruciais. Embora examinemos técnicas básicas, como configurar propriedades e movimentação por janelas de ferramentas, você terá dicas, truques e técnicas bem mais introdutórias em meu livro *Start Here! Learn Visual Basic 2012* (Microsoft Press, 2012).

Apresentação

Para inicializar o Visual Studio e trabalhar no IDE, complete os passos a seguir. Dependendo de sua edição de Visual Studio, você utilizará comandos e verá coisas um pouco diferentes, mas as diferenças não serão significativas. (Nas capturas de tela a seguir, você verá o Visual Studio 2013 Professional.)

Inicie o Visual Studio 2013

1. Na página Iniciar do Windows, clique em Visual Studio 2013.

   Se esta for a primeira vez que você inicia o Visual Studio, o programa demorará alguns minutos para configurar o ambiente. Talvez seja solicitada uma licença de desenvolvedor para Windows, a qual normalmente exige que você crie uma conta no Windows Live ou digite informações de conta já existentes. Quando este livro foi escrito, as licenças de desenvolvedor eram gratuitas e válidas por um mês, antes da necessidade de renovação. Provavelmente, você encontrará um cenário de registro semelhante.

2. Se for solicitado a identificar suas preferências de programação, selecione Visual Basic Development Settings, como mostrado na tela a seguir:

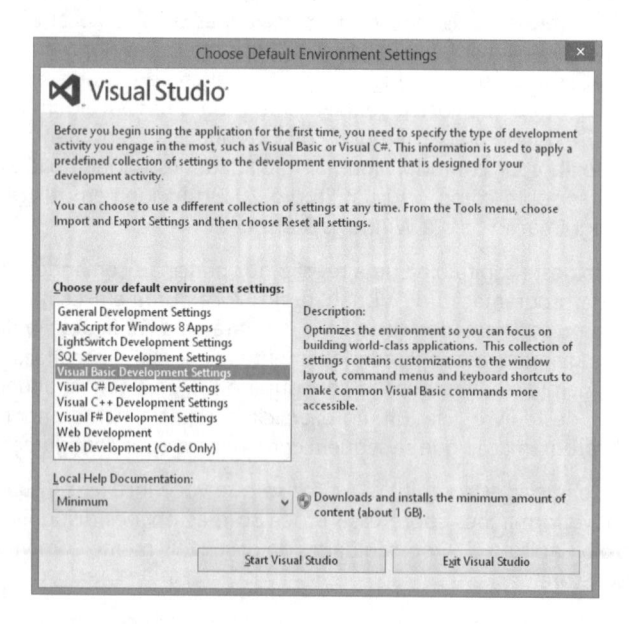

3. Clique em Start Visual Studio na caixa de diálogo Choose Default Environment Settings.

   O Visual Studio inicia e você vê o IDE na tela com seus conhecidos menus, ferramentas e janelas de componentes. Você também deve ver uma página

CAPÍTULO 2   O ambiente de desenvolvimento integrado do Visual Studio   **19**

denominada Start Page contendo guias com links, recursos de aprendizagem, notícias e opções de projeto.

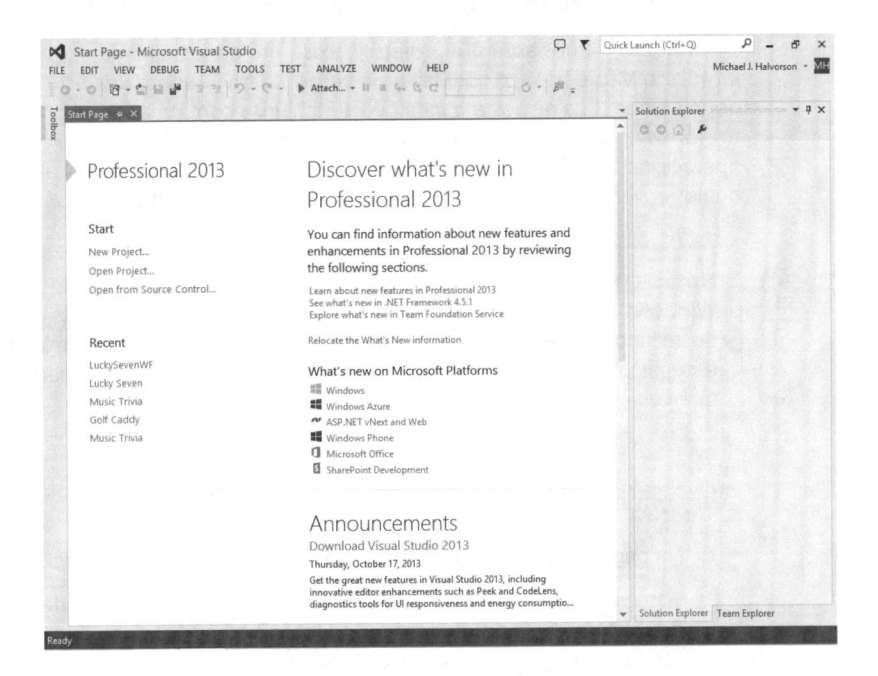

A tela mostrada aqui demonstra uma configuração típica do Visual Studio Professional. Capturei a tela em uma resolução de 1024 × 768, que pode ser menor do que a que você está usando em seu computador, mas eu quero mostrar o conteúdo do modo mais claro possível. Nas versões de livro eletrônico deste texto, você verá imagens coloridas.

Ao se trabalhar no Visual Studio 2013, existem várias opções de exibição. Por clareza visual, escolhi o tema de cores Light para meu trabalho, principalmente porque ele produz as ilustrações de tela mais claras em um livro impresso. Mas, ao abrir o Visual Studio pela primeira vez, talvez você veja o tema de cores Dark, que exibe texto branco sobre um fundo escuro. Embora o tema de cores Dark seja relaxante e enfatize o código e os elementos da interface do usuário de seu programa, talvez você queira alterá-lo, caso ache importante a correspondência com minhas telas.

Se você vir o tema de cores Dark e quiser alterá-lo, faça isto agora: escolha o comando Options no menu Tools, clique em General na categoria Environment, selecione Light na caixa de listagem suspensa Color Theme e clique em OK. Essa primeira ilustração de tela mostra o tema Light.

O ambiente de desenvolvimento do Visual Studio

No IDE do Visual Studio, você pode abrir um projeto novo ou um já existente do Visual Studio, ou explorar os muitos recursos online disponíveis para programação com Visual Basic. No produto 2013, um dos primeiros recursos novos que você poderá ver é seu nome de login no canto superior direito do IDE. Registrando-se no Visual

Studio sempre que inicia o IDE, você pode salvar suas configurações do Visual Studio na nuvem e movê-las de uma máquina para outra, quando trabalhar nos projetos em diferentes lugares. Você vai ver meu nome de registro nas telas por todo o livro.

Agora, vamos abrir um projeto já existente do Visual Studio, que criei para você, intitulado Music Trivia, o qual faz uma pergunta trivial sobre um instrumento musical e depois exibe uma resposta para a pergunta, junto com uma foto digital do instrumento. Todos os aplicativos Windows Store que crio neste livro têm como alvo o sistema operacional Windows 8.1. (Os aplicativos Windows Forms e de console executarão em qualquer versão de Windows 7, Windows 8 ou Windows 8.1.)

> **Nota** Os passos a seguir pedem para que você abra e execute um aplicativo Windows Store no IDE. Caso ainda não tenha baixado os arquivos de exemplo deste livro, você deve fazer isso agora, pois será solicitado a abrir um programa específico em seu disco rígido. A Introdução explica como localizar e baixar o que você precisa.

Abra um projeto já existente do Visual Studio

1. Na página Iniciar, no lado esquerdo da tela, clique no link Open Project.

   Você verá a caixa de diálogo Open Project. (Você também pode exibir essa caixa de diálogo clicando no comando Open Project do menu File ou pressionando Ctrl+Shift+O.) Conforme você provavelmente agora já sabe, a caixa de diálogo Open Project é simples, pois é parecida com a conhecida caixa de diálogo Abrir de muitos outros aplicativos Windows.

   > **Dica** Na caixa de diálogo Open Project, você encontra vários locais de armazenamento à esquerda da janela. A pasta Projects abaixo de Microsoft Visual Studio 2013 é especialmente útil. Por padrão, o Visual Studio salva seus projetos de programa nessa pasta Projects, dando a cada projeto sua própria subpasta. Contudo, este livro utiliza uma pasta Projects diferente para organizar seu curso de programação, a pasta Meus Documentos\Visual Basic 2013 SBS.

2. Vá até a pasta Meus Documentos\Visual Basic 2013 SBS em seu disco rígido.

   Essa pasta é o local padrão da extensa coleção de arquivos de exemplo do livro, e os arquivos estarão aí se você seguiu as instruções da seção intitulada "Exemplos de código" na Introdução. Novamente, se você não copiou os arquivos de exemplo, feche essa caixa de diálogo e copie-os agora.

   Se você clicar na pasta Chapter 02, sua caixa de diálogo Open Project será como esta. O número "12" no ícone Music Trivia indica que o projeto foi criado com a 12ª versão do Visual Basic, ou Visual Basic 2013.

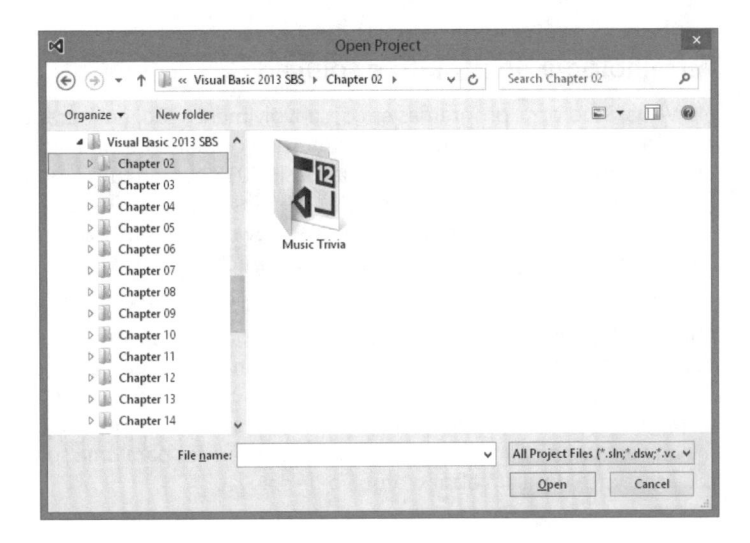

CAPÍTULO 2   O ambiente de desenvolvimento integrado do Visual Studio   **21**

3. Abra a pasta Chapter 02\Music Trivia e clique duas vezes no arquivo da solução Music Trivia. (Se o seu sistema mostrar extensões de nome de arquivo, esse arquivo terminará com .sln.)

4. O Visual Studio carrega a página, as propriedades e o código de programa da solução Music Trivia, que é um aplicativo Windows Store projetado para Windows 8.1. O Solution Explorer, uma janela de ferramentas à direita na tela, lista alguns dos arquivos da solução.

O Visual Studio conta com uma opção especial chamada Always Show Solution para controlar várias opções relacionadas a soluções dentro do IDE. A caixa de seleção da opção está localizada na guia Projects And Solutions | General da caixa de diálogo Options, a qual você abre clicando no comando Options do menu Tools. Se a caixa de seleção estiver selecionada (a posição padrão), uma subpasta é criada para cada nova solução, colocando o projeto e seus arquivos em uma pasta separada embaixo da solução.

Se você mantiver a seleção padrão para Always Show Solution, algumas opções relacionadas às soluções aparecerão no IDE, como comandos no menu File e uma entrada no Solution Explorer. Se quiser criar pastas separadas para as soluções e ver os comandos e as configurações relacionados à solução, sugiro manter a opção padrão (selecionada) nessa caixa de seleção. Você aprenderá mais sobre essas opções no final do capítulo.

> **Terminologia de projeto e solução**
>
> No Visual Studio, os programas em desenvolvimento são, em geral, chamados de projetos ou soluções porque contêm muitos componentes individuais e não um único arquivo. Os programas do Visual Basic 2013 contêm um arquivo de projeto (.vbproj), um arquivo de solução (.sln) e vários arquivos de apoio, organizados em diversas subpastas. Um aplicativo Windows Store também terá um ou mais arquivos de marcação (.xaml) e uma pasta Assets.
>
> Um *projeto* contém arquivos e outras informações específicas a uma só tarefa de programação. Uma *solução* contém todas as informações sobre um ou mais projetos. Portanto, as soluções são mecanismos úteis para gerenciar vários projetos relacionados. Os exemplos incluídos neste livro geralmente têm um único projeto para cada solução; por isso, abrir o arquivo de projeto (.vbproj) tem o mesmo efeito de abrir o arquivo de solução (.sln). Mas para uma solução de vários projetos, você desejará abrir o arquivo de solução.

Ferramentas importantes no IDE

Dedique algum tempo agora para identificar as ferramentas e janelas de programação no IDE do Visual Studio 2013. Se você já escreveu programas em Visual Basic, reconhecerá a maioria dessas ferramentas de programação. Coletivamente, esses recursos são os componentes que você utiliza para construir, organizar e testar programas em Visual Basic. Algumas das ferramentas de programação também o ajudam a saber mais sobre os recursos de seu sistema, incluindo as conexões de bancos de dados e sites disponíveis para você.

Estou supondo que você já utilizou Visual Studio, Word e outros aplicativos baseados no Windows o suficiente para saber bastante sobre menus, barras de ferramentas, o sistema de Ajuda e comandos conhecidos, como New Project, Close Project, Start Debugging e Save All. É possível ver a lista completa de barras de ferramentas a qualquer momento, dando um clique com o botão direito do mouse em qualquer uma delas no IDE.

O menu Help é especialmente útil no Visual Studio, e você também pode acessar uma extensa coleção de recursos de programação para Visual Studio e Visual Basic online, em *http://msdn.microsoft.com/*. Ao usar este livro, frequentemente você será solicitado a consultar tópicos online no Microsoft Developer Network (MSDN).

A ilustração a seguir mostra algumas ferramentas e janelas no IDE do Visual Studio Professional. Não se preocupe se essa ilustração for diferente do seu ambiente de desenvolvimento atual. Você aprenderá mais sobre esses elementos (e como ajustar suas visualizações) à medida que avançar neste capítulo.

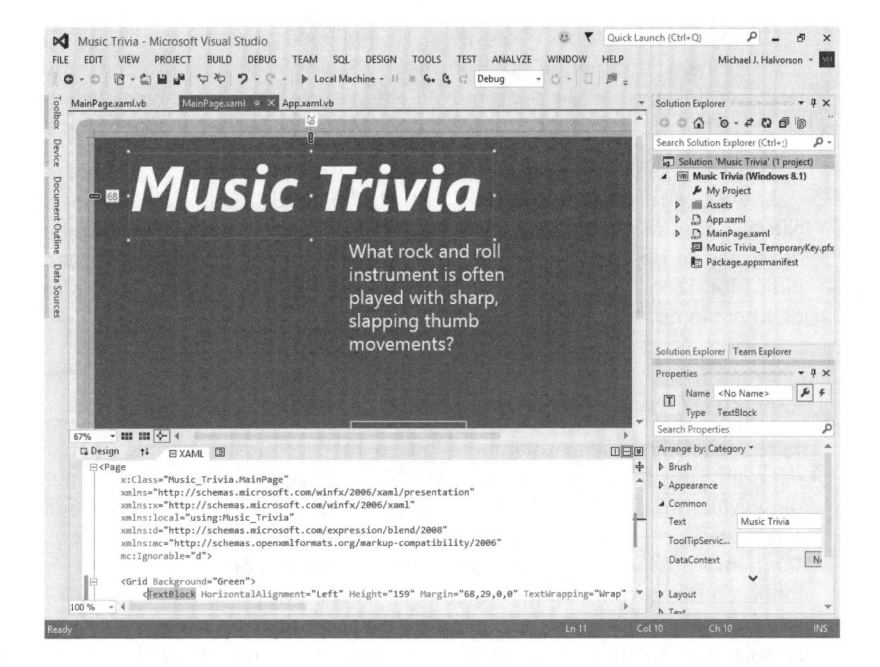

As principais ferramentas visíveis neste IDE do Visual Studio são o Designer, o Solution Explorer, a janela Properties e a guia Extensible Application Markup Language (XAML) do Code Editor. Você também poderia ver ferramentas mais especializadas, como a Toolbox, a janela Document Outline, a janela Device, a janela Data Sources, o Server Explorer e o Object Browser; como alternativa, essas ferramentas podem aparecer como guias dentro do IDE. Como as preferências de dois desenvolvedores nunca são exatamente iguais, é difícil prever o que você verá se o seu software do Visual Studio já foi utilizado. (O que mostro é basicamente a visualização do download intacta, sem quaisquer modificações, com o Designer exibindo um exemplo de aplicativo em desenvolvimento.)

> **Nota** Observe que de vez em quando os menus do IDE mudam com base no que está sendo feito no Visual Studio.

Um novo recurso do Visual Studio 2013 é o botão Feedback, que aparece como um "balão de pensamento" ou ícone de sorriso na parte superior da tela, à esquerda da caixa de texto Quick Launch. Use o botão Feedback para permitir que a Microsoft saiba de quais recursos do Visual Studio você gosta ou não gosta. O botão também pode ser usado para acessar o MSDN Forums e informar um erro no software.

Se uma ferramenta não estiver visível e você quiser vê-la, clique no menu View e selecione a ferramenta. Como o menu View tem aumentado constantemente no decorrer dos anos, a Microsoft moveu algumas das ferramentas de View menos utilizadas para um submenu chamado Other Windows. Verifique esse menu se você não encontrar o que precisa.

Alguns recursos novos do Visual Studio 2013 que podem ser vistos agora incluem ícones mais coloridos nas barras de ferramentas e no Solution Explorer (agora os ícones de pasta são amarelos), e a barra de rolagem no Code Editor contém um indicador da "posição do sinal de inserção", o qual mostra a posição relativa do ponto de inserção no documento aberto.

Organize as ferramentas no IDE

Talvez seu IDE não seja exatamente igual à imagem mostrada, pois o tamanho e a forma exatos das ferramentas e janelas no IDE dependem de como seu ambiente de desenvolvimento em particular foi configurado. Com o Visual Studio, você pode alinhar e anexar, ou *encaixar*, janelas para tornar visíveis somente os elementos que quer ver. Também é possível ocultar parcialmente ferramentas como documentos com guias ao longo da margem do ambiente de desenvolvimento e, então, alternar rapidamente entre os documentos. Por exemplo, se você clicar no rótulo Toolbox no lado esquerdo da tela, o painel Toolbox aparecerá, pronto para ser usado. Se clicar em outra ferramenta ou janela no IDE, o painel Toolbox retornará à sua posição oculta.

Seu ambiente de desenvolvimento provavelmente parecerá melhor se você definir as configurações de monitor e área de trabalho do Windows de modo que maximizem o espaço de tela, mas, mesmo assim, o espaço poderá ficar um pouco apertado. Na verdade, muitos programadores profissionais de Visual Studio utilizam dois monitores para exibir diferentes visualizações do software.

O objetivo de todas essas ferramentas é acrescentar muitos recursos novos e úteis ao IDE, fornecendo ao mesmo tempo mecanismos inteligentes para gerenciar a poluição visual. Esses mecanismos incluem recursos como encaixar, auto-ocultar, flutuar e alguns outros estados de janela que descreverei mais adiante. O Visual Studio 2013 também oculta recursos pouco usados do IDE, até que você comece a utilizá-los, o que também ajuda a limpar o espaço de trabalho do IDE.

Se estiver escrevendo seu primeiro aplicativo Windows Store com o Visual Studio, o melhor modo de lidar com a sobrecarga de recursos é ocultar as ferramentas que não pretende usar frequentemente, a fim de dar espaço para as importantes. As janelas e ferramentas cruciais para tarefas intermediárias de programação em Visual Basic – aquelas que você vai começar a utilizar imediatamente neste livro – são a janela Designer, a janela Properties, o Solution Explorer e a Toolbox. As janelas Document Outline, Server Explorer, Data Sources, Class View, Object Browser, Device e Debug só serão utilizadas mais adiante no livro; portanto, sinta-se livre para ocultá-las, clicando no botão Close na barra de título de qualquer janela que não queira ver.

Nos próximos exercícios, você vai examinar o comportamento das ferramentas essenciais no IDE do Visual Studio. Também vai aprender sobre marcação XAML, a linguagem de projeto utilizada para definir a interface do usuário em aplicativos Windows Store.

CAPÍTULO 2   O ambiente de desenvolvimento integrado do Visual Studio   **25**

O Designer e a marcação XAML

Se você completou o exercício anterior ("Abra um projeto já existente do Visual Studio"), o projeto Music Trivia está carregado no ambiente de desenvolvimento do Visual Studio. Entretanto, a interface do usuário, ou página, do projeto talvez ainda não esteja visível no Visual Studio. (Projetos mais sofisticados podem conter várias páginas, mas esse primeiro programa de exemplo só precisa de uma.) Para tornar a página do projeto Music Trivia visível no IDE, exiba-o utilizando o Solution Explorer.

> **Nota**   Caso ainda não tenha carregado o projeto Music Trivia, volte e complete o exercício deste capítulo intitulado "Abra um projeto já existente do Visual Studio".

Exiba a janela Designer

1. Localize a janela Solution Explorer perto do canto superior direito do ambiente de desenvolvimento do Visual Studio. Caso não veja o Solution Explorer, clique no menu View e selecione Solution Explorer para exibi-lo.

> **Nota**   Daqui em diante neste livro, você verá, às vezes, um método mais curto para descrever escolhas de menu. Por exemplo, "Escolha View | Solution Explorer" significa "Clique no menu View e selecione Solution Explorer".

Quando o projeto Music Trivia é carregado, o Solution Explorer aparece assim:

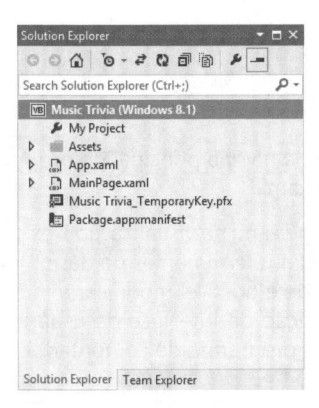

Como a maioria dos aplicativos Windows Store básicos, essa solução do Visual Basic contém um arquivo App.xaml que armazena configurações e recursos globais do projeto, uma pasta Assets contendo diversos arquivos de logotipo e uma tela de abertura para o projeto, um arquivo de certificado contendo chaves temporárias, um *manifesto de pacote de distribuição* contendo configurações de compilação e distribuição para seu arquivo e uma ou mais janelas, ou *páginas*, de interface de usuário, que podem ser identificadas pela extensão .xaml.

Próximo à parte superior do Solution Explorer, o programa Music Trivia está identificado como um projeto para Windows 8.1. Isso significa que ele se destina à plataforma Windows 8.1 e utiliza recursos do sistema operacional Windows 8.1.

No Visual Studio 2012 havia também uma pasta Common, que aparecia nos projetos para Windows Store, contendo classes e estilos XAML comuns, mas esses itens agora ficam ocultos.

2. Clique na seta de expansão à esquerda do arquivo MainPage.xaml na janela Solution Explorer.

Com o arquivo MainPage.xaml expandido, o Solution Explorer fica assim:

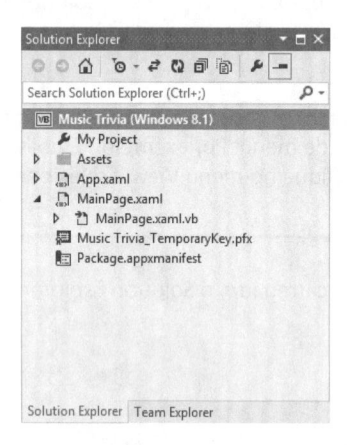

Nesse projeto para Windows Store, a página principal do programa Music Trivia é definida pelo arquivo MainPage.xaml.

Você pode abrir o arquivo MainPage.xaml na visualização Design para examinar e modificar a interface do usuário com ferramentas de design gráficas ou pode abrir o arquivo no Code Editor, onde é possível modificar a interface do usuário com XAML, a linguagem de definição de interface de usuário projetada para aplicativos Windows Store e outros programas de computador.

> **Dica** Se você criou aplicativos Windows Presentation Foundation (WPF) em uma versão anterior do Visual Studio, essa é a mesma linguagem de marcação XAML (com algumas atualizações importantes) com a qual já pode ter trabalhado para criar a interface do usuário para aplicativos em Visual Basic. Basicamente, os aplicativos Windows Store são os sucessores dos aplicativos estilo WPF.

CAPÍTULO 2   O ambiente de desenvolvimento integrado do Visual Studio   **27**

Abaixo do arquivo MainPage.xaml, você verá um segundo arquivo, chamado MainPage.xaml.vb. Esse arquivo também está associado à interface do usuário do projeto Music Trivia. MainPage.xaml.vb é chamado de arquivo code-behind, pois contém uma listagem do código do programa em Visual Basic conectado à interface de usuário definida por MainPage.xaml. Quando você aprender a criar aplicativos Windows Store com Visual Basic e Visual Studio, se tornará exímio em personalizar esse arquivo.

O Solution Explorer é a porta de entrada para trabalhar com os vários arquivos de seu projeto – é uma ferramenta essencial. Quando você dá um duplo clique em um arquivo no Solution Explorer, ele abre o arquivo em um editor adequado, caso a edição direta do arquivo seja permitida.

3. Dê um clique duplo no arquivo MainPage.xaml no Solution Explorer a fim de exibir a interface de usuário do projeto na janela Designer, caso ainda não esteja visível. Se necessário, use a barra de rolagem vertical para ajustar sua visualização da interface do usuário.

A página Music Trivia é exibida no Designer, como mostrado aqui:

Observe que aparece uma guia com o nome de arquivo MainPage.xaml perto da parte superior da janela Designer, junto com mais nomes de guia. Você pode clicar em uma guia a qualquer momento, para exibir o conteúdo dos vários arquivos abertos.

Conforme mencionado anteriormente, o arquivo MainPage.xaml é a representação visual da interface de usuário do programa. Contudo, você pode examinar de imediato a marcação XAML utilizada para definir a interface do usuário, dando um clique duplo na guia XAML do Code Editor, na parte inferior da janela Designer.

Como agora não é possível ver a interface do usuário inteira, talvez você queira redimensionar o Designer para que possa ver uma parte maior do programa.

4. Mova o cursor até a margem direita da janela Designer (a borda externa da barra de rolagem), até que ele se transforme em uma seta de duas pontas (o cursor de redimensionamento). Em seguida, arraste a margem da janela para a direita, a fim de ampliar a janela.

A janela Designer ficará maior e as janelas Solution Explorer e Properties ficarão menores. Sua tela será parecida com esta:

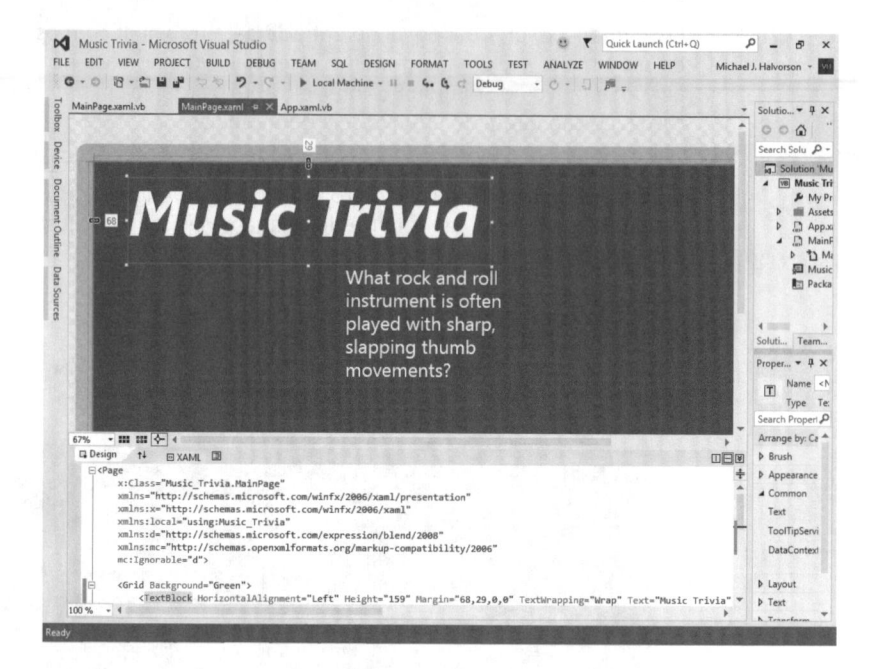

Agora, vamos examinar a marcação XAML que define os elementos da interface de usuário que você está vendo no Designer.

5. Retorne o Designer ao seu tamanho original e, então, dê um clique duplo na guia XAML para exibir a marcação XAML da página no Code Editor.

CAPÍTULO 2   O ambiente de desenvolvimento integrado do Visual Studio   29

6. Role até a parte superior da janela para ver o documento inteiro.

Você verá o seguinte:

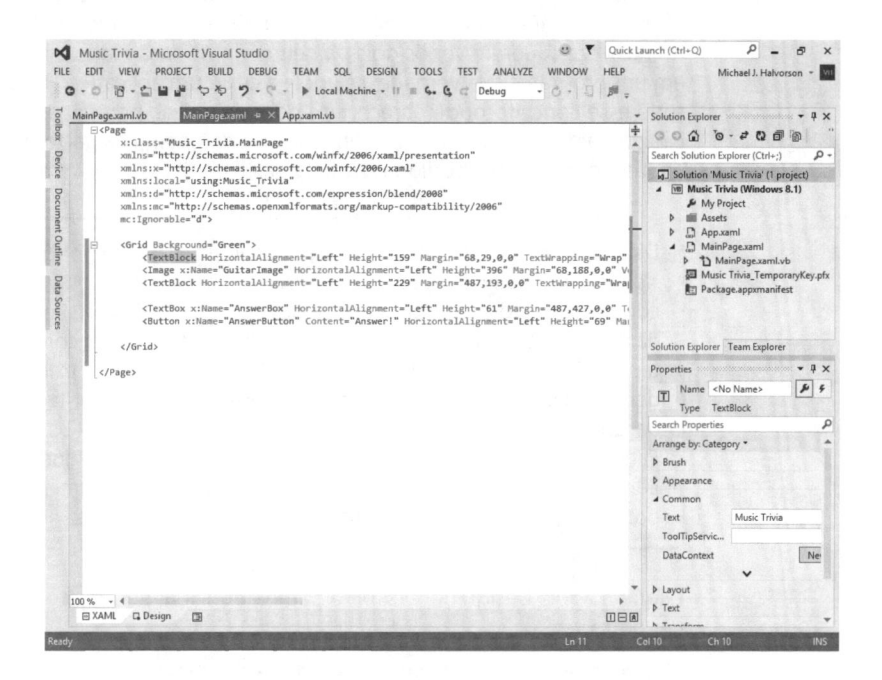

O conteúdo XAML de MainPage.xaml aparece no Code Editor e são essas informações estruturadas que controlam como o Visual Studio e o Windows exibem a interface do usuário e os elementos gráficos do aplicativo. Se você sabe um pouco de WPF ou HTML, isso deve ser um tanto familiar. A XAML contém marcação – instruções cuja principal finalidade é dizer a um programa como exibir as coisas na tela. A marcação XAML mostrada aqui aparece entre marcas (*tags*) <*Page*> e </*Page*> e é recuada para facilitar a leitura das informações. (Os aplicativos para Windows Phone também utilizam marcação XAML para definir a interface do usuário.)

As primeiras sete linhas abaixo de <*Page*> definem os recursos utilizados para criar a interface do usuário. Abaixo dessas linhas, a seção <*Grid*> ... </*Grid*> define os objetos da interface do usuário. Esse conteúdo XAML define dois controles *TextBlock*, um controle *Image*, um controle *TextBox* e um controle *Button*. Se você examinar a ilustração de tela do Designer novamente, poderá ver quantos desses elementos aparecem visualmente. (Dois deles estão ocultos atualmente; portanto, não aparecem.) Você pode ver até configurações de propriedade específicas para os objetos, sendo atribuídas por meio de nomes de propriedade individuais (como *HorizontalAlignment*) e valores (como Left).

Você vai aprender muito mais sobre marcação XAML em capítulos posteriores. Por enquanto, deve saber que a janela Designer permite ver uma *prévia* da interface do usuário e a marcação XAML que define características específicas dos objetos que aparecem na página prévia. Os programadores de Visual Studio muitas vezes querem ver os dois painéis de informação lado a lado ao trabalhar em um programa. Na verdade, se você já criou um aplicativo HTML para a web, todo esse conceito pode parecer um pouco familiar, pois várias ferramentas de design para a web também exibem o layout da página na parte superior da tela, enquanto mostram o código HTML na parte de baixo.

> **Dica** Existem alguns botões úteis ao longo da parte inferior da janela Designer e do Code Editor, os quais permitem um controle significativo sobre o comportamento de tela dividida desses elementos. Na parte inferior esquerda da janela Designer estão as guias XAML e Design, assim como um útil botão Document Outline, que abre uma janela separada para exibir os objetos dentro da interface do usuário, organizados por tipo. Na parte inferior direita da janela Designer estão os botões Vertical Split, Horizontal Split e Expand Pane/Collapse Pane, os quais controlam como a janela Designer e o Code Editor são dispostos. Expand Pane/Collapse Pane é especialmente útil; é um botão de alternância que permite ver as janelas uma por vez ou lado a lado.

7. Clique na guia Design para exibir a página principal do projeto na janela Designer outra vez.
8. Clique no botão Expand Pane para exibir a marcação XAML que desenha a página em uma janela abaixo da janela Designer.

Agora você vai tentar executar esse programa simples dentro do Visual Studio.

Execute e teste aplicativos Windows Store

Music Trivia é um aplicativo Windows Store simples, escrito em Visual Basic 2013. Eu o criei para que você conheça as ferramentas de programação do Visual Studio. A página que você vê agora foi personalizada com cinco objetos, e adicionei três linhas de código de programa a um arquivo code-behind, para que o programa faça uma pergunta simples e exiba a resposta certa. Você vai aprender mais sobre a criação de objetos como esses e sobre adição de código Visual Basic a um arquivo code-behind no Capítulo 3, "Crie seu primeiro aplicativo Windows Store". Por enquanto, tente executar o programa no IDE do Visual Studio.

Execute o programa Music Trivia

1. Clique no botão Start (a seta apontando para a direita próxima às palavras Local Machine) na barra de ferramentas Standard, para executar o programa Music Trivia no Visual Studio.

> **Dica** Você também pode pressionar F5 ou clicar no comando Start Debugging no menu Debug para executar um programa no IDE do Visual Studio.

CAPÍTULO 2   O ambiente de desenvolvimento integrado do Visual Studio   **31**

O Visual Studio carrega e compila o projeto em um *assembly*, um arquivo EXE que contém dados e código em uma forma que pode ser utilizada pelo computador. Esse assembly em particular também contém informações úteis para teste, ou *depuração*, que é uma parte fundamental do processo de desenvolvimento de software. Se a compilação for bem-sucedida, o Visual Studio executará o programa no IDE. (Isso é conhecido como executar o programa em uma *máquina local*, em contraste com executar em um computador remoto em algum lugar na web ou em algum tipo de simulador de software.)

Enquanto o programa está executando, aparece um ícone para ele na barra de tarefas do Windows. Após alguns instantes, você verá a interface de usuário do Music Trivia executando como aconteceria com qualquer aplicativo no Windows 8.1. (Você poderá ver também alguns números ao longo da parte superior da tela, os quais são utilizados para propósitos de depuração; eu os removi das capturas de tela do livro por clareza.)

Fora isso, o programa aparece exatamente como na versão anterior dentro do Designer do Visual Studio:

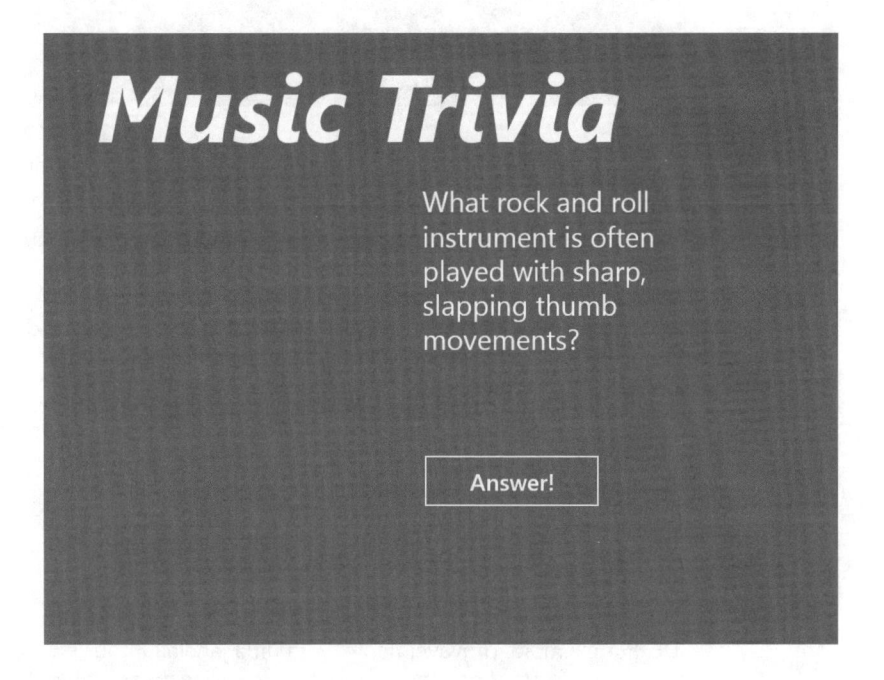

Music Trivia

What rock and roll instrument is often played with sharp, slapping thumb movements?

Answer!

O Music Trivia faz agora uma pergunta: What Rock And Roll Instrument Is Often Played With Sharp, Slapping Thumb Movements? (Que instrumento do rock costuma ser tocado batendo-se o polegar nas cordas?)

2. Clique no botão Answer! para revelar a solução da pergunta, e o programa exibe a resposta (The Bass Guitar – o baixo) abaixo da pergunta. Também aparece a foto de um baixista na página.

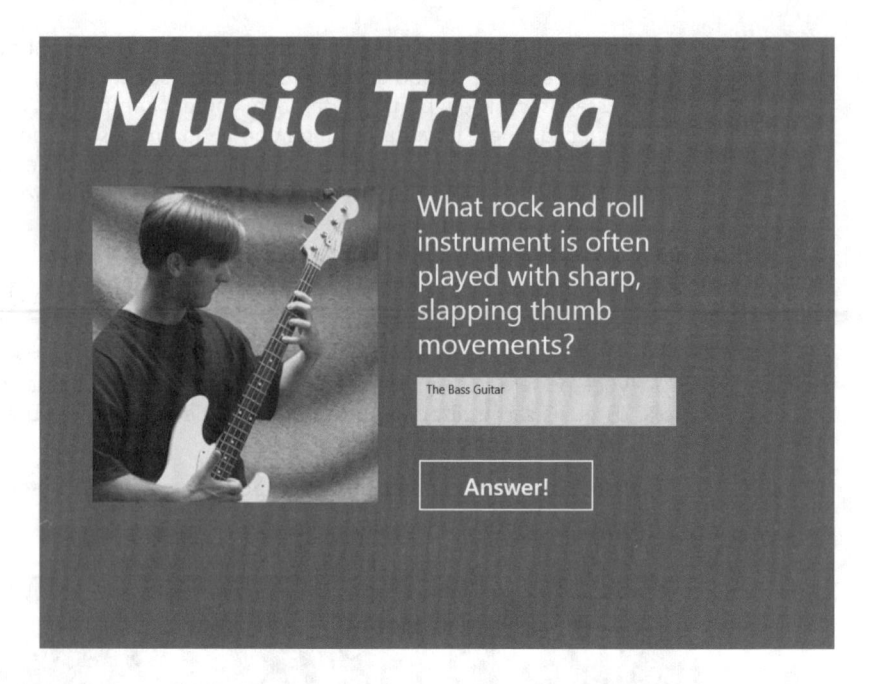

3. Feche o aplicativo arrastando a barra de título (ou parte superior da tela) para a parte inferior da tela (ou seja lá como você normalmente encerra um aplicativo).

Quando você move o cursor do mouse para a margem superior da tela, ele muda para a mão, o que fornece um retorno visual quando a barra de título é arrastada para a parte inferior da tela para encerrar o programa. Após o aplicativo fechar, você pode pressionar a tecla Windows ou clicar no ícone de programa do Visual Studio na área de trabalho, para ativar o IDE novamente.

O aplicativo Music Trivia poderá continuar em execução por uns instantes, enquanto o IDE do Visual Studio entende o pedido de término de programa que você acabou de fazer. (Por exemplo, você poderá ver a frase Running na barra de título do Visual Studio, indicando que um programa ainda está sendo executado no IDE.) É possível interromper imediatamente qualquer aplicativo em execução no IDE do Visual Studio, clicando no botão Stop Debugging da barra de ferramentas.

Depois que o programa parar de executar, você notará algumas mudanças no IDE. Por exemplo, provavelmente, verá uma janela Output na parte inferior do IDE, com informações sobre como os assemblies do aplicativo foram compilados e executados. Esse é o comportamento esperado dentro do Visual Studio, depois que um programa for compilado e executado. A janela Output fornece uma listagem bastante detalhada do que aconteceu durante a compilação, um processo que envolve vários estágios e o carregamento de diversos arquivos e recursos, chamados *bibliotecas*. Esse registro do processo é especialmente importante quando a compilação falha devido a um engano ou erro de programação imprevisto.

4. Depois de examinar o conteúdo da janela Output, clique em seu botão Close para ocultá-la.

CAPÍTULO 2   O ambiente de desenvolvimento integrado do Visual Studio   **33**

Você não vai ler muito mais sobre a janela Output nos capítulos iniciais deste livro, mas se encontrar um erro acidental ao escrever seus programas, vai achar essa ferramenta útil. Na maior parte das vezes, você pode simplesmente fechar a janela para ter mais espaço para examinar seu código.

Trabalhe com a janela Properties

Assim como as versões anteriores do Visual Studio, o Visual Studio 2013 tem uma janela Properties no IDE para permitir a alteração das características, ou *configurações de propriedade*, de um ou mais elementos da interface do usuário em uma página. Uma configuração de propriedade é um atributo de um dos objetos em seu programa, como sua posição na tela, seu tamanho, o texto exibido nele e assim por diante. Por exemplo, utilizando configurações de propriedade, você pode modificar o objeto bloco de texto que faz a pergunta sobre instrumentos musicais, especificando uma fonte ou um tamanho de fonte diferente.

A janela Properties contém uma lista das propriedades do objeto que está selecionado na janela Designer. Por exemplo, se um objeto botão estiver selecionado no Designer, as propriedades do objeto serão visíveis na janela Properties. A primeira propriedade listada na parte superior da janela Properties é *Name*, e você vai usar essa propriedade para dar nomes aos seus objetos, caso pretenda personalizá-los com código Visual Basic. (Por padrão, todos os objetos XAML novos não têm nome.) Embora haja muitas propriedades para cada objeto em uma página, o Visual Studio atribui valores padrão para a maioria delas, e você pode encontrar rapidamente as propriedades que deseja configurar organizando-as com a caixa suspensa Arrange By, na parte superior da janela Properties.

É possível alterar configurações de propriedade da janela Properties enquanto você está trabalhando em uma página, modificar uma configuração de propriedade editando a marcação XAML de uma página e adicionar código Visual Basic ao arquivo code-behind de uma página para fazer o Windows alterar uma ou mais configurações de propriedade enquanto um programa está em execução.

Conforme você vai aprender mais adiante, também é possível personalizar rotinas de tratamento de eventos de objetos em uma página, usando o botão Event Handlers (que parece um raio), próximo à parte superior da janela Properties. As rotinas de tratamento de evento são rotinas em Visual Basic personalizadas, executadas quando o usuário interage com os objetos de uma página, clicando, tocando, arrastando e outras ações.

Utilize o exercício a seguir para saber como configurar propriedades. Você vai modificar o texto do objeto botão e mudar a espessura e o estilo da fonte do primeiro objeto bloco de texto. (Se você não precisa de uma revisão sobre a configuração de propriedades, pule para a seção "Organize as ferramentas de programação".)

Altere propriedades

1. Clique no botão Answer na página atualmente carregada na janela Designer.

   Para trabalhar com um objeto em uma página, você deve primeiro selecioná-lo. Ao se selecionar um objeto, as configurações das propriedades do objeto são exibidas na janela Properties.

2. Pressione F4 para exibir a janela Properties, caso não esteja visível.

   A janela Properties pode estar visível ou não no Visual Studio, dependendo de como foi configurada e utilizada no sistema. Normalmente, ela aparece abaixo do Solution Explorer, à direita do IDE.

   Você verá uma janela semelhante à seguinte:

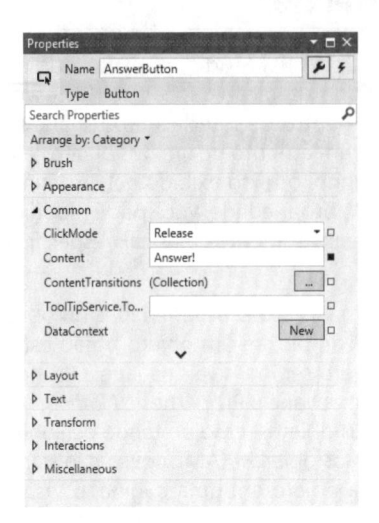

   A janela Properties lista todas as configurações de propriedades do objeto botão selecionado, o qual chamei de AnswerButton ao criar o programa. As propriedades são listadas em grupos aninhados e a visualização padrão as apresenta por categoria, em ordem alfabética. (*Brush* aparece primeiro, *Appearance* em segundo, *Common* em terceiro e assim por diante.) Quando os grupos de propriedades são expandidos, os nomes das propriedades geralmente são listados à esquerda e os valores das propriedades à direita. Algumas configurações de propriedades, como *Brush*, são atualizadas pela seleção de valores de cor com uma ferramenta de projeto; portanto, existem várias maneiras de configurar propriedades – e não apenas digitando texto com o teclado.

3. No grupo de propriedades Common (que contém as propriedades mais características para um objeto botão), veja que a propriedade *Content* está configurada como Answer!.

   Answer! é o texto que agora aparece no botão principal da página, e você pode alterá-lo para o que quiser, utilizando a janela Properties. Remova o ponto de exclamação agora, para praticar a alteração de propriedade.

4. Clique na caixa de texto Content depois de Answer!, remova o ponto de exclamação (!) e pressione Enter.

   A configuração da propriedade Content muda para Answer em três lugares: dentro da janela Properties, na página da janela Designer e dentro da marcação XAML no Code Editor.

CAPÍTULO 2   O ambiente de desenvolvimento integrado do Visual Studio   **35**

> **Dica**   Em vez de pressionar a tecla Enter para alterar uma configuração de propriedade, você pode simplesmente clicar em outro lugar na janela Properties. (Por exemplo, clique em outra caixa de texto.) Apenas tenha cuidado para não ajustar outra configuração de propriedade sem querer, clicando em lugar errado.

Agora você vai mudar o estilo de fonte do objeto bloco de texto para remover o negrito e o itálico. Atualmente, o objeto bloco de texto contém o texto Music Trivia.

5. Clique no objeto bloco de texto Music Trivia na página. Um objeto bloco de texto é uma maneira excelente de exibir texto descritivo em uma página.

6. Na janela Properties, clique no grupo de propriedades Text (não na propriedade *Text* no grupo Common que agora está visível).

7. Clique no botão Bold para remover a formatação em negrito.

8. Clique no botão Italic para remover a formatação em itálico.

   O Visual Studio grava suas alterações e ajusta as configurações de propriedade de maneira correspondente. Sua tela deve ser parecida com esta:

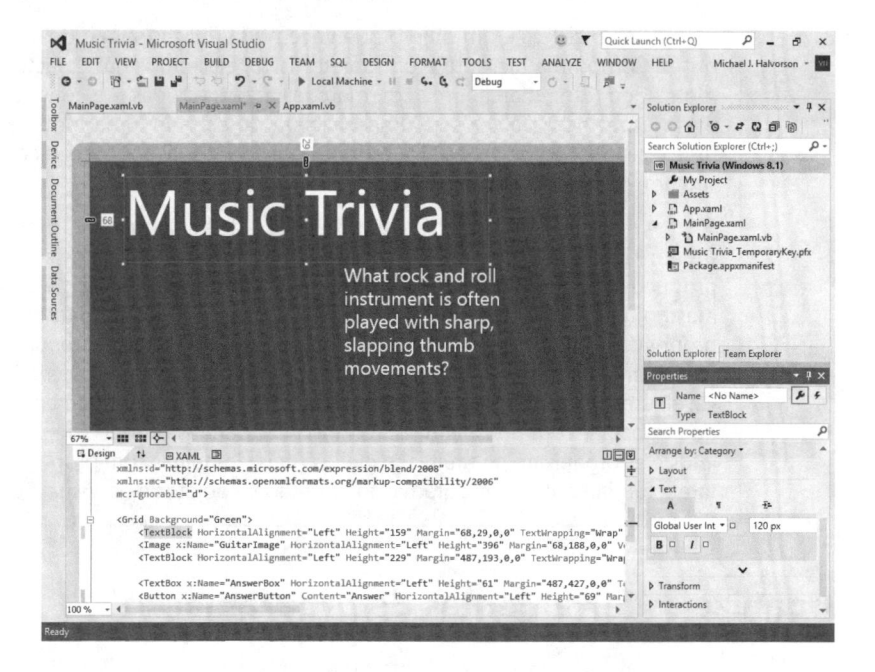

Você acabou de atualizar três propriedades, e o processo é muito parecido com as versões anteriores do Visual Studio, embora, neste caso, esteja ajustando propriedades XAML relacionadas a um aplicativo Windows Store. Lembre-se dessa habilidade fundamental – você terá numerosas opções de fonte, cor e estilo para escolher, quando terminar este livro.

> ### Objetos e propriedades: uma revisão da terminologia
>
> Aqui estão algumas questões a serem lembradas quando você trabalhar com objetos e propriedades em um programa em Visual Basic. Primeiramente, lembre-se de que cada elemento da interface do usuário de um programa (incluindo a própria página) tem um conjunto de propriedades definíveis. As propriedades podem ser configuradas no momento do projeto com a janela Properties ou editadas na marcação XAML da página que define uma parte da interface de usuário do programa.
>
> As propriedades também podem ser configuradas ou referenciadas em código Visual Basic, para fazer alterações em elementos do programa enquanto o aplicativo é executado. (Os elementos da interface do usuário que recebem entrada costumam usar propriedades para receber informações no programa.) É fácil entender as configurações de propriedade, se você as considerar em termos de algo da vida diária. Pense na seguinte analogia com uma bicicleta, que utilizei por vários anos para descrever terminologia de objetos e propriedades.
>
> Uma bicicleta é um objeto que você pode utilizar para ir de um lugar para outro. Como uma bicicleta é um objeto físico, ela tem várias características inerentes. Tem uma marca, uma cor, marchas, freios e rodas e é construída em um estilo específico. (Talvez seja uma bicicleta de estrada, uma mountain bike ou uma bicicleta de dois selins.) Na terminologia do Visual Basic, essas características são *propriedades* do objeto bicicleta.
>
> A maioria das propriedades da bicicleta é definida quando a bicicleta é construída. Mas outras (pneus, velocidade e opções como refletores e espelhos) são propriedades que mudam enquanto a bicicleta é usada. A bicicleta poderia até mesmo ter propriedades intangíveis (isto é, invisíveis), como data de fabricação, proprietário atual, valor ou status de locação. E para tornar um pouco mais complexo, uma empresa ou loja poderia possuir uma bicicleta ou (o cenário mais provável) uma frota inteira de bicicletas, todas com propriedades diferentes. À medida que trabalhar com o Visual Basic, você configurará as propriedades de vários objetos e as organizará de muitas maneiras úteis. Trabalhar com propriedades é uma tarefa fundamental na programação orientada a objetos e no Visual Studio 2013.

Organize as ferramentas de programação

Para dar controle total sobre a forma e o tamanho dos elementos no IDE, o Visual Studio permite mover, redimensionar, encaixar e ocultar automaticamente quando não necessários (um recurso chamado *auto-ocultação*) a maioria dos elementos de interface utilizados para construir programas. Essas habilidades são fundamentais, pois são utilizadas repetidamente neste livro. Se quiser rever como as ferramentas são utilizadas, leia as seções a seguir e pratique as técnicas. Se achar que já está totalmente informado a respeito, pule para a seção "Configure o IDE para os exercícios passo a passo".

Mova e encaixe ferramentas

Para mover uma das janelas de ferramentas no Visual Studio, basta clicar na barra de título e arrastar a janela para um novo local. Se você posicionar a janela em algum lugar no meio do IDE e soltá-la, ela *flutuará* sobre a superfície do Visual Studio, livre das outras janelas de ferramentas. Se você arrastar uma janela ao longo da margem de outra janela, ela se anexará a essa janela, ou se *encaixará*.

Janelas encaixáveis são vantajosas porque permanecem sempre visíveis. (Elas não ficam ocultas atrás de outras janelas.) Se quiser ver mais de uma janela encaixada, basta arrastar uma de suas bordas para visualizar mais conteúdo.

Se quiser fechar completamente uma janela, clique no botão Close no canto superior direito da janela. Você sempre pode abrir a janela novamente clicando no comando apropriado do menu View.

Auto-ocultação

Se quiser uma opção entre encaixar e fechar uma janela, você pode tentar *auto-ocultar* uma janela de ferramentas no lado, na parte superior ou na parte inferior do IDE do Visual Studio, clicando no pequeno botão Auto Hide com um ícone de tachinha à direita da barra de título da ferramenta. Essa ação remove a janela da posição encaixada e coloca o título da ferramenta na margem do ambiente de desenvolvimento, em uma guia que não atrapalha. Ao auto-ocultar uma janela, você notará que a janela de ferramentas permanece visível, contanto que mantenha o cursor do mouse na área da janela. Quando clicar em outra parte do IDE (ou mover o mouse para outro lugar), a janela deslizará para fora da vista.

Para restaurar uma janela que você auto-ocultou, clique na guia de ferramentas na margem do ambiente de desenvolvimento. (Você pode reconhecer uma janela que está auto-ocultada porque a tachinha em sua barra de título está apontando para o lado.) Clicando repetidamente na guia de ferramentas na margem do IDE, você pode usar as ferramentas no que chamo de *modo pique-esconde* – isto é, para exibir rapidamente uma janela auto-ocultada, clique em sua guia, verifique ou configure a informação necessária e, então, clique em sua guia novamente para fazê-la desaparecer. Se alguma vez precisar que a ferramenta seja exibida permanentemente, clique de novo no botão de tachinha Auto Hide para que a extremidade da tachinha aponte para baixo; então, a janela permanecerá visível.

Documentos com guias, encaixe manual e guias de encaixe

Outro recurso útil do Visual Studio é a capacidade de encaixar as janelas do Code Editor ou do Designer como documentos com guias. Um documento com guias é uma janela com uma alça de guia parcialmente oculta atrás de outras janelas. Essa é a maneira padrão de exibição de janelas de documento.

Você pode encaixar ferramentas de programação, como a janela Properties, manualmente onde quiser, arrastando a ferramenta e usando as guias de encaixe que aparecem como pequenos quadrados no contorno do IDE. Um losango guia, localizado centralizadamente, também o ajudará a encaixar janelas de ferramentas manualmente, oferecendo uma visualização prévia de onde a ferramenta ficará.

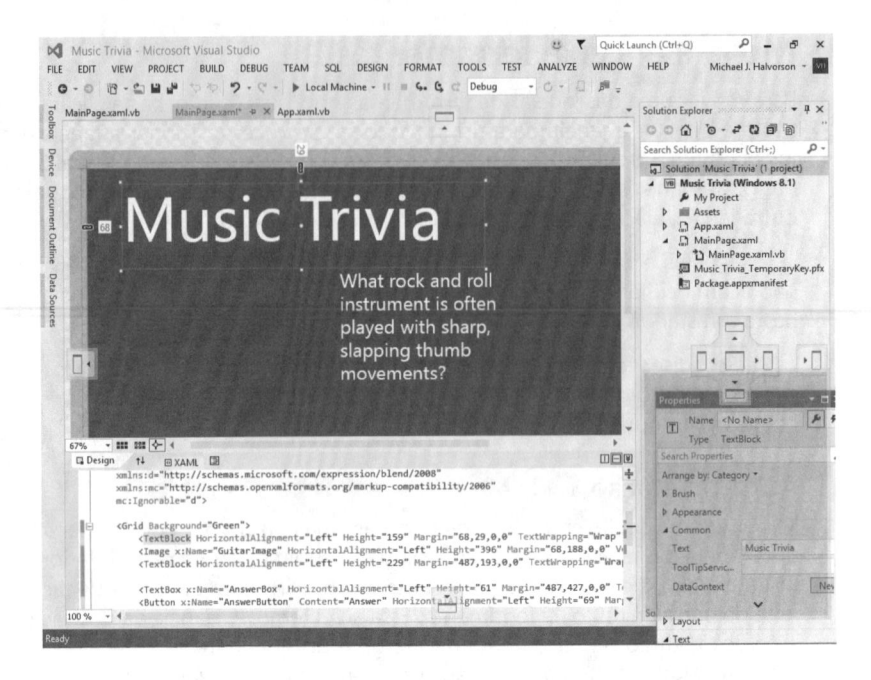

As guias de encaixe são ícones mutáveis que aparecem na superfície do IDE quando você move uma janela ou ferramenta de uma posição encaixada para um novo local. Como as guias de encaixe estão associadas às áreas retangulares e sombreadas do IDE, você pode visualizar os resultados de sua manobra de encaixe antes de realmente fazê-lo. As mudanças de orientação da janela não serão efetivadas até que você solte o botão do mouse.

Dominar as técnicas de encaixe e auto-ocultação pode exigir certa prática ao utilizá-las pela primeira vez; portanto, talvez você queira experimentar um pouco.

Oculte janelas de ferramentas

Para ocultar uma janela de ferramentas, clique no botão de tachinha Auto Hide à direita da barra de título a fim de ocultar a janela sob uma guia de ferramentas na margem do IDE, e clique nela novamente para restaurar a janela à sua posição encaixada. Você também pode utilizar o comando Auto Hide do menu Window (ou clicar com o botão direito do mouse em uma barra de título e selecionar Auto Hide) para auto-ocultar uma janela de ferramentas. Utilize o procedimento a seguir quando for auto-ocultar.

Utilize o recurso Auto Hide

1. Localize o botão de tachinha Auto Hide na barra de título da janela Properties.

    A tachinha está atualmente na posição "para baixo", ou "pressionado", o que quer dizer que a janela Properties está "fixada" e a auto-ocultação está desativada.

CAPÍTULO 2   O ambiente de desenvolvimento integrado do Visual Studio   **39**

2. Clique no botão Auto Hide na barra de título da janela Properties e essa janela sairá da tela, sendo substituída por uma pequena guia chamada Properties.

> **Nota** A vantagem de ativar a auto-ocultação é que o processo libera área de trabalho extra no Visual Studio. Mas a janela oculta também pode ser rapidamente acessada.

3. Clique na guia Properties e a janela Properties deverá reaparecer imediatamente.
4. Clique com o mouse em outro lugar dentro do IDE e a janela desaparecerá outra vez.
5. Por fim, exiba a janela Properties novamente e, então, clique no botão de tachinha na barra de título da janela Properties. A janela Properties retorna à sua conhecida posição encaixada e você pode utilizá-la sem se preocupar se ela vai deslizar e desaparecer.

Passe algum tempo agora movendo, redimensionando, encaixando e auto-ocultando janelas de ferramentas no Visual Studio, para criar sua versão de ambiente de trabalho perfeito. À medida que trabalhar neste livro, você desejará ajustar as configurações de janela periodicamente para adaptar sua área de trabalho às novas ferramentas que está utilizando.

Configure o IDE para os exercícios passo a passo

Como as janelas de ferramentas e outras configurações de ambiente no IDE, as configurações do compilador e pessoais no Visual Studio são altamente personalizáveis. É importante examinar algumas dessas configurações agora para que sua versão do Visual Studio esteja ajustada de maneira compatível com os exercícios de programação passo a passo a seguir. Você também aprenderá a personalizar o Visual Studio de modo geral para ganhar experiência de programação e poder configurá-lo da maneira mais produtiva.

Se você acabou de instalar o Visual Studio, está pronto para iniciar os exercícios de programação do livro. Mas se a instalação do Visual Basic foi feita há algum tempo ou se seu computador for um recurso compartilhado, utilizado por outros programadores que podem ter modificado as configurações padrão (talvez no laboratório de informática de uma faculdade), complete os passos a seguir para verificar se suas configurações relacionadas aos projetos, às soluções e ao compilador correspondem àquelas que utilizo no livro.

Ajuste as configurações de projeto e do compilador

1. Clique no comando Options no menu Tools para exibir a caixa de diálogo Options.

    A caixa de diálogo Options é sua janela para muitas das configurações personalizáveis dentro do Visual Studio. Para ajudá-lo a encontrar as configurações que você deseja alterar, o Visual Studio as organiza por categoria.

2. Expanda a categoria Projects And Solutions e, então, clique no item General dentro dela.

   Esse grupo de caixas de seleção e opções define as configurações de projeto e solução do Visual Studio.

3. Para que seu software corresponda às configurações utilizadas neste livro, ajuste suas configurações de acordo com as mostradas na caixa de diálogo a seguir.

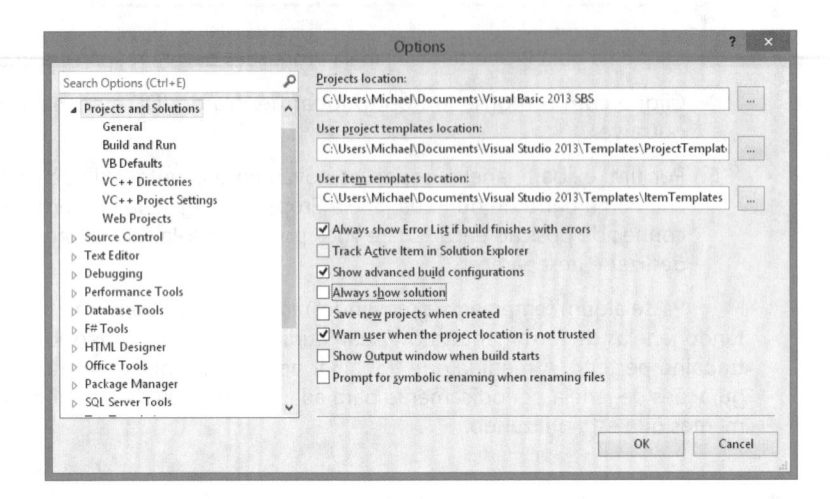

Em particular, recomendo retirar as marcas (se você as vir) das caixas de seleção Always Show Solution e Save New Projects When Created. A primeira opção, quando selecionada, mostra comandos de solução adicionais no IDE, os quais não são necessários para soluções que contêm apenas um projeto (a situação da maioria dos programas neste livro).

Desmarcar a segunda opção faz o Visual Studio adiar o salvamento do projeto até você clicar no comando Save All no menu File e fornecer um local para salvar o arquivo. Esse recurso de salvamento adiado permite criar um programa de teste, compilá-lo e depurá-lo e até executá-lo sem realmente salvar o projeto em disco – um recurso útil quando você quer criar um programa de teste rápido que talvez queira descartar, em vez de salvar. (Uma situação equivalente em termos de processamento de texto é quando você abre um novo documento do Word, digita um endereço para uma etiqueta postal, imprime o endereço e, então, sai do Word sem salvar o arquivo.) Com essa configuração desmarcada, os exercícios deste livro solicitam salvar os projetos depois de criá-los, embora também seja possível salvá-los antecipadamente, marcando a caixa de seleção Save New Projects When Created.

Você também notará que naveguei até o local dos arquivos de exemplo do livro (Visual Basic 2013 SBS) na caixa de texto superior do formulário, para indicar o local padrão para esses arquivos. A maioria dos projetos que você criar será armazenada nessa pasta e terá um prefixo "My" para distingui-los do projeto concluído que forneço para averiguação. (Certifique-se de alterar esse caminho para o local dos arquivos de exemplo do livro em seu computador.)

Depois de ter ajustado essas configurações, você está pronto para verificar as configurações de compilação do Visual Basic.

4. Clique no item VB Defaults na seção Projects And Solutions expandida.

O Visual Studio exibe uma lista de quatro configurações de compilação: Option Explicit, Option Strict, Option Compare e Option Infer. Sua tela provavelmente se parece com esta:

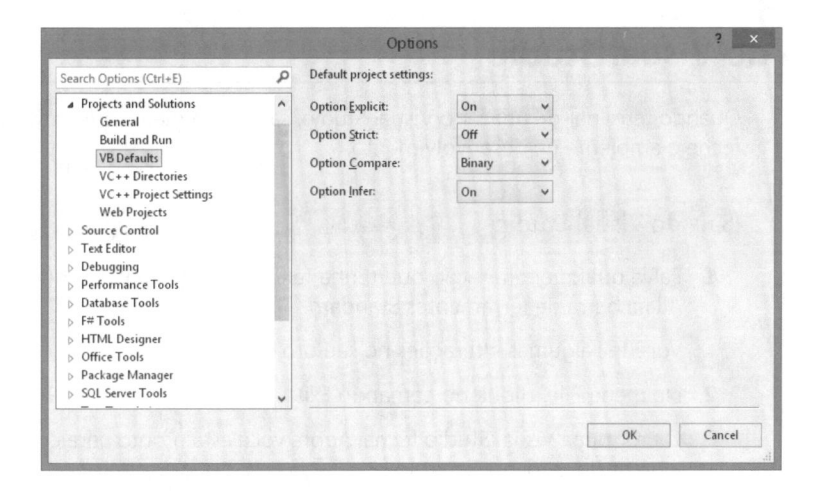

Embora uma descrição detalhada dessas configurações esteja além dos objetivos deste capítulo, você vai querer verificar se Option Explicit está configurada como On e se Option Strict está configurada como Off – as configurações padrão para programação com Visual Basic dentro do Visual Studio. Option Explicit On é uma configuração que exige declarar uma variável antes de utilizá-la em um programa – uma ótima prática de programação. Option Strict Off permite que variáveis e objetos de tipos diferentes sejam combinados sob certas circunstâncias, sem gerar um erro de compilação. (Por exemplo, um número pode ser atribuído a um objeto de caixa de texto sem erro.) Embora isso seja uma prática de programação potencialmente preocupante, Option Strict Off é uma configuração útil para certos tipos de programas de demonstração.

Option Compare determina o método de comparação quando diferentes strings de texto são comparadas e classificadas. Para obter mais informações sobre a comparação de strings e classificação de texto, consulte o Capítulo 14, "Arrays, coleções e genéricos para gerenciamento de dados", e o Capítulo 15, "Gerenciamento de dados inovador com LINQ".

Option Infer era uma configuração nova no Visual Basic 2008. Quando Option Strict é configurada como Off e Option Infer como On, você pode declarar variáveis sem indicar o tipo de dado explicitamente. Ou melhor, se fizer tal declaração, o compilador do Visual Basic deduzirá (ou terá um palpite sobre) o tipo de dado com base na atribuição inicial feita para a variável. Você aprenderá mais sobre esse recurso no Capítulo 11, "Tipos de dados, operadores e processamento de strings".

Como regra geral, é recomendável configurar Option Infer como Off para evitar resultados inesperados na maneira como as variáveis são usadas nos seus programas. Configurei Option Infer como Off na maioria dos projetos incluídos nos arquivos de exemplo.

5. Sinta-se à vontade para examinar configurações adicionais na caixa de diálogo Options relacionadas ao seu ambiente de programação e ao Visual Studio. Quando terminar, clique em OK para fechar a caixa de diálogo Options.

   Você está pronto para sair do Visual Studio e começar a programar.

Saia do Visual Studio

Quando terminar de utilizar o Visual Studio, salve os projetos que estiverem abertos e feche o ambiente de desenvolvimento.

Saia do Visual Studio

1. Salve qualquer alteração que tenha feito no programa, clicando no botão Save All na barra de ferramentas Standard.

   Você fez algumas alterações no seu projeto, então deve salvá-las agora.

2. No menu File, clique no comando Exit.

   O programa Visual Studio fecha. Agora você está pronto para criar um programa a partir do zero, no Capítulo 3.

Resumo

Este capítulo apresentou o Visual Studio 2013 e o IDE utilizado para abrir e executar programas em Visual Basic. Você pode criar aplicativos para as várias plataformas Windows abrindo projetos novos ou já existentes no Visual Studio e, então, complementar o projeto com as diversas ferramentas de programação. Neste capítulo, você aprendeu a exibir a interface do usuário de um aplicativo Windows Store, a examinar objetos XAML na página e a alterar configurações de propriedade.

À medida que percorreu o IDE do Visual Studio, você reviu como abrir e executar um aplicativo, como examinar a marcação XAML no Code Editor e como manipular janelas de ferramentas no IDE. Aprendeu também a personalizar configurações no Visual Studio utilizando o comando Options do menu Tools.

O IDE do Visual Studio é um lugar repleto de detalhes, e examinamos algumas técnicas de IDE essenciais para que você possa completar os exercícios de programação passo a passo a seguir. Contudo, há muito mais para aprender. Se quiser mais informações, consulte meu livro *Start Here! Learn to Program in Visual Basic 2012* (Microsoft Press, 2012).

No próximo capítulo, você vai criar seu primeiro aplicativo Windows Store a partir do zero, um jogo tipo máquina caça-níquel para acertar o número da sorte.

CAPÍTULO 3

Crie seu primeiro aplicativo Windows Store

Neste capítulo, você vai aprender a:

- Projetar a interface do usuário de um aplicativo Windows Store.
- Utilizar controles XAML da Toolbox.
- Trabalhar com números aleatórios, fotos digitais e efeitos sonoros.
- Escrever código de programa em Visual Basic para uma rotina de tratamento de eventos.
- Criar uma tela de abertura para seu aplicativo Windows Store.
- Salvar, testar e compilar um aplicativo Windows Store.

Conforme o Capítulo 2, "O ambiente de desenvolvimento integrado do Visual Studio", o IDE do Microsoft Visual Studio 2013 está pronto para ajudar você a criar seus aplicativos em Visual Basic. Este capítulo serve para você entrar em ação e criar um programa em Visual Basic para a Windows Store. Como um exercício de acompanhamento completo, o Capítulo 3 descreve os passos fundamentais que você concluirá sempre que criar um aplicativo em Visual Basic no IDE do Visual Studio 2013. Em outros capítulos, mais adiante, você aprenderá mais sobre a diversidade de tipos de aplicativo que podem ser criados com o Visual Studio, inclusive aplicativos para a Windows Store, para a área de trabalho do Windows, para o console, para a web e para Windows Phone. Depois de aprender as principais habilidades de programação em Visual Basic, você percebe que todos esses tipos de aplicativo têm muito em comum.

Além disso, você vai aprender a criar uma máquina caça-níquel estilo Las Vegas para a Windows Store. Vai projetar a interface de usuário do programa com controles XAML da Toolbox e vai ajustar configurações de propriedades e redimensionar objetos na página com ferramentas do IDE. Como parte do processo, você vai usar o controle *TextBlock* para exibir números aleatórios, o controle *Image* para inserir uma fotografia digital e o controle *MediaElement* para reproduzir um efeito sonoro quando o usuário obtiver o número 7. Para criar a funcionalidade básica do aplicativo Windows Store, você escreverá código de programa em Visual Basic para uma rotina de tratamento de eventos. Criará, por fim, uma tela de abertura para o aplicativo, além de salvar e testar o aplicativo no IDE e compilar um arquivo executável que pode ser ativado a partir da página Iniciar do Windows.

Lucky Seven: um aplicativo em Visual Basic para a Windows Store

O aplicativo Windows Store que você vai construir é o Lucky Seven, um programa de jogo que simula uma máquina caça-níquel. O Lucky Seven tem uma interface de usuário simples e pode ser criado e compilado em apenas alguns minutos com o Visual Basic 2013. Seu programa ficará assim quando estiver terminado:

Programação passo a passo

A interface de usuário do Lucky Seven contém um botão, três objetos bloco de texto para exibir números da sorte, uma foto digital retratando os prêmios em dinheiro e um bloco de texto contendo o título "Lucky Seven". Produzi esses elementos criando cinco objetos visíveis na página Lucky Seven e, depois, alterando várias propriedades de cada objeto. Adicionei também um controle *MediaElement* à página, o qual não é visível em tempo de execução, para reproduzir um efeito sonoro especial quando o usuário ganhar o jogo.

Depois que projetei a interface de usuário básica, adicionei código de programa ao botão Spin para processar os cliques no botão dados pelo usuário e exibir os números aleatórios na página. Por fim, criei uma tela de abertura para o aplicativo e o preparei para distribuição utilizando ferramentas do IDE do Visual Studio.

Para recriar o Lucky Seven, você seguirá cinco passos de programação fundamentais, que serão os mesmos para a maioria dos projetos que criará com o Visual Studio. Você projetará a interface do usuário com controles da Toolbox, ajustará importantes configurações de propriedades, escreverá código em Visual Basic, preparará uma tela de abertura e outros elementos exigidos, testará o programa e compilará um arquivo executável.

Projete a interface do usuário

Neste exercício, você começará a construir o Lucky Seven, primeiro criando um novo projeto e, depois, utilizando controles XAML para aplicativos Windows Store, a fim de construir a interface do usuário.

Crie um novo projeto

1. Inicie o Visual Studio 2013.
2. No menu File do Visual Studio, clique em New Project.

   A caixa de diálogo New Project abre, como mostrado aqui:

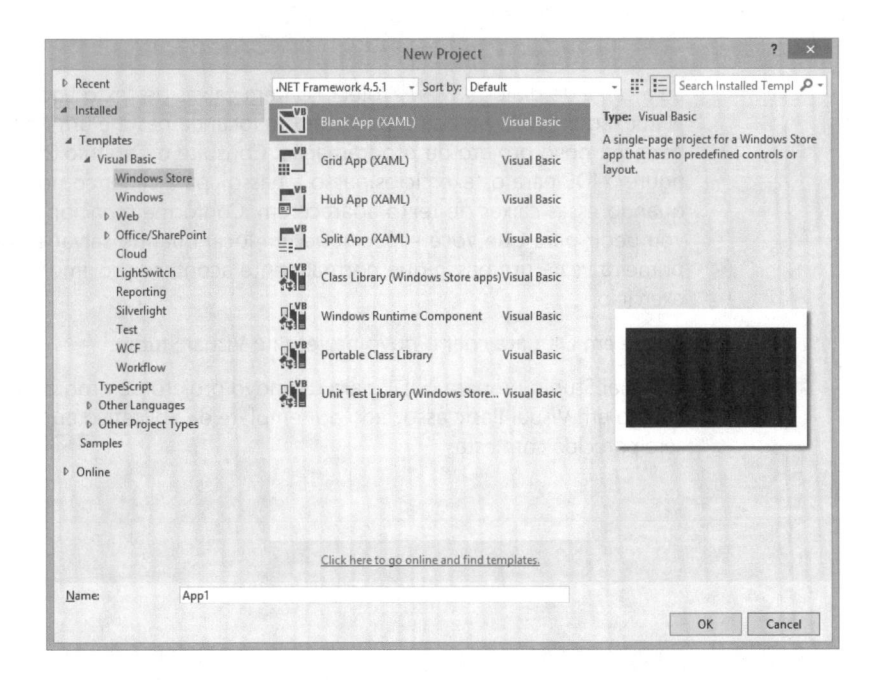

   A caixa de diálogo New Project dá acesso aos principais tipos de template disponíveis para criar aplicativos com o Visual Studio. No lado esquerdo da caixa de diálogo existe uma lista dos muitos tipos de template disponíveis. Como a escolha de linguagem mais recente que fiz nessa caixa de diálogo foi Visual Basic, os templates para Visual Basic estão atualmente visíveis, mas também são oferecidos outros templates e recursos de programação, inclusive para Visual C#, Visual C++ e JavaScript.

3. No grupo de templates para Visual Basic, clique no projeto Blank App (XAML), se ainda não estiver selecionado.

   Quando você usar o template Blank App, o Visual Studio criará um projeto de aplicativo Windows Store básico com blocos, tela de abertura, manifesto e código de inicialização padrão, mas sem controle ou layout predefinido. Observe que estão disponíveis outros tipos de aplicativo (os quais veremos mais adiante), inclusive Windows (isto é, área de trabalho do Windows), Web e Windows Phone.

4. Na caixa de texto Name, digite **My Lucky Seven**.

   O Visual Studio atribui o nome My Lucky Seven ao seu projeto. (Mais adiante, você especificará o local de uma pasta para o projeto.)

   > **Importante** Aqui, o prefixo "My" é recomendável para que não haja confusão entre seu novo aplicativo com o projeto Lucky Seven que criei no disco. Contudo, você verá que não usei o prefixo "My" nas instruções, nos projetos de exemplo nem nas capturas de tela do livro – estou deixando isso para seu uso.

   Se a caixa de diálogo New Project contém caixas de texto Location e Solution Name, agora você precisa especificar um local de pasta e um nome de solução para seu novo projeto de programação. Consulte o Capítulo 2, na seção "Configure o IDE para os exercícios passo a passo", para saber como fazer os ajustes quando essas caixas de texto aparecerem. Conforme mencionei no Capítulo 2, vou pedir para que você especifique um local quando salvar seu projeto pela primeira vez – um passo que normalmente acontece próximo ao final de cada exercício.

5. Clique em OK para criar o novo projeto no Visual Studio.

   O Visual Studio prepara o IDE para um novo projeto de programação e exibe o código em Visual Basic associado ao template de aplicativo em branco. Sua tela será parecida com esta:

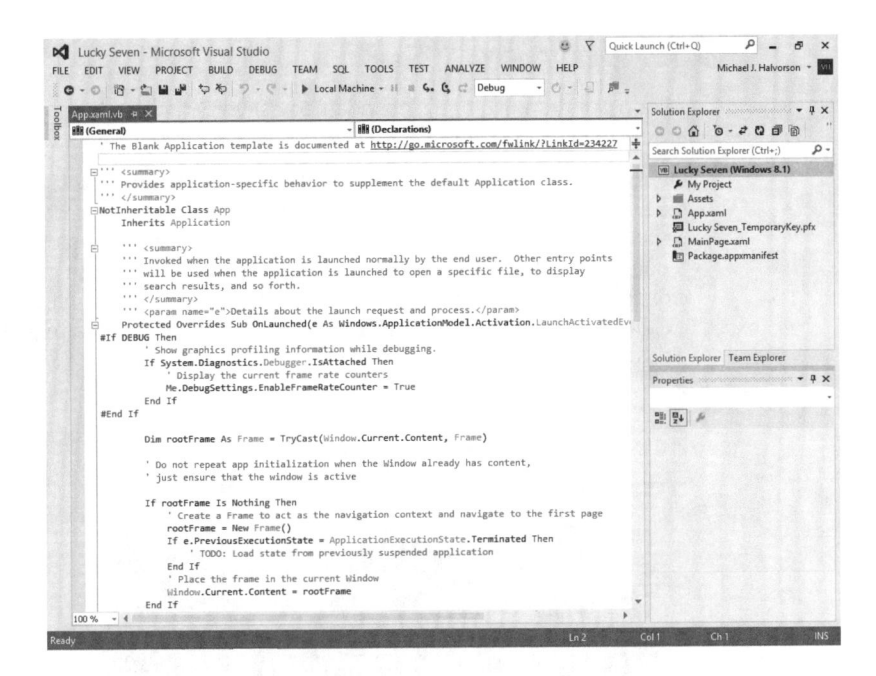

CAPÍTULO 3 Crie seu primeiro aplicativo Windows Store

O que você vê aqui é o código de inicialização padrão para um aplicativo Windows Store criado no Visual Studio 2013, sendo o código armazenado no arquivo App.xaml.vb dentro do projeto. Embora cada projeto contenha um arquivo App.xaml, seu trabalho neste capítulo começará com a interface de usuário do aplicativo, a qual é armazenada no arquivo MainPage.xaml.

> **Nota** A seção que começa com *#If DEBUG Then*, próxima ao centro dessa ilustração, exibe informações de depuração na tela quando o aplicativo Windows Store é executado no modo de depuração e serve para propósitos de teste. Esse código estava presente na última versão do software Visual Studio 2013 e exibe informações sobre o tempo que várias tarefas estão levando durante a execução do aplicativo Visual Studio, inclusive a taxa de regeneração da thread da interface do usuário e quanto tempo (em milissegundos) demorou para carregar essa. Se quiser eliminar as informações de depuração, remova o código entre as instruções *#If DEBUG* e *#End If*. Para obter mais informações sobre o significado dos contadores de depuração que aparecem na parte superior da tela durante os testes, consulte *EnableFrameRateCounter* em *http://msdn.microsoft.com*.

Agora você vai exibir essa interface de usuário no Designer e aprimorá-la com controles da Toolbox.

Navegue pelo Designer

1. Abra o Solution Explorer, se ainda não estiver visível, e dê um clique duplo no arquivo MainPage.xaml.

   O Visual Studio abre o arquivo MainPage.xaml em uma janela Designer e mostra o canto superior esquerdo da página principal do aplicativo. Abaixo dessa página, você verá o Code Editor com várias linhas de marcação XAML associada à página da interface do usuário no Designer. À medida que controles são adicionados à página do aplicativo no Designer, o Code Editor reflete as alterações exibindo as instruções em XAML que criarão a interface. Sua tela deve ser parecida com esta:

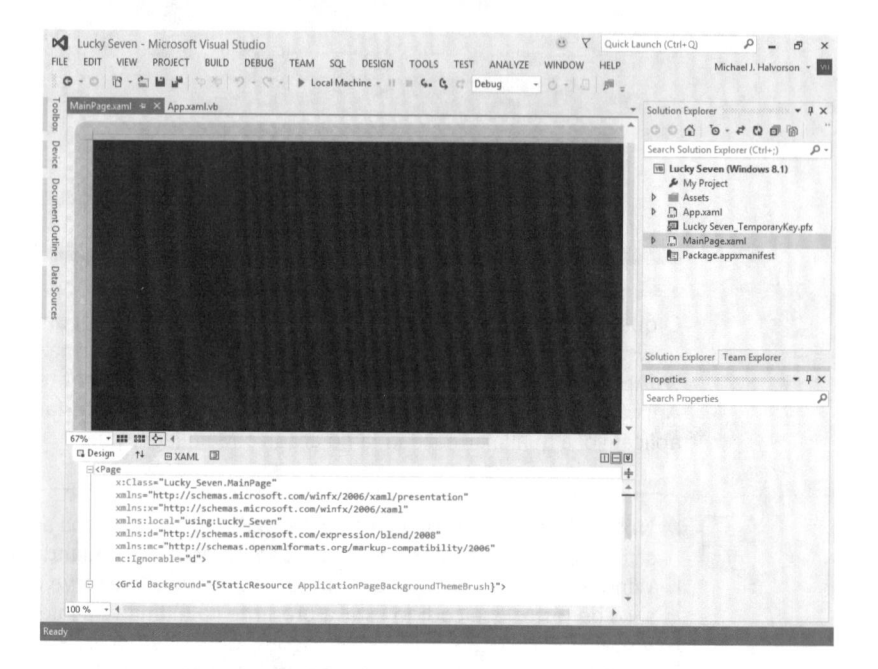

   Sempre que você criar um aplicativo Windows Store com Visual Basic e Visual Studio, utilizará controles da Toolbox e marcação XAML para projetar a interface do usuário. Essa técnica será nova para os programadores de Visual Basic que criaram principalmente aplicativos Windows utilizando a tecnologia conhecida como Windows Forms. (A Toolbox terá sido usada, mas não marcação XAML.) No entanto, a XAML será um tanto conhecida dos programadores que criaram aplicativos Windows utilizando Windows Presentation Foundation (WPF) ou Windows Phone.

   Agora, vamos ver como o Designer funciona.

2. Clique no elevador da barra de rolagem vertical do Designer e arraste-o para baixo.

   Quando arrasta um elevador na janela Designer, você vê mais da interface de usuário em que está trabalhando.

3. Clique no elevador da barra de rolagem horizontal do Designer e arraste-o para a direita. (Do mesmo modo, quando arrasta um elevador horizontal, você pode ver partes ocultas da interface do usuário.)

Perto do canto inferior esquerdo do Designer, você verá uma ferramenta Zoom, a qual permite ampliar a página atual do aplicativo (para ver mais detalhes) ou reduzir (para ver uma parte maior da página). O valor atual da ferramenta Zoom é 67%. Um valor diferente pode ser selecionado clicando-se no botão suspenso da ferramenta Zoom.

4. Clique no botão suspenso de Zoom e então clique em Fit All.

Agora a página inteira do aplicativo cabe dentro do Designer. Dependendo de sua resolução de tela e da quantidade de espaço na tela designada para as outras ferramentas do IDE, você verá uma versão um tanto menor da página.

> **Dica** Se seu mouse tem roda, você pode mudar rapidamente de uma configuração de zoom para outra mantendo a tecla Ctrl pressionada e girando a roda do mouse. Esse recurso funciona quando o Designer está ativo.

Quando você constrói um aplicativo, é importante ver rapidamente diferentes partes da página em diferentes tamanhos. Às vezes, você quer ver a página inteira para contemplar o layout dos controles ou outros elementos, e às vezes precisa ver partes da página de perto. Fica por sua conta ajustar a janela Designer de modo que possa ver claramente a interface do usuário, enquanto trabalha com ela.

Agora, ajuste o Designer na sua configuração de tamanho inteiro.

5. Clique no botão suspenso de Zoom e então clique em 100%.
6. Ajuste as barras de rolagem vertical e horizontal do Designer de modo que você possa ver a margem superior esquerda da página.

Enxergar a margem da página o ajudará a se orientar na janela do aplicativo que os usuários veem.

Agora você vai adicionar à página um controle da Toolbox.

Abra a Toolbox e utilize o controle *TextBlock*

1. Se a Toolbox não estiver visível, clique na guia Toolbox ou clique no comando Toolbox do menu View.

A janela Toolbox contém uma grande coleção de controles de interface de usuário que podem ser adicionados ao seu aplicativo. Como você está construindo um aplicativo Windows Store para Windows 8.1, os tipos de controles exibidos na Toolbox são denominados controles XAML – ou seja, elementos estruturados que controlam a aparência e o comportamento de um aplicativo e podem ser organizados com êxito em uma página pelo analisador (ou *parcer*) de XAML dentro do Visual Studio.

Existem ainda outras coleções de controles na Toolbox, para outros tipos de aplicativos (controles Windows Forms, controles HTML para aplicativos web, controles Windows Phone e assim por diante), mas não é preciso se preocupar com isso agora – o Visual Studio carrega automaticamente os controles corretos na Toolbox quando uma nova solução é aberta.

Sua tela deve ser parecida com esta:

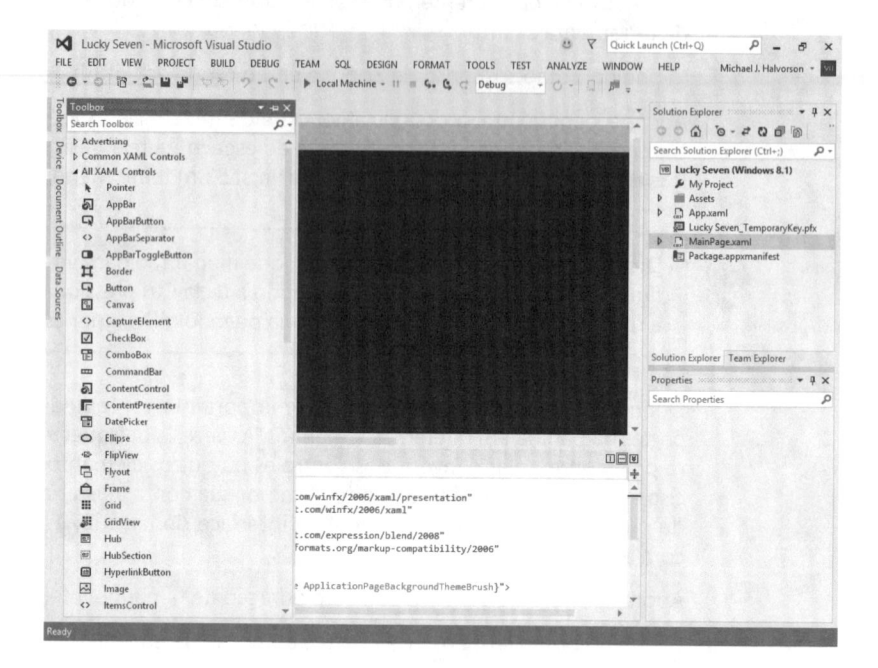

Por conveniência, os controles da Toolbox foram organizados em vários grupos: Advertising, Common XAML Controls (os controles que aparecem em muitos aplicativos) e All XAML Controls (uma lista de todos os controles XAML para aplicativos Windows Store configurados para usar com o Visual Studio).

Lembre-se de que a janela Toolbox é como qualquer outra janela de ferramentas do IDE do Visual Studio. É possível movê-la, redimensioná-la ou fixá-la conforme for necessário. Você pode optar por manter a Toolbox aberta enquanto adiciona controles a uma nova página (fixando-a ao lado do IDE) ou por usar o recurso de auto-ocultação da janela Toolbox, para que a Toolbox seja recolhida após cada controle ser selecionado.

2. Clique no controle *TextBlock* na Toolbox e coloque o cursor do mouse na janela Designer.

    O cursor do mouse se transforma em uma mira. A mira serve para ajudá-lo a desenhar a forma retangular do controle *TextBlock* na página. Também é possível criar um controle *TextBlock* com o tamanho padrão, dando um clique duplo nele na Toolbox.

3. Clique e arraste para criar um objeto bloco de texto retangular grande, que preencha o canto superior esquerdo da página.

   Quando você solta o botão do mouse, o Visual Studio cria um objeto bloco de texto XAML. O controle *TextBlock* serve para exibir texto em sua página e, neste caso, pode criar um banner de boas-vindas para seu aplicativo Windows Store. O texto armazenado no objeto *TextBlock* em sua página pode ser atualizado configurando-se a propriedade *Text*, ou com a janela Properties, com marcação XAML ou com código de programa.

4. Na janela Properties, altere a propriedade *Text* do objeto bloco de texto para **Lucky Seven** e pressione Enter.

   O Visual Studio exibe "Lucky Seven" na janela Properties e na janela Designer. Agora você vai aumentar o tamanho em pontos do título e aplicar outros efeitos de formatação.

5. Na janela Properties, na categoria *Text*, clique na caixa de texto Font Size, digite **98** e pressione Enter.

   A caixa de texto Font Size oferece diversos tamanhos de fonte, até 72, mas neste caso você está digitando um número grande para criar um grande impacto na tela.

> **Dica** A qualquer momento, você pode excluir um objeto e começar tudo de novo, selecionando o objeto na página e, então, pressionando Delete. Sinta-se à vontade para criar e excluir objetos a fim de praticar a criação da interface de usuário.

6. Na janela Properties, na categoria *Brush*, clique na propriedade *Foreground*, se ainda não estiver selecionada.

   A propriedade *Foreground* controla a cor do texto no bloco de texto.

7. Clique no botão Solid Color Brush.

   O botão Solid Color Brush é o segundo bloco a partir da esquerda, perto da parte superior da caixa de diálogo. (Esse botão também poderia ser a seleção padrão, mas não causará dano se você clicar nele novamente.)

   Quando o botão Solid Color Brush estiver selecionado, você verá o editor Color Resources.

8. Se quiser mais espaço para ver o conteúdo da janela Properties, amplie a janela ou configure a ferramenta como uma janela flutuante, a fim de ver o editor Color Resources claramente.

9. Próximo à parte inferior do editor, selecione o número que contém o jogo da velha (#).

   Esse número de oito dígitos é conhecido como valor de cor hexadecimal – isto é, um número expresso em aritmética de base 16 que especifica cor utilizando valores RGBA. Ao especificar uma nova cor para o texto, você pode definir valores individuais para vermelho, verde e azul (R, G e B) ou utilizar um nome padronizado, como Red, DarkRed, White, Black, Purple, Lime ou Aquamarine.

10. Digite **DarkRed** e pressione Enter.

    Observe que, depois que você pressiona Enter no editor Color Resources, o Visual Studio converte "DarkRed" no valor hexadecimal #FF8B0000, como mostra a tela a seguir:

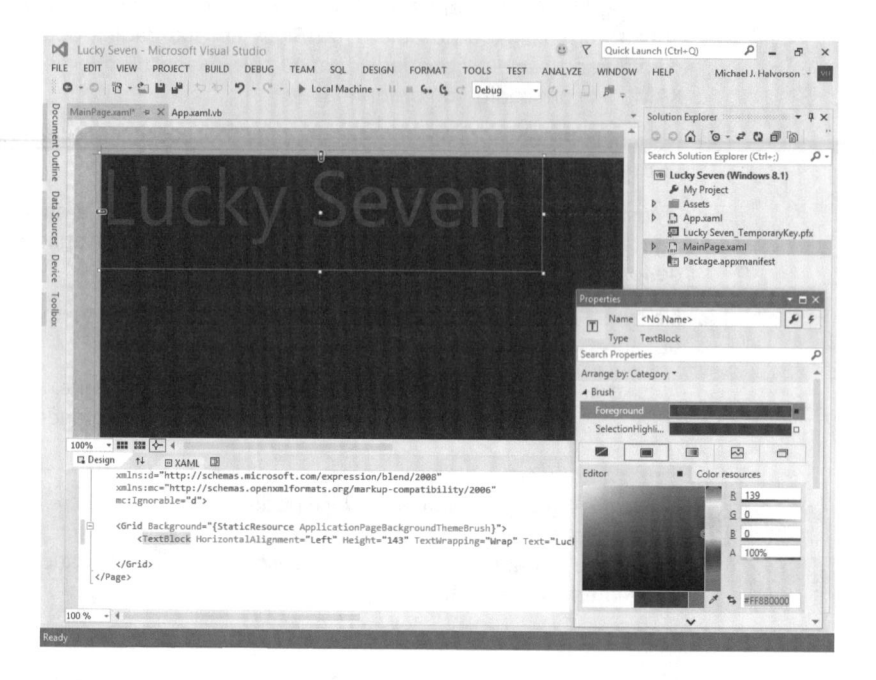

11. Retorne a janela Properties para sua posição encaixada, caso a tenha movido ou ampliado.

    Agora você vai adicionar três controles *TextBlock* abaixo do banner Lucky Seven para exibir os números escolhidos aleatoriamente no jogo. Cada vez que o usuário clicar no botão Spin do Lucky Seven, três novos números aparecerão nesses blocos de texto. Se um dos números for 7, o usuário ganha e é reproduzido um som.

Adicione blocos de texto para os números aleatórios

1. Dê um clique duplo no controle *TextBlock* na Toolbox.

    O Visual Studio cria um objeto bloco de texto na página. Neste caso, o objeto bloco de texto é bem pequeno, mas é possível redimensioná-lo.

2. Na janela Properties, na categoria *Text*, clique na caixa *Font Size*, digite **72** e pressione Enter.

    O Visual Studio expande o objeto bloco de texto para acomodar texto com fonte de 72 pontos.

3. Na janela Properties, clique na categoria *Common*, clique na caixa Text, digite **0** e pressione Enter.

   0 será um valor inicial para o primeiro número da sorte no programa.

4. Na parte superior da janela Properties, altere a propriedade *Name* do objeto bloco de texto para **FirstNum**.

   Não é obrigatório dar nomes a todos os objetos em sua interface de usuário, mas é importante fazer isso para os objetos que serão referenciados no código do programa. Como você vai controlar o valor desse número da sorte em uma rotina de tratamento de eventos em Visual Basic, dará a ele o nome *FirstNum* aqui.

5. Arraste o objeto bloco de texto *FirstNum* para baixo da letra "u" em Lucky Seven.

   Sua página deverá ser parecida com esta:

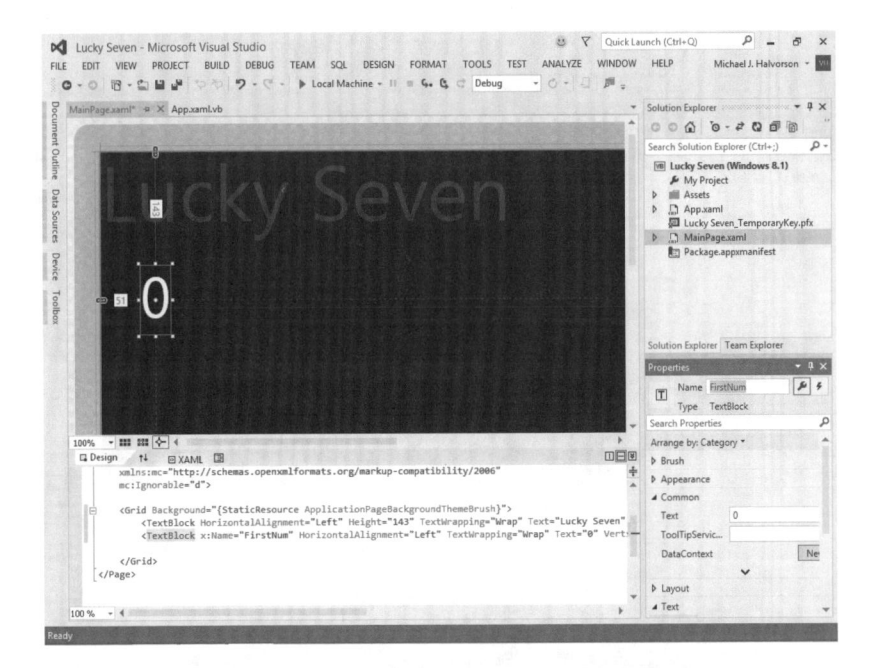

6. Dê um clique duplo no controle *TextBlock* na Toolbox para criar outro objeto bloco de texto.

   Esse objeto armazenará o segundo número da sorte na página.

7. Utilizando a janela Properties, configure a propriedade *Name* do objeto como **SecondNum**, a propriedade *FontSize* como **72** e a propriedade *Text* como **0**.

8. Mova o novo objeto *SecondNum* para a direita do objeto *FirstNum*, imediatamente abaixo da letra "y" em Lucky Seven.

   Agora, você vai criar o terceiro número da sorte para a página.

9. Dê um clique duplo no controle *TextBlock* na Toolbox para criar o último objeto bloco de texto.

10. Utilizando a janela Properties, configure a propriedade *Name* do objeto como **ThirdNum**, a propriedade *FontSize* como **72** e a propriedade *Text* como **0**.

11. Mova o novo objeto *ThirdNum* para a direita do objeto *SecondNum*, imediatamente abaixo da letra "e" em Lucky Seven.

    Quando você tiver terminado, seus quatro objetos bloco de texto deverão ser parecidos com os desta captura de tela. (Você pode mover seus objetos se não parecerem exatos.)

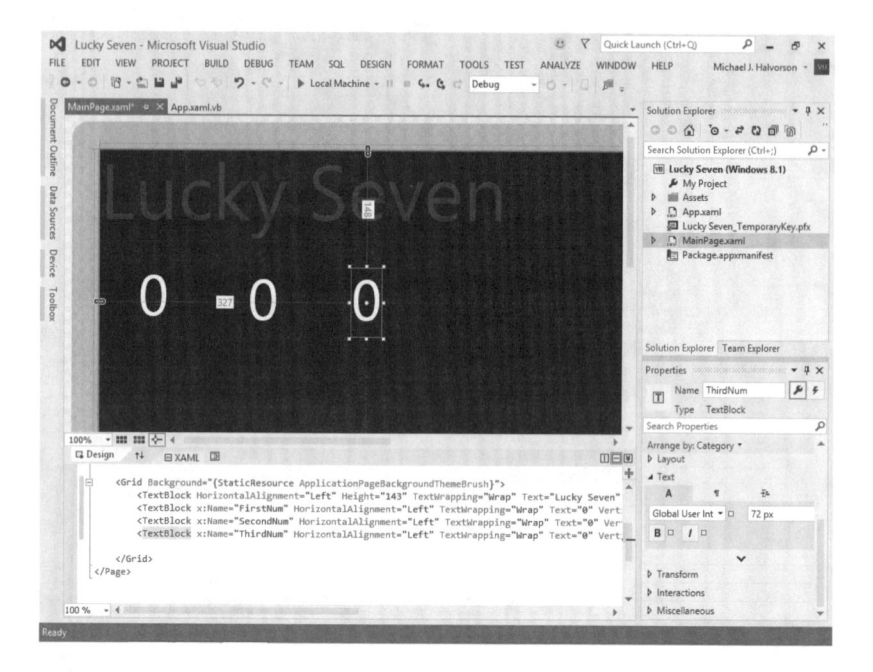

Agora você vai adicionar à página um controle botão.

Adicione um controle botão

1. Clique no controle *Button* na Toolbox e coloque o cursor do mouse sobre a página do aplicativo.

2. Arraste o cursor para baixo e para a direita. Solte o botão do mouse para concluir o botão.

3. Na janela Properties, na categoria *Common*, altere a propriedade *Content* para **Spin** e pressione Enter.

   Observe que o conteúdo de um objeto botão é configurado por meio da propriedade *Content*, em vez de *Text* (como um objeto bloco de texto), pois os botões podem conter ilustrações e outros dados.

4. Na janela Properties, altere a propriedade *Name* do objeto botão para **SpinButton**.

5. Na janela Properties, na categoria *Text*, altere a propriedade *FontSize* para **24**.

6. Redimensione o objeto *SpinButton* de modo a ter 81 pixels de altura e 95 pixels de largura.

7. Mova o objeto botão de modo que fique à direita do terceiro número da sorte na página. Linhas de atração aparecem novamente, à medida que você move o objeto, e a margem superior do botão se prenderá à margem superior dos três números, quando alinhadas.

   Sua tela deve ser parecida com esta:

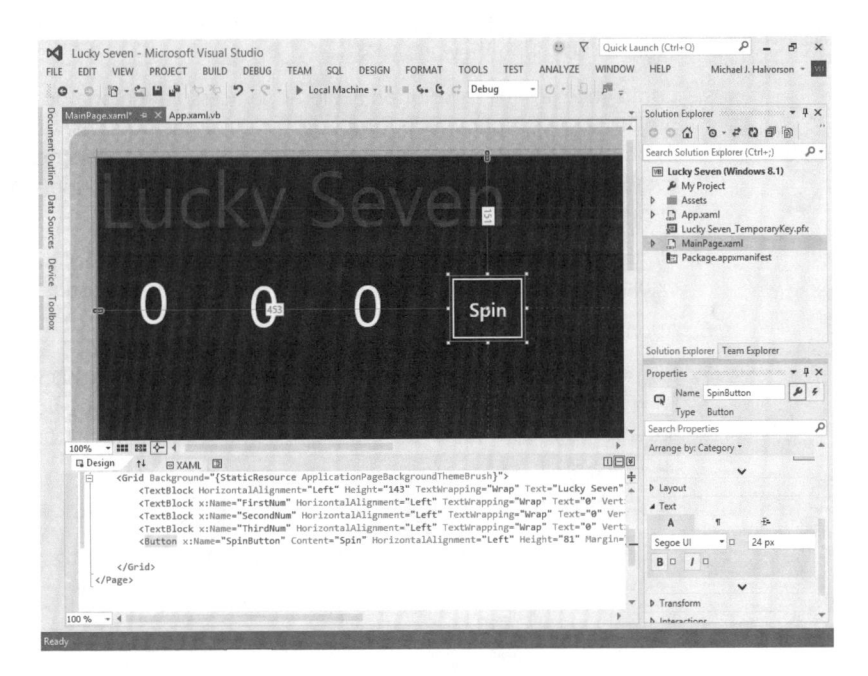

Agora você vai adicionar uma imagem à página para exibir graficamente o prêmio que receberá ao conseguir um 7 e tirar a sorte grande. Um controle *Image* é feito para exibir bitmaps, ícones, fotos digitais e outras ilustrações – um recurso importante da maioria dos aplicativos Windows Store. Um dos usos mais comuns para um controle *Image* é para exibir um arquivo PNG ou JPEG.

Adicione uma imagem

1. Clique no controle *Image* na Toolbox.
2. Utilizando o cursor de desenho do controle, crie uma caixa retangular grande embaixo dos números da sorte e do botão Spin na página.
3. Se necessário, ajuste a configuração de Zoom na janela Designer de modo que você possa ver uma parte maior da página no Designer. Por exemplo, uma configuração de Zoom de 50% poderia ser conveniente.

   Seria bom se o objeto imagem cobrisse a maior parte da área restante da página, abaixo dos números e do botão Spin. Às vezes, é útil reduzir o tamanho de uma página no Designer com o controle de Zoom, para facilitar esses tipos de operações.

   Agora você vai adicionar uma foto conveniente ao projeto, utilizando o Solution Explorer e a pasta Assets, um contêiner especial para arquivos de recurso em seu projeto.

4. Se o Solution Explorer não estiver visível agora, abra-o, clicando em Solution Explorer no menu View.

   Como você já sabe, o Solution Explorer dá acesso à maioria dos arquivos de seu projeto e, nele, aparece de forma destacada a pasta Assets, um contêiner para os arquivos de logotipo, tela de abertura e outros arquivos de seu projeto. No passo a seguir, você vai adicionar uma foto digital à pasta Assets, o que a tornará disponível para seu programa.

5. Clique com o botão direito do mouse na pasta Assets no Solution Explorer para exibir um menu de atalho contendo comandos úteis do Visual Studio.
6. Aponte para o comando Add e clique em Item Existing.
7. Na caixa de diálogo Add Existing Item, acesse a pasta Meus Documentos\Visual Basic 2013 SBS\Chapter 03 e clique em Coins.jpg, um arquivo JPEG contendo moedas de todo o mundo – uma representação visual de vitórias no aplicativo Lucky Seven.

CAPÍTULO 3   Crie seu primeiro aplicativo Windows Store   **57**

8. Clique em Add para adicionar a foto à pasta Assets de seu projeto.

   O Visual Studio insere o arquivo e agora ele aparece no Solution Explorer sob Assets, como mostrado na ilustração a seguir:

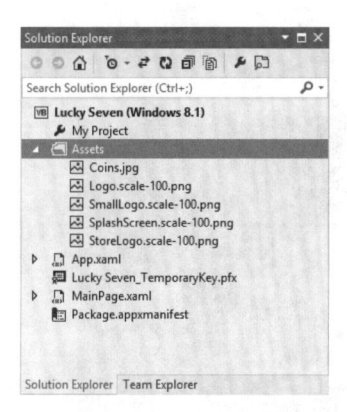

   Quando um arquivo é adicionado à pasta Assets, ele se torna parte do projeto em que você está trabalhando e pode ser referenciado por meio da janela Properties. O que é mais importante: ele se torna parte do projeto quando este é compilado para distribuição – não há necessidade de lembrar onde o arquivo estava localizado originalmente em seu disco rígido, pois agora uma cópia acompanhará o projeto.

9. Selecione o objeto imagem (se ainda não estiver selecionado) para que suas propriedades apareçam na janela Properties.

10. Na janela Properties, na categoria Common, clique na caixa de texto *Source* e, então, clique em Coins.jpg.

    Talvez seja necessário expandir um pouco a janela Properties para ver a seta da caixa de listagem suspensa na caixa de texto Source.

    Após o arquivo ser selecionado, uma foto de moedas do mundo todo preenche o objeto imagem no Designer.

11. Ajuste o espaçamento da imagem de modo que ela ocupe grande parte do lado esquerdo da página no Designer.

Quando você terminar, sua página deverá ser parecida com esta:

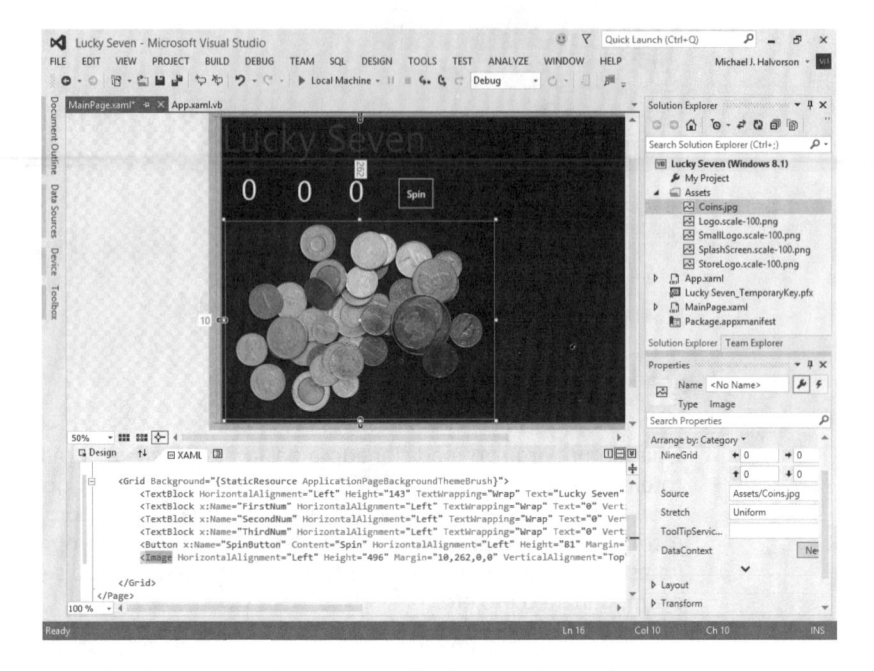

12. Na janela Properties, altere a propriedade *Name* do objeto imagem para **CoinImage**.

Dar um nome para o objeto imagem é um passo importante, pois você vai se referir a esse objeto no código Visual Basic. Frequentemente, você me verá incluir o nome do controle no final do nome de um objeto para que seu tipo fique claro.

Agora, você vai adicionar um efeito sonoro ao programa, para que o jogo o reproduza quando o usuário obtiver um 7. Esse efeito sonoro será adicionado com o controle *MediaElement*, o qual reproduz arquivos de áudio e vídeo em um aplicativo Windows Store. O som que você vai reproduzir está armazenado em um pequeno arquivo WAV chamado ArcadeRiff, criado por Henry Halvorson.

Reproduza mídia de áudio com o controle *MediaElement*

1. Na Toolbox, expanda a categoria All XAML Controls e dê um clique duplo no controle *MediaElement*.

   O Visual Studio coloca um novo objeto reprodutor de mídia no canto superior esquerdo da página. Assim como os outros objetos novos no Designer, agora você pode mover esse objeto para outro local e personalizá-lo com configurações de propriedade. Contudo, o controle *MediaElement* é basicamente uma ferramenta de bastidor; ele não fica visível para o usuário, a não ser que esteja reproduzindo um clipe de vídeo. Por enquanto, pode deixar o objeto elemento de mídia onde está.

   A propriedade *Source* do controle *MediaElement* especifica o nome do arquivo de mídia que será carregado no controle para reprodução. Antes de atribuir essa propriedade, você precisa adicionar um arquivo de mídia válido à pasta Assets, exatamente como fez com o controle de imagem.

2. Clique com o botão direito do mouse na pasta Assets no Solution Explorer para exibir o menu de atalho.

3. Aponte para o comando Add e clique em Item Existing.

4. Na caixa de diálogo Add Existing Item, acesse a pasta Meus Documentos\Visual Basic 2013 SBS\Chapter 03 e clique em ArcadeRiff.wav.

5. Clique em Add para adicionar o arquivo de música à pasta Assets de seu projeto.

   O Visual Studio insere o arquivo e agora ele aparece no Solution Explorer sob Assets.

   Agora você está pronto para dar um nome ao objeto elemento de mídia e atribuir a ele um recurso musical, utilizando a propriedade *Source*.

6. Clique no objeto elemento de mídia na janela Properties. (Se necessário, amplie o Designer – lembre-se de que o objeto é invisível, mas pode ser selecionado. Você sempre pode encontrá-lo clicando na entrada *MediaElement* na guia XAML do Code Editor.)

7. Na janela Properties, altere a propriedade *Name* para **CoinSound**.

8. Expanda a categoria *Media*, role para baixo até a propriedade *Source* e clique na caixa de listagem Source.

   Seu novo arquivo de mídia (ArcadeRiff.wav) aparece na lista.

   Clique no arquivo ArcadeRiff.wav para vinculá-lo ao objeto *CoinSound*.

   Sua tela será parecida com esta (observe as entradas no Solution Explorer e na janela Properties):

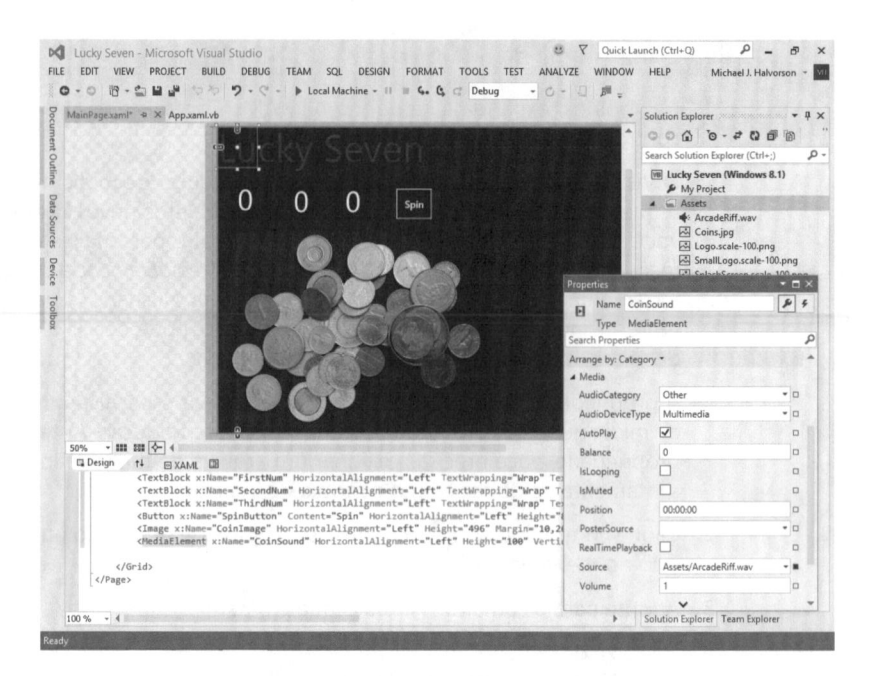

PARTE I   Introdução ao desenvolvimento com Visual Studio

A janela Properties expõe algumas outras propriedades do elemento de mídia importantes, que você pode examinar e ajustar, se quiser.

Por exemplo, a caixa de seleção AutoPlay é habilitada por padrão, o que instrui ao controle de mídia para que reproduza automaticamente o arquivo de mídia especificado, quando a página carregar. Como você não quer que o som seja reproduzido até que seja necessário, desabilite isso agora.

9. Remova a marca de visto da caixa de seleção AutoPlay.

Existem algumas outras opções que você pode observar agora (mas não ajustar). A propriedade *Position* especifica o local dentro do arquivo de mídia onde será iniciada a reprodução; essa opção será muito útil, caso exista um lugar determinado na música ou no vídeo onde você queira começar.

A propriedade *IsLooping* é um valor booleano que permite executar o arquivo de mídia repetidamente, se você quiser. Por fim, *Volume* permite definir um nível de volume inicial para a reprodução de mídia, o qual você pode ajustar com configurações de propriedade em uma rotina de tratamento de eventos, enquanto o programa está em execução.

CAPÍTULO 3   Crie seu primeiro aplicativo Windows Store   **61**

Configurações e ajustes de propriedades finais

Sua página Lucky Seven está quase completa. Você precisa apenas fazer algumas configurações de propriedades finais, escrever o código Visual Basic e projetar uma tela de abertura a ser executada quando seu projeto iniciar.

Antes de iniciar essas tarefas, vamos pensar um pouco mais especificamente sobre como o programa funcionará quando for executado. O jogo começa quando o usuário abre o programa e clica no botão Spin. Quando isso acontece, o aplicativo gera três números aleatórios e os exibe em objetos bloco de texto na página. Se e quando o jogador tirar a sorte grande (isto é, quando aparecer pelo menos um 7 nos objetos bloco de texto), o objeto que contém a foto das moedas aparecerá e, então, o controle do elemento de mídia reproduzirá um som de "celebração".

Embora o fluxo de eventos seja muito simples, o programa precisa continuar funcionando depois da primeira "vitória". Assim, quando o usuário clicar no botão Spin, a imagem das moedas precisa desaparecer e permanecer oculta até que surja outro 7, quando então a imagem será exibida novamente e o efeito sonoro também será reproduzido.

Para fazer com que esse comportamento funcione corretamente, é preciso descobrir um mecanismo que torne o objeto imagem visível e invisível quando você quiser. Isso pode ser conseguido com a configuração da propriedade *Visibility* do objeto imagem, a qual recebe os valores *Visible* ou *Collapsed* (invisível) conforme for necessário. Na verdade, a maioria dos objetos em um aplicativo Windows Store pode se tornar visível ou invisível, se você configurar essa propriedade – ela é uma ferramenta interna para controlar o que aparece na tela. Experimente-a aqui.

Configure a propriedade *Visibility*

1. Clique no objeto imagem na página.
2. Na janela Properties, clique na categoria *Appearance* e, então, clique na propriedade *Visibility*.
3. Na caixa de listagem suspensa que aparece, clique na propriedade *Collapsed*.

   O objeto imagem desaparece da página. Não se preocupe – esse é o efeito desejado. O objeto não foi destruído, apenas está invisível. Você vai fazê-lo reaparecer utilizando código de programa em uma rotina de tratamento de eventos.

   Agora, você vai ajustar a cor de fundo da página. O valor de cor padrão para aplicativos Windows Store é Black (preto), mas um valor mais colorido pode tornar o jogo mais atraente. Essa cor é ajustada selecionando-se o objeto *Grid* na página e ajustando-se valores na categoria *Brush*, utilizando a janela Properties.

Configure a cor de fundo da página

1. Selecione o objeto *Grid*, clicando na página de fundo no Designer (não aquele dos objetos que você acabou de adicionar).

   Você pode identificar quando selecionou o objeto *Grid* porque suas propriedades preencherão a janela Properties.

   Conforme você aprenderá no Capítulo 7, "Marcação XAML passo a passo", cada um dos objetos em um aplicativo Windows Store é definido por códigos de marcação XAML e dados que podem ser inseridos ou ajustados no Code Editor. O objeto *Grid* é o elemento de layout de base para uma página, e todos os elementos de uma página ficam aninhados dentro desse objeto *Grid*. Além de servir como um contêiner útil para objetos, o objeto *Grid* também tem configurações que podem ser ajustadas, como a cor de fundo que aparece em seu aplicativo. Você vai configurar isso agora.

2. Clique na categoria *Brush*, clique na propriedade *Background* e clique no botão Solid Color Brush.

3. Próximo à parte inferior do editor Color Resources, selecione o número que contém o símbolo de jogo da velha (#), substitua o conteúdo por **Green** (verde) e pressione Enter.

   O valor alfanumérico para a cor verde (#FF0080000) aparece na caixa de texto e a cor de fundo do objeto *Grid* muda para verde. Sinta-se à vontade para experimentar outros valores de cor, se desejar.

   Tudo bem – acabamos de examinar o projeto de interface de usuário. Salve seu trabalho agora, antes de escrever o código do programa.

Salve as alterações

1. Clique no comando Save All no menu File para salvar as adições feitas ao projeto Lucky Seven.

   O comando Save All salva tudo no projeto – o arquivo de projeto, as páginas, os arquivos code-behind, os recursos, o manifesto do pacote e outros componentes relacionados em seu aplicativo. Como essa é a primeira vez que você salvou seu projeto, a caixa de diálogo Save Project aparece, solicitando o nome e o local do projeto. (Se sua cópia do Visual Studio estiver configurada para solicitar um local na criação do projeto, você não verá a caixa de diálogo Save Project agora – o Visual Studio apenas salvará suas alterações.)

2. Procure e selecione um local para seus arquivos. Recomendo usar a pasta Meus Documentos\Visual Basic 2013 SBS\Chapter 03 (o local dos arquivos de exemplo do livro), mas isso fica por sua conta. Como você usou o prefixo "My" ao abrir originalmente o projeto, essa versão não sobrescreverá o arquivo de exercícios que construí em seu disco.

CAPÍTULO 3   Crie seu primeiro aplicativo Windows Store   **63**

3. Desmarque a caixa de seleção Create Directory For Solution.

   Quando essa caixa de seleção está marcada, ela cria uma segunda pasta para os arquivos de solução de seu programa, o que não é necessário para soluções que contêm apenas um projeto (a situação da maioria dos programas neste livro).

4. Clique em Save para salvar seus arquivos.

> **Dica**   Se quiser salvar somente o item em que está trabalhando atualmente (a página, o módulo de código ou alguma outra coisa), você pode usar o comando Save no menu File. Se quiser salvar o item atual com um nome diferente, utilize o comando Save As.

Escreva o código

Agora você está pronto para escrever o código do programa Lucky Seven. Como a maioria dos objetos que você criou já "sabe" como trabalhar quando o programa executar, eles estão prontos para receber a entrada do usuário e processá-la. A funcionalidade inerente dos objetos é uma das grandes forças do Visual Studio e do Visual Basic – depois que os objetos são inseridos em uma página e suas propriedades configuradas, eles estão prontos para executar sem programação adicional alguma.

Entretanto, a "essência" do jogo Lucky Seven – o código que realmente calcula os números aleatórios, os exibe em caixas e detecta a sorte grande – ainda falta no programa. Essa lógica computacional pode ser incorporada a esse aplicativo Windows Store apenas com instruções de programação – o código que expressa claramente o que o programa deve fazer em cada passo do caminho. Como o botão Spin aciona o programa, você vai associar o código do jogo a uma rotina de tratamento de eventos projetada para esse botão.

Nos próximos passos, você vai inserir o código Visual Basic do Lucky Seven no Code Editor.

Utilize o Code Editor

1. No Designer do Visual Studio, clique no objeto *SpinButton*.
2. Abra a janela Properties e feche a categoria *Brush*.
3. Próximo à parte superior da janela Properties e à direita da propriedade *Name* e do botão Properties, clique no botão Event Handler (um botão quadrado mostrando um ícone de raio).

   Uma coleção de ações ou eventos a que um objeto botão pode responder preenche a janela Properties. Eventos típicos que um botão pode reconhecer incluem *Click* (um clique de mouse), *DragOver* (um objeto sendo arrastado sobre um botão), *Tapped* (um botão sendo tocado por um dedo) e *Drop* (um objeto sendo arrastado e solto sobre um botão).

Como o Visual Basic é basicamente uma linguagem de programação baseada em eventos, grande parte do que você faz como desenvolvedor de software é criar interfaces de usuário que respondam aos vários tipos de entrada do usuário e escrever rotinas de tratamento de eventos que gerenciem a entrada. Na maioria das vezes, você só precisará escrever rotinas de tratamento para alguns poucos eventos associados aos objetos em seus programas. (Contudo, a lista de eventos é bastante ampla para oferecer muitas opções a escolher.)

Para criar uma rotina de tratamento para um evento em particular, dê um clique duplo na caixa de texto ao lado do evento na janela Properties. Como você quer gerar três números aleatórios toda vez que o usuário clicar no botão Spin em seu programa, vai escrever uma rotina de tratamento para o evento *Click* do botão.

4. Dê um clique duplo na caixa de texto ao lado do evento *Click* na janela Properties.

   O Visual Studio insere uma rotina de tratamento de eventos chamada *SpinButton_Click* na caixa de texto Click e abre o arquivo de code-behind MainPage.xaml.vb no Code Editor. Sua tela deve ser parecida com esta:

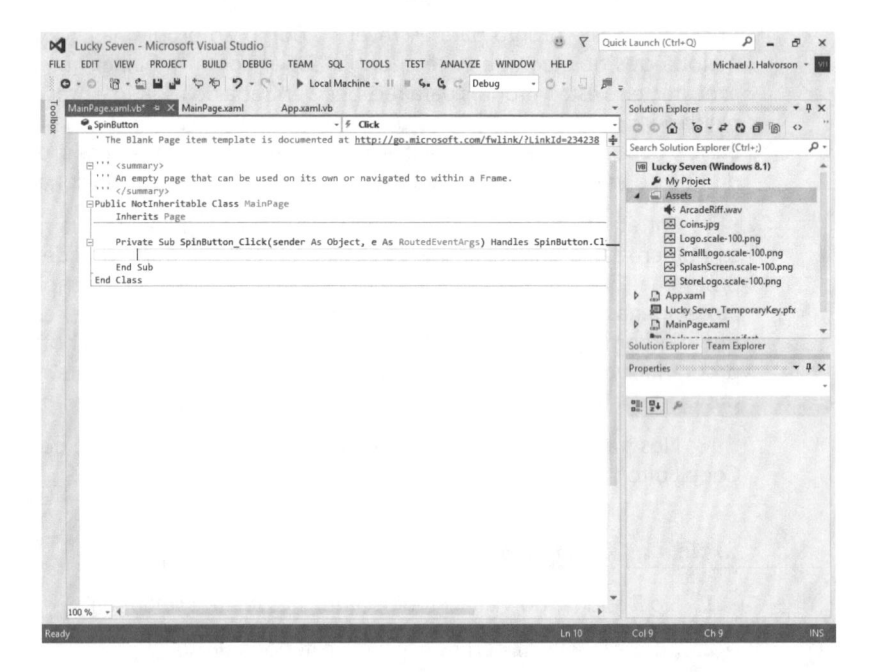

   Dentro do Code Editor estão as instruções de programa associadas ao template *MainPage* que você abriu quando iniciou este projeto. Isso é código de programa em Visual Basic e você pode observar imediatamente que parte dele está organizada em unidades concisas, conhecidas como *procedimentos*. Próximo à parte inferior do arquivo está o novo procedimento de rotina de tratamento de eventos que você acabou de criar, chamado *SpinButton_Click*.

CAPÍTULO 3 Crie seu primeiro aplicativo Windows Store **65**

As palavras-chave *Sub* e *End Sub* designam um procedimento e as palavras-chave *Protected* e *Private* indicam como o procedimento será usado. Você vai aprender mais sobre essas palavras-chave posteriormente.

Quando você deu um clique duplo na caixa de texto Click na janela Properties, o Visual Studio adicionou automaticamente a primeira e a última linhas do procedimento de evento *SpinButton_Click*, como mostra o código a seguir. (Seu procedimento de evento não mudará de linha, como acontece com este. Em publicações, preciso respeitar as margens do livro.)

```
Private Sub SpinButton_Click(sender As Object, e As RoutedEventArgs) Handles SpinButton_Click

End Sub
```

O corpo de um procedimento se ajusta entre essas linhas e é executado sempre que um usuário ativa o elemento de interface associado ao procedimento. Neste caso, o evento é um clique de mouse, mas, como você verá mais adiante no livro, também poderia ser um tipo de evento diferente. Os programadores se referem a essa sequência como "disparar" um evento.

> **Dica** Talvez você também observe linhas de texto com tipos verdes no Code Editor. Nas configurações padrão, o tipo verde indica que o texto é um *comentário*, uma nota explicativa escrita pelo criador do programa para que ele possa ser entendido ou utilizado por outras pessoas. O compilador do Visual Basic não executa, ou *avalia*, comentários de programa.

5. Digite o código de programa a seguir e pressione a tecla Enter após a última linha:

```
Dim generator As New Random
CoinImage.Visibility = Windows.UI.Xaml.Visibility.Collapsed

FirstNum.Text = generator.Next(0, 10)
SecondNum.Text = generator.Next(0, 10)
ThirdNum.Text = generator.Next(0, 10)

If (FirstNum.Text = "7") Or (SecondNum.Text = "7") Or
   (ThirdNum.Text = "7") Then
    CoinImage.Visibility = Windows.UI.Xaml.Visibility.Visible
    CoinSound.Play()
End If
```

À medida que você insere o código do programa, o Visual Studio formata o texto e exibe diferentes partes do código em cores para ajudá-lo a identificar os diversos elementos. Quando você começa a digitar o nome da propriedade de um objeto, o Visual Basic também exibe em uma caixa de listagem as propriedades disponíveis para o objeto que está sendo utilizado; desse modo, você pode dar um clique na propriedade ou continuar digitando para inseri-la.

Agora sua tela deve ser parecida com esta:

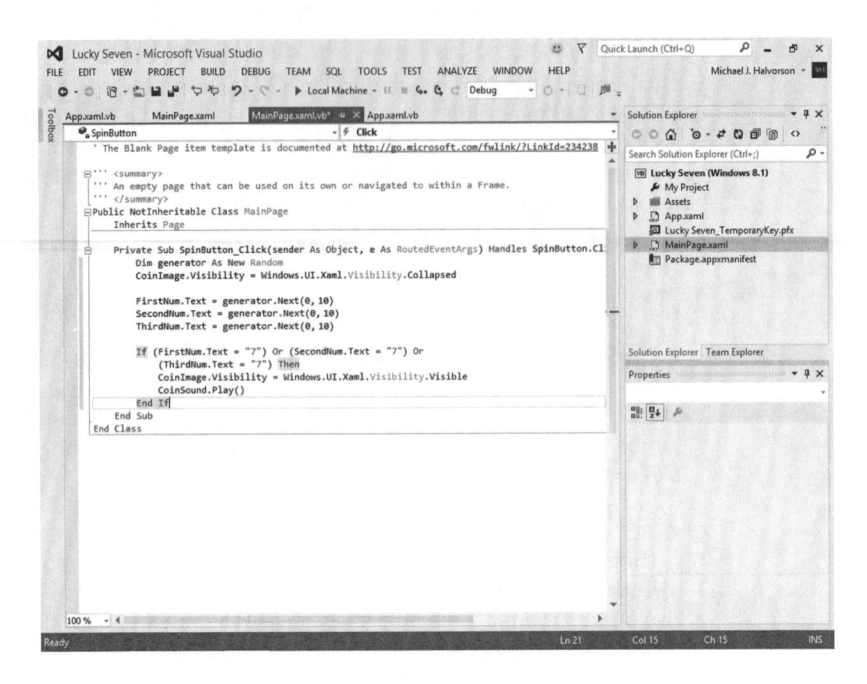

> **Nota** Se o Visual Basic exibir mais uma mensagem de erro, talvez você tenha digitado uma instrução de programa incorretamente. Confira a linha errada com o texto deste livro, faça a correção necessária e continue digitando. (Você também pode excluir uma linha e digitá-la novamente a partir do zero.)

No Visual Studio, as instruções de programa podem ser compostas de palavras-chave, propriedades, nomes de objeto, variáveis, números, símbolos especiais e outros valores. À medida que você insere esses itens no Code Editor, o Visual Studio utiliza um recurso conhecido como IntelliSense para ajudá-lo a escrever o código. Com o IntelliSense, quando o Visual Studio reconhecer elementos da linguagem, completará muitas expressões automaticamente.

6. Clique no botão Save All para salvar suas alterações.

Um exame da rotina de tratamento de evento *SpinButton_Click*

A rotina de tratamento de evento *SpinButton_Click* é executada quando o usuário clica no botão Spin da página. Basicamente, a rotina executa quatro tarefas principais:

1. Declara um gerador de números aleatórios chamado *generator* no programa.
2. Oculta a foto digital.
3. Cria três números aleatórios e os exibe nos objetos bloco de texto.
4. Exibe a foto Coins.jpg e reproduz um som quando o número 7 aparece.

Vejamos cada um desses passos separadamente.

O gerador de números aleatórios é declarado por esta linha de código:

```
Dim generator As New Random
```

Você provavelmente já declarou e utilizou variáveis em programas. Mas observe o tipo de variável aqui – o gerador é declarado com o tipo *Random*, o qual foi especificamente projetado para suportar a criação dos assim chamados números "pseudo-aleatórios" – ou seja, números que não seguem um padrão em particular e aparecem em um intervalo específico. Você vai usar números aleatórios muitas vezes neste livro, e vai aprender muito mais sobre tipos e conversão de dados no Capítulo 11, "Tipos de dados, operadores e processamento de strings".

A ocultação da foto é feita pela seguinte linha:

```
CoinImage.Visibility = Windows.UI.Xaml.Visibility.Collapsed
```

Conforme você já aprendeu, a propriedade *Visibility* determina se um objeto fica visível em uma página ou não. Essa sintaxe específica utiliza os objetos do .NET Framework para recolher (ou ocultar) a foto das moedas. (Essa linha é projetada para restaurar o programa a um estado neutro, se uma tentativa anterior tiver exibido as moedas.)

As três próximas linhas tratam dos cálculos de números aleatórios. Esse conceito parece estranho? Você pode fazer o Visual Basic gerar números imprevisíveis dentro de diretrizes específicas – isto é, pode criar números aleatórios para concursos de loteria, jogos de dados ou outros padrões estatísticos. O método *Next* da instância *generator* em cada linha gera um número aleatório entre 0 e 9 – exatamente o que você precisa para esse aplicativo de máquina caça-níquel em particular.*

```
FirstNum.Text = generator.Next(0, 10)
SecondNum.Text = generator.Next(0, 10)
ThirdNum.Text = generator.Next(0, 10)
```

O último grupo de instruções no programa verifica se algum dos números aleatórios é 7. Se um ou mais deles for, o programa exibe a representação gráfica do prêmio e reproduz o efeito sonoro para anunciar a conquista.**

---

* N. de R. T.: O capítulo 10 descreve a geração de números aleatórios em mais detalhes, em especial por que motivo se especifica a faixa de 0 a 10 se se quer gerar números entre 0 e 9.

** N. de R. T.: Se ocorrer algum erro em uma dessas linhas ao compilar o programa, experimente colocar o trecho de código **(ThirdNum.Text="7") Then** imediatamente depois da palavra **or** da linha anterior (em outras palavras, remova a quebra de linha).

```
If (FirstNum.Text = "7") Or (SecondNum.Text = "7") Or
   (ThirdNum.Text = "7") Then
   CoinImage.Visibility = Windows.UI.Xaml.Visibility.Visible
   CoinSound.Play()
End If
```

Toda vez que o usuário clica no botão Spin, a rotina de evento *SpinButton_Click* é executada, ou chamada, e as instruções de programa na rotina são executadas novamente. Contudo, se você clicar no botão Spin muitas vezes em uma rápida sucessão, poderá deixar de ouvir um ou mais dos efeitos sonoros, pois o objeto elemento de mídia só pode reproduzir um efeito por vez.

Execute aplicativos Windows Store

Parabéns! Você está pronto para executar seu primeiro aplicativo Windows Store. Para executar um programa em Visual Basic a partir do IDE, siga qualquer um destes passos:

- Clique em Start Debugging no menu Debug.

- Clique no botão Start Debugging na barra de ferramentas Standard. (Normalmente, você verá "Local Machine" ao lado desse botão, pois depura no computador local por padrão.)

- Pressione F5.

Tente executar seu programa Lucky Seven agora. Se o Visual Basic exibir uma mensagem de erro, talvez você tenha um ou dois erros de digitação no código do programa. Tente corrigi-lo comparando a versão impressa neste livro com a que digitou ou carregue o Lucky Seven a partir de seu disco rígido e execute-o.

> **Nota** Estou presumindo que você chamou seu projeto de My Lucky Seven, mas as instruções e capturas de tela a seguir mostrarão Lucky Seven, pois talvez esteja executando o projeto de exemplo que eu criei.

Execute o programa Lucky Seven

1. Clique no botão Start Debugging na barra de ferramentas Standard.

   O programa Lucky Seven compila e executa. Depois de alguns segundos, a interface de usuário aparece, exatamente como você a projetou.

2. Clique no botão Spin.

   O programa escolhe três números aleatórios e os exibe nos rótulos da página. Quando aparecer um 7, sua tela será como esta:

CAPÍTULO 3 Crie seu primeiro aplicativo Windows Store **69**

A presença de um 7 também ativa o efeito sonoro, o qual dura alguns segundos e parece com o de uma máquina caça-níquel eletrônica. Você ganhou!

3. Clique no botão Spin mais 15 ou 16 vezes, observando os resultados dos giros nos blocos de texto de número.

   Cerca de metade das vezes em que gira, você tira a sorte grande – suas chances são muito favoráveis. (A probabilidade real é de aproximadamente 2,8 vezes em 10; você só tem sorte no início.) Posteriormente, talvez você queira tornar o jogo mais difícil, exibindo a foto apenas quando aparecerem dois ou três números 7 ou criando uma soma de vitórias.

4. Quando acabar de experimentar sua nova criação, feche o aplicativo Windows Store.

   O programa para e o IDE reaparece na tela. Clique no botão Stop Debugging na barra de ferramentas para encerrar o programa. Agora você vai adicionar uma tela de abertura ao projeto.

Crie uma tela de abertura para seu aplicativo

A *tela de abertura* é uma imagem de transição que aparece quando o aplicativo é iniciado. Todo aplicativo Windows Store deve ter uma tela de abertura, a qual consiste em uma imagem (ou texto) e uma cor de fundo em volta. Ela é armazenada na pasta Assets dentro do Solution Explorer e todo novo aplicativo Windows Store tem uma tela de abertura básica, criada por padrão. Você verá imagens de blocos na pasta Assets, a qual vai aprender a personalizar no Capítulo 9, "Recursos de design do Windows 8.1: barra de comandos, barra de ferramentas flutuante, blocos e toque".

Embora seja possível criar uma tela de abertura com o Microsoft Paint ou outro programa gráfico, você também pode criar uma simples no Visual Studio. Lembre-se apenas de que a tela de abertura aparece muito brevemente, quando o aplicativo é iniciado. Assim, esse não é um lugar para se colocar instruções de programa elaboradas nem informações de direitos de cópia. Você não vai querer colocar anúncios ou informações sobre versão em uma tela de abertura.

Em vez disso, use a tela de abertura para oferecer uma apresentação prévia da funcionalidade de seu aplicativo de alguma maneira única. Pense na possibilidade de usar uma imagem ou foto que seja facilmente adaptada a outros países e culturas (isto é, que seja fácil de *localizar*) e que possa ser exibida de modo eficiente em diferentes resoluções de tela. Observe que o formato Portable Network Graphics (.png) é utilizado porque esse tipo de arquivo é capaz de exibir transparência alfa e imagens coloridas de 24 bits. Quando parte de uma imagem é formatada como transparente, a cor de fundo aparece atrás dela. (Você vai ver isso na maioria das telas de abertura e blocos em aplicativos Windows Store e Windows Phone.)

Crie uma tela de abertura para o Lucky Seven

1. No Solution Explorer, abra a pasta Assets e dê um clique duplo no arquivo SplashScreen.scale-100.png.

2. Essa ação abre o Image Editor Designer no Visual Studio e carrega o arquivo SplashScreen.scale-100.png no editor. Sua tela se parece com esta:

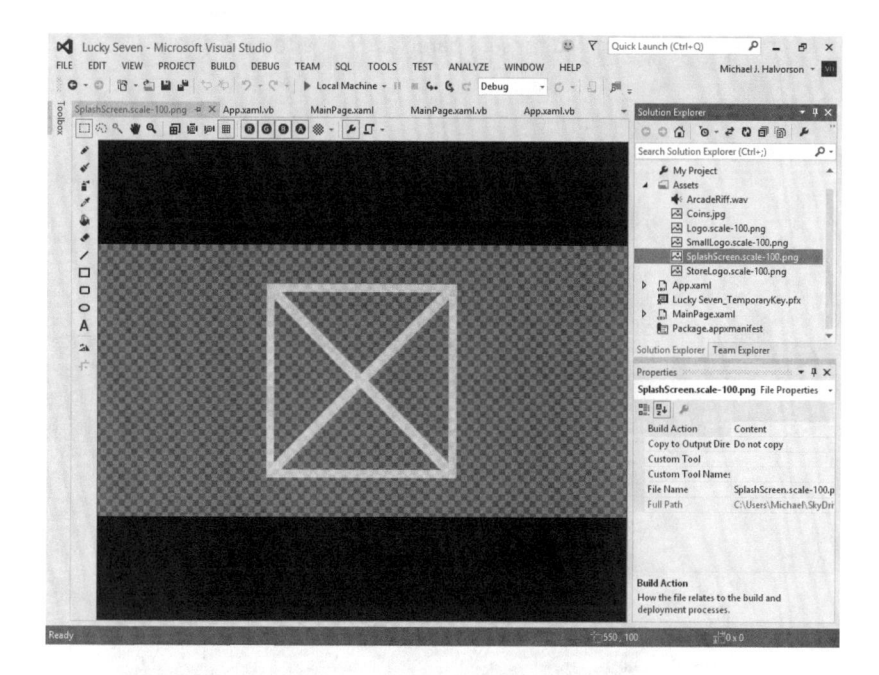

CAPÍTULO 3 Crie seu primeiro aplicativo Windows Store **71**

As janelas Solution Explorer e Properties ainda estão visíveis. Contudo, o Image Editor está ativo e o canvas de projeto é circundado por ferramentas de edição gráfica. A forma de "X" no centro do canvas é apenas a imagem padrão do arquivo SplashScreen.scale-100.png. Essa é a imagem que você quer substituir agora.

3. Clique na ferramenta Selection, no canto superior esquerdo do Image Editor, selecione a forma de "X" inteira e pressione Delete.

   Agora você tem um canvas em branco para criar a imagem de sua tela de abertura. O padrão quadriculado alfa que você vê é um esquema de cores que permite enxergar mais facilmente as partes transparentes de sua imagem – ou seja, o que você vê como quadriculado agora será substituído pelo fundo, quando sua tela de abertura for exibida na tela.

4. Clique na ferramenta Ellipse, no lado esquerdo do Designer, e crie uma forma circular no meio da tela de abertura.

   Se quiser, pode usar os indicadores de eixo X e Y, no canto inferior direito da tela, para criar o círculo. Você também pode usar a ferramenta Selection para mover sua forma para o centro da tela.

PARTE I Introdução ao desenvolvimento com Visual Studio

Seu Image Editor será parecido com este:

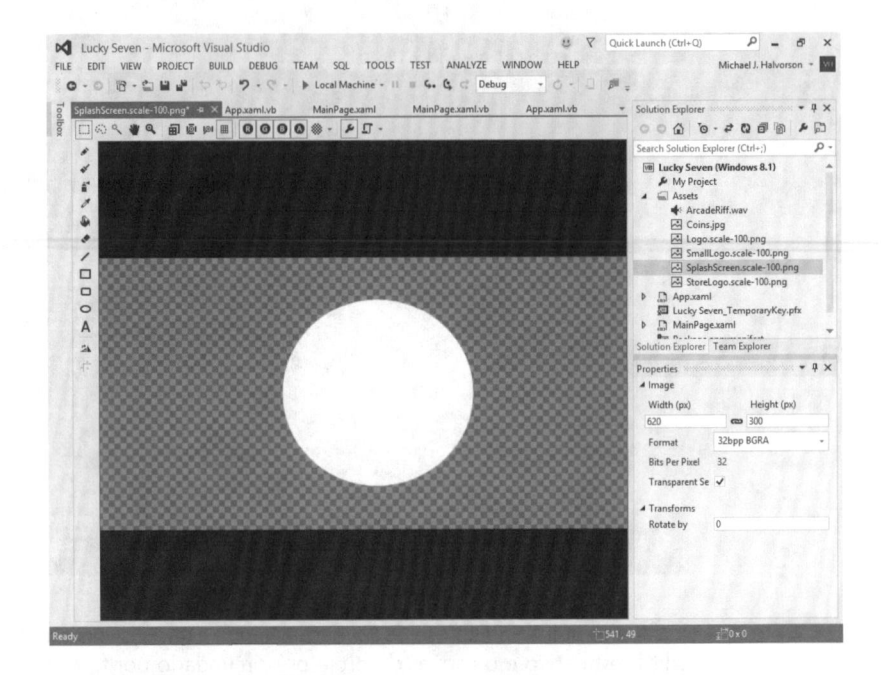

5. Utilize a ferramenta Ellipse para adicionar quatro ou cinco círculos menores em torno da borda do círculo que você criou.

As telas de abertura normalmente mostram formas geométricas simples como essas. Pense na possibilidade de usar uma versão simplificada do logotipo de sua empresa.

Agora sua tela de abertura simples se parece com esta:

CAPÍTULO 3   Crie seu primeiro aplicativo Windows Store   **73**

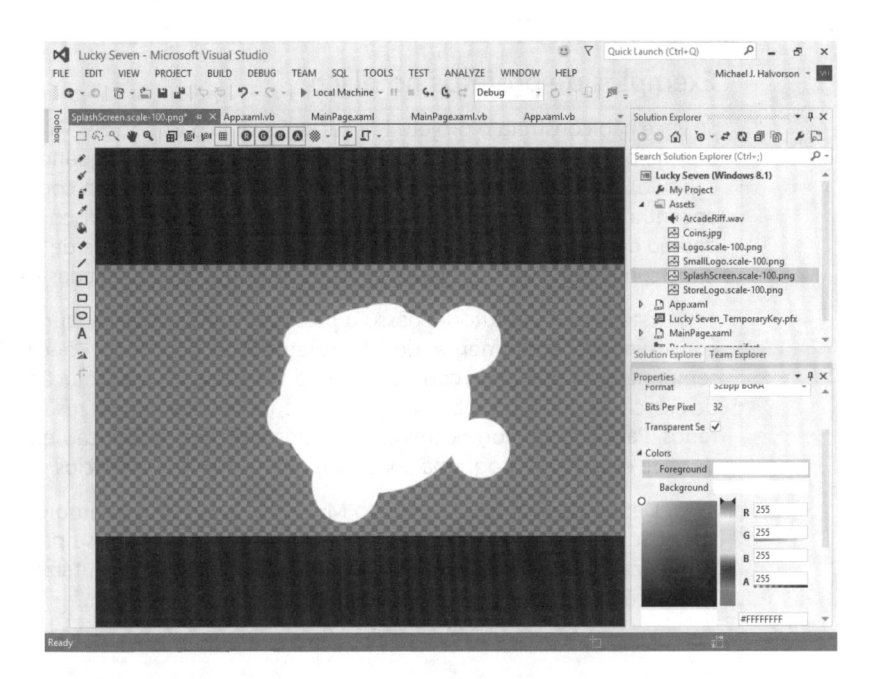

Você poderia acrescentar mais efeitos a essa tela de abertura, enfeitando-a com cores, imagens, texto ou animação. No entanto, para este primeiro acompanhamento, você tem algo que funcionará perfeitamente.

6. Clique no comando Save All do menu File para salvar suas alterações.
7. Pressione F5 para executar o projeto e examine sua tela de abertura.

    Observe que a tela de abertura aparece e desaparece em apenas alguns instantes. Você notou as formas elípticas e a cor de fundo preta?

8. Feche o programa e, em seguida, feche o Image Editor Designer.

Agora seu projeto está concluído – é hora de testar e distribuir o aplicativo, adicionando-o na página Iniciar do Windows em seu computador. Contudo, observe que, se esse fosse um aplicativo Windows Store comercial, sendo preparado para distribuição para outros usuários por meio do Windows Store, agora você precisaria adicionar mais itens a ele, conforme descrito na Tabela 1-1. Para obter mais informações, consulte o Capítulo 1 "Oportunidades de desenvolvimento com Visual Basic 2013 e a Windows Store".

> **Exemplos de projetos no disco**
>
> Se você não construiu o projeto My Lucky Seven a partir do zero (ou se construiu o projeto e quer comparar o que criou com o que construí quando escrevi este capítulo), pare um pouco, abra e execute o projeto Lucky Seven concluído, que se encontra na pasta Visual Basic 2013 SBS\Chapter 03 no seu disco rígido (o local padrão dos arquivos de exercícios deste capítulo). Caso precise de uma recapitulação sobre como abrir projetos, consulte as instruções detalhadas no Capítulo 2.
>
> Este livro é um tutorial passo a passo; portanto, você vai aproveitá-lo mais construindo e experimentando os projetos. Mas depois de concluí-los, quase sempre é uma boa ideia comparar o que você tem com a "solução" do arquivo de exercícios que disponibilizo, especialmente se você obtiver resultados inesperados. Para facilitar, fornecerei o nome dos arquivos de solução em disco antes de você executar o programa concluído na maioria dos exercícios passo a passo.
>
> Depois de comparar o projeto My Lucky Seven com os arquivos de solução Lucky Seven em disco, reabra o My Lucky Seven e prepare-se para compilá-lo como um arquivo executável. Se não criou o My Lucky Seven, utilize meu arquivo de solução para concluir o exercício.

Compile um arquivo executável

Sua última tarefa neste capítulo é concluir o processo de desenvolvimento e criar um aplicativo para Windows ou um *arquivo executável*. Os aplicativos Windows criados com o Visual Studio têm a extensão de nome de arquivo .exe e podem ser executados em qualquer sistema que tenha o Microsoft Windows e os arquivos de suporte necessários. Se você acabar distribuindo seu aplicativo por meio do Windows Store, o pacote de distribuição completo será postado com segurança no Store e disponibilizado para os clientes que queiram baixá-lo. Mas você também pode instalar seu aplicativo em computadores individuais que executam o Windows, diretamente dentro do Visual Studio.

Como você acabou de criar um aplicativo Windows Store destinado ao sistema operacional Windows 8.1, precisa estar executando o Windows 8.1 para que esse programa em particular funcione. Você não postaria o aplicativo de exemplo no Windows Store ainda, pois ele não foi registrado nem completamente testado. Mas você pode instalar o aplicativo em seu computador, o qual não tem tantos requisitos de registro como a interface do Windows Store.

Para ajudar no processo de teste e compilação, o Visual Studio permite criar dois tipos de arquivos executáveis para seu projeto de aplicativo Windows: uma *versão de depuração* (debug build) e outra de *distribuição* (release build).

As versões de depuração são criadas automaticamente pelo Visual Studio quando você cria e testa seu programa. Elas são armazenadas em uma pasta chamada bin\Debug dentro da pasta de projeto. Em geral, o arquivo executável de depuração contém informações de depuração que fazem o programa executar um pouco mais lentamente.

As versões de distribuição são arquivos executáveis otimizados, armazenados na pasta bin\Release dentro do seu projeto. Para personalizar as configurações de sua versão de distribuição, clique no comando *NomeDoProjeto* Properties no menu Project e, em seguida, clique na guia Compile, onde você verá uma lista de opções de compilação, parecida com a tela a seguir. A caixa de listagem suspensa Solution Configurations na barra de ferramentas Standard do Visual Studio indica se o executável é uma versão de depuração (Debug) ou de distribuição (Release).

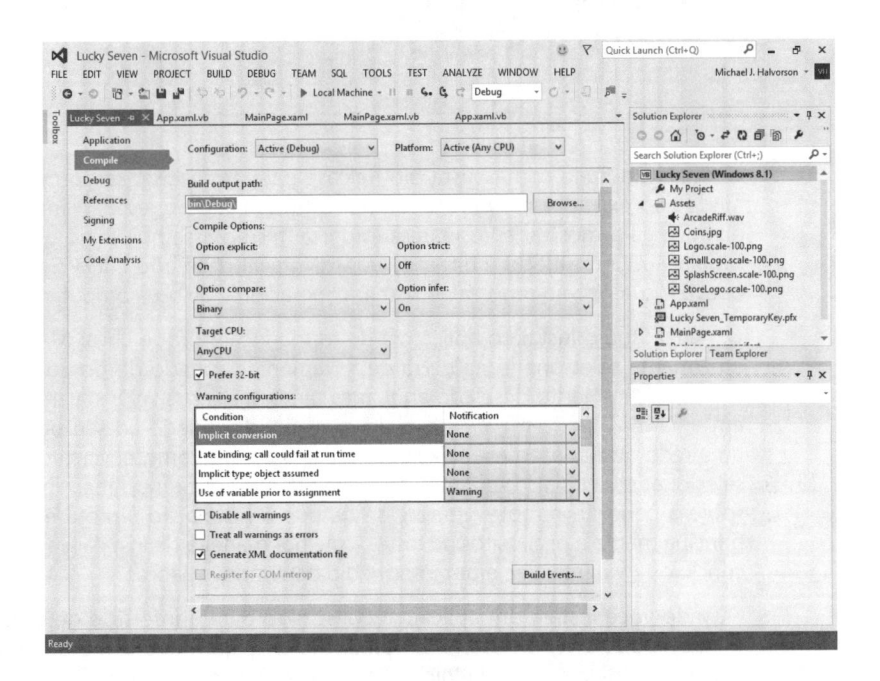

O processo de preparação de um arquivo executável para um computador específico é chamado de *instalação do aplicativo*. Como mencionado, quando você instala um aplicativo com o Visual Studio, o IDE trata do processo de cópia de todos os arquivos executáveis e de suporte que serão necessários para registrar o programa no sistema operacional e executá-lo. O Visual Studio permite instalar aplicativos *de forma local* (no computador que você está usando) ou *de forma remota* (em um computador ligado à rede ou à Internet).

Nos passos a seguir, você vai instalar uma versão de distribuição do aplicativo My Lucky Seven de forma local e vai criar um ícone de aplicativo para o programa na página Iniciar do Windows.

Instale uma versão de distribuição do aplicativo Lucky Seven

1. Clique na caixa de listagem suspensa Solution Configurations da barra de ferramentas Standard e clique na opção Release. O Visual Studio preparará seu projeto para uma versão de distribuição, com as informações de depuração removidas. O caminho da saída (output) da versão é definido com bin\Release\.
2. No menu Build, clique no comando Deploy Lucky Seven.

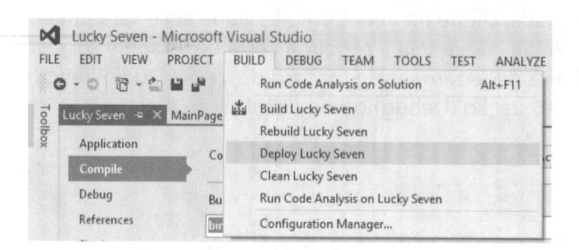

O comando Build cria a pasta bin\Release para armazenar seu projeto (se ela ainda não existir) e compila o código-fonte em seu projeto. A janela Output aparece para mostrar suas marcas importantes no assembly e no processo de instalação. O resultado é um arquivo executável chamado Lucky Seven.exe, o qual o Visual Studio registra no sistema operacional de seu computador.

O Visual Studio instala o aplicativo de forma local porque Local Machine está atualmente selecionado na barra de ferramentas ao lado do botão Start. Esse é o comportamento desejado aqui, mas também é possível instalar aplicativos em uma máquina remota (isto é, um computador ligado ao seu por meio de uma rede ou da Internet), selecionando-se a opção Remote Machine. Se você selecionar essa opção, verá uma caixa de diálogo solicitando mais informações sobre a conexão remota. Lembre-se de que a instalação remota é destinada principalmente a propósitos de teste. A melhor maneira de instalar os aplicativos concluídos, via Internet, é por intermédio da Windows Store.

Quando você instala um aplicativo construído para a interface de usuário do Windows 8.1, o Windows cria automaticamente um novo ícone de programa para o aplicativo na página Iniciar. Esse ícone pode ser usado para ativar o programa, quando você quiser executá-lo. Tente executar o My Lucky Seven agora, a partir da página Iniciar em seu computador.

3. Abra a página Iniciar do Windows e acesse a lista de aplicativos atualmente instalados.
4. Existem dois locais possíveis para seu novo aplicativo: a página Iniciar principal ou a página Iniciar secundária, contendo uma lista mais longa de blocos de aplicativo. (Foi aí que meu sistema Windows 8.1 colocou o novo programa Lucky Seven.)

Como você não criou um bloco de página Iniciar colorido para seu aplicativo, é mostrado o bloco padrão (cinza). Sua tela será semelhante a esta (observe o aplicativo Lucky Seven na segunda coluna):

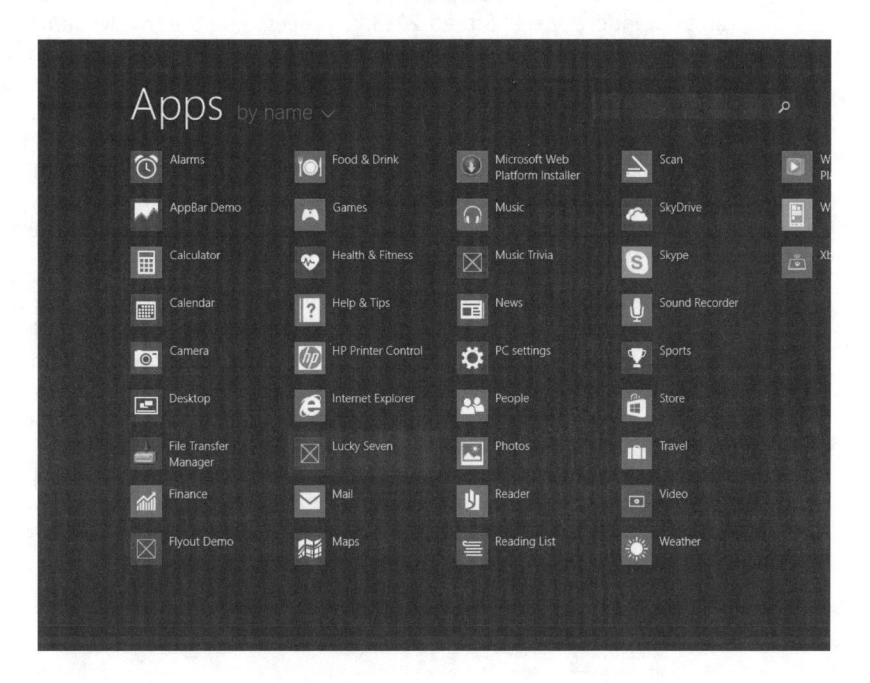

5. Clique no ícone do aplicativo Lucky Seven e o programa Lucky Seven será carregado e executado no Windows.

6. Teste o aplicativo novamente, clicando em Spin várias vezes e obtendo algumas vitórias. Quando terminar, feche o aplicativo.

7. Volte ao Visual Studio, feche a janela Output e a página de propriedades do Lucky Seven. Observe que você pode ver e alterar opções de compilação quando quiser – a página de propriedades está sempre disponível.

8. No menu File, clique em Exit para fechar o Visual Studio e o projeto My Lucky Seven.

9. Clique em Save, se for solicitado a fazer isso, e o IDE do Visual Studio se fechará.

Parabéns por concluir seu primeiro aplicativo Windows Store!

Resumo

Este capítulo mostrou como criar um aplicativo Windows Store chamado Lucky Seven utilizando o Visual Studio 2013. O processo de desenvolvimento tem muito em comum com as versões anteriores do Visual Basic e do Visual Studio. Você adiciona controles da Toolbox a uma página, configura propriedades, escreve código de programa, testa o aplicativo e o prepara para distribuição. Contudo, a Toolbox da XAML para aplicativos Windows Store é diferente da Toolbox utilizada para criar aplicativos Windows Forms para a área de trabalho do Windows. Neste capítulo, examinamos passo a passo como utilizar os controles XAML. No próximo, você vai ver como utilizar a Toolbox para Windows Forms para criar um aplicativo de área de trabalho para Windows 8.1, Windows 8 ou Windows 7.

Ao criar o jogo tipo máquina caça-níquel Lucky Seven, você praticou o uso do controle *TextBlock*, do controle *Button*, do controle *Image*, do controle *MediaElement* e a configuração da cor de fundo do controle *Grid*. Aprendeu também a criar uma tela de abertura com o Image Editor do Visual Studio. Por fim, testou e instalou seu aplicativo na página Iniciar do Windows. Com um pouco mais de trabalho, você também poderá distribuir aplicativos como o Lucky Seven na Windows Store.

CAPÍTULO 4

Aplicativos de área de trabalho para Windows: um passo a passo utilizando Windows Forms

Neste capítulo, você vai aprender a:

- Criar um aplicativo de área de trabalho para Windows utilizando Windows Forms.
- Construir uma interface de usuário utilizando o Windows Forms Designer.
- Utilizar controles da Toolbox do Windows Forms.
- Escrever código em Visual Basic para rotinas de tratamento de eventos.
- Executar, testar e distribuir um aplicativo de área de trabalho para Windows.

O Capítulo 3, "Crie seu primeiro aplicativo Windows Store", apresentou instruções passo a passo para construir um aplicativo Windows Store com o Visual Basic e o IDE do Visual Studio 2013. Os aplicativos Windows Store representam uma nova e importante oportunidade comercial para desenvolvedores de software e, à medida que a plataforma crescer, você estará bem posicionado para aproveitar a funcionalidade aprimorada do Windows e do incrível alcance do sistema de distribuição global da Windows Store.

    Entretanto, há outros fatores a considerar quando se escolhe plataformas de desenvolvimento para aplicativos em Visual Basic. É possível, por exemplo, que você trabalhe em uma organização que ainda dá suporte para versões anteriores do Windows e, ao mesmo tempo, já desenvolve aplicativos Windows Store. Mas também é possível que você trabalhe em um estabelecimento que investiu significativamente em código-fonte com versões anteriores do Visual Basic, como interfaces de usuário projetadas para Windows Forms ou Windows Presentation Foundation (WPF). Ou seja, embora a Windows Store possa representar o futuro da programação de aplicativos, as plataformas de software e tecnologias atuais também são importantes. Neste capítulo, você terá o suporte para versões anteriores de Windows e Visual Basic incorporado ao Visual Studio 2013.

    Primeiro, você aprenderá a criar aplicativos de área de trabalho para Windows 8.1, Windows 8 e Windows 7 com uma eficiente tecnologia do Visual Studio, conhecida como *Windows Forms*. O termo "aplicativo de área de trabalho para Windows" é somente uma nova designação para o que os programadores de Windows definem há muito tempo como "aplicativos baseados no Windows" – isto é, programas totalmente funcionais executados em uma janela na área de trabalho do Windows que contêm barras de título, menus, caixas de diálogo, botões e outros controles. Este capítulo revê a máquina caça-níquel Lucky Seven que você construiu no Capítulo 3, mas gora irá compilar o projeto como um aplicativo de área de trabalho para Windows no Visual Studio 2013.

Você vai construir a interface do usuário para o jogo de máquina caça-níquel utilizando controles da Toolbox do Windows Forms e vai construir a janela ou *formulário* do aplicativo com o designer de Windows Forms do IDE. Na sequência, vai personalizar o formulário e seus controles utilizando configurações de propriedades, e vai gerar os números aleatórios e efeitos especiais adicionando código em Visual Basic a duas rotinas de tratamento de eventos. Além disso, também vai reproduzir música com o objeto *My.Computer.Audio* do .NET Framework. À medida que você criar esse aplicativo, vou destacar as semelhanças e diferenças entre os aplicativos de área de trabalho para Windows e os aplicativos Windows Store, e como alternar entre as duas plataformas quando for necessário. Na Parte II, "Projeto da interface do usuário", você terá muitos exemplos de codificação para as duas plataformas.

Este capítulo será especialmente útil para os programadores com experiência com Visual Basic. Fundamentalmente, você vai aprender como transferir com rapidez suas habilidades em desenvolvimento para o IDE do Visual Studio 2013. Se você tem usado Windows Forms, verá que pode manter seus programas existentes com muita facilidade, ao passo que tira proveito dos novos aprimoramentos feitos no produto Visual Studio 2013. E por todo o livro, você vai saber o que é novo e aprimorado em relação à linguagem Visual Basic.

Por dentro dos aplicativos de área de trabalho para Windows

O que é realmente um aplicativo de área de trabalho para Windows? Conforme mencionado na seção anterior, um aplicativo de área de trabalho para Windows é basicamente um aplicativo Windows projetado para executar sob Windows 8.1, Windows 8 ou Windows 7. Esses aplicativos "tradicionais" apresentam seus recursos utilizando o *Chrome*, ou elementos de interface do usuário visíveis e persistentes, incluindo uma barra de título, barra de menus, barras de ferramentas, comandos de menu, botões, caixas de diálogo, barras de rolagem, barras de status e outros elementos de interface de usuário. Embora as diretrizes de projeto para aplicativos Windows Store exijam que os desenvolvedores minimizem ou eliminem muitos desses elementos de interface de usuário tradicionais (o espaço na tela é escasso em tablets e dispositivos móveis), a Microsoft reconhece que milhares de aplicativos baseados no Windows populares utilizam esses recursos e que os clientes querem executá-los agora e no futuro.

Os aplicativos de área de trabalho para Windows também são estruturados de maneiras diferentes em relação aos aplicativos Windows Store; eles utilizam controles e componentes diferentes, utilizam recursos diferentes no Runtime do Windows e têm requisitos de instalação e segurança diferentes. Para integrar aplicativos de área de trabalho para Windows no sistema operacional Windows 8.1, este fornece um ambiente de operação separado para os programas executarem e um bloco de Desktop especial na página Iniciar do Windows, para abrir o ambiente e permitir a fácil interação entre o Windows 8.1 e a área de trabalho do Windows.

CAPÍTULO 4   Aplicativos de área de trabalho para Windows   81

A ilustração a seguir mostra a página Iniciar do Windows versão 8.1 com o bloco de Desktop visível perto do canto superior esquerdo da tela. (O bloco de Desktop contém uma imagem de nuvens e o topo de uma montanha.) Os aplicativos de área de trabalho para Windows são executados nesse ambiente no Windows 8.1, no Windows 8 ou na área de trabalho Windows tradicional no Windows 7.

Visual Basic e aplicativos de área de trabalho para Windows

Dentro das versões do Visual Studio 2013 Professional, Premium e Ultimate, o tipo de projeto Windows Forms oferece um modelo comprovado para se construir aplicativos de área de trabalho para Windows. Como esse tipo de programa é basicamente o modelo de interface de usuário original para aplicativos em Visual Basic, o IDE do Visual Studio é apropriado para a criação de aplicativos Windows Forms e oferece o Designer e a Toolbox do Windows Forms que são amadurecidos, ricos em recursos e fáceis de usar.

Do ponto de vista técnico, o Windows Forms é o componente *smart-client* do .NET Framework, um conjunto de bibliotecas gerenciadas que permite executar tarefas comuns de aplicativos, como ler ou escrever no sistema de arquivos. No Visual Studio, um aplicativo Windows Forms é composto de classes do namespace *System.Windows.Forms*.

Ao criar um aplicativo de área de trabalho para Windows com a tecnologia Windows Forms, você está utilizando controles, objetos, propriedades e eventos que existem desde o Visual Studio 2005 e anteriores. Contudo, como está usando a versão mais recente do Visual Studio, você recebe as atualizações de recursos e aprimoramentos relativos ao Windows 8.1, ao .NET Framework versão 4.5.1 e à linguagem de programação Visual Basic estendida, os quais continuam evoluindo a cada nova versão. Como resultado, você pode usar suas habilidades de programação com Windows Forms já adquiridas, para criar ou manter um aplicativo de área de trabalho para Windows no Visual Studio 2013 e, à medida que der suporte para seu código e adicionar novos recursos, usufruirá de mais vantagens, simplesmente por utilizar uma tecnologia mais recente.

Você também pode usar Windows Presentation Foundation (WPF) para a interface de usuário e recursos de seu aplicativo de área de trabalho para Windows no Visual Studio 2013. Essa tecnologia amadurecida (apresentada pela primeira vez no Visual Studio 2008) permite criar a interface do usuário de seu programa com marcação XAML e eficientes controles WPF. No entanto, como utilizar Visual Basic e WPF é semelhante a criar aplicativos Windows Store com o Visual Basic 2013 (especialmente em relação ao uso de XAML e de controles estilo WPF), neste livro vou enfatizar o desenvolvimento de aplicativos Windows Store e, como alternativa, o desenvolvimento de aplicativos Windows Forms para a área de trabalho do Windows.

> **Nota** Para criar um aplicativo de área de trabalho do Windows neste capítulo, você vai precisar do Visual Studio 2013 Professional, Premium ou Ultimate, os quais contêm templates para esses aplicativos. O aplicativo Microsoft Visual Studio Express 2013 for Windows não contém suporte para aplicativos de área de trabalho do Windows. Contudo, caso não tenha o Visual Studio 2013 Professional ou Ultimate, você pode baixar o aplicativo Microsoft Visual Studio Express 2013 for Windows Desktop gratuitamente, por meio do site do Microsoft Visual Studio (*http://www.microsoft.com/visualstudio/*). Utilize-o para fazer os exercícios deste capítulo e em outras partes, quando for discutida a programação com Windows Forms.

Nas seções a seguir, você vai criar o aplicativo de área de trabalho para Windows Lucky Seven mostrado na ilustração a seguir. Embora a interface do usuário nessa versão do programa pareça um tanto diferente da versão para Windows 8.1, o código do programa em Visual Basic que ativa cada aplicativo é muito parecido. Essa correspondência é uma ênfase fundamental deste capítulo – embora as tecnologias de interface de usuário variem de uma plataforma para outra, a lógica subjacente ao aplicativo frequentemente é muito parecida, pois aproveita-se das mesmas estruturas e vocabulário da linguagem Visual Basic.

CAPÍTULO 4   Aplicativos de área de trabalho para Windows   **83**

Crie um aplicativo de área de trabalho para Windows

Neste exercício, você começará a construir o Lucky Seven, primeiro criando um novo projeto de aplicativo de área de trabalho para Windows e, depois, utilizando controles da Toolbox do Windows Forms para fazer a interface de usuário.

Crie um novo projeto

1. Inicie o Visual Studio 2013.
2. No menu File do Visual Studio, clique em New Project.

> **Dica** Você também pode iniciar um novo projeto de programação clicando no link New Project azul na página Iniciar.

A caixa de diálogo New Project abre, com os templates de projeto listados por categoria à esquerda. Conforme discutido no Capítulo 3, os templates do Visual Basic são listados por tipo, junto com os templates para outras linguagens, como Visual C#, Visual C++ e JavaScript.

Próximo à parte superior da caixa de diálogo New Project, você também verá uma caixa de listagem suspensa. Esse é o recurso que permite especificar a versão de destino do Microsoft .NET Framework que seu aplicativo terá. Esse recurso é, às vezes, chamado de *multitargeting* (múltiplos destinos), ou seja, por meio dele você pode selecionar o ambiente de destino no qual seu programa será executado. Por exemplo, se você mantiver a seleção padrão do .NET Framework 4.5.1, qualquer computador em que o seu aplicativo executar deverá ter o .NET Framework 4.5.1 instalado. (Normalmente, seria um computador executando Windows 8.1.) A não ser que tenha uma necessidade específica, geralmente você pode deixar essa configuração como está. Contudo, se quiser dar suporte para versões anteriores do Windows (e, portanto, a uma versão anterior do Framework), pode especificar uma versão diferente.

> **Nota** O Visual Studio Express 2013 for Windows Desktop não inclui a caixa de listagem multitargeting e o produto oferece uma seleção menor de templates. Mas dá para concluir os passos deste capítulo.

3. Clique na categoria Windows sob Visual Basic na área Templates da caixa de diálogo.

A caixa de diálogo New Project se parece com esta:

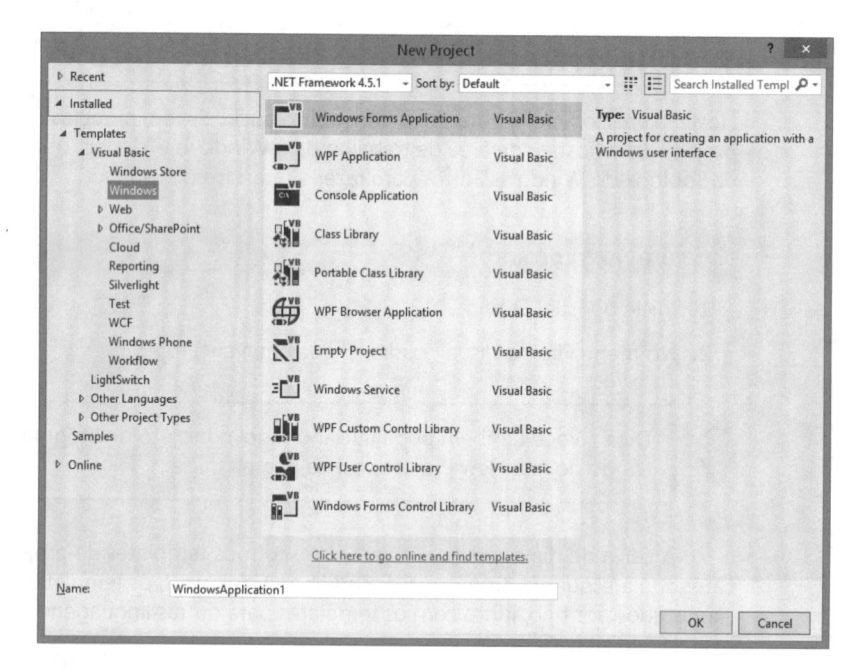

4. Clique no item Windows Forms Application na área Templates central da caixa de diálogo, se ele ainda não estiver selecionado.

   O Visual Studio prepara o ambiente de desenvolvimento para seu aplicativo de área de trabalho para Windows em Visual Basic.

5. Na caixa de texto Name, digite **MyLuckySevenWF**.

   O Visual Studio atribui o nome MyLuckySevenWF ao seu projeto. (Mais adiante, você especificará a localização de uma pasta para o projeto.) Conforme mencionado no Capítulo 3, aqui o prefixo "My" é recomendável para que não haja confusão entre o seu novo aplicativo e o projeto LuckySevenWF criado em disco.

   Adicionei o sufixo "WF" ao nome do projeto por clareza, para indicar "Windows Forms". (Contudo, os aplicativos Windows Forms não precisam de um esquema especial de atribuição de nomes.)

6. Clique em OK para criar o novo projeto no Visual Studio.

   O Visual Studio limpa a área de trabalho para um novo projeto de programação e exibe um formulário Windows em branco no Designer, que você pode usar para construir a interface de usuário.

Agora você vai ampliar o formulário e criar dois botões na interface.

Crie a interface de usuário

1. Posicione o cursor do mouse sobre o canto inferior direito do formulário no Designer até que sua forma mude para a de um cursor de redimensionamento e, então, arraste para aumentar o tamanho do formulário a fim de dar espaço para os objetos no seu programa.

   Ao redimensionar o formulário, barras de rolagem podem aparecer no Designer para que você possa acessar o formulário inteiro que estiver criando. Dependendo da resolução da tela e das ferramentas do Visual Studio abertas, talvez você não seja capaz de ver o formulário inteiro de uma vez.

   Dimensione seu formulário de modo que tenha aproximadamente o mesmo tamanho do formulário mostrado na ilustração a seguir. Se quiser seguir exatamente meu exemplo, pode utilizar as dimensões de largura e altura (560 x 375 pixels) mostradas no canto inferior direito da tela.

   Para ver o formulário inteiro sem obstrução, você pode redimensionar ou fechar as outras ferramentas de programação, como aprendeu no Capítulo 2, "O ambiente de desenvolvimento integrado do Visual Studio". (Retorne ao Capítulo 2 se tiver dúvida sobre como redimensionar janelas ou ferramentas.)

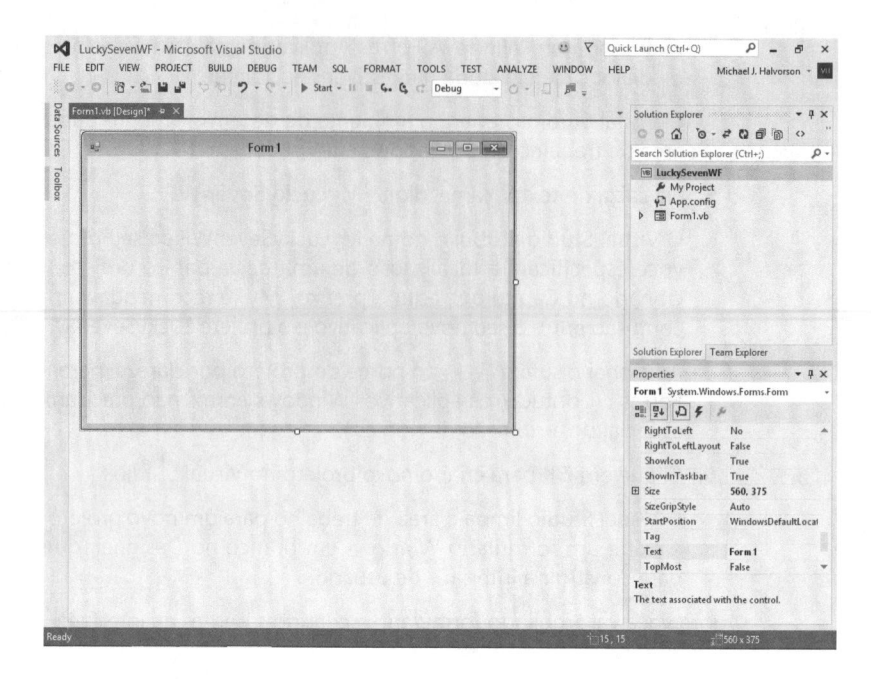

Agora você vai adicionar um objeto botão ao formulário.

2. Clique na guia Toolbox para exibir a janela Toolbox do Windows Forms no IDE.

   Essa Toolbox contém controles diferentes dos que você utilizou no Capítulo 3. Em vez de controles para aplicativos Windows Store, essa Toolbox contém controles para aplicativos Windows Forms. Não apenas os nomes dos itens são diferentes, como eles têm propriedades e eventos básicos diferentes. Os controles do Windows Forms são organizados por categoria e vários deles são visíveis – uma prova de quanto tempo esse estilo de programação já existe.

3. Na categoria All Windows Forms, clique duas vezes no controle *Button* da Toolbox e, então, retire o cursor do mouse da Toolbox.

   O Visual Studio cria um objeto botão de tamanho padrão no formulário e oculta a Toolbox, como mostrado aqui:

O nome do botão é *Button1*, pois é o primeiro botão no programa. O novo botão é selecionado e cercado por alças de redimensionamento. Quando o Visual Basic está no *modo de design* (isto é, quando você estiver criando um programa e não o tiver executando), é possível mover objetos no formulário arrastando-os com o mouse e redimensioná-los utilizando as alças de redimensionamento. Entretanto, enquanto um programa está executando, o usuário não pode mover elementos da interface do usuário, a menos que tenha alterado uma propriedade no programa para permitir isso.

4. Na janela Properties, altere a propriedade *Name* do objeto botão para **SpinButton**.

   A propriedade *Name* está listada próximo à parte superior da janela Properties. Dar um nome a cada objeto em sua interface de usuário os tornará mais fáceis de reconhecer no código do programa. Conforme mencionado no Capítulo 3, é recomendável incluir o nome do controle no nome do objeto, caso haja espaço para isso.

Agora você vai adicionar um segundo botão ao formulário, embaixo do primeiro.

Adicione um segundo botão

1. Clique na guia Toolbox para exibir a Toolbox.
2. Clique no controle *Button* na Toolbox (clique único desta vez) e, então, coloque o cursor do mouse sobre o formulário.

   O cursor do mouse se transforma em um ícone de mira e botão. A mira é projetada para ajudá-lo a desenhar a forma retangular do botão no formulário e você pode utilizar esse método como uma alternativa a dar um clique duplo para criar um controle do tamanho padrão.

3. Clique e arraste o cursor para baixo e para a direita. Solte o botão do mouse para concluir o botão.

4. Redimensione o objeto botão de modo que tenha o mesmo tamanho do primeiro botão.

5. Mova os dois botões um pouco para baixo e para a direita, de modo que não fiquem exatamente na margem do formulário. (Utilize o recurso da linha de atração para ajudá-lo.)

6. Use a janela Properties a fim de alterar a propriedade Name do botão para **EndButton**.

> **Dica** A qualquer momento, você pode excluir um objeto e começar tudo de novo, selecionando o objeto no formulário e, então, pressionando Delete. Sinta-se à vontade para criar e excluir objetos para praticar a criação da interface de usuário.

Agora você vai adicionar os rótulos utilizados para exibir os números aleatórios no programa. Um *rótulo* (*label*) é um elemento especial da interface do usuário em um aplicativo Windows Forms, projetado para exibir texto, números ou símbolos durante a execução do programa. Quando o usuário clica no botão Spin do programa Lucky Seven, três números aleatórios aparecem nas caixas de rótulo. Se um dos números for 7, o usuário ganha.

Adicione os rótulos de número

1. Dê um clique duplo no controle *Label* da Toolbox.

   O Visual Studio cria um objeto rótulo no formulário. O objeto rótulo é grande o suficiente para armazenar o texto contido no objeto (ele está um pouco menor agora), mas também pode ser redimensionado.

2. Arraste o objeto *Label1* para a direita dos dois objetos botão.

   Seu formulário é parecido com este (observe também a posição dos dois botões):

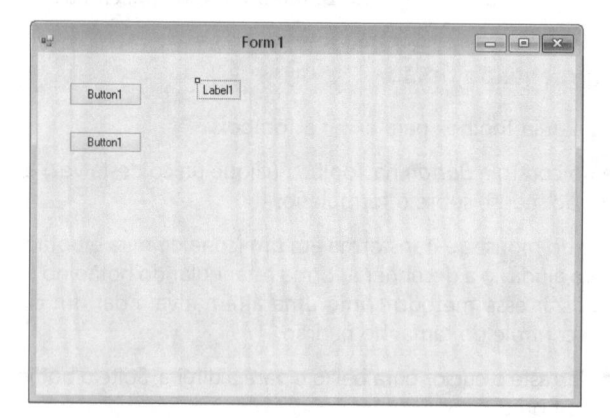

3. Clique duas vezes no controle *Label* da Toolbox para criar um segundo objeto rótulo.

   Esse objeto rótulo será chamado *Label2* no programa.

CAPÍTULO 4   Aplicativos de área de trabalho para Windows   **89**

4. Clique duas vezes no controle *Label* novamente, para criar um terceiro objeto rótulo.

5. Mova o segundo e o terceiro objetos rótulo para a direita do primeiro no formulário.

   Deixe bastante espaço entre os três rótulos, pois você os utilizará para exibir números grandes quando o programa executar.

   Agora você vai utilizar o controle *Label* para adicionar um rótulo descritivo ao formulário. Esse será o quarto e último rótulo do programa.

6. Clique duas vezes no controle *Label* da Toolbox.

7. Arraste o objeto *Label4* para baixo dos dois botões de comando.

   Quando terminar, seus quatro rótulos devem ser parecidos com os da captura de tela a seguir. (Você pode mover seus objetos rótulo se não parecerem exatos.)

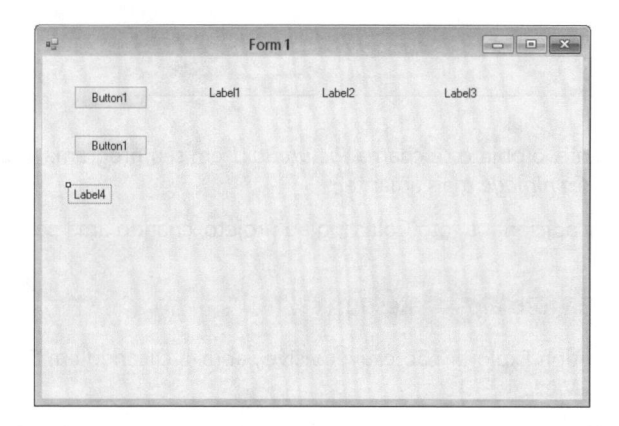

Agora você adicionará uma caixa de figura ao formulário para exibir graficamente o prêmio que receberá ao obter um 7 e tirar a sorte grande. Uma *caixa de figura* é projetada para exibir bitmaps, ícones, fotos digitais e outras imagens em um programa Windows Forms. Um dos melhores usos de uma caixa de figura é para exibir um arquivo de imagem JPEG. Você vai usar a mesma imagem que utilizou no Capítulo 3 – uma foto de moedas do mundo todo sobre um fundo escuro.

Adicione uma figura

1. Clique no controle *PictureBox* da Toolbox.

   O controle *PictureBox* faz parte da Toolbox do Windows Forms desde a versão 1 do Visual Basic. Contudo, lembre-se de que, ao criar o aplicativo Windows Store no Capítulo 3, você usou o controle *Image* para exibir a foto na página. Quando alternar entre as duas caixas de ferramentas, tenha em mente que você estará usando controles diferentes e que esses controles contêm diferentes configurações de propriedades e respondem a diferentes eventos.

2. Com o controle *PictureBox* selecionado, use o cursor do mouse para criar uma caixa retangular grande abaixo do segundo e do terceiro rótulos no formulário.

Deixe um pequeno espaço embaixo dos rótulos para que seu tamanho possa aumentar. Quando terminar, o objeto caixa de figura será semelhante a este:

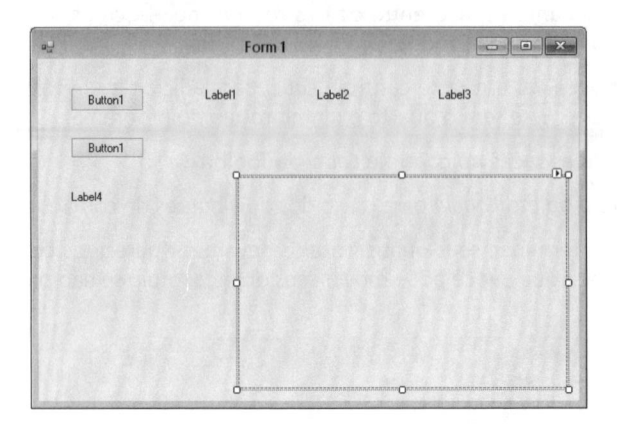

Atualmente, o objeto se chama *PictureBox1* em seu programa. (Você vai mudá-lo para *CoinImage* mais adiante.)

Agora você vai adicionar a foto Coins.jpg ao projeto, criando uma pasta Resources.

Adicione uma foto à pasta Resources

1. Se o Solution Explorer não estiver visível, abra-o clicando em Solution Explorer no menu View.

Conforme você já sabe, o Solution Explorer dá acesso à maioria dos arquivos em seu projeto. No Capítulo 3, você utilizou a pasta Assets em um projeto para Windows Store a fim de personalizar o logotipo, a tela de abertura e outros arquivos de seu projeto. Contudo, a pasta Assets é exclusiva para aplicativos Windows Store; ela não é fornecida por padrão em um aplicativo de área de trabalho para Windows. Em vez disso, você pode criar uma pasta Resources no Solution Explorer, a qual permite acessar arquivos importantes e armazená-los com o projeto.

O modo mais fácil de criar uma pasta Resources agora é utilizando a marca inteligente fornecida pelo objeto caixa de figura.

2. Selecione o objeto caixa de figura no formulário, caso ainda não esteja selecionado.

Se você examinar cuidadosamente a borda da caixa de figura agora, notará uma minúscula seta de atalho denominada *marca inteligente* perto do canto superior direito. A marca inteligente é um botão sensível ao contexto que pode ser usado para alterar configurações comuns rapidamente.

CAPÍTULO 4   Aplicativos de área de trabalho para Windows   **91**

3. Clique na marca inteligente do objeto caixa de figura para exibir o menu de atalho de comandos.

4. Clique em Choose Image para exibir a caixa de diálogo Select Resource.

5. Clique em Project Resource File e depois no botão Import para criar uma nova pasta Resources e inserir um arquivo nela.

6. Clique duas vezes em Coins.jpg na pasta Meus Documentos\Visual Basic 2013 SBS\Chapter 04.

    O Visual Studio insere o arquivo e ele aparece na caixa de diálogo Select Resources, como mostrado na ilustração a seguir:

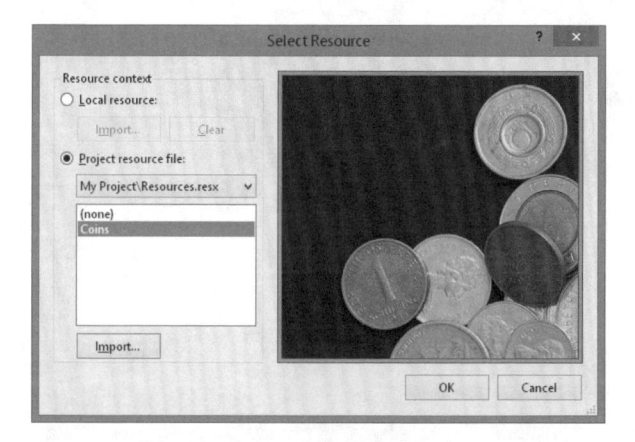

    Depois que uma imagem ou arquivo é adicionado a um projeto, ele se torna parte do aplicativo em que você está trabalhando e pode ser referenciado por meio do Solution Explorer e da janela Properties. Ele também é agrupado como parte do aplicativo quando o projeto final é compilado para distribuição – evitando a necessidade de monitorar o arquivo ou lembrar de onde estava localizado originalmente no disco rígido.

7. Clique em OK.

    No Solution Explorer agora aparece uma pasta Resources contendo o arquivo Coins.jpg.

8. No menu Picture Box Tasks, clique em Stretch Image na caixa de listagem Size Mode.

    Uma foto de moedas do mundo todo preenche o objeto caixa de figura no Designer.

9. Ajuste o espaçamento da imagem de modo que ela ocupe grande parte da lateral direita do formulário no Designer.

   Sua tela deve ser semelhante a esta (observe especialmente a pasta Resources no Solution Explorer):

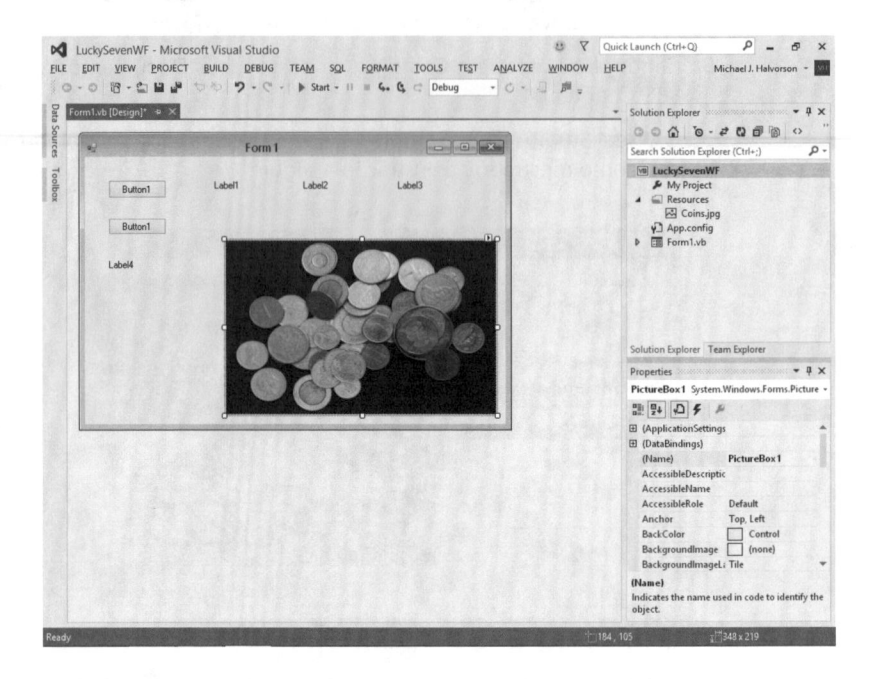

Agora você vai adicionar um arquivo de som à pasta Resources, para ser reproduzido quando o usuário ganhar o jogo. Desta vez, você vai adicionar o recurso com o Project Properties Designer do Visual Studio.

Adicione um arquivo .wav à pasta Resources

1. Clique no comando LuckySevenWF Properties no menu Project.

   O Project Properties Designer aparece no IDE com configurações de projeto para 12 categorias.

2. Clique na categoria Resources.

   O arquivo Coins.jpg aparece no Designer. No canto superior esquerdo do Designer existe uma caixa de listagem suspensa contendo seis categorias de recurso, e atualmente está especificado Images. Em vez de listar todos os recursos de projeto juntos, as seis categorias dão a você a oportunidade de organizar os itens de seu projeto.

3. Clique na categoria Audio na caixa de listagem suspensa.

   Atualmente, a lista está vazia. Agora você vai adicionar o arquivo ArcadeRiff.wav ao projeto. É o mesmo arquivo de música eletrônica utilizado no Capítulo 3 para reproduzir um efeito sonoro de fliperama.

CAPÍTULO 4   Aplicativos de área de trabalho para Windows   **93**

4. Clique na seta suspensa ao lado do comando Add Resource e, então, clique em Add Existing File.

5. Acesse a pasta Meus Documentos\Visual Basic 2013 SBS\Chapter 04, clique no arquivo ArcadeRiff.wav e clique em Open.

   O arquivo ArcadeRiff.wav aparece na janela Resources e agora está pronto para ser usado no programa. Você vai fazer referência a esse recurso mais adiante, quando escrever seu código de rotina de tratamento de eventos.

6. Clique no botão Save All na barra de ferramentas Standard.

7. Especifique Meus Documentos\Visual Basic 2013 SBS\Chapter 04 como local e clique em Save.

8. Clique em Yes To All, se solicitado a salvar ou recarregar o projeto após a inclusão dos novos recursos.

9. Feche o Project Properties Designer.

   Agora você está pronto para continuar personalizando a interface de usuário do programa, configurando mais algumas propriedades.

Configure propriedades

Como visto nos Capítulos 2 e 3, você pode alterar as propriedades de um objeto selecionando o objeto na página (ou no formulário) e configurando-as na janela Properties. Faça isso agora em seu aplicativo de área de trabalho para Windows, alterando configurações dos dois botões no formulário.

Configure as propriedades de botão

1. Clique no primeiro botão (SpinButton) no formulário.

   O botão é selecionado e cercado por alças de redimensionamento.

2. Na parte superior da janela Properties, clique no botão Categorized.

3. Redimensione a janela Properties (se necessário) para que haja bastante espaço para ver os nomes de propriedade e suas configurações atuais.

   Essas propriedades incluem configurações para a cor de fundo, texto, altura da fonte e largura do botão. Sua janela Properties deve ser parecida com esta:

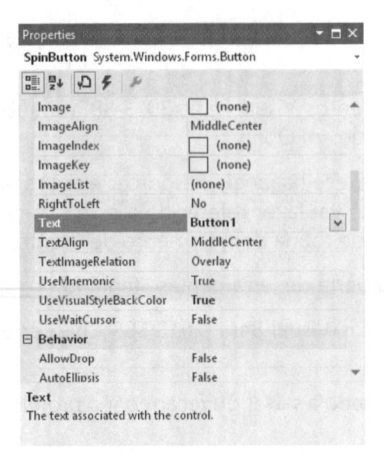

4. Se ainda não estiver visível, role na janela Properties até ver a propriedade *Text*, localizada na categoria Appearance.

5. Clique duas vezes na propriedade *Text* na primeira coluna da janela Properties.

   A configuração de *Text* atual ("Button1") é destacada na janela Properties.

6. Digite **Spin** e pressione Enter.

   A propriedade *Text* muda para "Spin" na janela Properties e no botão do formulário. Agora você vai mudar a propriedade *Text* do segundo botão para "End".

7. Abra a lista Object na parte superior da janela Properties.

   Aparece uma lista dos objetos de interface em seu programa, em uma caixa de listagem suspensa.

8. Clique em EndButton (o segundo botão) na caixa de listagem.

   As configurações de propriedade do segundo botão aparecem na janela Properties e o Visual Studio destaca o botão no formulário.

9. Exclua o conteúdo da propriedade *Text*, digite **End** e pressione Enter.

   O texto do segundo botão muda para "End".

> **Dica** Utilizar a lista Object é uma maneira prática de alternar entre os objetos do programa. Você também pode alternar entre os objetos no formulário clicando em cada objeto.

Agora você vai configurar as propriedades dos rótulos no programa. Os três primeiros rótulos armazenarão os números aleatórios gerados pelo programa e terão configurações de propriedade idênticas. (Você vai configurar a maioria delas como um grupo.) As configurações de rótulo descritivo serão um pouco diferentes.

CAPÍTULO 4   Aplicativos de área de trabalho para Windows   **95**

Configure as propriedades de rótulo de número

1. Clique no primeiro rótulo de número (*Label1*), mantenha a tecla Shift pressionada, clique no segundo e no terceiro rótulos de número e então solte a tecla Shift. (Se a janela Properties estiver no caminho, mova-a para outro lugar.)

   Um retângulo de seleção e alças de redimensionamento aparecem em torno de cada rótulo em que você clica. Você vai alterar as propriedades *TextAlign*, *BorderStyle* e *Font* agora, para que os números que aparecerem nos rótulos fiquem centralizados dentro da caixa e sejam idênticos no que diz respeito à fonte e tamanho em pontos. (Todas essas propriedades encontram-se na categoria Appearance da janela Properties.) Você também vai configurar a propriedade *AutoSize* como False para poder alterar o tamanho dos rótulos de acordo com especificações precisas. (A propriedade *AutoSize* encontra-se na categoria Layout.)

> **Nota** Quando mais de um objeto for selecionado, somente as propriedades que podem ser alteradas para o grupo serão exibidas na janela Properties.

2. Clique na propriedade *AutoSize* na janela Properties e, então, clique na seta que aparece na segunda coluna.

3. Configure a propriedade *AutoSize* como False para que você possa dimensionar os rótulos manualmente.

4. Clique na propriedade *TextAlign* e então clique na seta que aparece na segunda coluna.

   Várias opções de alinhamento aparecem na caixa de listagem; você pode utilizar essas configurações para alinhar o texto em qualquer lugar dentro das bordas do objeto rótulo.

5. Clique na opção do centro (MiddleCenter).

   A propriedade *TextAlign* de cada um dos rótulos selecionados muda para MiddleCenter.

6. Clique na propriedade *BorderStyle* e então clique na seta que aparece na segunda coluna.

   As configurações de propriedade válidas (None, FixedSingle e Fixed3D) aparecem na caixa de listagem.

7. Clique em FixedSingle na caixa de listagem para adicionar uma borda fina em torno de cada rótulo.

8. Clique na propriedade *Font* e então clique no botão de reticências (o botão com três pontos, localizado perto da configuração de fonte atual).

   A caixa de diálogo Font aparece.

9. Altere a fonte para Segue UI, o estilo de fonte para SemiBold e o tamanho em pontos para 24; em seguida, clique em OK.

   O texto do rótulo aparece na fonte, estilo e tamanho que você especificou.

Agora você vai configurar o texto para os três rótulos com o número 0 – um bom "marcador de lugar" para os números que por fim preencherão essas caixas em seu jogo. (Como o programa produz os números de fato, você também poderia excluir o texto, mas colocar um marcador de lugar aqui fornece algo em que basear o tamanho dos rótulos.)

10. Clique em uma área em branco no formulário para remover a seleção dos três rótulos e, então, clique no primeiro rótulo.
11. Clique duas vezes na propriedade *Text*, digite **0** e pressione Enter.

    O texto do objeto botão *Label1* é configurado como 0. Você vai usar código de programa para configurar essa propriedade com um número de "máquina caça-níquel" aleatório, mais adiante neste capítulo.

12. Altere o texto no segundo e no terceiro rótulos no formulário também para **0**.
13. Redimensione os três rótulos de modo que você possa ver o número 0 em cada um.
14. Mova e ajuste o espaçamento final entre os rótulos, de modo que eles pareçam proporcionais.

    Agora seu formulário deve ser parecido com este:

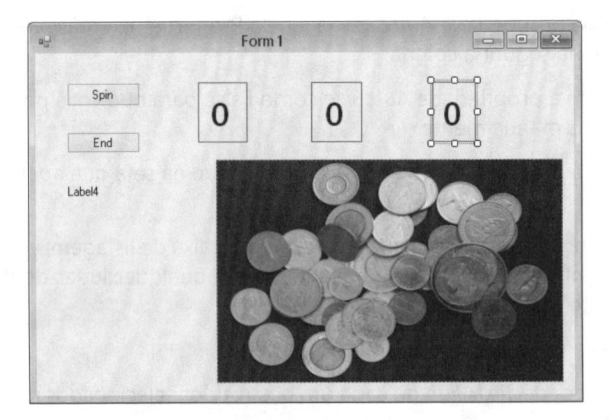

Agora, você vai alterar as propriedades *Text*, *Font* e *ForeColor* do quarto rótulo.

Configure as propriedades do rótulo descritivo

1. Clique no quarto objeto rótulo (*Label4*) no formulário.
2. Altere a propriedade *Text* na janela Properties para **Lucky Seven**.
3. Clique na propriedade *Font* e então clique no botão de reticências.
4. Use a caixa de diálogo Font a fim de mudar a fonte para Segoe UI, o estilo de fonte para SemiBold e o tamanho em pontos para 18. Em seguida, clique em OK.

    A fonte no objeto *Label4* é atualizada e o rótulo é automaticamente redimensionado para armazenar o tamanho da fonte maior, pois a propriedade *AutoSize* do objeto está configurada como True.

5. Clique na propriedade *ForeColor* na janela Properties.

6. Digite **DarkRed** na propriedade *ForeColor* e pressione Enter.

   O Visual Studio muda a cor do rótulo Lucky Seven (*Label4*) para DarkRed (139,0,0), que é a mesma cor que você usou no aplicativo Lucky Seven para Windows Store no Capítulo 3.

   Agora você vai alterar a propriedade *Text* do formulário para que "Lucky Seven" apareça na barra de título do aplicativo.

Configure o texto da barra de título do formulário

1. Clique no formulário no Designer (não em algum objeto específico do formulário).
2. Na janela Properties, altere a propriedade *Text* para **Lucky Seven** e pressione Enter.

   Seu formulário agora é parecido com este:

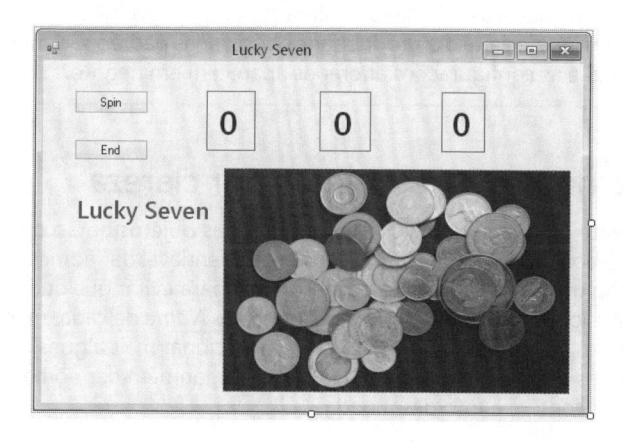

   Agora você está pronto para configurar as propriedades de *PictureBox1*, o último objeto no formulário.

As propriedades da caixa de figura

Quando a pessoa que estiver usando o jogo que você criou tirar a sorte grande (isto é, quando pelo menos um 7 aparecer nos rótulos de número do formulário), o objeto figura exibirá uma imagem (no formato .jpg) de moedas de todo o mundo. Forneci essa imagem digitalizada nos arquivos de exemplo do livro, mas você pode substituí-la por outra, se desejar.

Anteriormente neste capítulo, você configurou a propriedade *SizeMode* do objeto *PictureBox1* para posicionar a figura na janela com precisão, e configurou a propriedade *Image* para indicar o nome do arquivo JPEG que está exibindo no formulário. Agora você precisa configurar a propriedade *Visible*, que especifica o estado da figura quando o aplicativo começa a executar. (Nem sempre é necessário tornar objetos visíveis no formulário; quando este aplicativo for executado, você vai alternar entre as configurações visível e invisível da imagem, de acordo com os números exibidos.)

Configure a propriedade *Visible* da caixa de figura

1. Clique no objeto caixa de figura no formulário.
2. Clique na propriedade *Visible* na categoria Behavior da janela Properties e, então, clique na seta da segunda coluna.

   As configurações válidas para a propriedade *Visible* aparecem em uma caixa de listagem.
3. Clique em False para tornar a imagem das moedas invisível quando o programa iniciar.

   Configurar a propriedade *Visible* como False afeta a caixa de figura quando o programa executa, mas não agora, enquanto você a está projetando.

> **Dica** Você também pode dar um clique duplo nos nomes de propriedade que têm configurações True e False (as chamadas propriedades booleanas), para alternar entre True e False. As propriedades booleanas padrão são mostradas em tipo normal e as configurações alteradas aparecem em negrito.

Atribua nomes para objetos por clareza

Anteriormente neste capítulo, você deu nomes aos objetos botão no formulário, seguindo uma boa prática de programação. É recomendável dar nomes a todos os objetos que serão utilizados no código do programa, para evitar qualquer confusão. Você dá nomes aos objetos configurando a propriedade *Name* de cada um deles com a janela Properties. No exercício a seguir, você vai adicionar mais alguns nomes de objeto para os rótulos que contêm números da sorte. Vai também dar nome ao objeto caixa de figura que contém a foto das moedas.

Configure a propriedade *Name*

1. Clique no objeto *Label1* no formulário (a primeira janela de número da sorte) e altere sua propriedade *Name* para **FirstNum**.

   Talvez você queira listar as configurações de propriedade em ordem alfabética para que a propriedade *Name* apareça próxima ao início da lista.
2. Clique no objeto *Label2* no formulário (a segunda janela de número da sorte) e altere sua propriedade *Name* para **SecondNum**.
3. Clique no objeto *Label3* no formulário e altere sua propriedade *Name* para **ThirdNum**.
4. Clique no objeto *PictureBox1* no formulário e altere a propriedade *Name* da caixa de figura para **CoinImage**.
5. Agora você terminou de configurar as propriedades; portanto, se sua janela Properties estiver flutuando, mantenha a tecla Ctrl pressionada e clique duas vezes em sua barra de título para retorná-la à posição encaixada.

Escreva o código

Agora você está pronto para escrever o código do aplicativo de área de trabalho para Windows Lucky Seven. Conforme aprendeu no Capítulo 3, você digita e edita código Visual Basic com o Code Editor. Embora os controles utilizados para criar a interface do usuário desse aplicativo Windows Forms sejam diferentes dos utilizados para criar um aplicativo Windows Store, o código do programa é praticamente o mesmo. Isso porque a linguagem de programação Visual Basic subjacente é idêntica nas duas plataformas. As únicas diferenças que você vai encontrar serão os nomes de objetos e propriedades e, ocasionalmente, as classes utilizadas no .NET Framework. Os elementos básicos da linguagem Visual Basic são praticamente os mesmos.

Complete os passos a seguir para inserir o código do aplicativo de área de trabalho para Windows Lucky Seven com o Code Editor.

Utilize o Code Editor

1. Clique duas vezes no botão End no formulário.

   O Code Editor aparece como uma janela de documentos com guias no centro do IDE do Visual Studio, como mostrado aqui.

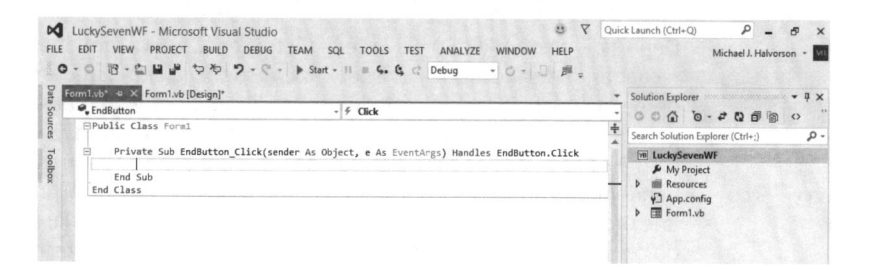

Dentro do Code Editor há instruções de programa associadas ao formulário atual. Em um aplicativo Windows Forms, as instruções de programa são sempre agrupadas em um ou mais procedimentos. Existem três tipos de procedimentos que você vai ver em código Visual Basic: procedimentos *Sub*, procedimentos *Function* e procedimentos *Property*.

EndButton_Click é um procedimento *Sub* que está sendo declarado para tratar do evento que ocorre quando o usuário clica no botão End no programa. Esse procedimento *Sub* começa com a palavra-chave *Sub* e termina com as palavras-chave *End Sub*.

No paradigma Windows Forms, tal procedimento também é chamado de *rotina de tratamento de eventos*. Essa rotina em particular é executada quando o evento *Click* ocorre (ou é disparado), mas nenhum valor é retornado pelo procedimento para a rotina chamadora. (Os procedimentos *Function* e *Property* frequentemente retornam valores, conforme você vai ver mais adiante no livro.)

Quando você clicou duas vezes no botão End no IDE, o Visual Studio adicionou automaticamente a primeira e a última linhas da rotina de tratamento de evento *EndButton_Click* e as associou ao evento *Click* do botão, como mostra o código a seguir. Talvez você perceba outros fragmentos de código no Code Editor (palavras como *Public* e *Class*), que o Visual Studio adicionou para definir características importantes do formulário. Vou descrevê-los mais completamente adiante.

```
Private Sub EndButton_Click(sender As Object, e As EventArgs) Handles Button2.Click

End Sub
```

O corpo de um procedimento se ajusta entre as linhas anteriores e é executado sempre que um usuário dispara a ação associada à rotina de tratamento de evento. Neste caso, o evento é um clique de mouse, mas também poderia ser um tipo de evento diferente.

2. Digite **End** e pressione a tecla Enter.

    O Visual Studio reconhece *End* como uma palavra reservada única ou *palavra-chave* e a exibe em uma caixa de listagem com as guias Common e All. A Microsoft chama esse recurso de ajuda interativa de *IntelliSense*, porque ele tenta ajudá-lo inteligentemente a escrever o código e você pode procurar várias palavras-chave e objetos do Visual Basic em ordem alfabética. (Desse modo, é possível descobrir parcialmente a linguagem por meio do próprio IDE.)

    Depois de pressionar a tecla Enter, as letras em *End* passam a ter a cor azul e são recuadas, indicando que o Visual Basic reconhece *End* como uma das centenas de palavras-chave exclusivas dentro da linguagem Visual Basic. Você utiliza a palavra-chave *End* para interromper seu programa e removê-lo da tela. Nesse caso, *End* também é uma instrução de programa completa, uma instrução independente reconhecida pelo compilador do Visual Basic, a parte do Visual Studio que processa, ou *analisa*, cada linha de código-fonte em Visual Basic, combinando o resultado com outros recursos para criar um arquivo executável.

    Agora que você escreveu o código associado ao botão End, vai escrever o código do botão Spin. Essas instruções de programa serão um pouco mais extensas.

Escreva o código para o botão Spin

1. Clique na guia Form1.vb [Design], perto da parte superior do Code Editor, para exibir o formulário novamente.

    Quando o Code Editor estiver visível, você não poderá ver o formulário em que está trabalhando. Contudo, é fácil alternar entre o designer do Windows Forms e o Code Editor, clicando nas guias próximas à parte superior de cada janela.

2. Clique duas vezes no botão Spin no formulário.

    O Code Editor aparece, mostrando uma rotina de tratamento de evento associada ao botão Spin.

    Embora você tenha mudado o texto desse botão para "Spin", lembre-se de que seu nome no programa ainda é *SpinButton*. A rotina de tratamento de evento *SpinButton_Click* é executada sempre que o usuário clica no botão Spin.

3. Digite as linhas de programa a seguir entre as instruções *Private Sub* e *End Sub*. Pressione Enter após cada linha e pressione Tab para fazer o recuo. Quando você insere o código de programa, o IDE formata o texto e exibe as diferentes partes do programa em cores para ajudá-lo a identificar os vários elementos.

```
Dim generator As New Random
CoinImage.Visible = False

FirstNum.Text = generator.Next(0, 10)
SecondNum.Text = generator.Next(0, 10)
ThirdNum.Text = generator.Next(0, 10)

If (FirstNum.Text = "7") Or (SecondNum.Text = "7") Or
   (ThirdNum.Text = "7") Then
   CoinImage.Visible = True
   My.Computer.Audio.Play(My.Resources.ArcadeRiff, AudioPlayMode.Background)
End If
```

Ao terminar, o Code Editor estará parecido com esta captura de tela:

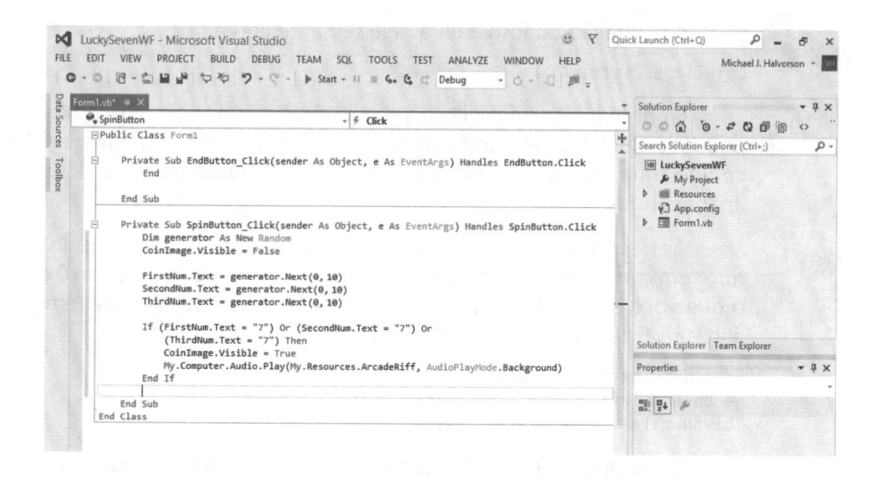

4. Clique no comando Save All no menu File para salvar suas alterações no programa.

Os bastidores da rotina de tratamento de eventos *SpinButton_Click*

A rotina de tratamento de eventos *SpinButton_Click* é executada quando o usuário clica no botão Spin no formulário. A palavra-chave *Handles* na primeira linha do procedimento *Sub* é a instrução que vincula o botão no formulário à rotina de tratamento de eventos.

O trabalho realizado por essa rotina é muito parecido com o do código em Visual Basic utilizado no Capítulo 3 para ativar o jogo Lucky Seven projetado para a Windows Store. Basicamente, a rotina executa quatro tarefas principais:

1. Declara um gerador de números aleatórios chamado *Random* no programa.
2. Oculta a foto digital das moedas.
3. Cria três números aleatórios e os exibe nos objetos bloco de texto.
4. Exibe a foto Coins e reproduz uma música quando o número 7 aparece.

Conforme você aprendeu, o gerador de números aleatórios é inicializado pela seguinte instrução:

```
Dim generator As New Random
```

Essa linha declara um gerador de números aleatórios que pode ser usado para calcular algarismos que não seguem um padrão numérico específico. O identificador *generator* é usado mais adiante no procedimento.

A ocultação da foto é feita pela seguinte linha:

```
CoinImage.Visible = False
```

Embora a foto não seja visível quando o programa começa (você alterou a propriedade *Visible* da imagem em um exercício anterior para fazer isso), essa linha de código trata da situação em que o usuário ganhou o jogo e precisa deixar de ver a imagem novamente.

As três linhas a seguir tratam dos cálculos de números aleatórios. O objeto *generator* em cada linha é usado para gerar um número aleatório entre 0 e 9 – exatamente o que você precisa para esse aplicativo de máquina caça-níquel em particular. Essas linhas são idênticas ao código do Capítulo 3.

```
FirstNum.Text = generator.Next(0, 10)
SecondNum.Text = generator.Next(0, 10)
ThirdNum.Text = generator.Next(0, 10)
```

O último grupo de instruções no programa verifica se algum dos números aleatórios é 7. Se um ou mais deles for, o programa exibe a representação gráfica do prêmio e reproduz um som de fliperama para anunciar a conquista.

```
If (FirstNum.Text = "7") Or (SecondNum.Text = "7") Or
    (ThirdNum.Text = "7") Then
    CoinImage.Visible = True
    My.Computer.Audio.Play(My.Resources.ArcadeRiff, AudioPlayMode.Background)
End If
```

O som é criado pelo mesmo arquivo de áudio .wav utilizado no Capítulo 3. Contudo, como não existe controle *MediaElement* na Toolbox do Windows Forms, reproduzi o som utilizando o objeto *My.Computer.Audio* fornecido pelo .NET Framework. Esse objeto oferece o método *Play*, o qual utilizei para reproduzir um recurso sonoro da pasta Resources do projeto. A propriedade *AudioPlayMode.Background* utilizada na chamada do método *Play* toca o som no fundo, enquanto o programa faz seu trabalho.

CAPÍTULO 4   Aplicativos de área de trabalho para Windows   **103**

Toda vez que o usuário clica no botão Spin, a rotina de tratamento de evento *SpinButton_Click* é executada, ou *chamada*, e as instruções de programa no procedimento são executadas novamente.

Execute o aplicativo de área de trabalho Lucky Seven

Perfeito – você está pronto para executar seu novo aplicativo de área de trabalho para Windows. Conforme você aprendeu no Capítulo 2, um aplicativo pode ser executado clicando-se no botão Start da barra de ferramentas Standard.

Siga estes passos para executar – e, mais importante, *testar* – o programa MyLuckySevenWF.

> **Nota** Se você não construiu o projeto MyLuckySevenWF a partir do zero ou se quer comparar o que criou com o que construí, pare um pouco, abra e execute o projeto LuckySevenWF concluído, que se encontra na pasta Meus Documentos\Visual Basic 2013 SBS\Chapter 04 no seu disco rígido (o local padrão dos arquivos de exercícios deste capítulo).

Execute o programa LuckySevenWF

1. Clique no botão Start da barra de ferramentas Standard.

   O programa Lucky Seven compila e executa. Depois de alguns segundos, a interface de usuário aparece, exatamente como você a projetou.

2. Clique no botão Spin várias vezes, até tirar um ou mais números 7.

   Sempre que você clica em Spin, o programa escolhe três números aleatórios e os exibe em rótulos no formulário. Quando você ganhar, sua tela será parecida com esta:

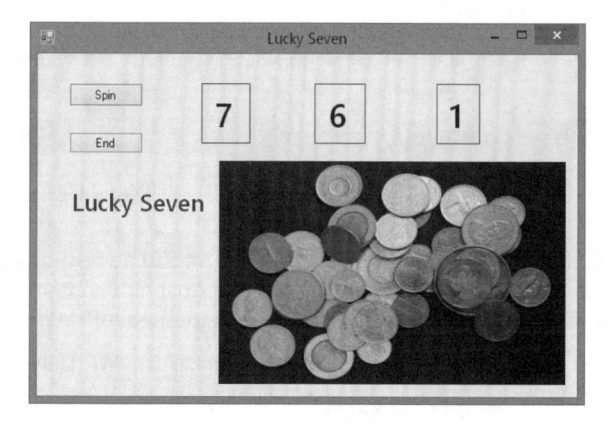

Como um 7 aparece na primeira caixa de rótulo, surge a foto digital que retrata o prêmio e o computador reproduz um som de fliperama. Você ganhou!

3. Clique no botão Spin outras 12 vezes ou mais, observando os resultados dos acionamentos nas caixas de número.

   Agora é hora de examinar o programa atentamente. Ele está funcionando corretamente? O efeito sonoro funciona corretamente sempre? A imagem das moedas sempre desaparecem quando você gira os números outra vez? Os números sempre aparecem corretos – e o padrão de acionamento parece *aleatório* – nas janelas giratórias?

   Parece que cerca de metade das vezes em que o programa é acionado, você tira a sorte grande. Contudo, em termos matemáticos, as chances não são tão grandes assim. A probabilidade real de vitória é de cerca de 2,8 vezes a cada 10.

4. Quando terminar de experimentar sua nova criação, clique no botão End.

   O aplicativo de área de trabalho para Windows para e o IDE reaparece em sua tela.

Compile um arquivo executável

Sua última tarefa neste capítulo é concluir o processo de desenvolvimento e criar um aplicativo de área de trabalho para Windows final para seu computador. Os aplicativos de área de trabalho para Windows criados com o Visual Studio 2013 têm a extensão de nome de arquivo .exe e podem ser executados em qualquer sistema que tenha o Windows e os arquivos de suporte necessários. Uma das bibliotecas de sistema fundamentais, necessária para os programas em Visual Studio, é o .NET Framework. Contudo, isso está presente em praticamente todas as instalações de Windows 8.1, Windows 8 e Windows 7.

Conforme você aprendeu no Capítulo 3, é possível criar dois tipos de arquivos executáveis para seu projeto neste ponto: uma versão de depuração ou uma versão de distribuição. A caixa de listagem suspensa Solution Configurations na barra de ferramentas Standard do Visual Studio indica se o executável é uma versão de depuração (Debug) ou de distribuição (Release).

Tente criar agora uma versão de distribuição chamada LuckySevenWF.exe.

Crie um arquivo executável

1. Na barra de ferramentas Standard, clique em Release na caixa de listagem suspensa Solution Configurations.

   Isso preparará o Visual Studio para criar uma versão de distribuição de seu aplicativo de área de trabalho para Windows, a qual não contém informações de depuração. A construção será armazenada na pasta Bin\Release de seu projeto.

2. No menu Build, clique no comando Build LuckySevenWF. (Talvez haja o prefixo "My" na frente do nome do seu projeto.)

   O comando Build compila o código-fonte em seu projeto. O resultado é um arquivo executável do tipo aplicativo de área de trabalho para Windows, chamado LuckySevenWF.exe.

Agora, tente executar esse programa fora do IDE do Visual Studio, dentro da área de trabalho do Windows. (O próximo comando depende da versão de Windows que você está utilizando.)

3. Caso tenha Windows 8 ou Windows 8.1, clique na charm Pesquisar, digite **run** na caixa de texto Pesquisar (apps) e pressione Enter para abrir a caixa de diálogo Executar.

   Se tiver Windows 7 ou Windows Vista, digite **executar** na caixa de texto Pesquisar e pressione Enter para abrir a caixa de diálogo Executar.

4. Clique em Browse (Procurar) e navegue até a pasta Meus Documentos\Visual Basic 2013 SBS\Chapter 04\MyLuckySevenWF\Bin\Release.

5. Clique no ícone do aplicativo MyLuckySevenWF.exe, clique em Open e depois em OK.

   O programa LuckySevenWF é carregado e executado na área de trabalho do Windows.

   Como esse é um aplicativo de teste simples e não possui um certificado formal de editor enfatizando sua confiabilidade ou autenticidade, talvez você veja esta mensagem: "The publisher could not be verified. [O editor não pode ser verificado.] Are you sure you want to run this software? [Tem certeza de que quer executar esse software?]".

   Se isso acontecer, clique em Yes para executar o programa de qualquer maneira. (A criação desses certificados está fora dos objetivos deste capítulo, mas esse programa é bastante seguro – a não ser que você passe muito tempo apostando!)

6. Clique em Spin algumas vezes para verificar o funcionamento do jogo e clique em End.

> **Dica** Também é possível executar aplicativos baseados no Windows, incluindo programas em Visual Basic compilados, abrindo o Windows Explorer e clicando duas vezes no arquivo executável.

Publique um aplicativo de área de trabalho para Windows

Conforme você aprendeu no Capítulo 3, um aplicativo Windows Store se destina a ser comercializado e distribuído online via Windows Store. Embora os aplicativos de área de trabalho para Windows não possam atualmente ser distribuídos dessa maneira, é simples distribuí-los ou *publicá-los* utilizando ClickOnce Security and Deployment. O ClickOnce monta seus arquivos de projeto em um pacote, o qual pode ficar em um servidor web, em um compartilhamento de arquivos, no computador local (seu PC ou laptop) ou em mídia removível, como um CD-ROM ou DVD-ROM.

Complete os passos a seguir para publicar um aplicativo de área de trabalho para Windows. (Publique o projeto MyLuckySevenWF agora ou mantenha estes passos à mão para referência futura.)

Publique com a distribuição ClickOnce

1. Clique no comando *NomeDoProjeto* Properties (LuckySevenWF ou outro) do menu Project.

   O Project Properties Designer abre, com suas muitas guias e opções relacionadas ao aplicativo e seus recursos.

2. Clique na guia Publish, onde você verá uma lista de opções de distribuição, como as mostradas na tela a seguir:

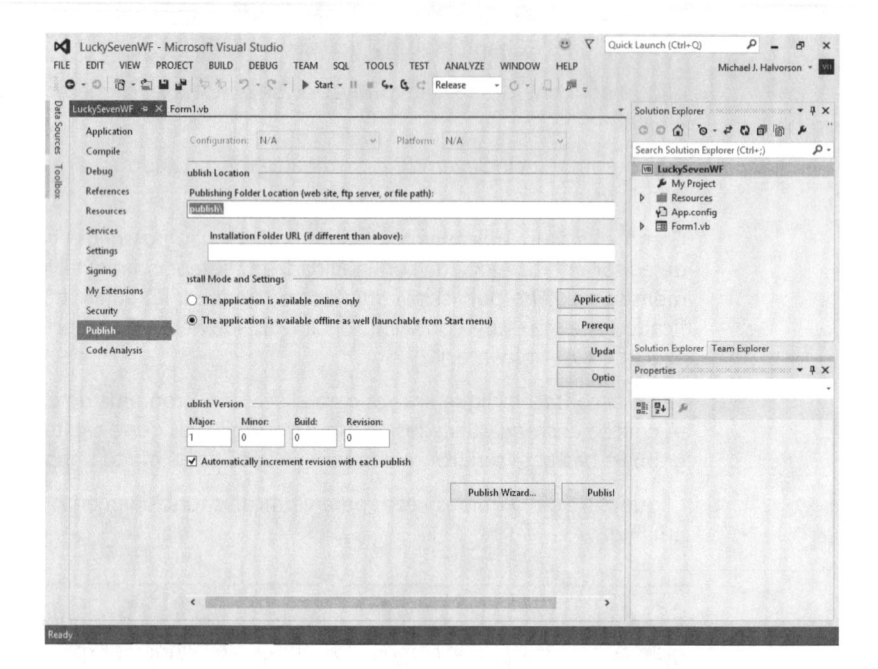

3. Na caixa de texto Publishing Folder Location, especifique o nome de um servidor web, servidor de arquivos ou nome de caminho para um local em seu computador, onde queira colocar o pacote de instalação criado pelo Visual Studio para você.

   > **Nota** Esse não é o local do aplicativo final instalado, mas sim dos arquivos de instalação que o usuário utilizará para instalar o novo aplicativo de área de trabalho para Windows. Ou seja, você está especificando aqui um local para os usuários obterem o pacote de instalação de que precisam. (Por isso, um servidor web faz muito sentido.)

4. Opcionalmente, clique na caixa de reticências ao lado da caixa de texto Publishing Folder Location, se quiser procurar o local de instalação.

   Se você clica nessa útil ferramenta, a caixa de diálogo Open Web Site aparece, permitindo localizar uma pasta no sistema de arquivos de seu computador, um local de Internet Information Services (IIS), um site de FTP ou outro local na web.

Como alternativa, você pode clicar no botão Publish Wizard e um assistente o conduzirá por uma série de perguntas sobre o que deseja distribuir e onde.

5. Quando terminar, clique no botão Publish Now na parte inferior da página de propriedades.

6. O Visual Studio copiará um pacote de instalação conveniente para o aplicativo no local especificado. Então, o usuário poderá instalar o aplicativo no sistema dele.

> **Dica**   Para aprender mais sobre considerações quanto a segurança e a distribuição de aplicativos de área de trabalho para Windows, clique na guia Security do Project Properties Designer. Será possível conhecer problemas de segurança e ajustar configurações relacionadas, conforme for apropriado para seu aplicativo.

Parabéns! Você criou um aplicativo de área de trabalho para Windows a partir do zero, usando Windows Forms e Visual Basic. Salve suas alterações agora e encerre o Visual Studio.

7. Clique no botão Save All da barra de ferramentas Standard para salvar as alterações.

8. Feche a página de propriedades do projeto, clicando no X na guia da página.

9. No menu File, clique em Exit para fechar o Visual Studio e o projeto LuckySevenWF.

O ambiente de desenvolvimento do Visual Studio fecha.

Resumo

Este capítulo descreveu como construir um aplicativo de área de trabalho para Windows chamado LuckySevenWF, usando Visual Basic e o modelo de programação Windows Forms. O processo de desenvolvimento é semelhante ao executado no Capítulo 3 com o modelo de programação Windows Store, e o mesmo programa (um jogo eletrônico de números da sorte) foi deliberadamente escolhido para que você pudesse comparar e contrastar os dois métodos de criação de um aplicativo em Visual Basic 2013.

O Windows Forms continua sendo uma tecnologia importante para a escrita de aplicativos baseados no Windows com Visual Basic. Existe uma boa base de código no mercado criada com Windows Forms; além de dar conta das necessidades práticas de manter esse código, o Windows Forms Designer e a Toolbox são fáceis de usar e já estão bem estabelecidos, o que não acontece atualmente com as ferramentas do Windows Presentation Foundation e do Windows Store App.

Neste capítulo, você trabalhou com os controles *Button*, *Label* e *PictureBox* e os personalizou em um formulário utilizando imagens originais e configurações de propriedades. Aprendeu a escrever código de programa no Code Editor e a publicar um aplicativo utilizando ClickOnce Security and Deployment. No Capítulo 6, "Controles Windows Forms", você vai aprender mais sobre os controles da Toolbox do Windows Forms e sobre muitos recursos essenciais para aplicativos de área de trabalho para Windows, incluindo menus e barras de ferramentas.

A principal limitação do Windows Forms é que suas rotinas gráficas são um tanto mais lentas do que os aplicativos WPF e Windows Store equivalentes, e o Windows Forms não suporta totalmente os redesenhados sistemas operacionais Windows 8 e Windows 8.1. A vantagem dessas plataformas consiste na segurança, confiabilidade, suporte mais amplo para dispositivos baseados em toque e, é claro, em uma nova interface de usuário. Estamos em uma era de transição, e os programadores de Visual Basic profissionais precisarão adquirir habilidades adequadas ao terreno onde nos encontramos hoje. Isso significa conhecer mais de uma plataforma de desenvolvimento e encontrar maneiras criativas de migrar código de um modelo para outro.

Felizmente, o Visual Studio torna essa troca dinâmica totalmente possível. Na verdade, conforme o Capítulo 3 e este demonstraram, é possível construir duas interfaces de usuário com ferramentas diferentes e ainda manter a mesma lógica de aplicativo no código Visual Basic. Continuarei enfatizando essa semelhança ao longo do livro, estendendo os paralelos da linguagem Visual Basic com os aplicativos baseados na web (HTML) e Windows Phone 8.

No próximo capítulo, vamos voltar ao desenvolvimento para Windows Store e a alguns dos controles fundamentais da Toolbox do Windows Store.

PARTE II

Projeto da interface do usuário

CAPÍTULO 5 Controles de aplicativos Windows Store 111

CAPÍTULO 6 Controles Windows Forms 147

CAPÍTULO 7 Marcação XAML passo a passo 191

CAPÍTULO 8 Estilos XAML 214

CAPÍTULO 9 Recursos de design do Windows 8.1:
barra de comandos, flyout, blocos e toque 233

CAPÍTULO 10 Aplicativos de console 265

CAPÍTULO 5

Controles de aplicativos Windows Store

Neste capítulo, você vai aprender a:

- Utilizar o controle *TextBox* para gerenciar tarefas de entrada de texto.
- Utilizar o controle *FlipView* para exibir uma série de imagens ou fotos.
- Utilizar o controle *MediaElement* para reproduzir mídia de entretenimento.
- Utilizar o controle *WebView* para exibir conteúdo web ativo.

A interface do usuário de seu aplicativo Windows Store é criada com controles da Toolbox, como *Image*, *ListBox*, *WebView* e *DatePicker*. No Capítulo 3, "Crie seu primeiro aplicativo Windows Store", você aprendeu os fundamentos do uso dos controles *Button*, *TextBlock* e *Image* e examinou como ajustar configurações de propriedades e construir rotinas de tratamento de eventos. Neste capítulo 5, você aprenderá a usar mais quatro controles de aplicativos Windows Store. Este processo irá aprofundar seu entendimento da interface de usuário do Windows 8.1 e o ajudará a estabelecer uma base para seus programas.

Primeiro, você vai aprender a usar o controle *TextBox* para reunir linhas e parágrafos de entrada textual do usuário, armazená-las em variáveis, verificar a ortografia e processar o texto de maneiras interessantes. Na sequência, usará o controle *FlipView* para exibir uma série de imagens na tela, pelas quais será possível navegar utilizando entrada por toque ou cliques de mouse. Como o conteúdo de áudio e vídeo deixa os aplicativos Windows Store mais divertidos, você vai aprender também como usar o controle *MediaElement* para reproduzir mídia de entretenimento. Por fim, vai entender como utilizar o controle *WebView* para exibir o conteúdo de uma ou mais páginas web em seu aplicativo.

> **Dica** Além deste capítulo e dos exercícios de capítulos posteriores, você pode aprender mais sobre os controles fundamentais de aplicativos Windows Store em meu livro *Start Here! Learn Visual Basic 2012* (Microsoft Press, 2012). Por exemplo, no Capítulo 3 do livro, "Using Controls", descrevo como utilizar os controles *Ellipse*, *TextBlock*, *CheckBox* e *RadioButton*. No Capítulo 4, "Designing Windows 8 Applications with Blend for Visual Studio", demonstro como usar Blend para adicionar controles a uma página e personalizá-los com efeitos de animação.

Controles de aplicativos Windows Store

Os controles de aplicativos Windows Store são elementos interativos que o desenvolvedor pode colocar na superfície de um aplicativo Windows 8.1 para se comunicar com o usuário ou gerenciar tarefas essenciais, como exibição de texto ou imagens, ativação de um vídeo ou navegação em um site. Assim como outros controles programáveis, os controles de aplicativos Windows Store normalmente têm a capacidade de serem selecionados ou de *receberem o foco* enquanto um programa está executando, e são manipulados pelos conhecidos mecanismos de entrada do sistema operacional Windows 8.1, como mouse, teclado, caneta eletrônica, toque e gestos.

Todos os controles de aplicativos Windows Store são provenientes do namespace *Windows.UI.Xaml.Controls*, uma biblioteca de classes hierárquica que fornece uma definição única e uma lista de recursos programáveis para cada controle. Muitos desses controles compartilham atributos e capacidades comuns e, dessa maneira, trabalham em conjunto para possibilitar a rica experiência ao usuário que é a base do Windows 8.1.

Quando um novo aplicativo Windows Store é criado no Visual Studio 2013, o IDE carrega automaticamente uma coleção de controles específicos (também chamados de *controles XAML*) na Toolbox e os organiza por categoria. Ao utilizar um desses controles para criar um objeto em seu aplicativo, você está gerando uma *instância* específica da definição do controle na página dentro de seu programa. Cada instância do controle é única, de modo que ela mantém seu próprio nome, conteúdo, tamanho, forma, rotinas de tratamento de eventos e outras características da definição.

Por exemplo, se você usar o controle *Button* da Toolbox para criar três objetos botão em uma página de seu aplicativo Windows Store, cada objeto terá seu próprio nome, dimensões e funcionalidade programável. Embora esse botões herdem suas características padrão da classe *Windows.UI.Xaml.Controls.Button*, é possível personalizar cada objeto individualmente no programa. Esse é um dos principais recursos e uma das maiores vantagens da programação orientada a objetos do Visual Studio e do Visual Basic. Outra característica útil é que você pode compartilhar rotinas de tratamento de eventos entre os controles.

Origens da Windows Presentation Foundation e da XAML

Os controles de aplicativos Windows Store têm suas raízes nos controles Windows Presentation Foundation (WPF) e na Extensible Application Markup Language (XAML), uma linguagem baseada em XML, utilizada para definir e vincular vários elementos na interface de usuário de um aplicativo baseado no Windows. O WPF foi adicionado ao produto Visual Studio 2008 como uma opção para processar interfaces de usuário e desde 2008 tem oferecido uma alternativa popular ao modelo de programação Windows Forms. Naquela época, a Microsoft também apresentou um Designer WPF rudimentar e uma Toolbox com controles XAML no IDE do Visual Studio.

Embora o WPF Designer e a Toolbox originais fossem um tanto limitados, com o tempo os componentes do Visual Studio relacionados a WPF foram aprimorados. Vários programadores de Visual Basic que queriam adicionar elementos gráficos, vídeo e recursos de animação de ponta em seus aplicativos utilizaram WPF para preparar os aplicativos para a plataforma .NET. (Na verdade, o WPF foi projetado especialmente para suportar DirectX, uma API gráfica para aceleração de hardware frequentemente utilizada em jogos modernos de computador.)

A Microsoft também usou um subconjunto do WPF para criar o Microsoft Silverlight, uma estrutura para criar aplicativos de Internet com certos aspectos semelhantes ao Adobe Flash. A estrutura Silverlight também está associada ao desenvolvimento para Windows Phone, embora no Windows Phone 8 o termo Silverlight não seja mais utilizado. Contudo, ao escrever aplicativos para Windows Phone, você ainda utiliza uma versão otimizada dos controles XAML para a interface de usuário do Phone. A programação para Windows Phone será abordada mais a fundo no Capítulo 20, "Introdução ao desenvolvimento para Windows Phone 8", e no Capítulo 21, "Crie seu primeiro aplicativo para Windows Phone 8".

Projete para o Windows 8.1

Quando a Microsoft planejou o lançamento do Windows 8, um novo e ambicioso sistema operacional, projetado para funcionar em uma variedade muito ampla de dispositivos, optou por basear o desenvolvimento da interface do usuário em controles estilo XAML, inclusive os controles utilizados em aplicativos WPF e Windows Phone. Consequentemente, muitos dos controles para aplicativos Windows Store têm os mesmos nomes dos controles WPF e os controles das duas plataformas também compartilham muitas das mesmas propriedades e eventos. Além disso, existem alguns controles (como *ProgressRing*) que suportam recursos exclusivos da interface de usuário do Windows 8 e do Windows 8.1.

Os controles de aplicativos Windows Store continuam suportando elementos gráficos de alto desempenho e recursos de animação, e também utilizam marcação XAML para construir a interface do usuário, de modo que podem ser personalizados para diferentes plataformas e dispositivos. Assim, o Windows 8.1 e o Visual Studio 2013 têm transferido tecnologias anteriores (WPF, Silverlight e Windows Forms), combinando-as de novas maneiras para suportar os avanços no projeto de interfaces de usuário, na conectividade e na segurança. Na plataforma Windows 8.1, o Visual Studio 2013 acrescenta suporte para os controles *CommandBar* e *Flyout* em aplicativos Windows Store, os quais serão discutidos no Capítulo 9, "Recursos de design do Windows 8.1: barra de comandos, barra de ferramentas flutuante, blocos e toque".

Caso você já tenha experiência no uso de controles WPF ou Silverlight, este capítulo mostrará como alguns dos controles essenciais mudaram. Você vai ver como os recursos do Windows 8.1 foram integrados aos controles e como foram modificados para aplicativos que serão comercializados no Windows Store.

Caso tenha experiência com Windows Forms, muitos desses controles serão novidade para você, mas as técnicas essenciais de desenvolvimento de software não serão muito diferentes das que já aprendeu antes. Você ainda vai construir seus aplicativos adicionando controles da Toolbox a uma página, configurando propriedades básicas, escrevendo rotinas de tratamento de eventos e, depois, compilando e testando seu trabalho.

Vamos começar com o controle *TextBox*.

PARTE II   Projeto da interface do usuário

Utilize o controle *TextBox* para receber entrada

O controle *TextBox* torna fácil coletar entrada textual básica do usuário e colocá-la para trabalhar em seu aplicativo Windows Store. Além disso, os controles *TextBox* podem ser utilizados para exibir informações rapidamente em uma página, como os resultados de um cálculo ou o conteúdo retornado de uma consulta em um banco de dados. Embora a maioria dos controles *TextBox* seja projetada para ter apenas uma linha de comprimento, também é possível criar controles *TextBox* multilinha seguindo o mesmo procedimento básico e, então, utilizá-los para coletar entrada ou exibir um parágrafo ou mais de texto.

Nos exercícios a seguir, você vai aprender a receber entrada com um controle *TextBox*, atribuir as informações a uma variável, criar um controle *TextBox* multilinha e verificar a ortografia em um *TextBox*. Mais adiante neste capítulo, vai aprender a transferir dados de um controle *TextBox* para um controle *ListBox*.

Utilize um controle *TextBox* para entrada básica

1. Inicie o Visual Studio 2013.
2. No menu File do Visual Studio, clique em New Project.

   A caixa de diálogo New Project abre.
3. No grupo de templates do Visual Basic, clique em Windows Store e depois no projeto Blank App (XAML).

   O Visual Studio prepara o IDE para um aplicativo Windows Store básico, sem layout predefinido.
4. Na caixa de texto Name, digite **My Text Input**.

   O Visual Studio atribui o nome My Text Input ao seu projeto. Conforme mencionado no Capítulo 3, aqui o prefixo "My" é recomendável para que não haja confusão entre o seu novo aplicativo e o projeto Text Input criado nos arquivos de exemplo do livro.
5. Clique em OK para criar o novo projeto no Visual Studio.

   O Visual Studio abre um novo projeto de programação e exibe o código em Visual Basic associado ao template de aplicativo em branco.
6. Abra o Solution Explorer no IDE, se não estiver visível, e clique duas vezes no arquivo MainPage.xaml.

   O Visual Studio abre MainPage.xaml na janela Designer.
7. Se a Toolbox não estiver visível, clique na guia Toolbox ou no comando Toolbox do menu View.
8. Essa Toolbox contém controles para aplicativos Windows Store (XAML).
9. Clique no controle *TextBox* da Toolbox, coloque o cursor do mouse na janela Designer e arraste para a direita e para baixo a fim de criar uma pequena caixa retangular na página.

   Você encontrará o controle *TextBox* nas categorias Common XAML Controls e All XAML Controls. Quando você solta o botão do mouse, o Visual Studio cria um objeto caixa de texto na página.

CAPÍTULO 5   Controles de aplicativos Windows Store

Na guia XAML do Code Editor, observe que agora aparece a marcação XAML do objeto caixa de texto, com várias propriedades já atribuídas, baseadas no tamanho e na forma da caixa de texto. A janela Properties também mostra várias dessas propriedades.

10. Clique novamente no controle *TextBox* da Toolbox e, então, crie um segundo objeto caixa de texto, abaixo do primeiro.

11. Redimensione a caixa de texto de modo que tenha o mesmo tamanho e forma da primeira.

    Agora você vai criar também um objeto botão no formulário.

12. Clique no controle *Button* da Toolbox e, então, crie um objeto botão pequeno abaixo das duas caixas de texto.

13. Clique no controle *Zoom* no Designer e, então, selecione 100% de zoom para ver um pouco mais da página do aplicativo.

    Agora seu IDE será parecido com este:

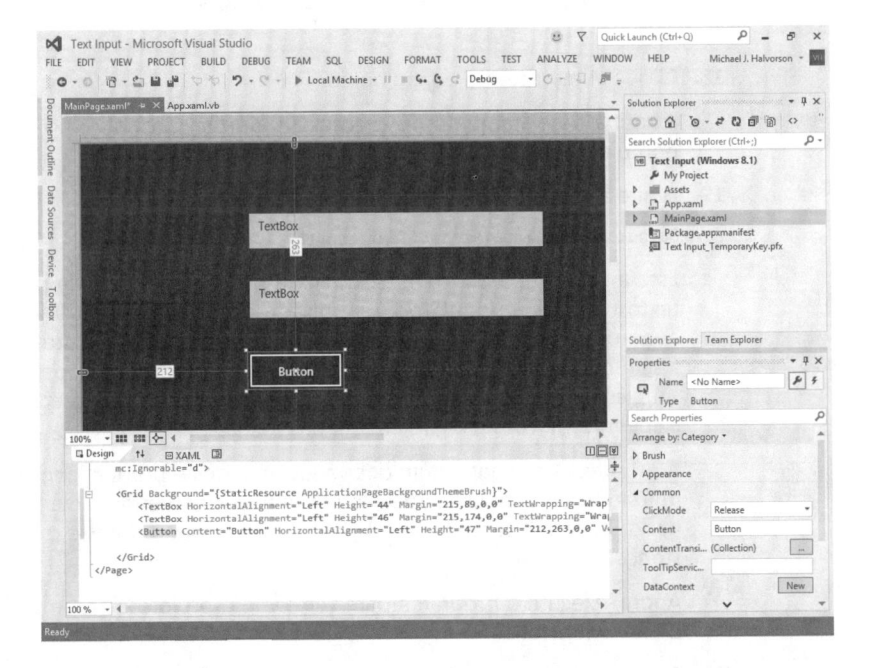

14. Amplie a janela Properties a fim de ter bastante espaço para fazer alguns ajustes nas propriedades dos novos objetos.

15. Altere a propriedade *Name* da primeira caixa de texto para **InputString** e exclua o conteúdo da propriedade *Text* do objeto.

16. Altere a propriedade *Name* da segunda caixa de texto para **Output** e exclua o conteúdo da propriedade *Text* do objeto.

17. Altere a propriedade *Name* do objeto botão para **TestButton** e a propriedade *Content* do botão para **Click To Test**.

    Sua tela deve ser parecida com esta:

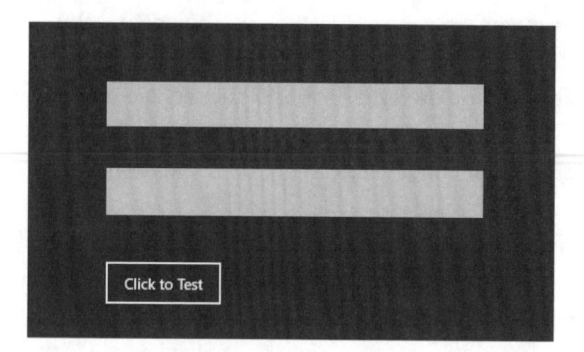

    Agora você vai criar uma rotina de tratamento de eventos para o botão na página.

18. Clique duas vezes no objeto botão.

    A rotina de tratamento de eventos *TestButton_Click* abre no Code Editor e o ponto de inserção pisca entre as instruções *Sub* e *End Sub*.

19. Digite a seguinte linha de código de programa:

    ```
    Output.Text = InputString.Text.Length
    ```

    Essa instrução de programa examina a propriedade *Text* da primeira caixa de texto na página (*InputString*) e utiliza a propriedade *Length* para determinar quantos caracteres foram inseridos na caixa de texto. Ela atribui esse número à segunda caixa de texto (*Output*). O objetivo do programa de demonstração é simplesmente mostrar como as caixas de texto podem ser usadas para coletar e exibir informações textuais em um programa.

    A propriedade *Length* é um dos vários métodos e propriedades que podem ser utilizados com dados textuais (ou *String*). Você aprenderá mais sobre o tipo de dado *String* no Capítulo 11, "Tipos de dados, operadores e processamento de strings".

    Agora, execute o programa para ver como o projeto de exemplo e suas caixas de texto funcionam.

20. Clique no botão Start Debugging da barra de ferramentas Standard.

    O programa Text Input executa e o aplicativo Windows Store que você criou aparece na tela.

21. Digite **You can do this!** na primeira caixa de texto e, então, clique no botão Click To Test.

    O Visual Basic conta 16 caracteres na entrada de usuário que você digitou e então exibe os seguintes resultados:

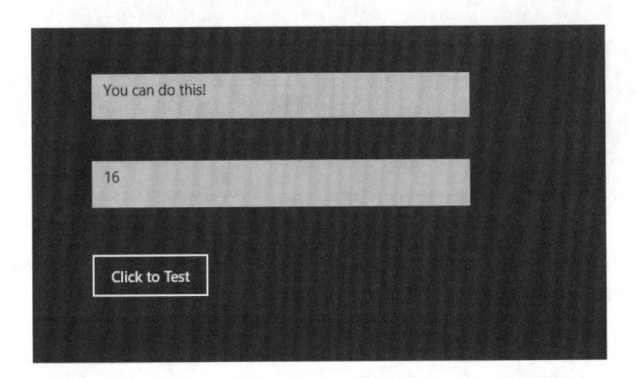

22. Observe que a propriedade *Length* contou espaços em branco e pontuação, além das letras que você digitou. Experimente outra vez.

> **Dica** A linha superior de sua tela de saída contém informações de depuração? Lembre-se, do Capítulo 3, que você poderá ver alguns conjuntos de números na parte superior de sua tela ao executar o aplicativo no modo de depuração (Debug). Esses números resumem o tempo que várias tarefas levam durante a execução de seu aplicativo Visual Studio, incluindo a taxa de regeneração da thread da interface do usuário e quanto tempo levou para carregar a interface. Esses dados não aparecerão na versão de distribuição de seu aplicativo e podem ser suprimidos no modo de depuração removendo-se o código entre as instruções *#If DEBUG* e *#End If* no arquivo App.xaml.vb. Para evitar distrações, não vou mostrar os números de depuração nas capturas de tela deste livro.

23. Remova You Can Do This! da primeira caixa de texto e, então, digite **Microsoft Visual Basic 2013 programming**.
24. Clique no botão Click To Test.
25. O Visual Basic conta todos os caracteres que você digitou e mostra o número 39 na segunda caixa de texto. Sua tela se parece com esta:

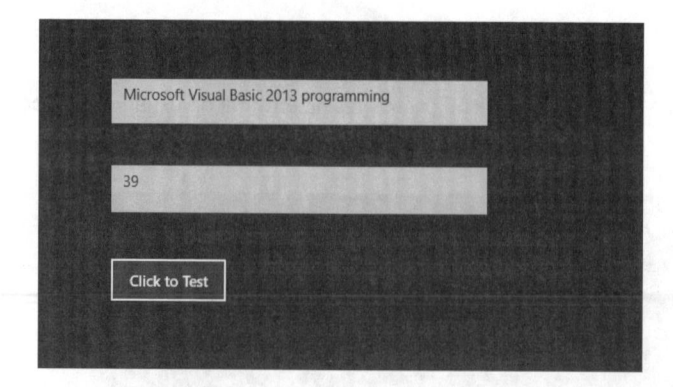

Você demonstrou como usar o controle *TextBox* para gerenciar tarefas de entrada e saída básicas.

26. Experimente mais, se desejar, e quando tiver terminado, feche o aplicativo.
27. Clique no comando Save All do menu File para salvar seu projeto e especifique a pasta Meus Documentos\Visual Basic 2013 SBS\Chapter 05.

Agora você vai armazenar o conteúdo de um controle *TextBox* em uma variável de string.

Atribua conteúdo de *TextBox* a uma variável

Uma *variável* é um local de armazenamento temporário para dados em um programa. Conforme você provavelmente já sabe, é possível utilizar uma ou mais variáveis em seu código para armazenar palavras, números, datas e outros valores. Passarei muito mais tempo falando sobre os usos avançados de variáveis e operadores no Capítulo 11, mas enquanto estamos examinando o controle *TextBox*, vale mencionar que você pode atribuir o conteúdo da propriedade *Text* a uma variável ao usar esse controle para entrada.

Tradicionalmente, os programadores utilizam a propriedade *Text* do controle *TextBox* para gerenciar entrada de string – ou seja, informações textuais, como palavras, letras, símbolos etc. Também é possível utilizar declaração de variável implícita para criar variáveis de outros tipos. Você vai utilizar a palavra-chave *Dim* para declarar a variável no código, a qual reserva espaço na memória para a variável quando o programa executa. Experimente agora.

Utilize uma variável de string para armazenar entrada de *TextBox*

1. Abra a rotina de tratamento de eventos *TestButton_Click* no Code Editor.

   Você vai modificar a rotina de tratamento de eventos do objeto botão para que armazene os dados digitados na primeira caixa de texto em uma variável chamada *SampleText*. Então, usará a propriedade *ToUpper* para mudar as letras na string de texto para maiúsculas e exibirá o conteúdo da variável na segunda caixa de texto.

CAPÍTULO 5 Controles de aplicativos Windows Store **119**

2. Substitua a linha *Output.Text = InputString.Text.Length* pelo seguinte código:

   ```
   Dim sampleText As String
   sampleText = InputString.Text
   Output.Text = sampleText.ToUpper
   ```

3. Execute o programa revisado.

4. Na primeira caixa de texto, digite **happy new year.**

   Sua tela se parece com esta:

5. Clique no botão Click To Test.

   O Visual Basic muda o texto de minúsculas para maiúsculas. Você verá a seguinte tela:

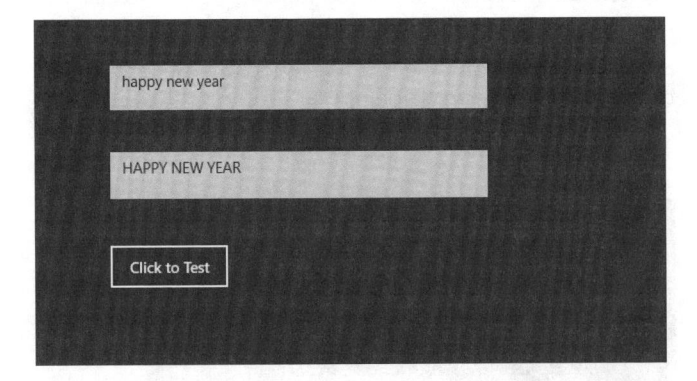

6. Você demonstrou uma das tarefas mais fundamentais do processamento de entrada do usuário – receber informações em um controle *TextBox* e atribuí-las a uma variável. Com uma variável na memória, é possível executar diversas tarefas com as informações.

PARTE II Projeto da interface do usuário

7. Quando terminar, feche o aplicativo.
8. Clique no comando Save All do menu File para salvar suas alterações.

Agora, você vai praticar o gerenciamento de entrada de várias linhas com um controle *TextBox*.

Controles *TextBox* multilinhas

Um controle *TextBox* multilinha é simplesmente um controle *TextBox* que foi dimensionado de modo a ser capaz de exibir mais de uma linha de informação. Também será possível acessar informações além das bordas do controle *TextBox*, se você habilitar as barras de rolagem vertical e horizontal, as quais são controladas por uma instância da classe *ScrollViewer*, a qual é exposta para controles contêineres, como *TextBox*. A classe *ScrollViewer* e propriedades como *VerticalScrollBarVisibility* e *HorizontalScrollBarVisibility* são mais fáceis de definir adicionando-se marcação XAML à página.

Quando se está utilizando um controle *TextBox* multilinha, uma única variável de tipo *String* também pode ser usada para manipular um parágrafo de texto inteiro. Experimente isso no exercício a seguir.

Gerencie um parágrafo de texto com um controle *TextBox*

1. Exiba a interface de usuário de seu aplicativo Windows Store (MainPage.xaml) no Designer.

   O objeto caixa de texto que você vai ampliar está na parte superior da página.

2. Mantenha o mouse sobre a borda superior do objeto caixa de texto, até que o cursor se transforme em uma ferramenta de redimensionamento.

3. Expanda o objeto caixa de texto de modo que ele tenha quatro ou cinco linhas de altura (mas a mesma largura).

   Sua tela deve ser parecida com esta:

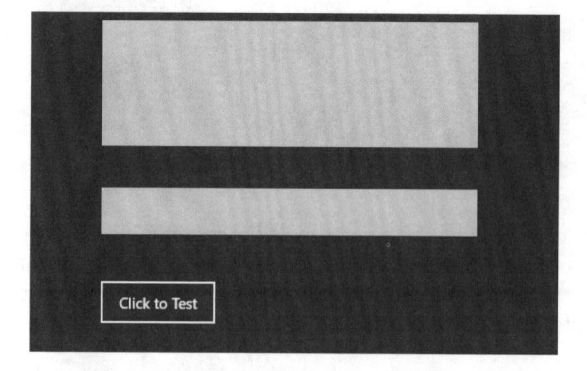

Agora, você vai adicionar uma barra de rolagem vertical ao objeto caixa de texto, configurando a propriedade *VerticalScrollBarVisibility* com marcação XAML. Conforme você aprendeu no Capítulo 2, "O ambiente de desenvolvimento integrado do Visual Studio", e no Capítulo 3, "Crie seu primeiro aplicativo Windows

Store", a guia XAML do Code Editor mostra a marcação XAML associada a cada objeto na interface do usuário quando uma página é criada para um aplicativo Windows Store.

Ao se adicionar um novo controle a uma página, uma nova linha de código XAML é acrescentada ao Code Editor, e você pode editar essa marcação diretamente, como uma alternativa a manipular objetos na página ou configurar propriedades na janela Properties. Neste caso, você vai editar a marcação XAML da caixa de texto *InputString* diretamente.

4. Na guia XAML do Code Editor, abaixo do Designer, localize a marcação XAML do controle caixa de texto *InputString*. (A primeira caixa de texto na página.)

5. Após a marcação *x:Name="InputString"*, digite a seguinte configuração de propriedade:

```
ScrollViewer.VerticalScrollBarVisibility="Visible"
```

6. Quanto terminar de digitar, pressione a barra de espaço para criar um espaço em branco entre a configuração de propriedade que você acabou de adicionar e a configuração de propriedade *HorizontalAlignment* na mesma linha.

Você está usando a propriedade *VerticalScrollBarVisibility* da classe *ScrollViewer* para adicionar uma barra de rolagem vertical ao objeto caixa de texto quando o usuário colocar o cursor do mouse sobre a caixa de texto. Observe que a barra de rolagem só será visível quando o aplicativo estiver executando e o usuário deixar o cursor do mouse sobre ela. As diretrizes de projeto do Windows 8.1 procuram minimizar "cromo" (ou recursos de interface de usuário) não utilizados na tela e exibi-los somente quando necessários.

Sua tela deve ser parecida com esta:

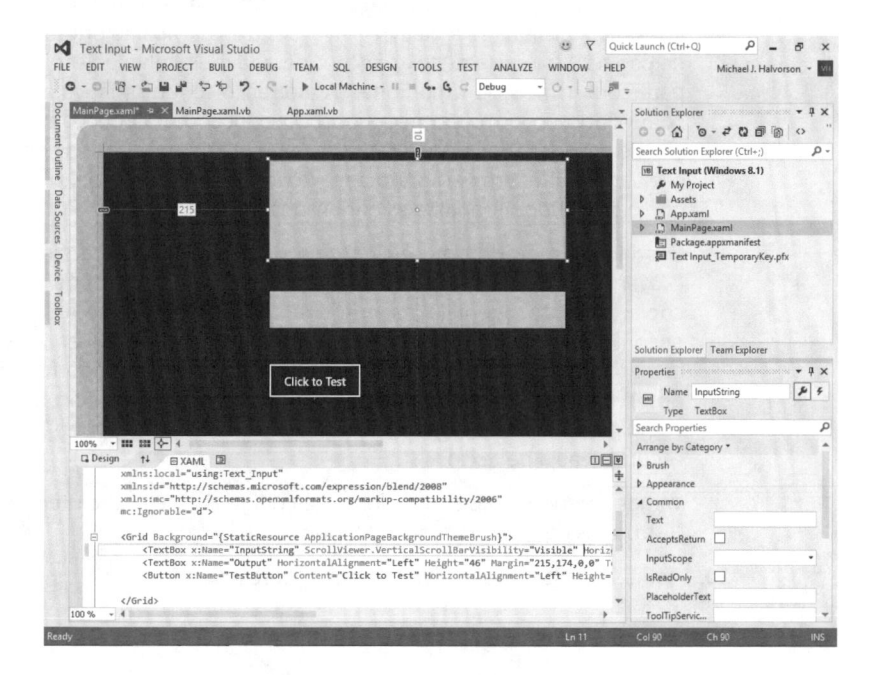

Agora, você vai adicionar código em Visual Basic para atribuir um novo parágrafo de texto a uma variável e verificar a existência de palavras-chave nele.

7. Clique na guia MainPage.xaml.vb no IDE para exibir o arquivo code-behind do Visual Basic no Code Editor.

8. Você verá as três linhas de código de programa a seguir na rotina de tratamento de eventos *TestButton_Click*:

```
Dim sampleText As String
sampleText = InputString.Text
Output.Text = sampleText.ToUpper
```

9. Mantenha as duas primeiras linhas, mas substitua a última instrução de programa pelo bloco de código a seguir:

```
If sampleText.Contains("River") Then
    Output.Text = "The string 'River' was found"
Else
    Output.Text = "The string 'River' was not found"
End If
```

Seu Code Editor deve se parecer com este:

```
Private Sub TestButton_Click(sender As Object, e As RoutedEventArgs) Handles TestButton.Click
    Dim sampleText As String
    sampleText = InputString.Text
    If sampleText.Contains("River") Then
        Output.Text = "The string 'River' was found"
    Else
        Output.Text = "The string 'River' was not found"
    End If
End Sub
```

As quatro novas linhas de código compõem uma estrutura de decisão *If...Then... Else* que determina se a palavra "River" está localizada na primeira caixa de texto da página. Essa caixa de texto é considerada multilinha, pois foi redimensionada para conter mais de uma linha. (A alteração foi automática; na programação com Windows Forms era necessário especificar multilinha com uma configuração de propriedade.) Com a caixa de texto maior, agora há bastante espaço para o usuário digitar um parágrafo de texto longo, e as barras de rolagem permitirão que o conteúdo ultrapasse as dimensões físicas do objeto.

O principal método aqui é *Contains*, que determina se a string especificada (*"River"*) ocorre na string atual (*sampleText*, uma variável que armazena uma cópia do texto que está na primeira caixa de texto). Se a string *"River"* for encontrada em *SampleText*, a mensagem "The string 'River' was found" será copiada na segunda caixa de texto. Se a string *"River"* não for encontrada (e observe que isso incluiria qualquer variação de letras maiúsculas e minúsculas, como *"river"*), a mensagem "The string 'River' was not found" será copiada na segunda caixa de texto.

Vamos aprender mais sobre blocos de código *If...Then...Else* úteis no Capítulo 12, "Estruturas de decisão criativas e loops".

10. Agora, execute o aplicativo Windows Store revisado.

11. Na primeira caixa de texto da página, digite o seguinte parágrafo de exemplo:

I hope to travel one day to a land with a beautiful, shimmering lake, or perhaps a famous body of water–like Loch Ness. Or, perhaps travel on a wine-dark sea and sail for adventure and discovery. If not, I would be happy to fish for trout in the Yellowstone River.

À medida que digitar, observe que as barras de rolagem verticais aparecem na caixa de texto e permitem que você role, se necessário. Essas barras de rolagem são visíveis agora porque você configurou a propriedade *VerticalScrollBarVisibility* como True. Quando a primeira caixa de texto tiver o foco ou quando você deixar o cursor do mouse sobre ela, as barras de rolagem aparecerão.

12. Clique no botão Click To Test.

Sua tela estará parecida com esta:

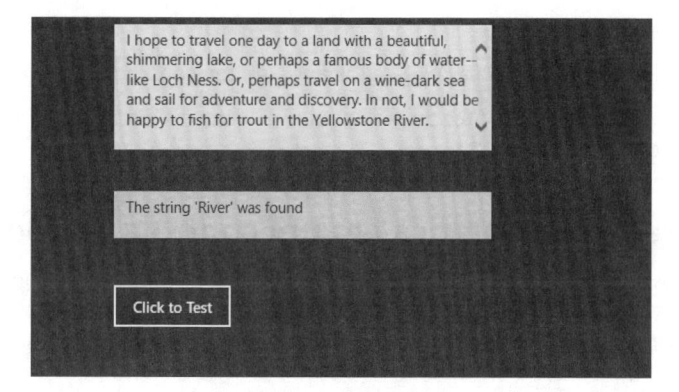

Tudo está funcionando corretamente. A palavra "River" estava na última frase digitada, de modo que a mensagem apropriada apareceu na segunda caixa de texto.

13. Agora, remova a última frase da primeira caixa de texto. As últimas palavras visíveis ali devem ser "adventure and discovery.".

14. Clique no botão Click To Test.

Como a palavra "River" não está mais presente, a outra mensagem é exibida na segunda caixa de texto. Sua tela se parece com esta:

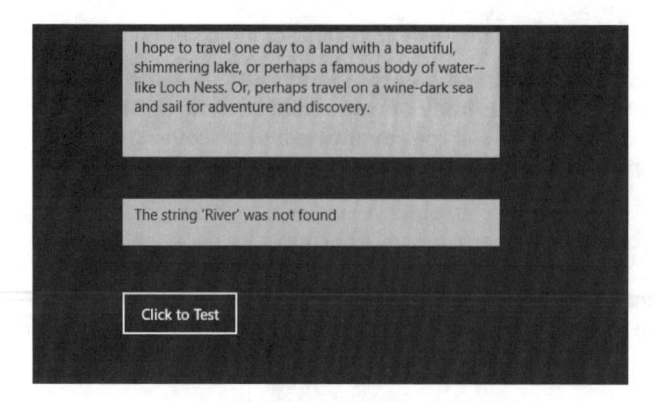

Você testou com sucesso os dois casos no bloco de código *If...Then...Else*.

15. Feche o aplicativo.
16. Clique no botão Save All para salvar suas alterações.

Muito bem! Mas antes de prosseguirmos, vamos experimentar um último recurso do controle *TextBox*.

Correção ortográfica em um controle *TextBox*

Um dos recursos mais úteis dos aplicativos Microsoft Office é a capacidade de corrigir sua ortografia enquanto você digita. Embora eu tenha escrito dezenas de livros sobre software de computador e temas históricos, não se passa um dia sem que cometa um erro ortográfico em algum texto que escrevi ou editei.

Um recurso semelhante está disponível nos aplicativos Windows Store, e você pode adicioná-lo a muitos controles tipo contêiner do Visual Studio, projetados para gerenciar texto. Nesta seção, você vai aprender a habilitar o corretor ortográfico no controle *TextBox*. Se utilizar o controle *TextBox* em um aplicativo comercial, seus usuários apreciarão a conveniência.

Utilize a propriedade *IsSpellCheckEnabled*

1. Clique na guia MainPage.xaml para exibir a janela Designer no IDE.
2. Selecione a primeira caixa de texto da página (*InputString*) para que suas propriedades apareçam na janela Properties.
3. Abra a janela Properties, expanda a segunda metade da categoria Common e adicione uma marca de visto na caixa de seleção *IsSpellCheckEnabled*.

Quando configurada como True, a propriedade *IsSpellCheckEnabled* ativa um corretor ortográfico no controle *TextBox* para que as palavras não identificadas sejam sinalizadas com um recurso de sublinhado. Como no Microsoft Office e em outros programas Windows, se você clicar com o botão direito do mouse em uma palavra com grafia errada, aparecerá uma lista de possíveis correções e poderá escolher uma delas.

CAPÍTULO 5   Controles de aplicativos Windows Store   **125**

Adicione uma marca de visto à caixa de seleção AcceptsReturn na categoria Common.

Habilitar essa propriedade permitirá que o usuário digite um carriage return (Enter) na caixa de seleção, o que pode ajudar a formatar texto.

Sua janela Properties deve ser parecida com esta:

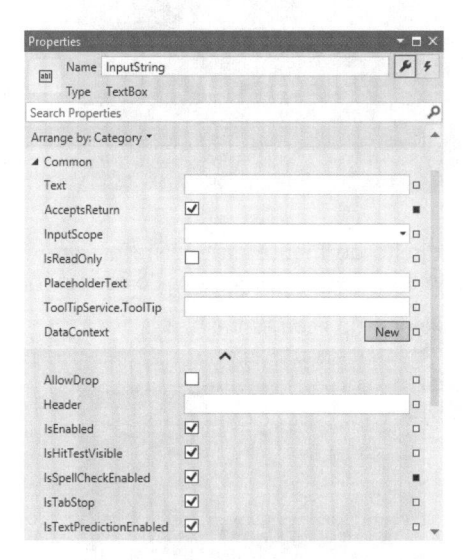

Agora, tente executar o programa novamente.

4. Clique em Start Debugging na barra de ferramentas Standard.
5. Na primeira caixa de texto, digite o texto a seguir:

Whan that aprill with his shoures soote

The droghte of march hath perced to the roote,

Os fatigados alunos de literatura medieval inglesa poderão reconhecer a abertura do Prólogo de *Os contos da Cantuária*, de Geoffrey Chaucer. Contudo, o corretor ortográfico do Visual Studio 2013 não está totalmente familiarizado com esse texto e identifica várias palavras para um exame minucioso, conforme observado na captura de tela a seguir:

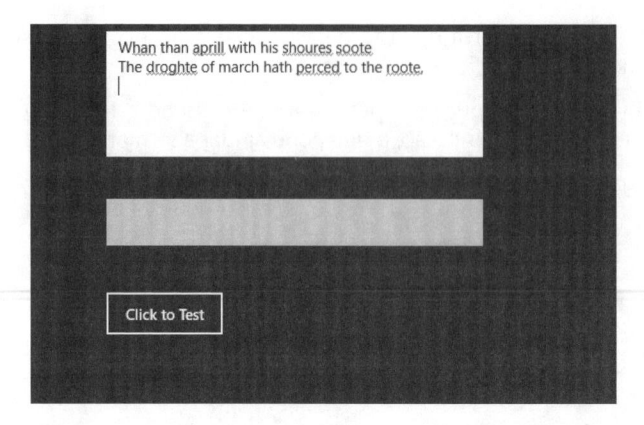

6. Clique com o botão direito do mouse na terceira palavra na caixa de texto ("aprill") e veja que tipo de correção é sugerida pelo corretor ortográfico.

   Em meu sistema, a caixa pop-up ficou assim:

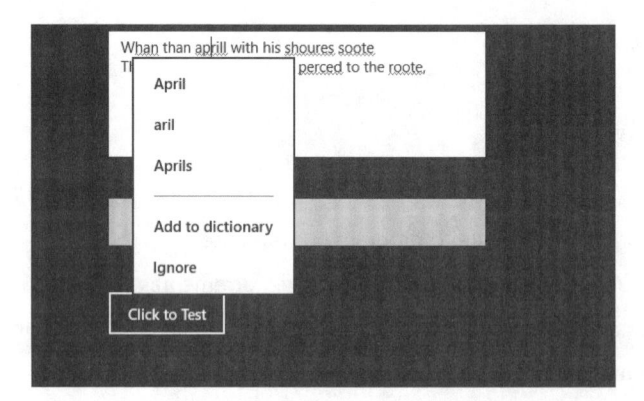

   Para "aprill," o corretor ortográfico sugeriu que considerássemos "April," "aril" ou "Aprils." Como alternativa, podemos ignorar a correção (para preservar o inglês medieval de Chaucer) ou adicionar a palavra ao dicionário para que as futuras verificações ortográficas a reconheçam.

7. Clique em "April" para fazer uma alteração e ver como as correções ortográficas são feitas em um controle *TextBox*.

   O Visual Studio exclui a palavra antiga e insere uma nova, como mostrado na captura de tela a seguir:

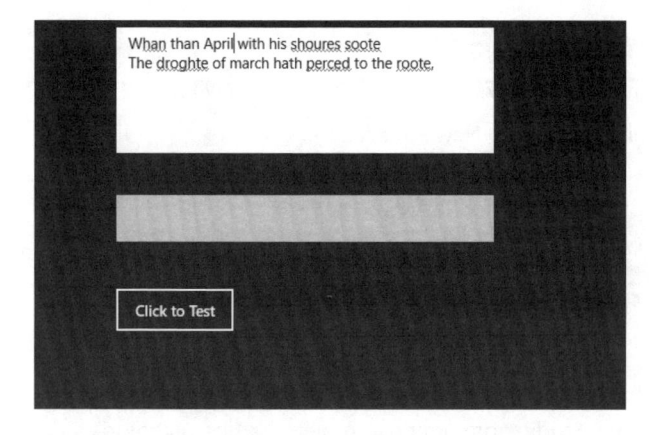

As correções ortográficas funcionam basicamente como acontece no Microsoft Office e na maioria dos aplicativos populares para Windows. Você adicionou um recurso útil, de qualidade profissional, à sua lista de habilidades e técnicas com o controle *TextBox*. No Capítulo 9, vai aprender a adicionar uma caixa pop-up à sua interface de usuário, com o controle *Flyout*.

8. Feche o programa Text Input.
9. Clique em Save All para salvar suas alterações finais.
10. Clique em Close Project no menu File para fechar o aplicativo Text Input.

É hora de passarmos para outro controle de aplicativos Windows Store.

Uso do controle *FlipView* para exibir uma série de imagens

Os aplicativos para Windows 8.1 são projetados para serem ricos em conteúdo e visualmente interessantes, com elementos gráficos, fotografias, clipes de vídeo e outros efeitos especiais que cativam o usuário e o ajudam a se concentrar rapidamente na tarefa à mão. O controle *FlipView* é uma ferramenta de projeto assim. Ele permite apresentar ao usuário uma coleção de imagens surpreendentemente bonitas e fáceis de percorrer.

Nesta seção, você vai aprender a usar o controle *FlipView* em um aplicativo Windows Store para exibir uma série de fotografias que preencherão a tela inteira. A fim de preparar imagens para o controle, você adicionará seis imagens de teste que criei na pasta Assets de um projeto do Visual Studio e, então, criará um controle *FlipView* grande na página para exibir as fotos.

Adicione imagens à pasta Assets

1. No menu File do Visual Studio, clique em New Project.

   A caixa de diálogo New Project abre.

2. No grupo de templates do Visual Basic, clique em Windows Store e, então, clique no projeto Blank App (XAML).

   O Visual Studio prepara o IDE para um aplicativo Windows Store básico.

3. Na caixa de texto Name, digite **My Image Gallery**.

   O Visual Studio atribui o nome My Image Gallery ao projeto.

4. Clique em OK para criar o novo projeto no Visual Studio.

   O Visual Studio abre um novo projeto e exibe o código associado ao template de aplicativo em branco.

5. Abra o Solution Explorer no IDE, se não estiver visível.

6. No Solution Explorer, clique com o botão direito do mouse na pasta Assets, selecione Add | Existing Item e acesse a pasta Meus Documentos\Visual Basic 2013 SBS\Chapter 05.

   Você verá a seguinte caixa de diálogo Add Existing Item:

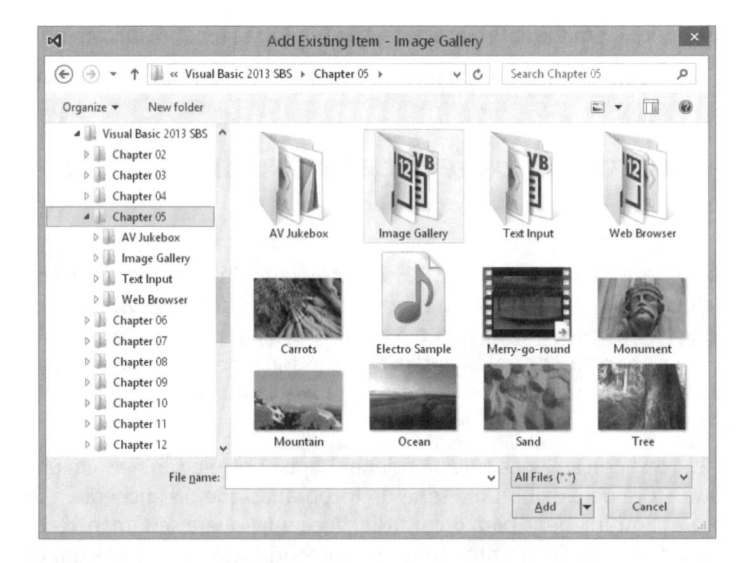

Conforme você aprendeu no Capítulo 3, a pasta Assets no Solution Explorer permite incluir recursos em um projeto, para que possam ser referenciados facilmente na marcação XAML e no código Visual Basic. Uma vantagem adicional é que os arquivos de itens serão adicionados ao projeto automaticamente quando ele for distribuído.

CAPÍTULO 5 Controles de aplicativos Windows Store **129**

7. Mantenha a tecla Ctrl pressionada e clique nos seis arquivos intitulados Carrots, Monument, Mountain, Ocean, Sand e Tree.

> **Dica** Você pode selecionar arquivos, adjacentes ou não, mantendo a tecla Ctrl pressionada e clicando nos arquivos desejados.

8. Essas são imagens de objetos naturais e um detalhe arquitetônico que capturei nos últimos anos – os tipos de imagens de tela inteira que ficam realmente boas em um controle *FlipView*.
9. Clique em Add para adicionar os itens selecionados à pasta Assets.

O Visual Studio adiciona as imagens selecionadas. Agora você vai criar um controle *FlipView* na página para exibir as imagens.

Adicione um controle *FlipView* à página

1. Clique duas vezes no arquivo MainPage.xaml no Solution Explorer para abrir a página principal do aplicativo na janela Designer.
2. Clique na ferramenta Zoom do Designer e então clique na opção Fit All para que você possa ver a página inteira no Designer.
3. Abra a Toolbox e localize o controle *FlipView*.

    Embora você possa utilizar esse controle agora para criar o objeto FlipView que vai usar, vou instruí-lo a criar o objeto com marcação XAML. Esse passo permite definir dimensões mais precisas para o quadro (frame) do *FlipView* e você também poderá utilizar marcação XAML para aninhar bem melhor as imagens dentro do controle *FlipView*.

    Aprender a aninhar um controle filho (*Image*) dentro de um controle pai (*FlipView*) é uma habilidade importante que você vai praticar muitas vezes neste livro.

4. Feche a Toolbox e abra a guia XAML do Code Editor, a qual agora deve ser aberta debaixo da janela Designer.
5. Após a linha de marcação que contém as palavras-chave *Grid Background*, digite a seguinte marcação XAML para definir o controle *FlipView* e seis controles *Image* dentro dele:

```
<FlipView Height="750" Width="1000">
    <Image Source="Assets/Tree.jpg" />
    <Image Source="Assets/Carrots.jpg" />
    <Image Source="Assets/Mountain.jpg" />
    <Image Source="Assets/Sand.jpg" />
    <Image Source="Assets/Ocean.jpg" />
    <Image Source="Assets/Monument.jpg" />
</FlipView>
```

Observe como você está colocando cada nova definição de imagem em sua própria linha e, no início da marcação, como define a altura e a largura do controle *FlipView*. Enquanto você está inserindo essa marcação, o recurso IntelliSense do Visual Studio o ajuda, fornecendo algumas das palavras-chave, aspas e recuos. (Note que, aqui, o recuo é feito apenas por clareza; você também poderia inserir toda a marcação em uma única linha no Code Editor.)

Escolhi as dimensões 750×1000, medidas em pixels, para que o controle *FlipView* preenchesse a maior parte da tela em meu computador. Contudo, se estiver usando uma configuração de resolução de tela maior, o controle poderá não preencher sua tela inteira. Isso pode ser ajustado especificando-se uma altura e uma largura maiores para o controle *FlipView*, se assim o desejar.

O Designer e o IDE ficarão assim quando você tiver terminado:

Agora seu programa Image Gallery está pronto para ser executado.

6. Clique em Start Debugging na barra de ferramentas Standard.

O programa executa e a primeira imagem aparece na página, como mostrado na captura de tela a seguir. Essa é uma foto de uma Pseudotsuga gigante em uma floresta do Estado de Washington.

Observe o pequeno painel de seta ou botão Next à direita da imagem, o qual aparece quando você move o mouse ou toca na tela pela primeira vez. Esse é um recurso de rolagem que permite ir para a próxima imagem da coleção. Também é possível avançar ou retroceder na coleção de imagens, deslizando o dedo ou utilizando as teclas de direção.

7. Mova o cursor do mouse para o lado direito da página e clique no botão Next.

    Aparece uma segunda imagem, de cenouras à venda em uma feira em Cambridge, Inglaterra.

8. Clique pelas imagens restantes até que a última foto apareça, um busto de pedra gasto pelo tempo de um personagem principesco, na lateral de um prédio em Londres, Inglaterra.

    Sua tela será parecida com a captura a seguir. Como essa é a última imagem no controle *FlipView*, somente o botão Back aparece à esquerda dela.

9. Sinta-se à vontade para retroceder pelas imagens e avançar novamente.

   Como você pode ver, o controle *FlipView* permite acesso rápido a uma série de fotos e é possível percorrê-las com distrações visuais mínimas (nada de barras de rolagem, botões ou barras de ferramentas para atrapalhar). Esse conteúdo voltado para imagens gráficas está no centro da interface de usuário do Windows 8.1, e você vai achar o controle FlipView muito útil quando estiver projetando um programa de classificação de fotos, uma ferramenta de catálogo musical ou qualquer tipo de aplicativo Windows Store onde um grande número de imagens precisem ser exibidas rapidamente.

10. Feche o aplicativo quanto terminar de examinar as fotos.

11. Salve suas alterações, especifique a pasta Meus Documentos\Visual Basic 2013 SBS\Chapter 05 para o projeto e, então, clique no comando Close Project no menu File.

    O Visual Studio salva seus arquivos e fecha o projeto.

Você terminou de utilizar o controle *FlipView* por enquanto. Contudo, lembre-se de que trabalhou com ele neste capítulo sem adicionar nenhum código de programa em Visual Basic. Seu programa pode ser melhorado pela adição de uma rotina de tratamento para o evento *SelectionChanged* para que, toda vez que você clicar nos botões Next ou Back, alguma ação adicional seja executada, como reproduzir um efeito sonoro ou exibir informações em um controle *TextBox* na página.

Esses recursos adicionais podem ser testados em outra ocasião. Na próxima seção, você vai aprender a reproduzir mídia de entretenimento em um aplicativo Windows Store, como clipes de áudio ou um arquivo de vídeo curto.

Uso do controle *MediaElement* para reproduzir mídia de entretenimento

Além das imagens coloridas que podem ser exibidas em um controle *FlipView*, um aplicativo Windows Store pode ser aprimorado pela inclusão de mídia de entretenimento, como música ou efeitos sonoros, filmagens em vídeo, comerciais ou outra mídia A/V. Você experimentou um pouco esse recurso no Capítulo 3, ao reproduzir um efeito sonoro musical para o programa Lucky Seven.

O procedimento para integrar mídia de entretenimento envolve adicionar o arquivo (ou arquivos) de mídia à pasta Assets em seu projeto no Visual Studio e adicionar um controle *MediaElement* à página para executar o arquivo quando necessário. O controle *MediaElement* está localizado na Toolbox do aplicativo Windows Store e, quando é adicionado a uma página, não tem nenhuma interface visível. (Contudo, você vai aprender a adicionar sua interface mais adiante neste capítulo.) Além dos recursos básicos de reprodução que se poderia esperar em um controle de mídia, *MediaElement* oferece vários outros, que permitirão personalizar o modo como a mídia de áudio ou vídeo é controlada e exibida.

Nesta seção, você vai aprender os fundamentos do controle *MediaElement* e seus recursos essenciais. Observe que os arquivos de áudio e vídeo são armazenados eletronicamente em diversos formatos e que alguns dos que são patenteados (como o iTunes da Apple) não são suportados pelo controle *MediaElement*. No entanto, formatos de mídia populares, como MP3, WAV, AVI e MPEG-4, são todos aceitos e oferecerão muitas opções de conteúdo para seus aplicativos. Existem ainda ferramentas de software que permitem criar arquivos de mídia, editá-los e transformá-los de um formato para outro.

Primeiramente, você vai reproduzir um arquivo de música eletrônica em seu aplicativo Windows Store. Na próxima seção, você vai aprender a gerenciar reprodução de vídeo em uma página.

Reproduza música com o controle *MediaElement*

1. No menu File do Visual Studio, clique em New Project.

    A caixa de diálogo New Project abre.

2. No grupo de templates do Visual Basic, clique em Windows Store e no projeto Blank App (XAML).

3. Na caixa de texto Name, digite **My AV Jukebox**.

4. Clique em OK para criar o novo projeto no Visual Studio.

    O Visual Studio abre o novo projeto com um template de aplicativo em branco.

5. Clique duas vezes no arquivo MainPage.xaml no Solution Explorer.

    O Visual Studio abre MainPage.xaml na janela Designer.

6. Abra a Toolbox, abra a categoria All XAML Controls e clique duas vezes no controle *MediaElement*.

   O Visual Studio coloca um novo objeto reprodutor de mídia no canto superior esquerdo da página do aplicativo. Você pode definir várias configurações de propriedade para *MediaElement*. Contudo, só poderá ver o controle *MediaElement* enquanto estiver fazendo seu projeto. Quando o programa executa, o controle *MediaElement* permanece oculto, a menos que esteja exibindo um clipe de vídeo.

   A propriedade *Source* do controle *MediaElement* especifica o nome do arquivo de mídia que será carregado no controle para reprodução. A melhor maneira de fornecer um arquivo de mídia é adicioná-lo por meio da pasta *Assets* em seu aplicativo.

   Você vai adicionar um arquivo de música eletrônica a essa pasta agora.

7. Clique com o botão direito do mouse na pasta Assets no Solution Explorer para exibir o menu de atalho de comandos.

8. Aponte para o comando Add e clique em Existing Item.

9. Na caixa de diálogo Add Existing Item, acesse a pasta Meus Documentos\Visual Basic 2013 SBS\Chapter 05 e clique em Electro Sample, um arquivo MP3 contendo música eletrônica. Esse arquivo foi criado por meu filho, Henry Halvorson.

> **Dica** Talvez você possa encontrar mais arquivos de áudio em seu sistema, na categoria Libraries, na pasta *My Music*.

10. Clique em Add para adicionar o arquivo de música à pasta Assets de seu projeto.

    O Visual Studio insere o arquivo e agora ele aparece no Solution Explorer sob Assets.

    Agora você está pronto para atribuir esse item musical à propriedade *Source* do objeto elemento de mídia.

11. Clique no objeto elemento de mídia na janela Designer e, então, abra a janela Properties.

12. Altere a propriedade *Name* para **MediaTool**.

13. Expanda a categoria *Media*, role para baixo até a propriedade *Source* e clique na caixa de listagem Source.

    Seu novo arquivo de mídia (Electro Sample.mp3) aparece na lista.

14. Clique no arquivo de mídia para vinculá-lo ao objeto elemento de mídia.

    Sua janela Properties será parecida com esta:

CAPÍTULO 5 Controles de aplicativos Windows Store **135**

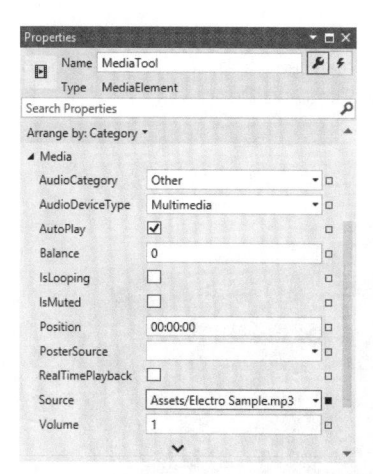

```
Properties                              ▼ □ ×
    Name  MediaTool                    [🔧] ⚡
    Type  MediaElement
Search Properties                              🔍
Arrange by: Category ▼
▲ Media
    AudioCategory     Other              ▼ □
    AudioDeviceType   Multimedia         ▼ □
    AutoPlay          ☑                    □
    Balance           0                    □
    IsLooping         ☐                    □
    IsMuted           ☐                    □
    Position          00:00:00             □
    PosterSource                         ▼ □
    RealTimePlayback  ☐                    □
    Source            Assets/Electro Sample.mp3 ▼ ■
    Volume            1                    □
                      ∨
```

Agora você está pronto para salvar e executar o projeto.

15. Clique no comando Save All do menu File para salvar seu projeto e especifique a pasta Meus Documentos\Visual Basic 2013 SBS\Chapter 05.

16. Clique em Start Debugging na barra de ferramentas.

    O aplicativo My AV Juke Box executa e a música selecionada começa a tocar. Como não há interface de usuário para interagir com o controle *MediaElement*, você só verá uma tela em branco. A trilha musical "Electro Sample" toca até o fim (pouco menos de um minuto) e então o programa espera até que você o encerre. (Essa música eletrônica foi criada com o conjunto de software Ableton Live 8.)

    Agora você vai fechar o programa e adicionar alguns botões à página para controlar a reprodução, como um típico programa de amostragem musical faria.

17. Feche o programa My AV Jukebox.

    No exercício a seguir, você vai adicionar os botões Play, Pause, Stop e Mute ao aplicativo Windows Store.

Controle a reprodução com botões

1. Altere a configuração de Zoom do Designer para 100%.

2. Utilize o controle *Button* da Toolbox para adicionar quatro controles *Button* no lado esquerdo da página no Designer.

3. Configure as propriedades *Name* dos objetos botão como **PlayButton**, **PauseButton**, **StopButton** e **MuteButton**, respectivamente.

4. Configure as propriedades *Content* dos objetos botão como **Play**, **Pause**, **Stop** e **Mute**, respectivamente.

A captura de tela a seguir mostra como seus novos objetos botão devem aparecer na página quando você terminar. (Observe também o controle *MediaElement* e a marcação XAML do objeto no Designer.)

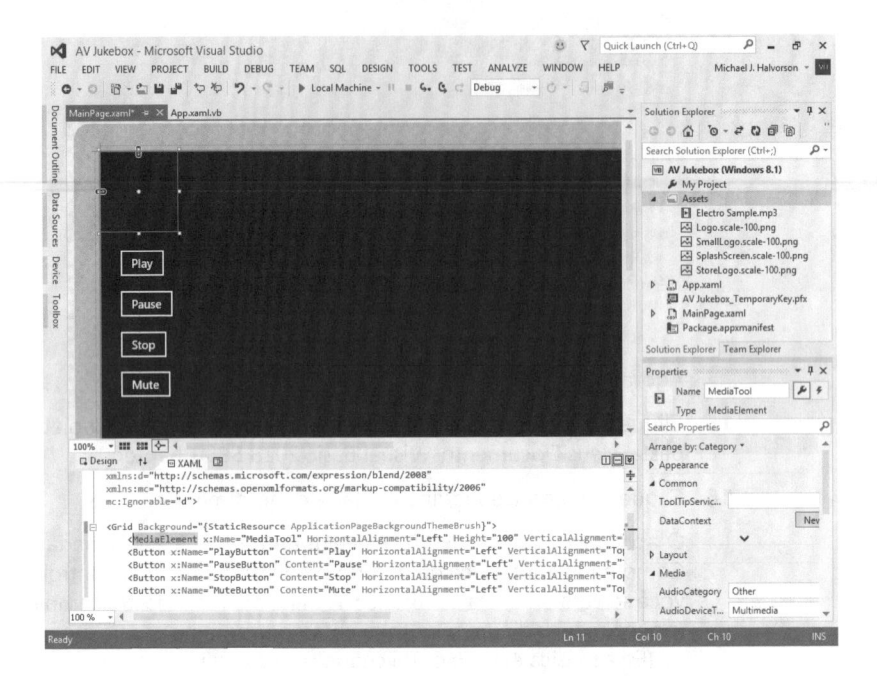

[Captura de tela do Microsoft Visual Studio mostrando a interface do AV Jukebox com os botões Play, Pause, Stop e Mute, o controle MediaElement e a marcação XAML correspondente.]

Agora, você vai escrever rotinas de tratamento de eventos de uma linha em Visual Basic para cada um dos quatro objetos botão.

5. Clique no objeto *PlayButton*, abra a janela Properties e clique no botão Event Handler (o raio) para ver a lista de rotinas de tratamento de eventos para o controle *Button*.

6. Clique duas vezes na caixa de texto ao lado do evento *Click* para criar uma nova rotina de tratamento de eventos.

7. Digite a linha a seguir de código de programa em Visual Basic:

```
MediaTool.Play()
```

Essa linha usa o método *Play* do controle *MediaElement* para reproduzir o arquivo de mídia carregado, na posição de reprodução atual. Se foi feita uma pausa no arquivo de mídia, o método *Play* o fará continuar. Se o arquivo de mídia foi interrompido, o método *Play* o fará começar de novo desde o início.

Agora você vai repetir passos semelhantes para cada um dos botões restantes, criando rotinas de tratamento de eventos com métodos ou propriedades apropriados para cada ação.

8. Volte para o Designer e clique no botão Pause.

9. Na janela Properties, clique duas vezes na caixa de texto ao lado do evento *Click* e digite a seguinte linha de código na rotina de tratamento de eventos *PauseButton_Click*:

   `MediaTool.Pause()`

   Essa linha usa o método *Pause* para pausar o arquivo de mídia carregado na posição de reprodução atual. Esse recurso pode ser usado para que os usuários tenham algum controle ao ouvirem música ou assistirem vídeo.

10. Volte para o Designer e clique no botão Stop.

11. Na janela Properties, clique duas vezes na caixa de texto ao lado do evento *Click* e digite a seguinte linha de código na rotina de tratamento de eventos *StopButton_Click*:

    `MediaTool.Stop()`

    Essa linha usa o método *Stop* para finalizar a reprodução de áudio ou vídeo. Diferente do método *Pause*, que interrompe a reprodução temporariamente, mas mantém a posição atual na trilha, o método *Stop* encerra a reprodução. Se você executar o método *Play* depois do método *Stop*, a reprodução começará novamente, mas no início do arquivo de mídia.

12. Volte para o Designer e clique no botão Mute.

13. Na janela Properties, clique duas vezes na caixa de texto ao lado do evento *Click* e digite o código a seguir:

    `MediaTool.IsMuted = Not MediaTool.IsMuted`

    Essa linha usa a propriedade *Boolean IsMuted* para emudecer ou fazer soar a reprodução de áudio. A instrução utiliza o operador *Not* para trocar, ou alternar, o valor atual de *IsMuted*. Se a reprodução estiver emudecida no momento, a instrução removerá o efeito de emudecimento. Se a reprodução não estiver emudecida no momento, a instrução a emudecerá.

14. Clique no comando Save All do menu File para salvar suas alterações.

    Agora você executará o programa novamente para ver como funcionam os quatro controles de reprodução.

15. Clique em Start Debugging na barra de ferramentas.

    O aplicativo My AV Jukebox executa e o arquivo de áudio selecionado começa a tocar. Sua tela deve ser parecida com esta:

PARTE II   Projeto da interface do usuário

16. Após alguns momentos de música eletrônica, clique no botão Pause.

    O som é pausado na posição de reprodução atual.

17. Clique no botão Play.

    A reprodução do áudio continua exatamente de onde parou.

18. Clique no botão Mute.

    A música é emudecida (o volume é configurado como 0 temporariamente), mas a reprodução continua.

19. Após alguns momentos, clique novamente no botão Mute.

    A configuração de volume original é restaurada e você poderá ouvir a música de novo. Contudo, você poderá observar que a música avançou e, se esperar tempo demais, ela terminará. Ou seja, o botão Mute é diferente do botão Pause.

20. Clique no botão Stop.

    A reprodução de áudio termina.

21. Clique no botão Play.

    O arquivo de música eletrônica começa novamente, mas no início da música.

22. Continue a experimentar os controles de reprodução que você criou. Quando terminar, encerre o programa.

Como você pode ver, o controle *MediaElement* não apenas permite reproduzir arquivos de áudio mas também fornece métodos e propriedades interessantes para controlar o que acontece durante a reprodução. Você pode criar botões e outros recursos que permitam ao usuário controlar o que está acontecendo ou pode controlar a reprodução nos bastidores, em rotinas de tratamento de eventos – reproduzindo trilhas de áudio somente quando quiser que elas sejam reproduzidas.

CAPÍTULO 5   Controles de aplicativos Windows Store   **139**

Na próxima seção, você vai modificar o aplicativo My AV Jukebox para que ele reproduza um arquivo de vídeo, em vez de um arquivo de música.

Reproduza vídeos com o controle *MediaElement*

1. Exiba o Solution Explorer e, então, clique com o botão direito do mouse na pasta Assets para exibir o menu de atalho.
2. Aponte para o comando Add e clique em Existing Item.
3. Na caixa de diálogo Add Existing Item, acesse a pasta My Documents\Visual Basic 2013 SBS\Chapter 05 e clique em Merry-go-round, um arquivo de vídeo no formato WAV criado para este livro por Henry Halvorson.

   Talvez você possa encontrar arquivos de vídeo válidos em seu sistema, na categoria Libraries, na pasta *Videos*.
4. Clique em Add para adicionar o arquivo de vídeo à pasta Assets do projeto.

   O Visual Studio insere o arquivo. Tudo que você precisa fazer agora é substituir a referência ao arquivo de música do último exercício pelo arquivo de vídeo que acabou de adicionar.
5. Clique novamente no elemento reprodutor de mídia no Designer e, então, abra a janela Properties e clique no botão Properties.
6. Expanda a categoria Media, role para baixo até a propriedade *Source* e clique na caixa de listagem Source.
7. Clique no vídeo que você acabou de inserir para vinculá-lo ao objeto elemento de mídia.

   Seu arquivo de vídeo está pronto para executar. Contudo, para obter os melhores resultados, você desejará redimensionar seu objeto elemento de mídia para que fique maior, pois a janela de reprodução atual é um pouco pequena. O tamanho da janela fica por sua conta, mas lembre-se de que dispositivos diversos talvez precisem executar seu programa (todos com diferentes dimensões de tela); portanto, escolha um tamanho que faça sentido para seu aplicativo.
8. Na janela Designer, mova o objeto elemento de mídia para a direita dos quatro objetos botão.
9. Aumente o tamanho do objeto elemento de mídia de modo que ele ocupe cerca de um terço da tela.

   O tamanho pode ser ajustado depois que você executar o programa e tiver uma ideia do tamanho da janela de vídeo. Seu Designer será parecido com este (observe o objeto elemento de mídia selecionado na página):

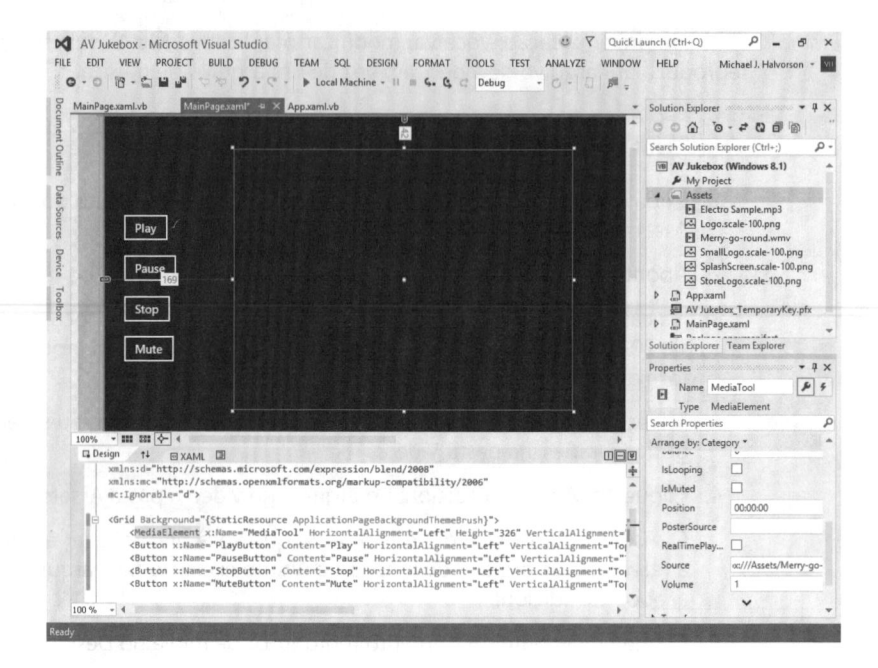

Agora você está pronto para testar o aplicativo.

10. Clique no comando Save All no menu File para salvar as alterações em seu projeto.
11. Clique em Start Debugging na barra de ferramentas.

    O aplicativo My AV Jukebox executa e o arquivo de vídeo selecionado começa a ser reproduzido na janela que você moveu e redimensionou. Os controles de reprodução de mídia criados funcionarão exatamente como aconteceu para o arquivo de áudio, com o fato de que agora você terá vídeo e áudio. Esse carrossel está em um parque perto de minha casa.

    Sua tela deverá ser parecida com esta:

CAPÍTULO 5   Controles de aplicativos Windows Store   **141**

12. Experimente os botões Pause, Play, Stop e Mute no projeto.

    O controle *MediaElement* é projetado para funcionar com arquivos de áudio e de vídeo; portanto, as rotinas de tratamento de eventos do programa gerenciam seus pedidos de reprodução sem qualquer alteração no código. Esse arquivo de mídia em particular foi editado com o Windows Movie Maker.

13. Quando terminar, encerre o aplicativo Windows Store.

    Se quiser, volte ao projeto e experimente mais arquivos de áudio ou vídeo em seu computador. Apenas tenha o cuidado de não inserir arquivos grandes demais, pois poderão ser pesados na hora de distribuir seu aplicativo!

14. Quando terminar de trabalhar com o programa, feche o projeto do Visual Studio.

Uso do controle *WebView* para exibir conteúdo web ativo

Os aplicativos Windows Store são projetados para serem vendidos e instalados pela Internet e para tirar proveito de informações residentes na web de diversas formas. Uma das maneiras mais simples de acessar dados da web em um aplicativo Windows Store é simplesmente abrir uma janela de navegador na página de seu aplicativo e permitir que o usuário acesse um site diretamente. O Visual Studio permite fazer isso via programação, com o controle *WebView* da Toolbox do aplicativo Windows Store.

O controle *WebView* não é um navegador web completo, como o Internet Explorer. Contudo, foi adicionado à caixa de ferramentas de aplicativos Windows Store para que os programadores tivessem um modo fácil de exibir conteúdo web ativo, se precisassem fazer isso em um aplicativo Windows Store. Na seção a seguir, você vai explorar esse recurso e alguns de seus usos práticos.

Crie um navegador simples com o controle *WebView*

1. No menu File do Visual Studio, clique em New Project.

   A caixa de diálogo New Project abre.

2. No grupo de templates do Visual Basic, clique em Windows Store e, então, clique no projeto Blank App (XAML).

3. Na caixa de texto Name, digite **My Web Browser**.

4. Clique em OK para criar o novo projeto do Visual Studio.

   O Visual Studio abre o novo template de projeto.

5. Clique duas vezes no arquivo MainPage.xaml no Solution Explorer.

   O Visual Studio abre a interface de usuário do aplicativo no Designer.

   Esse programa conterá um controle *TextBox* para armazenar o endereço web, um controle *Button* para navegar até o endereço web e um controle *WebView* para exibir a página web especificada. Crie esses itens agora.

6. No canto superior esquerdo da página, crie um objeto caixa de texto longo, de uma linha, utilizando o controle *TextBox* da Toolbox.

7. Utilize a janela Properties para configurar a propriedade *Name* da caixa de texto como **URL** e a propriedade *Text* como **http://michaelhalvorsonbooks.com**.

8. Na parte superior da página, à direita do novo objeto caixa de texto, crie um objeto botão pequeno, utilizando o controle *Button* da Toolbox.

9. Utilize a janela Properties para configurar a propriedade *Name* do objeto botão como **NavigateButton** e a propriedade *Content* como **Open**.

10. Clique no controle *WebView* da Toolbox. (Você o encontrará na seção All XAML Controls.)

11. Utilizando o cursor de desenho do controle, crie uma caixa retangular bem grande na página, abaixo dos objetos caixa de texto e botão.

    Nesse aplicativo de teste simples, o objetivo será exibir o máximo do navegador web possível, para que o usuário não precise utilizar barras de rolagem para examinar informações que estejam além da margem da janela do controle *WebView*. Portanto, faça o controle *WebView* realmente grande, ocupando todo o espaço restante na página.

12. Depois de criar o objeto, talvez você queira fechar a janela Toolbox e ajustar a quantidade de ampliação do zoom na janela Designer para tornar o máximo possível da página visível no IDE. (A configuração Fit All da ferramenta Zoom o ajudará a fazer isso.)

13. Utilize a janela Properties para configurar a propriedade *Name* do objeto *WebView* como **Browser** e as propriedades *HorizontalAlignment* e *VerticalAlignment* como Center.

CAPÍTULO 5   Controles de aplicativos Windows Store   **143**

As propriedades relacionadas ao alinhamento estão localizadas na categoria Layout, e centralizam conteúdo na janela do navegador.

Agora sua interface de usuário final deve ser semelhante à captura de tela a seguir. (Novamente, observe que a marcação XAML do controle *WebView* foi adicionada ao Code Editor.)

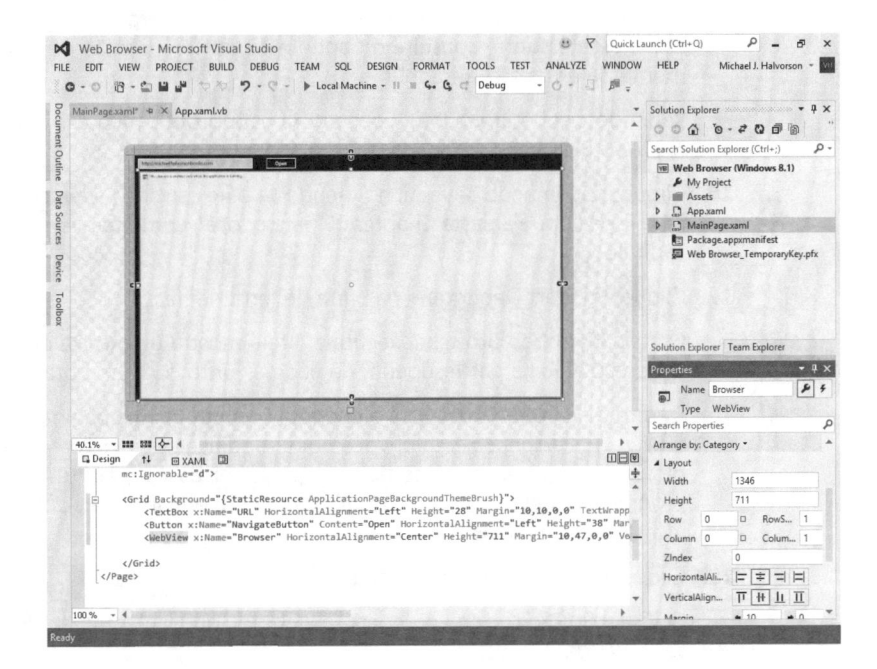

Agora você vai criar uma rotina de tratamento de eventos curta para o objeto botão, para carregar o controle *WebView* com um endereço web ou URL quando o programa executar. Para criar rapidamente uma rotina de tratamento para o evento padrão de um objeto (normalmente, *Click*), você pode clicar duas vezes no objeto na página, para abrir a rotina de tratamento no Code Editor.

14. Clique duas vezes no objeto botão no Designer.

    A rotina de tratamento de eventos *NavigateButton_Click* abre no Code Editor e o ponto de inserção pisca entre as instruções *Sub* e *End Sub*. *Click* é o evento padrão para objetos botão.

15. Digite a seguinte linha de código de programa:

    ```
    Browser.Navigate(New Uri(URL.Text))
    ```

    Essa poderosa linha de código Visual Basic contém muita coisa empacotada! O método *Navigate* do objeto *Browser* instrui o controle *WebView* para que carregue a página web especificada. A página web é listada na caixa de texto *URL* que você criou na parte superior da interface do usuário. A outra sintaxe importante aqui são as palavras-chave *New Uri*, as quais colocam o endereço web em um formato padrão para navegadores web, o assim chamado formato *uniform resource indicator* (URI).

Como esse é um programa de teste, presumo que você vai digitar um endereço web no formato correto. Contudo, se não for usada a sintaxe correta (se você se equivocar na grafia do endereço), a página não será carregada e você receberá somente um retorno mínimo do programa, dizendo que algo deu errado. Obviamente, um programa mais sofisticado tornaria a condição de erro mais clara e instruiria o usuário a respeito de como corrigi-lo, mas não vamos gastar tempo criando a rotina de tratamento de erros agora. (Para obter mais informações sobre esse assunto, consulte o Capítulo 13, "Interceptação de erros com tratamento de erros estruturado".)

Sabendo dessas limitações, você agora está pronto para executar o aplicativo My Web Browser.

16. Clique no comando Save All no menu File para salvar as alterações em seu projeto. Especifique a pasta Chapter 05 para o local, como tem feito ao longo deste capítulo.

17. Clique em Start Debugging na barra de ferramentas.

    O aplicativo Web Browser executa e a tela mostra uma caixa de texto para um endereço web na parte superior da página, junto com um botão Open.

    Dentro da caixa de texto está o endereço web de minha página de autor, *http://michaelhalvorsonbooks.com*. Você pode modificar esse endereço web de exemplo, se quiser, mas ele é confiável e pode ser usado para testar este e outros programas que desejar. (Você também poderá encontrar algo de interesse aqui, inclusive novos livros!)

18. Clique em Open para abrir a página web.

    O Visual Studio carrega o endereço web no controle *WebView*. Sua tela deverá ser parecida com esta:

Sim, sou eu na tela! E você descobrirá que o controle *WebView* também é rolante, de modo que pode utilizar entrada por toque, roda de mouse ou teclas de direção a fim de mover para cima e para baixo, como desejar. Links da web e outro conteúdo também são "ativos" nessa página; portanto, você pode navegar para mais páginas, se quiser. Além dos links reais do site, existem alguns controles de navegação nesse programa de demonstração. Contudo, você pode criar seus próprios botões e controles de navegação, se desejar, programando os eventos, propriedades e métodos fornecidos pelo controle *WebView*.

19. Digite outro endereço web na caixa de texto e clique em Open.

    O Visual Studio carrega a nova página e você pode explorar esse site também.

    Mas... e se você encontrar uma condição de erro ao carregar páginas web?

    Na verdade, se você encontrar qualquer tipo de erro ao carregar uma página web quando estiver utilizando o controle *WebView*, o IDE do Visual Studio exibirá uma mensagem de erro em uma caixa de texto, perguntando se deseja continuar ou não, ou se quer mais informações sobre o que aconteceu. Em geral, esses problemas serão simplesmente erros de script de Internet ou outras mensagens de aviso, pois vários sites têm suas próprias maneiras de enviar informações para os diferentes navegadores web do mercado.

    Você pode suprimir esse "ruído" no IDE do Visual Studio fechando o aplicativo e, então, clicando em Tools | Options | Debugging | Just-In-Time. Remova a marca de visto da caixa de seleção Script e execute o programa novamente. Apenas tenha o cuidado de usar o comando Tools | Options | Debugging novamente, para recolocar a marca de visto, quando terminar. (Existem possíveis problemas de segurança associados a fazer com que seus usuários naveguem para sites desconhecidos ou não confiáveis.)

    O tratamento de erros será examinado mais adiante no livro. Por enquanto, considere como é fácil ativar um navegador de Internet dentro de um aplicativo do Visual Studio. Você fez um excelente começo com uma coleção de controles para Windows Store muito úteis.

20. Quando terminar, encerre o programa My Web Browser.

    Você acabou de trabalhar com controles de aplicativos Windows Store neste capítulo.

21. No menu File, clique no comando Close Project e encerre o Visual Studio.

Resumo

Neste capítulo, você experimentou alguns dos controles mais úteis da Toolbox do Visual Studio. Especificamente, trabalhou com controles de aplicativos Windows Store (XAML) projetados para o Windows 8.1. Aprendeu a usar o controle *TextBox* para gerenciar uma variedade de tarefas de entrada de texto, o controle *FlipView* para exibir uma série de fotos interessantes, o controle *MediaElement* para reproduzir arquivos de áudio e vídeo, e o controle *WebView* para exibir conteúdo de uma página web.

Esses controles gerenciam informações e permitem ao usuário acessar mídia interessante dentro de aplicativos Windows Store. Vou continuar discutindo controles de aplicativos Windows Store comuns e seus usos neste livro. Se quiser ver uma lista completa, examine a entrada "controles" no Índice do livro, para encontrar todos os controles que discuto, listados em ordem alfabética.

No Capítulo 6, "Controles Windows Forms", você vai continuar aprendendo sobre controles, mas desta vez em relação aos controles Windows Forms que um programador de Visual Studio utiliza ao criar um aplicativo de área de trabalho para Windows. Conforme você aprendeu no Capítulo 4, "Aplicativos de área de trabalho para Windows: um passo a passo utilizando Windows Forms", esses aplicativos utilizam uma Toolbox diferente e têm diferentes requisitos para o modo como os controles são utilizados dentro dos aplicativos e da interface do usuário. O Capítulo 6 apresenta o que considero ser os controles de aplicativos de área de trabalho para Windows essenciais, como *DateTimePicker*, *CheckBox*, *RadioButton*, *ListBox*, *MenuStrip*, *ToolStrip* e *OpenFileDialog*.

CAPÍTULO 6
Controles Windows Forms

Neste capítulo, você vai aprender a:

- Utilizar o controle *DateTimePicker* para exibir calendários e escolher datas.
- Utilizar controles *CheckBox, RadioButton, GroupBox* e *ListBox* para processar a entrada do usuário.
- Adicionar menus ao seu aplicativo de área de trabalho para Windows utilizando o controle *MenuStrip*.
- Adicionar barras de ferramentas e botões utilizando o controle *ToolStrip*.
- Adicionar caixas de diálogo aos seus programas, incluindo *OpenFileDialog* e *ColorDialog*.

Conforme você aprendeu nos primeiros capítulos, os controles do Microsoft Visual Studio 2013 são as ferramentas gráficas utilizadas para a construção da interface de usuário de um aplicativo em Visual Basic. Os controles estão na Toolbox do IDE e servem para criar objetos em uma página ou formulário. Você os personaliza com configurações de propriedades e rotinas de tratamento de eventos. Os controles que serão carregados na Toolbox do Visual Studio vão depender do tipo de aplicativo que se está criando.

    Se você abrir um novo projeto de aplicativo de área de trabalho para Windows, verá controles Windows Forms na Toolbox; deles, já vimos os controles *Label*, *Button* e *PictureBox* no Capítulo 4, "Aplicativos de área de trabalho para Windows: um passo a passo utilizando Windows Forms". Neste capítulo, vamos continuar trabalhando com aplicativos de área de trabalho para Windows, e você aprenderá a gerenciar informações com os controles *DateTimePicker, CheckBox, RadioButton, ListBox* e *GroupBox*. Você também criará menus, barras de ferramentas e caixas de diálogo em um aplicativo de área de trabalho para Windows utilizando os controles *MenuStrip*, *ToolStrip* e *OpenFileDialog*.

    Considero esses controles comuns como as ferramentas de interface de usuário e recursos de projeto essenciais para um aplicativo de área de trabalho Windows (Windows Forms); eles serão úteis na preparação de programas para esse ambiente. Contudo, lembre-se de que não é fácil copiar controles Windows Forms em aplicativos Windows Store; em geral, você precisa de controles totalmente distintos para aplicativos Windows Store, os quais necessitam da estratégia multiplataforma que discuto neste livro. Neste capítulo, apresento alguns dos controles Windows Forms que você deverá conhecer, caso crie aplicativos de área de trabalho para Windows com o Visual Basic 2013. Essas informações também serão úteis para desenvolvedores que utilizam Visual Studio para alternar entre as duas plataformas.

Controle *DateTimePicker*

Conforme você aprendeu em capítulos anteriores, alguns controles do Visual Studio exibem informações e outros as coletam do usuário ou processam dados nos bastidores. Neste exercício de abertura, você vai trabalhar com um controle Windows Forms simples chamado *DateTimePicker*, o qual pode ser colocado em um formulário e solicitar ao usuário uma data ou hora, utilizando um calendário gráfico. Embora o uso do controle seja rudimentar neste ponto, experimentar o *DateTimePicker* o fará saber como os controles Windows Forms funcionam e quanto trabalho muitos deles fazem sozinhos, com pouco envolvimento com programação.

O programa Birthday utiliza um controle *DateTimePicker* e um controle *Button* para solicitar ao usuário a data de seu aniversário. Então, exibe essa informação utilizando uma janela pop-up chamada *caixa de mensagem*, que é um recurso comum de aplicativos de área de trabalho para Windows. Experimente agora.

Colete informações de um calendário com *DateTimePicker*

1. Inicie o Visual Studio 2013.
2. No menu File do Visual Studio, clique em New Project.

    A caixa de diálogo New Project abre, com os templates de projeto listados por categoria à esquerda. Como agora você está criando um aplicativo de área de trabalho para Windows (Windows Forms), quer ter certeza de selecionar o template Windows, em vez do template Windows Store utilizado no Capítulo 5, "Controles de aplicativos Windows Store".

3. Clique na categoria Windows sob Visual Basic na área Templates da caixa de diálogo.

    A caixa de diálogo New Project se parece com esta:

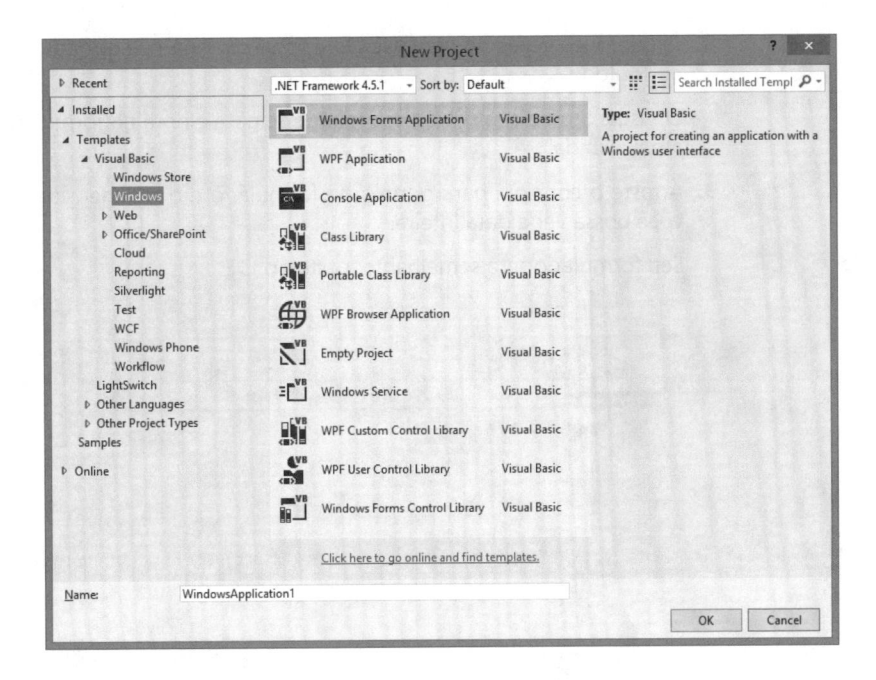

CAPÍTULO 6   Controles Windows Forms   **149**

4. Clique no ícone de aplicativo Windows Forms na área Templates central da caixa de diálogo, se ele ainda não estiver selecionado.

   O Visual Studio prepara o ambiente de desenvolvimento para o aplicativo de área de trabalho para Windows em Visual Basic.

5. Na caixa de texto Name, digite **My Birthday**.

   O Visual Studio atribui o nome My Birthday ao seu projeto. (Mais adiante, você especificará a localização de uma pasta para o projeto.)

6. Clique em OK para criar o novo projeto no Visual Studio.

   O Visual Studio limpa a área de trabalho para um novo projeto de programação e exibe um formulário Windows em branco no Designer para sua interface de usuário. Lembre-se de que, por convenção, em um aplicativo Windows Store uma janela é chamada de *página* e em um aplicativo de área de trabalho para Windows é chamada de *formulário* – essas distinções serão identificadas neste livro.

7. Abra a Toolbox no IDE e examine os diversos controles fornecidos para aplicativos de área de trabalho do Windows (Windows Forms).

   Você vai encontrar os controles mais comuns na categoria Common Controls da Toolbox. All Windows Forms também é uma categoria muito útil.

PARTE II Projeto da interface do usuário

8. Clique duas vezes no controle *DateTimePicker* na categoria Common Controls da Toolbox.

   O Visual Studio cria um objeto seletor de data e hora no formulário, com a data atual exibida.

9. Arraste o controle para o meio do formulário e o redimensione de modo que você possa ver a data inteira.

   Seu formulário será semelhante a este no IDE:

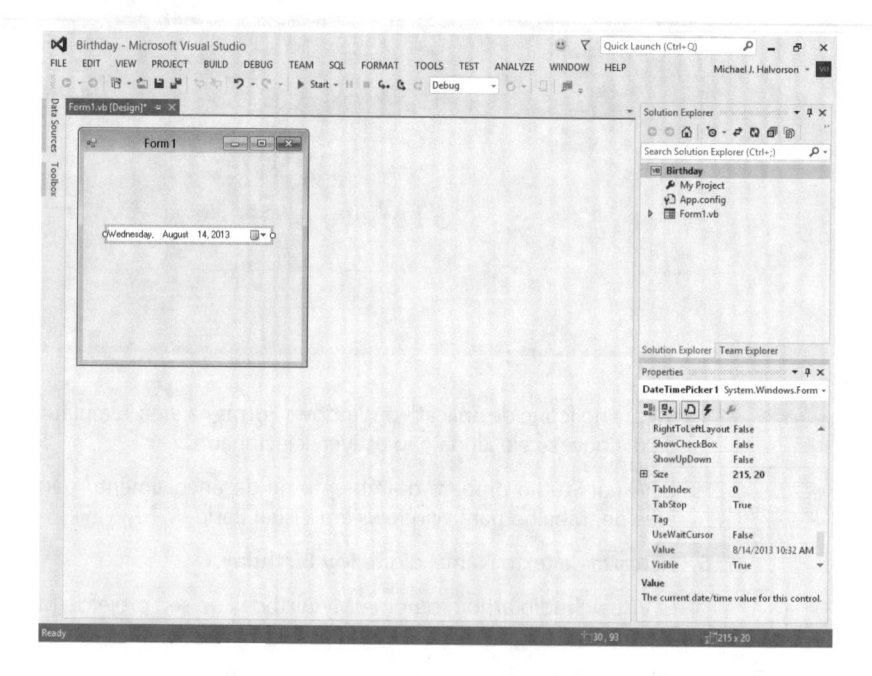

   Por padrão, o objeto seletor de data/hora exibe a data atual, mas você pode ajustar essa configuração alterando a propriedade *Value* do objeto. Exibir a data é um guia de projeto útil – isso permite dimensionar o objeto seletor de data/hora apropriadamente ao criá-lo.

10. Clique duas vezes no controle *Button* na Toolbox para adicionar um objeto botão ao formulário e, em seguida, arraste-o para baixo do seletor de data e hora.

    Você vai utilizar esse botão para exibir sua data de nascimento e testar se o controle está funcionando corretamente.

11. Na janela Properties, altere a propriedade *Text* do objeto botão para **Show My Birthday** e, se necessário, redimensione esse objeto para exibir todo o texto.

CAPÍTULO 6 Controles Windows Forms **151**

12. Altere a propriedade *Name* do objeto botão para **DateButton**.

13. Clique no próprio objeto formulário (no fundo do formulário, em qualquer lugar dentro do quadro da janela *Form1*) e exiba a propriedade *Text* do formulário na janela Properties.

14. Altere a propriedade *Text* do objeto formulário para **Date Time Picker Example**.

    Conforme foi aprendido no Capítulo 4, você pode alterar a propriedade *Text* do formulário para modificar as palavras que aparecem na parte superior do quadro (frame) dessa janela quando o programa executa. Essa alteração torna o propósito de seu programa mais claro e visualmente mais interessante do que o padrão "Form1."

    Agora você vai adicionar algumas linhas de código em Visual Basic a uma rotina de tratamento de eventos associada ao objeto botão.

15. Clique duas vezes no objeto botão do formulário para exibir sua rotina de tratamento de eventos padrão e, então, digite as seguintes instruções entre *Private Sub* e *End Sub* na rotina de tratamento de eventos *DateButton_Click*:

    ```
    MsgBox("Your birth date was " & DateTimePicker1.Text)
    MsgBox("Day of the year: " & DateTimePicker1.Value.DayOfYear.ToString())
    ```

    Essas instruções de programa exibem duas caixas de mensagem (pequenas caixas de diálogo) com informações do objeto seletor de data e hora. A primeira linha utiliza a propriedade *Text* do seletor de data e hora para exibir informações sobre a data de nascimento selecionada ao se utilizar o objeto em tempo de execução. A função *MsgBox* exibe o valor string *"Your birth date was"*, além do valor textual armazenado na propriedade *Text* do seletor de data e hora. Esses dois fragmentos de informação são interconectados pelo operador de concatenação de strings (&).

    A instrução *DateTimePicker1.Value.DayOfYear.ToString()* utiliza o objeto seletor de data e hora para calcular o dia do ano em que você nasceu, contado a partir de 1º de janeiro. Isso é feito pela propriedade *DayOfYear* e pelo método *ToString*, o qual converte o resultado numérico do cálculo da data em um valor textual que é mais facilmente exibido pela função *MsgBox*.

    Métodos, como *ToString* no exemplo anterior, são elementos no código Visual Basic que executam uma *ação* ou um *serviço* para um objeto específico, como converter um número em uma string ou adicionar itens a uma caixa de listagem. Os métodos diferem das *propriedades*, as quais gerenciam um valor, e das *rotinas de tratamento de eventos*, que executam ou são *disparadas* quando um usuário manipula um objeto. Você vai ver que numerosos métodos são compartilhados entre os objetos; portanto, quando aprender a usar um método em particular, poderá utilizá-lo novamente em circunstâncias diferentes.

    Depois da inserção do código da rotina de tratamento de eventos *DateButton_Click*, o Code Editor ficará assim:

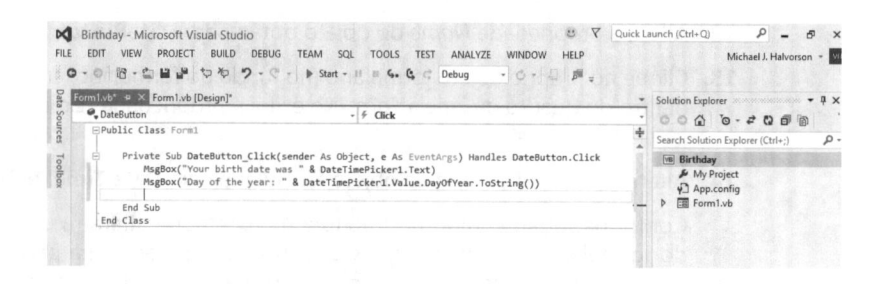

16. Clique no botão Save All para salvar suas alterações no disco e especifique Meus Documentos\Visual Basic 2013 SBS\Chapter 06 como local da pasta.

Agora você está pronto para executar o aplicativo de área de trabalho simples para Windows.

Execute o programa Birthday

1. Clique no botão Start Debugging na barra de ferramentas.

    O programa Birthday começa a executar. A data atual é exibida no seletor de data e hora.

2. Clique na seta do seletor de data e hora para mostrar o objeto no modo de exibição Calendar.

    Seu formulário é parecido com a captura de tela a seguir, mas provavelmente com mês e data diferentes.

3. Clique na seta de rolagem esquerda para ver meses anteriores no calendário.

    Observe que a parte da caixa de texto do objeto também muda enquanto você rola pela data. Entretanto, o valor Today ("hoje"), na parte inferior do calendário, não muda.

    Embora possa rolar até o dia do seu aniversário, talvez você não tenha paciência para passar mês a mês. Para mover até o ano do seu nascimento mais rapidamente, selecione o valor do ano na caixa de texto do seletor de data e hora e insira um novo ano.

> **Dica** Para ir ainda mais rápido para anos anteriores (ou futuros), clique no nome do mês, na parte superior do seletor, para ter menos zoom e exibir o ano inteiro. Clique novamente para reduzir ainda mais e ver uma lista dos anos, e clique mais uma vez para ver uma década.

4. Selecione o ano de quatro dígitos na caixa de texto do seletor de data e hora.

   Quando você selecionar a data, o seletor de data e hora fechará.

5. Digite o ano do seu nascimento no lugar do que está atualmente selecionado e clique novamente na seta.

   O calendário reaparece no ano de seu nascimento.

6. Clique novamente na seta de rolagem para localizar o mês em que você nasceu e, então, clique nele.

   Se você não sabia o dia da semana em que nasceu, agora pode descobrir!

   Quando você seleciona a data final, o seletor de data e hora fecha e a data do seu nascimento é exibida na caixa de texto. Você pode clicar no objeto botão para ver como essas informações são disponibilizadas para outros objetos no formulário.

7. Clique no botão Show My Birthday.

   O Visual Basic executa o código de programa e exibe uma caixa de mensagem contendo o dia e ano do seu nascimento. Note como as duas datas mostradas nas duas caixas se correspondem:

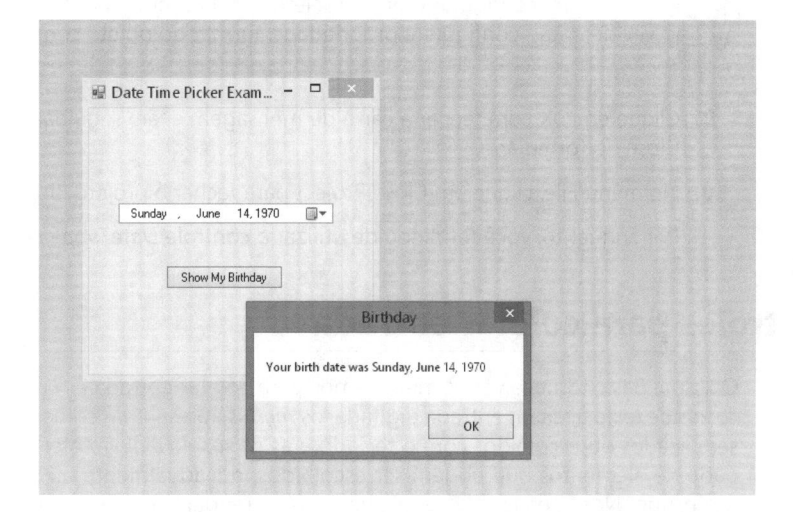

8. Clique em OK na caixa de mensagem.

   Uma segunda caixa de mensagem aparece, indicando o dia do ano em que você nasceu – tudo está funcionando conforme o planejado.

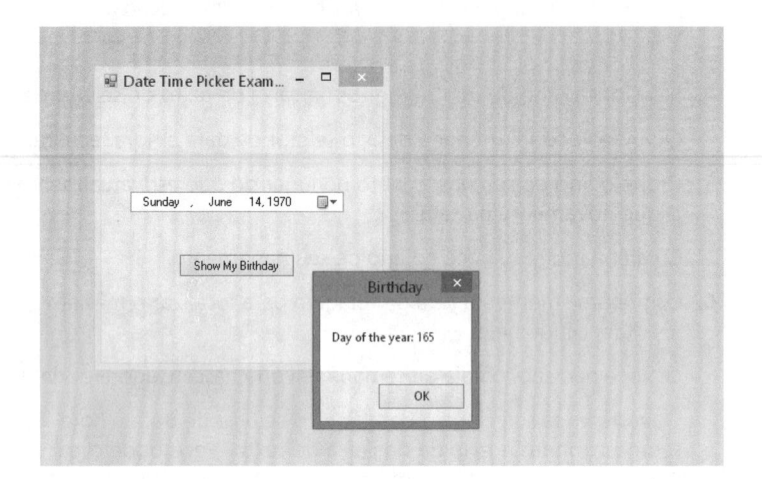

   Você achará esse controle muito útil – ele não só se lembra das novas informações de data ou hora que você insere, mas também monitora a data e a hora atuais e pode exibir essas informações de data e hora em uma variedade de formatos úteis.

   > **Dica** Para configurar o objeto seletor de data/hora para exibir horas em vez de datas, configure a propriedade *Format* do objeto como **Time**.

9. Clique em OK para fechar a caixa de mensagem e, em seguida, clique no botão Close do formulário.
10. No menu File, clique em Close Project para fechar o projeto Birthday.

    Por enquanto, você terminou de utilizar o controle *DateTimePicker*.

Controles para coletar entrada

O Visual Basic fornece vários mecanismos para coletar entrada em um programa. As *caixas de texto* aceitam entrada digitada, os *menus* apresentam comandos que podem ser clicados ou escolhidos com o teclado e as *caixas de diálogo* oferecem uma variedade de elementos que podem ser escolhidos individualmente ou selecionados em um grupo. Nos exercícios a seguir, você vai aprender a usar os controles *CheckBox*, *RadioButton*, *GroupBox* e *ListBox* para ajudá-lo a coletar entrada em diversas situações.

Controle *CheckBox*

Sua primeira tarefa será experimentar o controle *CheckBox* da Toolbox. Você vai utilizá-lo para explorar como entrada básica do usuário é processada em um aplicativo de área de trabalho para Windows.

Crie um controle *CheckBox*

1. No menu File, clique em New Project.

   A caixa de diálogo New Project abre.

2. Crie um novo aplicativo Windows Forms chamado **My CheckBox**.

   O novo projeto é criado e um formulário em branco aparece no Designer.

3. Amplie o formulário consideravelmente, de modo que ocupe cerca de metade da tela e tenha formato retangular, mais largo do que alto.

4. Clique no controle *CheckBox* da Toolbox e crie um objeto caixa de seleção próximo à parte inferior do formulário.

   Uma nova caixa de seleção aparece no formulário, muito parecida com outros objetos em um aplicativo de área de trabalho para Windows. Você pode dar um nome, mover e redimensionar essa caixa de seleção, assim como ajustar recursos como nome e estilo da fonte.

5. Use a janela Properties para alterar a propriedade *Name* da caixa de seleção para DisplayImageCheckBox.

6. Configure a propriedade *Text* da caixa de seleção como **Display Bird Image**.

7. Configure a propriedade *Checked* da caixa de seleção como True.

   A propriedade *Checked* especifica se uma marca de seleção aparece ou não na caixa de seleção. Você está configurando a propriedade *Checked* como True agora, porque quer a caixa de seleção marcada quando o usuário abrir o programa.

   Agora, você vai criar um objeto caixa de figura grande, acima da caixa de seleção.

8. Clique no controle *PictureBox* da Toolbox e crie um objeto caixa de figura retangular grande, acima da caixa de seleção.

   Por padrão, o nome da caixa de figura é *PictureBox1*.

9. Configure a propriedade *Name* do objeto caixa de figura como **BirdPhoto**.

   Agora você vai adicionar a foto de um cisne à caixa de figura, utilizando o recurso de marca inteligente da caixa. Conforme você aprendeu no Capítulo 4, uma marca inteligente é um botão sensível ao contexto, anexado ao canto superior direito do quadro da caixa de figura. Use a marca inteligente para ajustar configurações comuns rapidamente.

156 PARTE II Projeto da interface do usuário

10. Clique na marca inteligente do objeto caixa de figura para exibir o menu de atalho de comandos.
11. Clique em Choose Image para exibir a caixa de diálogo Select Resource.
12. Clique em Project Resource File e depois no botão Import para criar uma nova pasta Resources e inserir um arquivo nela.

    A pasta Resources é perfeita para arquivos de arte e foto, e permitirá que as imagens acompanhem o projeto quando você movê-lo e distribuí-lo.
13. Clique duas vezes em Swan.jpg na pasta Meus Documentos\Visual Basic 2013 SBS\Chapter 06.

    O Visual Studio insere a foto de um cisne nadando, e ela aparece na caixa de diálogo Select Resource. Sua caixa de diálogo será parecida com esta:

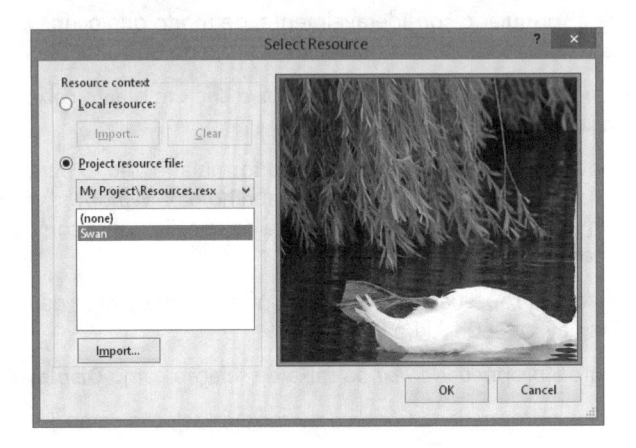

14. Clique em OK.

    No Solution Explorer agora aparece uma pasta Resources contendo o arquivo Swan.jpg.
15. No menu Picture Box Tasks da marca inteligente, clique em StretchImage na caixa de listagem Size Mode.

    A foto de um cisne nadando em um lago preenche o objeto caixa de figura no Designer.
16. Ajuste o espaçamento da imagem de modo que ela ocupe certa quantidade de espaço no formulário, como mostrado na ilustração a seguir:

CAPÍTULO 6   Controles Windows Forms   **157**

Agora você vai ajustar as palavras que aparecerão na barra de título do aplicativo de área de trabalho para Windows, quando for executado.

17. Clique no fundo do formulário (não em um objeto no formulário) e, então, use a janela Properties para configurar a propriedade *Text* do formulário como **Check Box Sample**.

    Agora você está pronto para criar uma rotina de tratamento de eventos simples para processar a marcação da caixa de seleção que o usuário pode fazer no formulário. A estrutura de decisão *If...Then...Else* mostrada aqui pode ser estendida para manipular qualquer número de tarefas; portanto, você pode utilizar a rotina de tratamento de eventos como modelo quando usar caixas de seleção em seus aplicativos de área de trabalho para Windows. O código testa a propriedade *Checked*, a qual é configurada como True se o usuário marca a caixa de seleção.

18. Clique duas vezes no objeto caixa de seleção no formulário para abrir a rotina de tratamento de eventos *DisplayImageCheckBox_CheckedChanged* no Code Editor.

19. Digite o seguinte código de programa:

```
If DisplayImageCheckBox.CheckState = CheckState.Checked Then
    BirdPhoto.Visible = True
Else
    BirdPhoto.Visible = False
End If
```

A rotina de tratamento de eventos *DisplayImageCheckBox_CheckedChanged* só é executada se o usuário clica na caixa de seleção enquanto o programa está executando. Ela usa uma estrutura de decisão *If...Then...Else* para completar seu trabalho, a qual discutirei com mais detalhes no Capítulo 12, "Estruturas de decisão criativas e loops". Neste caso, a rotina particularmente simples é muito fácil de entender.

A instrução *If* começa verificando o status, ou *estado*, atual da caixa de seleção no formulário, a qual você chamou de *DisplayImageCheckBox*. Se uma marca de seleção estiver presente (ou seja, a caixa de seleção está marcada), a comparação com a enumeração *CheckState.Checked* resultará em um valor True e a foto da ave será exibida.

A quarta linha também utiliza a propriedade *Visible*, mas, neste caso, oculta a foto do cisne se a caixa de seleção foi desmarcada. Por fim, todas as estruturas de decisão *If...Then...Else* multilinha terminam com uma instrução *End If*.

Normalmente, você desejará adicionar uma rotina de tratamento de eventos como essa para cada objeto caixa de seleção que inserir em um formulário. Como este projeto contém apenas uma caixa de seleção, basta uma rotina.

20. Clique no comando Save All da barra de ferramentas Standard para salvar suas alterações, especificando a pasta Meus Documentos\Visual Basic 2013 SBS\ Chapter 06 como local.

Execute o programa CheckBox

1. Clique no botão Start Debugging na barra de ferramentas Standard.

    O Visual Basic executa o programa no IDE. Um cisne aparece em uma caixa de figura no formulário e a caixa de seleção é marcada. Seu formulário será parecido com este:

2. Clique na caixa de seleção Display Bird Image para retirar a marca de seleção.

   O Visual Basic remove a imagem do cisne e seu formulário se parecerá com este:

3. Marque e desmarque a caixa de seleção várias vezes, para ver como a imagem aparece e desaparece em conexão com a caixa de seleção. Sua rotina de tratamento de eventos vinculou esses dois elementos da interface do usuário. O componente é imediatamente reconhecível como um recurso de interface de usuário padrão de um aplicativo baseado em Windows.

4. Clique no botão Close no formulário para terminar o programa.

5. No menu File, clique em Close Project para fechar o projeto CheckBox.

   Você está pronto para passar a outro mecanismo de entrada em um aplicativo Windows Forms.

Caixas de grupo e botões de opção

O controle *RadioButton* é outra ferramenta que você pode usar para receber entradas em um aplicativo de área de trabalho para Windows e está localizado na guia Common Controls da Toolbox do Windows Forms. Os botões de opção (radio buttons – literalmente, botões de rádio) receberam esse nome em função dos antigos botões de pressão dos rádios dos carros dos anos 1950 e 1960, quando as pessoas pressionavam ou "selecionavam" um botão e o restante voltava à posição normal, não selecionada. Apenas um botão de cada vez podia ser selecionado, porque (era o que se pensava) o motorista só podia ouvir uma coisa de cada vez.

No Visual Studio, você também pode oferecer opções mutuamente exclusivas para o usuário em um formulário, permitindo que ele selecione uma (e apenas uma) opção em um grupo. O procedimento é usar o controle *GroupBox* para criar um quadro (frame) no formulário e, então, usar o controle *RadioButton* para colocar o número de botões de opção desejados no quadro. (Como o controle *GroupBox* não é usado com frequência, ele está localizado na guia Containers da Toolbox.)

PARTE II   Projeto da interface do usuário

Observe também que seu formulário pode ter mais de um *grupo* de botões de opção, cada um deles operando independentemente do outro. Para cada grupo que você deseja construir, basta criar primeiro um objeto caixa de grupo e, em seguida, adicionar os botões de opção, um por um, à caixa de grupo.

Há uma observação: se um formulário exige apenas um conjunto de botões de opção, os botões podem ser inseridos diretamente no formulário, sem a necessidade de serem colocados em uma caixa de grupo. Na verdade, as caixas de grupo (e outros contêineres) são exigidas somente quando vários conjuntos de botões de opção mutuamente exclusivos são utilizados em um formulário. Contudo, eu, em geral, coloco os botões de opção em uma caixa de grupo (mesmo que haja apenas um conjunto por formulário), pois isso possibilita uma fácil expansão no futuro. (E, de qualquer modo, é uma boa ideia aprender a usar o controle *GroupBox*.)

No exercício a seguir, você vai criar um programa simples que usa os controles *GroupBox*, *RadioButton* e *PictureBox* para apresentar três opções para o usuário. Como o controle *CheckBox*, o controle *RadioButton* é programado com rotinas de tratamento de eventos e código de programa em Visual Basic. Experimente agora.

Colete entrada com os controles *GroupBox* e *RadioButton*

1. No menu File, clique em New Project.

   A caixa de diálogo New Project abre.

2. Crie um novo projeto Visual Basic Windows Forms Application chamado **My Radion Button**.

   O novo projeto é criado e um formulário em branco aparece no Designer.

3. Amplie um pouco o formulário para que você tenha mais espaço para criar uma coleção de controles e um objeto caixa de figura.

4. Na Toolbox, abra a guia Containers e clique no controle *GroupBox*.

5. Crie um caixa de grupo de tamanho médio na metade superior do formulário.

6. Retorne à Toolbox, role para cima até a guia Common Controls e clique no controle *RadioButton*.

7. Crie três objetos botão de opção na caixa de grupo.

   É mais prático clicar duas vezes no controle *RadioButton* para criar os botões de opção. Observe que cada botão de opção tem seu próprio número, que você pode usar para configurar as propriedades. Seu formulário deve se parecer com este:

CAPÍTULO 6 Controles Windows Forms **161**

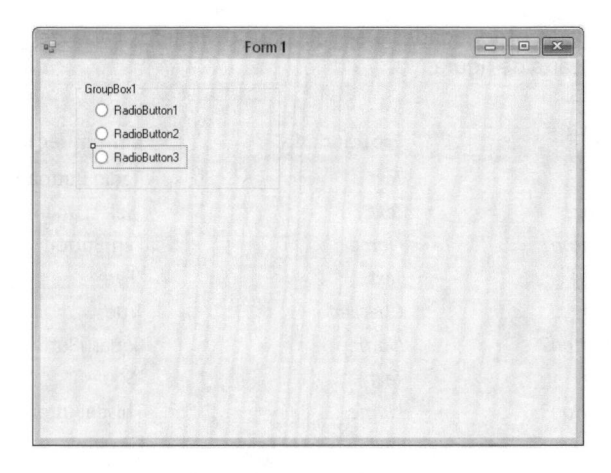

8. Usando o controle *PictureBox*, crie um objeto caixa de figura retangular abaixo da caixa de grupo no formulário.

9. Clique na marca inteligente do objeto caixa de figura para exibir o menu de atalho.

10. Clique em Choose Image para exibir a caixa de diálogo Select Resource.

11. Clique em Project Resource File e depois no botão Import para criar uma nova pasta Resources no projeto.

    Agora você vai adicionar três fotos ao projeto para que possa exibi-las no formulário.

12. Acesse a pasta Meus Documentos\Visual Basic 2013 SBS\Chapter 06, mantenha a tecla Ctrl pressionada e clique em Fern.jpg, Squash.jpg e Thistle.jpg.

    Você pode selecionar mais de um arquivo simultaneamente se mantiver a tecla Ctrl pressionada. Neste caso, você está selecionando três arquivos de uma vez.

    > **Dica** Para selecionar um intervalo adjacente de nomes de arquivo nessa caixa de diálogo, mantenha a tecla Shift pressionada e clique no primeiro e no último nomes de arquivo do intervalo.

13. Clique no botão Open para adicionar os arquivos à caixa de texto Select Resource.

14. Clique no arquivo Fern.jpg na caixa de listagem para torná-lo a imagem padrão para o objeto caixa de figura.

15. Clique em OK.

    No Solution Explorer agora aparece uma pasta Resources contendo os arquivos Fern.jpg, Squash.jpg e Thistle.jpg.

16. Configure as propriedades a seguir para os objetos caixa de grupo, botão de opção e caixa de figura:

Objeto	Propriedade	Configuração
Form1	Text	Radio Button Sample
GroupBox1	Text	"Select an Image Type"
RadioButton1	Name	FernButton
	Text	"Fern"
	Checked	True
RadioButton2	Name	SquashButton
	Text	"Squash"
RadioButton3	Name	ThistleButton
	Text	"Thistle"
PictureBox1	Image	Fern
	Name	PlantPictureBox
	SizeMode	StretchImage

O estado inicial do botão de opção é controlado pela propriedade *Checked*. Observe que agora o botão de opção Fern aparece selecionado no IDE. Seu IDE e seu formulário agora são parecidos com isto:

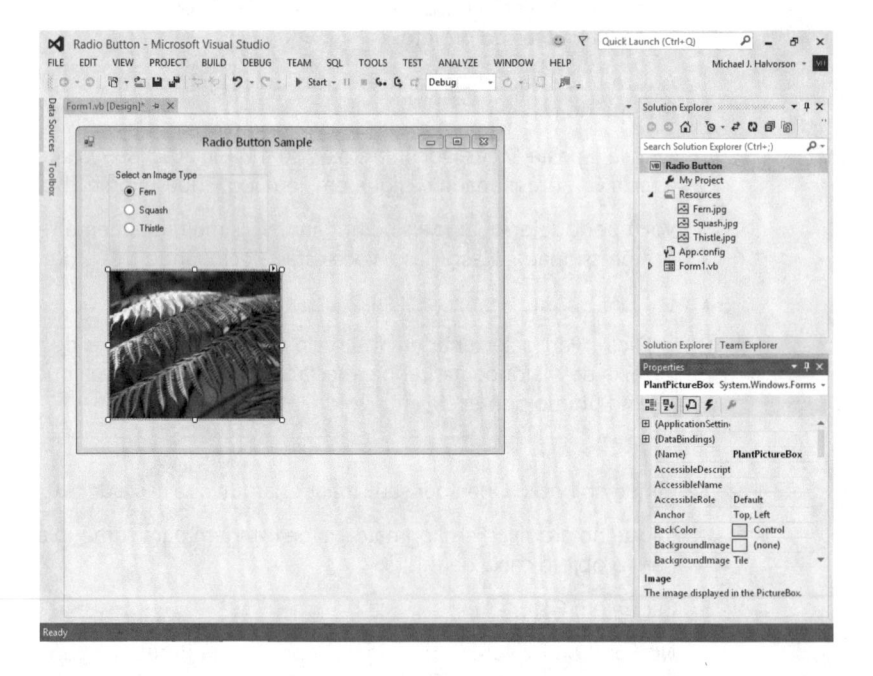

Agora você vai adicionar código de programa para fazer os botões de opção trocarem entre as fotos adicionadas quando o programa for executado.

17. Clique duas vezes no primeiro objeto botão de opção (*FernButton*) no formulário para abrir o Code Editor.

    A rotina de tratamento de eventos *CheckedChanged* do objeto *FernButton* aparece no Code Editor. Esse procedimento é executado cada vez que o usuário clica no primeiro botão de opção. Como você deseja alterar a imagem da caixa de figura quando isso acontecer, vai adicionar uma linha de código para fazer isso.

18. Digite o seguinte código de programa:

    `If (FernButton.Checked) Then PlantPictureBox.Image = My.Resources.Fern`

    Essa instrução de programa verifica o estado do botão de opção *FernButton* e, então, exibe a imagem da samambaia, se o botão de opção foi selecionado. A imagem é exibida por se copiar o arquivo Fern.jpg da pasta Resources do projeto na propriedade *Image* do objeto caixa de figura. Uma instrução semelhante será anexada a cada botão para que as fotos apropriadas apareçam na caixa de figura quando os diferentes botões forem selecionados.

    Essa tarefa de cópia é simplificada porque você já carregou as imagens na pasta Resource do projeto. O namespace "My" é utilizado novamente aqui, um recurso de acesso rápido apresentado pela primeira vez no Capítulo 4, quando você acessou o objeto *My.Computer.Audio* para reproduzir uma música. O namespace *My* se destina a simplificar o acesso ao .NET Framework para executar tarefas comuns, como usar recursos de seu aplicativo e ajustar configurações em seu computador. Esse namespace é organizado como uma hierarquia, a qual você pode usar e explorar com o IntelliSense e a terminologia orientada a objetos do Visual Studio.

19. Volte ao Designer, clique duas vezes no segundo objeto botão de opção do formulário e digite o seguinte código de programa:

    `If (SquashButton.Checked) Then PlantPictureBox.Image = My.Resources.Squash`

20. Volte ao Designer, clique duas vezes no terceiro objeto botão de opção do formulário e digite o seguinte código de programa:

    `If (ThistleButton.Checked) Then PlantPictureBox.Image = My.Resources.Thistle`

21. Clique no botão Save All da barra de ferramentas para salvar suas alterações, especificando a pasta Meus Documentos\Visual Basic 2013 SBS\Chapter 06 como local.

Execute o programa Radio Button

1. Clique no botão Start Debugging na barra de ferramentas Standard.

   O Visual Basic executa o programa no IDE. A fotografia da samambaia aparece em uma caixa de figura no formulário e o primeiro botão de opção está selecionado.

2. Clique no segundo botão de opção (Squash).

   O Visual Basic exibe a imagem, como mostrado aqui:

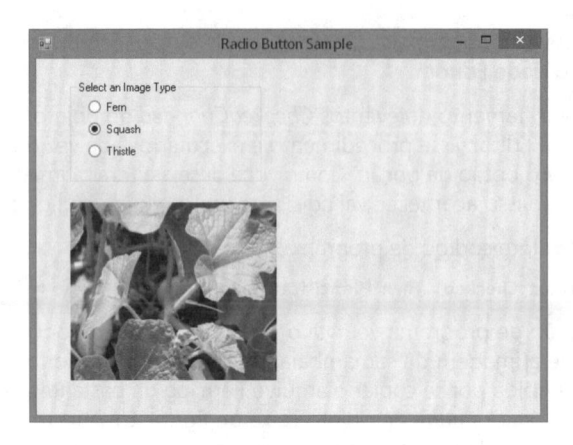

3. Clique no terceiro botão de opção (Thistle).

   Aparece a foto de um espinheiro de jardim.

4. Clique no primeiro botão de opção (Fern).

   A imagem da samambaia aparece novamente.

5. Continue testando o programa para verificar que cada uma das rotinas de tratamento de eventos *CheckedChanged* está carregando as imagens corretas na caixa de figura.

6. Quando terminar, clique no botão Close no formulário para encerrar o programa.

7. No menu File, clique em Close Project para fechar o projeto Radio Button.

Muito bem! Por enquanto, você acabou de trabalhar com os controles *GroupBox* e *RadioButton*. Mas consegue imaginar como poderia utilizá-los em seu próprio aplicativo de área de trabalho para Windows? Apresentar escolhas visuais para o usuário é uma maneira estimulante de solicitar e receber entrada – o que é exibido depende somente de sua criatividade!

Processe entradas com caixas de listagem

Além das caixas de seleção e dos botões de opção, um mecanismo útil para coletar entrada em um aplicativo de área de trabalho para Windows é o controle *ListBox*, um contêiner rolante utilizado para apresentar uma lista de itens e permitir que o usuário selecione um ou mais deles. As caixas de listagem são criadas em aplicativos Visual Studio 2013 selecionando-se o controle *ListBox* na Toolbox do Windows Forms e adicionando-se o controle a um formulário. Uma caixa de listagem pode aumentar ou diminuir enquanto um programa está executando e pode ser utilizada para apresentar um número variável de itens. Além disso, você pode adicionar barras de rolagem a uma caixa de listagem, caso o número de itens seja maior do que pode ser exibido simultaneamente.

Ao contrário de um conjunto de botões de opção, em uma caixa de listagem os itens podem ser reorganizados enquanto o programa está executando, ao passo que os botões de opção normalmente permanecem na mesma ordem. Você também pode adicionar uma *coleção* de itens a uma caixa de listagem em tempo de projeto, configurando a propriedade *Items* da caixa, a qual encontrará sob a categoria *Data* na janela Properties.

CAPÍTULO 6   Controles Windows Forms   165

A principal propriedade associada ao controle *ListBox* é *SelectedIndex*, que retorna para o programa o número do item selecionado na caixa de listagem. (As listas das caixas de listagem são numeradas a partir de zero.) Também útil é o método *Add*, que permite adicionar itens a uma caixa de listagem em uma rotina de tratamento de eventos ou em qualquer outro bloco de código. No exercício a seguir, você vai experimentar esses dois recursos.

Crie uma caixa de listagem e processe as seleções do usuário

1. No menu File, clique em New Project e crie um novo projeto Windows Forms Application denominado **My ListBox**.

   O novo projeto é criado e um formulário em branco aparece no Designer.

2. Amplie o formulário padrão para que você tenha mais espaço para criar uma caixa de listagem e uma caixa de figura.

   Você vai trabalhar com as quatro imagens que utilizou anteriormente neste capítulo.

3. Na Toolbox, clique no controle *ListBox* e crie um objeto caixa de listagem de tamanho médio na metade superior do formulário.

4. Use o controle *PictureBox* para criar um objeto caixa de figura retangular abaixo do objeto caixa de listagem no formulário.

5. Clique na marca inteligente do objeto caixa de figura para exibir o menu de atalho.

6. Clique em Choose Image para exibir a caixa de diálogo Select Resource.

7. Clique em Project Resource File e depois no botão Import para criar uma nova pasta Resources no projeto.

   Agora você vai adicionar quatro fotos ao projeto para que possa exibi-las no formulário.

8. Acesse a pasta Meus Documentos\Visual Basic 2013 SBS\Chapter 06, clique em Fern. jpg, mantenha a tecla Shift pressionada, clique em Thistle.jpg e depois em Open.

   Quatro imagens são adicionadas à caixa de diálogo Select Resource, incluindo Fern.jpg, Squash.jpg, Swan.jpg e Thistle.jpg.

9. Clique em OK.

   No Solution Explorer, aparece uma pasta Resources com quatro arquivos para escolher.

10. Configure as seguintes propriedades para os objetos caixa de listagem e caixa de figura no formulário:

Objeto	Propriedade	Configuração
Form1	Text	"List Box Sample"
ListBox1	Name	PhotosListBox
PictureBox1	Name	PhotosPictureBox
	Image	(none)
	SizeMode	StretchImage

PARTE II Projeto da interface do usuário

Agora seu formulário será parecido com este. (Observe que, no momento, nenhuma foto está visível, pois você selecionou (none) para a propriedade *Image* do objeto caixa de figura.)

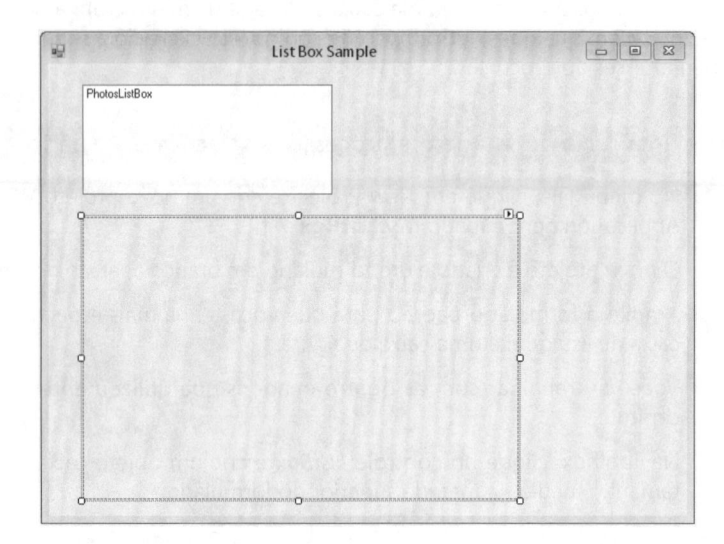

Agora, você vai adicionar o código Visual Basic necessário para preencher o objeto caixa de listagem com seleções válidas e também vai criar uma rotina de tratamento de eventos para processar cada seleção feita pelo usuário.

11. Clique duas vezes no objeto caixa de listagem (*PhotosListBox*) para abrir o Code Editor.

    A rotina de tratamento de eventos *SelectedIndexChanged* do objeto *PhotosListBox* aparece no Code Editor. Esse procedimento é executado cada vez que o usuário clica em um item no objeto caixa de listagem. Precisamos atualizar a imagem no objeto caixa de figura chamado *PhotosPictureBox*, quando uma seleção for feita, e você vai executar essa tarefa criando uma estrutura de decisão conhecida como bloco de código *Select Case*.

12. Digite o seguinte código de programa:

```
Select Case PhotosListBox.SelectedIndex
    Case 0
        PhotosPictureBox.Image = My.Resources.Fern
    Case 1
        PhotosPictureBox.Image = My.Resources.Squash
    Case 2
        PhotosPictureBox.Image = My.Resources.Swan
    Case 3
        PhotosPictureBox.Image = My.Resources.Thistle
End Select
```

A rotina que você digitou é denominada estrutura de decisão *Select Case*, a qual explica ao compilador como processar a seleção do usuário na caixa de listagem. O identificador importante que inicia essa estrutura de decisão é *PhotosListBox.SelectedIndex*, o qual é lido como "a propriedade *SelectedIndex* da caixa de listagem denominada *PhotosListBox*".

Lembre-se de que a propriedade *SelectedIndex* retorna um número para o programa, correspondente ao local do item que o usuário selecionou na caixa de listagem. No programa atual, existem quatro itens na caixa de listagem. Eles serão numerados como 0, 1, 2 e 3 (de cima para baixo).

Se o item 0 da lista for selecionado, a seção *Case 0* da estrutura será executada e as linhas restantes serão puladas. A instrução de programa utiliza o namespace *My* para carregar uma imagem da pasta Resources.

Se o item 1 for selecionado, a seção *Case 1* é que será executada. Essa instrução de programa também faz uma foto aparecer na caixa de figura, mas é uma foto diferente. Do mesmo modo, se o item 2 ou o item 3 for selecionado, o terceiro ou o quarto *Case* processará essas seleções.

Você vai aprender mais sobre a sintaxe *Select Case* no Capítulo 12, "Estruturas de decisão criativas e loops". Estão disponíveis várias opções interessantes e elas se aplicam igualmente a aplicativos Windows Store e de área de trabalho para Windows.

Agora você precisa adicionar código de programa para criar as entradas iniciais no objeto caixa de listagem. Para isso, vamos adicionar código Visual Basic à rotina de tratamento de eventos *Form1_Load* no Code Editor, a qual é executada quando o programa inicia e a instância de classe *Form1* é carregada.

13. Retorne ao Designer e clique duas vezes no formulário (*Form1*) para exibir a rotina de tratamento de eventos *Form1_Load* no Code Editor.

    A rotina de tratamento de eventos *Form1_Load* aparece. Esse código de programa é executado cada vez que o programa ListBox é carregado na memória. (Ou seja, sempre que o aplicativo cria uma instância do formulário.) Os programadores de Windows Forms colocam instruções de programa nesse procedimento especial quando querem que elas sejam executadas toda vez que um formulário for carregado. (Seu aplicativo de área de trabalho para Windows pode exibir mais de um formulário ou nenhum, mas o comportamento padrão é o Visual Basic carregar um formulário inicial sempre que o usuário executar o programa, o qual por sua vez executará a rotina de tratamento de eventos de carregamento do formulário.) Frequentemente, como no programa ListBox, essas instruções definem um aspecto da interface do usuário que não poderia ser facilmente criado com os controles da Toolbox ou a janela Properties.

14. Digite o seguinte código de programa:

    ```
    'Adicione itens à caixa de listagens assim:
    PhotosListBox.Items.Add("Fern")
    PhotosListBox.Items.Add("Squash")
    PhotosListBox.Items.Add("Swan")
    PhotosListBox.Items.Add("Thistle")
    ```

    A primeira linha é simplesmente um comentário que oferece um lembrete sobre o que o código executa. As três linhas seguintes adicionam itens à caixa de listagem (*PhotosListBox*) no programa. As palavras entre aspas aparecerão na caixa de listagem quando ela for exibida no formulário. A parte importante nessas instruções é *Add*, um método útil que adiciona itens às caixas de listagem ou a outros itens. Lembre-se de que na rotina de tratamento de eventos *ListBox1_SelectedIndexChanged* esses itens serão identificados como 0, 1, 2 e 3, pois aparecem nas posições de 0 a 3 na caixa de listagem.

PARTE II   Projeto da interface do usuário

15. Clique no botão Save All da barra de ferramentas para salvar suas alterações, especificando a pasta Meus Documentos\Visual Basic 2013 SBS\Chapter 06 como local.

Execute o programa ListBox

1. Clique no botão Start Debugging na barra de ferramentas Standard.

    O Visual Studio ativa o programa. Os quatro itens aparecem na caixa de listagem, mas como nenhum deles está selecionado no momento, nada aparece ainda no objeto caixa de figura.

2. Clique no primeiro item da caixa de listagem (Fern).

    O Visual Basic exibe uma fotografia de uma samambaia verde, como mostrado aqui:

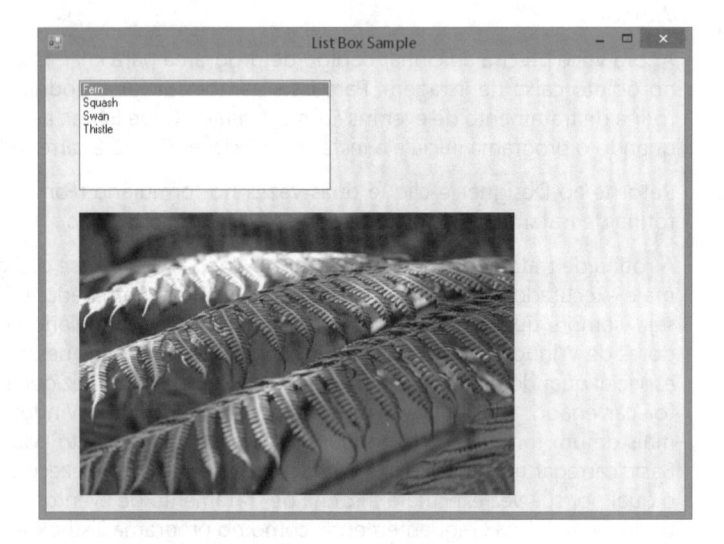

3. Clique no segundo item da caixa de listagem (Squash).

    A planta verde com fruto amarelo aparece na tela.

4. Clique no terceiro item da caixa de listagem (Swan).

5. Clique no quarto item da caixa de listagem (Thistle).

    A foto de um espinheiro roxo aparece, como mostrado na ilustração a seguir:

Bom! Tudo parece estar funcionando corretamente na caixa de listagem e nas rotinas de tratamento de eventos. No entanto, continue testando o programa durante algum tempo, clicando em itens em uma ordem diferente, utilizando as teclas direcionais do teclado, usando gestos de toque etc. – até ter testado todos os padrões de entrada possíveis que um usuário também possa tentar. Ao testar a navegabilidade de seus programas, certifique-se de investigar todos os cenários de entrada possíveis. Sim, é bom chegar ao final de seu trabalho. Mas é melhor encontrar um problema agora do que seus usuários encontrá-lo depois.

6. Quando terminar de experimentar, clique no botão Close no formulário para encerrar o programa.

7. Clique em Close Project no menu File para descarregar o projeto da memória.

Por enquanto, você terminou de trabalhar com as caixas de listagem. Se quiser, pode ampliar seu aprendizado, investigando também os controles *ComboBox* e *CheckedListBox* por conta própria. Eles funcionam de maneira semelhante às ferramentas que você utilizou nos últimos exercícios.

Quando estiver pronto para prosseguir, utilize as próximas seções para aprender a adicionar comandos de menu e barras de ferramentas a um aplicativo de área de trabalho para Windows.

Adicione menus com o controle *MenuStrip*

Nos aplicativos Windows Store, os menus e barras de ferramentas têm sido colocados em posição secundária. Como o objetivo é suportar uma variedade de plataformas – algumas com interfaces visuais muito pequenas –, a recomendação é exibir menus e barras de ferramentas apenas ocasionalmente e, de modo geral, minimizar o "cromo" nos aplicativos (isto é, recursos de interface de usuário persistentes, como barras de ferramentas e barras de menu).

PARTE II   Projeto da interface do usuário

Contudo, nos aplicativos de área de trabalho para Windows ainda há necessidade de suportar esses venerados recursos de interface de usuário. Para os desenvolvedores, eles são fáceis de criar, e para os usuários, são fáceis de operar. Vou examinar aqui a criação de menus e barras de ferramentas para que você aprenda a construir e manter esses recursos.

Recursos de menu

O controle *MenuStrip* é uma ferramenta que adiciona menus aos programas de área de trabalho para Windows, os quais você pode personalizar com configurações de propriedades na janela Properties. Com o *MenuStrip*, você pode adicionar novos menus, modificar e reordenar menus existentes e excluir menus antigos. Pode também criar uma configuração de menu padrão automaticamente e aprimorar seus menus com recursos úteis, como teclas de acesso, marcas de seleção e atalhos de teclado.

Os menus parecem sólidos – exatamente como um aplicativo de área de trabalho para Windows tradicional –, mas *MenuStrip* cria apenas a parte *visível* dos menus e comandos. Você ainda precisa escrever rotinas de tratamento de eventos que processem as seleções de menu e façam os comandos executar trabalho útil. No exercício a seguir, você vai explorar o processo, utilizando o controle *MenuStrip* para criar um menu Clock contendo comandos que exibem a data e hora atuais.

Crie um menu

1. No menu File, clique em New Project.

   A caixa de diálogo New Project abre.

2. Crie um novo projeto Windows Forms Application chamado **My Menu**.

3. Clique no controle *MenuStrip* na guia Menus & Toolbars da Toolbox e desenhe um controle menu no formulário.

   Não se preocupe com a localização – o Visual Studio moverá o controle e o redimensionará automaticamente. O formulário se parece com o mostrado aqui:

CAPÍTULO 6 Controles Windows Forms

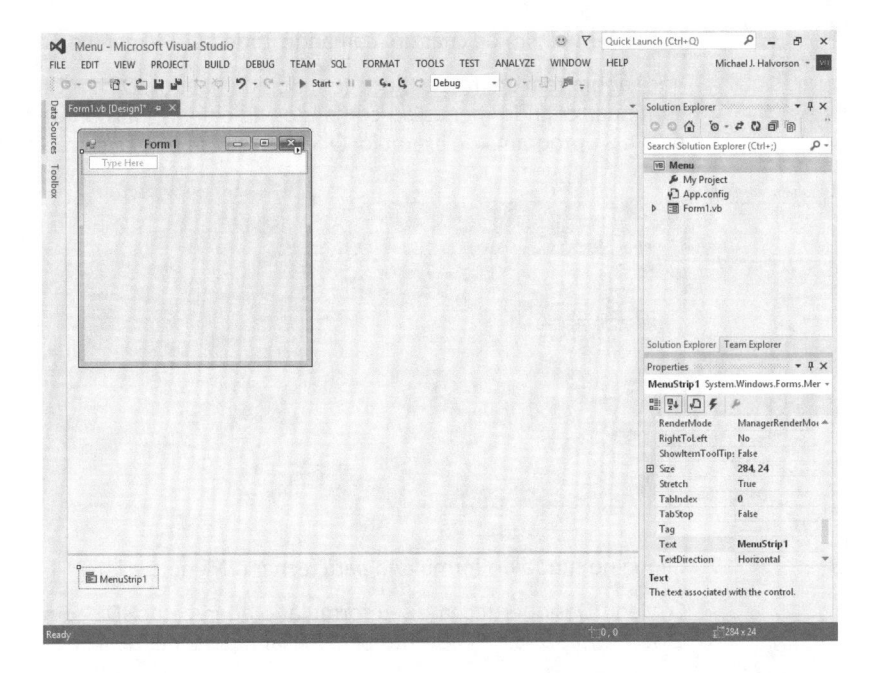

O objeto faixa de menu (menu strip) não aparece no formulário, mas abaixo dele. Os objetos não visíveis, como menus e timers, são exibidos no IDE em um painel separado chamado *bandeja de componentes* (componente tray) e você pode selecioná-los, configurar suas propriedades ou excluí-los desse painel.

Além do objeto faixa de menu na bandeja de componentes, o Visual Studio exibe uma representação visual do menu que você criou, na parte superior do formulário. A expressão *Type Here* pede para que você clique nela e digite o título do menu. Depois de digitar o primeiro título de menu, você pode digitar títulos de submenu e outros nomes de menu pressionando as teclas de Seta e digitando nomes adicionais. Melhor ainda, você pode voltar mais tarde para esse Designer de Menu em linha e editar o que fez ou acrescentar mais itens de menu – o objeto faixa de menu é completamente adaptável e com ele é possível criar uma interface de usuário interessante baseada em menus, como as que você tem visto nos melhores aplicativos de área de trabalho para Windows.

4. Clique na expressão *Type Here*, digite **Clock** e pressione Enter.

   A palavra *Clock* é inserida como o nome do seu primeiro menu e duas expressões *Type Here* adicionais aparecem. Com elas você pode criar itens de submenu abaixo do novo menu Clock ou títulos de menu adicionais. O item de submenu está atualmente selecionado.

5. Digite **Date** a fim de criar um comando Date para o menu Clock e pressione Enter.

   O Visual Studio adiciona o comando Date ao menu e seleciona o próximo item de submenu.

6. Digite **Time** a fim de criar um comando Time para o menu e pressione Enter.

   Você agora tem um menu Clock com dois comandos, Date e Time. Você poderia continuar criando menus ou comandos adicionais, mas o que fez é suficiente para esse programa de exemplo. O formulário se parece com o mostrado aqui:

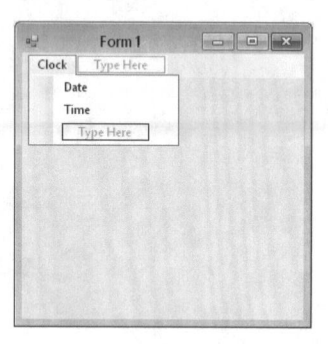

7. Clique no fundo do formulário para fechar o Menu Designer.

   O Menu Designer fecha e seu formulário aparece no IDE com um novo menu Clock. Agora você está pronto para iniciar a personalização do menu.

Adicione teclas de acesso a comandos de menu

Você pode acessar e executar comandos de menu utilizando o teclado na maioria dos aplicativos de área de trabalho para Windows. Por exemplo, no Visual Studio, você pode abrir o menu File pressionando a tecla Alt e então pressionando a tecla F. Quando o menu File é aberto, você pode iniciar um novo projeto pressionando a tecla P e, então, Enter. A tecla pressionada além da tecla Alt é denominada *tecla de acesso*. A tecla de acesso de um item de menu pode ser identificada por seu sublinhado ou, em alguns aplicativos baseados em Windows 7, porque aparece em uma pequena e conveniente caixa no menu.

O Visual Studio facilita o fornecimento de suporte a teclas de acesso. Para adicionar uma tecla de acesso a um item de menu, ative o Menu Designer e digite um E comercial (&) antes da letra apropriada no nome de menu. Quando você abrir o menu em tempo de execução (o programa está executando), o programa suportará automaticamente a tecla de acesso.

> ## Convenções de menu
>
> Em muitos aplicativos de área de trabalho para Windows, uma convenção é cada título e comando de menu ter a letra inicial maiúscula. Ocasionalmente, você verá algumas variações nesse estilo – por exemplo, o Visual Studio 2012 e o Visual Studio 2013 utilizam letras maiúsculas para títulos de menu. Arquivo e Editar são, em geral, os dois primeiros nomes de menu na barra de menus e a Ajuda é normalmente o último. Outros nomes comuns de menu são Exibir, Formatar e Janela.
>
> Independentemente dos menus e comandos que você utilizar nos aplicativos, procure ser claro e coerente. Os menus e comandos devem ser fáceis de utilizar e ter o máximo em comum com os de outros aplicativos baseados em Windows. Ao criar itens de menu, siga estas diretrizes:
>
> - Use legendas curtas e específicas, com uma ou duas palavras, no máximo.
> - Atribua a cada item do menu uma tecla de acesso. Se possível, use a primeira letra do item ou a tecla de acesso geralmente atribuída (como x para Exit, ou S para sair).
> - Os itens de menu que ficam no mesmo nível devem ter uma tecla de acesso única. (Caso contrário, o usuário poderá mover-se entre eles pressionando a tecla de acesso e, então, precisará pressionar Enter para executar o comando.)
> - Se um comando é utilizado como um alternador dos estados ativado e desativado, coloque uma marca de seleção à esquerda do item quando ele estiver ativo. Você pode adicionar uma marca de seleção configurando a propriedade *Checked* do comando de menu como True na janela Properties.
> - Coloque reticências (...) depois de um comando de menu que exige do usuário inserir mais informações antes que o comando possa ser executado. As reticências indicam que você abrirá uma caixa de diálogo se o usuário selecionar esse item.

> **Nota** Por padrão, a maioria das versões mais recentes do Windows não exibe o sublinhado ou uma pequena caixa para teclas de acesso em um programa, até você pressionar a tecla Alt pela primeira vez. No Windows 8.1, Windows 8 e Windows 7, você pode ajustar essa opção clicando na opção Appearance And Personalization (Aparência e Personalização) no Painel de Controle, clicando em Ease Of Access Center (Central de Facilidade de Acesso), clicando em Make The Keyboard Easier To Use (Facilitar o uso do teclado) e selecionando Underline Keyboard Shortcuts And Access Keys (Sublinhar atalhos de teclado e teclas de acesso).

Agora, experimente adicionar teclas de acesso ao menu Clock.

Adicione teclas de acesso

1. Clique no nome de menu no formulário, espere um momento e clique nele novamente.

   O nome de menu é destacado e um cursor em forma de I intermitente (cursor de edição de texto) aparece no fim da seleção. Com o cursor em forma de I, você pode editar o nome de menu ou adicionar o E comercial (&) a uma tecla de acesso. (Se você clicou duas vezes no nome de menu, o Code Editor pode ter aberto. Se isso aconteceu, feche o Code Editor e repita o passo 1.)

2. Pressione a tecla de seta para a esquerda cinco vezes a fim de colocar o cursor em forma de I imediatamente antes do nome de menu Clock.

   O cursor em forma de I pisca antes da letra C em *Clock*.

3. Digite **&** para definir a letra *C* como a tecla de acesso para o menu Clock.

   Um E comercial aparece na caixa de texto, na frente da palavra *Clock*.

4. Clique no comando Date na lista de menus e clique em Date uma segunda vez para exibir o cursor em forma de I.

5. Digite **&** antes da letra *D*.

   A letra *D* agora está definida como tecla de acesso para o comando Date.

6. Clique no comando Time na lista de menu e clique no comando uma segunda vez para exibir o cursor em forma de I.

7. Digite **&** antes da letra *T*.

   A letra *T* agora está definida como tecla de acesso para o comando Time.

8. Pressione Enter.

   Pressionar Enter bloqueia as alterações de edição de texto. Seu formulário é parecido com este:

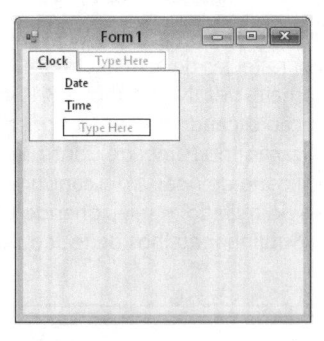

Agora você vai praticar o uso do Menu Designer para alternar a ordem dos comandos Date e Time no menu Clock. Alterar a ordem dos itens de menu é uma habilidade importante, porque às vezes você pensará em uma maneira melhor de definir seus menus.

Altere a ordem dos itens de menu

1. Clique no menu Clock no formulário para exibir seus itens de menu, se ainda não estiverem visíveis.

   Para alterar a ordem de um item de menu basta arrastar o item para um novo local no menu. Experimente fazer isso agora.

2. Arraste o menu Time na parte superior do menu Date e solte o botão do mouse.

   Arrastar um item de menu sobre outro item de menu significa que você quer colocar o primeiro na frente do segundo no menu. Imediatamente, o Visual Studio move o item de menu Time para frente do item Date.

   Você acabou de criar a interface de usuário para o menu Clock. Agora vai utilizar as rotinas de tratamento de eventos de menu para processar as seleções de menu feitas pelo usuário no programa.

> **Dica** Para excluir um item de um menu, clique no item não desejado na lista de menus e pressione a tecla Delete. (Se tentar isso agora, lembre-se de que o Visual Studio também tem um comando Undo (desfazer), localizado tanto no menu Edit como na barra de ferramentas Standard, para que você possa reverter os efeitos da exclusão.)

Processe escolhas de menu

Depois que menus e comandos estão configurados com o objeto MenuStrip, eles também se tornam novos objetos no programa. Para que os objetos menu façam um trabalho útil, você precisa escrever rotinas de tratamento de eventos. Em geral, as rotinas de tratamento de eventos de menu contêm instruções de programa que exibem ou processam informações no formulário e modificam uma ou mais propriedades de menu. Se forem necessárias informações adicionais do usuário para processar o comando selecionado, você pode escrever sua rotina de tratamento de eventos de modo que ela exiba uma caixa de diálogo e um ou mais dos controles de entrada utilizados anteriormente no capítulo.

No próximo exercício, você adicionará um objeto rótulo ao formulário para exibir a saída dos comandos Date e Time no menu Clock.

Adicione um objeto rótulo ao formulário

1. Clique no controle *Label* da Toolbox.
2. Crie um rótulo no meio do formulário.

   O objeto rótulo aparece no formulário e exibe o nome *Label1* no código de programa.

3. Configure as seguintes propriedades para o rótulo:

Objeto	Propriedade	Configuração
Label1	Name	ClockOutput
	AutoSize	False
	BorderStyle	FixedSingle
	Font	Microsoft Sans Serif, Bold, 24-point
	Text	(vazia)
	TextAlign	MiddleCenter

4. Redimensione o objeto rótulo para que ele tenha um tamanho muito maior (ele armazenará valores de data e hora) e posicione-o no centro do formulário. Seu formulário deve se parecer com o seguinte:

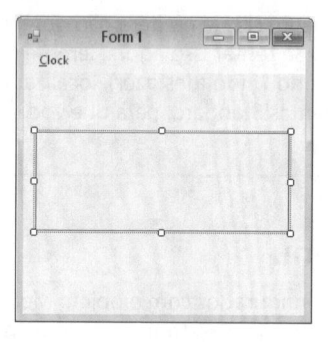

5. Utilize a janela Properties a fim de alterar a propriedade *Text* do objeto *Form1* para **Menu Samples**.

   Agora você vai adicionar instruções de programa às rotinas de tratamento de eventos Time e Date para processar os comandos de menu.

Edite as rotinas de tratamento de eventos de menu

1. Clique no menu Clock do formulário para exibir seus comandos.

2. Clique duas vezes no comando Time do menu para abrir uma rotina de tratamento de eventos para ele no Code Editor.

   A rotina de tratamento de eventos *TimeToolStripMenuItem_Click* aparece no Code Editor. O nome *TimeToolStripMenuItem_Click* inclui o nome "Time" que você deu a esse comando de menu. As palavras concatenadas *ToolStripMenuItem* indicam que, em sua tecnologia subjacente, o controle *MenuStrip* está relacionado ao controle *ToolStrip*. (Veremos exemplos adicionais mais adiante neste capítulo.) Por convenção, a sintaxe _Click significa que essa é a rotina de tratamento de eventos executada quando um usuário clica no item de menu.

3. Digite a seguinte instrução de programa:

   ```
   ClockOutput.Text = TimeString
   ```

   Essa instrução de programa exibe a hora atual (a partir do relógio do sistema) na propriedade *Text* do objeto rótulo (*ClockOutput*), substituindo seu conteúdo anterior (se houver algum). *TimeString* é uma propriedade que contém a hora atual formatada para exibição ou impressão. Você pode utilizar *TimeString* em programas de área de trabalho para Windows em Visual Basic, para exibir a hora com a exatidão de segundos.

   > **Dica** Você pode configurar a hora do sistema usando a categoria Clock, Language e Region (Relógio, Idioma e Região) no Painel de Controle do Windows 8.1, Windows 8 ou Windows 7.

4. Pressione Enter.
5. Clique no botão View Designer no Solution Explorer e dê um clique duplo no comando Date no menu Clock.

   A rotina de tratamento de eventos *DateToolStripMenuItem_Click* aparece no Code Editor. Essa rotina de tratamento de eventos é executada quando o usuário clica no comando Date do menu Clock.

6. Digite a seguinte instrução de programa:

   ```
   ClockOutput.Text = DateString
   ```

   Essa instrução de programa exibe a data atual (do relógio do sistema) na propriedade *Text* do objeto rótulo, substituindo o texto anterior. A propriedade *DateString* também está disponível para uso geral em seus aplicativos de área de trabalho para Windows escritos em Visual Basic. Atribua *DateString* à propriedade *Text* de um objeto sempre que quiser exibir a data atual em um formulário.

   > **Dica** A propriedade *DateString* do Visual Basic retorna à data atual do sistema. Você pode configurar a data do sistema usando a categoria Clock, Language and Region no Painel de Controle do Windows 8.1, Windows 8 ou Windows 7.

178 PARTE II   Projeto da interface do usuário

7. Pressione Enter para completar a linha.

   Sua tela deve se parecer com esta:

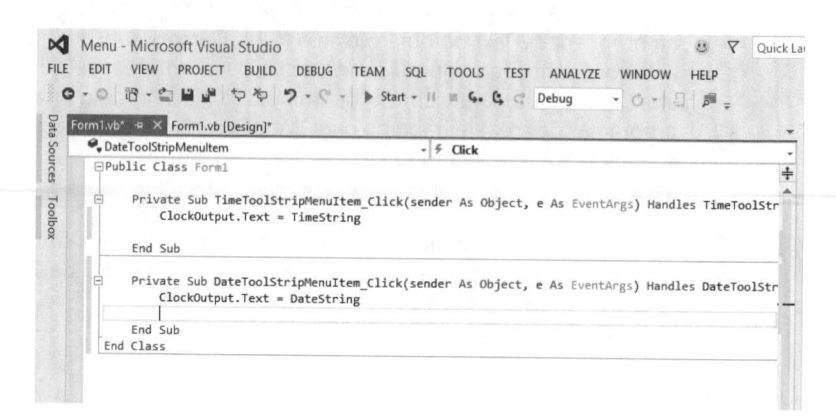

   ```
   Menu - Microsoft Visual Studio
   FILE  EDIT  VIEW  PROJECT  BUILD  DEBUG  TEAM  SQL  TOOLS  TEST  ANALYZE  WINDOW  HELP
   
   Form1.vb  Form1.vb [Design]
   DateToolStripMenuItem                              Click
   Public Class Form1
   
       Private Sub TimeToolStripMenuItem_Click(sender As Object, e As EventArgs) Handles TimeToolStr
           ClockOutput.Text = TimeString
       End Sub
   
       Private Sub DateToolStripMenuItem_Click(sender As Object, e As EventArgs) Handles DateToolStr
           ClockOutput.Text = DateString
           |
       End Sub
   End Class
   ```

   Você acabou de construir o programa Menu. Agora vai salvar suas alterações no projeto e executá-lo.

8. Clique no botão Save All da barra de ferramentas Standard e especifique a pasta Meus Documentos\Visual Basic 2013 SBS\Chapter 06 como local.

Execute o programa Menu

1. Clique no botão Start Debugging na barra de ferramentas Standard.

   O programa Menu executa no IDE.

2. Clique no menu Clock na barra de menus.

   O conteúdo do menu Clock aparece.

3. Clique no comando Time.

   A hora atual do sistema aparece na caixa de rótulo, como mostrado aqui:

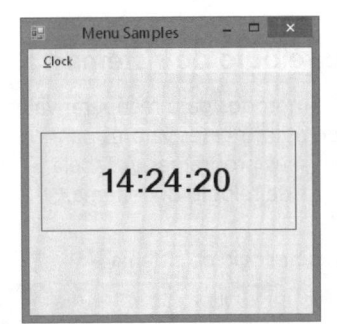

Observe que o relógio está mostrando o que às vezes é chamado de "hora militar" na América do Norte – ou seja, um relógio de 24 horas.

Agora você tentará exibir a data atual utilizando as teclas de acesso no menu.

4. Pressione e solte a tecla Alt e então pressione a tecla C.

    O menu Clock abre e o primeiro item dele é destacado.

5. Pressione D para exibir a data atual.

    A data atual aparece na caixa de rótulo, como mostra a ilustração a seguir:

Se o rótulo que você criou não for grande o suficiente para exibir a data completamente, o valor poderá ser truncado. Se isso acontecer, será necessário redimensionar o objeto rótulo para que ele possa exibir a informação completamente. Interrompa o programa, redimensione o objeto rótulo e tente de novo.

6. Quando tiver terminado de experimentar, clique no botão Close na barra de títulos do programa para interromper o programa.

Parabéns! Você criou um programa funcional que utiliza menus e teclas de acesso. No próximo exercício, vai aprender a utilizar barras de ferramentas.

> ### Propriedades e métodos do relógio do sistema
>
> Você pode usar várias propriedades e métodos para recuperar valores cronológicos do relógio do sistema. Você pode utilizar esses valores para criar calendários, relógios e alarmes personalizados em seus programas. A Tabela 6-1 lista algumas das propriedades e métodos mais úteis de relógio do sistema.
>
> **TABELA 6-1** Propriedades e métodos do relógio do sistema
>
> | Propriedade ou método | Descrição |
> | --- | --- |
> | TimeString | Essa propriedade configura ou retorna à hora atual do relógio do sistema. |
> | DateString | Essa propriedade configura ou retorna à data atual do relógio do sistema. |
> | Now | Essa propriedade retorna um valor codificado que representa a data e a hora atuais. Essa propriedade é mais útil como um argumento para outras funções do relógio do sistema. |
> | Hour (data) | Esse método extrai a parte da hora do valor especificado de data/hora (0 a 23). |
> | Minute (data) | Esse método extrai a parte dos minutos do valor data/hora especificado (0 a 59). |
> | Second (data) | Esse método extrai a segunda parte do valor data/hora especificado (0 a 59). |
> | Month (data) | Esse método extrai um número inteiro para representar o mês (1 a 12). |
> | Year (data) | Esse método extrai a parte do ano do valor data/hora especificado. |
> | Weekday (data) | Esse método extrai um número inteiro para representar o dia da semana (1 é domingo, 2 é segunda-feira e assim por diante). |

Adicione barras de ferramentas com o controle *ToolStrip*

Paralelamente ao controle *MenuStrip*, você pode utilizar o controle *ToolStrip* do Visual Studio para adicionar rapidamente barras de ferramentas à interface de usuário de um aplicativo de área de trabalho para Windows. O controle *ToolStrip* é inserido em um formulário Visual Basic, mas reside na bandeja de componentes do IDE, exatamente como o controle *MenuStrip*. Você também pode adicionar vários recursos às suas barras de ferramentas, incluindo rótulos, caixas de combinação, caixas de texto e botões de divisão. As barras de ferramentas parecem particularmente úteis quando você as adiciona, mas lembre-se de que, como ocorre com os comandos de menu, é preciso escrever uma rotina de tratamento de eventos para cada botão que queira utilizar no programa. Apesar disso, é espantosa a quantidade de configuração de barra de ferramentas feita pelo IDE do Visual Studio para você.

No exercício a seguir, você vai adicionar uma barra de ferramentas ao projeto Menu que está construindo.

Crie uma barra de ferramentas

1. Exiba o formulário que você está criando no Designer.

2. Clique no controle *ToolStrip* na guia Menus & Toolbars da Toolbox e desenhe um controle de barra de ferramentas no formulário.

   Não se preocupe com a localização – o Visual Studio criará automaticamente uma barra de ferramentas no formulário e a estenderá pela janela. O objeto faixa de ferramentas (tool strip) em si aparece embaixo do formulário na bandeja de componentes. No formulário, a barra de ferramentas padrão contém um botão. Agora você utilizará um recurso de atalho especial para preencher a barra de ferramentas automaticamente.

3. Clique na marca inteligente no canto superior direito da nova barra de ferramentas.

   A marca inteligente aponta para a direita e se parece com aquela que utilizamos no controle *PictureBox* anteriormente no capítulo. Quando você clica na marca, a janela ToolStrip Tasks que abre inclui algumas das tarefas e propriedades mais comuns da barra de ferramentas, conforme mostrado aqui. Você pode configurar rapidamente a barra de ferramentas com esses comandos.

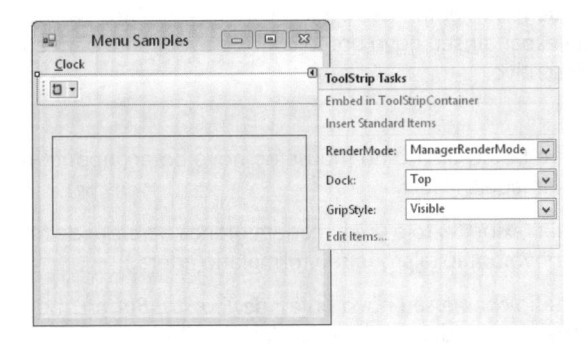

4. Clique em Insert Standard Items.

   O Visual Studio adiciona uma coleção de botões de barra de ferramentas padrão à barra de ferramentas, incluindo New, Open, Save, Print, Cut, Copy, Paste e Help. Seu formulário é semelhante à captura de tela a seguir:

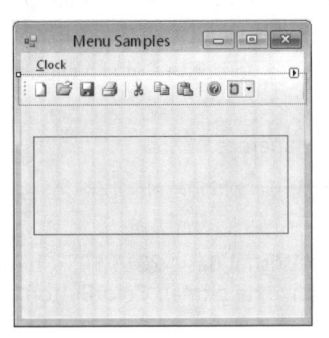

Não é necessário começar com uma barra de ferramentas de botões completa, como fiz aqui – estou apenas demonstrando um dos recursos "automáticos" úteis da programação Windows Forms no Visual Studio 2013. Você também poderia criar os botões um por um em sua barra de ferramentas, utilizando comandos de edição de *ToolStrip*, conforme demonstrarei em breve. Mas, para muitos aplicativos, clicar em Insert Standard Items é um recurso que economiza tempo. Contudo, lembre-se de que, embora esses botões de barra de ferramentas pareçam profissionais, ainda não são funcionais. Eles precisam de rotinas de tratamento de eventos individuais para fazê-los funcionar.

5. Clique na seta Add ToolStripButton no lado direito da nova barra de ferramentas e clique no item Button.

   Add ToolStripButton permite adicionar mais itens a sua barra de ferramentas, como botões, rótulos, botões de divisão, caixas de texto, caixas de combinação e outros elementos de interface de usuário úteis. Agora você criou um botão de barra de ferramentas personalizado; por padrão, ele exibe um cenário de montanha e sol.

   > **Dica** Caso precise de mais espaço em sua barra de ferramentas para novos botões, basta alargar a janela do formulário. Você poderá ver os itens da faixa de ferramentas. Isso pode ser importante nos passos a seguir, pois você vai expandir seu novo botão consideravelmente para encaixar um texto descritivo.

6. Clique com o botão direito do mouse no novo botão, aponte para DisplayStyle e clique em ImageAndText.

   O novo botão exibe texto e uma imagem gráfica na barra de ferramentas. (Caso não veja o novo botão, alargue seu formulário agora.)

   O Visual Studio chama seu novo botão de *ToolStripButton1* no programa e esse nome aparece por padrão na barra de ferramentas.

7. Selecione o objeto *ToolStripButton1*, se ainda não estiver selecionado.

8. Na janela Properties, altere a propriedade *Text* do objeto *ToolStripButton1* para **Color**, que será o nome do botão no formulário.

   O botão Color aparece na barra de ferramentas. Você utilizará esse botão mais adiante no programa para alterar a cor do texto no formulário. Agora insira uma imagem personalizada para seu botão.

9. Clique com o botão direito do mouse no botão Color e clique no comando Set Image.

   A caixa de diálogo Select Resource aparece.

10. Clique em Local Resource (se ainda não estiver selecionado) e, depois, clique no botão Import.

11. Acesse a pasta Meus Documentos\Visual Basic 2013 SBS\Chapter 06, se ainda não estiver nela, e selecione o arquivo de bitmap ColorButton.bmp que projetei para este exercício.

12. Clique em Open e então clique em OK para finalizar sua seleção.

O Visual Studio carrega o ícone de tintas cor-de-rosa, azul e amarela no botão Color, como mostrado na captura de tela:

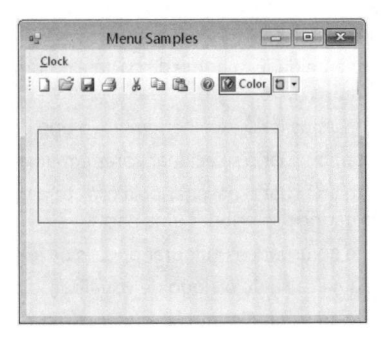

Seu novo botão está concluído. Você aprendeu a adicionar seus próprios botões à barra de ferramentas. Agora aprenderá a excluir e reorganizar botões de barra de ferramentas.

Mova e exclua botões de barra de ferramentas

1. Arraste o novo botão Color para o lado esquerdo da barra de ferramentas.

   O Visual Studio permite reorganizar os botões da barra de ferramentas simplesmente arrastando o botão.

2. Clique com o botão direito do mouse no segundo botão na barra de ferramentas (New) e clique no comando Delete.

   O botão New é removido da barra de ferramentas. Com o comando Delete, você pode excluir botões indesejados, o que facilita a personalização dos botões de barra de ferramentas padrão fornecidos pelo controle *ToolStrip*.

3. Exclua os botões Save e Print, mas certifique-se de manter os botões Color e Open.

   Agora você vai aprender a programar um botão de barra de ferramentas para que exiba uma caixa de diálogo com controles e comandos úteis.

Controles de caixa de diálogo

O Visual Studio 2013 contém oito controles de caixa de diálogo padrão para aplicativos de área de trabalho Windows, nas categorias Dialogs e Printing da Toolbox. Essas caixas de diálogo estão prontas; portanto, você não precisa criar suas próprias caixas de diálogo personalizadas para as tarefas mais comuns nos aplicativos de área de trabalho para Windows, como abrir, salvar e imprimir arquivos. Em muitos casos, você ainda precisará escrever o código de rotina de tratamento de eventos que conecta essas caixas de diálogo ao programa, mas as interfaces de usuário já estão construídas e obedecem aos padrões de projeto para aplicativos de área de trabalho Windows tradicionais.

Os oito controles de caixa de diálogo padrão disponíveis estão listados na Tabela 6-2. Observe que os controles *PrintPreviewControl* e *PrintDocument* não estão listados aqui, mas você os achará úteis se utilizar o controle *PrintPreviewDialog*.

TABELA 6-2 Controles de caixa de diálogo padrão

Nome do controle	Finalidade
OpenFileDialog	Obtém a unidade, o nome de pasta e o nome de arquivo para um arquivo existente.
SaveFileDialog	Obtém a unidade, o nome de pasta e o nome de arquivo para um arquivo novo.
FontDialog	Permite ao usuário escolher um novo tipo de fonte e estilo.
ColorDialog	Permite ao usuário selecionar cores em uma paleta.
FolderBrowserDialog	Permite ao usuário navegar pela estrutura de pastas de um computador e selecionar uma pasta.
PrintDialog	Permite ao usuário configurar opções de impressão.
PrintPreviewDialog	Exibe uma caixa de diálogo de visualização de impressão.
PageSetupDialog	Permite ao usuário controlar opções de configuração de página, como margens, tamanho do papel e layout.

Nos exercícios a seguir, você vai praticar o uso dos controles *OpenFileDialog* e *ColorDialog*. O controle *OpenFileDialog* permite que o programa localize arquivos de bitmap e o controle *ColorDialog* permite que o programa altere a cor da saída do relógio. Você conectará essas caixas de diálogo à barra de ferramentas que acabou de criar, embora também pudesse facilmente conectá-las a comandos de menu.

Adicione os controles *OpenFileDialog* e *ColorDialog*

1. Clique no controle *OpenFileDialog* na guia Dialogs da Toolbox e clique no formulário.

   Um objeto caixa de diálogo para abrir arquivos aparece na bandeja de componentes.

2. Clique no controle *ColorDialog* na guia Dialogs da Toolbox e clique no formulário novamente.

   A bandeja de componentes agora se parece com isto:

   ```
   MenuStrip1    ToolStrip1    OpenFileDialog1    ColorDialog1
   ```

   Assim como os objetos MenuStrip e ToolStrip, os objetos OpenFileDialog e ColorDialog aparecem na bandeja de componentes e podem ser personalizados com configurações de propriedade.

   Agora você vai criar um objeto caixa de figura no formulário. Embora tenha utilizado o controle *PictureBox* várias vezes neste capítulo, desta vez você vai criar um objeto caixa de figura ativo que permitirá localizar itens e exibi-los com seu novo objeto caixa de diálogo.

Adicione um objeto caixa de figura

1. Amplie um pouco o formulário para que haja espaço para o novo objeto caixa de figura.

2. Clique no controle *PictureBox* na Toolbox e desenhe um objeto caixa de figura quadrado grande no formulário, abaixo do rótulo.

3. Altere a propriedade *Name* do objeto caixa de figura para **OpenImage**.

4. Use a marca inteligente no objeto caixa de figura para configurar a propriedade *SizeMode* da caixa de figura como StretchImage.

Agora você vai criar rotinas de tratamento de eventos para os botões Color e Open da barra de ferramentas.

Rotinas de tratamento de eventos que gerenciam caixas de diálogo comuns

Depois de criar um objeto caixa de diálogo, você pode usar a caixa de diálogo em um programa da seguinte maneira:

- Se necessário, configure uma ou mais propriedades de caixa de diálogo com a janela Properties ou usando código de programa antes de abrir a caixa de diálogo.

- Para abrir a caixa de diálogo, digite o seu nome com o método *ShowDialog* em uma rotina de tratamento de eventos associada a um botão da barra de ferramentas ou comando de menu.

- Use código de programa para responder às seleções da caixa de diálogo feitas pelo usuário depois de a caixa ter sido manipulada e fechada.

Embora todas as possibilidades para um aplicativo de área de trabalho Windows não possam ser demonstradas aqui, no exercício a seguir você vai começar a escrever o código para uma rotina de tratamento de eventos *OpenToolStripButton_Click*, a qual é executada quando o comando Open é clicado. Você vai configurar a propriedade *Filter* no objeto *OpenFileDialog1* para definir o tipo de arquivo na caixa de diálogo Open comum. (Você vai especificar arquivos JPEG para que possa usar as fotografias com que esteve trabalhando neste capítulo.)

Em seguida, usará o método *ShowDialog* para exibir a caixa de diálogo Open em seu programa. Depois de o usuário selecionar um arquivo e fechar essa caixa de diálogo, você exibirá o arquivo selecionado em uma caixa de figura, configurando a propriedade *Image* do objeto caixa de figura com o nome de arquivo que o usuário selecionou.

Edite a rotina de tratamento de eventos do botão Open

1. Dê um clique duplo no botão Open na barra de ferramentas do formulário.

   A rotina de tratamento de eventos *OpenToolStripButton_Click* aparece no Code Editor.

2. Digite as seguintes instruções de programa na rotina de tratamento de eventos. Não deixe de digitar cada linha exatamente como foi impressa aqui e pressione a tecla Enter depois de cada linha.

```
OpenFileDialog1.Filter = "JPEG (*.jpg)|*.jpg"
If OpenFileDialog1.ShowDialog() = Windows.Forms.DialogResult.OK Then
    OpenImage.Image = System.Drawing.Image.FromFile _
        (OpenFileDialog1.FileName)
End If
```

As três primeiras instruções na rotina de tratamento de eventos referem-se a três diferentes propriedades do objeto caixa de diálogo para abrir arquivo. A primeira utiliza a propriedade *Filter* para definir uma lista de arquivos válidos. (Nesse caso, a lista tem apenas um item: *.jpg.) Isso é importante para a caixa de diálogo Open, pois um objeto caixa de figura pode exibir diversos tipos de arquivo, incluindo os seguintes:

- Formato Joint Photographic Experts Group (JPEG) (arquivos .jpg e .jpeg)
- Bitmaps (arquivos .bmp)
- Metarquivos Windows (arquivos .wmf)
- Ícones (arquivos .ico)
- Formato Portable Network Graphics (PNG) (arquivos .png)
- Graphics Interchange Format (arquivos .gif)

Para adicionar mais itens à lista *Filter*, você pode digitar uma barra vertical (|) entre os itens. Por exemplo, a instrução de programa a seguir permite que metarquivos JPEG e Windows sejam escolhidos na caixa de diálogo Open:

```
OpenFileDialog1.Filter = "JPEG (*.jpg)|*.jpg|Metafiles (*.wmf)|*.wmf"
```

A segunda instrução da rotina de tratamento de eventos exibe a caixa de diálogo Open no programa. O método *ShowDialog* retorna um resultado chamado *DialogResult*, o qual indica o botão na caixa de diálogo em que o usuário clicou. A fim de determinar se o usuário clicou no botão Open é utilizada uma estrutura de decisão *If...Then* para verificar se o resultado retornado é igual a *DialogResult.OK*. Se for, um caminho de arquivo .jpg válido deve ser armazenado na propriedade *FileName* do objeto caixa de diálogo para abrir arquivo.

A terceira instrução utiliza o nome de arquivo selecionado na caixa de diálogo pelo usuário. Quando o usuário seleciona uma unidade, pasta e nome de arquivo e, em seguida, clica em Open, o caminho completo é passado para o programa pela propriedade *OpenFileDialog1.FileName*. O método *System.Drawing.Image.FromFile*, que carrega a arte eletrônica, é então utilizado para copiar o arquivo de foto especificado no objeto caixa de figura. (Eu usei uma quebra de texto automática nessa instrução com o caractere de continuação de linha (_) porque ela era bastante longa.)

Agora você vai escrever uma rotina de tratamento de eventos para o botão Color que adicionou à barra de ferramentas.

Escreva a rotina de tratamento de eventos do botão Color

1. Exiba o formulário novamente e, em seguida, clique duas vezes no botão Color na barra de ferramentas adicionada ao formulário.

    Uma rotina de tratamento de eventos chamada *ToolStripButton1_Click* aparece no Code Editor. O nome do objeto inclui *Button1* porque foi o primeiro botão não padrão que você adicionou à barra de ferramentas. (É possível mudar o nome desse objeto para algo mais intuitivo, como *ColorToolStripButton*, clicando no botão no formulário e alterando a propriedade *Name* na janela Properties.)

2. Digite as seguintes instruções de programa na rotina de tratamento de eventos.

```
ColorDialog1.ShowDialog()
ClockOutput.ForeColor = ColorDialog1.Color
```

A primeira instrução de programa usa o método *ShowDialog* para abrir a caixa de diálogo de cor. *ShowDialog* é o método utilizado para abrir qualquer formulário como uma caixa de diálogo, incluindo um formulário criado por um dos controles de caixa de diálogo padrão fornecidos pelo Visual Studio. A segunda instrução na rotina de tratamento de eventos atribui a cor selecionada pelo usuário na caixa de diálogo à propriedade *ForeColor* do objeto rótulo (*ClockOutput*). Você deve se lembrar de *ClockOutput*, que apareceu anteriormente neste capítulo – é a caixa de rótulo utilizada para exibir a data e a hora atuais no formulário. Você utilizará a cor retornada da caixa de diálogo de cores para configurar a cor do texto no rótulo.

Observe que a caixa de diálogo de cor pode ser usada para configurar a cor de qualquer elemento de interface de usuário que suporte cores em um aplicativo Windows Forms. Outras possibilidades incluem a cor de fundo, as cores das formas do formulário e as cores do primeiro e segundo planos dos objetos.

3. Clique no botão Save All da barra de ferramentas Standard para salvar as alterações.

Como controlar escolhas de cor pela configuração de propriedades da caixa de diálogo de cor

Se quiser personalizar ainda mais a caixa de diálogo de cores, você pode controlar as escolhas de cor que ela apresenta ao usuário quando abre. Você pode ajustar essas configurações de cor selecionando o objeto *ColorDialog1* e usando a janela Properties ou configurando as propriedades usando código de programa antes de exibir a caixa de diálogo com o método *ShowDialog*. A Tabela 6-3 descreve as propriedades mais úteis do controle *ColorDialog*. Cada propriedade deve ser configurada com o valor True para ativar a opção ou False para desativá-la.

TABELA 6-3 Propriedades do controle *ColorDialog*

Propriedade	Significado
AllowFullOpen	Configure como True para ativar o botão Define Custom Colors na caixa de diálogo.
AnyColor	Configure como True para o usuário poder selecionar qualquer cor mostrada na caixa de diálogo.
FullOpen	Configure como True se quiser exibir a área Custom Colors quando a caixa de diálogo for aberta pela primeira vez.
SolidColorOnly	Configure como True se quiser que o usuário selecione somente cores uniformes (as cores pontilhadas – aquelas compostas por pixels de diferentes cores – são desativadas).

Agora você vai executar o programa Menu e testar os menus e caixas de diálogo que criou.

Execute o programa Menu

1. Clique no botão Start Debugging na barra de ferramentas Standard.

   O programa executa, e o menu Clock e a barra de ferramentas aparecem na parte superior da tela.

2. Na barra de ferramentas do formulário, clique em Open.

   A caixa de diálogo Open abre. Parece ótimo, não? (Isto é, parece um aplicativo de área de trabalho para Windows normal.) Observe a entrada JPEG files (*.jpg) na caixa de diálogo. Você definiu essa entrada com a seguinte instrução na rotina de tratamento de eventos *OpenToolStripButton_Click*:

   ```
   OpenFileDialog1.Filter = "JPEG (*.jpg)|*.jpg"
   ```

   A primeira parte do texto entre aspas – JPEG files (*.jpg) – especifica os itens listados na caixa Files Of Type. A segunda parte – *.jpg – especifica a extensão de nome de arquivo dos arquivos que são listados na caixa de diálogo.

3. Abra uma pasta no seu sistema que contenha imagens JPEG. Estou usando a foto de um cisne que utilizei neste capítulo (localizada em Meus Documentos\ Visual Basic 2013 SBS\Chapter 06), mas você pode exibir qualquer arquivo .jpg acessível por meio de seu computador.

4. Selecione o arquivo JPEG na caixa de diálogo Open e clique no botão Open.

   Uma imagem da foto aparece na caixa de figura. Meu formulário se parece com este:

   Agora você vai praticar o uso da caixa de diálogo Color.

5. No menu Clock, clique no comando Time.

   A hora atual aparece na caixa de rótulo.

CAPÍTULO 6   Controles Windows Forms   **189**

6. Clique no botão Color na barra de ferramentas.

A caixa de diálogo Color abre, como mostrado aqui*:

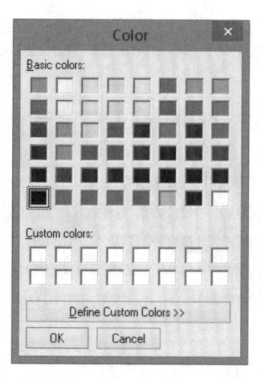

A caixa de diálogo Color contém elementos que podem ser utilizados para alterar a cor do texto do relógio no programa. A configuração da cor atual, preta, está selecionada.

7. Clique em uma das caixas de cor azul e em OK.

A caixa de diálogo Color fecha e a cor do texto no rótulo do relógio muda para azul. (Isso não fica muito evidente no livro, mas você verá na sua tela)

8. No menu Clock, clique no comando Date.

A data atual é exibida em cor azul. Agora que a cor do texto foi configurada no rótulo, ele continua azul até que a cor seja novamente alterada ou o programa seja fechado.

---

* N. de R.T.: As caixas de diálogo comuns do Windows serão exibidas no idioma do seu sistema operacional.

9. Feche o programa Menu Samples.

O aplicativo termina e o IDE do Visual Studio aparece.

10. Feche o Visual Studio.

Você terminou de trabalhar com aplicativos de área de trabalho para Windows por enquanto.

Muito bem! Você examinou dezenas de técnicas úteis para processar entrada de usuário em um aplicativo de área de trabalho para Windows. Apesar de todos os controles da Toolbox que gerenciam essa entrada serem exclusivos para aplicativos Windows Forms e para a área de trabalho do Windows, haverá ampla oportunidade de colocar essas habilidades em prática no futuro próximo. Os aplicativos de área de trabalho para Windows são populares e úteis em diversos ambientes corporativos e empresariais, e esses programas precisarão de manutenção e, em muitos casos, desenvolvimento adicional.

Na Parte III, "Técnicas de programação com Visual Basic", você vai ver o uso das plataformas Windows Forms e Windows Store. Posso utilizar essa estratégia multiplataforma porque a linguagem Visual Basic é independente do ambiente operacional no qual os programas aplicativos são executados. Assim, aplicativos Windows Store e aplicativos de área de trabalho para Windows coexistem perfeitamente, e você deve saber como criar cada tipo de aplicativo.

Resumo

Neste capítulo, você examinou várias ferramentas importantes da Toolbox para aplicativos Windows Forms, que são executados na área de trabalho do Windows. Esses controles estão disponíveis no Visual Studio há várias versões e continuam oferecendo excelentes serviços para os programadores de Visual Basic que criam ou mantém aplicativos de área de trabalho tradicionais que executam no Windows 8.1, Windows 8 ou Windows 7.

Por meio de numerosos programas de demonstração, você examinou como gerenciar a entrada do usuário com os controles *DateTimePicker, CheckBox, RadioButton, ListBox* e *GroupBox*. Também aprendeu a criar menus, barras de ferramentas e caixas de diálogo em um aplicativo de área de trabalho para Windows, utilizando os controles *MenuStrip, ToolStrip* e *OpenFileDialog*. No processo, você aprendeu sobre o namespace *My*, obteve mais experiência com os controles *Label* e *PictureBox*, e adicionou arte à pasta Resources de um projeto para que pudesse ser usada facilmente em todo o aplicativo. Indo adiante, você pode usar essas ferramentas e técnicas essenciais para construir aplicativos de área de trabalho para Windows com interfaces de usuário eficientes e atraentes. Os Capítulos 11 a 16 ensinarão técnicas de programação em Visual Basic fundamentais, utilizando aplicativos Windows Forms junto com aplicativos Windows Store.

No próximo capítulo, voltaremos novamente à interface de usuário de aplicativos Windows Store e examinaremos com mais detalhes as oportunidades apresentadas pela XAML, uma linguagem de marcação avançada que permite ter maior controle sobre como a interface do usuário é construída e compilada. Você vai aprender uma terminologia conceitual importante e saber mais sobre como a marcação XAML é estruturada, para que possa editar suas interfaces de usuário diretamente e criar vários efeitos gráficos interessantes.

CAPÍTULO 7
Marcação XAML passo a passo

Neste capítulo, você vai aprender a:
- Descrever as principais características de um documento XAML.
- Examinar os arquivos de projeto XAML App.xaml e MainPage.xaml.
- Editar elementos e propriedades da XAML utilizando a guia XAML do Code Editor.
- Utilizar marcação XAML para adicionar objetos *ToggleButton*, *Image* e *Canvas* a um aplicativo Windows Store.

Este capítulo faz uma introdução completa à XAML e ao que você precisará saber sobre marcação XAML para criar aplicativos Windows Store no Visual Studio 2013. Você aprenderá a respeito da estrutura dos elementos e das marcas XAML, como trabalhar com marcação XAML no Code Editor e como utilizar os elementos da XAML para criar recursos interessantes em um aplicativo Windows Store.

Conforme vimos no Capítulo 3, "Crie seu primeiro aplicativo Windows Store", XAML é um tipo de texto estruturado que controla o modo de o Windows exibir a interface do usuário e os elementos gráficos de seu aplicativo quando o programa executa. Esse texto estruturado, ou *marcação*, é organizado em uma hierarquia de *marcas* (*tags*) e *atributos* (elementos entre os caracteres < e >). Se você já sabe algo sobre layout HTML, a estrutura e o conteúdo dos arquivos XAML serão um tanto conhecidos.

Dentro do Visual Studio, a marcação XAML é criada automaticamente quando você utiliza controles da Toolbox da XAML para criar a interface do usuário de um aplicativo Windows Store. Esse texto estruturado é armazenado em diversos arquivos de documento em seu projeto, incluindo App.xaml e MainPage.xaml – e você pode examinar e modificar esses arquivos com as ferramentas de edição de marcação XAML. Embora a maioria dos documentos XAML funcione perfeitamente bem sem qualquer edição adicional por parte do desenvolvedor de software, é útil saber como eles são organizados, pois existem ocasiões em que modificar um documento XAML diretamente é mais rápido e eficiente do que usar o Designer do Visual Studio. Existem também recursos de aplicativos Windows Store que só podem ser adicionados pela edição manual de elementos da XAML.

Este capítulo ajuda você no aprendizado dos fundamentos da marcação XAML. No Capítulo 8, "Estilos XAML", você conhecerá recursos da XAML que poupam tempo, os quais o ajudarão a definir estilos e a reutilizá-los para alcançar uma aparência uniforme entre os vários controles.

Introdução à XAML

XAML é a abreviação de Extensible Application Markup Language, uma especificação aberta da Microsoft, relacionada à Extensible Markup Language (XML) e à HyperText Markup Language (HTML). Os documentos XAML são basicamente arquivos de texto que utilizam marcas para definir como os objetos serão criados na interface do usuário de um aplicativo Windows. A Microsoft introduziu a XAML no Visual Studio 2008 como uma ferramenta para projeto da interface do usuário de aplicativos Windows Presentation Foundation (WPF). Desde então, a XAML tomou impulso como uma alternativa de projeto para Windows Forms, a popular plataforma de desenvolvimento que exploramos no Capítulo 4, "Aplicativos de área de trabalho para Windows: um acompanhamento utilizando Windows Forms", e no Capítulo 6, "Controles Windows Forms".

Embora o designer de Windows Forms no Visual Studio esteja consolidado e seja fácil de usar, uma vantagem importante da XAML é a possibilidade de definir elementos da interface do usuário com *caracteres de marcação* – ou manualmente com a guia XAML do Code Editor ou utilizando uma ferramenta de projeto, como o designer do Visual Studio ou o Blend for Visual Studio. As marcas XAML são aninhadas em um documento XAML, de modo que os objetos na página têm um relacionamento hierárquico ou em *árvore*. O local e as características de cada objeto são definidos precisamente e é fácil ajustar o tamanho e a forma dos objetos, inserindo valores específicos na marcação. Em uma sessão de projeto típica, você poderia criar vários dos objetos da interface do usuário com uma ferramenta de projeto e, então, acrescentar mais objetos e recursos utilizando marcação XAML no Code Editor. O quanto você utiliza uma ferramenta de projeto e o quanto insere marcação XAML diretamente fica por sua conta.

Outra vantagem das plataformas baseadas em XAML é que o Visual Studio separa a marcação XAML utilizada para definir a interface do usuário da lógica de tempo de execução que controla o funcionamento do programa. Como você já sabe, a lógica de tempo de execução é armazenada em arquivos code-behind do Visual Basic, os quais têm a extensão .vb em um projeto. Esses arquivos são diferentes dos arquivos de marcação XAML, os quais têm a extensão .xaml em um projeto. A separação dos arquivos significa que um designer pode trabalhar na interface do usuário de um projeto (utilizando uma ferramenta de projeto e XAML) e outro pode criar os arquivos code-behind (utilizando Visual Basic ou outra linguagem do Visual Studio). Quando o projeto completo é montado, os dois conjuntos de arquivos (conhecidos pelos programadores como *definições de classe parciais*) são unidos para formar um aplicativo Windows acabado. Você vai aprender mais sobre classes parciais na seção "Como examinar os arquivos de projeto XAML".

No Visual Studio 2013, XAML é o modelo de interface de usuário obrigatório para os programadores de Visual Basic que estão criando aplicativos Windows Store ou Windows Phone. A WPF também utiliza XAML para projeto de interface do usuário, e foi atualizada no Visual Studio 2013. (Você pode usar WPF para criar aplicativos de área de trabalho para Windows e aplicativos de navegador Web, mas não aplicativos Windows Store.) Mas, conforme já mencionei, a XAML não faz parte do modelo de programação Windows Forms; portanto, as informações deste capítulo não se aplicam à construção de aplicativos Windows Forms.

XAML no IDE do Visual Studio

Ao criar a interface do usuário para um aplicativo Windows Store no designer do Visual Studio, você está construindo um documento XAML que descreve os objetos, estilos e layout da interface do usuário de seu programa. Caso esteja executando o IDE do Visual Studio no modo Split (com os modos de exibição Design e XAML visíveis), você poderá ver a marcação XAML na parte inferior da tela, como mostra a ilustração a seguir:

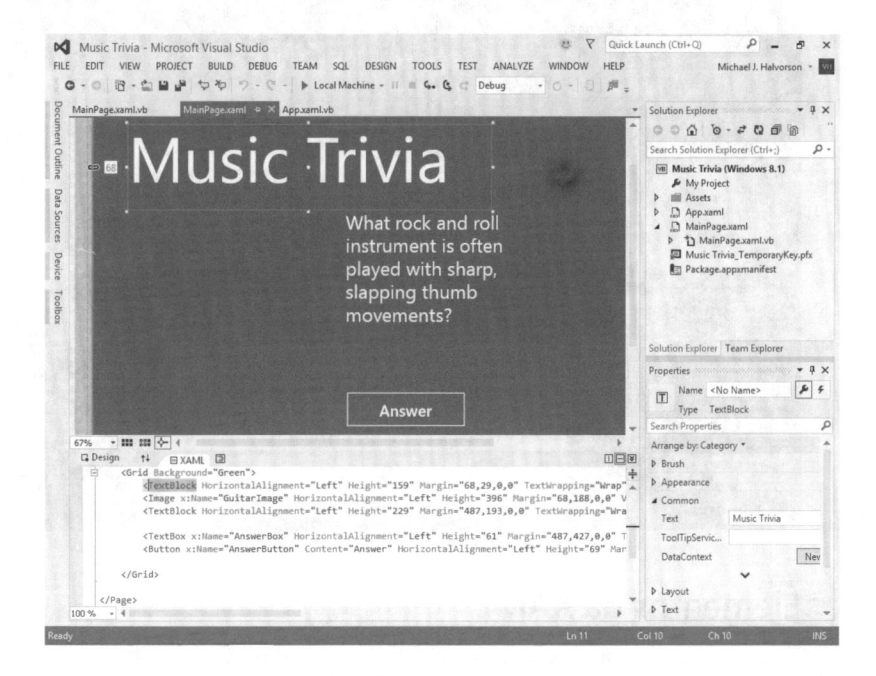

Conforme essa tela indica, os documentos XAML são basicamente arquivos de texto marcados que definem a organização de painéis, botões e objetos na página de um aplicativo Windows. Esses documentos aparecem como arquivos .xaml no Solution Explorer. Para ajudá-lo a identificar os vários elementos, o Code Editor exibe os objetos, propriedades e strings em cores diferentes.

XAML no Blend for Visual Studio

O designer do Visual Studio não é a única ferramenta existente para criar marcas e documentos XAML. Você também pode usar o Blend for Visual Studio 2013, um aplicativo baseado no Windows, distribuído com as edições Professional, Premium e Ultimate do Visual Studio 2013, e também com o Visual Studio Express 2013 for Windows. O Blend é um programa independente que possui vários recursos de projeto avançados; ele contém ferramentas e controles compatíveis com o IDE do Visual Studio, mas que, em alguns casos, são mais fáceis de usar e mais poderosos. Por exemplo, você pode usar o *Artboard* do Blend para criar controles e efeitos artísticos dinâmicos, além de ser possível construir *séries de imagens* (storyboards) que animam os elementos visuais e audíveis de seu projeto.

A ilustração a seguir mostra o Blend for Visual Studio quando o projeto Music Trivia do Capítulo 2 é carregado e exibido no modo Split, com os painéis Design e XAML visíveis. Utilizando esse modo de exibição, você pode editar a interface do usuário com as ferramentas do Blend e com marcação XAML no Code Editor.

Elementos da XAML

Veja como uma típica definição em XAML aparece no Code Editor do Visual Studio para um objeto caixa de texto chamado *AnswerBox* do projeto Music Trivia:

```
<TextBox x:Name="AnswerBox" HorizontalAlignment="Left" Height="61"
Margin="487,427,0,0"
TextWrapping="Wrap" VerticalAlignment="Top" Width="333" Visibility="Collapsed"/>
```

Essa marcação XAML define uma caixa de texto que será alinhada à esquerda, terá uma altura de 61 pixels, uma localização na página a 487 pixels a partir da margem esquerda e a 427 pixels a partir da margem superior, será formatada com mudança de linha automática e alinhamento superior vertical, terá largura de 333 pixels e será temporariamente invisível. (A caixa de texto só aparece quando o usuário clica no botão Answer.)

Quando o programa é executado e o usuário clica em Answer, uma rotina de tratamento de eventos torna a caixa de texto visível e coloca nela a string The Bass Guitar. No contexto do programa Music Trivia, o objeto caixa de texto é como este:

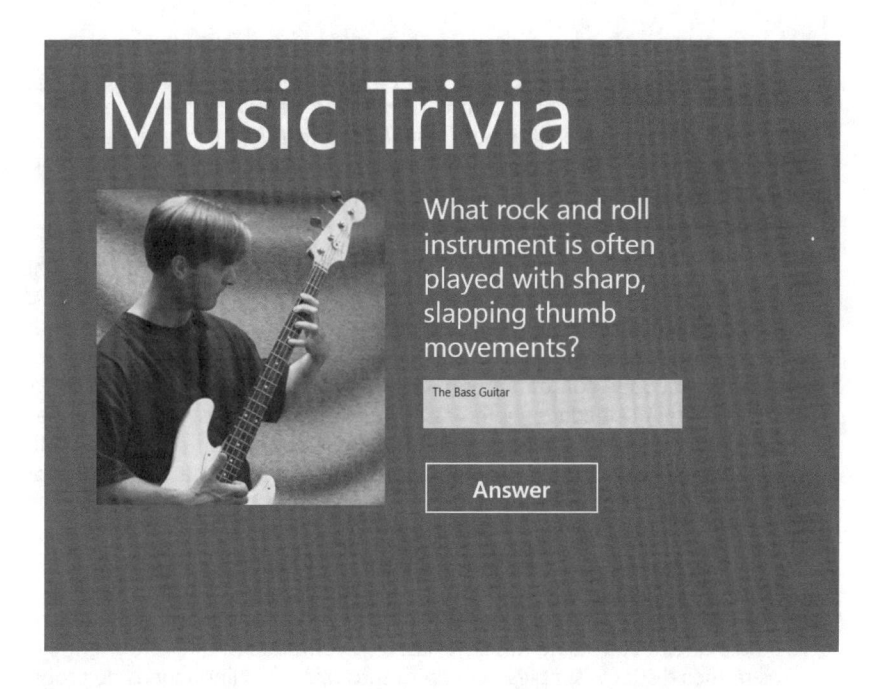

Embora a marcação XAML que cria o objeto caixa de texto apareça em uma única linha no Code Editor, eu a dividi em duas linhas no livro porque é bastante longa. O Visual Studio pode manipular linhas muito longas, mas para facilitar a leitura em livros, os escritores frequentemente dividem instruções longas em várias linhas, como mostrado aqui:

```
<TextBox x:Name="AnswerBox"
        HorizontalAlignment="Left"
        Height="61"
        Margin="487,427,0,0"
        TextWrapping="Wrap"
        VerticalAlignment="Top"
        Width="333"
        Visibility="Collapsed"/>
```

As duas definições de caixa de texto anteriores são exatamente as mesmas, exceto quanto aos carriage returns (retornos de carro) extras e ao recuo no início de cada linha no segundo exemplo. Observe que, nos dois casos, a marcação começa com a marca < e termina com a marca />. Essa é uma regra de sintaxe importante para documentos XAML – todas as definições de objeto em XAML que não contêm elementos filhos começam com um sinal de menor (<) de abertura, indicam a classe do objeto (neste caso, *TextBox*) e terminam com uma barra normal e um sinal de maior (/>) de fechamento.

Um *elemento filho* é um item (normalmente um controle) aninhado dentro de um controle pai. Por exemplo, o arquivo XAML que define a interface do usuário de um programa contém um controle *Grid* de nível superior e, sob o controle *Grid*, existem elementos filhos adicionais (como *TextBlock* e *Image*) que são aninhados sob o controle *Grid* e compartilham uma relação especial com ele. Você vai aprender mais sobre elementos filhos no procedimento intitulado "Edite a marcação XAML em MainPage.xaml", mais adiante neste capítulo.

Talvez você também tenha notado que cada linha na definição XAML que estamos discutindo define uma *propriedade* para o objeto caixa de texto. A primeira dessas definições atribui um valor à propriedade *Name*, e o processo continua até a última propriedade, *Visibility*, receber o valor "Collapsed". Observe que cada atribuição de propriedade contém um sinal de igual (=) e um valor entre aspas. Você já fez atribuições de propriedades como essas na janela Properties no IDE do Visual Studio, e já deve saber que também pode fazê-las manualmente dentro da guia XAML do Code Editor. Na verdade, muitos programadores de Visual Basic acham que o processo é bem mais rápido no Code Editor.

> **Nota** Em alguns livros sobre XML e XAML, você verá os nomes de propriedade dos objetos referidos como *atributos*, em vez de propriedades. Essa também é uma maneira correta de descrevê-las. Não confunda as diferentes terminologias: os termos distintos simplesmente têm suas raízes em linguagens de programação e tradições diferentes. Eu uso o termo *propriedades* neste livro por causa de minhas raízes como programador de Visual Basic, onde o termo é utilizado há muito tempo. Mas alguém que tenha experiência em WPF ou XAML provavelmente usará o termo *atributos*. Na realidade, os dois termos são ligados – os atributos da XAML são utilizados basicamente para controlar propriedades de objetos dentro de um aplicativo Windows Store.

Namespaces na marcação XAML

A propriedade *Name* é um caso especial nas definições de objetos XAML. No código XAML da caixa de texto anterior, a definição *Name* é prefaciada pelos caracteres *x:*, como na seguinte marcação:

```
<TextBox x:Name="AnswerBox"
```

Nesse caso, *x:Name* indica que um *namespace* está sendo atribuído ao objeto caixa de texto e que a caixa de texto será denominada *AnswerBox* no programa. Essa sintaxe é baseada em XML, pois todos os namespaces da XAML obedecem às regras dos namespaces XML. Um namespace XML permite que você tenha um conjunto de elementos marcados para várias finalidades, cada uma delas representada por um namespace diferente, inclusive o namespace padrão (onde nenhum namespace é especificado). Você vai aprender mais sobre a diferença entre os namespaces da XAML e os namespaces do .NET Framework na próxima seção.

Como examinar arquivos de projeto XAML

Para iniciar o estudo da XAML, é útil abrir um novo aplicativo Visual Basic Windows Store e examinar os documentos XAML padrão criados automaticamente pelo Visual

Studio. Se você selecionar o template Visual Basic Blank App (XAML), receberá dois arquivos XAML: App.xaml e MainPage.xaml. Cada arquivo contém definições XAML padrão para seu aplicativo e para a interface do usuário e, à medida que o projeto for ampliado, os arquivos XAML serão expandidos. Você também verá dois arquivos Visual Basic no projeto: App.xaml.vb e MainPage.xaml.vb. Esses são os arquivos code-behind do Visual Basic e, embora os arquivos XAML e os arquivos Visual Basic estejam relacionados e interligados, são escritos em linguagens diferentes. Como você já viu, os arquivos .xaml contêm marcação XAML e os arquivos .vb contêm código Visual Basic.

Os exercícios a seguir examinam esses arquivos e mostram mais informações sobre eles. Você também vai aprender a editar arquivos XAML diretamente, para alterar o conteúdo de seu aplicativo.

Crie um novo aplicativo Windows Store e examine *App.xaml*

1. Inicie o Visual Studio e clique em New Project para abrir um novo aplicativo Visual Studio.
2. Escolha Visual Basic/Windows Store sob Templates e, então, verifique se o template Blank App (XAML) está selecionado.
3. Digite **My XAML Features** na caixa de texto Name.
4. Clique em OK para abrir e configurar o novo projeto.

    O Visual Studio abre e um novo projeto é criado com os arquivos apropriados. Após alguns instantes, você verá o arquivo code-behind App.xaml.vb do template Blank App no Code Editor, como mostrado na captura de tela a seguir:

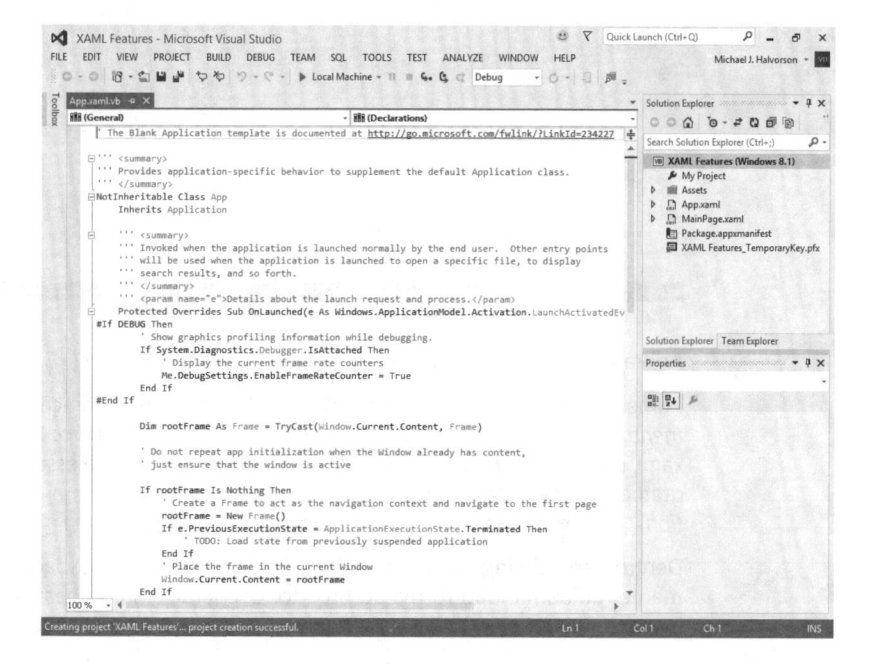

O arquivo App.xaml.vb contém código padronizado que define a classe *Application* e indica quais ações devem ocorrer quando o programa iniciar e também o que fazer quando for suspenso. Isso não é marcação XAML, mas código em Visual Basic, e na maioria dos casos não é preciso modificar essa listagem de código padrão. Contudo, é interessante examinar as instruções de todos os novos arquivos de template, e quando você abrir outros templates mais importantes do Visual Basic, verá que há mais código para examinar e mais áreas para completar.

Agora, você vai abrir o arquivo App.xaml no Code Editor.

5. No Solution Explorer, clique com o botão direito do mouse no arquivo App.xaml e, então, clique no comando View Designer.

6. Uma nova guia abre no Code Editor e o arquivo App.xaml é carregado nele. (Observe que o arquivo code-behind, App.xaml.vb, ainda está aberto e é representado por uma guia.) Sua tela deve ser parecida com esta:

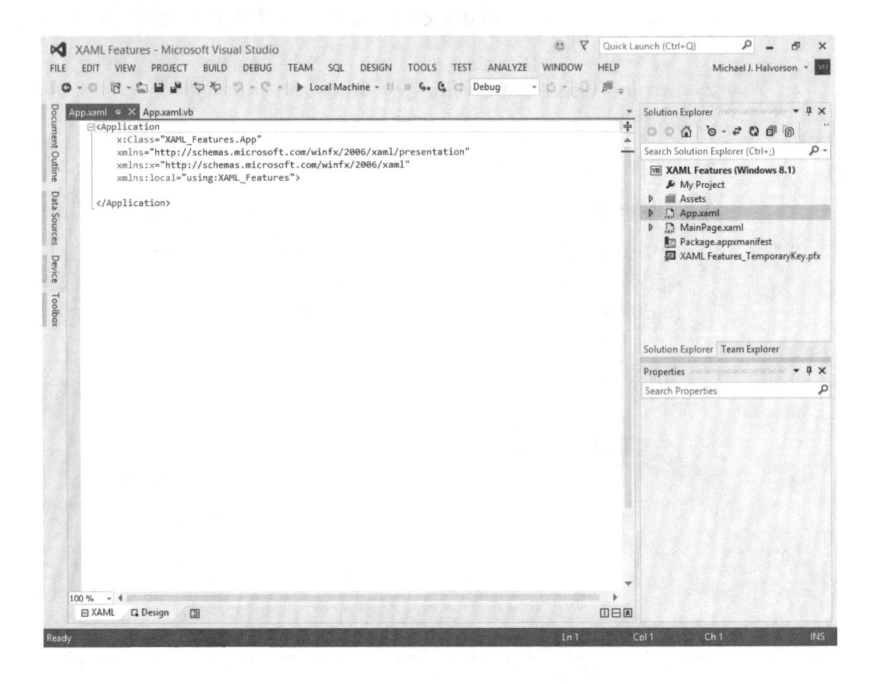

Agora você vai ver mais alguns itens que desejará conhecer.

Primeiramente, em todo documento XAML existe uma definição básica, ou *elemento-raiz*, que atua como contêiner mestre para o arquivo. No arquivo App.xaml, o elemento-raiz é *Application* (a definição básica para esse projeto de programação), de modo que o arquivo App.xaml começa com a marca *<Application>* e, próximo ao final, termina com a marca *</Application>*.

Dentro dessa definição básica estão as várias classes e namespaces que coletivamente moldam e dão forma ao projeto. Em geral, essas linhas são incluídas no início de um arquivo XAML. No arquivo App.xaml, elas contêm o seguinte:

```
x:Class="XAML_Features.App"
xmlns="http://schemas.microsoft.com/winfx/2006/xaml/presentation"
xmlns:x="http://schemas.microsoft.com/winfx/2006/xaml"
xmlns:local="using:XAML_Features">
```

A primeira linha define uma nova *classe parcial* associada ao nome do aplicativo que você selecionou – neste caso, *XAML_Features.App*. Uma classe parcial é aquela cuja definição pode ser dividida em várias partes – ou entre vários arquivos ou dentro de um único arquivo-fonte. As partes de uma classe parcial são mescladas quando o projeto Visual Basic é compilado, de modo que a classe resultante é equivalente a uma classe especificada em um só lugar.

> **Nota** Caso tenha especificado um nome de aplicativo diferente quando você criou o projeto, será esse nome que aparecerá aqui. Estou supondo que você adicionou o prefixo *My* aos seus arquivos para mantê-los separados dos meus.

Neste caso, a instrução conecta o arquivo code-behind, App.xaml.vb, ao arquivo XAML, App.xaml, quando o projeto é compilado. Cada um desses arquivos armazena uma definição de classe parcial, mas quando o projeto é compilado, os arquivos formam uma classe completa.

A segunda, terceira e quarta linhas declaram namespaces XAML no projeto, os quais definem elementos padrão na interface do usuário. É necessário fazer referência às definições em documentos específicos, pois existem muitos elementos da XAML que têm o mesmo nome e o Visual Studio precisa saber qual definição deverá usar quando houver um conflito. A segunda e a terceira linhas são recursos padrão da XAML: namespaces básicos que aparecerão em cada documento XAML que você criar no Visual Studio ou no Blend. O prefixo *x*, utilizado aqui na terceira linha, após os dois pontos, é um *alias*, ou forma abreviada de se referir às classes do namespace.

À medida que se aprofundar na terminologia da programação com Visual Studio, você verá o termo *namespace* sendo usado de duas maneiras. Em código Visual Basic, um namespace é uma biblioteca hierárquica de classes do .NET Framework, organizadas sob um nome único, como *Windows.UI*. Referencie namespaces individuais desse tipo colocando uma instrução *Imports* no início de um arquivo code-behind do Visual Basic.

Contudo, um *namespace XAML* é usado na marcação XAML para diferenciar os vários vocabulários que podem aparecer juntos em um único documento XML ou para indicar partes de um documento XML que tenham uma finalidade específica. Os arquivos App.xaml e MainPage.xaml têm definições de namespace XAML padrão desse tipo.

Isso é tudo que você verá nesse arquivo – isto é, se estiver executando o Visual Studio 2013. No entanto, se teve alguma experiência com o Visual Studio 2012, terá observado outra seção, chamada *<Application.Resources>*, no arquivo App.xaml dos projetos em Visual Studio 2012. A Microsoft incluía uma referência ao dicionário de recursos StandardStyles.xaml em *<Application.Resources>*, mas essa referência e o dicionário agora estão localizados mais profundamente dentro do produto Visual Studio 2013. Assim, o arquivo App.xaml predefinido é um pouco mais curto no projeto Visual Studio 2013 padrão.

Agora você vai examinar a marcação em MainPage.xaml, o arquivo onde são definidos os recursos de sua interface de usuário. Você também vai fazer algumas alterações no arquivo.

Edite a marcação XAML em MainPage.xaml

1. Clique com o botão direito do mouse no arquivo MainPage.xaml no Solution Explorer e, em seguida, selecione View Designer.

   O Visual Studio carrega MainPage.xaml no Designer. Se seu IDE estiver configurado para o modo de exibição Split (a orientação padrão do designer de XAML), você verá uma página em branco perto da parte superior da tela e a marcação XAML associada ao template Blank App próxima à parte inferior.

   > **Dica** Se o Designer não estiver no modo de exibição Split agora, troque para ele, clicando no botão Horizontal Split próximo ao canto inferior direito do Designer.

   Sua tela estará parecida com esta:

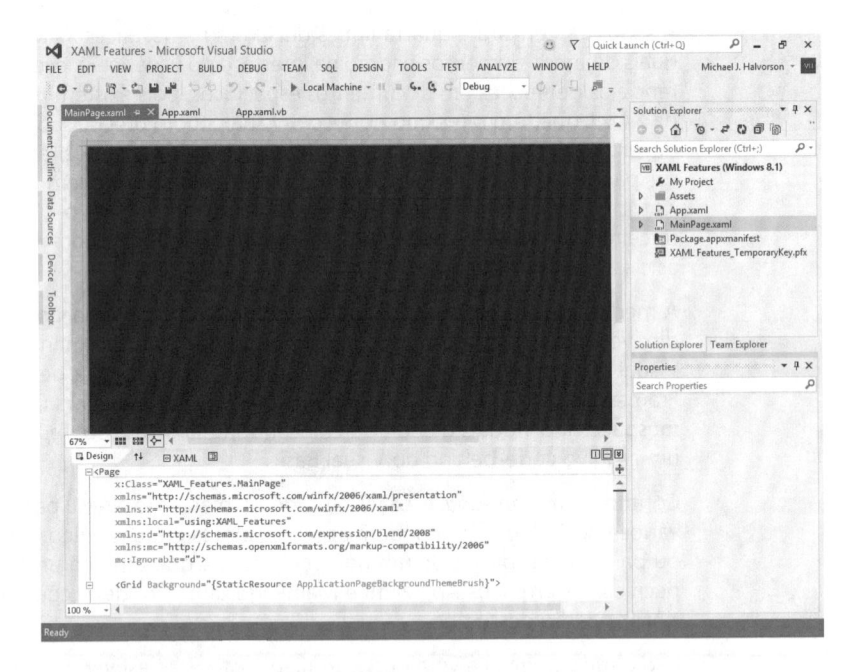

O documento XAML na parte inferior começa com o elemento-raiz *Page*, em vez de *Application*, o contêiner principal discutido no último exemplo. Na XAML, um elemento *Page* organiza uma seleção de conteúdo de interface do usuário que o Visual Studio deve exibir ou acessar; ou seja, é um contêiner para parte ou para toda a interface do usuário de seu aplicativo. Observe que é possível ter mais de uma página de interface de usuário em um programa, desde que cada página receba um nome exclusivo.

Novas páginas como essa também exigem as definições de namespace básico, sobre as quais você aprendeu anteriormente para o arquivo App.xaml. Além desses namespaces, o arquivo inclui ainda um namespace associado ao Blend e também um relacionado ao formato Microsoft Office Open XML, conforme indicado por "openxmlformats.org".

2. Role para baixo na guia XAML do Code Editor para exibir as linhas que começam com *Grid* no arquivo MainPage.xaml. Você verá a seguinte marcação:

```
<Grid Background="{StaticResource ApplicationPageBackgroundThemeBrush}">

</Grid>
```

Grid é o elemento de interface de usuário padrão que aparece dentro do elemento-raiz de MainPage.xaml. É também o controle de layout fundamental que conterá os outros controles que aparecem em uma página. Observe que cada arquivo XAML contém apenas um controle *Grid* de nível superior, mas ele pode conter outros controles aninhados, conhecidos como elementos filhos. O modo como os controles de uma página são aninhados dentro de uma hierarquia estruturada define seu inter-relacionamento e, em última análise, como são exibidos na interface do usuário.

Talvez ajude pensar nesse elemento *Grid* como uma referência direta à classe .NET Framework denominada *Grid* no namespace *Windows.UI.Xaml.Controls*. Ou seja, os elementos na marcação XAML são diretamente relacionados aos objetos que você pode usar no código de programa em Visual Basic. Em um aplicativo criado para o Windows 8.1 no Visual Studio 2013, os elementos da XAML e os objetos do Visual Basic são dois lados da mesma moeda.

Atualmente, a grade dessa página em branco não contém outros objetos e suas linhas de grade nem mesmo aparecem na tela. (A grade é mais um recurso de layout e projeto do que um elemento visível de sua interface de usuário.) Contudo, a cor de fundo e a textura da grade agora estão sendo definidas por meio da propriedade *Background* da grade e da configuração de recurso de sistema *ApplicationPageBackgroundThemeBrush*.

Dependendo da versão de Visual Basic que estiver usando, você poderá ver o nome "ThemeResource" ou "StaticResource" antes da configuração *ApplicationPageBackgroundThemeBrush*. ThemeResource foi inserido no arquivo MainPage.xaml padrão na versão final do software Visual Studio 2013.

Um modo de ajustar a propriedade *Background* da grade é usar a janela Properties no IDE. Se você selecionar a página em si no Designer (e não um objeto específico nela), poderá abrir a janela Properties, clicar na categoria *Brush*, ajustar a propriedade *Background* e ver a marcação XAML atualizada automaticamente, de acordo com sua seleção.

Contudo, você já tem bastante experiência no ajuste de propriedades com a janela Properties. Em vez disso, agora você tentará ajustar a propriedade *Background* editando marcação XAML na guia XAML do Code Editor.

3. Clique após o sinal de igual na frase <Grid Background=" e exclua os caracteres que aparecem depois dele na linha.

4. Agora, altere a cor de fundo para laranja, digitando **"Orange"**> após o sinal de igual.

   Sua definição de grade deve se parecer com isto no Code Editor:

   ```
   <Grid Background="Orange">

   </Grid>
   ```

   Note que, assim que você digita o sinal de maior de fechamento (>), a cor de fundo da página muda para laranja. Além disso, o recurso IntelliSense oferece diferentes opções de cor em uma caixa de listagem suspensa, enquanto você digita o nome da cor. Agora você viu uma importante razão pela qual é útil editar documentos XAML dentro do Visual Studio – o IDE o ajuda a compor o código XAML, fornecendo propriedades, elementos e recursos úteis.

5. Selecione File | Save All para salvar as suas alterações. Especifique Meus Documentos\Visual Basic 2013 SBS\Chapter 07 como a pasta.

   Você teve um bom começo com documentos e definições XAML. Agora, vai adicionar mais alguns controles à grade e experimentar mais técnicas de edição de XAML úteis no Code Editor.

Adicione elementos XAML com o Code Editor

Cada um dos controles XAML na Toolbox do Visual Studio pode ser adicionado a uma página com a guia XAML do Code Editor. Você tem a liberdade de digitar a marcação para os controles diretamente ou adicioná-los utilizando o Blend ou o Designer do Visual Studio e, então, modificar os elementos usando marcação XAML.

Ao trabalhar com os vários elementos na marcação XAML, você precisa lembrar da hierarquia dos objetos na página que está construindo. Até aqui neste livro, você adicionou vários controles às páginas, à medida que experimentou ferramentas e recursos do Visual Studio. Mas, ao escrever programas mais complexos, o modo como os diferentes objetos são organizados se torna fundamental. Você pode agrupar itens colocando elementos filhos dentro de elementos pais. Também pode usar controles contêineres especiais, como *Canvas* e *StackPanel*, que são projetados para organizar elementos filhos e exibi-los como um grupo. Dentro da marcação XAML, essas relações são definidas por meio do aninhamento cuidadoso de marcas, e as relações também são realçadas por meio de padrões de recuo, os quais facilitam a leitura da marcação.

Nos exercícios a seguir, você vai praticar mais a adição de controles da Toolbox da XAML a uma grade e a edição dos objetos resultantes na guia XAML do Code Editor. Também vai criar uma rotina de tratamento de eventos para um controle *ToggleButton* e usar o controle *Canvas* para organizar um grupo de elementos filhos na página para exibir um desenho complexo.

CAPÍTULO 7   Marcação XAML passo a passo   **203**

Adicione controles *ToggleButton* e *Image* à grade

1. Com o projeto My XAML Features ainda carregado no Visual Studio, abra a Toolbox e clique duas vezes no controle *ToggleButton*.

   O Visual Studio cria um objeto botão de alternância na parte superior da página do aplicativo. (A página está em branco, mas formatada com a cor laranja.)

   O controle *ToggleButton*, apresentado aqui pela primeira vez, é um útil recurso de interface do usuário para coletar entrada quando a resposta desejada é *booleana* por natureza – ou seja, é *sim* ou *não* (ou, mais precisamente, é *true* ou *false*). Um exemplo desse tipo de controle no cotidiano é um interruptor de luz que só tem as posições *ligado* ou *desligado* (true ou false). Em um programa de computador, você pode usar uma ferramenta de entrada assim para indicar diferentes estados true ou false, como no caso de quando uma imagem deve ser exibida na página ou não. Desse modo, o controle *ToggleButton* tem muito em comum com o controle *CheckBox*.

   Agora sua tela deve ser parecida com esta:

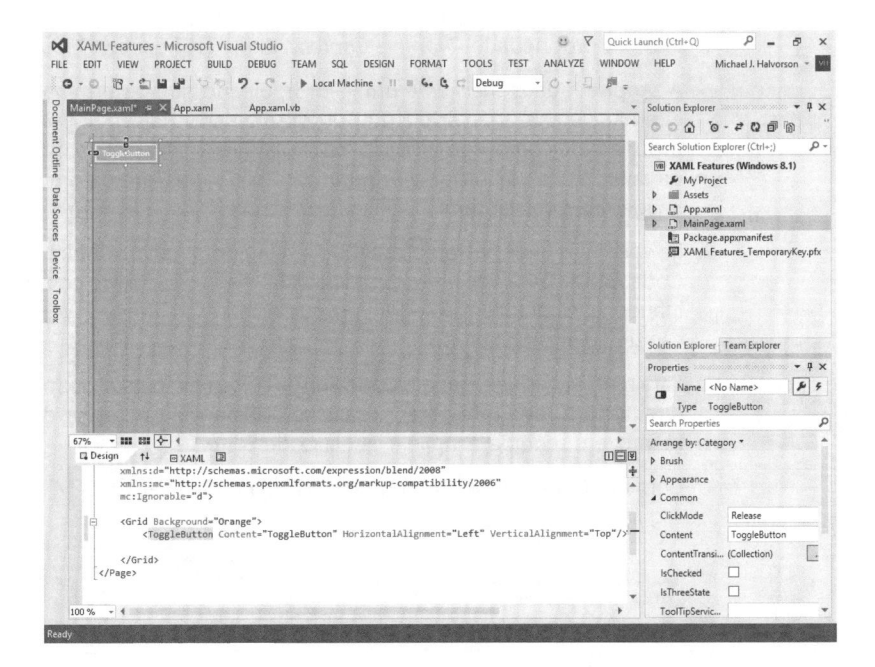

   Embora o objeto botão de alternância na página seja interessante, quero que você se concentre na marcação XAML do objeto que agora apareceu na guia XAML do Code Editor. Observe que apareceu a seguinte definição:

   ```
   <ToggleButton Content="ToggleButton" HorizontalAlignment="Left"
   VerticalAlignment="Top"/>
   ```

   O objeto *ToggleButton* obtém sua definição básica a partir da classe *ToggleButton* e é delimitado por marcas de início e fim. Atualmente, ele tem três configurações de propriedade: *Content*, *HorizontalAlignment* e *VerticalAlignment*.

Você vai ajustar a propriedade *Content* agora e adicionar duas novas configurações de propriedade.

2. No Code Editor, altere a propriedade *Content* de "ToggleButton" para "Display Picture".

   Essa propriedade define o texto exibido no botão na tela. Depois que você termina de digitar o novo valor, ele também é atualizado no Designer.

3. Coloque o ponto de inserção antes do nome da propriedade *Content* e digite **x:Name="DisplayToggleBtn"**.

   Observe que, no momento em que você digitar o sinal de igual, as aspas que se seguem serão inseridas pelo Visual Studio; portanto, não é preciso digitá-las. Pode demorar um pouco para se acostumar a isso – o IDE do Visual Studio está tentando ser útil, mas o recurso IntelliSense também pode levar a erros de codificação, se você não tiver cuidado.

   Agora o botão de alternância terá um novo nome (*DisplayToggleBtn*), o qual pode ser usado para identificá-lo quando você criar uma rotina de tratamento de eventos.

4. Entre as propriedades *Name* e *Content*, digite **IsChecked="True"**.

   A propriedade *IsChecked* é um valor booleano que determinará se o botão de alternância está marcado (true) ou desmarcado (false). (É preciso digitar essa propriedade com a combinação exata de letras maiúsculas e minúsculas mostrada aqui.) Você vai iniciar o programa com o valor *True* para que ele exiba uma imagem, a qual vai ser especificada em breve.

5. Se você não tiver bastante espaço na tela agora, talvez queira redimensionar o Code Editor para ver um pouco mais da marcação XAML com que está trabalhando. (Decidi fazer isso agora porque estou executando o Windows na resolução de 1024×768 pixels.)

   Para redimensionar a janela Code Editor, coloque o cursor do mouse na margem direita do Code Editor, até que ele se transforme no cursor de redimensionamento; em seguida, amplie a janela Code Editor.

   Com um Code Editor um pouco maior, minha marcação XAML aparece como a seguir:

```
    xmlns:d="http://schemas.microsoft.com/expression/blend/2008"
    xmlns:mc="http://schemas.openxmlformats.org/markup-compatibility/2006"
    mc:Ignorable="d">
    <Grid Background="Orange">
        <ToggleButton x:Name="DisplayToggleBtn" IsChecked="True" Content="Display Picture" HorizontalAlignment="Left" VerticalAl
    </Grid>
</Page>
```

Agora, você vai criar um controle *Image* na página, para exibir a foto de um cenário montanhoso repousante quando seu programa iniciar. Contudo, antes de criar o controle, adicione à pasta Assets de seu projeto um arquivo contendo a fotografia.

CAPÍTULO 7   Marcação XAML passo a passo   **205**

6. Redimensione a janela Code Editor para que tenha sua forma original (menor).

7. No Solution Explorer, exiba a pasta Assets, a qual contém as imagens padrão de seu projeto.

8. Clique com o botão direito do mouse na pasta Assets, aponte para o submenu Add e clique em Existing Item.

9. Na caixa de diálogo Add Existing Item, acesse a pasta Meus Documentos\Visual Basic 2013 SBS\Chapter 07, selecione o arquivo AutumnField.bmp e clique em Add.

    O Visual Studio adiciona o arquivo AutumnField.bmp à pasta Assets em seu projeto. Agora ele está pronto para ser usado em qualquer lugar de seu programa e será incluído automaticamente com os arquivos de seu projeto quando o aplicativo for compilado e empacotado para distribuição.

    A seguir, você vai adicionar um controle *Image* à sua página, utilizando marcação XAML para exibir a foto.

10. Volte à guia XAML do Code Editor e coloque o ponto de inserção sobre a linha em branco abaixo da definição do objeto botão de alternância.

11. Digite a seguinte linha de marcação:

    ```
    <Image x:Name="AutumnImage" Height="600" HorizontalAlignment="Left"
        Source="Assets/AutumnField.bmp" VerticalAlignment="Center" Width="800" />
    ```

    A marcação pode ser digitada toda em uma única linha ou você pode dividir a definição em várias linhas, desde que não tente quebrar uma linha no meio de uma atribuição de propriedade.

    Quando terminar de digitar a definição do objeto imagem, um novo objeto imagem aparecerá na página; contudo, você ainda não verá a foto no Designer.

    O novo objeto imagem é denominado *AutumnImage* para que possa ser utilizado em uma rotina de tratamento de eventos. A propriedade *Source* da imagem contém uma referência para a pasta Assets, a qual contém uma cópia do arquivo AutumnField.bmp.

12. Selecione File | Save All para salvar as suas alterações.

Parabéns – você aprendeu a modificar as propriedades de um objeto no Code Editor e também a digitar a definição de um controle a partir do zero. Agora você vai adicionar código a uma rotina de tratamento de eventos em Visual Basic para *ativar* ou *desativar* a foto outonal quando o programa executar.

Crie uma rotina de tratamento de eventos para o objeto botão de alternância

1. Carregue a janela Properties com as configurações do objeto botão de alternância, clicando na linha que contém a marcação do botão no Code Editor.

    Quando o ponto de inserção estiver em uma linha da marcação no Code Editor, a janela Properties conterá as propriedades desse objeto. Você quer exibir as propriedades agora, pois vai utilizar a janela Properties para criar uma nova rotina de tratamento de eventos.

2. Na janela Properties, clique no botão Event Handler (o raio) próximo à caixa de texto *Name*.

   O botão Event Handler exibe os eventos a que o botão de alternância pode responder. A lista de eventos na janela Properties é como segue:

Properties	
Name	DisplayToggleBtn
Type	ToggleButton
Checked	
Click	
DataContextChanged	
DoubleTapped	
DragEnter	
DragLeave	
DragOver	
Drop	
GotFocus	
Holding	
Indeterminate	
IsEnabledChanged	
KeyDown	
KeyUp	
LayoutUpdated	
Loaded	
LostFocus	

   Lembre-se de que é possível criar uma rotina de tratamento para um evento em particular clicando duas vezes na caixa de texto ao lado do evento na janela Properties. Neste caso, você vai escrever uma rotina de tratamento para o evento *Click*, pois deseja examinar o estado do objeto botão de alternância sempre que o usuário clicar no botão. Se o botão estiver marcado após um clique, você quer exibir a fotografia na página, ou torná-la *visível*. Se o botão não estiver marcado após um clique (indicando que ele foi desmarcado ou definido como *false*), você quer ocultar a imagem na página, ou torná-la *invisível*.

3. Clique duas vezes ao lado do evento *Click* na janela Properties.

   O Visual Studio insere uma rotina de tratamento de eventos chamada *DisplayToggleBtn_Click* na caixa de texto Click e abre o arquivo code-behind MainPage.xaml.vb no Code Editor.

4. Digite as seguintes instruções em Visual Basic no Code Editor, entre as instruções *Private Sub* e *End Sub*:

```
If DisplayToggleBtn.IsChecked Then
    AutumnImage.Visibility = Windows.UI.Xaml.Visibility.Visible
Else
    AutumnImage.Visibility = Windows.UI.Xaml.Visibility.Collapsed
End If
```

Seu Code Editor será parecido com este:

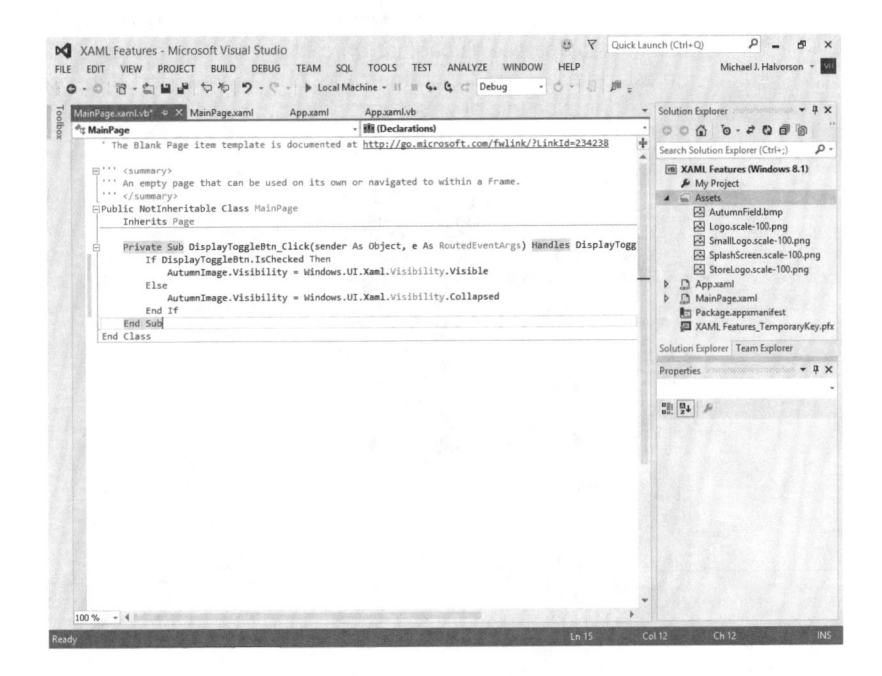

Talvez essas cinco linhas de código Visual Basic pareçam familiares – elas utilizam uma estrutura de decisão *If...Then...Else* semelhante à que foi usada nos Capítulos 3 e 6 para responder à entrada do usuário. A rotina de tratamento de eventos é executada sempre que o usuário clica no botão Display Picture da página. Se o botão de alternância estiver marcado (isto é, se ele aparecer selecionado ou realçado como nos aplicativos Windows 8.1 na interface de usuário), a imagem se tornará visível por meio de uma chamada a *Windows.UI.Xaml.Visibility*. Esse recurso em particular se tornou disponível como parte do namespace XAML e da funcionalidade básica dos controles *Image* no .NET Framework.

Contudo, se o botão de alternância mudar do estado marcado para o estado limpo (sem marcação), a cláusula *Else* da estrutura de decisão será executada e a imagem será ocultada, ou se tornará invisível. A foto não foi totalmente destruída, mas fica temporariamente oculta, até a próxima vez que o usuário clicar no botão de alternância.

Agora você vai salvar e executar o programa para ver como o novo recurso de botão de alternância funciona.

5. Selecione File | Save All para salvar as suas alterações.

PARTE II Projeto da interface do usuário

6. Clique no botão Start Debugging da barra de ferramentas Standard.

   O programa compila e executa no IDE. A imagem da relva marrom e da árvore desfolhada aparece na página, junto com o botão de alternância, o qual aparece no estado selecionado, ou marcado. A imagem é do Estado de Montana, EUA, no outono. Sua tela deve ser parecida com esta:

7. Clique no botão Display Picture.

   O Visual Studio alterna o botão (removendo o efeito de seleção) e dispara o procedimento de evento *DisplayToggleBtn_Click*. Então, a foto se torna invisível.

8. Clique no botão Display Picture novamente.

   O botão é selecionado outra vez e a foto da paisagem reaparece.

   A marcação XAML deve exibir a interface do usuário corretamente e o procedimento de evento em Visual Basic deve funcionar conforme foi projetado. Essa estratégia pode ser usada para tornar visíveis ou invisíveis uma ampla variedade de objetos em sua página, dependendo de várias condições do programa, inclusive da entrada do usuário.

9. Experimente o botão de alternância mais algumas vezes e depois feche o programa.

10. Selecione File | Close Project para fechar o projeto.

    Ótimo trabalho com XAML e Visual Basic! Agora você vai criar um segundo projeto de aplicativo Windows Store e praticar o uso do controle *Canvas* para criar algumas imagens mais sofisticadas em uma página.

CAPÍTULO 7   Marcação XAML passo a passo   **209**

Adicione um controle *Canvas* e preencha-o com formas

1. Selecione File | New Project para abrir um novo projeto no Visual Studio.
2. Escolha Visual Basic/Windows Store sob Templates e verifique se o template Blank App (XAML) está selecionado.
3. Digite **My XAML Box Art** na caixa de texto Name.
4. Clique em OK para abrir o novo projeto.

   O Visual Studio abre e carrega os arquivos do template padrão.

5. No Solution Explorer, clique com o botão direito do mouse no arquivo MainPage.xaml e, então, clique em View Designer.

   O Designer aparece com a página em branco e a grade do template Blank App. A marcação XAML da página também está visível no Code Editor.

   Agora, pratique as novas habilidades que você aprendeu para alterar a cor de fundo (*Background*) da página. Desta vez, você vai especificar a cor personalizada *DarkKhaki*.

6. Mova o ponto de inserção para o Code Editor e role para baixo até a linha que define a cor de fundo da grade.
7. Clique após o sinal de igual na frase <*Grid Background*=" e exclua os caracteres que aparecem depois dele na linha.
8. Altere a cor de fundo para verde, digitando **"DarkKhaki">** após o sinal de igual.

   Sua definição de grade deve se parecer com isto no Code Editor:

   ```
   <Grid Background="DarkKhaki">

   </Grid>
   ```

   No Designer, a página assume a cor cáqui-escuro (ou castanho-amarelado), conforme você especificou.

   Agora você vai adicionar à página um contêiner XAML chamado *Canvas* e preenchê-lo com controles de forma que coletivamente produzam a cara de um animal. Dentro do contêiner *Canvas*, você vai criar várias formas retangulares e elípticas para construir o desenho. A marcação XAML a seguir mostra como você pode cumprir essa tarefa.

9. Coloque o ponto de inserção na linha entre as marcas <*Grid Background="DarkKhaki">* e </*Grid*> e, então, digite as linhas a seguir no Code Editor. Sinta-se à vontade para usar o recurso IntelliSense do Visual Studio ao digitar e faça o recuo utilizando o padrão mostrado aqui por clareza e legibilidade. (Nas listagens de marcação XAML, cada nível de recuo normalmente indica que um ou mais elementos filhos estão sendo aninhados dentro de um elemento pai.)

```
<Canvas Margin="224,194,0,0">
    <Rectangle Width="220"
            Height="220"
            Stroke="Black"
            Fill="Pink"
            StrokeThickness="2" />
    <Rectangle Fill="Black"
            Width="139"
            Height="75"
            Canvas.Left="-87"
            Canvas.Top="-15" />
    <Rectangle Fill="Black"
            Width="139"
            Height="75"
            Canvas.Left="179"
            Canvas.Top="-30" />
    <Ellipse Fill="Chocolate"
            Width="20"
            Height="20"
            Canvas.Left="130"
            Canvas.Top="60" />
    <Ellipse Fill="Chocolate"
            Width="20"
            Height="20"
            Canvas.Left="70"
            Canvas.Top="60" />
    <Ellipse Fill="Black"
            Width="46"
            Height="35"
            Canvas.Left="87"
            Canvas.Top="98" />
    <Path Stroke="Black"
            StrokeThickness="5"
            Data="M 30,120 S 80,230 180,140" />
</Canvas>
```

10. Se notar um erro de sintaxe, talvez você precise redigitar uma ou mais linhas da marcação.

    Normalmente, você verá que é muito fácil esquecer-se de adicionar marcas de fechamento ao final de cada definição de objeto. No início, também é um pouco complicado não digitar as aspas, pois o recurso IntelliSense do Visual Studio tenta inseri-las para você.

    Se você colocar o ponto de inserção na última linha (*"</Canvas>"*) quando terminar de digitar, a seleção de objetos inteira no canvas será selecionada. Sua tela deve ser parecida com esta:

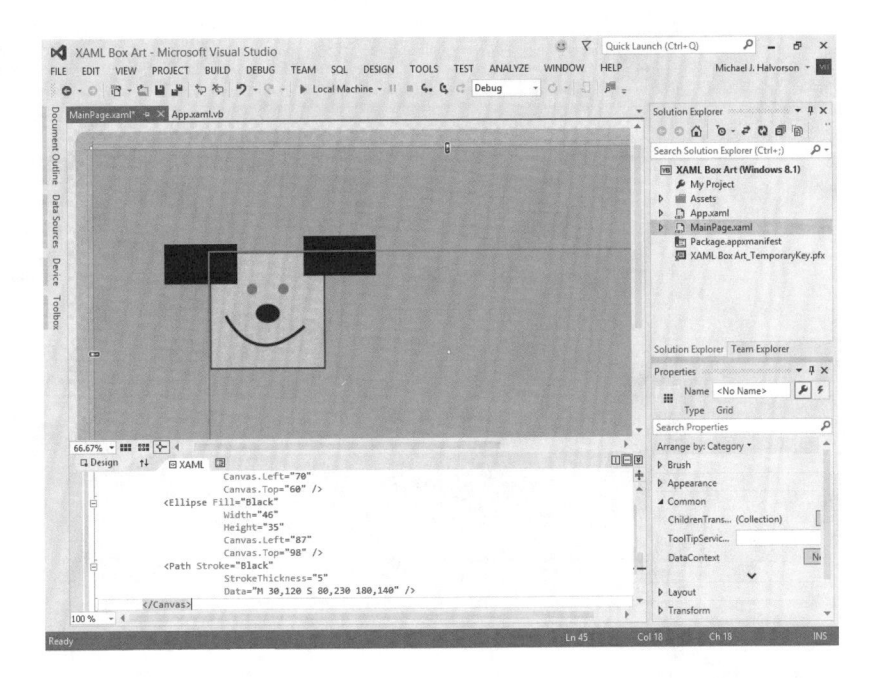

A marcação XAML que você digitou gera uma cara sorridente composta de três retângulos sombreados, três elipses sombreadas e um desenho à caneta. As sete formas compreendem a cara, os olhos, as orelhas, o nariz e a boca do desenho, e foram criadas com os elementos *Rectangle*, *Ellipse* e *Path*, com configurações de propriedade para cor de preenchimento, altura, largura e posição no canvas. O elemento *Path* utilizado para o sorriso inclui configurações de propriedades para traço (cor), espessura da caneta (em pixels) e vários pontos em uma linha especificada em pixels.

Observe como todos os elementos e configurações de propriedade são cuidadosamente aninhados dentro dos elementos *Canvas*, *Grid* e *Page*. O aninhamento correto é o segredo para estabelecer as relações adequadas entre elemento pai e elemento filho na marcação XAML.

Agora você vai salvar e executar o programa para ver como fica seu desenho.

11. Selecione File | Save All para salvar as suas alterações. Especifique Meus Documentos\Visual Basic 2013 SBS\Chapter 07 como local.
12. Clique no botão Start Debugging da barra de ferramentas Standard.

    O programa compila e executa no IDE. A imagem da cara sorrindo com orelhas grandes aparece na página, pintada com cores vibrantes. (Eu acho que a imagem parece um pouco com um cachorro contente vindo saudá-lo.) Sua tela deve ser parecida com esta:

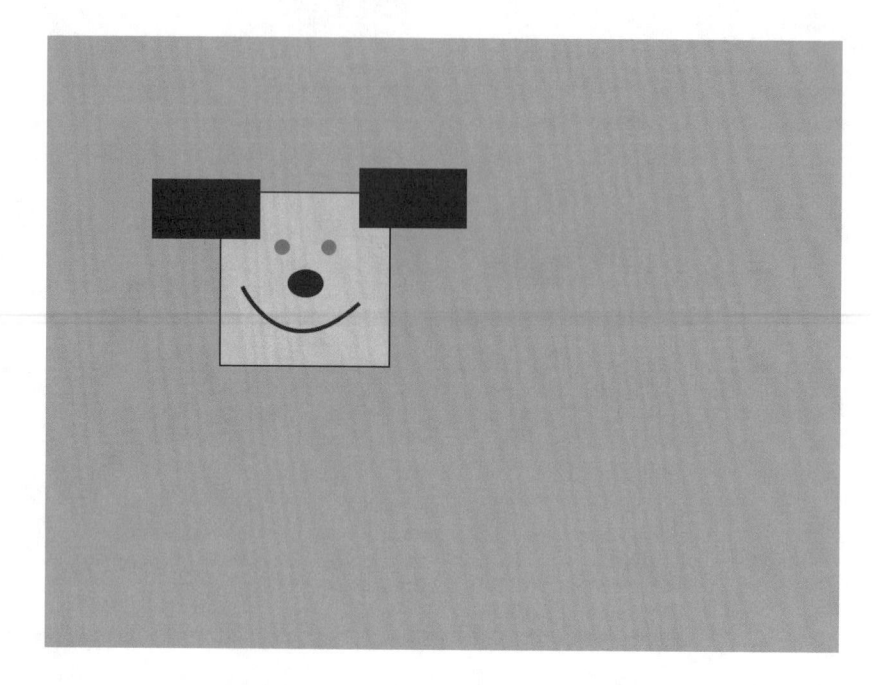

Parabéns pela criação de vários efeitos interessantes com XAML e Visual Studio! O controle *Canvas*, em particular, oferece um modo excelente de agrupar elementos e aplicar um efeito (como a transformação) a todos eles de uma vez. Você pode tentar estratégias semelhantes com *StackPanel* e outros controles contêineres de grupo.

13. Encerre o programa My XAML Box Art e selecione File | Exit para fechar o projeto e encerrar o Visual Studio.

Agora você tem as habilidades fundamentais necessárias para trabalhar com marcação XAML em seus projetos e ajustar configurações na interface do usuário. À medida que você continuar desenvolvendo aplicativos elaborados para a Windows Store, poderá utilizar qualquer combinação de ferramentas de projeto de interface de usuário que façam sentido para seu projeto, incluindo a guia XAML do Code Editor, o Designer do Visual Studio e o Blend. Melhor ainda, se quiser copiar marcação XAML de um projeto para outro, basta usar uma operação de recorte e colagem para transferir a marcação XAML desejada. Experimente!

Resumo

Neste capítulo, você explorou o conteúdo e a estrutura da XAML, uma linguagem de marcação utilizada para definir a interface do usuário em aplicativos Windows Store e Windows Phone. Os documentos XAML controlam a aparência e a funcionalidade de uma interface do usuário, aplicando e utilizando uma hierarquia de marcas e atributos. Dentro do Visual Studio, os documentos XAML contêm extensões de arquivo .xaml e são exibidos no Solution Explorer. Os documentos XAML podem ser editados pela inserção e exclusão de texto no Code Editor. As alterações feitas no documento são imediatamente refletidas na página no Designer do Visual Studio.

Você utilizou XAML em vários exercícios para manipular a aparência de aplicativos Windows Store. Definiu a cor de fundo, explorou App.xaml e MainPage.xaml e criou controles *ToggleButton*, *Image* e *Canvas* com marcação XAML. No projeto XAML Box Art, você usou o controle *Canvas* para criar uma arte personalizada na página e também aprendeu a aninhar elementos pais e filhos em uma grade. Aprendeu ainda sobre o Blend for Visual Studio, uma ferramenta de projeto que permite personalizar aplicativos com marcação XAML.

No próximo capítulo, você vai continuar trabalhando com XAML para personalizar a interface do usuário de um aplicativo Windows Store. O capítulo se destina especialmente a aumentar sua produtividade: você vai aprender a usar estilos para organizar grupos de propriedades em recursos nomeados e, então, reutilizá-los a fim de obter aparência e comportamento uniformes nos vários controles.

CAPÍTULO 8
Estilos XAML

Neste capítulo, você vai aprender a:

- Entender como os estilos XAML são utilizados para construir interfaces de usuário atraentes.
- Definir estilos reutilizáveis no arquivo de projeto App.xaml.
- Referenciar novos estilos com a propriedade *Style* de controles na página.
- Criar novos estilos a partir de outros já existentes, utilizando herança e a propriedade *BasedOn*.

Este capítulo dá continuidade à exploração da marcação XAML, investigando como os estilos XAML são utilizados para formatar controles com aparência uniforme e atraente na interface do usuário. Até agora, você criou controles individualmente e os personalizou com uma variedade de configurações de propriedades. Contudo, você também pode definir novos estilos reutilizáveis em um projeto, que o ajudarão a formatar objetos automaticamente. Esse sofisticado recurso de projeto economiza tempo e cria uma interface de usuário de aparência uniforme e profissional em aplicativos Windows Store.

Você começará com a criação de um novo aplicativo Windows Store e depois definirá um novo recurso de estilo no arquivo App.xaml, para que ele possa ser referenciado por todo o projeto. Você vai definir o novo estilo com marcação XAML, identificando o controle que deseja configurar com a propriedade *TargetType*. Atribuirá, então, propriedades específicas ao estilo, definindo um ou mais elementos *Setter* para o controle. Por último, abrirá o arquivo MainPage.xaml para criar controles de Toolbox da XAML na página, que aproveitarão os novos estilos definidos. Você também vai ampliar suas habilidades usando a propriedade *BasedOn*, a qual permite criar novos estilos a partir de outros já existentes. Na terminologia da programação orientada a objetos, esse mecanismo é conhecido como *herança* – você atribui os recursos e as propriedades de um recurso a outro recurso.

Introdução aos estilos XAML

A maioria dos programadores não gosta de *reinventar a roda*, ou executar a mesma tarefa básica repetidamente. Se houver uma maneira simples de automatizar um pouco de formatação ou programação, os desenvolvedores de software em geral se esforçarão para fazer isso, em especial se automatizar a tarefa os ajude a economizar tempo e evitar erros de codificação em potencial mais à frente.

Os estilos XAML são um mecanismo de codificação útil que permite aos desenvolvedores de Visual Studio automatizar a construção da interface do usuário. Eles permitem que o programador para Windows configure várias propriedades dos controles e, então, as reutilizem para compor uma aparência visual uniforme em todo o aplicativo. Cada estilo XAML criado é projetado para um controle específico da Toolbox da XAML. Por exemplo, você poderia criar um novo estilo chamado *FramedPhoto*, destinado a atribuir um conjunto de propriedades de exibição padrão para um ou mais controles *Image* na interface do usuário de um aplicativo Windows Store. Evidentemente, você poderia atribuir essas propriedades *individualmente* para cada controle *Image* que desejasse ter uma aparência em especial, mas um método mais simples seria criar um novo recurso de estilo que pudesse ser atribuído a todos os controles *Image*. Essa estratégia teria a vantagem de economizar tempo de desenvolvimento, além de também produzir resultados de formatação mais uniformes entre os objetos da interface do usuário. Quando você usa estilos, é menos provável que se esqueça de uma configuração de propriedade importante ao formatar um conjunto de objetos semelhantes.

Outra vantagem dos estilos personalizados é que você pode fazer alterações de formatação extensas em um projeto existente com muita rapidez. Quando você modificar um recurso de estilo existente em App.xaml ou em um dicionário de recursos associado ao projeto, todos os objetos que referenciarem esse estilo em particular refletirão automaticamente a alteração.

Para onde foi o arquivo StandardStyles.xaml?

No Visual Studio 2012, um dicionário de recursos de estilo chamado StandardStyles.xaml era criado automaticamente para cada novo projeto Windows Store e armazenado na pasta Common no Solution Explorer. Esse arquivo continha uma coleção enorme de estilos predefinidos que podiam ser usados em seus programas, e era possível modificar o arquivo para personalizar os estilos básicos fornecidos pela Microsoft. O arquivo StandardStyles.xaml integrava o desenvolvimento de aplicativos Windows Store no Visual Studio 2012 porque definia elementos de interface do usuário que seguiam rigorosamente os princípios de projeto da Microsoft para o Windows 8.

A captura de tela a seguir mostra a referência padrão a StandardStyles.xaml em um projeto do Visual Studio 2012 destinado ao Windows Store. Essa referência aparece no arquivo App.xaml do projeto. Menciono isso agora porque você ainda poderá ver essa referência em projetos que foram migrados do Visual Studio 2012 para o Visual Studio 2013.

PARTE II Projeto da interface do usuário

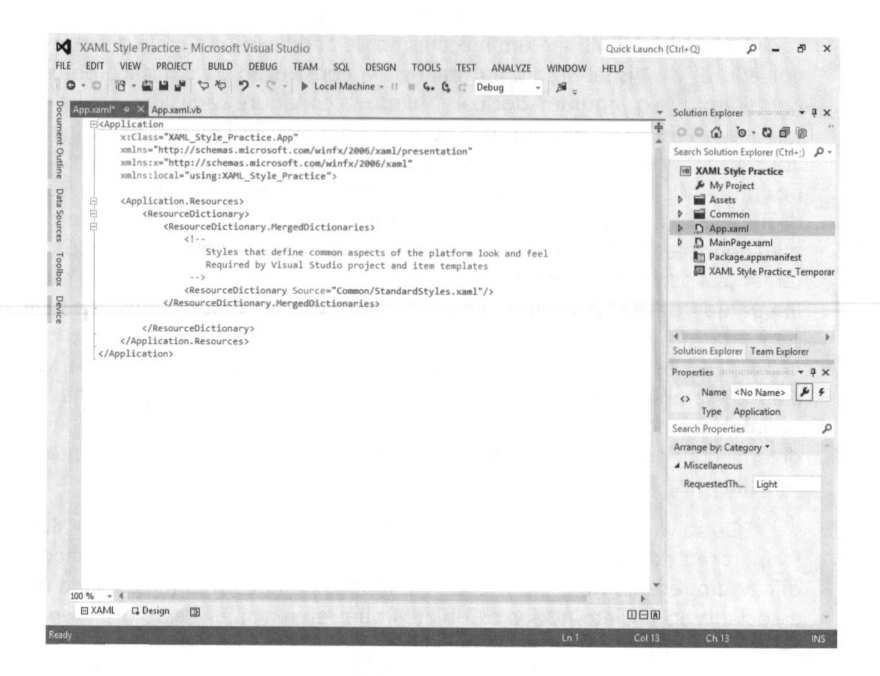

[Screenshot of Visual Studio showing App.xaml]

Contudo, no Visual Studio 2013, o arquivo StandardStyles.xaml não é mais criado automaticamente em um projeto para Windows Store e, no arquivo App.xaml, a seção <Application.Resources> inteira foi excluída. Você também não verá no Solution Explorer a pasta Common que continha StandardStyles.xaml. Em vez disso, a plataforma Windows Store suporta automaticamente os estilos de controles para Windows 8.1 e não é mais necessário editar StandardStyles.xaml diretamente. Quando trabalhar com controles, você pode referenciar estilos predefinidos utilizando a extensão *StaticResource* na marcação XAML.

Crie novos estilos XAML

Quando estiver pronto para criar seus próprios estilos XAML em um projeto, você tem algumas opções a respeito de onde colocar a marcação que define os estilos. Primeiramente, você pode criar um estilo para uma página individual, adicionando a definição do estilo à seção <Page.Resources> do arquivo XAML da página. Se seu aplicativo Windows Store contiver apenas uma página, esse arquivo será chamado MainPage.xaml por padrão. (Você utilizou MainPage.xaml por todo este livro, para definir a interface do usuário de seu aplicativo.) No entanto, se definir novos estilos dessa maneira, eles só poderão ser referenciados por objetos localizados na página onde foram definidos. Esse tipo de declaração é chamado de definição de recurso *em nível de página*.

Segundo, você pode criar seus novos estilos na seção *<Application.Resources>* do arquivo App.xaml de seu projeto. Essa é uma estratégia mais flexível: se você definir estilos dessa maneira, eles estarão disponíveis para uso por todo o projeto – isto é, em todas as páginas que fazem parte de seu aplicativo Windows Store. Até aqui neste livro, você criou programas de demonstração que utilizam apenas uma página para processar entrada e exibir informações. Contudo, os programas mais sofisticados do "mundo real" frequentemente utilizam várias páginas para gerenciar entrada e saída. Por isso, é melhor se acostumar a definir novos estilos no arquivo App.xaml.

Terceiro, você também pode criar novos estilos em um arquivo de dicionário de recursos XAML independente, compartilhado entre vários aplicativos Windows Store. Essa é uma estratégia de programação útil, se você verificar que está sempre criando controles com as mesmas características básicas na página e se achar incômodo definir estilos personalizados no arquivo App.xaml de cada novo projeto que iniciar. Na verdade, é possível criar mais de um arquivo de dicionário de recursos no Visual Studio, e você pode atribuir vários arquivos de dicionário de recursos aos seus aplicativos.

Para adicionar um arquivo de dicionário de recursos ao seu projeto, abra o projeto no Visual Studio, clique no comando New Item do menu Project e clique duas vezes no template Resource Dictionary na caixa de diálogo Add New Item. Defina seus novos estilos nesse template e adicione-o aos outros projetos em que queira incorporar os estilos personalizados.

> **Nota** Os arquivos de dicionário de recursos XAML podem conter mais do que apenas estilos XAML. Para saber mais sobre dicionários de recursos e seus usos, procure "ResourceDictionary class (Windows)" em *http://msdn.microsoft.com*.

Consideração sobre o escopo de um estilo

À medida que seus projetos no Visual Studio começam a ficar cheios de estilos personalizados, uma nova pergunta poderá lhe ocorrer: como as várias definições de estilo coexistem em um projeto, se os estilos são definidos em mais de um local de arquivo?

A resposta dessa pergunta depende de onde os novos estilos foram definidos e do modo como são utilizados. Ou seja, questões relacionadas ao contexto da acessibilidade ou *escopo* dos novos estilos. Os estilos em nível de página estão disponíveis apenas para os objetos que existem na mesma página onde os estilos foram definidos. Contudo, se estilos com o mesmo nome são definidos no arquivo App.xaml em nível de projeto e em uma página individual, como MainPage.xaml, o estilo local em MainPage.xaml *substitui* (ou tem prioridade sobre) o recurso em App.xaml. Do mesmo modo, um estilo definido em App.xaml substitui um estilo de mesmo nome em um arquivo de dicionário de recursos adicionado ao projeto.

Pensar no escopo de estilos, variáveis, namespaces e outras definições em um aplicativo Windows Store é importante, pois muitas vezes os mesmos nomes são utilizados. Você vai aprender mais sobre essas questões na Parte III deste livro, "Técnicas de programação com Visual Basic".

Exemplo de marcação para um estilo XAML novo

Como uma nova definição de estilo é criada?

Os estilos devem ser definidos no arquivo XAML que dê o maior escopo ao recurso de estilo, sem que você seja obrigado a manter arquivos que, a não ser por isso, não utilizaria. Conforme mencionado anteriormente neste capítulo, na maioria das vezes, você deve definir os estilos em App.xaml ou em um dicionário de recursos. Dentro desses arquivos, você define cada novo estilo entre as marcas *<Style>* e *</Style>*, e deve defini-lo depois de quaisquer recursos que contenham informações pertinentes aos estilos. (Por exemplo, é importante definir os novos estilos após quaisquer entradas *MergedDictionary* que você veja, pois os novos estilos em geral utilizam estilos padrão incluídos nessas entradas.)

Para uma definição em nível de página em um arquivo como MainPage.xaml, coloque o estilo sob a marca *<Page.Resources>*. Para uma definição em nível de projeto em um arquivo como App.xaml, coloque o estilo sob a marca *<Application.Resources>*. Em um arquivo de dicionário de recursos, coloque o estilo sob a marca *<ResourceDictionary>*.

Na definição do estilo em si, use a propriedade *x:Key* para dar a ele um nome exclusivo e use a propriedade *TargetType* para identificar o controle que está personalizando ou *estilizando*. Então, atribua configurações de propriedade individuais utilizando uma ou mais propriedades *Setter*. Cada atribuição *Setter* deve incluir um nome de propriedade e um valor definido com marcação XAML. Essas atribuições de propriedade devem ser compatíveis com o controle que está sendo estilizado. Se você atribuir uma propriedade ou um valor a um estilo que não corresponda à definição do controle que está referenciando, ocorrerá um erro.

O exemplo de marcação XAML a seguir mostra os elementos de uma nova definição de estilo em um arquivo App.xaml, a qual torna o recurso de estilo disponível dentro do aplicativo. O novo estilo é chamado *FramedPhoto* e aparece em uma nova seção *<Application.Resources>* no arquivo. O novo recurso de estilo foi formatado em negrito.

O estilo definirá as propriedades *Height*, *Width* e *Stretch* de qualquer controle *Image* no projeto que o referencie. Observe que estou incluindo alguma marcação padronizada em App.xaml, para que você possa ver onde o novo estilo está localizado. Em particular, é necessário colocar a nova definição de estilo entre as marcas *<Application.Resources>* e *</Application.Resources>*. O estilo em si é definido entre as marcas *<Style>* e *</Style>*.

```
<Application
    x:Class="XAML_Style_Practice.App"
    xmlns="http://schemas.microsoft.com/winfx/2006/xaml/presentation"
    xmlns:x="http://schemas.microsoft.com/winfx/2006/xaml"
    xmlns:local="using:XAML_Style_Practice">
    <Application.Resources>
        <Style x:Key="FramedPhoto" TargetType="Image">
            <Setter Property="Height" Value="240"/>
            <Setter Property="Width" Value="320"/>
            <Setter Property="Stretch" Value="Fill"/>
        </Style>
    </Application.Resources>
</Application>
```

Referencie um estilo

Para usar ou *referenciar* um novo estilo na marcação XAML de um objeto na interface do usuário, use a propriedade *Style*.

A marcação a seguir mostra como você poderia referenciar o novo estilo *FramedPhoto* definido na seção anterior. Quatro linhas estão realçadas em negrito (linhas 2-5), para as quais quero chamar sua atenção – elas definem um objeto imagem na página, que será estilizado pelo recurso de estilo *FramedPhoto*. Em particular, observe como o nome *FramePhoto* é utilizado junto com a extensão de marcação *StaticResource*, aspas e um par de chaves.

```
<Grid Background="{StaticResource ApplicationPageBackgroundThemeBrush}">
    <Image Style="{StaticResource FramedPhoto}"
           HorizontalAlignment="Left"
           Margin="522,176,0,0"
           VerticalAlignment="Top"/>
    <Image HorizontalAlignment="Left"
           Margin="34675,0,0"
           VerticalAlignment="Top"/>
</Grid>
```

Que resultado essa marcação XAML produz? Embora o novo estilo esteja sendo utilizado para configurar algumas das propriedades do primeiro objeto imagem na página (*Height*, *Width* e *Stretch*), várias propriedades restantes são configuradas pela marcação associada à própria definição desse objeto (*HorizontalAlignment*, *Margin* e *VerticalAlignment*). Como resultado, o objeto imagem é definido com altura de 240 pixels, largura de 320 pixels, uma propriedade *Stretch* definida como Fill, alinhamento horizontal definido como Left e assim por diante. Como nenhuma das configurações de propriedade se sobrepõe, não existem problemas de escopo ou substituição, mas você pode ver como poderiam ocorrer sobreposições. Como mencionei anteriormente, o Visual Studio as solucionará dando prioridade ao estilo com o escopo mais local.

Existe ainda um segundo objeto imagem definido nesse exemplo de marcação. Observe que essa imagem não tem um estilo em especial associado; portanto, *não* será formatada pelo estilo *FramedPhoto*. Defini dois objetos imagem nesse exemplo simplesmente para esclarecer que não é necessário estilizar todos os objetos da mesma maneira, se você não quiser.

Estilos explícitos e implícitos

Ao definir um novo estilo como um recurso em seu projeto, existem dois modos de trabalhar com ele na marcação XAML. Primeiramente, você pode definir e usar o novo estilo *explicitamente*, como já mostrado neste capítulo, identificando uma propriedade *x:Key* específica para o estilo e, então, referenciando-o *pelo nome* quando formatar controles na página.

Como alternativa, você pode definir e usar estilos *implicitamente* (ou seja, sem dar a ele um nome específico), omitindo a propriedade *x:Key* ao definir o estilo e, então, deixar o Visual Studio atribuir o estilo automaticamente a cada controle que corresponda ao *TargetType* do estilo. A estilização implícita é a melhor maneira de estilizar *todos* os objetos de um tipo em particular da mesma maneira em um projeto. Isso funciona melhor porque o Visual Studio obtém o *TargetType* (nome do controle) da definição do estilo e o atribui à sua propriedade *x:Key*.

Se a estilização implícita parece um pouco confusa, aqui está um exemplo simples que explica como ela funciona e por que pode ser útil. Considere a seguinte definição em nível de página para um novo estilo XAML que formata um controle caixa de texto. No início do exemplo existe uma definição de estilo entre as marcas <*Page.Resources*> e </*Page.Resources*>, que definem o novo estilo. Ela configura a propriedade *Background* de um controle *TextBox* com a cor verde e muda a propriedade *FontSize* do controle para 24 pontos. Observe que não há uma propriedade *x:Key*, mas que *TargetType* é configurado como TextBox, tornando o estilo implícito para todos os objetos caixa de texto que não tenham um nome de tipo específico no projeto. (Se um objeto caixa de texto tiver um estilo específico associado, estará isento da estilização implícita.)

```
<Page.Resources>
    <Style TargetType="TextBox">
        <Setter Property="Background" Value="Green"/>
        <Setter Property="FontSize" Value="24"/>
    </Style>
</Page.Resources>

<Grid Background="{StaticResource ApplicationPageBackgroundThemeBrush}">
    <TextBox
        HorizontalAlignment="Left"
        Height="136"
        Margin="34675,0,0"
        Text="Green Text Box"
        Width="263" />
</Grid>
```

A parte inferior do código XAML define um objeto caixa de texto dentro da grade principal na página. Um conjunto de propriedades é definido pela marcação. Além disso, o Visual Studio usa definição de estilo implícita para formatar a cor de fundo da caixa de texto e para configurar o tamanho da fonte com 24 pontos. Essa é a estratégia recomendada ao se usar estilos implícitos – definir um número limitado de propriedades essenciais com o estilo implícito e, então, personalizar os objetos individuais no projeto com os estilos adicionais necessários. Você deve se acostumar com as estratégias de estilização explícita e implícita para gerenciar a aparência e o comportamento dos objetos em sua interface de usuário.

Pratique com os estilos XAML

Complete os passos a seguir para criar um novo aplicativo Windows Store chamado My XAML Style Practice. Nesse exercício, você vai criar três objetos botão na página e vai formatar dois deles com um estilo explícito chamado *GradientButton*.

GradientButton é um recurso de estilo personalizado que você vai definir em App.xaml para que possa ser usado por todo o programa. Ele formata os botões que o referenciam com um efeito de gradiente mesclado que muda gradualmente de preto para branco. Como o efeito envolve formatação de pincel (brush) bastante complexa, ele é um bom candidato a um novo recurso de estilo que possa ser usado repetidamente em um projeto. O efeito de gradiente ficará ótimo na tela ou em um e-book. (Ele será mais sutil na versão impressa deste livro.)

Crie um novo estilo em App.xaml

1. Inicie o Visual Studio e clique em New Project para abrir um novo aplicativo Visual Studio.
2. Escolha Visual Basic/Windows Store sob Templates e, então, verifique se o template Blank App (XAML) está selecionado.
3. Digite **My XAML Style Practice** na caixa de texto Name.
4. Clique em OK para abrir e configurar o projeto.

   O Visual Studio cria um novo aplicativo Windows Store com os arquivos de suporte apropriados. Após alguns instantes, você verá o arquivo code-behind App.xaml.vb do template Blank App no Code Editor.

   Agora, você vai abrir o arquivo App.xaml para que possa adicionar a ele uma nova definição de estilo.

   No Solution Explorer, clique com o botão direito do mouse no arquivo App.xaml e, então, clique no comando View Designer.

5. Uma nova guia abre no Code Editor e o arquivo App.xaml é carregado nele. Sua tela deve ser parecida com esta:

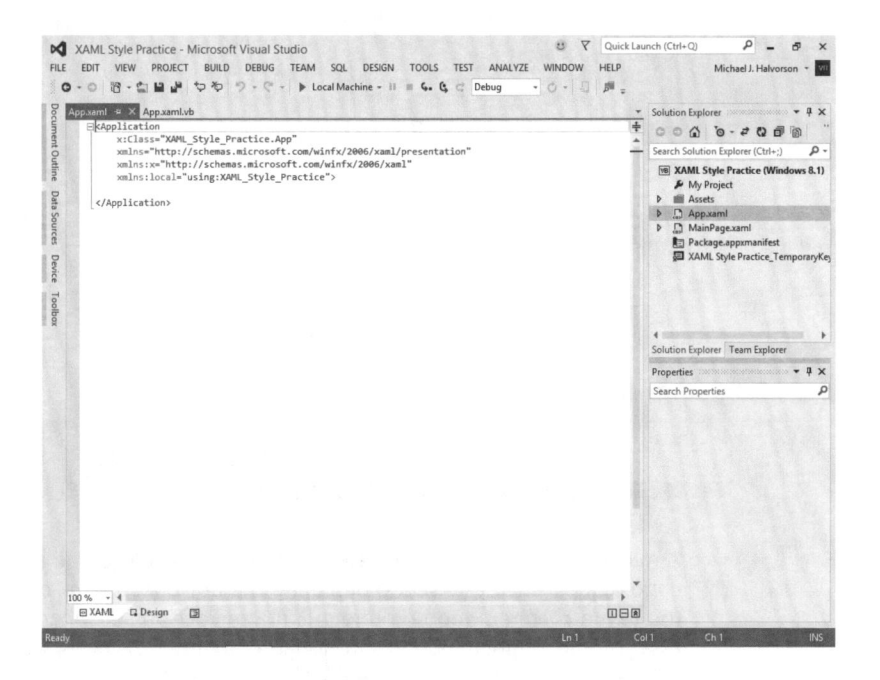

   O elemento-raiz no arquivo App.xaml é *Application*; portanto, o documento XAML é definido entre as marcas *<Application* e *</Application>*. Você vai criar uma seção *<Application.Resources>* aqui, com espaço para várias definições *<Style>*.

6. Coloque o ponto de inserção abaixo da linha que contém *xmlns:local="using:XAML_Style_Practice">*, pressione Enter e digite a marcação a seguir para definir um novo estilo chamado *GradientButton*:

```
<Application.Resources>
    <Style x:Key="GradientButton" TargetType="Button">
        <Setter Property="FontSize" Value="28"/>
        <Setter Property="Background" >
            <Setter.Value>
                <LinearGradientBrush EndPoint="0.5,1" StartPoint="0.5,0">
                    <GradientStop Color="Black"/>
                    <GradientStop Color="White" Offset="1"/>
                </LinearGradientBrush>
            </Setter.Value>
        </Setter>
    </Style>
</Application.Resources>
```

Agora seu Code Editor deve se parecer com este:

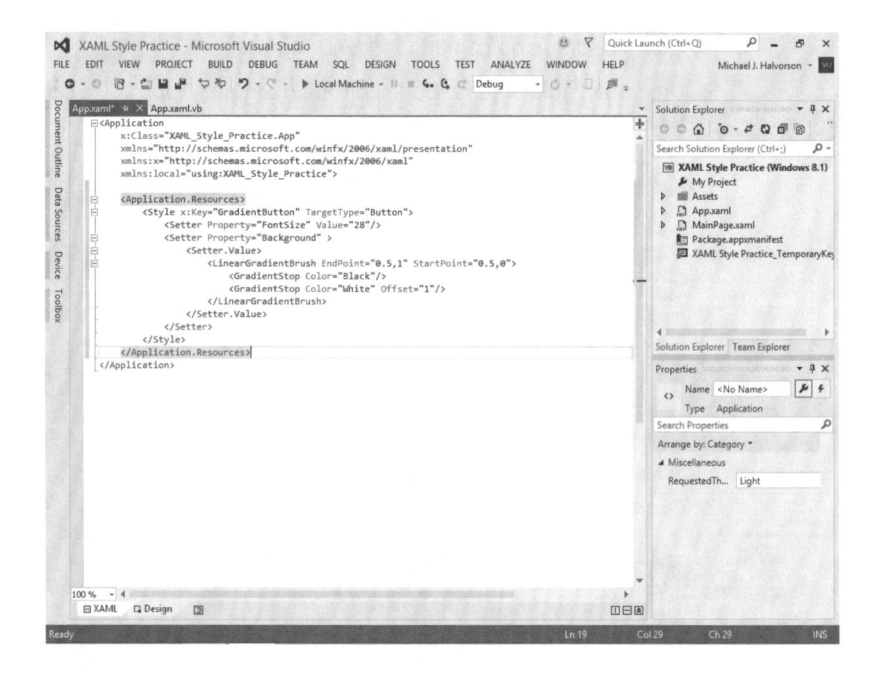

A marca *<Application.Resources>* indica que uma coleção de recursos com escopo de aplicativo está sendo definida no arquivo App.xaml, a qual será válida (ou terá *escopo*) em todo o projeto. Embora você vá adicionar apenas estilos a essa coleção, também poderia adicionar templates ou pincéis. Observe que essa coleção de recursos é baseada em XAML e não é algo armazenado na pasta Assets, a qual você utilizou para armazenar trabalhos de arte e arquivos de mídia.

A marca *<Style>* indica que um novo recurso de estilo está sendo adicionado à coleção de recursos XAML. O estilo recebe um nome por meio da marca *x:Key* e o tipo do controle é definido como "Button" com a propriedade *TargetType*. Agora, mais duas propriedades são adicionadas ao estilo com a propriedade *Setter*. A primeira atribui o valor 28 à propriedade *FontSize*, aumentando para 28 pontos o tamanho da fonte padrão para um objeto botão. Esse é um uso simples da propriedade *Setter*, que vimos várias vezes na sintaxe padrão para uma nova definição de estilo.

Contudo, a atribuição da propriedade *Background* para o botão é um pouco mais complexa. Como *Background* pode receber uma coleção de configurações de propriedades, usei a marca *<Setter.Value>* para permitir vários valores, incluindo *LinearGradientBrush*, *EndPoint*, *StartPoint*, *GradientStop* e *Color*. Coletivamente, esses valores criam um efeito de gradiente de transição que muda de completamente preto para branco na superfície do botão. (Se você fosse configurar essas propriedades utilizando a janela Properties, preencheria uma página de propriedades contendo numerosas configurações e valores.)

Agora é hora de testar esse novo estilo explícito. Complete os passos a seguir para adicionar alguns botões à interface do usuário e referenciar o estilo.

7. No Solution Explorer, clique duas vezes no arquivo MainPage.xaml.

   O Visual Studio abre MainPage.xaml no Designer, a página principal de seu aplicativo Windows Store.

8. Abra a Toolbox e, por três vezes, clique duas vezes no controle *Button* a fim de criar três objetos botão únicos na página.

   Como você não especificou um local, os botões serão empilhados um sobre o outro no canto superior esquerdo da página.

9. Amplie os botões e posicione-os na página em uma fileira de modo que haja um pequeno espaço entre eles. Contudo, não ajuste a propriedade *FontSize* padrão.

   Agora sua página deve ser parecida com esta:

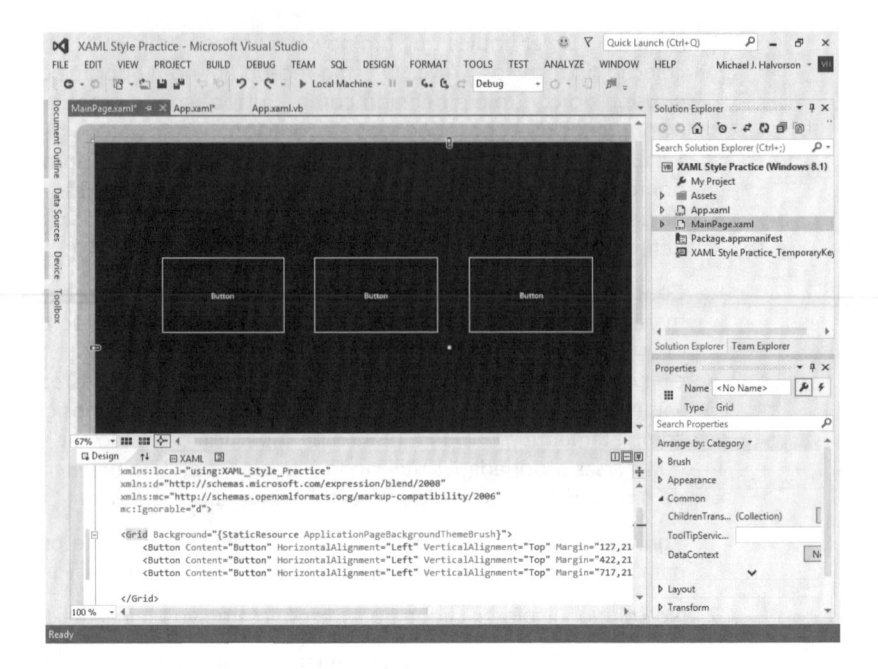

Observe que os botões ainda não refletem o novo estilo que você criou. Isso acontece porque o estilo *GradientButton* é explícito e deve ser especificamente referenciado na marcação XAML dos objetos botão. Você vai referenciar o nome do estilo agora, para dois dos três botões, a fim de ver como o processo funciona.

10. Mova o ponto de inserção para a guia XAML do Code Editor e coloque o cursor entre o nome do objeto *Button* e a configuração de propriedade *Content* do primeiro botão.

11. Digite a marcação a seguir para atribuir o estilo *GradientButton* ao botão:

    `Style="{StaticResource GradientButton}"`

    Essa marcação XAML utiliza a palavra-chave *StaticResource* para permitir que o Visual Studio saiba que você está usando um recurso nomeado no projeto. Certifique-se de incluir as chaves e as aspas, as quais são usadas para identificar um recurso no projeto. Quando você move o ponto de inserção para uma nova linha, o botão na página exibe o efeito de formatação em gradiente e o tamanho das letras no botão também é ampliado.

12. Adicione a mesma marcação que define o estilo XAML ao segundo objeto botão no Code Editor, colocando a referência a *Style* no mesmo local na linha.

O segundo botão reflete imediatamente a alteração de estilo feita, uma referência ao estilo explícito definido em App.xaml. Sua tela estará parecida com esta:

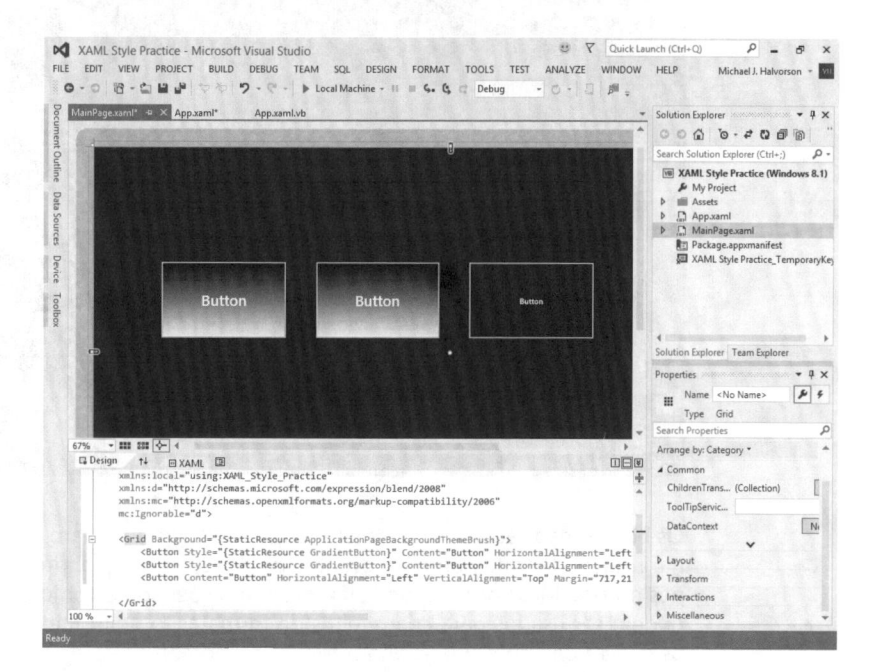

Basicamente, como você definiu o estilo como explícito, pode usar o recurso de estilo em qualquer botão que preferir no projeto. Somente os botões que se referem a *GradientButton* pelo nome serão formatados de acordo com o novo estilo.

13. Salve seu projeto e especifique Meus Documentos\Visual Basic 2012 SBS\Chapter 08 como local.

14. Agora, execute o projeto para ver como os botões aparecem quando fazem parte de um programa de demonstração executando no Windows 8.1.

O programa começa e os botões aparecem na tela como acontecia no Designer do Visual Studio. Você verá algo como a seguinte ilustração:

PARTE II   Projeto da interface do usuário

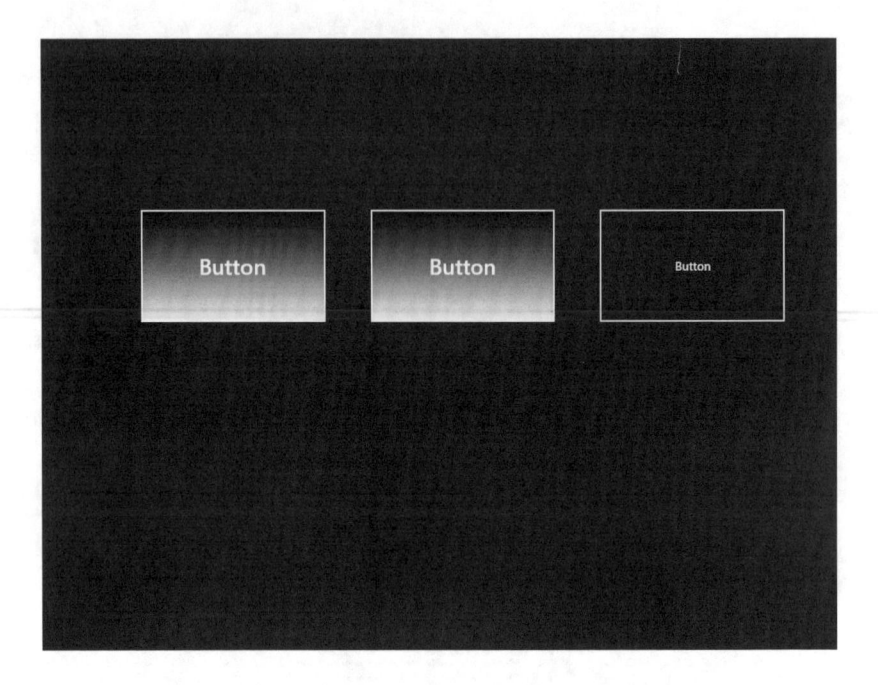

[Imagem: tela escura mostrando três botões rotulados "Button" de tamanhos diferentes]

Os botões não são verdadeiramente funcionais agora, é claro – você não definiu rotinas de tratamento de eventos para fazer algo quando o usuário clicar nos botões. Mas você aprendeu importantes lições sobre como os estilos XAML podem ser usados para criar efeitos de formatação uniformes e interessantes, os quais farão com que economize um tempo considerável quando enfrentar projetos de desenvolvimento maiores.

15. Feche o aplicativo My XAML Style Practice.

    O IDE reaparece com a página que você estava configurando no Designer.

    Agora você está pronto para aprender outra importante técnica relacionada aos estilos XAML e à construção de interfaces de usuário.

Construa estilos novos a partir de estilos já existentes

Depois de criar um estilo, você pode usá-lo como modelo para estilos adicionais em um projeto, por meio de um processo conhecido como *herança* de estilo. Isso significa que os recursos e as propriedades de um estilo podem ser usados como base para outro estilo. O único requisito é que os novos estilos sejam baseados em um estilo já existente do mesmo tipo de controle. Por exemplo, após ter definido um estilo de botão chamado *GradientButton* em seu projeto, você pode criar um novo estilo baseado em *GradientButton*, o qual poderá fazer formatação adicional nos botões – mas o estilo só poderá ser aplicado a controles do tipo botão no projeto.

Em termos de marcação XAML, você usa a propriedade *BasedOn* para herdar um estilo dentro de uma nova definição de estilo. O novo estilo recebe um nome por meio da propriedade *x:Key*, como você já aprendeu. Se uma propriedade não é definida no novo estilo, é herdada do estilo de base.

O exercício a seguir demonstra o processo usando o aplicativo My XAML Style Practice. Você vai criar um novo estilo de botão chamado *YellowGradient*, que herda suas características de formatação em gradiente do estilo *GradientButton*. O novo estilo adiciona formatação de cor amarela em dois lugares – supostamente algo que você poderia desejar para alguns (mas não todos) dos botões em uma interface de usuário.

Utilize a propriedade *BasedOn* para herdar um estilo

1. Clique na guia do documento App.xaml na parte superior do Designer.

    O estilo *YellowGradient* será definido no arquivo App.xaml para que esteja disponível por todo o aplicativo Windows Store.

2. Coloque o ponto de inserção abaixo do estilo *GradientButton* que você acabou de definir (entre as marcas </Style> e </Application.Resources>) e digite a seguinte marcação XAML para definir o novo estilo:

    ```
    <Style x:Key="YellowGradient" TargetType="Button"
        BasedOn="{StaticResource GradientButton}">
        <Setter Property="BorderBrush" Value="Yellow"/>
        <Setter Property="Foreground" Value="Yellow"/>
    </Style>
    ```

    Seu Code Editor deve se parecer com este:

```xml
<Application
    x:Class="XAML_Style_Practice.App"
    xmlns="http://schemas.microsoft.com/winfx/2006/xaml/presentation"
    xmlns:x="http://schemas.microsoft.com/winfx/2006/xaml"
    xmlns:local="using:XAML_Style_Practice">

    <Application.Resources>
        <Style x:Key="GradientButton" TargetType="Button">
            <Setter Property="FontSize" Value="28"/>
            <Setter Property="Background" >
                <Setter.Value>
                    <LinearGradientBrush EndPoint="0.5,1" StartPoint="0.5,0">
                        <GradientStop Color="Black"/>
                        <GradientStop Color="White" Offset="1"/>
                    </LinearGradientBrush>
                </Setter.Value>
            </Setter>
        </Style>
        <Style x:Key="YellowGradient" TargetType="Button"
               BasedOn="{StaticResource GradientButton}">
            <Setter Property="BorderBrush" Value="Yellow"/>
            <Setter Property="Foreground" Value="Yellow"/>
        </Style>
    </Application.Resources>
</Application>
```

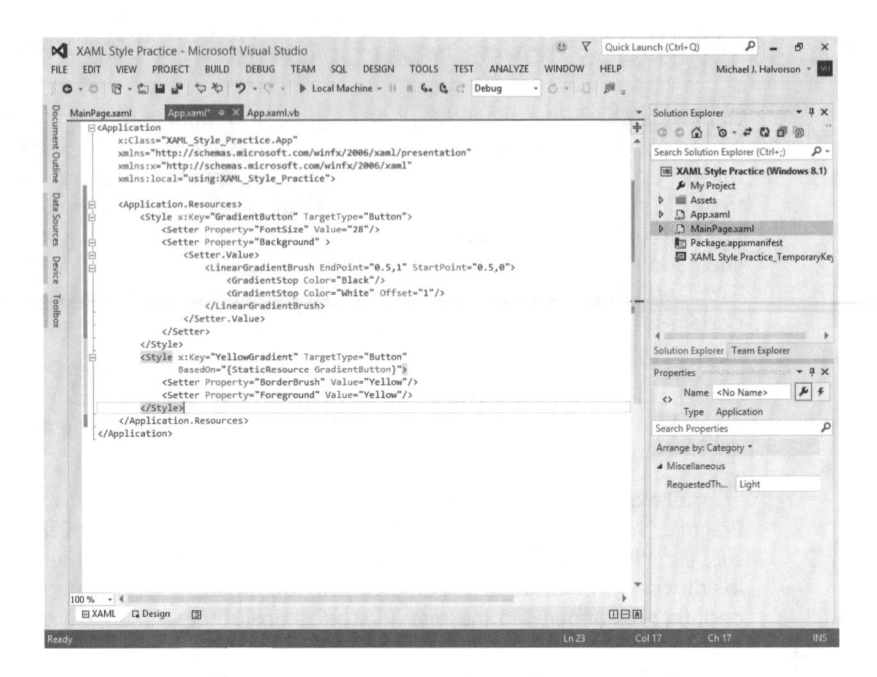

Mais uma vez, o novo recurso de estilo é definido na seção *<Application.Resources>* entre as marcas *<Style>* e *</Style>*. Você reconhecerá a maior parte da marcação utilizada para esse novo recurso, com exceção da propriedade *BasedOn*, utilizada aqui pela primeira vez. *BasedOn* permite herdar as características do estilo *GradientButton* e utilizá-las como base do novo estilo. Como *GradientButton* é um recurso do projeto, também é referenciado com a palavra-chave *StaticResource*.

O estilo recebe um nome, utilizando a marca *x:Key*. Duas propriedades *Setter* aplicam formatação amarela à borda do botão e às letras exibidas nele. Contudo, sob outros aspectos, o botão simplesmente herda as configurações de propriedade e características do estilo *GradientButton*.

3. Clique na guia MainPage.xaml na parte superior do Designer.

   Agora você vai referenciar o estilo *YellowGradient* na marcação do terceiro botão da página.

4. Mova o cursor de inserção para o Code Editor e coloque-o entre as configurações de propriedade *Button* e *Content* do terceiro botão.

5. Digite a marcação a seguir para atribuir o estilo *YellowGradient* ao botão:

```
Style="{StaticResource YellowGradient}"
```

A conhecida palavra-chave *StaticResource* é utilizada novamente para referenciar o estilo que você deseja usar. O projeto do terceiro botão será baseado no modelo de estilo do primeiro e segundo botões, com a formatação amarela adicionada por meio do novo estilo *YellowGradient*.

Assim que você retira o ponto de inserção da marcação XAML do terceiro botão, a mudança de formatação ocorre. Sua tela estará parecida com esta:

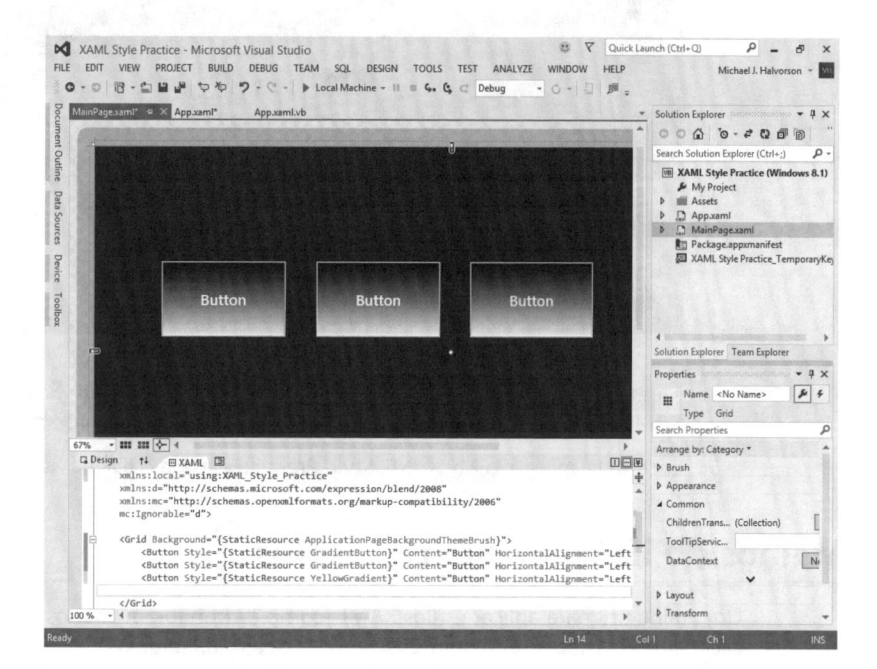

6. Salve as alterações feitas no projeto e execute o programa para ver como fica o novo botão.

O aplicativo Windows Store inicia e os três botões aparecem na tela. Você verá algo como a ilustração a seguir. Observe que a cor amarela no terceiro botão será diferente somente na tela à sua frente e na versão em e-book desta obra. O livro impresso não mostrará a formatação amarela.

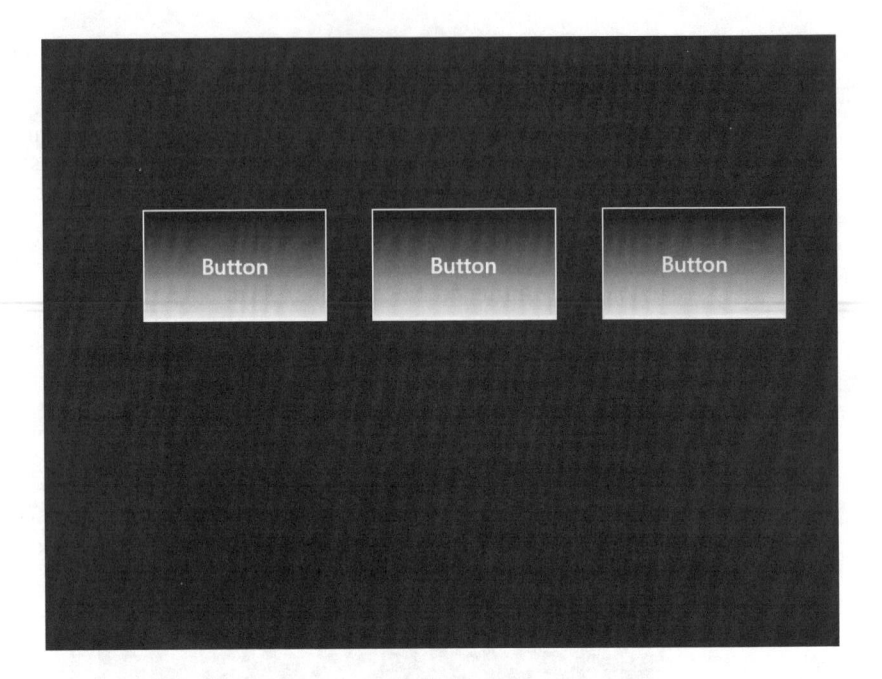

Mesmo neste exemplo simples, você pode ver o poder significativo dos estilos XAML e como um projeto de estilo pode ser usado como base para mais estilos.

7. Encerre o aplicativo My XAML Style Practice e exiba o IDE novamente.

Atalhos do IDE para aplicar estilos

Um atalho útil para aplicar estilos XAML, como os que foram criados neste capítulo, é clicar com o botão direito do mouse em um objeto na página que você deseja formatar com um novo estilo e aplicar o nome do estilo a partir de uma lista em uma janela pop-up. Quando você aplica estilos XAML dessa maneira, usando somente comandos do IDE, o Visual Studio atualiza a marcação XAML automaticamente. Não é necessário digitar o estilo manualmente, usando a propriedade XAML *Style* no Code Editor.

Experimente esse atalho agora.

Aplique um estilo XAML utilizando o IDE

1. No Designer, clique com o botão direito do mouse no primeiro botão da página.
2. No menu pop-up que aparece, clique em Edit Template | Apply Resource | YellowGradient.

3. Sua tela ficará assim quando você estiver fazendo sua seleção do recurso de estilo:

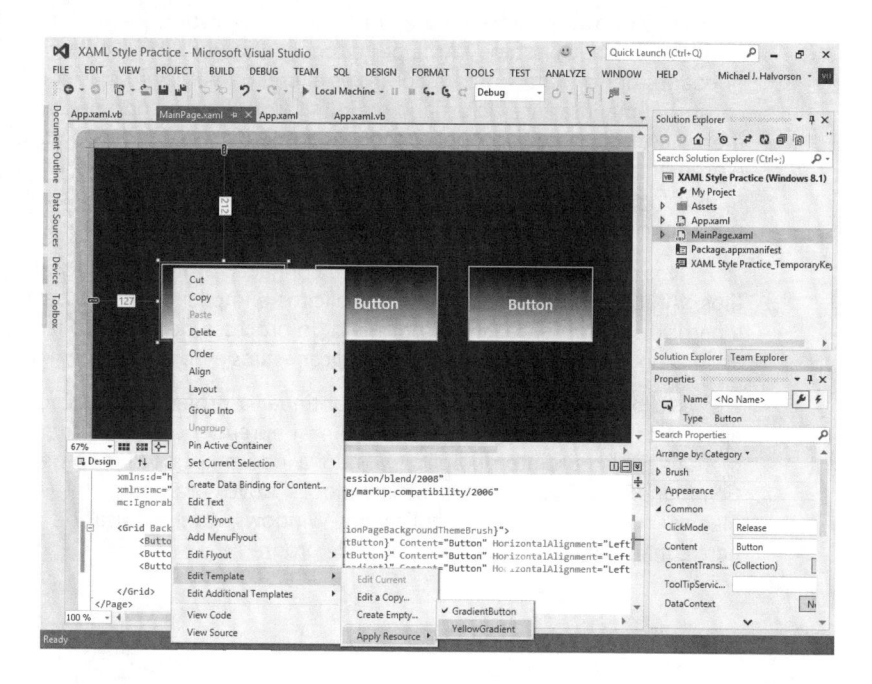

Os dois estilos que você adicionou ao arquivo App.xaml (*GradientButton* e *YellowGradient*) agora estão prontos para serem usados ao clique de um botão.

Depois que você seleciona o estilo *YellowGradient*, o Visual Studio o aplica ao objeto selecionado no Designer e atualiza a propriedade *Style* do objeto na marcação XAML e no Code Editor.

Isso é tudo que você precisa fazer! Você aprendeu outra maneira prática de tirar proveito de recursos de estilo em um projeto no Visual Studio!

4. Salve suas alterações e encerre o Visual Studio.

Você terminou de trabalhar com estilos XAML neste capítulo. Certifique-se de utilizá-los quando projetar aplicativos Windows Store e volte a este capítulo para um curso de revisão quando começar a construir projetos maiores – os estilos se tornam incrivelmente úteis em trabalhos de desenvolvimento maiores em equipe.

Resumo

Neste capítulo, você aprendeu a criar e a utilizar estilos XAML em seus aplicativos Windows Store. Os estilos XAML permitem configurar uma ampla variedade de propriedades de formatação para controles e, então, reutilizar essas configurações para construir uma interface de usuário mais uniforme. Recomendo que você crie seus primeiros estilos no arquivo App.xaml de um projeto, para que possa utilizá-los em todo o programa. À medida que você aprender mais sobre estilos e criar favoritos que queira usar frequentemente, recomendo colocá-los em um dicionário de recursos, o qual pode ser compartilhado entre vários aplicativos.

Nos exercícios deste capítulo, você conheceu a sintaxe necessária para criar estilos XAML, aprendeu a usar estilos explícitos e implícitos e a construir novos estilos a partir de outros já existentes por meio do processo de herança. Também conheceu atalhos no IDE do Visual Studio para aplicar estilos a objetos na página.

No próximo capítulo, você vai continuar a projetar a interface do usuário de aplicativos Windows Store. Em especial, vai aprender a usar alguns recursos fundamentais para o projeto de aplicativos do Windows 8.1, incluindo os novos controles *CommandBar* e *Flyout*, a personalizar blocos "ativos" na página Iniciar do Windows, a planejar toques e gestos em aplicativos Windows Store e a usar o Manifest Designer para configurar permissões e recursos de programa.

CAPÍTULO 9

Recursos de design do Windows 8.1: barra de comandos, flyout, blocos e toque

Neste capítulo, você vai aprender a:

- Criar um componente *CommandBar* com botões para gerenciar tarefas comuns.
- Utilizar o controle *Flyout* para coletar entrada e exibir informações.
- Projetar um bloco personalizado para seu aplicativo Windows Store na página Iniciar.
- Planejar entrada por toque e gestos em um aplicativo Windows Store.
- Utilizar o Manifest Designer para definir permissões e capacidades do programa.

Neste capítulo você continua examinando a interface do usuário de aplicativos Windows Store e ainda aprende mais sobre os recursos dos programas distribuídos via Windows Store. Em especial, vai aprender mais a respeito das diretrizes de projeto para experiência do usuário para o sistema operacional Windows 8.1. Aprenderá a criar em seu projeto uma barra de comandos interativa que utiliza botões para ativar os comandos e a utilizar o controle XAML *Flyout* para exibir e receber informações com um toque ou um clique. Essas ferramentas são recursos novos do Visual Studio 2013, destinados a aplicativos Windows Store.

Os aplicativos Windows Store precisam de um design homogêneo do princípio ao fim. Nesse sentido, este capítulo descreve como criar um bloco (*tile*, em inglês) na página Iniciar para seu aplicativo Windows Store e como planejar entrada por toque e gestos em um programa que execute em dispositivos capacitados para toques. Além disso, você aprenderá a editar o arquivo Package.appxmanifest com o Manifest Designer, a fim de controlar importantes permissões e capacidades para usuários de seu software. Este último passo garante que seus clientes realizem o trabalho necessário sem arriscar o sistema ou as informações sigilosas armazenadas nele.

As técnicas a seguir se aplicam especificamente aos aplicativos Windows Store executados no Windows 8.1. Em algumas circunstâncias, a implementação completa desses recursos exigirá um trabalho um pouco avançado, que está fora dos objetivos deste capítulo – por exemplo, a criação de blocos ativos que respondem a uma variedade de cenários de entrada. Contudo, os assuntos apresentados aqui estabelecerão a base para os projetos Windows Store e o prepararão para suas explorações e para as atividades de desenvolvimento em equipe.

Crie uma barra de comandos para gerenciar tarefas comuns

As diretrizes de projeto do Windows 8.1 incentivam os designers de software a apresentar aos usuários um mínimo de "cromo", ou recursos persistentes na interface do usuário, em um aplicativo Windows Store. Isso significa que você deve minimizar o uso de barras de título estáticas, barras de menu, barras de ferramentas e botões que estão sempre na tela, como nos aplicativos de área de trabalho tradicionais do Windows. Em vez disso, um conteúdo elaborado para o usuário deve estar no centro da experiência de computação no Windows 8.1. Quando possível, as informações devem ser apresentadas graficamente, de preferência em blocos ou painéis contendo texto bonito, fotografias chamativas e arte original.

Um recurso excelente para informações de projeto para Windows 8.1 são as diretrizes de experiência de usuário (UX) da Microsoft, preparadas para ajudar os desenvolvedores a pensar sobre como o software é utilizado e as emoções e as percepções dos consumidores ao trabalharem com aplicativos Windows Store. Essas diretrizes são apresentadas no artigo "Designing UX for apps", no MSDN, e recomendo essa fonte a você. (Consulte *http://msdn.microsoft.com/en-us/library/windows/apps/hh779072.aspx*.)

Assim, se o desenvolvedor precisar substituir as barras de menu e de ferramentas tradicionais por outro mecanismo para executar comandos e gerenciar tarefas, qual ou quais ferramentas deve usar?

Parte da resposta dessa pergunta envolve pensar sobre o conteúdo para usuário em seu aplicativo e nas maneiras de trabalhar com ele. Dentro da Toolbox XAML para um aplicativo Windows Store existem numerosas ferramentas de interface de usuário para se escolher, e você já inspecionou diversas neste livro, incluindo *Image*, *TextBlock*, *WebView*, *MediaElement*, *TextBox* e *FlipView*.

Contudo, existem ocasiões em que é útil exibir uma paleta de comandos para o usuário escolher. No produto Visual Studio 2012, um modo de fazer isso era por meio do controle XAML *AppBar*, o qual exibe uma janela pop-up com comandos comuns, na parte superior ou inferior do aplicativo. Embora o controle *AppBar* ainda esteja disponível para aplicativos Windows Store, grande parte da mesma funcionalidade agora é oferecida no Visual Studio 2013 com os controles *CommandBar*, *AppBarButton* e *AppBarToggleButton*, localizados na Toolbox XAML. A ilustração a seguir mostra o aplicativo Calendário da Microsoft com uma barra de comandos contendo cinco botões na parte inferior da página.

Recursos da barra de comandos

CommandBar é útil porque fornece um layout automático de botões de comando comuns que aparecem na parte superior ou inferior das janelas do aplicativo, quando o usuário clica com o botão direito do mouse, desliza o dedo da margem da tela para o centro ou pressiona Windows+Z. Além disso, a barra é organizada em um painel principal no lado direito e um secundário no lado esquerdo.

As diretrizes de projeto do Windows 8.1 exigem que as janelas do aplicativo possam ser redimensionadas, significando que o conteúdo dentro do aplicativo precisará ser ajustado dinamicamente, se o usuário optar por redimensionar ou reorientar o espaço de trabalho do aplicativo. O controle *CommandBar* trata desse redimensionamento automaticamente e, se necessário, *CommandBar* será exibido em um estado compacto especial, o qual também pode ser definido via programação, caso você mude para True a configuração de propriedade *IsCompact* do controle.

Normalmente, um controle *CommandBar* é criado em um aplicativo Windows Store pela adição de marcação XAML ao arquivo MainPage.xaml, dentro da marca <*Page*> do arquivo. Os botões individuais no controle *CommandBar* são criados com o controle *AppBarButton*, que também é novo no Visual Studio 2013 e está disponível na Toolbox XAML para aplicativos Windows Store. O controle *AppBarButton* tem as propriedades *Icon* e *Label* que, coletivamente, determinam quais formatos de botão aparecem na barra e o rótulo de texto utilizado para descrever o botão. Então, você "conecta" cada um dos botões de comando a rotinas de tratamento de eventos que executam o trabalho do botão por meio de código em Visual Basic. Normalmente é usada uma rotina de tratamento de eventos separada para manipular cada clique ou toque em botão.

É assim que a marcação XAML aparece para um controle *CommandBar* que contém três controles *AppBarButton*. A marcação é especificada perto do início do controle *Page* (antes do controle *Grid* ser definido) e o identificador *BottomAppBar* indica que a barra será anexada à parte inferior da página. (Use *TopAppBar* para criar uma barra de comandos na parte superior da página.)

```
<Page.BottomAppBar>
    <CommandBar>
        <AppBarButton Icon="Play" Label="Play" Click="PlayButton_Click"/>
        <AppBarButton Icon="Pause" Label="Pause" Click="PauseButton_Click"/>
        <AppBarButton Icon="Stop" Label="Stop" Click="StopButton_Click"/>
    </CommandBar>
</Page.BottomAppBar>
```

Os botões são chamados Play, Pause e Stop. Observe como cada botão chama uma rotina de tratamento de eventos separada ao ser clicado, por meio da propriedade *Click*. (O código em Visual Basic das rotinas de tratamento de eventos não é fornecido aqui – isso fará parte do próximo exercício.) Por padrão, os botões aparecem no canto inferior direito da barra de comandos.

Os nomes de botão identificados pela propriedade *Icon* são carregados de um arquivo de estilos do Visual Studio que contém símbolos de botão válidos para aplicativos Windows Store. Você pode ver a impressionante lista de símbolos disponíveis, examinando o seguinte arquivo de documentação no MSDN: *http://msdn.microsoft.com/nl-nl/library/windows/apps/windows.ui.xaml.controls.symbol.aspx*.

Se o botão que você quer é, de fato, um *botão de alternância* (toggle button) com estados ativado e desativado distintos, pode fazer com que tal imagem apareça na barra de comandos especificando *AppBarToggleButton*, em vez de *AppBarButton*, na marcação XAML do controle. (Você vai ver um exemplo dessa técnica em um exercício mais adiante neste capítulo.) O texto da propriedade *Label* de cada botão especifica o nome que aparecerá sob o ícone na barra de comandos, quando a barra se tornar visível. É apenas coincidência que, neste exemplo, as propriedades *Icon* e *Label* contenham exatamente a mesma informação.

Projete sua barra de comandos

Você vai querer passar algum tempo projetando suas barras de comandos para que elas exibam os ícones e comandos necessários de uma maneira previsível. Por exemplo, use uma barra de comandos na parte inferior da página para exibir comandos relevantes ao contexto atual do usuário, como itens que são selecionados e que podem exigir edição ou exclusão. Uma barra de comandos na parte superior da página normalmente é utilizada para exibir elementos de navegação e, às vezes, é conhecida como barra de navegação. Aqui, você vai ver elementos como um botão de avanço ou retrocesso, ou um seletor que permite mudar a página.

De acordo com o objetivo de reduzir o cromo, as barras de comandos não são visíveis por padrão. Elas só aparecem quando o usuário clica com o botão direito do mouse ou desliza o dedo a partir da margem superior ou inferior da tela. Contudo, também é possível fazer uma barra de comandos aparecer por meio de programação, utilizando código Visual Basic.

Quando projetar sua barra de comandos, comece colocando os comandos padrão típicos no lado direito dela. Se houver somente alguns poucos botões de comando relevantes para a tarefa a ser executada, você poderá acabar mostrando apenas um ou dois no lado direito. (Isso está certo e é normal no ambiente Windows 8.1.) No entanto, se houver um número maior de comandos para mostrar, separe os botões em conjuntos nos lados direito e esquerdo da barra, para equilibrar o espaço de trabalho do aplicativo e tornar os comandos ergonomicamente acessíveis.

Alguns botões de comando são muito característicos e aparecem em muitos aplicativos Windows Store. Para dar uniformidade e enfatizar a facilidade de uso, siga as orientações da Microsoft em relação a como os botões são organizados em aplicativos típicos, como Internet Explorer, Calendário, Email e Loja. Assim, seus usuários aproveitarão o conhecimento já adquirido e conhecerão a posição de botões comuns. Por exemplo, um botão Novo normalmente deve ser o que está mais à direita em uma barra de comandos na parte inferior da página.

Será que você deveria usar um charm?

Quando possível, além das barras de comandos, você deve tentar usar os charms padrão da *barra de charms* do Windows para tratar das tarefas comuns, como pesquisa dentro de seu aplicativo, compartilhamento de dados de seu aplicativo com outros e ajuste de configurações comuns em seu aplicativo. Os charms são botões universais que aparecem no lado direito da tela no Windows 8 e no Windows 8.1, quando você desliza o dedo a partir da direita ou mantém o cursor do mouse no canto superior direito da tela. Eles podem ser utilizados para fornecer aos seus usuários os seguintes recursos, os quais não devem ser duplicados por botões na barra de comandos em seu aplicativo:

- **Pesquisar** Permite que seu aplicativo seja um provedor de dados para pesquisas de qualquer usuário no sistema. Se seu programa contém muitos dados para usar e compartilhar, o charm Pesquisar pode ser um excelente portal para acessá-los.

- **Compartilhar** Permite aos usuários compartilhar conteúdo de seu aplicativo com outros usuários ou programas Windows Store.

- **Dispositivos** Permite aos usuários enviar áudio, vídeo ou imagens de seu aplicativo para outros dispositivos ligados ao seu computador ou à rede.

- **Configurações** Permite aos usuários gerenciar configurações comuns em seu aplicativo Windows Store, utilizando a mesma ferramenta que conhecem no Windows.

Os charms são incorporados ao Windows 8 e ao Windows 8.1 – eles são um recurso de utilização básico do sistema operacional que pode ser acessado pelos desenvolvedores de software. Para interagir com um charm e utilizá-lo para fornecer informações específicas do aplicativo, você estabelece um *contrato* com ele, o que envolve declarar o charm que deseja utilizar no arquivo Package.appxmanifest (discutido mais adiante neste capítulo) e, então, acessá-lo utilizando código Visual Basic em seu aplicativo.

O charm do Windows de uso mais comum é Pesquisar, o qual permite aos usuários extrair informações valiosas de seu aplicativo. Para obter mais informações sobre o uso do charm Pesquisar, consulte "Quickstart: Adding search to an app (Windows Store apps using C#/VB/C++ and XAML)", em *http://msdn.microsoft.com/en-us/library/windows/apps/hh868180.aspx*.

Prática com barra de comandos passo a passo

Vamos experimentar um exemplo de código que cria um novo controle *CommandBar* em um aplicativo Windows Store e o utiliza para executar comandos simples. O programa de exemplo tocará música com o controle *MediaElement*, que você aprendeu a usar no Capítulo 5, "Controles de aplicativos Windows Store". A barra de comandos do programa fornece cinco comandos de botão relacionados à mídia: Loop Track, Mute, Play, Pause e Stop. Para criar esse projeto é preciso estar executando o Windows 8.1.

Utilize um controle *CommandBar* para gerenciar reprodução de mídia

1. Inicie o Visual Studio 2013 e crie um novo aplicativo Windows Store com Visual Basic e o template Blank App (XAML).
2. Na caixa de texto Name, digite **My Command Bar Demo**.
3. Clique em OK para criar o novo projeto no Visual Studio.

   O Visual Studio abre o novo projeto com um template de aplicativo em branco.
4. Clique duas vezes no arquivo MainPage.xaml no Solution Explorer.
5. Abra a categoria All XAML Controls da Toolbox e clique duas vezes no controle *MediaElement*.

   O Visual Studio coloca um novo objeto reprodutor de mídia no canto superior esquerdo da página do aplicativo. Lembre-se de que é possível ver o contorno desse controle enquanto seu projeto está no modo design, mas que ele será invisível quando o programa executar. Por isso, você vai usar o controle *CommandBar* para fornecer alguns recursos de reprodução úteis.

   Agora você vai adicionar um arquivo de mídia ao projeto.
6. Clique com o botão direito do mouse na pasta Assets no Solution Explorer, para exibir o menu de atalho de comandos.
7. Aponte para o comando Add e clique em Existing Item.
8. Na caixa de diálogo Add Existing Item, acesse a pasta Meus Documentos\Visual Basic 2013 SBS\Chapter 09 e clique em Electro Sample, o mesmo arquivo MP3 contendo música eletrônica utilizado no Capítulo 5.
9. Clique em Add para adicionar o arquivo de música à pasta Assets de seu projeto.

   Agora você está pronto para atribuir esse item musical à propriedade *Source* do objeto elemento de mídia.
10. Clique no objeto elemento de mídia na janela Designer e, então, use a janela Properties para alterar a propriedade *Name* para **MediaTool**.
11. Expanda a categoria *Media*, role para baixo até a propriedade *Source* e clique na caixa de listagem Source.

    O arquivo de mídia adicionado ao projeto aparece na lista.

12. Clique em Electro Sample.mp3 para adicionar o arquivo de música.

    Agora você está pronto para adicionar um controle *CommandBar* ao projeto. Você vai adicionar a barra utilizando marcação XAML, o que é muito mais eficiente do que usar a Toolbox e a janela Properties neste caso.

13. Abra o arquivo MainPage.xaml no painel XAML do Code Editor.

    No início do arquivo, você vai ver o cabeçalho *<Page>*, seguido por sete linhas de marcação XAML que definem namespaces e outros objetos importantes no projeto.

14. Sob essas linhas (mas acima do cabeçalho *Grid*), digite a seguinte marcação:

    ```
    <Page.BottomAppBar>
        <CommandBar>
            <AppBarButton Icon="Play" Label="Play" Click="PlayButton_Click"/>
            <AppBarButton Icon="Pause" Label="Pause" Click="PauseButton_Click"/>
            <AppBarSeparator/>
            <AppBarButton Icon="Stop" Label="Stop" Click="StopButton_Click"/>

            <CommandBar.SecondaryCommands>
                <AppBarToggleButton Icon="RepeatAll" Label="Loop Track"
                                    Click="LoopButton_Click"/>
                <AppBarToggleButton Icon="Mute" Label="Mute"
                                    Click="MuteButton_Click"/>
            </CommandBar.SecondaryCommands>
        </CommandBar>
    </Page.BottomAppBar>
    ```

    Como o exemplo de marcação mostrado anteriormente, esse código XAML cria uma barra de comandos anexada à parte inferior da página. A barra contém cinco botões: Play, Pause, Stop, RepeatAll e Mute. Os dois últimos são criados com o controle *AppBarToggleButton* e também são denominados "comandos secundários", significando que são listados no lado esquerdo da barra de comandos.

    O botão Stop é criado na extremidade direita da barra de comandos e é separado dos outros por uma linha fina, adicionada simplesmente por questão de estilo. Observe que cada um dos cinco botões tem sua rotina de tratamento de eventos exclusiva, que você vai definir nos passos a seguir, utilizando procedimentos *Sub* do Visual Basic.

15. Abra o arquivo code behind MainPage.xaml.vb no Code Editor.

16. Digite o código em Visual Basic a seguir, sob a instrução *Inherits Page* no arquivo:

    ```
    Sub StopButton_Click()
        MediaTool.Stop()
    End Sub

    Sub PlayButton_Click()
        MediaTool.Play()
    End Sub
    ```

```
Sub PauseButton_Click()
    MediaTool.Pause()
End Sub

Sub LoopButton_Click()
    MediaTool.IsLooping = Not MediaTool.IsLooping
End Sub

Sub MuteButton_Click()
    MediaTool.IsMuted = Not MediaTool.IsMuted
End Sub
```

Essas cinco rotinas de tratamento de eventos de uma linha utilizam propriedades e métodos do controle *MediaElement* para gerenciar a reprodução do item musical carregado do projeto. Se completou o Capítulo 5 deste livro, você já viu vários desses métodos. A propriedade *IsLooping*, utilizada aqui pela primeira vez, determina se a música voltará ao início e tocará novamente depois de terminar. A instrução utiliza o operador booleano *Not* para trocar, ou alternar, o valor atual de *IsLooping*.

17. Clique no comando Save All do menu File para salvar suas alterações.
18. Especifique a pasta Meus Documentos\Visual Basic 2013 SBS\Chapter 09 para o local.

    Agora você vai executar o programa novamente, para testar a barra de comandos criada.

19. Clique em Start Debugging na barra de ferramentas.

    O aplicativo executa e o arquivo de áudio selecionado começa a tocar. Uma característica do controle *MediaElement* é que ele executa automaticamente por padrão. Contudo, a tela fica em branco.

20. Após alguns instantes de música eletrônica, abra a barra de comandos clicando com o botão direito do mouse, pressionando Windows+Z ou (se você tiver uma tela sensível ao toque) deslizando o dedo para cima, a partir da margem inferior da tela.

    Você verá a seguinte barra de comandos:

21. Clique no botão Pause.

    O som é pausado na posição de reprodução atual.

22. Clique no botão Play.

    A reprodução do áudio continua de onde parou.

23. Clique no botão Mute.

    A música é emudecida (o volume é configurado como 0 temporariamente), mas a reprodução continua. Como Mute é um botão de alternância (toggle button), o ícone é preenchido com a cor de fundo branca.

24. Após alguns momentos, clique novamente no botão Mute.

    A configuração de volume original é restaurada e você poderá ouvir a música novamente. Você vai notar que a música avançou (e terminará, se esperar tempo demais).

25. Clique no botão Stop.

    A reprodução de áudio termina.

26. Clique no botão Play novamente.

    O arquivo de música eletrônica começa novamente, mas no início da música.

27. Clique no botão Loop Track.

    O botão de alternância é preenchido com a cor de fundo branca e prepara o controle *MediaElement* para a repetição. Quando a trilha terminar, tocará novamente (e outra vez) até que você feche o programa ou alterne o botão.

> **Nota** Como você pode ter observado, não havia um botão de "repetição" específico na coleção de símbolos fornecida pela Microsoft para aplicativos Windows Store; portanto, usei o botão RepeatAll para este projeto (ele tem aparência e comportamento semelhantes). Normalmente, você pode se dar bem com esse tipo de substituição, desde que o botão utilizado não tenha outra função de conhecimento geral.

28. Continue experimentando os controles da barra de comandos que você criou. Pode também abrir e fechar a barra de comandos, mexer nela por algum tempo e, depois, fechá-la, quando não for mais necessária. O objetivo dessa barra é ser inexistente quando não for necessária.

29. Quando terminar, encerre o programa e feche o projeto. (Mas mantenha o Visual Studio aberto.)

    Você aprendeu a usar os controles *CommandBar*, *AppBarButton* e *AppBarToggleButton* para definir uma barra de comandos e associar botões de comando a rotinas de tratamento de eventos que executam trabalho útil.

Utilize o controle *Flyout* para coletar entrada e exibir informações

O Visual Basic 2013 também apresenta um novo controle para aplicativos Windows Store, chamado *Flyout*, que permite exibir uma caixa de diálogo temporariamente na superfície de seu aplicativo. O uso recomendado para o controle *Flyout* é permitir mensagens pop-up ou entradas rápidas em uma situação onde não é necessária uma página de informações completa, como uma mensagem pedindo a confirmação de uma exclusão ou uma solicitação de desconexão. Um flyout deve ser usado em resposta a um toque ou clique do usuário na tela; como uma barra de comandos, ela desaparece rapidamente quando o usuário clica em um botão dentro do flyout, clica fora dele ou pressiona a tecla Esc.

Os flyouts são normalmente usados em conjunto com objetos botão na página de um aplicativo Windows Store. Por exemplo, considere a captura de tela a seguir, do programa Calendário da Microsoft, um aplicativo Windows Store que permite aos usuários gerenciar eventos pendentes em um calendário que pode ser compartilhado.

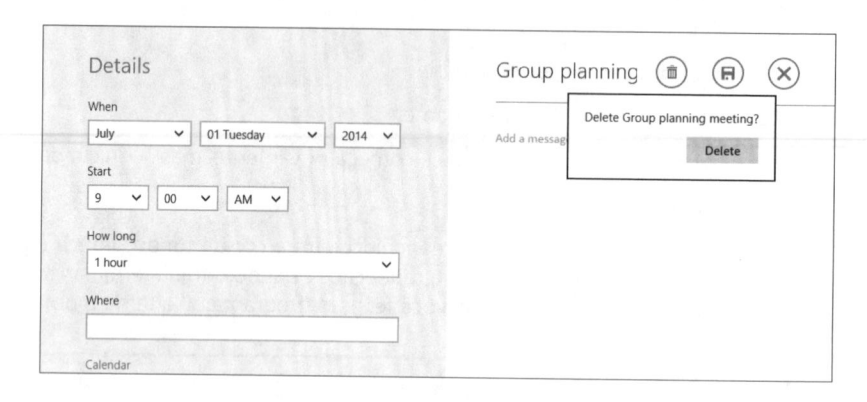

Na tela, o usuário acabou de clicar no botão Delete, no canto superior direito da página, para excluir um evento pendente. No entanto, em vez de simplesmente remover a reunião de planejamento (planning meeting) – uma ação que resultará na perda de dados do calendário –, o programa utiliza um flyout para confirmar a exclusão. Em particular, o flyout pede para que o usuário confirme a remoção clicando em Delete ou cancele a ação por pressionar Esc ou clicar fora do flyout.

A Microsoft recomenda que os projetistas utilizem flyouts para várias ações em um aplicativo Windows Store, incluindo as seguintes:

- **Coleta de dados** Use um flyout quando quiser coletar de um usuário informações adicionais que estejam fora do escopo da entrada típica. Por exemplo, você poderia usar caixas de texto e botões de opção em uma página para coletar informações típicas do usuário, mas então utilizar um flyout para dados suplementares ou para lembrar ao usuário que um campo obrigatório ficou vazio.

- **Mensagens de alerta** Use um flyout para avisar o usuário de que dados estão para ser perdidos como resultado de um comando ou ação que acabou de executar no aplicativo. É fácil fazer isso, se você anexar um flyout a um botão na página, pois os botões têm a capacidade inerente de exibir flyouts.

- **Seleção de uma opção entre muitas** A Microsoft recomenda usar flyouts em conjunto com barras de comando para exibir menus quando um botão tem mais de uma opção para se escolher.

- **Informações contextuais adicionais** Os flyouts podem ser muito úteis, se você quiser exibir mais informações sobre algo em sua interface de usuário. A Microsoft recomenda reduzir a aglomeração ou "cromo" na tela. Um flyout pode ser uma boa escolha quando você quer exibir texto informativo relacionado a uma ação ou recurso, mas somente por algum tempo.

No Visual Studio 2013, o controle XAML *Button* tem uma nova propriedade *Flyout* para tornar fácil abrir um flyout na página. Outra técnica para usar controles *Flyout* (não discutida neste capítulo) envolve anexar um flyout a um objeto na página usando a propriedade *FlyoutBase.AttachedFlyout* e tratando o evento que chama o flyout, criando uma propriedade personalizada em Visual Basic para responder à interação. (Você vai aprender mais sobre a criação de propriedades e classes base no Capítulo 16, "Técnicas de programação orientada a objetos".)

O exercício a seguir mostra como usar o controle *Flyout* para exibir uma mensagem de confirmação, quando o usuário clica em um botão Display Photo em um aplicativo Windows Store chamado Flyout Demo. O programa é uma revisão do programa Command Bar Demo criado anteriormente neste capítulo. Contudo, salvei o projeto com um novo nome e adicionei alguns recursos a fim de prepará-lo para a prática com o controle *Flyout* que você vai experimentar.

Utilize o controle *Flyout* para confirmar uma ação

1. Abra o aplicativo Flyout Demo, localizado na pasta Meus Documentos\Visual Basic 2013 SBS\Chapter 09 em seu disco rígido.

    Flyout Demo é um aplicativo feito no Visual Studio 2013, contendo controles que não estão disponíveis no Visual Studio 2012. Se estiver executando o software Visual Studio 2012, você não poderá abrir esse projeto. (O aplicativo também exige Windows 8.1.)

2. Abra o arquivo MainPage.xaml.

    Esse programa também tem uma interface de usuário mínima. Assim como Command Bar Demo, ele contém um controle *MediaElement* que reproduz música e há uma barra de comandos com botões para controlar a reprodução de um arquivo de música eletrônica.

    As alterações feitas na página incluem a adição de um objeto botão contendo o texto "Display Photo" e de um objeto imagem que exibe uma fotografia colorida de minha banda cover em Seattle, a American Standard. (É isso mesmo, eu não apenas escrevo livros de computação!)

    A foto é carregada na pasta Assets do projeto e foi vinculada ao objeto imagem por meio da propriedade *Source* do objeto. Configurei a propriedade *Stretch* da imagem como Uniform e ocultei a imagem configurando a propriedade *Visibility* do objeto como Collapsed. É por isso que você não pode ver a foto na página agora.

    Nos passos a seguir, você vai usar XAML para anexar um controle *Flyout* ao objeto *Button* definido em MainPage.xaml.

3. Com o Code Editor, role para baixo no arquivo MainPage.xaml a fim de exibir a marcação XAML que define *Grid* e os objetos *Button*.

PARTE II   Projeto da interface do usuário

4. Abaixo da propriedade *Width* do objeto *Button*, você notará a seguinte marcação:

```
<Button.Flyout>
<Flyout>
<StackPanel>
<TextBlock>You have requested a photo to be displayed. Do you want to continue?
</TextBlock>
<Button Click="DisplayPhoto_Click">Yes, display the photo</Button>
</StackPanel>
</Flyout>
</Button.Flyout>
```

> **Nota** Para permitir que a marcação aparecesse na página impressa sem quebras de linha, não recuei o código XAML no livro. Contudo, no Code Editor, você deve ter a liberdade para aceitar os recuos recomendados pelo Visual Studio para mostrar o aninhamento dos elementos.

Seu IDE será parecido com este:

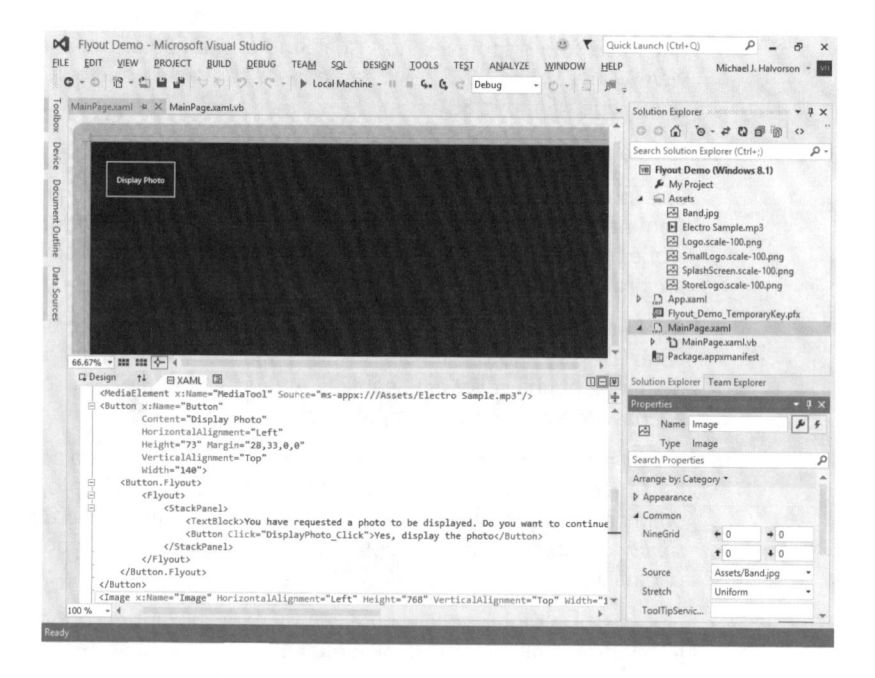

A nova marcação XAML anexa o controle *Flyout* ao objeto *Button* e define o conteúdo do flyout usando controles *StackPanel*, *TextBlock* e *Button*. Essas são simplesmente as ferramentas de interface do usuário que considerei serem um bom flyout – você pode usar qualquer combinação de controles XAML que queira em um flyout. Apenas procure ser relativamente descomplicado aqui, pois um flyout não deve ser como uma página normal, cheia de recursos, em sua interface de usuário.

Observe também o botão interno usado no flyout. Essa marcação especifica o texto que será exibido no botão ("Yes, display the photo") e também a rotina de tratamento de eventos que será executada quando o usuário clicar no botão (*DisplayPhoto_Click*).

Agora você vai ver o conteúdo da rotina de tratamento de eventos no arquivo code-behind do Visual Basic.

5. Abra MainPage.xaml.vb no Code Editor.

6. Role até o final do arquivo e localize o seguinte procedimento *Sub*, o qual tornará a imagem visível na página quando o usuário clicar no botão Display Photo:

```
Sub DisplayPhoto_Click()
    Image.Visibility = Windows.UI.Xaml.Visibility.Visible
End Sub
```

Essa rotina de tratamento de eventos simplesmente configura a propriedade *Visibility*. A longa configuração é apenas uma referência ao namespace *Windows.UI.Xaml*, o qual tem mais opções disponíveis para visibilidade do que simplesmente True ou False.

> **Dica** Se quiser que o Visual Studio feche o flyout via programação após o botão Yes, Display The Photo ser clicado, adicione a instrução *Button.Flyout.Hide()* no final da rotina de tratamento de eventos *DisplayPhoto_Click*. Você pode fechar o flyout com código de programa ou permitir que o usuário clique fora do flyout para fechar a janela pop-up.

Agora você executará o programa.

7. Clique no botão Start.

    A conhecida música eletrônica inicia sua progressão no aplicativo Windows Store, começando automaticamente quando o programa é ativado.

8. Clique no botão Display Photo.

    O botão ativa o flyout, o qual exibe uma mensagem de confirmação em uma caixa temporária próxima ao botão, perguntando se você deseja continuar a carregar a foto.

9. Clique em Yes, Display The Photo.

    O programa confirma o pedido e carrega a foto da banda cover. Contudo, o flyout permanece aberto até que você pressione Esc ou clique fora dele.

Sua tela se parece com esta:

10. Clique na página, fora do flyout.

    O flyout desaparece e a imagem permanece.

11. Clique com o botão direito do mouse ou deslize o dedo para cima, a partir da margem inferior da página.

    A barra de comandos aparece, mostrando os controles que podem ser utilizados para gerenciar a reprodução do arquivo de música.

12. Experimente um pouco mais os botões da barra de comandos para certificar-se de que eles ainda estão funcionando conforme o esperado.

    Você criou essa mesma barra de comandos no exercício anterior deste capítulo, é claro.

13. Quando acabar de experimentar, feche o programa.

    Isso é tudo que você precisa fazer! Você aprendeu a exibir informações e a gerenciar entrada com um controle *Flyout*. Esse vai ser um acréscimo útil à sua coleção de ferramentas de interface do usuário para Windows Store. Assim como a barra de comandos, os flyouts ajudam a reduzir a aglomeração na tela e também são compatíveis com as diretrizes de experiência do usuário recomendadas pela Microsoft para um projeto de interface de usuário criterioso. Na próxima seção, você vai aprender sobre outro recurso especial do Windows 8.1 – o layout baseado em blocos da página Iniciar – e como preparar os logotipos necessários para a página Iniciar e para o Windows Store.

Projete blocos personalizados para seu aplicativo

A página Iniciar apresenta uma coleção de blocos de aplicativo coloridos e adaptáveis, que são utilizados para ativar programas e fornecer resposta visual sobre eventos que estão ocorrendo nos aplicativos Windows Store, como o clima atual na cidade em que você está. Embora os blocos da página Iniciar possam ser imagens estáticas simples (contendo nada mais do que um logotipo básico e o nome do aplicativo), também é possível criar "blocos ativos" dinâmicos, com imagens adicionais ou conteúdo textual que é atualizado periodicamente pelo aplicativo ou por um web service confiável.

Nesta seção, você vai saber como os blocos de aplicativo são criados em um projeto para Windows Store, começando com os blocos estáticos, passando depois para os dinâmicos. O que você vai projetar será compatível com os aplicativos Windows Store vendidos por meio do Windows Store. Contudo, um processo semelhante é seguido ao se projetar blocos para equipamentos Windows Phone 8 e Microsoft Xbox.

A pasta Assets

Os blocos, ou *logotipos*, de aplicativo fazem parte do pacote de distribuição de um aplicativo Windows Store. Você os verá listados no Solution Explorer, na pasta Assets de um projeto. Quando você cria um novo projeto para Windows Store, blocos "vazios" padrão, contendo nada mais que um "X" sobre um fundo escuro, são incluídos automaticamente como espaços reservados para seu aplicativo. É possível modificar essas imagens ou substituí-las por seus próprios arquivos de imagem. Os blocos devem estar no formato PNG ou JPEG, e as imagens devem se adequar exatamente às dimensões e às especificações exigidas. (Consulte a próxima seção deste capítulo para ver os detalhes.) Recomendo o formato PNG, pois esse tipo de arquivo é mais apropriado para transparência.

Os nomes de seus blocos são armazenados individualmente no arquivo Package.appxmanifest de seu projeto, e você pode encontrar todos eles listados sob a categoria Application UI, quando editar o arquivo Package.appxmanifest com o Manifest Designer. (Para abrir esse editor, clique duas vezes no arquivo Package.appxmanifest no Solution Explorer.)

Além dos nomes de blocos, você verá outras configurações úteis sob a categoria Application UI, incluindo o local do template URI onde os blocos podem receber atualizações dinâmicas, as cores de primeiro e segundo plano utilizadas para os blocos (certifique-se de torná-las homogêneas) e o nome do aplicativo que aparece nos blocos na página Iniciar do Windows e em outros locais. Você pode incorporar o nome do aplicativo em seu bloco ou fazer o Visual Studio exibir uma sobreposição de texto com o nome no bloco. Recomendo a segunda estratégia em seus aplicativos Windows Store. Se tomar essa rota, você pode criar a sobreposição com a caixa de texto Short Name na categoria Application UI do arquivo Package.appxmanifest.

Blocos obrigatórios e usos

Como os blocos de aplicativo são utilizados de diferentes maneiras pelo Windows, várias imagens são obrigatórias para cada aplicativo Windows Store. Os requisitos que discutirei aqui se aplicam ao Windows 8.1.

PARTE II   Projeto da interface do usuário

Para um aplicativo Windows Store executado no Windows 8.1, três imagens de bloco são obrigatórias e outras duas são opcionais (mas recomendadas). A principal característica distintiva entre todos esses blocos é que eles têm tamanhos diferentes. Para obter os melhores resultados de exibição possíveis, os projetistas do Windows 8.1 recomendam não apenas "mudar a escala" de um bloco para se adequar aos vários tamanhos exigidos; isso frequentemente produz imagens imprecisas que não ficam tão boas quanto poderiam ser.

Os blocos de um aplicativo Windows Store podem ser criados com software de edição de imagem de outro fornecedor ou você pode usar o Image Editor incluído no Visual Studio, o qual encontrou pela primeira vez no Capítulo 3, "Crie seu primeiro aplicativo Windows Store", quando criou uma tela de abertura. (Caso não tenha completado o acompanhamento sobre aplicativos Windows Store no Capítulo 3, talvez queira examinar essas instruções antes de terminar esta seção. Você vai usar o Image Editor no próximo exercício.)

Os três tamanhos de blocos obrigatórios para um aplicativo Windows Store no Windows 8.1 são 150×150 pixels para o logotipo básico da página Iniciar, 30×30 pixels para uma versão pequena do logotipo, conveniente para resultados de busca e uso na página Iniciar secundária ou no painel "Aplicativos por nome", e 50×50 pixels para uma imagem que pode ser usada para propósitos de marketing no Windows Store. Opcionalmente, você também pode criar dois blocos suplementares para aplicativos Windows Store: uma imagem "grande" de 310×150 pixels para a página Iniciar (a qual contém um pouco mais de espaço para dados dinâmicos e outros itens) e uma pequena imagem de 24×24 para *notificação de distintivo* que aparece na tela de bloqueio do Windows e em outras situações.

Em termos de design, você não desejará sobrecarregar seus blocos com texto pesado e arte excessivamente complicada. Pense na possibilidade de usar uma imagem ou foto que possa ser facilmente adaptada a outros países e culturas (isto é, seja facilmente localizável) e use uma cor de fundo atraente e complementar aos blocos que o usuário normalmente veria na página Iniciar, como aquelas fornecidas na instalação padrão do Windows 8.1.

A ilustração a seguir mostra as cinco imagens de blocos descritas anteriormente, para o aplicativo Microsoft Clima (Weather) que acompanha a maioria das versões comerciais do Windows 8.1. (O aplicativo Clima também está disponível para download gratuito no Windows Store.)

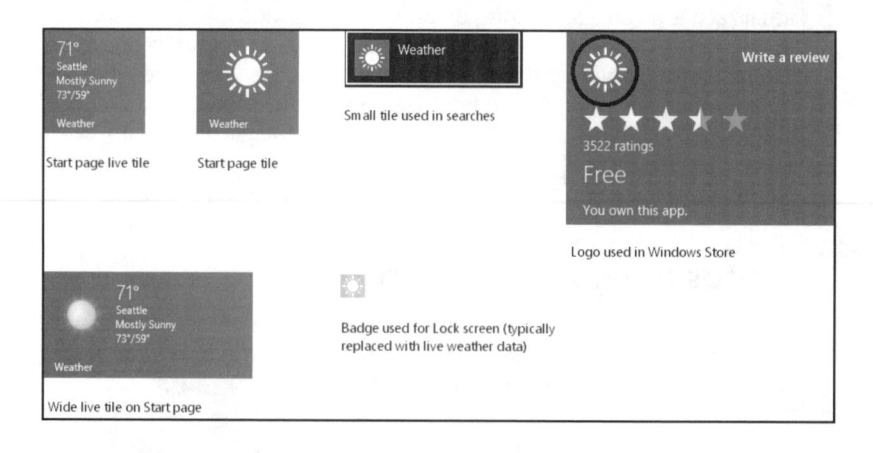

Observe como os logotipos do aplicativo Clima são parecidos dentro dos exemplos de blocos mostrados aqui, embora na verdade tenham tamanhos diferentes em todos os casos, menos em um. A diferença mais evidente que você vai ver são os dois "blocos ativos" dinâmicos do aplicativo, contendo atualizações do clima baixadas periodicamente de um servidor web. O usuário pode desativar um bloco ativo como o Clima clicando nele com o botão direito do mouse na página Iniciar e selecionando o comando Desligar bloco dinâmico (Turn Live Tile Off). A propósito, o primeiro bloco na ilustração anterior (no canto superior esquerdo) mostra a versão ativa do bloco do aplicativo Clima; a segunda imagem (em cima, a segunda a partir da esquerda) mostra o bloco desse aplicativo com as atualizações dinâmicas desativadas.

Embora o desenvolvedor de software deva assumir a responsabilidade por projetar os diferentes blocos mostrados aqui para certificação no Windows Store, a maioria dos usuários não perceberá que cada imagem é um arquivo único. (E, é claro, conforme mencionado anteriormente, você não é obrigado a criar um bloco ativo agora, se não quiser.) Este não é um lugar de atalhos para economizar tempo. Por exemplo, apenas mudar a escala do bloco (isto é, utilizar um editor de imagens para expandir ou reduzir o bloco via programação) não é uma boa maneira de acelerar o processo de projeto de blocos, pois os resultados podem mostrar-se "irregulares" e não tão nítidos como os blocos criados pelos seus concorrentes! Em resumo, seus blocos devem ser o mais parecido possível com os blocos profissionais, pois esse recurso aparece de forma muito destacada na página Iniciar e no Windows Store.

Com essa introdução aos blocos, tente criar um agora, completando os passos a seguir. Repita o processo sempre que precisar projetar um bloco personalizado para seu aplicativo Windows Store. O projeto a ser aberto para este exercício não importa – vou continuar usando o aplicativo Flyout Demo, mas pode usar qualquer projeto para Windows Store que desejar. O enfoque das instruções são os passos necessários e não o projeto específico a ser criado.

Projete um bloco personalizado para um aplicativo Windows Store

1. Abra um projeto válido para Windows Store feito para Windows 8.1, como o Flyout Demo, com que trabalhou anteriormente no capítulo.

   Se você usar um projeto do Visual Studio 2012 feito para Windows 8, os passos serão semelhantes, mas os nomes dos arquivos de logotipo serão diferentes. (Eles foram atualizados para o Windows 8.1.)

2. No Solution Explorer, expanda a pasta Assets do projeto e clique duas vezes no arquivo Logo.scale-100.png.

   Essa ação abre o Image Editor no Visual Studio e carrega o arquivo Logo.scale-100.png no editor. Esse é o bloco de logotipo básico que aparece na página Iniciar de tamanho normal para seu aplicativo. Sua tela se parece com esta:

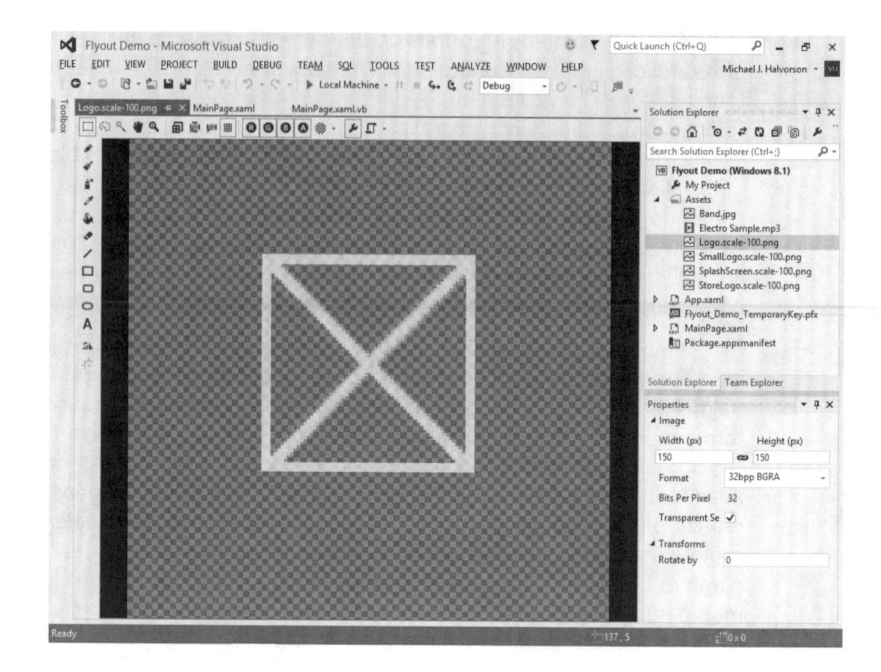

Lembre-se de que a imagem padrão é um arquivo .png, o qual é transparente e, portanto, capaz de mostrar uma cor de fundo atrás dele. (Isso é bom – os blocos do Windows 8 e do Windows 8.1 tiram proveito dessa característica.)

Agora, no Visual Studio, as janelas Solution Explorer e Properties ainda estão visíveis. O Image Editor é rodeado por várias ferramentas de edição gráfica. A forma de "X" no centro do canvas é apenas a imagem padrão do bloco da página Iniciar. Essa é a imagem que você quer substituir agora.

3. Clique na ferramenta Selection, no canto superior esquerdo do Designer, selecione a forma de "X" inteira e pressione Delete.

   Agora você tem um canvas em branco para criar seu bloco para a página Iniciar. Em meu sistema, o fundo normal do canvas é um padrão xadrez "alfa" verde, que torna fácil ver o segundo plano atrás de blocos transparentes. (Se você vir o padrão xadrez, isso significa que pode ver o fundo através do blocos.) Se vir algo diferente e quiser ver o que vejo, ajuste a configuração de segundo plano utilizando a ferramenta intitulada Show Or Hide The Alpha Checkerboard Pattern, localizada na parte superior do canvas.

4. Clique na ferramenta Rectangle, à esquerda do Image Editor, e crie uma série de retângulos no meio da tela. Projete os retângulos de modo que fiquem igualmente espaçados e tenham altura cada vez maior; assim, o último deverá ser mais alto do que o primeiro.

Por padrão, a ferramenta Rectangle e as outras criarão imagens na cor branca, a qual fica particularmente boa na página Iniciar do Windows. Seu Designer deverá ser parecido com este:

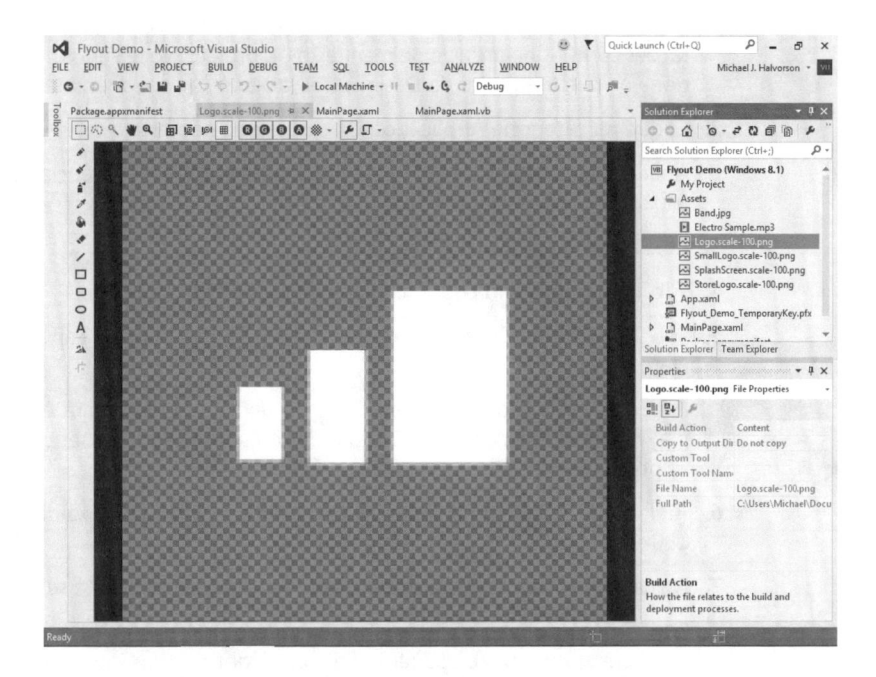

Se não estiver contente com a aparência dos retângulos, basta selecionar um ou mais deles com a ferramenta de seleção, pressionar Delete e começar de novo. Ou então, você pode fazer um projeto mais adequado ao aplicativo que está criando.

Embora você talvez se sinta tentado a adicionar algum texto agora com a ferramenta Text, recomendo criar uma sobreposição de texto com o Manifest Designer, o que fará no próximo exercício. Tente adicionar pouco texto, ou nenhum, ao seu arquivo de bloco.

> **Dica** Está pronto para mais recursos? O Image Editor tem muitas ferramentas de edição úteis que você pode conferir. As ferramentas de forma básicas funcionam de maneira muito parecida com o Microsoft Paint, mas também existem recursos de projeto sofisticados, relacionados a canais de cor e transparência, sobre os quais você pode aprender por meio do recurso de ajuda online "Image Editor," em *http://msdn.microsoft.com/en-us/library/vstudio/hh315744*.

5. Quando terminar de projetar, clique no comando Save All no menu File para salvar suas alterações.

    Agora você vai abrir o Manifest Designer do Visual Studio e configurar a cor do título e de fundo de seu novo bloco.

Ajuste opções de blocos no Manifest Designer

1. Clique duas vezes no arquivo Package.appxmanifest no Solution Explorer.

   O Manifest Designer abre. Essa ferramenta de edição o ajudará a ajustar configurações comuns no arquivo de manifesto do projeto. Você verá cinco guias de categoria na parte superior do Designer, para ajudá-lo com diferentes configurações.

2. Clique na categoria Application UI, caso ainda não esteja visível.

   Aparece uma seleção de itens gerais que controlam a aparência da interface do usuário.

3. Role até a seção Visual Assets.

4. Sob Tile Images and Logos, clique em Square 150x150 Logo.

5. Sob Title, digite **Flyout** (ou outro nome de aplicativo) na caixa de texto Short Name.

   Esse é o conteúdo da sobreposição de texto que aparecerá em seu bloco na página Iniciar do Windows. O título de seu aplicativo deve ser curto e exclusivo, se possível.

6. Ao lado de Show Name, coloque uma marca de visto na caixa de seleção Square 150x150 Logo.

7. Na caixa de listagem Foreground Text, verifique se Light está selecionado.

   Isso indica que uma cor clara (normalmente branco) será a cor do texto. A cor real corresponderá ao esquema de cores Light do Windows e, portanto, se harmonizará com outros blocos da página Iniciar.

8. Na caixa de texto Background Color, digite **blue** e clique em qualquer outro lugar no Manifest Designer.

   Você pode especificar um valor de cor utilizando um valor hexadecimal, como acontece em todo o Visual Studio ao se atribuir cores, mas uma grande seleção de nomes de cor também é reconhecida.

   O Visual Studio grava cada opção de formatação relacionada a blocos escolhida e carrega uma prévia do novo bloco na área Scaled Assets do Manifest Designer. Sua tela estará parecida com esta:

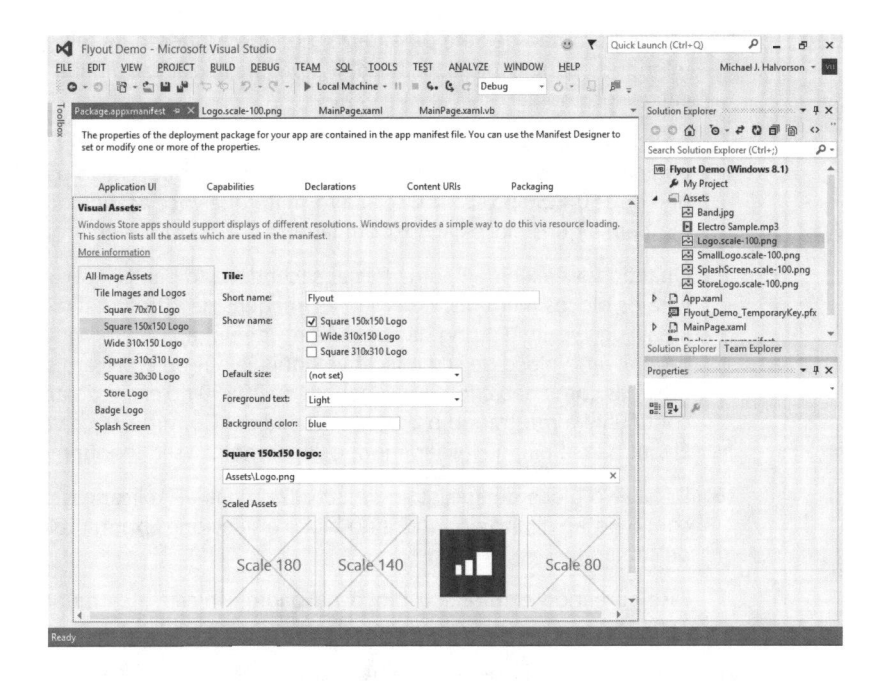

[Screenshot of Visual Studio showing the Package.appxmanifest Visual Assets configuration for Flyout Demo]

9. Clique no botão Save All para salvar suas alterações.

10. No menu Build, clique em Build Flyout Demo.

    A construção de um novo projeto implantará o novo bloco no painel Aplicativos por nome, uma página Iniciar secundária conectada à página Iniciar do Windows por meio de um botão de Seta para Baixo. Os usuários de Visual Studio 2012 e Windows 8 notarão uma mudança aqui. No Visual Studio 2012, o comando Build implantava o aplicativo diretamente na página Iniciar, mas isso mudou.

11. Clique em Iniciar para executar o aplicativo Windows Store.

    O programa Flyout Demo começa e a conhecida música toca. (Se você construiu um bloco para outro aplicativo, esse programa é que aparecerá.)

12. Feche o aplicativo.

    Agora você vai examinar o bloco na página Iniciar.

13. Clique no botão Iniciar para exibir a página Iniciar do Windows.

14. Clique no botão de Seta para Baixo, no lado esquerdo da tela, próximo à parte inferior da página Iniciar, para exibir a página Iniciar secundária ou o painel Aplicativos por nome.

    Ao completar estes passos, observe cuidadosamente os blocos que você vir. A página Iniciar principal do Windows tem blocos de aplicativo padrão com tamanho de 150×150 pixels – ou seja, o formato que você acabou de criar. (Você verá também alguns blocos ativos com largura de 310×150 aqui.)

    Quando você exibir a página Iniciar secundária (o painel Aplicativos por nome), verá os blocos menores. Essas são as imagens de 30×30 definidas pelo arquivo SmallLogo.scale-100.png na pasta Assets de um aplicativo Windows Store. Você deverá ver o bloco de seu aplicativo aqui (Flyout ou o projeto que estiver usando), mas como não criou uma imagem de 30×30 no exercício anterior, seu bloco continuará a mostrando o projeto "X" padrão. Contudo, você vai mover o bloco Flyout para a página Iniciar agora e ver como fica seu logotipo de 150×150.

15. Localize o bloco de aplicativo de 30×30 no painel Aplicativos por nome, clique com o botão direito do mouse no bloco e selecione Fixar na Tela Inicial na barra de comandos.

    Esse comando exibirá seu bloco na página Iniciar e carregará a imagem de 150×150 pixels que você acabou de criar.

16. Amplie o bloco Flyout na página Iniciar. (Selecione o tamanho Medium.)

    Seu bloco será semelhante a este na página Iniciar:

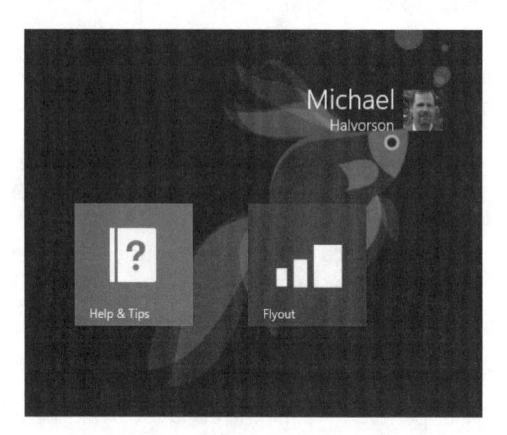

    Mostrei outro bloco na página também, para que você possa comparar a imagem e as cores. O que você tem é semelhante a um bloco de aplicativo Windows Store profissional e demorou apenas alguns instantes para criar!

    Alternando entre as duas páginas Iniciar, agora você pode ver como o Windows utiliza *realmente* diferentes tamanhos de bloco para representar aplicativos Windows Store em diferentes lugares. É por isso que são necessários três tamanhos de bloco e também o motivo de você criar os tamanhos opcionais – existem diversas maneiras de representar seus blocos de aplicativo no sistema operacional.

17. Volte para o Visual Studio.

Agora você terminou de criar blocos, mas vai usar o Manifest Designer novamente, dentro de instantes.

Explorando o Image Editor e o Manifest Designer nesta seção, você recebeu algum treinamento fundamental sobre como as ferramentas do Visual Studio voltadas ao desenvolvimento para Windows Store podem dar suporte para programadores em Visual Basic.

Programe blocos ativos

Um *bloco ativo* (ou bloco dinâmico) é um bloco de aplicativo que recebe atualizações periódicas de um aplicativo Windows Store ou de um servidor web. Os blocos ativos podem ser utilizados para avisar o usuário sobre um evento importante no programa, como a chegada de e-mail, ou para enviar algum tipo de informação, como uma manchete interessante, para que o usuário ative o aplicativo.

Como o bloco do aplicativo é a porta de entrada de seu aplicativo Windows Store, adicionar conteúdo dinâmico a ele pode ser uma atividade de programação importante. Isso pode atrair usuários para seu programa e aumentar a satisfação deles com o aplicativo. A ilustração a seguir mostra a página Iniciar do Windows 8.1 com vários blocos ativos funcionando, incluindo Contacts, Finance, Weather, Photos e Travel*:

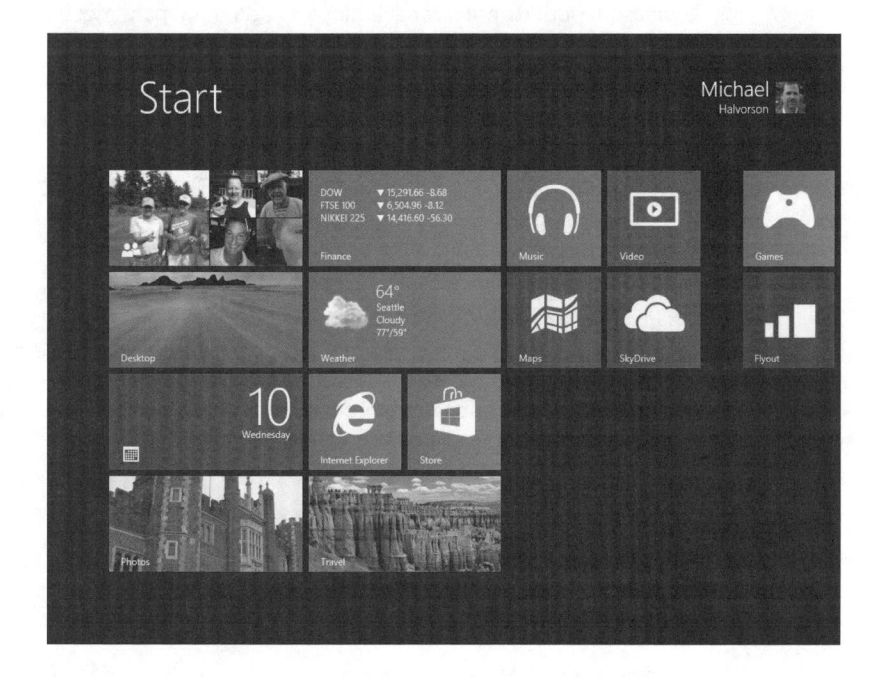

---

* N. de R.T.: Os nomes dos aplicativos foram mantidos em inglês neste exemplo.

Na terminologia da programação para Windows, a chegada de conteúdo novo a um bloco da página Iniciar é denominada *notificação*. Existem quatro maneiras de um bloco ativo receber uma notificação:

- **Local** Um aplicativo Windows Store pode iniciar uma notificação enquanto o programa está executando, utilizando um ou mais métodos da classe *TileUpdateManager*. A maneira de atualizar um bloco é modificar um arquivo de template XML conectado ao bloco ativo e que representa seu conteúdo utilizando nós. Por exemplo, um aplicativo de música em execução poderia atualizar seu bloco para conter o texto "Executando", enquanto uma música está tocando no programa.

- **Agendada** Seu aplicativo pode agendar uma notificação *antecipadamente*, a qual será enviada para o bloco do aplicativo no momento apropriado. Esse processo é semelhante a enviar notificação direta para um bloco com a classe *TileUpdateManager*, mas também é possível usar o objeto *ScheduleTileNotification* para agendar o evento, a fim de que ele aconteça no momento desejado. Por exemplo, um aplicativo de calendário poderia atualizar seu bloco ativo para mostrar uma reunião vespertina pendente.

- **Periódica** Você pode conectar o bloco de seu aplicativo a um serviço na nuvem que enviará atualizações periódicas ao bloco. Essa notificação é iniciada pelo aplicativo Windows Store, o qual identifica o URL de um local na nuvem que o Windows pesquisará em busca de atualizações para o bloco e apurará com que frequência o URL deve ser verificado. Por exemplo, um aplicativo de escola de esqui poderia atualizar seu bloco a cada hora, para mostrar o volume de precipitação de neve recente em determinada estação de esqui. Contudo, observe que nesse cenário periódico o aplicativo só pode tratar as atualizações enquanto o programa está executando.

- **Push** Um bloco ativo também pode receber atualizações de um serviço da nuvem quando o aplicativo Windows Store *não* está executando. Isso é chamado notificação push, pois você providencia as atualizações ocasionais utilizando o Windows Push Notification Service (WNS). O procedimento envolve compor um pedido HTTP POST, autenticar o servidor da nuvem que você está utilizando, criar conteúdo XML para definir a notificação e providenciar o envio do conteúdo necessário do servidor para o aplicativo. Em vez de as atualizações acontecerem de forma *periódica* a partir da nuvem, as atualizações push acontecem *imediatamente* quando as informações desejadas se tornam disponíveis, significando que o conteúdo ativo chegará de forma um tanto imprevisível. Por exemplo, um aplicativo de esportes poderia atualizar seu bloco mediante a chegada de dados esportivos, provavelmente com base em alguns critérios estabelecidos pelo serviço da nuvem.

Se você optar por criar um bloco ativo para seu aplicativo, provavelmente verá que os métodos de notificação local funcionam muito bem para a maioria dos cenários. No entanto, a escolha fica por sua conta, e o método (ou métodos) escolhido depende do tipo de informação que você está divulgando. (Em muitas situações, você nem mesmo precisará de um bloco ativo para contentar seus clientes.)

Apenas não exagere. A Microsoft recomenda atualizar conteúdo de bloco ativo não mais do que aproximadamente a cada 30 minutos. Se decidir tomar a rota da notificação agendada, também pode providenciar para que ela expire após algum período de tempo, utilizando o método *ScheduledTileNotification.ExpirationTime*. Por fim, certifique-se de não utilizar blocos ativos para exibir anúncios, informações irrelevantes ou spam de qualquer espécie. A Microsoft não gostará desse uso do gateway de blocos ativos, e a empresa tem ameaçado remover do Windows Store aplicativos com esse comportamento.

A criação de blocos ativos é um tema bastante avançado e o procedimento exige algumas técnicas de programação que ainda não abordamos. É especialmente complicado criar blocos ativos com notificação push, embora a recompensa seja excelente. Para saber mais sobre esse tópico e a melhor maneira de encará-lo, consulte a seção "Tiles, badges, and notifications (Windows Store apps)" na parte de aplicativos Windows Store do MSDN, localizada em *http://msdn.microsoft.com/en-us/library/windows/apps/hh779725.aspx*.

Planeje entrada por toque

Conforme você aprendeu ao longo deste livro, os aplicativos Windows Store devem ser projetados de modo que possam receber entrada de diversas maneiras, incluindo mouse, teclado, toque etc. Os computadores de mesa tradicionais são naturalmente uma plataforma importante para aplicativos Windows Store, mas o mesmo vale para os emergentes dispositivos baseados em toque, como os tablets Microsoft Surface e os laptops com capacidade de toque. Na verdade, para ser totalmente certificado para distribuição na Windows Store, um aplicativo Windows Store precisa oferecer suporte para mouse, teclado *e* entrada por toque – algo que exigirá alguma meditação, caso os desenvolvedores queiram criar programas ergonômicos, rápidos e fluidos.

Embora alguns recursos dos dispositivos baseados em toque exijam chamadas específicas ao .NET Framework e à API do Windows Runtime para fazê-los funcionar, grande parte do suporte para toques é fornecida automaticamente para os aplicativos Windows Store pelo Windows 8.1 e pelo Visual Studio 2013. Quando você cria um aplicativo Windows Store utilizando controles XAML e Visual Studio, o suporte básico para toques e gestos é incluído por padrão, na medida em que é suportado pelo dispositivo de hardware que está sendo utilizado. Assim, quando você executar um novo aplicativo Windows Store em um tablet Surface ou em um laptop habilitado para toques, a entrada por toque funcionará automaticamente, na medida em que seu dispositivo suportar toques e gestos.

Evidentemente, o setor da computação está em transição, em termos do suporte para entrada por toques e das expectativas do usuário sobre como o hardware e o software devem ser utilizados. Quando a Microsoft lançou o Windows 8, anunciou que a entrada por toques deveria se tornar um recurso padrão dos aplicativos Windows, e esse comprometimento com o toque continuou no Windows 8.1. Contudo, a entrada com mouse e teclado tradicional também é importante e não está desaparecendo. Como desenvolvedor, você precisa pensar em adicionar suporte, não apenas para dispositivos baseados em toque, mas também para recursos tradicionais aprimorados, como o botão direito e a roda de inclinação de um mouse, ou para interessantes dispositivos de outros fornecedores, como canetas eletrônicas.

Quando você for além do básico em termos de entrada de mouse e teclado em um programa em Visual Basic, desejará considerar cuidadosamente o valor da entrada por toque e como poderia utilizar recursos de toque de forma inovadora para usuários de Windows. Embora grande parte do suporte para toques e gestos venha automaticamente em aplicativos Windows Store, existem importantes considerações a levar em conta em relação ao projeto, ao se escrever programas para o Windows Store.

Na seção a seguir, você vai aprender os fundamentos sobre entrada por toques e algumas das armadilhas a serem evitadas ao se projetar aplicativos para Windows 8.1 que suportem toques e gestos.

Os controles XAML manipulam toque automaticamente

O toque é considerado um modo primordial de interação no Windows 8.1, de modo que o Visual Studio 2013 foi otimizado para tornar a entrada por toque simples, precisa e isenta de problemas. Os controles XAML da Toolbox do Visual Studio foram projetados para suportar entrada por toque e também interação tradicional com mouse e teclado. O suporte interno para entrada por toque nos controles XAML inclui gestos como tocar, deslizar, pressionar e manter, apertar e alongar. Também é incluído suporte para procedimentos de toque úteis, como movimento panorâmico, zoom, girar e arrastar. Nem todos os controles suportam toque igualmente, mas nas áreas onde a funcionalidade de toque é útil, você verá que a maior parte do suporte para esse tipo de entrada já está habilitada no software. Os controles *CommandBar* e *Flyout* que já foram utilizados neste capítulo oferecem uma evidência disso.

Além disso, as rotinas de tratamento de eventos para controles que suportam toque têm eventos internos que suportam interação com toque, como *Tapped*. A maioria dos controles XAML também tem configurações de propriedade relacionadas ao suporte para entrada por toque e gesto.

Gestos comuns

A entrada por toque mais fundamental é o gesto *toque*, mostrado na ilustração a seguir. Um toque em um elemento da tela sempre deve ativar sua ação principal em interfaces de usuário com capacidade de toque. Por exemplo, um usuário poderia tocar em uma fotografia para ampliá-la ou abri-la para edição em um programa gráfico. Lembre-se de que, enquanto um mouse ou caneta eletrônica pode oferecer uma entrada muito precisa na tela, normalmente os dedos não são tão precisos; portanto, seus elementos de tela devem ser grandes o suficiente para suportar gestos de toque e outras entradas por toque.

CAPÍTULO 9 Recursos de design do Windows 8.1 **259**

Outro gesto básico em um aplicativo Windows Store é o movimento panorâmico ou *deslizar*, mostrado na ilustração a seguir. Deslizar é o movimento de um só dedo que move a página para a direita ou para a esquerda e frequentemente aceita a mudança de itens de um lugar para outro. Esse gesto normalmente é equivalente a rolar com o mouse ou usar as teclas de seta de um teclado. Você também pode usar o gesto de deslizar em operações de movimentação, desenho ou escrita.

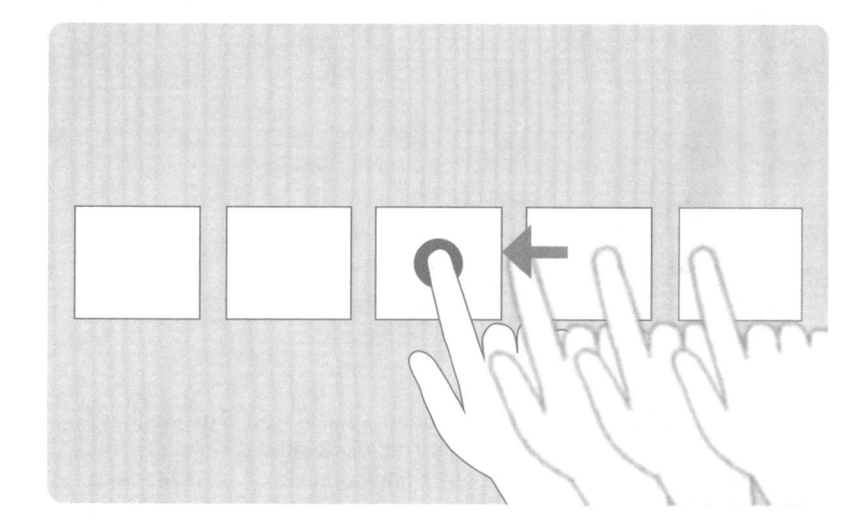

Muitas vezes, os gestos de entrada envolvem o uso de dois ou três dedos para manipular objetos em um aplicativo Windows Store. Na ilustração a seguir, os objetos na tela ajudam a demonstrar o gesto de ampliar ou *alongar*, uma técnica utilizada para ampliar a página a fim de que os objetos possam ser examinados mais claramente. O oposto desse gesto é chamado de *apertar*, o que produz o efeito visual oposto: um redução.

Nessa tela habilitada para toque, observe como os objetos se parecem antes do zoom:

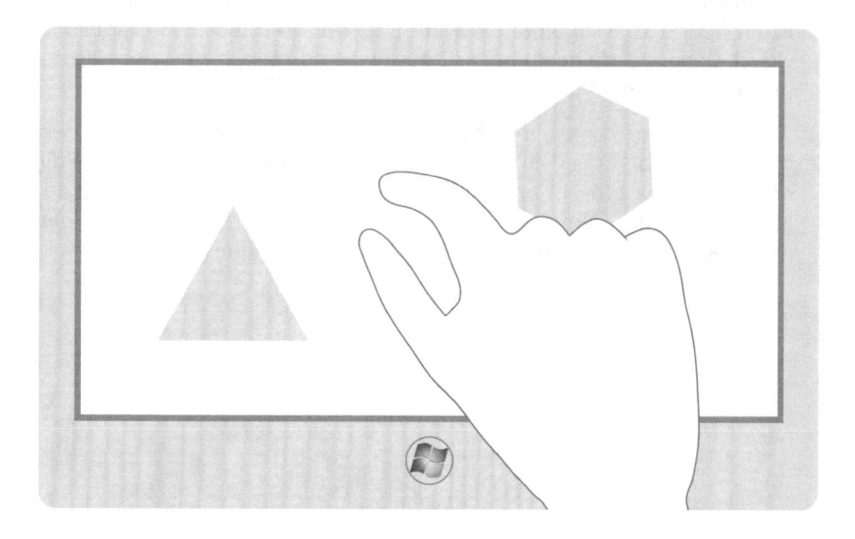

E observe como ficam os mesmos objetos após o zoom (ou alongamento):

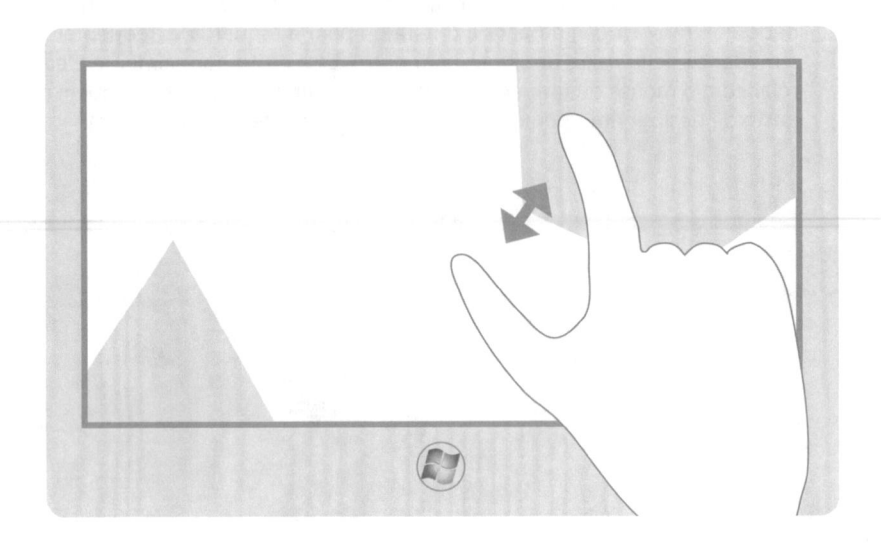

Os programadores também podem usar os gestos de alongar ou apertar para permitir que objetos individuais sejam redimensionados em uma página. Observe que somente alguns objetos podem ser redimensionados. A capacidade de redimensionamento depende do que o programador quer permitir que o usuário faça.

Considerações sobre usabilidade

Projetar para toques envolve mais do que simplesmente projetar a interface do usuário para entrada com os dedos e gestos de toque. Exige também pensar sobre como o dispositivo com capacidade de toque será portado pelo usuário. Por exemplo, se o dispositivo for carregado no colo do usuário, ele poderá estar com as duas mãos livres para manipular os objetos na tela. Contudo, se o usuário estiver portando o dispositivo com as duas mãos, as partes inferiores da tela provavelmente ficarão parcialmente ocultas por elas, e somente a metade superior do dispositivo ficará completamente visível. Dependendo de como o dispositivo é portado, alguns tipos de entrada serão mais difíceis ou mais fáceis.

Além disso, como a maioria das pessoas é destra, elas tenderão a portar o dispositivo com capacidade de toque com a mão esquerda e a tocá-lo com a direita. Assim, os objetos colocados no lado direito da tela serão mais fáceis de tocar do que os objetos à esquerda. Além disso, alguns usuários podem ter defeitos motores ou outras deficiências que poderão influenciar o modo como interagem com dispositivos com capacidade de toque.

Mesmo levando em consideração como a entrada por toque e os gestos poderiam ser usados em um aplicativo, não se esqueça dos dispositivos de entrada tradicionais e como os usuários poderiam utilizá-los de maneiras inovadoras em um aplicativo Windows Store. Considere, por exemplo, a inclusão de suporte para o botão direito ou para a roda de inclinação do mouse em seu aplicativo. Esses são recursos de entrada muito comuns e normalmente utilizados em aplicativos baseados no Windows; frequentemente, os usuários esperarão vê-los suportados. O Visual Studio e a API do Windows Runtime oferecem suporte para uma impressionante quantidade de dispositivos e técnicas de entrada; portanto, certifique-se de adicionar esses recursos aos seus aplicativos quando escrever programas mais sofisticados.

Por fim, embora seja possível criar aplicativos Windows Store em um computador sem capacidade para toque, é importante ter alguma experiência prática com dispositivos habilitados para toque, antes de ir longe demais no processo de desenvolvimento. Aprender as técnicas de tocar, deslizar, apertar e alongar deve se tornar uma prioridade, assim como entender como o Windows interage com os vários elementos visuais na tela. O mesmo vale para a programação para Windows Phone 8, sobre a qual você aprenderá mais no Capítulo 20, "Introdução ao desenvolvimento para Windows Phone 8", e no Capítulo 21, "Seu primeiro aplicativo para Windows Phone 8".

Alguns materiais online úteis estão disponíveis na web para ajudá-lo no suporte para toques e gestos. Para obter mais informações sobre o planejamento para toque em seus aplicativos, visite *http://msdn.microsoft.com* e procure os tópicos "Touch interaction design" e "Responding to user interaction".

Configurações de segurança e permissões

Ao escrever programas para seu próprio uso, você pode estar certo de usar os aplicativos adequadamente e para as finalidades pretendidas. Mas quando está criando aplicativos que serão distribuídos comercialmente via Windows Store, nem sempre você pode ter essa certeza. Assim, é importante controlar as permissões e as capacidades recebidas pelos usuários ao operarem os programas que você criou. O Visual Studio fornece esse controle por meio do arquivo Package.appxmanifest, o qual contém configurações que você acabou de usar para configurar seu bloco de página Iniciar.

Cada aplicativo Windows Store é executado em um contêiner de segurança com acesso limitado ao hardware do computador, à rede e ao sistema de arquivos. Utilizando a categoria Capabilities de Package.appxmanifest, é possível controlar as várias permissões recebidas por um aplicativo, estabelecendo um nível adequado de segurança para o sistema. Por exemplo, é possível controlar se o usuário pode acessar a webcam interna ou o microfone do computador por meio de seu aplicativo, ou se terá a capacidade de navegar pelas bibliotecas de música ou imagem da máquina.

A Tabela 9-1 descreve as importantes configurações de segurança e permissões que podem ser ajustadas na categoria Capabilities do arquivo Package.appxmanifest.

TABELA 9-1 Configurações de segurança e permissões úteis

Capacidade	Descrição
Enterprise Authentication	Permite que um aplicativo se conecte com recursos de intranet que exigem credenciais de domínio.
Internet (Client)	Permite que o aplicativo acesse a Internet e redes públicas. A maioria dos aplicativos que exige acesso à Internet deve usar essa capacidade.
Internet (Client & Server)	Permite que o aplicativo acesse a Internet e redes públicas e permite conexões de entrada da Internet para seu aplicativo. É um superconjunto da capacidade Internet (Client). Você não precisa declarar ambas.
Location	Permite que o aplicativo acesse o local atual do usuário.
Microphone	Permite que o aplicativo acesse o microfone do usuário.
Music Library	Permite que o aplicativo acesse a biblioteca de músicas do usuário e adicione, altere ou exclua arquivos. Também permite acesso às bibliotecas de música em computadores HomeGroup e aos tipos de arquivo de música em servidores de mídia conectados de forma local.
Pictures Library	Permite que o aplicativo acesse a biblioteca de imagens do usuário e adicione, altere ou exclua arquivos. Também permite acesso às bibliotecas de música em computadores pertencentes ao grupo doméstico (HomeGroup) e aos tipos de arquivo de imagem em servidores de mídia conectados de forma local.
Private Networks (Client & Server)	Permite acesso a redes domésticas ou de intranet conectadas que tenham a propriedade de autenticação.
Proximity	Permite que o aplicativo acesse o dispositivo de comunicação por campo próximo (NFC).
Removable Storage	Permite que o aplicativo acesse dispositivos de armazenamento removíveis, como um disco rígido externo ou unidade flash USB, e adicione, altere ou exclua arquivos. Seu aplicativo só pode acessar os tipos de arquivo que tiver declarado no manifesto. Ele não pode acessar dispositivos de armazenamento removíveis em computadores pertencentes ao grupo doméstico (HomeGroup).
Shared User Certificates	Permite que o aplicativo acesse certificados de software e hardware, como os certificados de smart cards.
Videos Library Access	Permite que o aplicativo acesse a biblioteca de vídeo do usuário e adicione, altere ou exclua arquivos. Também permite acesso às bibliotecas de vídeo em computadores pertencentes ao grupo doméstico (HomeGroup) e aos tipos de arquivo de vídeo em servidores de mídia conectados de forma local.
Webcam	Permite que o aplicativo acesse a câmera do usuário.

No próximo exercício, você vai usar o Manifest Designer para editar permissões no arquivo Package.appxmanifest do projeto Flyout Demo. Se quiser, pode usar outro projeto.

CAPÍTULO 9 Recursos de design do Windows 8.1 263

Configure permissões e capacidades para seu aplicativo

1. Abra o projeto Flyout Demo agora, se ainda não estiver aberto. Você encontrará o projeto na pasta Meus Documentos\Visual Basic 2013 SBS\Chapter 09.

2. Quando usamos o Visual Studio pela última vez, o Manifest Designer estava aberto. Se não estiver aberto agora, acesse-o dando um clique duplo em Package.appxmanifest no Solution Explorer.

3. Clique na guia Capabilities.

    Você verá a página a seguir, a qual contém uma lista das permissões e capacidades que podem ser controladas em um aplicativo Windows Store:

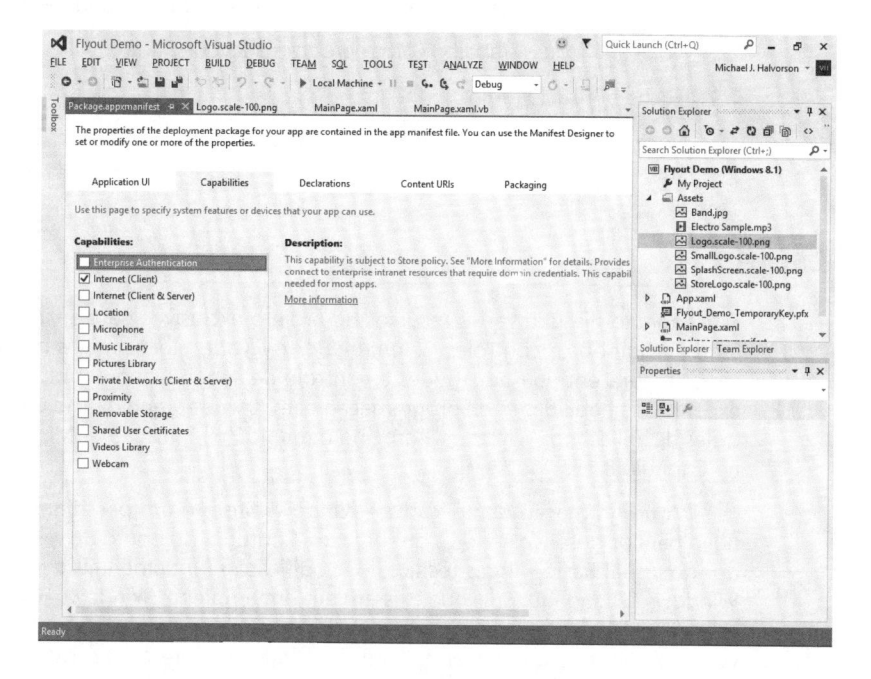

    Observe que as caixas de seleção que contêm permissões e capacidades não estão na mesma ordem da Tabela 9-1. Você pode obter mais informações sobre cada configuração clicando no item e lendo os dados no campo Description da página.

    Atualmente, esse aplicativo só permite acesso de cliente à Internet; o usuário terá acesso básico à Internet se você o fornecer por meio de controles na interface do usuário do aplicativo. Para remover essa capacidade, você retiraria a marca de visto da caixa de seleção Internet (Client). Algumas capacidades exigem que você faça configurações adicionais na guia Declarations do Manifest Designer.

4. Leia sobre as várias permissões e capacidades, e lembre-se delas quando criar aplicativos para Windows 8.1.

    Os desenvolvedores que utilizam o Visual Studio frequentemente ajustam essas configurações no início do processo de programação, para que elas se apliquem aos cenários de teste. Contudo, elas podem ser ajustadas de acordo com a necessidade ao longo do processo de desenvolvimento.

Por exemplo, no aplicativo Flyout Demo, seria apropriado permitir acesso à biblioteca de músicas no computador do usuário. Assim, o programa poderia ser expandido, de modo que mais músicas pudessem ser carregadas do computador do usuário e reproduzidas com os controles existentes.

5. Retorne as permissões e capacidades desse projeto para as configurações originais (padrão), caso as tenha alterado.

   Além de considerar importantes questões de segurança, você aprendeu outro uso valioso para o arquivo Package.appxmanifest. Lembre-se de que esse arquivo acompanha o projeto e informa o sistema operacional sobre as capacidades e configurações de seu aplicativo.

6. Salve suas alterações e, então, escolha File | Close Project para fechar o aplicativo.

   Você finalizou o trabalho com o programa Flyout Demo.

7. Feche o Visual Studio.

   Você acabou a construção de aplicativos Windows Store neste capítulo. Bom trabalho!

Resumo

Este capítulo discutiu vários recursos de projeto exclusivos para aplicativos Windows Store, incluindo os controles *CommandBar* e *Flyout*, blocos ativos na página Iniciar, suporte para entrada por toques e controle de segurança e permissões. O material expandiu as habilidades de programação com XAML aprendidas no Capítulo 5, "Controles de aplicativos Windows Store", no Capítulo 7, "Marcação XAML passo a passo", e no Capítulo 8, "Estilos XAML".

A programação de aplicativos Windows Store é um paradigma relativamente novo para os desenvolvedores de software. Contudo, do ponto de vista do programador de Visual Basic, muitas técnicas de codificação fundamentais e preocupações no Windows 8.1 são iguais às que existem em um ambiente Windows Forms. O objetivo deste capítulo foi apresentar algumas das ferramentas e técnicas mais recentes que você precisará para escrever aplicativos Windows Store para o sistema operacional Windows 8.1. Esses programas têm o potencial de revolucionar o modo como os aplicativos para o consumidor são criados, adquiridos e utilizados. Os aplicativos Windows Store se destacam quando conteúdo e informações ricas para o usuário estão no centro da experiência computacional, apresentadas visualmente com texto, fotos, arte original e blocos bonitos.

No próximo capítulo, você vai ver um ponto completamente novo, criando um tipo de programa fascinante que normalmente *não tem interface gráfica de usuário* – o aplicativo de console. Os aplicativos de console executam em uma janela de comando baseada em texto, às vezes chamada de console de texto do Windows. Contudo, apesar da interface de usuário mínima, os aplicativos de console em Visual Basic são aplicativos .NET completos, com acesso muito rápido ao .NET Framework e a uma variedade de serviços Windows. Para tornar a tarefa divertida, você vai escrever alguns jogos de cálculo fora de moda que envolvem probabilidade.

CAPÍTULO 10
Aplicativos de console

Neste capítulo, você vai aprender a:
- Entender os aplicativos de console e seus usos.
- Usar o template Console Application no Visual Studio 2013.
- Trabalhar com módulos, funções e procedimentos no IDE do Visual Studio.
- Explorar o objeto *Console* e suas propriedades e métodos úteis, incluindo *WriteLine* e *ReadLine*.
- Construir, publicar e executar aplicativos de console.

Este capítulo descreve como criar um aplicativo de console, ou de *linha de comando*, no Visual Studio 2013. Os aplicativos de console são considerados uma anomalia hoje, no mundo das avançadas interfaces gráficas do usuário e dos aplicativos Windows Store. Isso porque um aplicativo de console tem uma interface de usuário mínima – a única interação entre um aplicativo de console e o usuário é a saída baseada em caracteres no monitor e o teclado. Contudo, os aplicativos de console são extremamente úteis como ferramenta para o ensino de programação com Visual Basic, e são utilizados hoje pelos administradores de sistema para projetar programas de configuração e manutenção, e também por programadores que não têm necessidade de uma interface gráfica de usuário. Por isso, uma discussão sobre os aplicativos de console dá um toque final útil à nossa discussão sobre técnicas de projeto de interface de usuário na Parte II e abre o caminho para a Parte III, "Técnicas de programação com Visual Basic".

No início deste capítulo, você criará um novo aplicativo de console para Windows no Visual Studio 2013. Aprenderá também a usar o template Console Application e a editar um módulo de código no IDE do Visual Studio. Além disso, entenderá como usar o objeto *Console* em um aplicativo de console, com seus métodos e propriedades úteis, incluindo *Title*, *WriteLine*, *Readline* e *ReadKey*. Vai aprender ainda a iniciar um aplicativo de console a partir do prompt de comando do Windows e a interagir com aplicativos de console utilizando o teclado. Os programas criados demonstrarão operações matemáticas, estratégias de jogos e importantes elementos da linguagem Visual Basic, incluindo estruturas de decisão, loops e funções matemáticas do .NET Framework.

> **Nota** Os aplicativos de console são suportados nas versões Professional, Premium e Ultimate do Visual Studio 2013, mas não no Visual Studio Express 2013 for Windows.

Aplicativos de console no Visual Studio

Um aplicativo de console do Visual Studio é um programa Windows executado na *janela Prompt de Comando* (ou *Command* Prompt, em inglês) baseada em texto, às vezes também chamada de console de texto do Windows ou janela DOS. Os aplicativos de console são aplicativos .NET completos, com acesso ao .NET Framework, uma ampla biblioteca de classes orientadas a objetos que oferece uma variedade de recursos e serviços Windows.

A existência de aplicativos de console pode ser surpresa para alguns programadores que utilizam Visual Studio, os quais, por bons motivos, poderiam supor que somente programas Windows baseados em elementos gráficos são suportados pelo Windows 8.1 e pela linha de produtos Visual Studio. Mas as raízes históricas do Windows no mundo da programação com MS-DOS significam que os aplicativos de linha de comando (que agora chamamos de aplicativos de console) têm um longo histórico com os PCs. Esse suporte para aplicativos de linha de comando continua no Visual Studio 2013, e recentemente o Visual Studio adicionou suporte para codificação UTF 16 com substitutos nos aplicativos de console, um padrão Unicode melhorado que possibilita a representação de (potencialmente) mais de um milhão de caracteres diferentes na janela Command. É isso mesmo – você não está limitado ao intervalo básico de caracteres ASCII, mas pode exibir símbolos em diversos idiomas.

Os aplicativos de console podem ser executados dentro do IDE do Visual Studio ou diretamente no prompt de comandos do Windows. Também podem ser executados no Windows PowerShell, um shell de linha de comando baseado em tarefas e linguagem de script incluído no Windows 8 e no Windows 8.1. O Windows PowerShell é incorporado ao .NET Framework e é projetado especialmente para administradores de sistema. A ferramenta ajuda os profissionais de TI e usuários avançados a controlar e automatizar tarefas em nível de sistema dentro do Windows. Embora os recursos e comandos do Windows PowerShell estejam bem além dos objetivos deste livro (e eu vá usar o console de texto do Windows para teste), você pode experimentar essa ferramenta procurando "Windows PowerShell" com o charm Pesquisar do Windows.

Que tipo de interface de usuário você verá em aplicativos de console? Tradicionalmente, a única saída vista pelos usuários em aplicativos de console são strings de texto exibidas dentro da janela Command baseada em caracteres. Em geral, a entrada do usuário é limitada ao teclado. Contudo, os desenvolvedores não estão limitados a esses mecanismos de entrada e saída. Por exemplo, você poderia adicionar uma referência ao assembly *System.Windows.Forms* e usar uma ferramenta como *MessageBox* para interagir com o usuário fora da janela de console. Mas esse tipo de atividade raramente é feita. A beleza natural dos aplicativos de console é que, em alguns casos, você simplesmente não precisa de uma interface elegante para interagir com o usuário. Se o que você precisa é da linguagem Visual Basic, acesso ao .NET Framework e muito poder e velocidade – mas não elementos gráficos impressionantes ou recursos de aplicativos Windows Store –, poderá achar que um aplicativo de console básico é justamente a ferramenta certa.

Crie um aplicativo de console

Para criar um aplicativo de console, abra o template Console Application na categoria Visual Basic/Windows da caixa de diálogo New Project. Os aplicativos de console têm

CAPÍTULO 10   Aplicativos de console   **267**

uma representação eletrônica um tanto menor do que os aplicativos Windows Store, mas ainda existe uma coleção de arquivos de projeto associados aos aplicativos de console, incluindo arquivos de projeto e solução, vários arquivos de configuração e recursos, um arquivo assembly e as pastas /bin e /obj para as imagens executáveis. Você também pode criar arquivos de configuração e instalação para um aplicativo de console no Visual Studio.

Tente construir um exemplo de aplicativo de console agora, com os passos a seguir.

Abra o template Console Application

1. Inicie o Visual Studio e clique em New Project para abrir um novo aplicativo Visual Studio.

2. Escolha Visual Basic/Windows sob Templates e, então, selecione o template Console Application.

   A caixa de diálogo New Project é semelhante a esta quando Console Application é selecionado:

3. Digite **My Temp Conversion** na caixa de texto Name.

4. Clique em OK para configurar o projeto e carregá-lo no IDE.

   O Visual Studio cria um novo aplicativo de console com os arquivos de suporte apropriados. Após alguns instantes, você verá o Code Editor e um módulo de código Visual Basic vazio, o lugar onde vai digitar seu código em Visual Basic para o programa. Não há um designer de interface de usuário para o aplicativo de console nem qualquer marcação XAML a gerenciar.

Seu IDE será parecido com este:

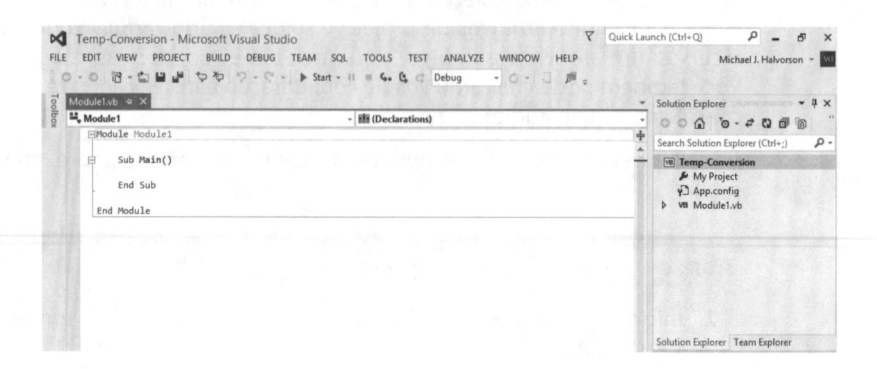

Módulos e procedimentos

Conforme pode ser visto na ilustração anterior, um recurso padrão do aplicativo de console é o componente *módulo* (Module1.vb) com suas palavras-chave *Sub Main()* e *End Sub*. Um módulo é um contêiner de armazenamento nomeado, destinado a conter código de programa em um aplicativo do Visual Studio. É parecido com um arquivo code-behind, como MainPage.xaml.vb. Contudo, os módulos não são especificamente associados à interface do usuário. Em vez disso, normalmente contêm declarações de variável globais e procedimentos *Sub* e *Function*. Você pode incluir um módulo em qualquer aplicativo Visual Basic.

> **Nota** Você aprenderá mais sobre declarações de variável globais no Capítulo 11, "Tipos de dados, operadores e processamento de strings".

Um arquivo de módulo tem a extensão .vb em seu nome e aparece no Solution Explorer como parte de um projeto do Visual Studio. O primeiro módulo em um programa recebe o nome Module1.vb por padrão, mas você pode alterar o nome clicando com o botão direito do mouse no arquivo no Solution Explorer, selecionando Rename e digitando um novo nome. Os módulos são opcionais nos aplicativos Windows Store (embora frequentemente sejam úteis), mas são obrigatórios nos aplicativos de console. Mais módulos podem ser adicionados a um projeto do Visual Studio clicando-se no comando Add New Item no menu Project e selecionando-se o template Module.

Um módulo de código em um aplicativo Visual Basic normalmente contém grupos de procedimentos *Sub* e *Function*. Essas entidades são muito parecidas com as rotinas de tratamento de eventos que você vem usando até aqui neste livro. (E, na verdade, uma rotina de tratamento de eventos é apenas um procedimento *Sub* normal que foi associado a um evento em particular.) Os procedimentos *Sub* e *Function* contêm código-fonte em Visual Basic e se destinam a ser *chamados* e a executar trabalho útil em um aplicativo. Aqui estão algumas coisas que tornam os procedimentos *Sub* e *Function* diferentes:

- Os procedimentos *Function* são chamados pelo nome a partir de rotinas de tratamento de eventos ou de outros procedimentos e também podem receber *argumentos*, uma lista de valores com tipos de dados específicos, separados por vírgulas. As funções também retornam um valor, usando a instrução *Return*.

- Os procedimentos *Sub* também são chamados pelo nome a partir de rotinas de tratamento de eventos ou de outros procedimentos. Eles podem receber uma lista de argumentos e retornar valores modificados por meio deles, se são passados por referência. Contudo, ao contrário das funções, os procedimentos *Sub* nem sempre retornam um ou mais valores. Em vez de computar informações novas, os procedimentos *Sub* normalmente são usados para processar entrada do usuário, exibir saída repetitiva ou definir propriedades padrão.

Embora os procedimentos *Sub* e *Function* também possam ser definidos em arquivos code-behind, se você os definir em um módulo, eles terão escopo (ou validade) por todo o projeto. (Você vai ver um exemplo disso mais adiante neste capítulo.) Na terminologia da programação orientada a objetos, os procedimentos *Sub* e *Function* são basicamente iguais aos métodos, e alguns livros sobre programação com Visual Basic simplesmente os chamam de métodos.

O procedimento *Sub Main()*

Cada aplicativo de console sempre começa com o mesmo procedimento *Sub*, o qual nos programas em Visual Basic é chamado *Main()*. Os parênteses vazios após o nome *Main* indicam que o procedimento não tem argumentos associados. Cada aplicativo de console precisa de um procedimento *Main()* para que o Windows e o Visual Studio saibam por onde iniciar a execução. Você também pode definir mais procedimentos *Sub* ou *Function* no arquivo Module1.vb, se desejar. Contudo, no exemplo de programa a seguir não serão necessários procedimentos adicionais.

Agora, digite o código em Visual Basic para um aplicativo de console que converte uma temperatura em Fahrenheit para Celsius. O exercício demonstra como gerenciar entrada e saída, declarar variáveis e usar a classe *Math* do .NET Framework.

Construa um aplicativo de console que converte valores de temperatura

1. No Code Editor, coloque o ponto de inserção na linha em branco entre as instruções *Sub Main()* e *End Sub*.
2. Digite o seguinte código de programa em Visual Basic:

```
'Exibe um título informativo na janela Command
Console.Title = "Fahrenheit to Celsius Conversion"

'Declara 3 variáveis para temperatura em Fahrenheit, temperatura em Celsius e o nome da cidade
'O tipo de dado Single permite que as temperaturas contenham valores decimais
Dim fahrenheitTemp As Single, celsiusTemp As Single
Dim cityName As String

'Solicita ao usuário o nome de uma cidade para a qual quer ter dados climáticos
Console.Write("Enter the name of a city: ")
cityName = Console.ReadLine()

'Solicita ao usuário a temperatura em Fahrenheit...
Console.Write("Enter the temperature in {0} (Fahrenheit): ", cityName)
fahrenheitTemp = Console.ReadLine
```

```
'Converte a temperatura em Fahrenheit para Celsius e arredonda para o décimo de grau mais
próximo
'O método Math.Round arredonda a temperatura para o 0.1 mais próximo
celsiusTemp = Math.Round((fahrenheitTemp + 40) * 5 / 9 - 40, 1)

'Exibe o nome da cidade e as temperaturas utilizando parâmetros substituíveis
Console.WriteLine("The temperature in {0} is {1} Fahrenheit and {2} Celsius.",
    cityName, fahrenheitTemp, celsiusTemp)

'Faz uma pausa até que o usuário pressione uma tecla, o que fecha a janela Command
Console.ReadKey()
```

O caractere de comentário (') permite inserir texto descritivo explicando o que as instruções de programa em uma rotina estão fazendo. Neste caso, utilizo comentários abundantemente, para explicar como as variáveis são declaradas, como a entrada e a saída são gerenciadas e como uma temperatura em Fahrenheit é convertida para Celsius.

Em um aplicativo de console, o objeto *Console* fornece métodos e propriedades úteis para gerenciar informações em uma janela Command. Essa rotina começa usando a propriedade *Console.Title* para configurar o texto que aparece na barra de título da janela Command. Três variáveis são definidas com uma sintaxe que será descrita mais completamente no Capítulo 11. Nesse programa, observe que estou usando o estilo camelo ao declarar variáveis – isto é, uma letra minúscula inicial para diferenciar variáveis de propriedades, métodos e palavras-chave (por exemplo, a string da variável *cityName*).

O método *Console.Write* é utilizado para exibir uma linha de texto na janela Command, pedindo para que o usuário digite o nome de uma cidade onde conhece a temperatura. Nesse programa, utilizo os métodos *Console.Write* e *Console.WriteLine* para exibir texto na janela Command. A diferença é que *Write* deixa o cursor no final da linha que exibe, enquanto *WriteLine* adiciona caracteres de retorno de carro (carriage return) e avanço de linha ao final da linha. (O método *Write* em geral é usado imediatamente antes da entrada do usuário, para que o cursor pisque no local apropriado.)

O método *Console.ReadLine()* é usado para receber entrada do usuário em um programa e atribuí-la a uma variável, como *cityName* (uma variável string) ou *fahrenheitTemp* (uma variável em ponto flutuante de precisão simples). Perto do final do programa, uso também o método *Console.ReadKey()* para esperar entrada até que uma tecla seja pressionada. Basicamente, isso mantém a janela Command aberta depois que o programa tiver terminado seu trabalho. (Se você não incluir essa instrução, a janela Command fechará imediatamente após o programa terminar – pelo menos se estiver executando como um aplicativo de console independente no Windows.)

A conversão matemática de Fahrenheit para Celsius é obtida pela seguinte instrução de programa em Visual Basic:

```
CelsiusTemp = Math.Round((fahrenheitTemp + 40) * 5 / 9 - 40, 1)
```

Essa linha calcula o resultado usando uma fórmula de conversão padrão, operadores matemáticos e a variável *FahrenheitTemp*. O resultado é arredondado para o décimo mais próximo, usando o método *Round* da classe *Math* do .NET Framework, um recurso poderoso que está disponível para todos os aplicativos do Visual Studio. Nesse exemplo, achei que um décimo de um ponto era um nível de granularidade adequado para o resultado; contudo, esse valor pode ser ajustado substituindo-se o argumento 1, próximo ao final da linha, por outro valor. Se você o mudasse para 2, por exemplo, o resultado seria arredondado para duas casas decimais.

> **Nota** Para obter mais informações sobre fórmulas matemáticas e o .NET Framework, consulte o Capítulo 11.

Por fim, quero chamar sua atenção para os três *parâmetros substituíveis* utilizados na seguinte instrução, próxima ao final da rotina:

```
Console.WriteLine("The temperature in {0} is {1} Fahrenheit and {2} Celsius.",
    CityName, FahrenheitTemp, CelsiusTemp)
```

Um parâmetro substituível é um valor entre chaves correspondente aos argumentos que seguem a instrução *WriteLine*. O parâmetro {0} corresponde à variável *cityName*, o parâmetro {1} corresponde ao valor *fahrenheitTemp* e assim por diante. Basicamente, o programa termina, após esses três valores terem sido exibidos, com uma frase explicativa na janela Command. (Observe que dividi essa linha em duas para que pudesse ser facilmente digitada e impressa no livro. Mas você também pode digitá-la toda em uma única linha.)

Sua tela estará parecida com esta:

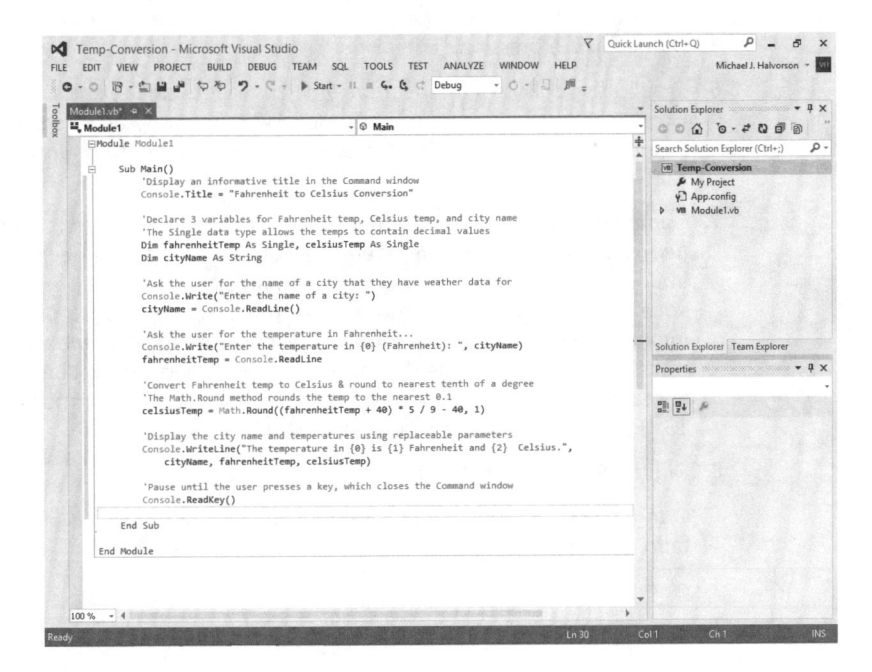

3. Salve seu projeto e especifique Meus Documentos\Visual Basic 2013 SBS\Chapter 10 como local.

   Agora, execute o projeto para ver como o aplicativo de console utiliza a janela Command para entrada e saída.

4. Clique no botão Start da barra de ferramentas Standard.

   O programa começa e uma janela Command abre na parte superior do IDE. O texto Fahrenheit To Celsius Conversion aparece na barra de título da janela. Você verá algo como a seguinte ilustração:

5. Digite **Paris** e pressione Enter.

6. O aplicativo solicita a temperatura em Paris (ou da cidade especificada por você). O programa usou um método *Console.Write* e um parâmetro substituível para exibir a cidade em questão. Ele solicita especificamente uma temperatura em Fahrenheit.

7. Como você usou um tipo de dado de precisão simples para a variável *fahrenheitTemp*, pode digitar a temperatura com ou sem a casa decimal. Contudo, é importante digitar um número aqui e não simplesmente pressionar Enter. Se você fizer isso agora, o programa interromperá a execução ou falhará, pois a informação foi atribuída de forma incorreta à variável *fahrenheitTemp*. Como se trata de um programa de demonstração curto, não vamos corrigir o problema agora, mas vou mostrar como tornar esse programa mais robusto, no Capítulo 12, "Estruturas de decisão criativas e loops".

8. Digite **55** e pressione Enter.

   O programa converte 55 graus Fahrenheit em 12,8 graus Celsius e exibe o resultado. Sua tela estará parecida com esta:

CAPÍTULO 10 Aplicativos de console **273**

```
Fahrenheit to Celsius Conversion
Enter the name of a city: Paris
Enter the temperature in Paris (Fahrenheit): 55
The temperature in Paris is 55 Fahrenheit and 12.8 Celsius.
```

Observe que o último método *Console.ReadKey()* no código faz com que a janela Command permaneça aberta, depois que o resultado final é exibido.

9. Pressione Enter para fechar a janela Command.

   O IDE do Visual Studio retorna. Sinta-se livre para executar o programa novamente se desejar e, desta vez, tente um nome de cidade e uma temperatura diferentes. Teste cuidadosamente o programa para certificar-se de que está funcionando conforme o esperado*.

10. Salve quaisquer alterações que tenha feito e feche o projeto Temp-Conversion.

    Parabéns! Você criou um aplicativo de console simples – e útil – no Visual Studio. Vamos tentar outro exemplo que utiliza variáveis mais sofisticadas, uma estrutura de decisão e um interessante gerador de números aleatórios do .NET Framework.

Jogos matemáticos interativos

Na época dos aplicativos de linha de comando havia numerosos jogos matemáticos com que os programadores brincavam por horas a fio em seus computadores, usando números e fórmulas complexas, mas raramente algo que se relacionasse a uma interface de usuário. Jogos matemáticos como esses ainda são divertidos, e podem se transformar em bons recursos para aprender a escrever aplicativos de console no Visual Studio.

Descubra o número

No exercício a seguir, você é solicitado a construir um aplicativo de console que descobre um número oculto de 1 a 100. O programa usa um gerador de números aleatórios do .NET Framework para escolher um número ao acaso e, então, sua tarefa (ou melhor, a tarefa do usuário) é adivinhar o número usando diversas dicas. O programa é relativamente simples, mas pode ser facilmente adaptado para escolher um número aleatório dentro de uma variedade de intervalos. (Por exemplo, você pode editá-lo de modo que escolha um número oculto entre 1 e 10 ou entre 1 e 10.000.) Uma questão interessante em jogos de adivinhação como esse é quantas escolhas o usuário deve fazer (em média) para descobrir o número oculto. Existe um número máximo razoável

---

* N. de R.T.: Dependendo da configuração de idioma do seu sistema, os números com casas decimais deverão ser digitados com uma vírgula (ex.: 51,4) ou com um ponto (ex.: 51.4).

de suposições a serem usadas? Esse número depende inteiramente do intervalo de números escolhido? Ou da estratégia adotada para descobrir o número oculto? Quando experimentar o aplicativo de console, você vai querer pensar um pouco sobre isso.

Além de usar números aleatórios, o programa Find-The-Number demonstra como usar a classe *Console* e, em particular, os métodos *Write*, *WriteLine* e *ReadKey*. O jogo também apresenta a propriedade *ForegroundColor*, a qual muda a cor do texto exibido na janela Command. A lógica de adivinhação é tratada por um loop (laço) *Do...Until* e uma estrutura de decisão *Select Case*, os quais trabalham em conjunto para fornecer pistas sobre o número oculto – e finalmente uma mensagem de congratulações, quando o número for descoberto. Você vai aprender mais sobre loops *Do* e estruturas de decisão *Select Case* no Capítulo 12.

Descubra o número oculto

1. Clique em New Project no menu File para criar um novo aplicativo no Visual Studio.
2. Escolha Visual Basic/Windows sob Templates e, então, selecione o template Console Application.

    Como você acabou de usar o template Console Application, ele ainda deve estar realçado na caixa de diálogo New Project.

3. Digite **My-Find-The-Number** na caixa de texto Name.
4. Clique em OK para configurar o projeto e carregá-lo no IDE.

    Como você já sabe, um aplicativo de console não tem um designer de interface de usuário. Em vez disso, você digita o código Visual Basic do aplicativo em um módulo, entre as instruções *Sub Main()* e *End Sub*.

5. Digite o seguinte código de programa:

```
'Define o título do aplicativo na janela Command e explica o jogo
Console.Title = "Find the Hidden Number: A Game of Chance and Skill"
Console.WriteLine("I'm thinking of a number from 1 through 100.")
Console.WriteLine("Can you guess what it is?")
Console.WriteLine()

Dim generator As New Random 'declara generator como fonte de números aleatórios
'Escolhe um número aleatório de 1-101 (não incluindo 101) e atribui a RandNum
Dim randNum As Integer = generator.Next(1, 101)
Dim guesses As Integer = 0
Dim guess As Integer

Do      'este loop Do se repete várias vezes, até o usuário adivinhar a resposta
    Console.Write("Guess: ")
    guess = Console.ReadLine 'lê um número e atribui à variável guess
    Select Case guess 'a estrutura Select Case avalia a variável guess
        Case randNum 'se o número correto foi descoberto, parabeniza o usuário
            Console.ForegroundColor = ConsoleColor.DarkYellow
            Console.WriteLine("That's Right!")
            Console.ForegroundColor = ConsoleColor.Gray
```

```
            Case Is < randNum 'mas se a suposição for muito pequena, pede um número maior
                Console.WriteLine("Try a bigger number")
            Case Is > randNum 'ou, se a suposição for grande demais, pede um número menor
                Console.WriteLine("Try a smaller number")
        End Select
        Console.WriteLine()
        guesses = guesses + 1 ' incrementa guesses, que controla o número de suposições
    Loop Until guess = randNum 'continua o loop até que o usuário escolha corretamente

    'Depois de terminar o loop, exibe o número de suposições feitas pelo usuário para
    descobrir o número
    Console.Write("You found the hidden number in {0} guesses.", guesses)
    Console.ReadKey()'pausa até o usuário pressionar uma tecla
```

O número oculto do jogo é selecionado aleatoriamente cada vez que o programa executa, de modo que você obterá um novo número a cada vez. A escolha do número oculto é feita pela instrução de programa:

```
Dim randNum As Integer = generator.Next(1, 101)
```

Talvez você se lembre dessa lógica de programa, do Capítulo 3, "Crie seu primeiro aplicativo Windows Store". Quando a variável *generator* é utilizada, o método *Next* permite escolher um novo número aleatório, o qual é selecionado de acordo com um algoritmo de geração de números pseudoaleatórios dentro do .NET Framework. O número aleatório deve ser um inteiro dentro do intervalo especificado – neste caso, deve ser um inteiro de 1 a 101. Contudo, note que o limite superior do intervalo é exclusivo – ou seja, o número será escolhido de 1 a 100. Se quiser especificar um intervalo diferente, basta ajustar esses valores e alterar a instrução *WriteLine* de abertura no programa para permitir que o usuário saiba disso.

6. Salve o projeto e especifique Meus Documentos\Visual Basic 2013 SBS\Chapter 10 como local.

Agora, execute o aplicativo de console para ver como o jogo de adivinhação funciona na janela Command.

7. Clique no botão Start na barra de menu Standard.

O programa Find-The-Number começa, e você verá uma tela de abertura semelhante a esta:

A estratégia mais eficiente nesse tipo de jogo de adivinhação de número oculto é escolher um número que esteja situado entre os valores alto e baixo no intervalo ou *extensão* onde o número oculto poderia estar. Neste caso, o número poderia estar em qualquer lugar entre 1 e 100, de modo que o melhor palpite é 51. Tente esse número agora, tendo em mente que os resultados que verá variarão com base no número selecionado pelo programa. (Provavelmente, o número será diferente a cada vez.)

8. Digite **51** e pressione Enter.

   O programa compara o número digitado com o número gerado aleatoriamente e a estrutura de decisão *Select Case* exibe uma mensagem com a resposta apropriada. Quando executei o programa, recebi o resultado Try A Smaller Number (tente um número menor), como mostrado na tela a seguir:

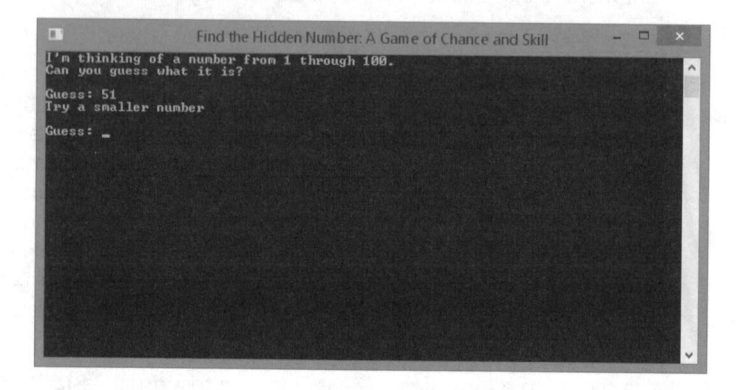

   Convidado a supor um número menor, determinei que o valor oculto estaria entre 1 e 50, de modo que digitei o número 26. Pense em seguir a mesma lógica para seu palpite, embora o padrão de adivinhação a ser seguido por você dependerá das dicas recebidas.

9. Digite um segundo palpite e continue supondo até descobrir o número oculto.

   Ao terminar o jogo, você receberá uma mensagem do programa e o número de suposições feitas para adivinhar o inteiro. (Em meu teste, o número oculto era 11.) Observe que o programa muda a cor do texto quando a mensagem de vitória aparece – essa é a propriedade *ForegroundColor* em funcionamento.

   Sua tela será semelhante à figura a seguir. Apenas lembre-se de que, na maioria dos casos, você receberá um resultado diferente do mostrado.

CAPÍTULO 10   Aplicativos de console   277

```
Find the Hidden Number: A Game of Chance and Skill
I'm thinking of a number from 1 through 100.
Can you guess what it is?
Guess: 51
Try a smaller number
Guess: 26
Try a smaller number
Guess: 14
Try a smaller number
Guess: 7
Try a bigger number
Guess: 11
That's Right!
You found the hidden number in 5 guesses.
```

10. Pressione Enter para fechar a janela Command.

    O IDE do Visual Studio retorna. Agora, execute o programa várias vezes mais, para ver quanto você demora, em média, para descobrir o número oculto. Desenvolva novas estratégias de adivinhação para descobrir o número e também faça suposições intencionalmente ruins, como um modo de testar a lógica do programa. Qual foi seu menor número de tentativas para adivinhar o valor?

    Talvez você também queira modificar o intervalo de seleção de números aleatórios para que existam mais (ou menos) números ocultos para escolher. Teste a versão modificada do programa Find-The-Number para certificar-se de que está funcionando corretamente. Você verá que são necessários mais palpites para descobrir o número oculto em um intervalo maior. Se começar a fazer várias tentativas, expanda a janela Command ou use as barras de rolagem da janela para ver as informações que saem do campo de visão na tela.

    Aqui está como o programa aparecerá se você alterar o intervalo de 1-101 para 1-1001:

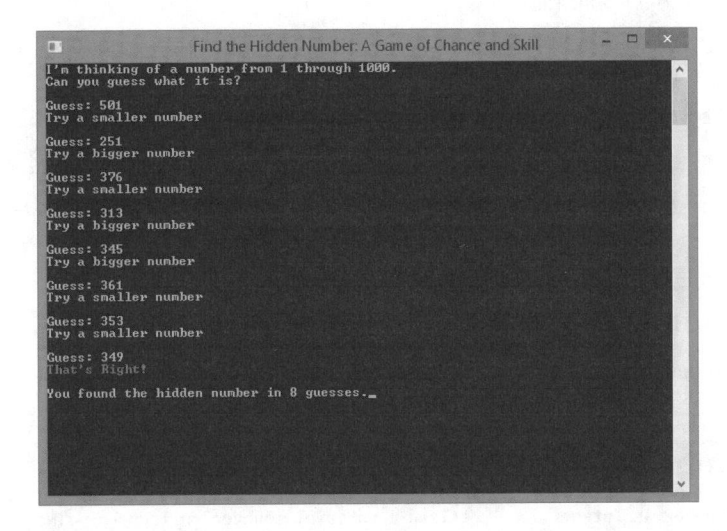

```
Find the Hidden Number: A Game of Chance and Skill
I'm thinking of a number from 1 through 1000.
Can you guess what it is?
Guess: 501
Try a smaller number
Guess: 251
Try a bigger number
Guess: 376
Try a smaller number
Guess: 313
Try a bigger number
Guess: 345
Try a bigger number
Guess: 361
Try a smaller number
Guess: 353
Try a smaller number
Guess: 349
That's Right!
You found the hidden number in 8 guesses.
```

11. Quando terminar, salve suas alterações e feche o projeto.

    Gostaria de tentar outro aplicativo de console baseado em matemática?

Simule dados

Outro jogo interessante envolvendo matemática e números aleatórios é a simulação de lançamento de dados. Os lançamentos aleatórios dos dados podem ser controlados com muita facilidade em um aplicativo em Visual Studio, com o método *Next* em uma rotina que possui um gerador de números aleatórios definido. No aplicativo de console a seguir, você vai construir um jogo de dados no qual o usuário lança um par de dados virtuais por determinado número de vezes. O programa pergunta ao usuário qual número está esperando (uma jogada de dados entre 2 e 12, inclusive), e então o jogo lança os dados e exibe os resultados.

Uma característica interessante desse jogo é o grande intervalo numérico permitido para lançamentos de dados. Você pode especificar um número de lançamentos, entre 1 e algo acima de 2,1 bilhão – ou seja, o limite superior de uma variável inteira de 32 bits, a qual o programa utiliza para armazenar o número de jogadas e o número de vitórias. Na maioria dos casos, você desejará simplesmente lançar os dados 10, 100 ou 1000 vezes, o que um computador normal pode processar quase instantaneamente. Contudo, é interessante ver o que acontece quando você experimenta um número maior. (Eu mostro o que acontece com um caso de teste de 2 bilhões de lançamentos em nosso jogo – o programa funcionou muito bem, mas o resultado demorou cerca de 5 minutos para ser calculado em meu computador.)

Complete os passos a seguir para criar um novo aplicativo de console chamado Roll-The-Dice.

Role os dados

1. Clique em New Project no menu File para criar um novo aplicativo no Visual Studio.
2. Escolha Visual Basic/Windows sob Templates e, então, selecione o template Console Application.
3. Verifique se o template Console Application está realçado na caixa de diálogo New Project.
4. Digite **My-Roll-The-Dice** na caixa de texto Name.
5. Clique em OK para configurar o projeto e carregar o novo programa no IDE.

    Agora você vai inserir o código do jogo de dados no módulo *Main* do programa, entre as instruções *Sub Main()* e *End Sub*.

6. Digite o seguinte código de programa:

```
Console.Title = "Roll the Dice"
Console.WriteLine("This game determines how many times a lucky dice roll appears.")
Console.WriteLine("Pick a lucky number for a two dice roll (2-12) & times to throw.")
Console.WriteLine()

Dim luckyNumber As Integer   ' declara a variável do número da sorte
Dim rolls As Integer         ' declara a variável do número de lançamentos
Dim wins As Integer = 0      ' inicializa o número de vitórias com zero
Dim counter As Integer       ' declara a variável counter do loop For...Next
```

```
Dim die1 As Integer         ' declara variáveis para armazenar lançamentos de dados
Dim die2 As Integer
Dim generator As New Random   ' usa a classe Random para gerar lançamentos aleatórios

Console.Write("What lucky number are you trying for (2-12): ")
LuckyNumber = Console.ReadLine ' obtém o número da sorte do usuário
Console.Write("How many times do you want to roll the dice? ")
rolls = Console.ReadLine 'obtém o número de lançamentos de dados solicitado

For counter = 1 To rolls ' um loop lança os dados pelo número solicitado de vezes
    die1 = Int(generator.Next(1, 7))    ' lança o primeiro dado e salva o número
    die2 = Int(generator.Next(1, 7))    ' lança o segundo dado e salva o número
    If die1 + die2 = luckyNumber Then wins = wins + 1 ' soma os lançamentos / verifica
    se é uma vitória
Next Counter

Console.WriteLine()   ' exibe o número de lançamentos, o número da sorte e as vitórias
Console.Write("Out of {0} rolls, the number {1} came up {2} times.",
              rolls, luckyNumber, Wins)
Console.WriteLine()
Console.Write("That's a win rate of {0}%", ((wins / rolls) * 100))
Console.ReadKey()     ' pausa até que o usuário pressione uma tecla
```

O programa utiliza um loop *For...Next* para processar o número de lançamentos solicitados pelo usuário. Conforme você vai aprender no Capítulo 12, um loop *For...Next* executa seu trabalho monitorando constantemente uma variável *contadora* e se repetindo um número definido de vezes. O lançamento dos dados é simulado pelo uso da sintaxe *generator.Next* no loop e os resultados são exibidos no final da rotina com o método *Console.Write* e três parâmetros substituíveis.

7. Salve o projeto e especifique Meus Documentos\Visual Basic 2013 SBS\Chapter 10 como local.

   Agora, execute o aplicativo de console para ver como o jogo de dados funciona na janela Command.

8. Clique no botão Start na barra de menu Standard.

   O programa Roll-The-Dice começa e você verá uma tela de abertura semelhante a esta:

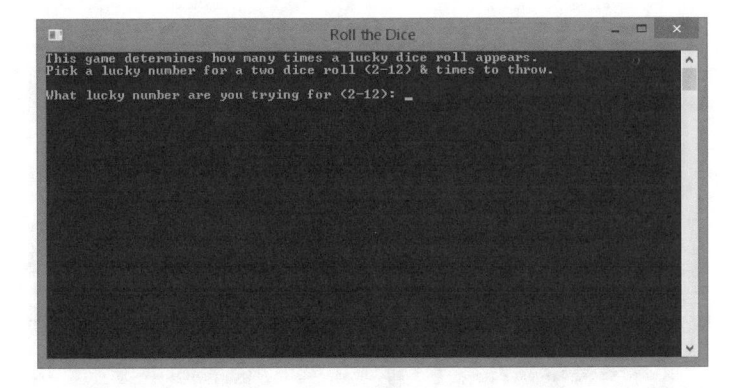

9. Digite **6** e pressione Enter.

   O programa pergunta quantas vezes você quer lançar os dados.

10. Digite **100** e pressione Enter.

    O aplicativo de console lança os dados 100 vezes e exibe o resultado. A quantidade de vezes que o número da sorte aparece varia um pouco a cada vez que o programa é executado, embora as leis fundamentais da probabilidade para lançamentos de dados estejam em vigor. Quando executei o programa, em 100 jogadas, o jogo lançou 18 vezes o número 6, com uma taxa de vitórias de 18%. Minha tela ficou assim:

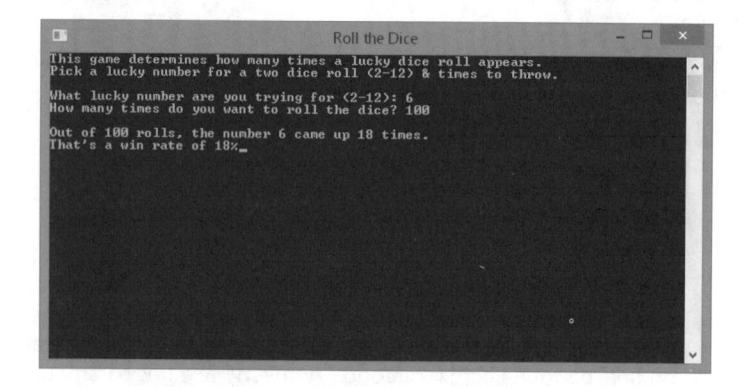

    ```
    Roll the Dice
    This game determines how many times a lucky dice roll appears.
    Pick a lucky number for a two dice roll (2-12) & times to throw.

    What lucky number are you trying for (2-12): 6
    How many times do you want to roll the dice? 100

    Out of 100 rolls, the number 6 came up 18 times.
    That's a win rate of 18%.
    ```

11. Pressione Enter (ou qualquer tecla) para terminar o programa.

    Continue testando o aplicativo de console, experimentando as chances de lançamentos mais difíceis (menos prováveis).

12. Execute o programa novamente.

13. Especifique **2** para o número da sorte e **1000** para o número de vezes a lançar os dados.

    Você receberá uma saída semelhante à tela a seguir:

    ```
    Roll the Dice
    This game determines how many times a lucky dice roll appears.
    Pick a lucky number for a two dice roll (2-12) & times to throw.

    What lucky number are you trying for (2-12): 2
    How many times do you want to roll the dice? 1000

    Out of 1000 rolls, the number 2 came up 35 times.
    That's a win rate of 3.5%.
    ```

Conforme mencionado antes, é possível aumentar significativamente o número de lançamentos para esse programa, e o aplicativo de console poderá lidar com os cálculos matemáticos com muita facilidade. Por exemplo, você poderia experimentar 10.000, 100.000, 10.000.000 lançamentos ou mais! Apenas saiba que, se você aumentar significativamente o número de lançamentos, começará a demorar um pouco mais para o Visual Studio calcular os resultados. Além disso, no ambiente multitarefa do Windows 8.1, o processador em geral dedica apenas cerca de 25% de seus recursos para qualquer aplicativo, a fim de que o sistema funcione de modo eficiente o tempo todo. Mas os aplicativos do Visual Studio são capazes de executar tarefas matemáticas muito significativas, e é interessante experimentar números maiores para ver que tipo de resultados você obtém.

Caso disponha de 2 a 3 minutos para esperar, experimente os cálculos a seguir para ver como o aplicativo Roll-The-Dice lida com números muito grandes.

14. Pressione Enter para encerrar o programa e, então, execute-o novamente.
15. Digite **7** para o número da sorte e pressione Enter.
16. Digite **2000000000** para o número de lançamentos e pressione Enter. (São nove zeros após o 2.)

É isso mesmo, você pediu para o computador lançar os dados 2 bilhões de vezes!

O programa resolverá o problema silenciosamente e continuará fazendo isso por 2 a 4 minutos, dependendo da velocidade de seu computador. Você pode continuar trabalhando com sua máquina de outras formas, até que o cálculo termine. Quando o Visual Studio terminar, você verá uma janela Command semelhante à seguinte. (Os resultados variarão um pouco a cada vez que o programa for executado.)

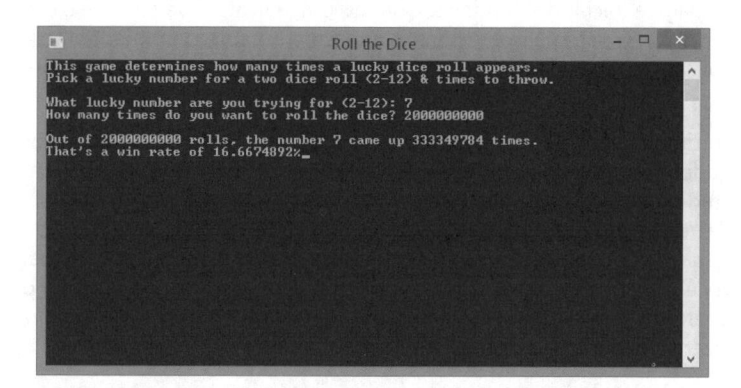

Quando executei o programa, o número 7 apareceu 333.349.784 vezes em 2 bilhões de lançamentos, com uma taxa de vitórias de 16,6674892%. Isso está de acordo com as tabelas de probabilidade para lançamentos de dados, que indicam que um 7 tende a aparecer cerca de 16,67% das vezes, quando dois dados são lançados. A tabela a seguir mostra a probabilidade básica para o lançamento de dois dados. Use essa tabela para verificar como seu programa está funcionando.

Lançamento dos dados	Combinações possíveis	Probabilidade
2	1	2,78%
3	2	5,56%
4	3	8,33%
5	4	11,11%
6	5	13,89%
7	6	16,67%
8	5	13,89%
9	4	11,11%
10	3	8,33%
11	2	5,56%
12	1	2,78%
Total	**36**	**100%**

17. Pressione Enter para terminar o programa.

Compile, publique e execute aplicativos de console

Os aplicativos de console podem ser compilados em versões de distribuição e enviados a outros usuários por meio da Internet ou de mídia eletrônica, de forma muito parecida com os outros aplicativos do Visual Studio. A única limitação é que os aplicativos de console não podem ser distribuídos por meio do Windows Store, pois não são aplicativos nativos projetados para a interface de usuário do Windows 8 ou do Windows 8.1. Contudo, você ainda pode criar um bloco para aplicativos de console na página Iniciar do Windows. Quando um aplicativo de console é executado no Windows 8.1, o sistema operacional simplesmente abre o ambiente Desktop e executa o aplicativo na janela Command, como você viu nos exercícios anteriores.

Sua última tarefa neste capítulo será criar uma versão de distribuição, ou arquivo de programa executável otimizado, do aplicativo de console Roll-The-Dice, que poderá ser ativado a partir da página Iniciar do Windows. Lembre-se de que o Visual Studio permite criar dois tipos de arquivos executáveis para seus projetos: uma *versão de depuração* (debug) e outra de *distribuição* (release). As versões de depuração são os arquivos executáveis padrão, criados automaticamente pelo Visual Studio quando você projeta e testa seu aplicativo no IDE. Eles são armazenados na pasta bin\Debug dentro de seu projeto e contêm informações de depuração úteis para teste, mas que fazem o programa executar um pouco mais devagar.

As versões de distribuição são arquivos executáveis otimizados, armazenados na pasta bin\Release dentro do seu projeto. Para ajustar as configurações de uma versão de distribuição, clique no comando *NomeDoProjeto* Properties no menu Project e, em seguida, clique na guia Compile, onde você verá uma lista de opções de compilação ajustáveis para arquivos executáveis. A caixa de listagem suspensa Solution Configurations na barra de ferramentas do Visual Studio indica se o executável é uma versão de depuração ou de distribuição. Se você mudar a configuração de Solution Configurations, o caminho na caixa de texto Build Output Path também mudará. Você aprendeu sobre essas opções no Capítulo 3.

Após ter compilado o programa no modo Release, você pode ativar o aplicativo de console no Windows abrindo o File Explorer, acessando a pasta bin\Release e clicando duas vezes no arquivo .exe. Conforme vai aprender no próximo exercício, você também pode clicar com o botão direito do mouse no arquivo .exe e adicioná-lo à página Iniciar do Windows para que seja facilmente ativado quando for necessário.

Se quiser distribuir o aplicativo de console para outros usuários, você desejará criar um programa de instalação para ele, utilizando o comando Publish no menu Build. O comando Publish executa um assistente que prepara um pacote de instalação e pergunta a você onde gostaria de colocar os arquivos de instalação finais. Escolha um local na Internet (site ou servidor FTP), um CD-ROM ou uma pasta em seu sistema de computador. O pacote de instalação contém tudo que é necessário para instalar e executar o programa; o usuário só precisa de uma cópia do .NET Framework em seu sistema, a qual é instalada automaticamente com a maioria das versões do Windows. (Contudo, para aplicativos do Visual Studio 2013 que têm como alvo o sistema operacional Windows 8.1, é preciso ter a versão 4.5.1 do Framework instalada.) Depois que o Visual Studio constrói o pacote, você pode executar a instalação clicando duas vezes em Setup.exe no Explorador de Arquivos.

Nos passos a seguir, você vai compilar uma versão de distribuição do aplicativo Roll-The-Dice e então vai criar um bloco de aplicativo para o jogo na página Iniciar do Windows.

Prepare uma versão de distribuição do aplicativo Roll-The-Dice

1. Clique na caixa de listagem suspensa Solution Configurations da barra de ferramentas Standard e clique na opção Release. O Visual Studio preparará seu projeto para uma versão de distribuição, com as informações de depuração removidas. O caminho da saída da versão é definido como bin\Release\.

2. No menu Build, clique no comando Build Roll-The-Dice, como mostrado na captura de tela a seguir.

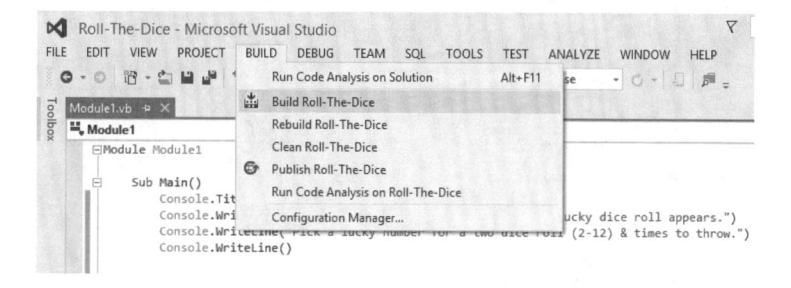

O comando Build cria a pasta bin\Release para armazenar seu projeto (se ela ainda não existir) e compila o código-fonte em seu projeto. Se configurada dessa forma, a janela Output aparecerá e mostrará marcos no processo de montagem e de implantação. O resultado é um arquivo executável chamado Roll-The-Dice.exe, o qual o Visual Studio registra no sistema operacional de seu computador.

Agora você vai examinar a pasta bin\Release e o arquivo executável com o File Explorer.

> **Dica** O Explorador de Arquivos, um aplicativo gerenciador de arquivos e ferramenta de navegação da Microsoft, se chamava Windows Explorer nas versões anteriores do Windows.

3. Clique com o botão direito do mouse no projeto Roll-The-Dice no Solution Explorer e, então, clique em Open Folder In File Explorer.

   Os diversos arquivos e pastas associados ao seu projeto aparecem em uma nova janela do Explorador de Arquivos.

4. Abra a pasta bin\Release.

   Vários arquivos de projeto aparecem na pasta Release, inclusive Roll-The-Dice.exe, o arquivo da versão de distribuição do aplicativo.

5. Clique com o botão direito do mouse em Roll-The-Dice na parte superior (ou próxima a ela) da pasta.

   Existem vários arquivos Roll-The-Dice, mas esse está listado como sendo de tipo Aplicativo. Quando você clica com o botão direito do mouse no arquivo, aparece uma seleção de comandos no menu de atalho. O Explorador de Arquivos será parecido com este:

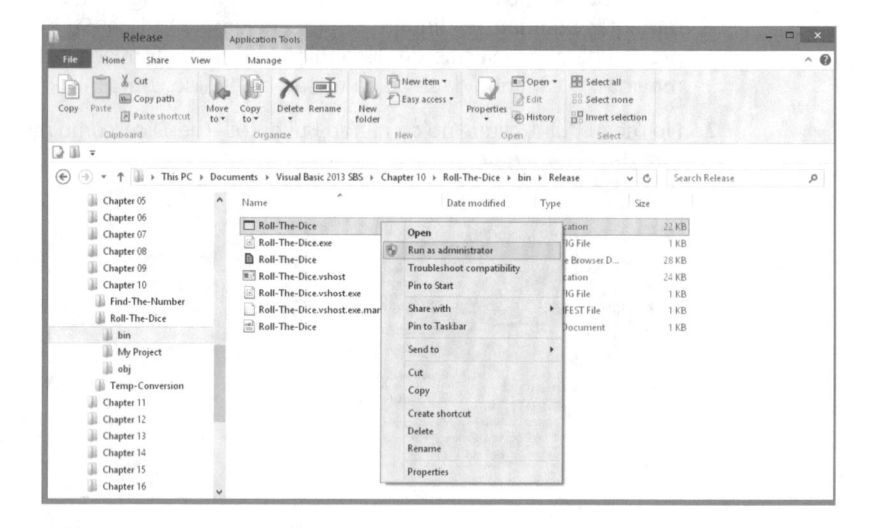

6. Clique no comando Fixar na Tela Inicial (Pin To Start) para criar um bloco para o jogo na página Iniciar do Windows, a fim de que você tenha fácil acesso a ele.

7. Abra a página Iniciar do Windows e role para o lado direito dela para ver os aplicativos que foram instalados mais recentemente.

O lado direito de minha página Iniciar do Windows estava assim:

8. Clique no bloco do aplicativo Roll-The-Dice.

   O Windows abre o ambiente Windows Desktop e exibe as linhas de abertura do jogo Roll-The-Dice na janela Command.

9. Teste o aplicativo de console novamente, escolhendo um número da sorte para o lançamento dos dados e o número de vezes que os dados devem ser lançados.

   Você demonstrou como compilar e ativar um aplicativo de console no Windows 8.1.

10. Feche o Explorador de Arquivos, volte ao Visual Studio e feche o aplicativo de console Roll-The-Dice.

11. No menu File, clique em Exit para fechar o Visual Studio e o jogo.

   Você terminou de trabalhar com aplicativos de console neste capítulo. Continue trabalhando com eles quando construir jogos e utilitários interessantes – e quando quiser praticar técnicas de programação em Visual Basic. Lembre-se de que muitas das habilidades que você está aprendendo neste livro se aplicam igualmente bem no mundo encantado do prompt de comando ou "caixa preta". É muito divertido trabalhar com a janela Command, e mesmo tendo pouquíssimo em termos de interface de usuário, a variedade do .NET Framework o aguarda nos aplicativos de console.

Resumo

Neste capítulo, você aprendeu a criar aplicativos de console dentro do Visual Studio. Aprendeu os usos básicos dos aplicativos de console, a criar um aplicativo de console com o template Console Application e a utilizar módulos de código e o procedimento *Sub Main()*. Você conheceu importantes elementos da sintaxe do Visual Basic dentro de aplicativos de console, como os métodos *WriteLine* e *ReadLine*. Por último, aprendeu a criar uma versão de distribuição de um aplicativo de console e a publicar e executar aplicativos de console no Windows.

No próximo capítulo, você continuará trabalhando com elementos da linguagem Visual Basic em aplicativos Windows Store e em aplicativos Windows Forms, como tipos de dados, variáveis e operadores. Também vai aprender mais sobre o .NET Framework e seus recursos relacionados à conversão de tipos de dados e ao processamento de strings.

PARTE III

Técnicas de programação com Visual Basic

CAPÍTULO 11 Tipos de dados, operadores e processamento de strings 289

CAPÍTULO 12 Estruturas de decisão criativas e loops 338

CAPÍTULO 13 Interceptação de erros com tratamento de erros estruturado 371

CAPÍTULO 14 Arrays, coleções e genéricos para gerenciamento de dados 392

CAPÍTULO 15 Gerenciamento de dados inovador com LINQ 429

CAPÍTULO 16 Técnicas de programação orientada a objetos 453

CAPÍTULO 11

Tipos de dados, operadores e processamento de strings

Neste capítulo, você vai aprender a:

- Utilizar tipos de dados, varáveis e constantes para gerenciar informações em um aplicativo Visual Basic.

- Dominar a declaração explícita e implícita de variáveis.

- Trabalhar com o controle XAML *ListBox* para gerenciar dados em um aplicativo Windows Store.

- Utilizar operadores matemáticos básicos e avançados em fórmulas e em rotinas de tratamento de eventos.

- Converter informações de um tipo de dados para outro utilizando *ToString*, *Parse* e a classe *Convert*.

- Dominar técnicas e métodos de processamento de strings, incluindo classificação e criptografia.

Até aqui, você utilizou tipos de dados e variáveis para armazenar informações em um programa. Por exemplo, no Capítulo 5, "Controles de aplicativos Windows Store", você aprendeu a armazenar o conteúdo de um controle *TextBox* em uma variável string e a manipulá-lo com código Visual Basic. No Capítulo 10, "Aplicativos de console", você também gerenciou cálculos de números aleatórios com variáveis numéricas que são úteis em jogos matemáticos.

Este capítulo vai bem mais além com tipos de dados, operadores matemáticos e o .NET Framework. Você aprenderá todos os tipos de dados fornecidos pelo .NET Framework e as estratégias de uso úteis da instrução *Dim* para declarar variáveis em um aplicativo Visual Basic. Também utilizará operadores básicos e avançados em fórmulas e em cálculos matemáticos e converterá dados de um tipo para outro com os métodos *Parse* e *ToString* e a classe *Convert*. Por último, você aprenderá o gerenciamento de valores ASCII e Unicode e a utilização de poderosas técnicas de processamento de strings, incluindo combinação, comparação, classificação e criptografia. Como essas habilidades se aplicam do mesmo modo a aplicativos Windows Store e aplicativos Windows Forms, – no Capítulo 11 você vai construir os dois tipos de programas Windows.

Estratégias para declarar variáveis e constantes

Uma tarefa de programação básica em praticamente qualquer projeto de desenvolvimento para Windows é gerenciar informações com tipos de dados e variáveis. Uma de minhas suposições neste livro é que você já escreveu programas de computador (provavelmente em uma versão anterior do Visual Basic) e que já teve orientação básica sobre tipos de dados, variáveis e constantes. O objetivo deste capítulo é ir um pouco mais além do que o básico com variáveis, tipos de dados, conversão de tipo e operadores. As primeiras seções oferecem uma revisão dos conceitos e habilidades fundamentais, e as posteriores exploram o processamento de dados com o controle Windows Store *ListBox*, a conversão de dados de um tipo para outro e o uso de métodos avançados no .NET Framework para processamento de strings. Você vai usar as ferramentas mais atuais do Visual Studio 2013 e vai construir aplicativos Windows Store e aplicativos Windows Forms.

Conforme você já aprendeu neste livro, uma *variável* é um local de armazenamento temporário para dados em seu aplicativo Visual Basic. Você pode utilizar uma ou muitas variáveis em suas rotinas de tratamento de eventos e em seus procedimentos, e elas podem conter palavras, números, datas, configurações de propriedades e outros valores. Usando variáveis, você atribui nomes curtos e fáceis de lembrar a cada dado com que pretende trabalhar em um aplicativo. As variáveis podem armazenar o resultado de um cálculo específico, informações recebidas do usuário em tempo de execução ou dados que você queira exibir em uma página na interface do usuário. No Visual Studio, as variáveis são definidas com um *tipo de dado* específico para que o compilador do Visual Basic saiba como trabalhar com as informações e possa gerenciá-las eficientemente. Conforme você verá a seguir, existem vários tipos de dados úteis disponíveis e também é possível criar tipos de dados personalizados.

Antes de fazer isso, você deve reservar memória no computador para a variável utilizar. Na próxima seção, vou descrever esse processo e a venerável instrução *Dim*, utilizada há muito tempo para variáveis de *dimensionamento*.

A instrução *Dim*

Existem duas maneiras de declarar uma variável em um programa Visual Basic 2013. Ela pode ser declarada *explicitamente*, especificando-se o nome e o tipo da variável após a instrução *Dim*, ou pode ser declarada *implicitamente* – isto é, apenas usando a variável sem declará-la primeiro. A declaração implícita de variáveis é considerada arriscada, pois cria a possibilidade de nomes de variável escritos incorretamente e outros erros, de modo que a declaração explícita é recomendada com veemência neste livro e nos círculos de programação profissional. Na verdade, a declaração implícita de variáveis não é permitida por padrão; para fazer com que esse estilo de declaração funcione, você precisará alterar uma configuração no Visual Studio, que descreverei mais adiante, na seção "Declaração implícita de variáveis".

Declaração explícita de variáveis

Para declarar uma variável explicitamente no Visual Basic 2013, digite o nome da variável depois da instrução *Dim*. Essa declaração reserva espaço na memória para a variável quando o programa executa e permite que o Visual Basic saiba que tipo de dado deve esperar mais adiante. Embora essa declaração possa ser feita em qualquer

CAPÍTULO 11   Tipos de dados, operadores e processamento de strings   **291**

lugar no código de programa (contanto que a declaração apareça antes de a variável ser utilizada), a maioria dos programadores declara variáveis em um lugar no início de suas rotinas de tratamento de eventos ou de seus procedimentos.

Por exemplo, a instrução a seguir cria espaço para uma variável chamada *lastName* que armazenará um valor, ou *string*, textual:

```
Dim lastName As String
```

Além de identificar a variável pelo nome, observe que usei a palavra-chave *As* para dar à variável um tipo particular e identifiquei o tipo usando a palavra-chave *String*. (Você vai examinar os outros tipos de dados mais adiante neste capítulo.) Uma variável string contém informação textual: palavras, letras, símbolos – e até números. Sempre me vejo usando variáveis string; elas armazenam nomes, lugares, os versos de um poema, o conteúdo de uma caixa de texto e muitos outros tipos de dados textuais.

Observe também o estilo camelo que utilizei para a variável *lastName* aqui. Embora o formato dos nomes de variável seja uma questão de estilo pessoal, atualmente a Microsoft recomenda o estilo camelo como uma maneira de formatar variáveis, para que sejam fáceis de ler e se diferenciem de outros objetos, métodos e propriedades em um programa Visual Basic. No estilo camelo, a primeira letra de cada nome é minúscula, seguida de letras maiúsculas para cada palavra.

Por que você precisa declarar variáveis? O Visual Basic quer que você identifique antecipadamente o nome e o tipo das suas variáveis para que o compilador possa reservar a memória necessária para o armazenamento e processamento das informações mantidas nelas. Talvez o gerenciamento de memória não pareça algo importante (afinal de contas, os computadores pessoais modernos têm uma grande quantidade de RAM e gigabytes de espaço livre em disco rígido), mas, em alguns programas, a memória pode ser rapidamente consumida, e é uma boa ideia levar a alocação de memória a sério, mesmo ao escrever programas simples. Conforme você provavelmente se lembra, os diferentes tipos de variáveis têm requisitos distintos de espaço e limitações de tamanho.

Depois de declarar uma variável, você está livre para atribuir-lhe informações em seu código, usando o operador de atribuição (=). Por exemplo, a seguinte instrução de programa atribui o sobrenome "Jefferson" à variável *lastName*:

```
lastName = "Jefferson"
```

Note que fui cuidadoso ao atribuir um valor textual à variável *lastName*, pois seu tipo de dado é *String*. Também posso atribuir valores com espaços, símbolos ou números à variável, como

```
lastName = "1313 Mockingbird Lane"
```

Mas a variável ainda é considerada um valor de string. A parte numérica só poderia ser usada em uma fórmula matemática se fosse inicialmente convertida em um valor inteiro ou de ponto flutuante com uma das funções de conversão que discutirei mais adiante neste capítulo.

Depois que um valor é atribuído à variável *lastName*, ela pode ser utilizada no lugar do nome "Jefferson" no código. Por exemplo, a instrução de atribuição

```
TitleTextBlock.Text = lastName
```

exibe "Jefferson" em um objeto bloco de texto chamado *TitleTextBlock* em um aplicativo Windows Store.

Declaração implícita de variáveis

Se quiser experimentar a declaração implícita de variáveis – isto é, apenas usar a variável em uma instrução ou expressão sem antes declará-la utilizando a instrução *Dim* –, você pode colocar a instrução *Option Explicit Off* no início do código de programa da página ou formulário (antes de qualquer rotina de tratamento de eventos) e isso neutralizará o requisito padrão do Visual Basic de que as variáveis devem ser declaradas antes de serem utilizadas. Como mencionado, não recomendo essa instrução como uma adição permanente no código, mas você pode achá-la temporariamente útil ao testar seu código ou converter programas Visual Basic mais antigos para Visual Basic 2013.

Outra possibilidade é usar a instrução *Option Infer*, que foi adicionada ao Visual Basic 2008 e ainda é útil no Visual Basic 2013. Se *Option Infer* for configurada como On, o Visual Basic deduzirá, ou *inferirá*, o tipo de uma variável examinando a atribuição feita inicialmente. Isso permite declarar variáveis sem identificar especificamente o tipo usado e também possibilita ao Visual Basic fazer a determinação. Por exemplo, a expressão

```
Dim attendance = 100
```

declarará a variável nomeada *attendance* como um *Integer*, porque 100 é uma expressão do tipo inteiro. Ou seja, com *Option Infer* configurado como On, é o mesmo que digitar:

```
Dim attendance As Integer = 100
```

Do mesmo modo, a expressão

```
Dim address = "1012 Daisy Lane"
```

declarará a variável address como tipo *String*, porque sua atribuição inicial foi do tipo *String*. Contudo, se você configurar *Option Infer* como Off, o Visual Basic declarará a variável como tipo *Object* – um contêiner geral (embora relativamente grande e ineficiente) para qualquer tipo de dado.

Se você pretende usar *Option Infer* para permitir esse tipo de declaração de variável inferida (uma estratégia flexível, mas que pode levar a resultados inesperados), coloque as duas instruções a seguir no início da página no Code Editor (antes que a classe *Page* seja definida em um aplicativo Windows Store):

```
Option Explicit On
Option Infer On
```

Se estiver escrevendo um aplicativo Windows Forms, coloque as instruções acima da instrução *Class* do formulário que está projetando.

Option Explicit Off permite que variáveis sejam declaradas quando são usadas; e *Option Infer On* possibilita ao Visual Basic determinar o tipo automaticamente. Você também pode configurar essas opções em novos projetos usando o comando Options no menu Tools, como discutido no Capítulo 2, "O ambiente de desenvolvimento integrado do Visual Studio".

Defina as constantes

Se uma variável no programa contiver um valor que nunca muda (como π, uma entidade matemática fixa), você deve pensar na possibilidade de armazenar o valor como uma *constante*, em vez de como uma variável.

Uma *constante* é um nome que ocupa o lugar de um número ou de uma string de texto que não muda. As constantes são úteis porque aumentam a legibilidade do código de programa, podem reduzir erros de programação e tornam as alterações globais mais fáceis de realizar. As constantes operam de modo muito semelhante às variáveis, mas não é possível modificar seus valores em tempo de execução. Elas são declaradas com a palavra-chave *Const*, como mostrado no exemplo a seguir:

```
Const Pi As Double = 3.14159265
```

Essa instrução cria uma constante chamada *Pi* que pode ser utilizada no lugar do valor de π no código de programa.

Conforme você vai aprender na próxima seção, uma constante pode ser declarada de forma local ou global. Na maioria dos casos, os programadores preferem usar declarações de constante globais, para que possam ser facilmente referenciadas em todo o programa.

Escopo de variáveis e constantes

Por padrão, as variáveis e as constantes são *locais* às rotinas em que são declaradas, significando que têm validade ou escopo somente no procedimento em que são dimensionadas.

Contudo, se houver mais de uma rotina de tratamento de eventos associada a uma página na interface do usuário, você pode dar às suas variáveis e constantes escopo por toda a página, declarando-as perto do início da classe da página – isto é, após a instrução *Class* e antes que quaisquer rotinas de tratamento de eventos sejam definidas. Você vai ver um exemplo disso no programa Data Types, mais adiante neste capítulo.

Se seu projeto contém mais de uma página ou procedimento, você pode tornar variáveis e constantes individuais globais (isto é, pode dar a elas escopo para todo o projeto), declarando-as em um módulo de código e usando a palavra-chave *Public* na declaração.

Por exemplo, se você colocar a instrução

```
Public runningTotal As Integer
```

em um arquivo de módulo de código (Module1.vb, por padrão), a variável *runningTotal* será declarada publicamente e manterá seu valor em todas as rotinas de tratamento de eventos e em todos os procedimentos no programa. Do mesmo modo, uma variável string chamada *PreferredColor* poderia se tornar global se fosse declarada em um módulo de código com a seguinte sintaxe:

```
Public PreferredColor As String
```

Os módulos de código foram apresentados neste livro no Capítulo 10, "Aplicativos de console". Um módulo de código é criado com o comando Add Module do menu Project e você pode definir o nome e outras características do módulo com configurações na janela Properties. Os módulos de código são ferramentas úteis para definir recursos de código globais em aplicativos Windows Store, aplicativos Windows Forms e aplicativos de console.

A ilustração de tela a seguir mostra como um novo módulo chamado *Module1* aparece no Code Editor, com uma declaração global para a variável *runningTotal* no início do módulo. Você vai ver vários exemplos dessa sintaxe de variável global neste livro e outro exemplo de recurso módulo de código mais no final deste capítulo.

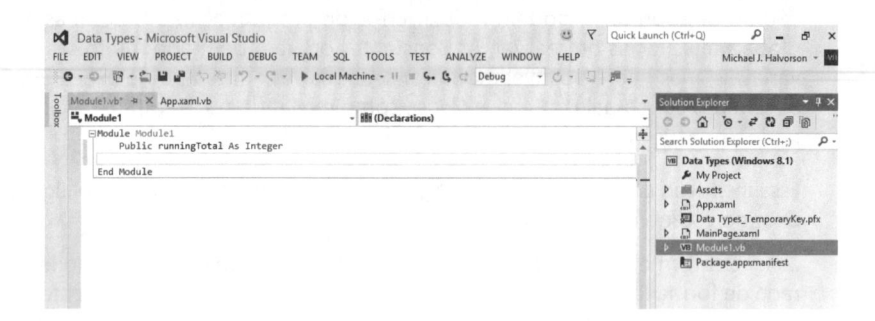

Diretrizes para atribuição de nomes de variáveis e constantes

É importante dar nomes adequados às variáveis e constantes em seu código. Geralmente se quer ser o mais claro possível com relação à função e à finalidade de cada variável e constante, para que, mais à frente, você (ou um programador de sua equipe) possa saber rapidamente para que o identificador é utilizado no programa. Para evitar confusão, considere as diretrizes a seguir ao dar nomes para variáveis e constantes:

- Comece o nome de cada variável e constante com uma letra ou sublinhado. Esse é um requisito do Visual Basic. Os nomes de variáveis e constantes podem conter somente letras, sublinhados e números.

- Embora os nomes de variáveis e constantes possam ter praticamente qualquer comprimento, tente mantê-los com menos de 33 caracteres para facilitar a leitura. (Os nomes de variáveis e constantes eram limitados a 255 caracteres no Visual Basic 6, mas isso não é mais uma restrição.)

- Torne os nomes das variáveis e constantes descritivos, combinando duas ou mais palavras quando isso fizer sentido. Por exemplo, o nome de variável *taxaDoImpostoSobreVendas* é muito mais claro que *imposto* ou *taxa*.

- Use uma combinação de caracteres em letras maiúsculas e minúsculas e números em suas variáveis e constantes. Embora o estilo dos nomes de variável mude com o passar do tempo, o recomendado atualmente pela Microsoft é o estilo *camelo* (tornando minúscula a letra inicial de um nome) para distinguir nomes de variáveis e constantes de nomes de propriedades, funções e módulos, que normalmente começam com letras maiúsculas. Exemplos da notação camelo são *dataDeNascimento*, *nomeDoFuncionário* e *contador*.

- Não utilize palavras-chave, objetos ou propriedades do Visual Basic como nomes de variável ou constante. Se fizer isso, ocorrerá um erro quando você tentar executar o programa.

CAPÍTULO 11   Tipos de dados, operadores e processamento de strings   **295**

- Outra opção é começar cada nome de variável e constante com uma abreviação de dois ou três caracteres correspondentes aos tipos de dados armazenados no identificador. Por exemplo, você poderia usar *strNome* para mostrar que a variável *Nome* contém dados do tipo string. Essa convenção, chamada de notação húngara, agora deixou de ser popular, mas era comum nas versões anteriores de Visual Basic e Windows, e você deve aprender a reconhecer o padrão.

Tipos de dados e o controle *ListBox*

Para permitir o gerenciamento de memória eficiente de todos os tipos de dados, o Visual Basic fornece vários tipos de dados adicionais que você pode utilizar para variáveis e constantes. Muitos desses são tipos de dados conhecidos das primeiras versões do BASIC ou Visual Basic e alguns foram introduzidos mais recentemente para permitir o processamento eficiente de dados em computadores de 64 bits mais novos.

A Tabela 11-1 lista os tipos de dados fundamentais (ou básicos) do Visual Basic. Eles são parte integrante da linguagem Visual Basic dentro do Visual Studio 2013 e podem ser facilmente reconhecidos no Code Editor, pois são formatados com a cor azul assim que você os insere. Em alguns livros e documentação de programação, esses elementos de linguagem são denominados tipos de dados *primitivos*.

Os tipos precedidos por um *S* são projetados para números com sinal (signed), significando que podem armazenar valores positivos e negativos. Os tipos precedidos por um *U* são tipos de dados sem sinal (unsigned), ou seja, não podem armazenar valores negativos. Se seu programa precisa efetuar muitos cálculos, poderá ter um desempenho melhor se você escolher o tipo de dado mais eficiente para suas variáveis – com tamanho nem muito grande nem muito pequeno.

> **Nota**   O tamanho de armazenamento de uma variável é medido em bits. A quantidade de espaço necessária para armazenar um caractere de teclado padrão (ASCII) na memória é de 8 bits, que é igual a 1 byte.

No próximo exercício, você verá como vários desses tipos de dados funcionam. Aprenderá também a usar o controle XAML *ListBox*, uma importante ferramenta de interface de usuário, projetada para processar e gerenciar dados em um aplicativo Windows Store.

TABELA 11-1   Tipos de dados fundamentais no Visual Basic

Tipo de dados	Tamanho	Intervalo	Exemplo de uso
Short	16 bits	-32.768 a 32.767	Dim artistas As Short artistas = 2500
UShort	16 bits	0 a 65.535	Dim horas As UShort horas = 5000
Integer	32 bits	-2.147.483.648 a 2.147.483.647	Dim população As Integer população = 375000

(continua)

TABELA 11-1 *Continuação*

Tipo de dados	Tamanho	Intervalo	Exemplo de uso
UInteger	32 bits	0 a 4.294.967.295	Dim segundos As UInteger segundos = 3000000
Long	64 bits	-9.223.372.036.854.775.808 a 9.223.372.036.854.775.807	Dim bugs As Long bugs = 7800000016
ULong	64 bits	0 a 18.446.744.073.709.551.615	Dim grãosDeAreia As ULong sandGrains = 18000000000000000000
Single	ponto flutuante de 32 bits	-3,4028235E38 a 3,4028235E38	Dim custoUnitário As Single unitCost = 899.99
Double	ponto flutuante de 64 bits	-1,79769313486231E308 a 1,79769313486231E308	Dim pi As Double pi = 3.1415926535
Decimal	128 bits	0 a +/-79.228.162.514.264.337.593.543.950.335 (+/-7,9...E+28) sem casas decimais; 0 a +/- 7,9228162514264337593543950335 com 28 casas à direita do ponto decimal. Inclua "D" ao número se quiser forçar o Visual Basic a inicializar um valor Decimal.	Dim dívida As Decimal dívida = 7600300.5D
Byte	8 bits	0 a 255	Dim teclaEnter As Byte teclaEnter = 13
SByte	8 bits	-128 a 127	Dim numeroNegativo As SByte numeroNegativo = -20
Char	16 bits	Qualquer símbolo Unicode no intervalo 0–65.535. Inclua "c" ao inicializar um Char.	Dim caractUnicode As Char caractUnicode = "Ä"c
String	Em geral, 16 bits por caractere	0 a aproximadamente 2 bilhões de caracteres Unicode de 16 bits.	Dim saudação As String saudação = "olá"
Boolean	16 bits	True ou False. (Durante conversões para um valor booleano, 0 é convertido em False, outros valores em True.)	Dim flag as Boolean flag = True
Date	64 bits	January 1, 0001, a December 31, 9999	Dim aniversário as Date aniversário = #3/17/1900#
Object	32 bits	Qualquer tipo pode ser armazenado em uma variável do tipo *Object*. Além disso, as variáveis objeto podem conter objetos definidos em seu projeto, como um objeto caixa de texto chamado *TextBox1*.	Dim meuControle As Object meuControle = TextBox1

Utilize tipos de dados fundamentais

1. No menu File, clique em Open Project.

   A caixa de diálogo Open Project abre.

2. Abra a solução Data Types da pasta Meus Documentos\Visual Basic 2013 SBS\Chapter 11\Data Types.

CAPÍTULO 11 Tipos de dados, operadores e processamento de strings **297**

3. Se a página do projeto não estiver visível, clique duas vezes em MainPage.xaml no Solution Explorer.

   Data Types é um aplicativo Windows Store em Visual Basic completo que criei para demonstrar o funcionamento dos tipos de dados fundamentais e do controle *ListBox*. Você executará o programa para ver como são os tipos de dados e, então, verá como as variáveis são declaradas e processadas com um controle *ListBox* no código Visual Basic. Você também aprenderá onde colocar declarações de variáveis para que estejam disponíveis para todas as rotinas de tratamento de eventos na página.

4. Clique no botão Start Debugging da barra de ferramentas Standard.

   O aplicativo Data Types abre com controles de interface de usuário brancos sobre um fundo verde. O programa permite que você experimente 11 tipos de dados, incluindo inteiro, ponto flutuante de precisão simples e data. O programa exibe um exemplo de cada tipo quando você clica em seu nome na caixa de listagem. Observe como a caixa de listagem funciona automaticamente, realçando o item selecionado. Você pode selecionar itens com o mouse, teclado ou gestos de toque (desde que seu equipamento aceite toques).

5. Selecione o tipo *Integer* na caixa de listagem.

   O número 37500000 aparece na caixa de texto Sample Data, como mostra a ilustração a seguir.

> **Nota** Com os tipos de dados *Short, Integer* e *Long*, a apresentação padrão não inclui pontos. Contudo, eles podem ser exibidos utilizando-se a função *Format*.

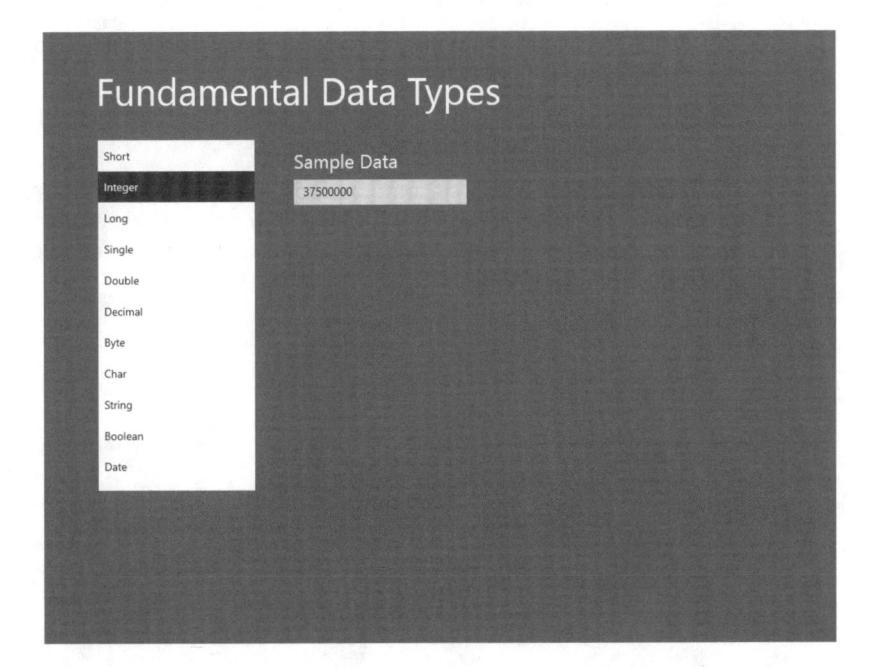

6. Selecione o tipo *Data* na caixa de listagem.

   A data 11/19/1985 aparece na caixa de texto Sample Data, como mostra a ilustração a seguir:

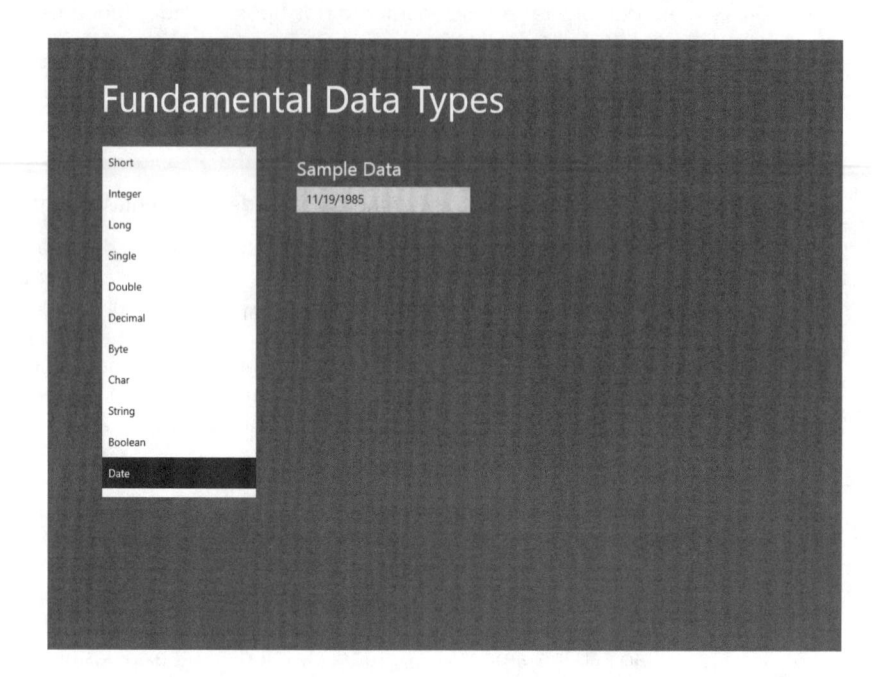

   [Fundamental Data Types — ListBox com Short, Integer, Long, Single, Double, Decimal, Byte, Char, String, Boolean, Date (selecionado); Sample Data: 11/19/1985]

7. Selecione cada tipo de dado na caixa de listagem para ver como o Visual Basic o exibe na caixa Sample Data.

   Tente usar cliques de mouse, as teclas de direção do teclado e toques para selecionar itens na caixa de listagem.

8. Quando terminar, feche o programa e reapresente o conteúdo do aplicativo Windows Store no IDE do Visual Studio.

   Agora você vai examinar como os tipos de dados fundamentais são declarados no código e como são utilizados na rotina de tratamento de eventos *DataTypeListBox_SelectionChanged*. Também vai aprender a adicionar itens a um controle ListBox utilizando marcação XAML.

CAPÍTULO 11   Tipos de dados, operadores e processamento de strings   **299**

Processe seleções de dados com o controle *ListBox*

1. Abra o arquivo MainPage.xaml.vb e amplie o Code Editor para ver uma parte maior do código do programa.

   O Code Editor se parece com esta ilustração:

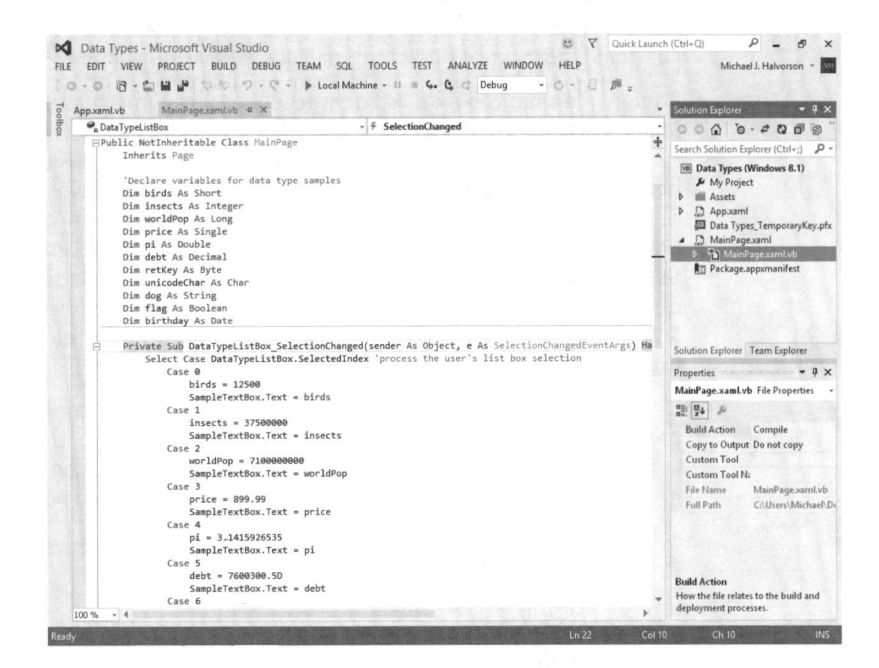

   ![Code Editor screenshot]

   Próximo ao início da definição da classe *MainPage* no Code Editor, você verá um conjunto de instruções *Dim*, que adicionei para declarar 11 variáveis no programa – uma para cada tipo de dado fundamental fornecido pelo Visual Basic. (Não criei um exemplo para os tipos *SByte*, *UShort*, *UInteger* e *ULong* porque se parecem muito com seus correspondentes com sinal ou sem sinal.)

   Colocando cada instrução *Dim* próxima ao início da área de inicialização de classe da página principal, estou garantindo que as variáveis tenham *escopo por todas* as rotinas de tratamento de eventos dessa página. Dessa maneira, posso configurar o valor de uma variável em uma rotina de tratamento de eventos e lê-la em outra. Normalmente, as variáveis são válidas somente na rotina de tratamento de eventos em que são declaradas. Para torná-las válidas na página, você precisa declarar as variáveis no início do código da página.

2. Clique na guia MainPage.xaml no IDE e examine a marcação XAML que define a caixa de listagem na página.

O controle XAML *ListBox* apresenta uma lista dinâmica de itens na tela e permite que o usuário navegue por ela e faça uma escolha. Assim como outros controles Windows Store, o controle *ListBox* está localizado na Toolbox da XAML e, depois de adicioná-lo a uma página na interface do usuário, você pode personalizar sua aparência com configurações de propriedades. (Para ajustar as propriedades do controle *ListBox*, você pode usar marcação XAML ou a janela Properties.)

Os itens de uma caixa de listagem recebem um número atribuído pelo Visual Studio para que você possa referenciá-los via programação. O primeiro item é 0, o segundo é 1, o terceiro é 2 e assim por diante. Quando o usuário seleciona um item na caixa de listagem, o evento *SelectionChanged* é disparado para a caixa de listagem e, dentro da rotina de tratamento de eventos correspondente, a propriedade *SelectedIndex* retorna o número do item selecionado. Normalmente, uso uma estrutura de decisão para processar a entrada recebida por meio de uma propriedade *SelectedIndex*; por exemplo, pode ser usada uma estrutura *Select Case* ou *If...Then...Else* para determinar qual item foi selecionado e, então, executar a ação necessária.

Dentro do arquivo MainPage.xaml no Code Editor, você verá marcação XAML para cada um dos objetos definidos na interface do usuário. Um objeto caixa de listagem chamado *DataTypeListBox* tem a seguinte marcação, a qual define 11 itens caixa de listagem representando os dados de exemplo no programa:

```
<ListBox x:Name="DataTypeListBox"
        HorizontalAlignment="Left"
        Height="444"
        Margin="68,134,0,0"
        VerticalAlignment="Top"
        Width="206">
    <ListBoxItem Name ="List1"
            Content ="Short"
            FontSize="14"/>
    <ListBoxItem Name ="List2"
            Content ="Integer"
            FontSize="14"/>
    <ListBoxItem Name ="List3"
            Content ="Long"
            FontSize="14"/>
    <ListBoxItem Name ="List4"
            Content ="Single"
            FontSize="14"/>
    <ListBoxItem Name ="List5"
            Content ="Double"
            FontSize="14"/>
    <ListBoxItem Name ="List6"
            Content ="Decimal"
            FontSize="14"/>
    <ListBoxItem Name ="List7"
            Content ="Byte"
            FontSize="14"/>
    <ListBoxItem Name ="List8"
            Content ="Char"
            FontSize="14"/>
```

CAPÍTULO 11 Tipos de dados, operadores e processamento de strings

```
    <ListBoxItem Name ="List9"
            Content ="String"
            FontSize="14"/>
    <ListBoxItem Name ="List10"
            Content ="Boolean"
            FontSize="14"/>
    <ListBoxItem Name ="List11"
            Content ="Date"
            FontSize="14"/>
</ListBox>
```

Caso tenha dúvidas sobre como a marcação XAML é formatada, reveja o material do Capítulo 7, "Marcação XAML passo a passo". Lembre-se de que a marcação XAML é dinâmica – se você alterar a marcação do *ListBox*, verá as alterações refletidas imediatamente no Designer.

3. Agora, volte ao arquivo MainPage.xaml.vb e examine a rotina de tratamento de eventos *DataTypeListBox_SelectionChanged*.

   Esse código Visual Basic processa as escolhas feitas pelo usuário na caixa de listagem e se parece com isto:

```
Select Case DataTypeListBox.SelectedIndex 'processa a seleção do usuário na
caixa de listagem
    Case 0
        birds = 12500
        SampleTextBox.Text = birds
    Case 1
        insects = 37500000
        SampleTextBox.Text = insects
    Case 2
        worldPop = 7100000000
        SampleTextBox.Text = worldPop
    Case 3
        price = 899.99
        SampleTextBox.Text = price
    Case 4
        pi = 3.1415926535
        SampleTextBox.Text = pi
    Case 5
        debt = 7600300.5D
        SampleTextBox.Text = debt
    Case 6
        retKey = 13
        SampleTextBox.Text = retKey
    Case 7
        UnicodeChar = "Ä"c
        SampleTextBox.Text = UnicodeChar
    Case 8
        dog = "pointer"
        SampleTextBox.Text = dog
    Case 9
        flag = True
        SampleTextBox.Text = flag
    Case 10
        birthday = #11/19/1985#
        SampleTextBox.Text = birthday
End Select
```

Essa rotina é uma estrutura de decisão *Select Case*, a qual você já experimentou neste livro. (Você vai estudar *Select Case* mais amplamente no Capítulo 12, "Estruturas de decisão criativas e loops".) Por enquanto, observe como cada seção do bloco *Select Case* atribui um valor de exemplo a uma das variáveis dos tipos de dados fundamentais e, então, atribui a variável à propriedade *Text* do objeto *SampleTextBox* na página.

4. Percorra a rotina de tratamento de eventos *DataTypeListBox_SelectionChanged* e examine atentamente cada uma das atribuições de variável.

   Experimente alterar os dados em algumas das instruções de atribuição de variáveis e executar o programa novamente para ver como são os dados. Em particular, você poderia tentar atribuir valores a variáveis que estão fora de seu intervalo aceitável, como mostrado na tabela dos tipos de dados apresentada anteriormente. Se você cometer um erro como esse, o Visual Basic adicionará uma linha ondulada embaixo do valor incorreto no Code Editor e o programa não executará até que você o altere. Para aprender mais sobre seu erro, você pode apontar para o valor na linha ondulada e ler uma curta mensagem de erro sobre o problema na dica de tela.

> **Dica** Por padrão, uma linha ondulada verde indica um alerta, uma linha ondulada vermelha indica um erro de sintaxe, uma linha ondulada azul indica um erro de compilação e uma linha ondulada roxa indica outro tipo de erro.

5. Se fizer qualquer alteração que queira salvar em disco, clique no botão Save All na barra de ferramentas Standard.
6. Feche o projeto Data Types.

   Agora você vai trabalhar com alguns dos tipos de dados fundamentais e combiná-los com operadores aritméticos.

Operadores e fórmulas

Nesta seção, você vai conhecer os operadores extremamente úteis que podem ser usados em programas Visual Basic. Vamos começar examinando como usar os operadores aritméticos para criar fórmulas matemáticas em uma rotina de tratamento de eventos e, então, você vai aprender sobre os operadores abreviados que fornecem funcionalidade semelhante em uma forma sucinta.

Lembre-se de que no Visual Basic uma *fórmula* é apenas uma instrução de programa que combina números, variáveis, operadores e outras palavras-chave para gerar um novo valor. O Visual Basic contém dezenas de elementos de linguagem para uso em fórmulas e você vai vê-los frequentemente neste livro.

CAPÍTULO 11   Tipos de dados, operadores e processamento de strings   **303**

Operadores aritméticos

No programa a seguir, você vai trabalhar com *operadores* aritméticos, os símbolos usados para reunir as partes de uma fórmula. Com algumas exceções, os símbolos aritméticos que você usará são aqueles que utiliza na vida cotidiana e suas operações são relativamente intuitivas. O Visual Basic inclui os operadores aritméticos listados na Tabela 11-2.

TABELA 11-2   Operadores aritméticos

Operador	Descrição
+	Adição
-	Subtração
*	Multiplicação
/	Divisão
\	Divisão de inteiro (número inteiro)
Mod	Resto da divisão
^	Exponenciação (elevar a uma potência)
&	Concatenação de strings (combinação)

Os operadores de adição, subtração, multiplicação e divisão são muito simples e diretos, e podem ser empregados em qualquer fórmula em que números ou variáveis numéricas são utilizados. O programa Basic Math demonstra como utilizá-los em um aplicativo Windows Store.

Construa fórmulas utilizando adição, subtração, multiplicação e divisão

1. No menu File, clique em Open Project.

2. Abra o projeto Basic Math na pasta Meus Documentos\Visual Basic 2013 SBS\Chapter 11\Basic Math.

3. Se a página do projeto não estiver visível, clique duas vezes em MainPage.xaml no Solution Explorer.

    A página Basic Math abre no Designer. Esse aplicativo Windows Store simples demonstra como os operadores de adição, subtração, multiplicação e divisão funcionam com os números que você digita. Ele também demonstra como usar objetos caixa de texto, botão de opção e botão para processar entrada do usuário em um programa.

4. Clique no botão Start Debugging da barra de ferramentas Standard.

    O programa Basic Math começa. O programa exibe duas caixas de texto em que você insere valores numéricos, um grupo de botões de opção de operador, uma caixa que exibe resultados e um objeto botão (Calculate) para efetuar cálculos matemáticos.

5. Digite **100** na primeira caixa de texto e pressione Tab.

    O ponto de inserção, ou *foco*, se move para a segunda caixa de texto.

6. Digite **17** na segunda caixa de texto.

   Você agora pode aplicar qualquer um dos operadores matemáticos aos valores nas caixas de texto.

7. Clique no botão de opção Addition e no botão Calculate.

   O operador é aplicado aos dois valores e o número 117 aparece na caixa de resultados de cálculo, como mostrado na captura de tela a seguir.

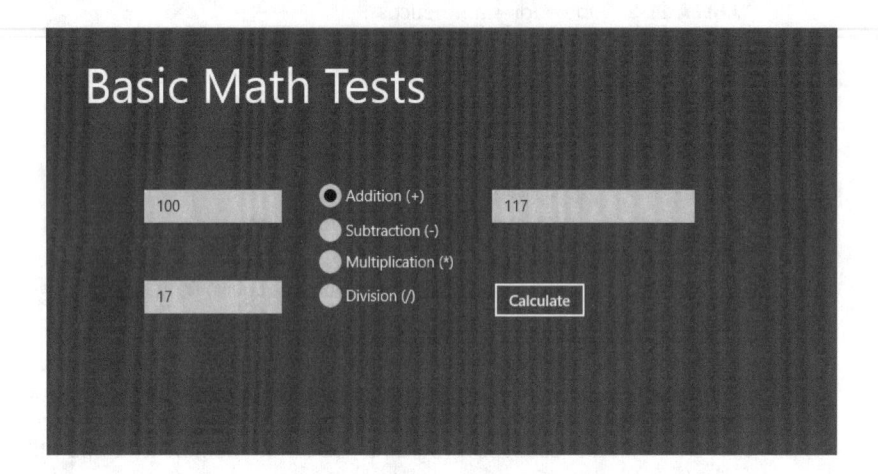

8. Pratique o uso dos operadores de subtração, multiplicação e divisão com os dois números nas caixas de variável. (Clique em Calculate para calcular cada fórmula.)

   Os resultados aparecem na caixa de resultados. Sinta-se à vontade para experimentar números diferentes nas caixas de texto de variável. (Experimente alguns números com pontos de fração decimal se quiser*.) Utilizei o tipo de dados *Double* para declarar as variáveis; portanto, você pode utilizar números muito grandes.

   Agora, experimente o seguinte teste para ver o que acontece.

9. Digite **100** na primeira caixa de texto, digite **0** na segunda caixa de texto, clique no botão de opção Division e depois em Calculate.

   A divisão por zero não é permitida em cálculos matemáticos, porque produz um resultado infinito. Mas o Visual Basic é capaz de tratar esse cálculo e exibe o valor *Infinity* na caixa de texto de resultados. Conseguir tratar algumas condições de divisão por zero é um recurso que o Visual Basic 2013 fornece automaticamente.

10. Quando terminar de estudar esse e outros testes, feche o programa Basic Math.

    O programa encerra e o IDE retorna.

    Agora, examine o código de programa para ver como os resultados foram calculados. O programa Basic Math utiliza alguns dos controles XAML padrão que você ex-

---

* N. de R.T.: Dependendo da configuração de idioma do seu sistema, os números com casas decimais deverão ser digitados com uma vírgula (ex.: 51,4) ou com um ponto (ex: 51.4).

CAPÍTULO 11 Tipos de dados, operadores e processamento de strings

perimentou no Capítulo 5 e uma rotina de tratamento de eventos que utiliza variáveis e operadores para processar fórmulas matemáticas simples. O programa declara suas variáveis no início da página (onde a classe é definida) para que possam ser utilizadas em todas as rotinas de tratamento de eventos na página. Embora tenha apenas uma rotina de tratamento de eventos, colocar as variáveis no início da página permitirá uma fácil expansão desse programa.

Examine o código do programa Basic Math

1. Clique duas vezes no botão Calculate na página.

    O Code Editor exibe a rotina de tratamento de eventos *Calculate_Click*. No início do código da página, você verá a seguinte instrução, que declara duas variáveis do tipo *Double* abaixo da definição de classe da página principal:

    ```
    'Declara firstNum e secondNum como variáveis de precisão dupla
    Dim firstNum, secondNum As Double
    ```

    Usei o tipo *Double* porque queria um tipo de variável grande e de uso geral que pudesse lidar com muitos números diferentes – inteiros, números com casas decimais, números muito grandes, números pequenos etc. As variáveis são declaradas na mesma linha utilizando a notação abreviada. Tanto *firstNum* como *SecondNum* são do tipo *Double* e são usadas para armazenar os valores inseridos na primeira e segunda caixas de texto, respectivamente.

2. Role para baixo no Code Editor para ver o conteúdo da rotina de tratamento de eventos *Calculate_Click*.

    O código do programa se parece com este:

```
Private Sub Calculate_Click(sender As Object, e As RoutedEventArgs) Handles Calculate.Click
    'Atribui valores das caixas de texto às variáveis
    firstNum = FirstTextBox.Text
    secondNum = SecondTextBox.Text

    'Determina o botão selecionado e calcula
    If Addition.IsChecked Then
        Result.Text = firstNum + secondNum
    End If
    If Subtraction.IsChecked Then
        Result.Text = firstNum - secondNum
    End If
    If Multiplication.IsChecked Then
        Result.Text = firstNum * secondNum
    End If
    If Division.IsChecked Then
        Result.Text = firstNum / secondNum
    End If
End Sub
```

As duas primeiras instruções na rotina de tratamento de eventos transferem os dados inseridos nos objetos caixa de texto para as variáveis *firstNum* e *secondNum*. O controle *TextBox* trata da transferência com a propriedade *Text* – uma propriedade que aceita entrada do usuário e a disponibiliza para utilização no programa. (Neste caso, o programa depende de você inserir dados do tipo correto; um erro resultará se você digitar dados não numéricos nas caixas de texto.)

Depois que os valores de caixa de texto são atribuídos às variáveis, a rotina de tratamento de eventos determina qual botão de opção foi selecionado, calcula a fórmula matemática e exibe o resultado em uma terceira caixa de texto. O primeiro teste de botão de opção é parecido com isto:

```
'Determina o botão selecionado e calcula
If Addition.IsChecked Then
    Result.Text = firstNum + secondNum
End If
```

Somente um objeto botão de opção em um grupo pode ser selecionado de cada vez. Em um aplicativo Windows Store, os botões de opção são adicionados a um grupo pela configuração da propriedade *GroupName* de cada botão de opção com o mesmo nome. (Neste caso, configurei o nome do grupo como "Operator".) Na rotina de tratamento de eventos, você pode identificar se um botão de opção foi ou não selecionado avaliando a propriedade *IsChecked*. Se ela for True, o botão foi selecionado. Se a propriedade *IsChecked* for False, o botão não foi selecionado. Depois desse teste simples, você está pronto para calcular o resultado e exibi-lo no terceiro objeto caixa de texto. Isso é tudo que é necessário saber para utilizar operadores aritméticos básicos.

> **Dica** Você pode saber mais sobre a sintaxe de testes *If...Then* no Capítulo 12. Se quiser aprender mais sobre o funcionamento de botões de opção XAML em um aplicativo Windows Store, consulte o Capítulo 3, "Using Controls", de meu livro *Start Here! Learn Visual Basic 2012* (Microsoft Press, 2012). Nesse livro, também forneço informações detalhadas sobre como criar e usar controles XAML *CheckBox*, os quais oferecem alternativas práticas aos controle botão de opção (*RadioButton*).

3. No menu File, clique no botão Close Project.

   Você acabou de utilizar o programa Basic Math.

Operadores aritméticos avançados

Além dos quatro operadores aritméticos básicos, o Visual Basic inclui mais quatro operadores aritméticos para cálculos específicos. São eles a divisão de inteiro (\), o resto da divisão (*Mod*), a exponenciação (^) e a concatenação de strings (&). Os operadores extras são úteis em uma ampla variedade de fórmulas matemáticas e em praticamente todas as rotinas de processamento de texto. O utilitário a seguir (uma versão modificada do programa Basic Math) mostra como é possível empregar cada um desses operadores em um aplicativo Windows Store.

Explore a divisão de inteiro, o resto da divisão, a exponenciação e a concatenação

1. No menu File, clique em Open Project e abra a solução Advanced Math na pasta Meus Documentos\Visual Basic 2013 SBS\Chapter 11\Advanced Math.

2. Se a página do projeto não estiver visível, clique duas vezes em MainPage.xaml no Solution Explorer.

CAPÍTULO 11   Tipos de dados, operadores e processamento de strings   **307**

A interface de usuário de Advanced Math abre no Designer. Esse programa é muito parecido com o aplicativo Basic Math, com exceção dos operadores apresentados pelos botões de opção e das estruturas de decisão na rotina de tratamento de eventos *Calculate_Click*.

3. Clique no botão Start Debugging da barra de ferramentas Standard.

   O programa exibe duas caixas de texto em que você insere valores numéricos, um grupo de botões de opção de operadores, uma caixa de texto que exibe resultados e um botão chamado Calculate.

4. Digite **9** na primeira caixa de texto e pressione Tab.

5. Digite **2** na segunda caixa de texto.

   Agora você pode aplicar qualquer um dos operadores avançados aos valores nas caixas de texto.

6. Clique no botão de opção Integer Division e clique em Calculate.

   O operador é aplicado aos dois valores, e o número 4 aparece na caixa de resultados, como mostrado aqui:

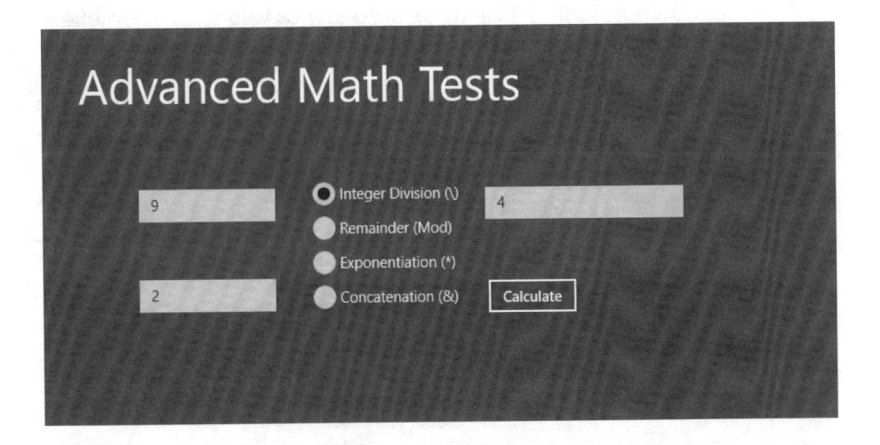

   ## Advanced Math Tests

   - 9
   - ○ Integer Division (\)   4
   - ● Remainder (Mod)
   - ● Exponentiation (^)
   - 2
   - ● Concatenation (&)   [Calculate]

   A divisão de inteiro produz somente a parte inteira da operação de divisão. Embora 9 dividido por 2 seja igual a 4,5, a operação de divisão de inteiro retorna somente a primeira parte, um inteiro (o número inteiro 4). Talvez você ache esse resultado útil se estiver trabalhando com quantidades que não podem ser facilmente divididas em componentes fracionários, como o número de adultos que pode caber em um carro.

7. Clique no botão de opção Remainder e clique em Calculate.

   O número 1 aparece na caixa de resultados. O módulo aritmético retorna o resto (a parte que sobrou) depois que dois números são divididos. Como 9 dividido por 2 é igual a 4 com resto 1 (2 * 4 + 1 = 9), o resultado produzido pelo operador *Mod* é 1. Além dar um toque do início dos anos 1970 ao seu código, o operador *Mod* pode ajudá-lo a monitorar "restos" em seus cálculos, como a quantidade de dinheiro restante após uma transação financeira.

PARTE III Técnicas de programação com Visual Basic

8. Clique no botão de opção Exponentiation e clique em Calculate.

   O número 81 aparece na caixa de resultados. O operador de exponenciação (^) eleva um número a uma potência especificada. Por exemplo, 9^2 é igual a 9^2, ou 81. Em uma fórmula do Visual Basic, 9^2 é escrito como 9^2.

9. Clique no botão de opção Concatenation e em Calculate.

   O número 92 aparece na caixa de resultados. O operador de concatenação de strings (&) combina duas strings em uma fórmula, mas não pela adição. O resultado é uma combinação entre os caracteres "9" e "2". A concatenação de strings pode ser realizada com variáveis numéricas, mas costuma ser feita com valores ou variáveis string.

   Como declarei as variáveis *firstNum* e *secondNum* como tipo *Double*, você não pode combinar palavras ou letras utilizando o código de programa do modo como está escrito. Por exemplo, tente o seguinte teste, que causa um erro e encerra o programa.

10. Digite **birth** na primeira caixa de texto, digite **day** na segunda caixa de texto, verifique se Concatenation está selecionado e, então, clique em Calculate.

    O Visual Basic é incapaz de processar os valores de texto que você inseriu; portanto, o programa para de executar e aparece uma mensagem de erro na tela.

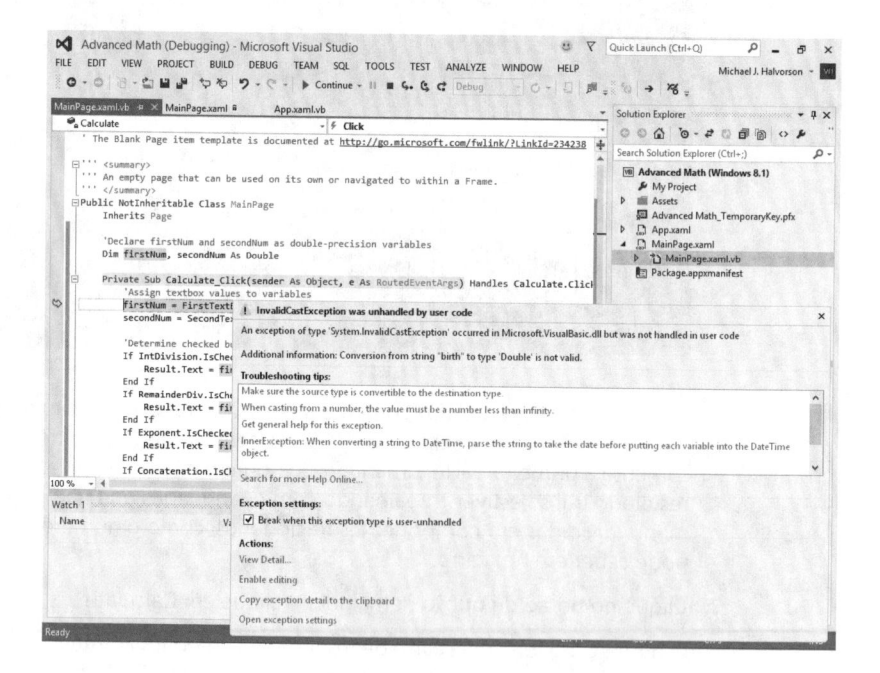

CAPÍTULO 11 Tipos de dados, operadores e processamento de strings **309**

Esse tipo de erro é chamado de *exceção* ou *erro de tempo de execução* – um erro de programação que surge não durante o projeto e a compilação do programa, mas mais tarde, quando o programa está em execução e encontra uma condição que não sabe processar. A mensagem secundária, Conversion From String 'birth' To Type 'Double' Is Not Valid, significa que as palavras digitadas nas caixas de texto ("birth" e "day") não puderam ser convertidas em variáveis do tipo *Double* pelo *Visual Basic*. Os tipos *Double* só podem conter números – e ponto final.

Conforme discuto mais adiante, na seção "Converta tipos de dados", existem maneiras de contornar esse problema, pois funções específicas no Visual Studio permitem converter um tipo de dado em outro. Mas, por enquanto, vamos prosseguir. Você foi avisado sobre a inconstância dos tipos de dados e de quando não misturá-los.

11. Clique no botão Stop Debugging na barra de ferramentas Standard para encerrar o programa.

    Seu programa é encerrado e o leva de volta ao IDE.

    Agora, examine o código de programa para ver como as variáveis foram declaradas e como os operadores avançados foram utilizados.

12. Role para o código na parte superior do Code Editor, se ele não estiver visível.

    Você vê o seguinte comentário e a instrução de programa:

    ```
    'Declare firstNum and secondNum as double-precision variables' ['Declara
    firstNum e secondNum como variáveis de precisão dupla]
    Dim firstNum, secondNum As Double
    ```

    Como você deve se lembrar do exercício anterior, *firstNum* e *secondNum* são as variáveis que armazenam números provenientes dos objetos *FirstTextBox* e *SecondTextBox*.

13. Mude o tipo de dado de *Double* para *String* a fim de que você possa testar adequadamente como funciona o operador de concatenação de strings (&).

14. Role para baixo no Code Editor para ver como os operadores avançados são utilizados no código de programa.

    Você vê o seguinte código:

    ```
    'Atribui valores das caixas de texto às variáveis
    firstNum = FirstTextBox.Text
    secondNum = SecondTextBox.Text

    'Determina o botão selecionado e calcula
    If IntDivision.IsChecked Then
        Result.Text = firstNum \ secondNum
    End If
    If RemainderDiv.IsChecked Then
        Result.Text = firstNum Mod secondNum
    End If
    If Exponent.IsChecked Then
        Result.Text = firstNum ^ secondNum
    End If
    If Concatenation.IsChecked Then
        Result.Text = firstNum & secondNum
    End If
    ```

Como o programa Basic Math, esse programa carrega os dados das caixas de texto e os coloca nas variáveis *firstNum* e *secondNum*. O programa então verifica qual botão de opção o usuário selecionou e calcula a fórmula solicitada. Nessa rotina de tratamento de eventos são utilizados os operadores de divisão de inteiro (\), resto (*Mod*), exponenciação (^) e concatenação de strings (&). Agora que você mudou o tipo de dado das variáveis para *String*, execute o programa novamente para ver como o operador & trabalha sobre texto.

15. Clique no botão Start Debugging.
16. Digite **birth** na primeira caixa de texto, digite **day** na segunda caixa de texto, clique em Concatenation e, então, clique em Calculate.

    O programa agora concatena os valores de string e não produz um erro de tempo de execução, como mostrado aqui:

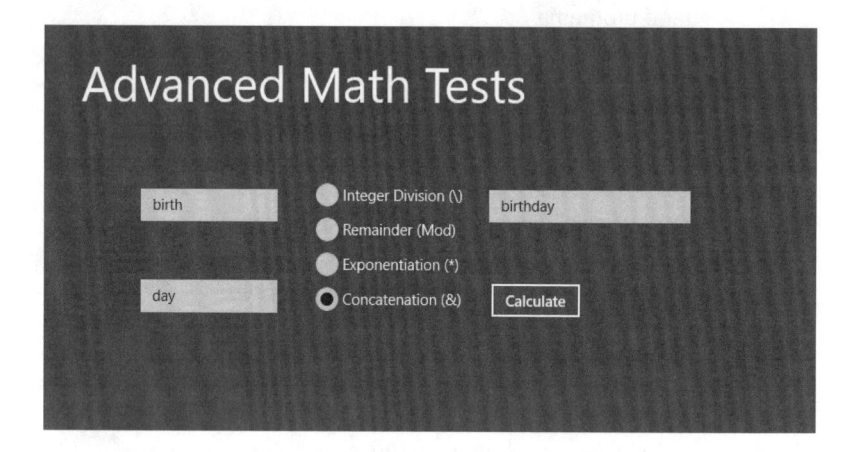

17. Feche o programa.

    Como você pode ver, o tipo de dado *String* corrigiu o problema da concatenação. Entretanto, essa não é uma solução total, pois as variáveis do tipo *String* não funcionarão corretamente se você experimentar as operações de divisão, resto ou exponenciação com elas. Portanto, se realmente quiser que seu programa processe números *e* strings de texto indistintamente, você precisará adicionar lógica de programa ao seu código. Contudo, por enquanto, você concluiu o trabalho com o programa Advanced Math.

CAPÍTULO 11   Tipos de dados, operadores e processamento de strings   **311**

> **Nota**   É difícil evitar completamente as exceções – mesmo os programas aplicativos mais sofisticados, como o Microsoft Word ou o Microsoft Excel, às vezes se deparam com condições de erro que não podem tratar, produzindo erros de tempo de execução ou *travamentos*. Para obter mais informações sobre como identificar diferentes tipos de erros em seu código e corrigi-los com ferramentas e recursos do IDE do Visual Studio, consulte o Capítulo 9, "Debugging Applications", no livro *Start Here! Learn Microsoft Visual Basic 2012*.

Operadores abreviados

Há pouco tempo, a Microsoft acrescentou à linguagem de programação Visual Basic um recurso para economizar tempo, o qual permite aos desenvolvedores utilizar operadores de um modo mais compacto. O recurso é conhecido como *operador abreviado* e existem à escolha operadores correspondentes à maioria dos operadores aritméticos do Visual Basic. Embora estejam disponíveis há algum tempo, muitos programadores ainda não os conhecem ou não os utilizam, mas recomendo a você dar uma olhada e pensar na possibilidade de experimentá-los; seu formato compacto é engenhoso e atraente.

Os operadores abreviados são utilizados principalmente em operações matemáticas e de strings que envolvem alterar o valor de uma variável existente. Por exemplo, se combinar o símbolo + com o símbolo =, você poderá fazer adições a uma variável sem repetir o nome da variável duas vezes na fórmula. Assim, você pode escrever a fórmula X = X + 6 utilizando a sintaxe X += 6.

A Tabela 11-3 mostra exemplos desses operadores abreviados. Eles são fáceis de usar, conforme você pode ver nos exemplos de sintaxe fornecidos. A sintaxe também recorda a do operador de atribuição na linguagem de programação C.

TABELA 11-3   Operadores abreviados

Operação	Sintaxe na forma longa	Sintaxe na forma abreviada
Adição (+)	X = X + 6	X += 6
Subtração (-)	X = X - 6	X -= 6
Multiplicação (*)	X = X * 6	X *= 6
Divisão (/)	X = X / 6	X /= 6
Divisão de inteiro (\)	X = X \ 6	X \= 6
Exponenciação (^)	X = X ^ 6	X ^= 6
Concatenação de strings (&)	X = X & "ABC"	X &= "ABC"

Como o Visual Basic calcula fórmulas

Nos exercícios anteriores, você experimentou vários operadores aritméticos e um operador de string. O Visual Basic permite combinar quantos operadores aritméticos você quiser em uma fórmula, contanto que cada variável numérica e cada expressão numérica seja separada de outra por um operador. Por exemplo, esta é uma fórmula do Visual Basic aceitável:

```
NroDePeixes = 20000 - 750 * 20 / 3 ^ 2
```

A fórmula processa diversos valores que, coletivamente, estimam a população de peixes em uma superfície aquática e, então, atribui o resultado a uma variável de precisão simples chamada *NroDePeixes*. Mas como essa expressão é avaliada pelo compilador do Visual Basic? Isto é, que sequência o Visual Basic segue ao resolver a fórmula? Talvez você não tenha notado, mas a ordem de avaliação importa muito nesse exemplo.

O Visual Basic resolve esse problema estabelecendo uma *ordem de precedência* específica para operações matemáticas. Essa lista de regras diz ao Visual Basic que operador utilizar em primeiro lugar, em segundo lugar e assim por diante, ao avaliar uma expressão que contém mais de um operador.

A Tabela 11-4 lista os operadores, do primeiro ao último, na ordem em que são avaliados. (Operadores no mesmo nível nessa tabela são avaliados da esquerda para a direita, conforme aparecem em uma expressão.)

TABELA 11-4 Como as fórmulas são avaliadas

Operador	Ordem de precedência
( )	Os valores entre parênteses sempre são avaliados primeiro.
^	A exponenciação (elevar um número a uma potência) é avaliada em segundo lugar.
–	A negação (criar um número negativo) é avaliada em terceiro lugar.
* /	Multiplicação e divisão (sem nenhuma prioridade em particular) são avaliadas em quarto lugar.
\	A divisão de inteiro é a quinta a ser avaliada.
Mod	O resto é o sexto.
+ -	A adição e a subtração são as últimas.

Considerando a ordem de precedência dessa tabela, a expressão

```
NroDePeixes = 20000 - 750 * 20 / 3 ^ 2
```

é avaliada pelo Visual Basic nas seguintes etapas (cada linha mostra como um par de valores é calculado):

```
NroDePeixes = 20000 - 750 * 20 / 9
NroDePeixes = 20000 - 15000 / 9
NroDePeixes = 20000 - 1666.67
NroDePeixes = 18333.33
```

> ### Mude a ordem da precedência em uma fórmula
>
> Você pode utilizar um ou mais pares de parênteses em uma fórmula para esclarecer a ordem de precedência ou impor sua própria ordem de precedência sobre uma ordem padrão. Por exemplo, o Visual Basic calcula a fórmula
>
> ```
> Numero = (8 - 5 * 3) ^ 2
> ```
>
> determinando o valor entre os parênteses (-7) antes de fazer a exponenciação – embora a exponenciação tenha precedência sobre a subtração e a multiplicação, de acordo com a tabela de precedência. Você pode refinar ainda mais o cálculo colocando parênteses aninhados na fórmula. Por exemplo,
>
> ```
> Numero = ((8 - 5) * 3) ^ 2
> ```
>
> instrui o Visual Basic a calcular a diferença no conjunto interno de parênteses primeiro, efetuar a operação nos parênteses externos em seguida e, então, determinar a exponenciação. O resultado produzido pelas duas fórmulas é diferente: a primeira é avaliada como 49 e a segunda, como 81. Parênteses podem alterar o resultado de uma operação matemática e também torná-la mais fácil de ler.

Converta tipos de dados

Conforme você aprendeu até aqui, ao utilizar variáveis e constantes é importante atribuir informações do tipo de dado correto ao local de armazenamento temporário que está sendo usado em um programa. Normalmente, o processo começa com a entrada do usuário; ao receber os dados do usuário, é importante reuni-los e armazená-los em um formato reconhecível, para que possam ser usados eficientemente mais adiante. Para fazer isso, você deve escolher um controle de entrada que solicite as informações de maneira estruturada e previsível. Por exemplo, se quiser coletar dados de string em um aplicativo Windows Store, você pode usar o controle XAML *TextBox* da Toolbox para reunir a informação de string e atribuí-la a uma variável string. Ou então, como alternativa, se estiver projetando um aplicativo Windows Forms, pode usar o útil controle *MaskedTextBox* para solicitar entrada do usuário, utilizando uma *máscara de entrada* ou padrão predefinido que colete a informação de maneira formatada.

Se, em uma variável, houver informações armazenadas que *não* estão no formato correto, pode usar um dos métodos de conversão do Visual Studio para transformar os dados de um tipo para outro ou pode realizar *parsing* (ou extrair sistematicamente) as informações necessárias, para que a entrada ou outro dado possa ser utilizado de modo mais eficiente.

Nas seções a seguir, você vai aprender a utilizar o método *ToString* para converter números em texto, o método *Parse* para converter texto em um valor numérico e a classe *Convert* para converter um tipo de dado específico em outro. Por último, vai examinar uma ampla lista de funções de conversão de tipos de dados que existe na linguagem Visual Basic há algum tempo. Essas ferramentas complementam a classe *Convert*, e você vai vê-las em muito código Visual Basic.

Em vez de apresentar programas tutoriais extensos nesta seção, forneci as informações como referência, com exemplos detalhados, para que você possa retornar a elas quando precisar.

O método *ToString*

Como uma característica do projeto orientado a objetos do Visual Studio, a maioria dos objetos que representam dados de alguma forma em um programa tem um método *ToString* especial que pode ser usado para criar uma representação de string dos dados contidos no objeto. Portanto, em um programa Visual Basic, esse método é um dos mais simples para converter números ou outras informações em texto.

A informação textual retornada pelo método *ToString* depende do objeto. Por exemplo, se você tem uma variável de precisão simples em um programa, contendo um valor numérico com casas decimais, o uso padrão de *ToString* retornará o número completo. O exemplo de código a seguir mostra como isso poderia funcionar com uma variável de tipo *Single* chamada *custodaComida*:

```
Dim custoDaComida As Single
Dim stringDeSaida As String
custoDaComida = 49.95
stringDeSaida = custoDaComida.ToString
```

Depois que essas linhas de código forem executadas pelo compilador do Visual Basic, a variável *stringdesaida* conterá o valor de string *"49.95"*. Essa operação seria útil se um número em um programa precisasse ser colocado no formato de string para saída, para armazenamento em um arquivo ou para operações de formatação especiais.

O método também funciona em objetos mais sofisticados, embora a informação textual retornada por *ToString* às vezes esteja relacionada ao nome da classe do objeto, em vez dos dados armazenados nele. Por exemplo, o código em Visual Basic a seguir coloca o valor de string *"Windows.UI.Xaml.Controls.TextBox"* na variável *stringdesaida* e em uma caixa de texto chamada *MinhaCaixaDeTexto* na página principal:

```
Dim stringDeSaida As String
stringDeSaida = minhaCaixaDeTexto.ToString
minhaCaixaDeTexto.Text = stringDeSaida
```

Isso acontece porque o caminho do namespace e o nome da classe do objeto *MinhaCaixaDeTexto* no programa são *Windows.UI.Xaml.Controls.TextBox*. Assim, você pode usar o método *ToString* para converter variáveis e constantes em strings, mas também para extrair informações interessantes (e potencialmente úteis) dos objetos em seus programas.

O método *Parse*

O método Parse permite converter uma string no formato correto para o tipo *Date* ou para um dos tipos de dados numéricos fundamentais. Ele é muito útil e tem sintaxe voltada para objetos. O único inconveniente do método *Parse* é que pode nem sempre funcionar conforme o esperado – se a string especificada não contiver um número, normalmente o valor será 0 (zero) ou indefinido.

O tipo de dado fundamental é especificado junto com o método *Parse*, e os tipos de dados válidos são *Short*, *UShort*, *Integer*, *UInteger*, *Long*, *ULong*, *Single*, *Double*, *Decimal*, *Byte*, *SByte* e *Boolean*. Apenas certifique-se de que a string a ser convertida

CAPÍTULO 11   Tipos de dados, operadores e processamento de strings   **315**

pode realmente ser armazenada no tipo especificado. Por exemplo, o código em Visual Basic a seguir atribui o valor 12345.6789 a uma variável *String* chamada *stringDeEntrada* e utiliza o tipo *Double* e o método *Parse* para converter o valor de string para um número de precisão dupla:

```
Dim stringDeEntrada As String = "12345.6789"
Dim nroDeExemplo As Double
nroDeExemplo = Double.Parse(stringDeEntrada)
MinhaCaixaDeTexto.Text = nroDeExemplo
```

O código também exibe o novo número em uma caixa de texto chamada *MinhaCaixaDeTexto* na página. Apenas lembre-se de que você pode converter strings apenas em datas ou números dessa maneira.

Se a conversão não funcionar, você verá uma mensagem de erro no Visual Studio. Normalmente, isso aparecerá como um erro de tempo de execução, o qual pode resultar de uma string que contém texto e não simplesmente um valor numérico que está em formato de string. Ou talvez você esteja tentando converter um valor que simplesmente é grande demais para caber na variável especificada. Considere o código a seguir:

```
Dim stringDeEntrada As String = "quarenta"
Dim nroDeExemplo As Double
nroDeExemplo = Double.Parse(stringDeEntrada)
MinhaCaixaDeTexto.Text = nroDeExemplo
```

Embora os seres humanos possam distinguir que o valor da variável *stringDeEntrada* é 40 nesse exemplo, o compilador do Visual Basic não pode converter *"quarenta"* em um número, conforme solicitado, e o seguinte erro de tempo de execução resulta quando você executa o programa e esse código*:

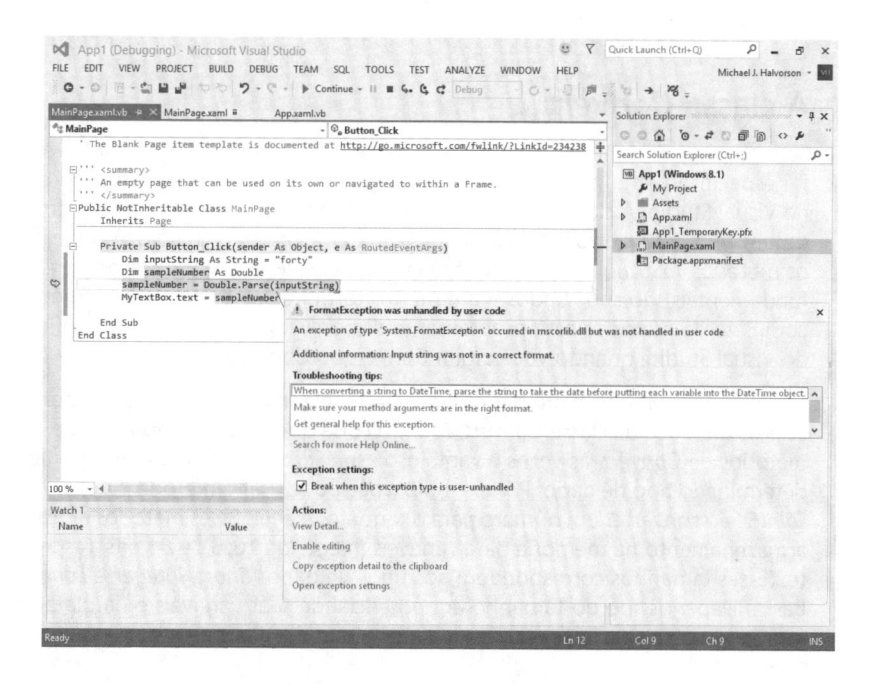

---

* N. de R.T.: Os nomes das variáveis foram traduzidos nesses exemplos para facilitar a compreensão. O código-fonte do livro e as imagens exibem os nomes das variáveis no original em inglês.

Observe, em particular, a mensagem Input String Was Not In A Correct Format na caixa de diálogo da mensagem de erro.

Do mesmo modo, o exemplo de código a seguir também produzirá um erro de tempo de execução, mas por um motivo um pouco diferente:

```
Dim stringDeEntrada As String = "12345.6789"
Dim nroDeExemplo As Integer
nroDeExemplo = Integer.Parse(stringDeEntrada)
MinhaCaixaDeTexto.Text = nroDeExemplo
```

O problema é que o número grande na variável *inputString* contém casas decimais e simplesmente é diferente demais de um tipo *Integer* para ser convertido sem estrita atenção. Às vezes, isso é chamado de *conversão inválida*. Em vez de truncar o número ou fazer algum outro ajuste forçado no valor original, o compilador gera uma mensagem de erro em tempo de execução e pede para que você seja mais específico quanto à conversão de tipo. A correção apropriada é usar um tipo de dado grande e preciso o suficiente para armazenar a informação original. Em vez de usar *Short* ou *Integer*, é mais seguro usar *Double* ou *Decimal* para números que podem ser grandes ou precisos.

Contudo, em que pesem esses avisos sobre a utilização, o método *Parse* é uma ferramenta útil para conversão de strings e é normalmente utilizado quando informações são recebidas por meio do controle *TextBox* e preparadas para uso em um programa. Um companheiro útil para o método *Parse* é o método *TryParse*, o qual converte a representação de string de um número em seu equivalente numérico de ponto flutuante e precisão dupla. O método retorna um código de êxito *booleano* após a tentativa de conversão, para ajudá-lo a determinar se a análise via *parsing* foi bem-sucedida ou falhou.

A classe *Convert*

Semelhante aos métodos anteriores, a classe *Convert* faz parte do .NET Framework e foi especificamente projetada para ser usada em conversão de tipos em programas no Visual Studio. A classe *Convert* contém dezenas de métodos que convertem dados de um tipo para outro, complementando e ampliando o que você pode fazer com os métodos *ToString* e *Parse*. (Você vai ver que praticamente todos os tipos de dados fundamentais são suportados e em muitos formatos de tamanhos diferentes.) A lista completa de métodos está prontamente disponível por meio do recurso IntelliSense do Visual Studio, quando você digita Convert no Code Editor.

Quando vir o formato básico, você vai ter alguns problemas para saber como utilizar os métodos da classe *Convert*. A única coisa que precisa lembrar é que, ao usar os métodos de *Convert*, às vezes é vantajoso especificar um tamanho em particular para determinado tipo de dado. Por exemplo, você pode usar o método *ToInt16*, *ToInt32* ou *ToInt64* ao converter um número para o formato *Integer*. Esses métodos alocam área de armazenamento na memória para variáveis *Integer* de 16, 32 e 64 bits, respectivamente. (Esses tamanhos correspondem aos tipos de dados *Short*, *Integer* e *Long* no Visual Basic.) Dependendo do tamanho em potencial de suas variáveis e da plataforma que está sendo utilizada, talvez você queira ser muito detalhado em sua sintaxe.

CAPÍTULO 11   Tipos de dados, operadores e processamento de strings   **317**

O exemplo de código a seguir demonstra como o método *ToDecimal* pode ser usado na classe *Convert*. O código começa colocando o valor inteiro 55333 na variável *nroDeExemplo*. O valor de *nroDeExemplo* é convertido em um valor decimal antes de uma operação de multiplicação e, então, a variável resultante *newDecimalNumber* é exibida na página, no objeto *MinhaCaixaDeTexto*. (O valor exibido na caixa de texto é 65846.27.)

```
Dim nroDeExemplo As Integer = 55333
Dim novoNumeroDecimal As Decimal
novoNumeroDecimal = Convert.ToDecimal(sampleNumber) * 1.19
MyTextBox.Text = novoNumeroDecimal.ToString
```

Funções de conversão de tipo antigas e seus usos

Embora a classe *Convert* do .NET Framework seja conveniente para a maioria dos cenários de conversão de tipos, os programadores de Visual Basic também devem levar em conta as funções de conversão de tipo mais antigas que existem na linguagem Visual Basic e que ainda aparecem em uma boa parcela de código de produção no mercado. Essas funções convertem em um novo tipo de dado a informação de uma variável, constante ou valor literal existente. Você pode reconhecer as funções no código procurando o prefixo *C* que inicia o nome de cada função. A Tabela 11-5 lista as funções e o tipo de dado que produzem.

TABELA 11-5   Funções de conversão de tipo do Visual Basic

Função Visual Basic	Tipo de dado produzido
CBool	*Boolean*
CByte	*Byte*
CChar	*Char*
CDate	*Date*
CDbl	*Double*
CDec	*Decimal*
CInt	*Integer*
CLng	*Long*
CObj	*Object*
CSByte	*SByte*
CShort	*Short*
CSng	*Single*
CStr	*String*
CUInt	*UInteger*
CULng	*ULong*
CUShort	*UShort*

Por exemplo, o código a seguir declara uma variável *Integer* e uma variável *String* e converte a variável *Integer* em uma variável *String* com a função *CStr*:

```
Dim nroDeExemplo As Integer = 55333
Dim stringDeExemplo As String
stringDeExemplo = CStr(nroDeExemplo) 'stringDeExemplo = "55333"
```

Processe strings com a classe *String*

Conforme você aprendeu no Capítulo 10, o .NET Framework é uma biblioteca de classes orientada a objetos abrangente que permite simplificar várias tarefas de desenvolvimento, incluindo a construção de fórmulas matemáticas, a renderização de elementos gráficos, a conexão com bancos de dados e a solicitação de informações do sistema. O .NET Framework é instalado como um componente básico do sistema operacional Windows, e os programas Microsoft Visual Studio contam com muitos de seus recursos para carregar e operar.

Além dos importantes recursos em nível de sistema, o .NET Framework também contém métodos úteis para ajudá-lo a gerenciar tarefas de processamento de strings, como combinação de strings, classificação de strings e pesquisa em strings na busca de padrões úteis. Nesta seção, você vai experimentar os métodos da classe *System.String* para ajudar a expandir seu conhecimento sobre o tipo de dado *String* e seus muitos usos.

Tarefas comuns

A tarefa mais comum que você realizou até agora com strings neste livro foi concatená-las utilizando o operador de concatenação (&). Por exemplo, a instrução de programa a seguir concatena três expressões de string literais e atribui o resultado "Bring on the circus!" à variável string *slogan*:

```
Dim slogan As String
slogan = "Bring" & " on the " & "circus!"
```

Além desse conhecido recurso, você também pode concatenar e manipular strings utilizando os métodos da classe String da biblioteca .NET Framework. Por exemplo, o método *String.Concat* permite uma concatenação de strings equivalente utilizando esta sintaxe:

```
Dim slogan As String
slogan = String.Concat("Bring", " on the ", "circus!")
```

O Visual Basic 2013 apresenta dois métodos para concatenação de strings e muitas outras tarefas de processamento de strings: você pode utilizar operadores e funções de versões anteriores do Visual Basic (*Mid*, *UCase*, *LCase* e assim por diante) ou os métodos mais novos do .NET Framework (*Substring*, *ToUpper*, *ToLower* e assim por diante). Não há qualquer penalidade real por usar uma ou outra técnica de processamento de strings, embora os métodos mais antigos existam principalmente para fins de compatibilidade. (Dando suporte aos dois métodos, a Microsoft espera dar boas-vindas aos programadores que estão migrando e às suas bases de código existentes, permitindo que eles aprendam novos recursos em seu próprio ritmo.) No restante deste capítulo, focalizarei as funções de processamento de strings mais novas da classe *String* do .NET Framework. Entretanto, você pode utilizar qualquer conjunto de recursos de processamento de strings ou uma combinação de ambos.

CAPÍTULO 11 Tipos de dados, operadores e processamento de strings **319**

A Tabela 11-6 lista vários métodos e uma propriedade da classe *String* que aparecem em exercícios subsequentes e seus equivalentes na linguagem de programação Visual Basic. A quarta coluna da tabela fornece o código de exemplo usando a classe *String*.

TABELA 11-6 Elementos da classe String e os equivalentes no Visual Basic

Método ou propriedade *String*	Função Visual Basic	Descrição	Exemplo de *String*

ToUpper	UCase	Converte as letras de uma string em letras maiúsculas.	`Dim name, newName As String`
			`name = "Ace"`
			`newName = name.ToUpper`
			`'newName = "ACE"`

ToLower	LCase	Converte as letras de uma string em letras minúsculas.	`Dim name, newName As String`
			`name = "Ace"`
			`newName = name.ToLower`
			`'newName = "ace"`

Length	Len	Determina o número de caracteres em uma string.	`Dim river As String`
			`Dim size As Short`
			`river = "Columbia"`
			`size = river.Length`
			`'size = 8`

Contains	N/A	Determina se a string especificada ocorre na string atual.	`Dim region As String`
			`Dim chk As Boolean`
			`region = "Brazil"`
			`chk = region.Contains("Br")`
			`'chk = True`

Substring	Mid, Left, Right	Retorna um número fixo de caracteres em uma string a partir de um ponto inicial dado. (Nota: o primeiro elemento em uma string tem o índice 0.) Também gera uma exceção quando um conjunto de caracteres de destino não existe.	`Dim cols, middle As String`
			`cols = "First Second Third"`
			`middle = cols.SubString(6, 6)`
			`'middle = "Second"`

IndexOf	InStr	Localiza o ponto inicial de uma string dentro de uma string maior.	`Dim name As String`
			`Dim start As Short`
			`name = "Abraham"`
			`start = name.IndexOf("h")`
			`'start = 4`

Trim	Trim, LTrim, RTrim	Remove espaços iniciais e finais de uma string.	`Dim spacey, trimmed As String`
			`spacey = "   Hello   "`
			`trimmed = spacey.Trim`
			`'trimmed = "Hello"`

Remove	N/A	Remove caracteres do meio de uma string.	`Dim raw, clean As String`
			`raw = "Hello333 there"`
			`clean = raw.Remove(5, 3)`
			`'clean = "Hello there"`

Insert	N/A	Adiciona caracteres ao meio de uma string.	`Dim old, new As String`
			`old = "Hi Roberto"`
			`new = old.Insert(3, "there")`
			`'new = "Hi there Roberto"`

(continua)

TABELA 11-6 *Continuação*

Método ou propriedade *String*	Função Visual Basic	Descrição	Exemplo de *String*
Compare	StrComp	Compara strings e pode não fazer distinção entre maiúsculas e minúsculas.	```Dim str1 As String = "Soccer"
Dim str2 As String = "SOCCER"
Dim match As Integer
match = String.Compare(str1, _
str2, True)
'match = 0 [as strings se
correspondem]```
CompareTo	StrComp	Compara uma string à string atual com distinção entre maiúsculas e minúsculas.	```Dim str1 As String = "Soccer"
Dim str2 As String = "SOCCER"
Dim Match As Integer
Match = str1.CompareTo(str2)
'Match = -1 [as strings não se
correspondem]```
Replace	Replace	Substitui todas as instâncias de uma substring em uma string por outra string.	```Dim old, new As String
old = "*se*ll"
new = old.Replace(_
"*", "ba")
'new = "baseball"```
StartsWith	N/A	Determina se uma string começa com uma string especificada.	```Dim str1 As String
Dim result As Boolean
str1 = "Hi Eva"
result = str1.StartsWith("Hi")
'result = True```
EndsWith	N/A	Determina se uma string termina com uma string especificada.	```Dim str1 As String
Dim chk As Boolean
str1 = "Hi Eva"
chk = str1.EndsWith("Eva")
'chk = True```
Split	Split	Divide uma string em substrings com base em um separador especificado e coloca as substrings em um array.	```Dim allText As String = _
"a*b*c*1*2*3"
Dim strArray() As String
strArray = allText.Split("*")
'strArray =
' {"a", "b", "c", "1", "2", "3"}```

Classifique texto

Uma habilidade extremamente útil a ser desenvolvida durante o trabalho com elementos de texto é a capacidade de classificar (ordenar) uma lista de strings. Os conceitos básicos de classificação são simples. Você prepara uma lista de itens a ser classificada e, em seguida, compara os itens um a um até que a lista esteja classificada em ordem alfabética crescente ou decrescente.

No Visual Basic, você compara um item com outro usando os mesmos operadores relacionais usados para comparar valores numéricos. A parte complicada (que algumas vezes provoca discussões prolixas entres os cientistas de computação) é o algoritmo de classificação específico que você usa para comparar elementos em uma lista. Não nos envolveremos nas vantagens e desvantagens dos diferentes algoritmos de classificação neste capítulo. (O motivo da controvérsia normalmente é a velocidade, que faz diferença apenas quando vários milhares de itens são classificados.) Em

CAPÍTULO 11   Tipos de dados, operadores e processamento de strings   **321**

vez disso, exploraremos como as comparações de string básicas são feitas em uma classificação. Ao longo do caminho, você aprenderá as habilidades necessárias para classificar suas próprias strings, caixas de texto, caixas de listagem e bancos de dados.

Antes que o Visual Basic possa comparar um caractere com outro em uma classificação, precisa converter cada caractere em um número, usando uma de várias tabelas de conversão, incluindo o *conjunto de caracteres ASCII* (também chamado de *conjunto de caracteres ANSI*). (O acrônimo ASCII significa American Standard Code for Information Interchange. O acrônimo ANSI significa American National Standards Institute.) Cada um dos símbolos básicos que podem ser exibidos no computador tem um código ASCII diferente. Esses códigos incluem o conjunto básico de caracteres de máquina de escrever (códigos de 32 a 127) e caracteres de controle especiais, como tabulação, avanço de linha e carriage return (ou retorno de carro) (códigos de 0 a 31). Por exemplo, a letra *a* minúscula corresponde ao código ASCII 97 e a letra *A* maiúscula corresponde ao código ASCII 65. Como resultado, o Visual Basic trata esses dois caracteres de modo bem diferente ao classificar ou realizar outras comparações.

Na década de 1980, a IBM estendeu o ASCII com os códigos 128 a 255, que representam os caracteres acentuados, caracteres gráficos, caracteres gregos, bem como diversos símbolos. O ASCII e esses caracteres e símbolos adicionais são, em geral, conhecidos como *conjunto de caracteres estendido da IBM*.

O conjunto de caracteres ASCII ainda é o código numérico mais importante a ser aprendido por programadores iniciantes, mas não é o único. Como o mercado de computadores e software aplicativo tornou-se mais global, surgiu um padrão mais abrangente para representação de caracteres, chamado *Unicode*. Originalmente, o Unicode podia armazenar até 65.536 símbolos – espaço suficiente para representar os símbolos tradicionais no conjunto de caracteres ASCII mais a maioria dos idiomas (escritos) e símbolos internacionais.

Um órgão de normalização mantém o conjunto de caracteres Unicode e adiciona-lhe símbolos periodicamente. Na verdade, o Visual Studio 2012 adicionou suporte para *codificação UTF 16 com substitutos*, um padrão Unicode melhorado que permite a representação de (potencialmente) mais de um milhão de caracteres diferentes. Portanto, depois de aprender a usar caracteres e strings ASCII, você pode transferir o que sabe para o mundo global do Unicode e uma ampla variedade de linguagens e caracteres.

Códigos ASCII

Para determinar o código ASCII de uma letra em particular, você pode utilizar a função *Asc* do Visual Basic. Por exemplo, a seguinte instrução de programa atribui o número 122 (o código ASCII para a letra *z* minúscula) à variável de tipo inteiro *codigoASC*:

```
Dim codigoASC As Integer
codigoASC = Asc("z")
```

Inversamente, você pode converter um código ASCII em uma letra com a função *Chr*. Por exemplo, esta instrução de programa atribui a letra *z* à variável de tipo caractere letra:

```
Dim letra As Char
letra = Chr(122)
```

O mesmo resultado também poderia ser alcançado se você utilizasse a variável *codigoASC* que acabou de declarar, como mostrado a seguir:

```
letra = Chr(codigoASC)
```

Como comparar uma string de texto ou código ASCII com outra? Basta utilizar um dos seis operadores relacionais que o Visual Basic fornece para trabalhar com elementos textuais e numéricos. Esses operadores relacionais são mostrados na Tabela 11-7.

TABELA 11-7 Operadores relacionais do Visual Basic

Operador	Significado
<>	Não igual a
=	Igual a
<	Menor que
>	Maior que
<=	Menor que ou igual a
>=	Maior que ou igual a

Um caractere é maior que outro caractere se seu código ASCII é mais alto. Por exemplo, o valor ASCII da letra *B* é maior que o valor ASCII da letra *A*; portanto, a expressão:

```
"A" < "B"
```

é verdadeira, e a expressão

```
"A" > "B"
```

é falsa.

Ao comparar duas strings que contêm mais de um caractere cada uma, o Visual Basic compara o primeiro caractere da primeira string com o primeiro caractere da segunda e, então, continua caractere por caractere pelas strings até encontrar uma diferença. Por exemplo, as strings *Mike* e *Michael* são iguais até o terceiro caractere (*k* e *c*). Como o valor ASCII de *k* é maior do que o de *c*, a expressão:

```
"Mike" > "Michael"
```

é verdadeira.

Se não for encontrada diferença entre as strings, elas são iguais. Se duas strings forem iguais por vários caracteres, mas uma das strings continuar e a outra terminar, a string mais longa é maior que a string mais curta. Por exemplo, a expressão

```
"AAAAA" > "AAA"
```

é verdadeira.

Após ter experimentado um pouco a função *Asc*, você pode passar para os métodos *AscW* e *ChrW* fornecidos pela classe *String* do .NET Framework. Essas alternativas são úteis porque todos os valores de string no Visual Studio .NET são baseados em Unicode, e esses métodos suportam valores Unicode integralmente. O método *AscW* retorna um valor *Integer* representando o código de caractere correspondente a um caractere. O método *ChrW* retorna o caractere associado ao código de caractere especificado.

Classifique strings em uma caixa de texto

O exercício a seguir demonstra como usar operadores relacionais, concatenação e vários métodos de string para classificar (ordenar) linhas de texto em um aplicativo Windows Forms chamado Sort Text. O programa mostra também como abrir e fechar arquivos com as classes *StreamReader* e *StreamWriter* do .NET Framework. O aplicativo de área de trabalho para Windows oferece um comando Open que abre um arquivo de texto existente e um comando Close que fecha o arquivo. Há também um comando Sort Text no menu File, que pode ser usado para classificar o texto atual na caixa de texto.

As classes *StreamReader* e *StreamWriter* são recursos fáceis de usar, para trabalhar com arquivos de texto em um aplicativo. Embora esse exemplo demonstre seu uso em um aplicativo Windows Forms, você também pode usá-las em um aplicativo Windows Store. A classe *StreamReader* foi projetada para facilitar a leitura de linhas de informação de um arquivo de texto padrão. A classe *StreamWriter* é um recurso acompanhante que permite escrever linhas de texto em um arquivo de texto.

Como o programa Sort Text gerencia suas atividades de classificação? Primeiramente, como todo o conteúdo de uma caixa de texto é armazenado em uma única string de texto, o programa precisa dividir a longa string da caixa de texto em substrings menores. Então, essas substrings podem ser classificadas com o procedimento *Sub ShellSort*, uma rotina de classificação baseada em um algoritmo criado por Donald Shell, em 1959. Para simplificar essas tarefas, criei um módulo de código para o procedimento *Sub ShellSort*, para que pudesse chamá-lo a partir de qualquer rotina de tratamento de eventos no projeto. Embora você vá aprender a utilizar o poderoso método *Array.Sort* no Capítulo 14, "Arrays, coleções e genéricos para gerenciamento de dados", o procedimento *ShellSort* é uma ferramenta mais flexível e personalizável. Criar a rotina a partir do zero também propicia um pouco mais de experiência no processamento de valores textuais – um objetivo de aprendizagem importante deste capítulo.

Outro aspecto interessante desse programa é a rotina que processa as linhas no objeto caixa de texto do Windows Forms. Eu quis que o programa fosse capaz de classificar, linha por linha, uma caixa de texto de qualquer tamanho. Para fazer isso, criei o código a seguir. O código utiliza os métodos Replace, *EndsWith* e *Substring* da classe *String*. O método *Replace* é usado para substituir os diferentes caracteres de nova linha (carriage return, avanço de linha ou carriage return e avanço de linha) com apenas um caractere de carriage return. O método *EndsWith* verifica se existe um carriage return na extremidade final do texto.

O método *Substring* é usado para remover o último carriage return, caso exista:

```
Dim sortArray() As String
Dim textString As String
Dim counter As Integer

textString = NoteTextBox.Text
'substitui os diferentes caracteres de nova linha por uma única versão
textString = textString.Replace(vbCrLf, vbCr)
textString = textString.Replace(vbLf, vbCr)
'remove o último carriage return, caso exista
If textString.EndsWith(vbCr) Then
    textString = textString.Substring(0, textString.Length - 1)
End If

'divide cada linha para dentro de um array
sortArray = textString.Split(vbCr)
```

Esse código também utiliza o método muito útil *Split* da classe *String*. O método *Split* divide uma string em substrings e coloca cada substring em um array. As quebras são baseadas em uma string separadora que você especifica (neste caso, um carriage return). Então, o array de strings resultante é passado para o procedimento *Sub ShellSort* para classificação e *ShellSort* retorna o array de strings em ordem alfabética. Depois de o array de strings ser classificado, é copiado de volta para a caixa de texto utilizando um loop *For*.

Execute o programa Sort Text

1. Abra o projeto Sort Text localizado na pasta Meus Documentos\Visual Basic 2013 SBS\Chapter 11\Sort Text.

   Sort Text é um aplicativo Windows Forms que projetei para o Windows Desktop.

2. Clique no botão Start Debugging para executar o programa.

3. Digite o texto a seguir, ou outro texto que preferir, na caixa de texto:

   Zebra

   Gorilla

   Moon

   Banana

   Apple

   Turtle

CAPÍTULO 11 Tipos de dados, operadores e processamento de strings

4. Clique no comando Sort Text no menu File.

   O texto que você digitou é classificado e novamente exibido na caixa de texto, como aqui:

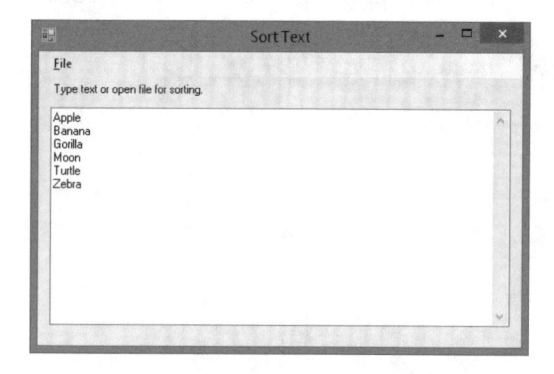

   ```
   Sort Text
   File
   Type text or open file for sorting.
   Apple
   Banana
   Gorilla
   Moon
   Turtle
   Zebra
   ```

5. Clique no comando Open no menu File e, em seguida, abra o arquivo Abc.txt da pasta Meus Documentos\Visual Basic 2013 SBS\Chapter 11, como mostrado aqui:

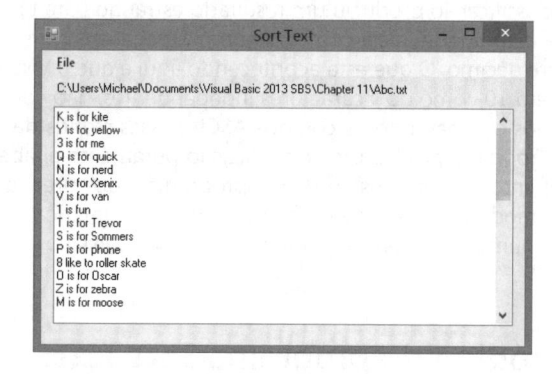

   ```
   Sort Text
   File
   C:\Users\Michael\Documents\Visual Basic 2013 SBS\Chapter 11\Abc.txt
   K is for kite
   Y is for yellow
   3 is for me
   Q is for quick
   N is for nerd
   X is for Xenix
   V is for van
   1 is fun
   T is for Trevor
   S is for Sommers
   P is for phone
   8 like to roller skate
   O is for Oscar
   Z is for zebra
   M is for moose
   ```

   O arquivo Abc.txt contém 36 linhas de texto. Cada linha começa com uma letra ou um número de 1 a 10.

6. Clique no comando Sort Text no menu File para classificar o conteúdo do arquivo Abc.txt.

   O programa Sort Text classifica o arquivo em ordem crescente e exibe a lista classificada de linhas na caixa de texto, como mostrado aqui:

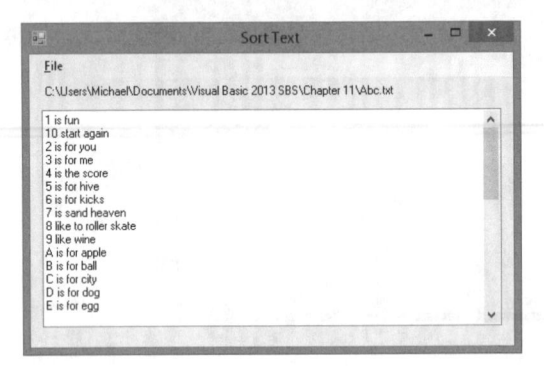

   ![Sort Text window showing sorted file contents]

7. Role pelo arquivo para ver os resultados da classificação alfabética.

   Note que, embora a parte alfabética da classificação tenha funcionado perfeitamente, a classificação produziu um resultado estranho para uma das entradas numéricas – a linha que inicia com o número 10 aparece em segundo na lista, em vez de em décimo. O que está acontecendo aqui é que o Visual Basic lê o 1 e o 0 no número 10 como dois caracteres independentes, não como um número. Como estamos comparando os códigos ASCII dessas strings da esquerda para a direita, o programa produz uma classificação puramente alfabética. Se quiser classificar apenas os números com esse programa, você precisa proibir entrada de texto, modificar o código para que a entrada numérica seja armazenada em variáveis numéricas e, em seguida, comparar variáveis numéricas em vez de strings.

Examine o código do programa Sort Text

Vamos examinar detalhadamente o código desse programa.

Examine o programa Sort Text

1. No menu File do programa Sort Text, clique no comando Exit a fim de parar o programa.

2. Abra o Code Editor para Form1 e exiba o código da rotina de tratamento de eventos *SortTextToolStripMenuItem_Click*.

   Já discutimos a primeira parte dessa rotina de tratamento de eventos, que divide cada linha em um array. O restante dela chama um procedimento para classificar o array e exibe a lista reordenada na caixa de texto.

CAPÍTULO 11   Tipos de dados, operadores e processamento de strings   **327**

A rotina de tratamento de eventos *SortTextToolStripMenuItem_Click* inteira é parecida com isto:

```
Dim sortArray() As String
Dim textString As String
Dim counter As Integer

textString = NoteTextBox.Text
'substitui os diferentes caracteres de nova linha por uma única versão
textString = textString.Replace(vbCrLf, vbCr)
textString = textString.Replace(vbLf, vbCr)
'remove o último carriage return, caso exista
If textString.EndsWith(vbCr) Then
    textString = textString.Substring(0, textString.Length - 1)
End If

'divide cada linha para dentro de um array
sortArray = textString.Split(vbCr)

'classifica o array
ShellSort(sortArray, sortArray.Length)

'depois exibe o array classificado em uma caixa de texto
textString = ""
For counter = 0 To sortArray.Length - 1
    textString = textString & sortArray(counter) & vbCrLf
Next counter
NoteTextBox.Text = textString
NoteTextBox.Select(0, 0)    'remove a seleção de texto
```

O método *Split* cria um array com o mesmo número de elementos que as linhas de texto da caixa de texto. Depois que o array está cheio de texto, chamo o procedimento *ShellSort* localizado no módulo Module1.vb, discutido anteriormente neste capítulo. Depois que o array é classificado, uso um loop *For* para reconstruir as linhas e copiá-las na caixa de texto.

3. Exiba o código do módulo Module1.vb no Code Editor.

   Esse módulo define o conteúdo do procedimento *ShellSort*. O procedimento *ShellSort* utiliza uma instrução *If* e o operador relacional <= para comparar elementos do array e trocar qualquer um que esteja fora de ordem. O procedimento é parecido com isto:

```
Sub ShellSort(ByVal sort() As String, ByVal numOfElements As Integer)
    Dim temp As String
    Dim i, j, span As Integer
    'O procedimento ShellSort classifica os elementos do array
    'sort() em ordem decrescente e o retorna ao
    'procedimento chamador.

    span = numOfElements \ 2
    Do While span > 0
        For i = span To numOfElements - 1
            For j = (i - span) To 0 Step -span
                If sort(j) <= sort(j + span) Then Exit For
                'troca elementos do array que estão fora de ordem
                temp = sort(j)
                sort(j) = sort(j + span)
```

```
                sort(j + span) = temp
            Next j
        Next i
        span = span \ 2
    Loop
End Sub
```

O método da classificação é dividir continuamente a lista principal de elementos em sublistas que são 50% menores. A classificação então compara as partes superior e inferior das sublistas para ver se os elementos estão fora de ordem. Se as partes superior e inferior estiverem fora de ordem, elas são trocadas. O resultado é um array chamado *sort()* que é classificado alfabeticamente em ordem crescente. Para mudar a direção da classificação, basta inverter o operador relacional (mude < = para > =).

Observe que chamei as variáveis contadoras do loop *For...Next* de *i* e *j* aqui. Embora normalmente seja mais claro especificar nomes de variável mais longos, é comum usar uma única letra ao se declarar variáveis que serão utilizadas em loops aninhados. (Isso torna o código um pouco mais compacto e fácil de ler.) Desde os anos 1960, essas variáveis contadoras de loop são chamadas *i* e *j*, mas você pode usar o nome que quiser.

As rotinas de tratamento de eventos restantes em Form1 (*OpenToolStripMenuItem_Click, CloseToolStripMenuItem_Click, SaveAsToolStripMenuItem_Click, InsertDateToolStripMenuItem_Click* e *ExitToolStripMenuItem_Click*) são todas relacionadas aos comandos de menu que criei; você pode examiná-las em detalhes usando o Code Editor. Em particular, o comando de menu Open utiliza o objeto *My.Computer.FileSystem* junto com o método *ReadAllText* para abrir um arquivo de texto e exibir seu conteúdo dentro de um controle *TextBox*. Aqui está um trecho da importante rotina de tratamento de eventos *OpenToolStripMenuItem_Click*:

```
Dim allText As String = ""
OpenFileDialog1.Filter = "Text files (*.txt)|*.txt"
If OpenFileDialog1.ShowDialog() = DialogResult.OK Then  'exibe a caixa de diálogo Open
    Try   'abre arquivo e intercepta qualquer erro utilizando rotina de tratamento
        allText = My.Computer.FileSystem.ReadallText(OpenFileDialog1.FileName)
        NoteLabel.Text = OpenFileDialog1.FileName  'atualiza o rótulo
        NoteTextBox.Text = allText   'exibe o arquivo
```

As três últimas linhas copiam todo o conteúdo do arquivo selecionado na caixa de diálogo Open para a variável *String AllText*, atualizam o rótulo no formulário para exibir o nome do arquivo aberto e, então, exibem o arquivo de texto inteiro no objeto caixa de texto.

Vamos para outra variação desse programa, que manipula as strings em uma caixa de texto ou em um arquivo.

CAPÍTULO 11   Tipos de dados, operadores e processamento de strings   **329**

Proteja o texto com criptografia básica

Agora que você tem alguma experiência com códigos ASCII, pode começar a escrever rotinas de criptografia simples que substituem os códigos ASCII nos seus documentos e embaralham o texto para ocultá-lo de olhares indiscretos. Esse processo, conhecido como *criptografia*, altera matematicamente os caracteres em um arquivo, tornando-os ilegíveis ao observador casual. É claro que, para usar a criptografia com êxito, é preciso também ser capaz de reverter o processo – do contrário, você simplesmente estará jogando seus arquivos no lixo, em vez de protegê-los. E você desejará criar um esquema de criptografia que não possa ser facilmente reconhecido, um processo complicado que é apenas iniciado pelos exemplos de programa deste capítulo.

Os exercícios a seguir mostram como criptografar e descriptografar strings de texto com segurança. Você executará o programa Encrypt Text agora para ver um esquema de criptografia simples em ação. Como eu indico no final deste capítulo, esses exercícios são apenas a ponta do iceberg para usar criptografia e medidas de segurança de arquivo – e esses assuntos tornaram-se áreas de interesse importantes para os programadores na última década. Mas mesmo a criptografia básica é uma demonstração útil e divertida das técnicas de processamento de texto.

Criptografe texto alterando os códigos ASCII

1. Feche o projeto Sort Text e, então, abra o aplicativo Windows Forms chamado Encrypt Text, localizado na pasta Meus Documentos\Visual Basic 2013 SBS\Chapter 11\Encrypt Text.

2. Clique no botão Start Debugging para executar o programa.

3. Digite o texto a seguir, ou outro texto que preferir, na caixa de texto:

   Here at last, my friend, you have the little book long since expected and promised, a little book on vast matters, namely, "On my own ignorance and that of many others."

   Francesco Petrarca, c. 1368

   A janela do aplicativo e o texto resultante se parecem com isto:

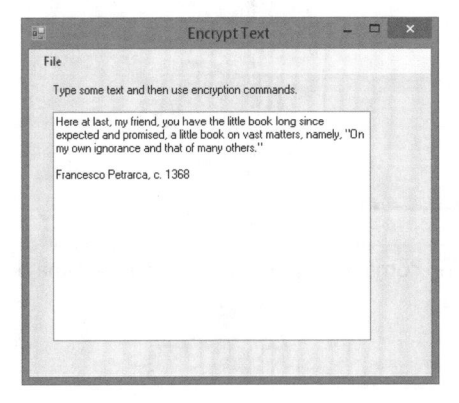

4. No menu File, clique no comando Save Encrypted File As e salve o arquivo na pasta Meus Documentos\Visual Basic 2013 SBS\Chapter 11 com o nome **Padua.txt**.

Ao salvar o arquivo de texto, o programa embaralha o código ASCII e exibe os resultados na caixa de texto mostrada aqui:

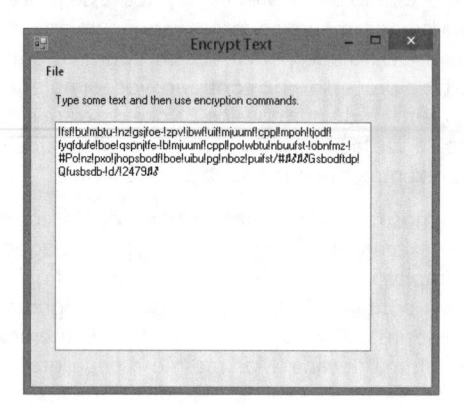

Se você abrir esse arquivo no Microsoft Word ou outro editor de texto, verá o mesmo resultado – os caracteres no arquivo foram criptografados para impedir a leitura não autorizada.

5. Para restaurar o arquivo ao seu formato original, escolha o comando Open Encrypted File no menu File e, em seguida, abra o arquivo Padua.txt na pasta Meus Documentos\Visual Basic 2013 SBS\Chapter 11.

O arquivo aparecerá novamente no seu formato original, conforme mostrado aqui:

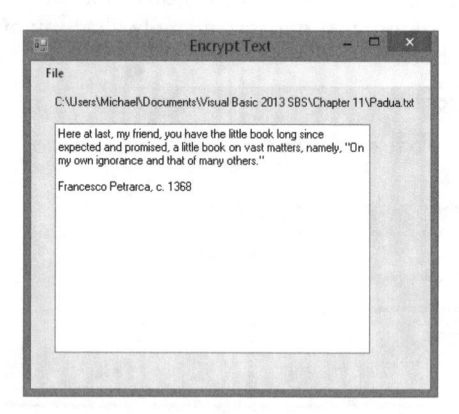

6. No menu File, clique no comando Exit para fechar o programa de área de trabalho para Windows.

CAPÍTULO 11   Tipos de dados, operadores e processamento de strings   **331**

Examine o código do programa Encrypt Text

1. Abra a rotina de tratamento de eventos *SaveAsItem_Click* no Code Editor para ver o código que produz a criptografia que você observou quando executou o programa.

   Embora o efeito que você viu possa parecer misterioso, ele é o resultado de um esquema de criptografia muito objetivo. Usando as funções *Asc* e *Chr* e um loop *For*, simplesmente incrementei em uma unidade o código ASCII de cada caractere da caixa de texto e, em seguida, salvei a string atualizada no arquivo de texto especificado.

   A rotina de tratamento de eventos inteira está listada aqui – em especial, examine os itens em negrito:

```
Dim encrypt As String = ""
Dim letter As Char
Dim counter, charsInFile As Short

SaveFileDialog1.Filter = "Text files (*.txt)|*.txt"
If SaveFileDialog1.ShowDialog() = DialogResult.OK Then
    Try
        'salva o texto com o esquema de criptografia (código ASCII + 1)
        charsInFile = NoteTextBox.Text.Length
        For counter = 0 To charsInFile - 1
            letter = NoteTextBox.Text.Substring(counter, 1)
            'determina o código ASCII e soma um a ele
            encrypt = encrypt & Chr(Asc(letter) + 1)
        Next counter
        'grava o texto criptografado no arquivo
        My.Computer.FileSystem.WriteAllText(SaveFileDialog1.FileName, encrypt, False)
        NoteTextBox.Text = encrypt
        NoteTextBox.Select(0, 0)    'remove a seleção de texto
        CloseItem.Enabled = True
    Catch ex As Exception
        MsgBox("An error occurred." & vbCrLf & ex.Message)
    End Try
End If
```

   Observe particularmente a instrução:

   `encrypt = encrypt & Chr(Asc(letter) + 1)`

   que determina o código ASCII da letra atual, soma 1 a ele, converte o código ASCII de volta para uma letra e, em seguida, a anexa à string *encrypt*.

2. Agora, exiba a rotina de tratamento de eventos *OpenItem_Click* no Code Editor para ver como o programa reverte a criptografia.

   Esse código de programa é quase idêntico ao do comando Save Encrypted File As, mas, em vez de somar 1 ao código ASCII de cada letra, ele subtrai 1. Aqui está a rotina de tratamento de eventos *OpenItem_Click* completa, com as instruções dignas de nota em negrito:

```
Dim allText As String
Dim i, charsInFile As Short
Dim letter As Char
Dim decrypt As String = ""
```

```
OpenFileDialog1.Filter = "Text files (*.txt)|*.txt"
If OpenFileDialog1.ShowDialog() = DialogResult.OK Then  'exibe a caixa de diálogo Open
    If My.Computer.FileSystem.FileExists(OpenFileDialog1.FileName) Then
        Try  'abre arquivo e intercepta qualquer erro utilizando rotina de tratamento
            allText = My.Computer.FileSystem.ReadAllText(OpenFileDialog1.FileName)
            'agora, descriptografa a string subtraindo um do código ASCII
            charsInFile = allText.Length  'obtém o comprimento da string
            For i = 0 To charsInFile - 1  'faz um loop uma vez para cada caractere
                letter = allText.Substring(i, 1)  'obtém o caractere
                decrypt = decrypt & Chr(Asc(letter) - 1)  'subtrai 1
            Next i  'e constrói a nova string
            NoteTextBox.Text = decrypt  'depois exibe a string convertida
            NoteLabel.Text = OpenFileDialog1.FileName
            NoteTextBox.Select(0, 0)  'remove a seleção de texto
            NoteTextBox.Enabled = True  'permite cursor de texto
            CloseItem.Enabled = True  'habilita o comando Close
            OpenItem.Enabled = False  'desabilita o comando Open
        Catch ex As Exception
            MsgBox("An error occurred." & vbCrLf & ex.Message)
        End Try
    End If
End If
```

Esse tipo de criptografia simples pode ser tudo o que você precisa para ocultar as informações nos seus arquivos de texto. Entretanto, os arquivos criptografados dessa maneira podem ser decodificados facilmente. Procurando equivalentes possíveis para caracteres comuns, como caractere de espaço, determinando a substituição do código ASCII necessária para restaurar o caractere comum e executando a conversão para o arquivo de texto inteiro, uma pessoa experiente em criptografia poderá decifrar prontamente o conteúdo do arquivo. Além disso, esse tipo de criptografia não impede que um usuário mal intencionado manipule o arquivo fisicamente – por exemplo, abrindo-o e modificando-o. Mas, se você deseja apenas ocultar informações rapidamente, esse esquema de criptografia simples deve dar conta do recado.

O operador *Xor*

O esquema de criptografia anterior é bastante seguro para arquivos de texto, pois desloca para cima o valor do código do caractere ASCII por apenas 1. Contudo, você desejará tomar cuidado ao deslocar códigos ASCII mais do que alguns caracteres, se armazenar o resultado como texto em um arquivo de texto. Lembre-se de que grandes deslocamentos nos códigos ASCII (como adicionar 500 a cada código de caractere) não produzirão caracteres ASCII reais que possam ser descriptografados posteriormente. Por exemplo, somar 500 ao código ASCII da letra *A* (65) resultaria em 565. Esse valor não poderia ser transformado em um caractere pela função *Chr* e geraria um erro. (Contudo, você poderia usar o método *ChrW* nesse exemplo em particular, pois existem muitos caracteres Unicode nesse intervalo.)

Uma maneira de contornar esse problema é converter as letras do seu arquivo em números ao criptografar o arquivo, para reverter a criptografia sem se importar com o tamanho (grande ou pequeno) do número. Se você seguir essa linha de pensamento, poderá aplicar funções matemáticas – multiplicação, logaritmos e assim por diante – aos números, desde que saiba como reverter os resultados.

Uma ferramenta para criptografar valores numéricos já está incluída no Visual Basic. Essa ferramenta é o operador *Xor*, que executa a operação "ou exclusivo", uma

CAPÍTULO 11 Tipos de dados, operadores e processamento de strings

função executada sobre os bits que compõem o próprio número. O operador *Xor* pode ser observado com uma função *MsgBox* simples em um aplicativo Windows Forms. Por exemplo, a instrução de programa:

```
MsgBox(Asc("A") Xor 50)
```

exibiria um resultado numérico igual a 115 em uma caixa de mensagem de um aplicativo Windows Forms, quando o compilador do Visual Basic a executasse. Da mesma maneira, a instrução de programa:

```
MsgBox(115 Xor 50)
```

exibiria um resultado igual a 65 em uma caixa de mensagem, o código ASCII referente à letra *A* (nosso valor original). Ou seja, o operador *Xor* produz um resultado que pode ser revertido – se o código original *Xor* for usado novamente no resultado da primeira operação. Esse comportamento interessante da função *Xor* é usado em muitos algoritmos de criptografia conhecidos. Ele pode tornar seus arquivos secretos mais difíceis de decodificar.

Execute o programa Xor Encryption agora para ver como o operador *Xor* funciona no utilitário de anotações simples que você está construindo.

Criptografe texto com o operador *Xor*

1. Feche o projeto Encrypt Text e, então, abra o projeto Xor Encryption na pasta Meus Documentos\Visual Basic 2013 SBS\Chapter 11\Encrypt Text.

   Xor Encryption é um aplicativo Windows Forms projetado para o Windows Desktop, utilizando grande parte do código e dos controles da Toolbox dos exemplos anteriores.

2. Clique no botão Start Debugging para executar o programa.

3. Digite o texto a seguir (ou algum texto de sua preferência) no arquivo de texto criptografado:

   Rothair's Edict (Lombard Italy, c. 643)

   296. On Stealing Grapes. He who takes more than three grapes from another man's vine shall pay six soldi as compensation. He who takes less than three shall bear no guilt.

4. No menu File, clique no comando Save Encrypted File As e salve o arquivo na pasta Meus Documentos\Visual Basic 2013 SBS\Chapter 11 com o nome **Oldlaws.txt**.

   O programa solicita o código de criptografia secreto (um número) que será usado para criptografar o arquivo e descriptografá-lo mais tarde. (Anote-o – você precisará se lembrar desse código para decodificar o arquivo.)

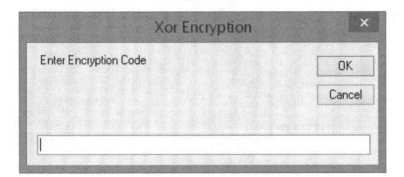

5. Digite **500** ou outro código numérico e pressione Enter.

    O Visual Basic criptografa o texto usando o operador *Xor* e o armazena no disco como uma série de números. Você não verá qualquer alteração na sua tela, mas fique seguro de que o programa criou um arquivo criptografado no disco. (Você pode verificar isso com um processador ou um editor de texto.)

6. Clique no comando Close no menu File do programa para limpar o texto da caixa de texto.

    Agora você vai restaurar o arquivo criptografado.

7. No menu File, clique no comando Open Encrypted File.

8. Abra a pasta Meus Documentos\Visual Basic 2013 SBS\Chapter 11 e, então, clique duas vezes no arquivo Oldlaws.txt.

9. Digite **500** (ou o código de criptografia que você especificou, se for diferente) na caixa de diálogo Xor Encryption quando ela aparecer e, em seguida, clique em OK.

    O resultado está mostrado na ilustração a seguir:

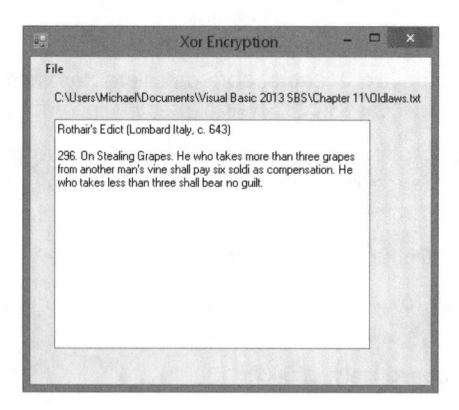

    ```
    Xor Encryption
    File
    C:\Users\Michael\Documents\Visual Basic 2013 SBS\Chapter 11\Oldlaws.txt

    Rothair's Edict (Lombard Italy, c. 643)
    296. On Stealing Grapes. He who takes more than three grapes
    from another man's vine shall pay six soldi as compensation. He
    who takes less than three shall bear no guilt.
    ```

    O programa abre o arquivo e restaura o texto usando o operador *Xor* e o código de criptografia que você especificou.

10. No menu File, clique no comando Exit para fechar o programa.

Examine o código do programa de criptografia

O operador *Xor* é usado nas rotinas de tratamento de eventos *SaveAsItem_Click* e *OpenItem_Click*. A esta altura essas rotinas genéricas serão razoavelmente conhecidas para você. A rotina de tratamento de eventos *SaveAsItem_Click* consiste nas seguintes instruções de programa (as linhas dignas de nota estão em negrito):

```
Dim letter As Char
Dim codeString As String
Dim i, charsInFile, code As Short
Dim streamToWrite As StreamWriter = Nothing
```

CAPÍTULO 11   Tipos de dados, operadores e processamento de strings   **335**

```
SaveFileDialog1.Filter = "Text files (*.txt)|*.txt"
If SaveFileDialog1.ShowDialog() = DialogResult.OK Then
    Try
        codeString = InputBox("Enter Encryption Code")
        If codeString = "" Then Exit Sub   'se cancel foi clicado
        'salva o texto com o esquema de criptografia
        code = CShort(codeString)
        charsInFile = NoteTextBox.Text.Length
        streamToWrite = My.Computer.FileSystem.OpenTextFileWriter( _
            SaveFileDialog1.FileName, False)
        For i = 0 To charsInFile - 1
            letter = NoteTextBox.Text.Substring(i, 1)
            'converte para números com Asc, depois usa Xor para criptografar
            streamToWrite.Write(Asc(letter) Xor Code)   'e salva em arquivo
            'separa números com um espaço
            streamToWrite.Write(" ")
        Next
        CloseItem.Enabled = True
    Catch ex As Exception
        MsgBox("An error occurred." & vbCrLf & ex.Message)
    Finally
        If streamToWrite IsNot Nothing Then
            streamToWrite.Close()
        End If
    End Try
End If
```

No método *Write*, o operador *Xor* é usado para converter cada letra da caixa de texto em um código numérico, o qual é então salvo no disco, um número de cada vez. Os números são separados por espaços.

O resultado final dessa criptografia não é mais textual, mas numérico – adequado para confundir até o bisbilhoteiro mais intrometido. Por exemplo, a captura de tela a seguir mostra o arquivo criptografado produzido pela rotina de criptografia anterior, exibido no Bloco de Notas. (Habilitei a quebra de linhas para você ver todo o código.)

```
Oldlaws - Notepad
File  Edit  Format  View  Help
422 411 384 412 405 413 390 467 391 468 433 400 413 407 384 468 476 440 411 409
406 405 390 400 468 445 384 405 408 397 472 468 407 474 468 450 448 455 477 505
510 505 510 454 461 450 474 468 443 410 468 423 384 401 405 408 413 410 403 468
435 390 405 388 401 391 474 468 444 401 468 387 412 411 468 384 405 415 401 391
468 409 411 390 401 468 384 412 405 410 468 384 412 390 401 401 468 403 390 405
388 401 391 468 402 390 411 409 468 405 410 411 384 412 401 390 468 405 410
467 391 468 386 413 410 401 468 391 412 405 408 408 468 388 405 397 468 391 413
396 468 391 411 408 400 413 468 405 391 468 407 411 409 388 401 410 391 405 384
413 411 410 474 468 444 401 468 387 412 411 468 384 405 415 401 391 468 408 401
391 391 468 384 412 405 410 468 384 412 390 401 401 468 391 412 405 408 408 468
406 401 405 390 468 410 411 468 403 385 413 408 384 474 505 510
```

PARTE III Técnicas de programação com Visual Basic

A rotina de tratamento de eventos *OpenItem_Click* contém as seguintes instruções de programa. (Novamente, preste atenção especial às linhas em negrito.)

```
Dim allText As String
Dim i As Short
Dim ch As Char
Dim codeString As String
Dim code, number As Short
Dim numbers() As String
Dim decrypt As String = ""

OpenFileDialog1.Filter = "Text files (*.txt)|*.txt"
If OpenFileDialog1.ShowDialog() = DialogResult.OK Then   'exibe a caixa de diálogo Open
    Try   'abre arquivo e intercepta qualquer erro utilizando a rotina de tratamento
        codeString = InputBox("Enter Encryption Code")
        If codeString = "" Then Exit Sub   'se cancel foi clicado
        code = CShort(codeString)
        'lê os números criptografados
        allText = My.Computer.FileSystem.ReadAllText(OpenFileDialog1.FileName)
        allText = allText.Trim
        'divide os números em um array baseado em espaços
        numbers = allText.Split(" ")
        'executa um loop no array
        For i = 0 To numbers.Length - 1
            number = CShort(numbers(i))   'converte a string em número
            ch = Chr(number Xor code)   'converte com Xor
            decrypt = decrypt & ch   'e constrói a string
        Next
        NoteTextBox.Text = decrypt   'depois exibe a string convertida
        NoteLabel.Text = OpenFileDialog1.FileName
        NoteTextBox.Select(0, 0)   'remove a seleção de texto
        NoteTextBox.Enabled = True   'permite cursor de texto
        CloseItem.Enabled = True   'habilita o comando Close
        OpenItem.Enabled = False   'desabilita o comando Open
    Catch ex As Exception
        MsgBox("An error occurred." & vbCrLf & ex.Message)
    End Try
End If
```

Quando o usuário clica no comando Open Encrypted File, essa rotina de tratamento de eventos abre o arquivo criptografado, solicita ao usuário um código de criptografia e exibe o arquivo traduzido no objeto caixa de texto. O método *ReadAllText* lê o arquivo criptografado. O método *Split* divide os números como strings em um array e usa o espaço como separador. O loop *For* lê cada string numérica no array, converte a string em um número e o armazena na variável de tipo inteiro short *number*. A variável *number* é, então, combinada com a variável *code* usando o operador *Xor* e o resultado é convertido em um caractere usando a função *Chr*. Esses caracteres (armazenados na variável *ch* de tipo *Char*) são, então, concatenados com a variável de string *decrypt*, a qual finalmente contém o arquivo de texto descriptografado, como mostrado aqui:

```
ch = Chr(number Xor code)   'converte com Xor
decrypt = decrypt & ch   'e constrói a string
```

CAPÍTULO 11   Tipos de dados, operadores e processamento de strings   **337**

Técnicas de criptografia como essa são úteis e podem também ser muito instrutivas. Como a criptografia conta muito com as técnicas de processamento de strings, ela é uma boa maneira de praticar uma habilidade de programação com Visual Basic fundamental e importante. À medida que você ficar mais experiente, poderá também usar os serviços de criptografia fornecidos pelo .NET Framework para acrescentar serviços de criptografia e segurança muito mais sofisticados aos seus programas. Para uma introdução sobre esses assuntos, procure "Cryptographic Tasks" no MSDN e objetos do namespace *System.Security.Cryptography*.

Resumo

Neste capítulo, você aprendeu sobre toda a gama de tipos de dados fornecidos pelo Visual Studio e como declarar e usar variáveis e constantes em seus programas. Aprendeu também a combinar operadores aritméticos com variáveis e valores numéricos para criar fórmulas e a converter dados de um tipo para outro com os métodos *Parse* e *ToString* e a classe *Convert*. Por último, você explorou o mundo do processamento de strings e da criptografia, utilizando métodos do .NET Framework.

No próximo capítulo, você vai continuar trabalhando com elementos da linguagem Visual Basic, focalizando os loops e as estruturas de decisão, que são úteis tanto para aplicativos Windows Store como para aplicativos Windows Forms.

CAPÍTULO 12

Estruturas de decisão criativas e loops

Neste capítulo, você vai aprender a:

- Utilizar uma instrução *If...Then* para desviar para um conjunto de instruções de programa com base em uma condição variável.

- Utilizar o controle *MaskedTextBox* do Windows Forms para coletar entrada em um formato específico.

- Dominar a sintaxe da instrução *Select Case* para gerenciar seleções em controles *ListBox* de um aplicativo Windows Store.

- Dominar a sintaxe do loop *For...Next* e aprender recursos de repetição avançados.

- Construir uma caixa de texto multilinha para saída utilizando concatenação de strings e técnicas de formatação.

- Dominar os loops *Do* e executar código até que uma condição específica seja satisfeita.

Nos últimos capítulos, você usou vários recursos do Microsoft Visual Basic 2013 para processar a entrada do usuário. Foram utilizados menus, barras de comandos, caixas de diálogo e outros controles da Toolbox para exibir escolhas para o usuário, e você processou entrada usando configurações de propriedades, variáveis, operadores, fórmulas e o Microsoft .NET Framework.

Neste capítulo, você aprenderá mais a respeito de como desviar condicionalmente para uma área específica no programa com base na entrada recebida do usuário. Também aprenderá a avaliar o conteúdo de variáveis e propriedades utilizando expressões condicionais e a executar uma ou mais instruções de programa com base nos resultados. Você também utilizará um loop *For...Next* para executar instruções por um número predeterminado de vezes e usará um loop *Do* para executar instruções até que uma expressão condicional seja satisfeita. Em resumo, vai rever e expandir seu conhecimento sobre as *estruturas de decisão* e loops do Visual Basic, os quais, coletivamente, controlam o modo como seu programa executa, ou *flui*, internamente.

Para que as sessões práticas sejam o mais úteis possível, este capítulo contém código de exemplo projetado para aplicativos Windows Store e para aplicativos Windows Forms. O argumento é eminentemente prático – embora a sintaxe das estruturas de decisão e loops básicos não tenha mudado fundamentalmente nas últimas versões de Visual Basic, o modo como os desenvolvedores utilizam essas ferramentas mudou muito. Portanto, é interessante ver como são usados no contexto das plataformas Windows Store e Windows Forms.

Programação baseada em eventos

Os programas que você escreveu até aqui neste livro exibiram na tela controles da Toolbox, menus, barras de comandos e caixas de diálogo, e com esses programas os usuários podiam manipular os elementos da tela em qualquer ordem que julgassem conveniente. Os programas colocavam o usuário no comando, esperavam pacientemente por uma resposta e, então, processavam a entrada como era esperado. Nos círculos de programação, essa metodologia é conhecida como *programação baseada em eventos*. Você constrói um programa criando um grupo de objetos "inteligentes" que sabem responder à entrada e, então, o programa processa a entrada utilizando rotinas de tratamento de eventos associadas aos objetos.

De onde vem essa entrada? Basicamente, a maioria das entradas é proveniente do usuário do seu programa, o qual está digitando em caixas de texto, clicando com o mouse, utilizando gesto de entrada por toque e assim por diante. Entretanto, a entrada do programa também pode vir do próprio sistema de computador. Por exemplo, talvez seu programa seja notificado quando uma mensagem de e-mail chegar ou quando um período especificado de tempo tiver decorrido no relógio do sistema. Nessas situações, o computador, não o usuário, dispara eventos importantes. Mas, independentemente de como um evento é disparado, o Visual Basic reage chamando a rotina de tratamento de eventos associada ao objeto que reconheceu o evento e executa o código de programa dessa rotina. Até agora, você trabalhou principalmente com os eventos *Click*, *CheckedChanged* e *SelectedIndexChanged*. Entretanto, os objetos do Visual Basic também podem responder a muitos outros tipos de eventos.

A natureza baseada em eventos do Visual Basic significa que a maior parte da computação feita nos seus programas é realizada por rotinas de tratamento de eventos. Esses blocos de código específicos a eventos processam a entrada, calculam novos valores, exibem a saída e tratam de outras tarefas.

Neste capítulo, você aprenderá a utilizar estruturas de decisão para comparar variáveis, propriedades e valores, e a executar uma ou mais instruções com base nos resultados. Também usará loops para executar um grupo de instruções repetidamente até que uma condição seja satisfeita ou enquanto uma condição específica for verdadeira. Juntas, essas poderosas estruturas de controle de fluxo o ajudarão a construir rotinas de tratamento de eventos que podem responder a quase todas as situações.

Eventos suportados por objetos do Visual Basic

Cada objeto no Visual Basic tem um conjunto predefinido de eventos aos quais pode responder. Esses eventos são listados quando você seleciona o nome de um objeto na caixa de listagem Class Name, na parte superior do Code Editor, e clica na seta suspensa à direita dessa caixa (veja a ilustração a seguir). Ou então, você verá os mesmos eventos na janela Properties. (No Microsoft Visual Studio, os eventos são visualmente identificados por um ícone de raio.) Você pode escrever uma rotina de tratamento para qualquer um desses eventos e, se tal evento ocorrer no programa, o Visual Basic executará a rotina de tratamento associada a ele. Por exemplo, um controle XAML *TextBox* em um aplicativo Windows Store suporta mais de 33 eventos, incluindo *DoubleTapped*, *Drop*, *KeyUp* e *KeyDown*. Você provavelmente não precisará escrever código para mais de três ou quatro desses eventos em seus aplicativos, mas é interessante saber que tem todas essas opções ao criar elementos na interface. A captura de tela a seguir mostra uma listagem parcial dos eventos de um controle XAML *TextBox* no Code Editor:

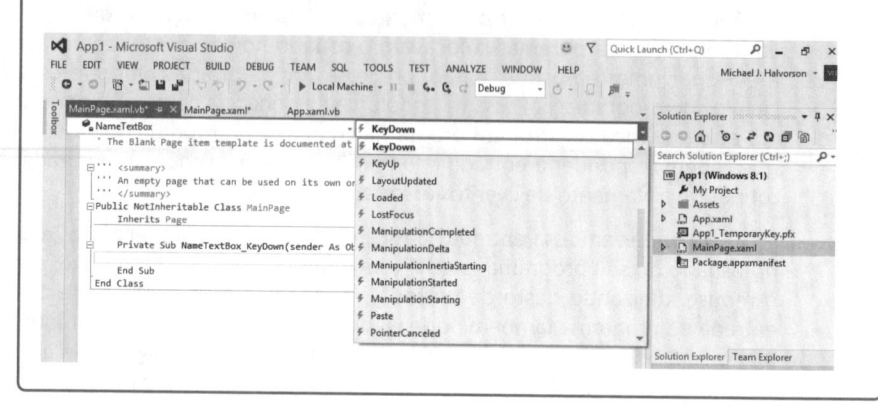

Expressões condicionais

Uma das ferramentas mais úteis para processar informações em uma rotina de tratamento de eventos é a expressão condicional. Uma *expressão condicional* é uma parte de uma instrução de programa completa que faz uma pergunta do tipo verdadeiro ou falso sobre uma propriedade, uma variável ou outros dados no código do programa. Por exemplo, a expressão condicional

Preço < 100

será avaliada como True se a variável *Preço* contiver um valor menor que 100, e como False se *Preço* contiver um valor maior que ou igual a 100.

Você pode utilizar os seguintes operadores de comparação mostrados na Tabela 12-1 em uma expressão condicional:

TABELA 12-1 Operadores de comparação do Visual Basic

Operador de comparação	Significado
=	Igual a
< >	Não igual a
>	Maior que
<	Menor que
> =	Maior que ou igual a
< =	Menor que ou igual a

A Tabela 12-2 mostra algumas expressões condicionais e seus resultados. Você trabalhará com expressões condicionais várias vezes neste capítulo.

TABELA 12-2 Usando expressões condicionais

Expressão condicional	Resultado
10 <> 20	True (10 não é igual a 20).
score < 20	True se *score* for menor que 20; caso contrário, False.
score = Label1.Text	True se a propriedade *Text* do objeto *Label1* contiver o mesmo valor que a variável *score*; caso contrário, False.
NameTextBox.Text = "Bill"	True se a palavra "Bill" estiver no objeto *NameTextBox*; caso contrário, False.

Estruturas de decisão *If...Then*

Quando uma expressão condicional é utilizada em um bloco de instruções chamado de *estrutura de decisão*, ela controla se outras instruções do programa são executadas e em que ordem são executadas. Uma estrutura de decisão *If...Then* pode ser utilizada para avaliar uma condição no programa e tomar um curso de ação com base no resultado. Em sua forma mais simples, uma estrutura de decisão *If...Then* é escrita em uma única linha, onde *condição* é uma expressão condicional e *instrução* é uma instrução de programa válida no Visual Basic:

```
If condição Then instrução
```

Observe que estou usando formatação em itálico para apresentar elementos da linguagem Visual Basic que são substituídos por algum valor significativo. De vez em quando, você também verá esse método de ensino de sintaxe de instrução na documentação do produto Visual Studio.

Por exemplo, a seguinte estrutura de decisão *If...Then* utiliza a expressão condicional *score >= 20* para determinar se o programa deve configurar a propriedade *Text* do objeto *MyTextBox* como "Você venceu!"

```
If score >= 20 Then MyTextBox.Text = "Você venceu!"
```

Se a variável *Score* contiver um valor maior ou igual a 20, o Visual Basic configurará a propriedade *Text*; caso contrário, pulará a instrução de atribuição e executará a próxima linha da rotina de tratamento de eventos. Esse tipo de comparação sempre resulta em um valor True ou False. Uma expressão condicional nunca resulta em *talvez*.

Teste várias condições em uma estrutura de decisão *If...Then*

As estruturas de decisão *If...Then* mais sofisticadas incluem várias expressões condicionais. Elas terão várias linhas e conterão as importantes palavras-chave *ElseIf*, *Else* e *End If*.

```
If condição1 Then
    instruções executadas se condição1 for True
ElseIf condição2 Then
    instruções executadas se condição2 for True
[Mais condições ElseIf e instruções podem ser colocadas aqui]
Else
    instruções executadas se nenhuma das outras condições for True
End If
```

Nessa estrutura, *condição1* é avaliada primeiro. Se essa expressão condicional for True, o bloco de instruções abaixo dela será executado, uma instrução por vez, e então a execução pulará para depois da instrução *End If* de fechamento. (Por esse motivo, somente um subconjunto das instruções dentro de uma estrutura de decisão *If...Then* é executado.) Se a primeira condição não for True, a segunda expressão condicional (*condição2*) será avaliada. Se a segunda condição for True, o segundo bloco de instruções será executado e então a execução pulará para depois da instrução *End If* de fechamento. (Você pode acrescentar condições *ElseIf* e instruções adicionais se tiver mais condições a avaliar.) Se nenhuma das expressões condicionais for True, as instruções abaixo da palavra-chave *Else* serão executadas. Conforme já mencionei, a estrutura inteira termina com as palavras-chave *End If*.

O código a seguir mostra como uma estrutura *If...Then* de várias linhas poderia ser usada para determinar a quantidade de imposto a ser paga em um sistema de imposto progressivo hipotético. (As faixas de renda e porcentagens de imposto são do regulamento do imposto de renda de pessoa física norte-americano de 2012 para declarações individuais.)

```
Dim adjustedIncome, taxDue As Double
adjustedIncome = 50000
If adjustedIncome <= 8700 Then          'faixa de imposto de 10%
    taxDue = adjustedIncome * 0.1
ElseIf adjustedIncome <= 35350 Then     'faixa de imposto de 15%
    taxDue = 870 + ((adjustedIncome - 8700) * 0.15)
ElseIf adjustedIncome <= 85650 Then     'faixa de imposto de 25%
    taxDue = 4867,5 + ((adjustedIncome - 35350) * 0.25)
ElseIf adjustedIncome <= 178650 Then    'faixa de imposto de 28%
    taxDue = 17442,5 + ((adjustedIncome - 85650) * 0.28)
ElseIf adjustedIncome <= 388350 Then    'faixa de imposto de 33%
    taxDue = 43482,5 + ((adjustedIncome - 178650) * 0.33)
Else                                    'faixa de imposto de 35%
    taxDue = 112683,5 + ((adjustedIncome - 388350) * 0.35)
End If
```

> **Importante** A ordem das expressões condicionais em suas instruções *If...Then* e *ElseIf* é crucial. O que acontecerá se você inverter a ordem das expressões condicionais no exemplo de cálculo do imposto e listar as taxas na estrutura da mais alta para mais baixa? Os contribuintes nas faixas de imposto de 10, 15, 25, 28 e 33% serão colocados na faixa de 35%, pois todos eles têm renda menor ou igual a US$388,350. (Isso ocorre porque o Visual Basic para na primeira expressão condicional que é True, mesmo que outras também sejam True.) Todas as expressões condicionais neste exemplo testam a mesma variável; portanto, elas precisam ser listadas em ordem crescente para que os contribuintes sejam colocados nos grupos certos. Moral: quando você utilizar mais de uma expressão condicional, avalie a ordem cuidadosamente.

Essa estrutura de decisão útil testa a variável de precisão dupla *adjustedIncome* no primeiro e nos demais níveis de renda, até que uma das expressões condicionais seja avaliada como True e, então, determina o imposto de renda do contribuinte de maneira correspondente. Com algumas modificações simples, ela poderia ser usada para calcular o imposto a ser pago por qualquer contribuinte em um sistema de imposto progressivo, como o dos Estados Unidos. Contanto que as taxas de imposto estejam completas e atualizadas e que o valor na variável *adjustedIncome* esteja correto, o programa dará o

CAPÍTULO 12   Estruturas de decisão criativas e loops   **343**

imposto correto a ser pago por contribuintes individuais dos EUA em 2012. Se as taxas de imposto mudarem, é só atualizar as expressões condicionais. Com uma estrutura de decisão adicional para determinar o status da declaração dos contribuintes, o programa se estende prontamente para incluir todos os contribuintes dos EUA.

> **Dica** As expressões que podem ser avaliadas como True ou False também são conhecidas como expressões *booleanas*, e o resultado True ou False pode ser atribuído a uma propriedade ou variável booleana. Você pode atribuir valores booleanos a certas propriedades de objeto ou a variáveis booleanas criadas com a instrução *Dim* e a cláusula *As Boolean*.

No próximo exercício, você utilizará uma estrutura de decisão *If...Then* que reconhece os usuários quando estes entram em um programa – uma maneira simples de começar a escrever suas próprias estruturas de decisão. Também vai aprender a utilizar o controle *MaskedTextBox* da Toolbox do Windows Forms para receber a entrada do usuário em um formato específico. O programa é projetado para a plataforma Windows Forms porque não existe nenhum controle de edição com máscara na Toolbox padrão de aplicativos Windows Store. Contudo, você pode obter funcionalidade semelhante utilizando o controle XAML *TextBox*.

Valide usuários utilizando *If...Then*

1. Inicie o Visual Studio e crie um novo projeto de aplicativo Windows Forms chamado **My User Validation**.

   O novo aplicativo de área de trabalho para Windows é criado e um formulário em branco abre no Designer. Conforme mencionado anteriormente, esse programa em particular utilizará cláusulas e dados de imposto dos Estados Unidos.

2. Clique no formulário e configure a propriedade *Text* do formulário como **User Validation**.

3. Utilize o controle *Label* para criar um rótulo no formulário e use a janela Properties para configurar a propriedade *Text* do objeto como **Enter Your Social Security Number**.

4. Utilize o controle *Button* para criar um botão no formulário e configure a propriedade *Text* do botão como **Sign In**.

5. Clique no controle *MaskedTextBox* na guia Common Controls da Toolbox do Windows Forms e crie um objeto caixa de texto com máscara abaixo do rótulo no formulário.

   O controle *MaskedTextBox* é semelhante ao controle *TextBox* que você já utilizou, mas com *MaskedTextBox* é possível controlar o formato das informações inseridas no programa pelo usuário. Você controla o formato configurando a propriedade *Mask*; e pode utilizar um formato predefinido fornecido pelo controle ou escolher seu próprio formato. Nesse programa, você utilizará o controle *MaskedTextBox* para solicitar que os usuários insiram o Social Security Number (SSN), o número da seguridade social, no formato padrão de nove dígitos utilizado nos Estados Unidos.

PARTE III   Técnicas de programação com Visual Basic

6. Com o objeto *MaskedTextBox1* selecionado, clique na propriedade *Mask* na janela Properties e clique no botão de reticências na segunda coluna.

   A caixa de diálogo Input Mask abre, mostrando uma lista de seus padrões de formatação predefinidos, ou *máscaras*.

7. Clique em Social Security Number na lista.

   A caixa de diálogo Input Mask se parece com esta:

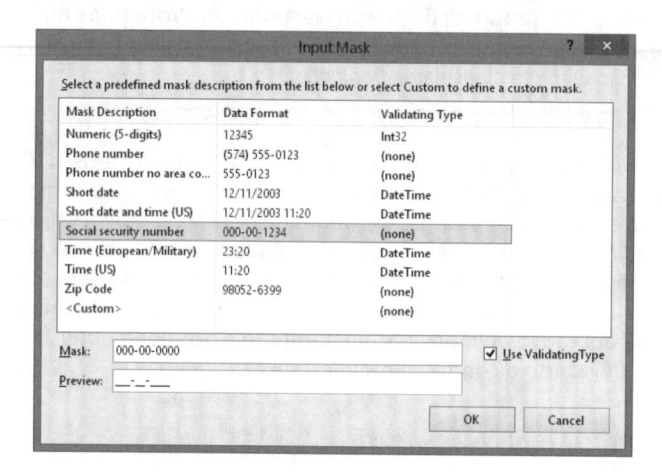

Mask Description	Data Format	Validating Type
Numeric (5-digits)	12345	Int32
Phone number	(574) 555-0123	(none)
Phone number no area co...	555-0123	(none)
Short date	12/11/2003	DateTime
Short date and time (US)	12/11/2003 11:20	DateTime
Social security number	000-00-1234	(none)
Time (European/Military)	23:20	DateTime
Time (US)	11:20	DateTime
Zip Code	98052-6399	(none)
<Custom>		(none)

   Mask: 000-00-0000   ☑ Use ValidatingType
   Preview: ___-__-____

   Embora você não a utilize agora, reserve um tempo para observar a opção <Custom>, que pode ser empregada mais tarde para criar suas próprias máscaras de entrada utilizando números e caracteres marcadores de lugar, como um hífen (-).

8. Clique em OK para aceitar Social Security Number como sua máscara de entrada.

   O Visual Studio exibe a máscara de entrada no objeto *MaskedTextBox1*, como mostrado na captura de tela a seguir:

9. Clique duas vezes no botão Sign In.

A rotina de tratamento de eventos *Button1_Click* aparece no Code Editor.

10. Digite as seguintes instruções de programa na rotina de tratamento de eventos.

```
If MaskedTextBox1.Text = "219-09-9999" Then
    MsgBox("Welcome to the system!")
Else
    MsgBox("I don't recognize this number")
End If
```

Essa estrutura de decisão *If...Then* simples verifica o valor da propriedade *Text* do objeto *MaskedTextBox1* e, se for igual a "219-09-9999", exibirá a mensagem "Welcome to the system!". Se o número inserido pelo usuário for algum outro valor, a estrutura exibirá a mensagem "I don't recognize this number". Contudo, a beleza desse programa está na maneira como o objeto *MaskedTextBox1* filtra automaticamente a entrada para assegurar que ela esteja no formato correto.

11. Clique no botão Save All da barra de ferramentas Standard para salvar as alterações. Especifique a pasta Meus Documentos\Visual Basic 2013 SBS\Chapter 12 como o local de seu projeto.

12. Clique no botão Start Debugging da barra de ferramentas Standard.

O programa é executado como um aplicativo de área de trabalho para Windows. O formulário solicita um SSN no formato apropriado e exibe os sublinhados e hífens para oferecer ao usuário uma dica do formato exigido.

13. Digite **abcd** para testar a máscara de entrada.

O Visual Basic impede a exibição das letras, porque elas não são compatíveis com o formato solicitado. É necessário um SSN de nove dígitos.

14. Digite **000123456** para testar a máscara de entrada.

O Visual Basic exibe o número 000-12-3456 na caixa de texto com máscara, ignorando o décimo dígito que você inseriu. Novamente, o Visual Basic forçou a entrada do usuário no formato adequado. Seu formulário é parecido com este:

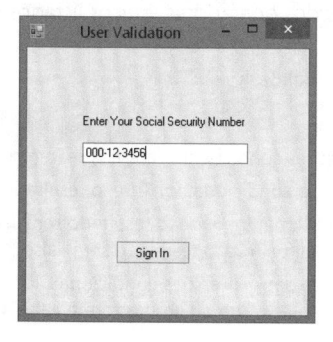

15. Clique no botão Sign In.

O Visual Basic exibe a mensagem "I don't recognize this number", porque o SSN não corresponde ao número que a estrutura de decisão *If...Then* está procurando.

16. Clique em OK, exclua o SSN da caixa de texto com máscara, digite **219-09-9999** como o número e, então, clique em Sign In novamente.

Dessa vez, a estrutura de decisão reconhece o número e exibe uma mensagem de boas-vindas. Você vê a caixa de mensagem a seguir:

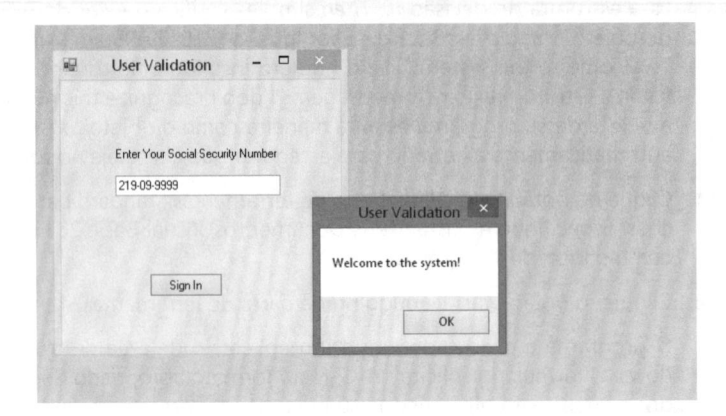

Seu código impediu que um usuário não autorizado utilizasse o programa e você aprendeu uma habilidade útil relacionada ao controle de entrada do usuário.

17. Saia do programa.

Operadores lógicos em expressões condicionais

Você pode testar mais de uma expressão condicional em cláusulas *If...Then* e *ElseIf* se quiser incluir mais de um critério de seleção na estrutura de decisão. As condições extras são vinculadas pelo uso de um ou mais dos operadores lógicos listados na Tabela 12-3.

TABELA 12-3 Operadores lógicos do Visual Basic

Operador lógico	Significado
And	Se ambas as expressões condicionais forem True, o resultado será True.
Or	Se qualquer expressão condicional for True, o resultado será True.
Not	Se a expressão condicional for False, o resultado será True. Se a expressão condicional for True, o resultado será False.
Xor	Se uma e apenas uma das expressões condicionais for True, o resultado será True. Se ambas forem True ou ambas forem False, o resultado será False. (*Xor* significa *Or exclusivo*.)

CAPÍTULO 12 Estruturas de decisão criativas e loops

> **Nota** Quando seu programa avalia uma expressão complexa que combina diferentes tipos de operadores, ele avalia primeiro os operadores matemáticos, os operadores de comparação em segundo lugar e, em terceiro, os operadores lógicos. Além disso, os operadores *And*, *Or* e *Xor* são considerados *binários*, pois recebem dois operandos, enquanto o operador *Not* é *unário*, pois recebe apenas um operando.

A Tabela 12-4 lista alguns exemplos de operadores lógicos em funcionamento. Nas expressões, supõe-se que a variável de tipo string *veículo* contém o valor "Bicicleta" e que a variável de tipo inteiro *preço* contém o valor 200.

TABELA 12-4 Usando expressões lógicas

Expressão lógica	Resultado
veículo = "Bicicleta" And preço < 300	True (ambas as condições são True)
veículo = "Carro" Or preço < 500	True (uma condição é True)
Not preço < 100	True (a condição é False)
veículo = "Bicicleta" Xor preço < 300	False (ambas as condições são True)

No próximo exercício, você modificará o aplicativo de área de trabalho para Windows My User Validation para solicitar ao usuário um número de identificação pessoal (personal identification number – PIN) durante o processo de validação. Para fazer isso, você vai adicionar uma segunda caixa de texto para obter o PIN do usuário e, então, vai modificar a cláusula *If...Then* na estrutura de decisão para que utilize o operador *And* para verificar o PIN.

Adicione proteção por senha utilizando o operador *And*

1. Exiba o formulário User Validation e adicione um segundo controle *Label* do Windows Forms à interface de usuário, abaixo da primeira caixa de texto com máscara.
2. Configure a propriedade *Text* do novo rótulo como **PIN**.
3. Adicione um segundo controle *MaskedTextBox* ao formulário, abaixo da primeira caixa de texto com máscara e do novo rótulo.
4. Clique na marca inteligente do objeto *MaskedTextBox2* para abrir a lista MaskedTextBox Tasks e, então, clique no comando Set Mask para exibir a caixa de diálogo Input Mask.
5. Clique na máscara de entrada Numeric (5 digits) e em OK.

    Como muitos PINs encontrados *online*, esse PIN terá cinco dígitos de comprimento. Novamente, se o usuário digitar uma senha de comprimento ou formato diferente, ela será rejeitada.
6. Clique duas vezes no botão Sign In para exibir a rotina de tratamento de eventos *Button1_Click* no Code Editor.

7. Modifique a rotina de tratamento de eventos para que contenha o seguinte código:

```
If MaskedTextBox1.Text = "219-09-9999" _
And MaskedTextBox2.Text = "54321" Then
    MsgBox("Welcome to the system!")
Else
    MsgBox("I don't recognize this number")
End If
```

A instrução agora inclui o operador lógico *And*, o qual exige que o PIN do usuário corresponda ao SSN dele, antes de admiti-lo no sistema. (Nesse caso, o PIN válido é 54321. Em um programa do mundo real, esse valor seria extraído junto com o SSN a partir de um banco de dados seguro.) Modifiquei o programa anterior adicionando um caractere de continuação de linha (_) ao final da primeira linha e adicionando a segunda linha que inicia com *And*.

8. Clique no botão Start Debugging da barra de ferramentas Standard.

   O aplicativo de área de trabalho para Windows executa.

9. Digite **219-09-9999** na caixa de texto com máscara Social Security Number.

10. Digite **54321** na caixa de texto com máscara PIN.

11. Clique no botão Sign In.

    O programa dá boas-vindas ao usuário, como mostrado na captura de tela a seguir:

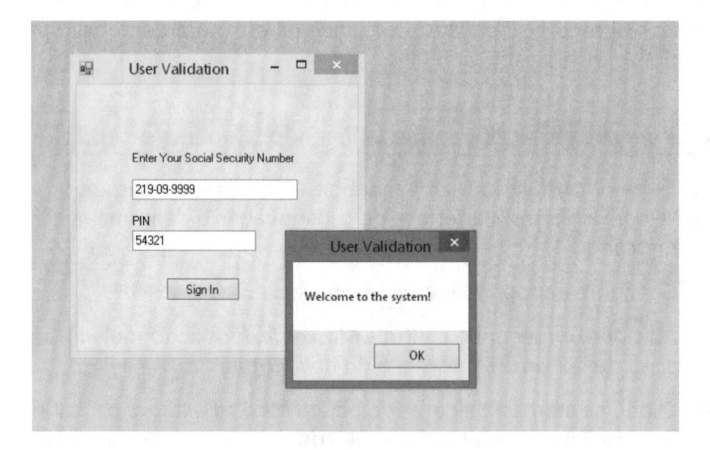

12. Clique em OK para fechar a caixa de mensagem.

13. Experimente outros valores para o SSN e o PIN.

    Teste o programa cuidadosamente para certificar-se de que a mensagem de boas-vindas não é exibida quando outro PIN ou SSN é inserido.

14. Quando terminar, clique no botão Close no formulário.

    O programa encerra e o ambiente de desenvolvimento retorna.

> **Dica** Você pode personalizar ainda mais esse programa usando a propriedade *PasswordChar* nos objetos caixa de texto com máscara. A propriedade *PasswordChar* pode ser utilizada para exibir um caractere de espaço reservado, como um asterisco (*), quando o usuário digita informações sigilosas. (Você especifica o caractere utilizando a janela Properties.) Utilizar um caractere de senha oferece aos usuários sigilo adicional quando estes inserem sua senha protegida – um recurso padrão dessas operações.

Curto-circuito utilizando *AndAlso* e *OrElse*

O Visual Basic disponibiliza mais dois operadores lógicos que podem ser utilizados nas instruções condicionais: *AndAlso* e *OrElse*. Esses operadores funcionam de modo idêntico a *And* e *Or*, respectivamente, mas oferecem uma importante sutileza na maneira como são avaliados que vale alguns momentos de atenciosa consideração. Por serem um tanto avançados, talvez você não tenha tido muita experiência com eles em contextos de programação anteriores.

Considere uma instrução *If* que tem duas condições conectadas por um operador *AndAlso*. Para que as instruções da estrutura *If* sejam executadas, as duas condições devem ser avaliadas como True. Se a primeira condição for avaliada como False, o Visual Basic pulará imediatamente para a próxima linha ou para a instrução *Else*, sem testar a segunda condição. (Inversamente, o operador *And* padrão testará as duas condições, aconteça o que acontecer.) A avaliação parcial, ou de *curto-circuito*, de uma instrução *If* faz sentido lógico – por que o Visual Basic deveria continuar a avaliar a instrução *If* se ambas as condições não podem ser True?

O operador *OrElse* funciona de modo semelhante. Considere uma instrução *If* que tem duas condições conectadas por um operador *OrElse*. Para as instruções da estrutura *If* serem executadas, pelo menos uma condição deve ser avaliada como True. Se a primeira condição for avaliada como True, o Visual Basic começará a executar imediatamente as instruções da estrutura *If*, sem testar a segunda condição. (Mas, inversamente, o operador *Or* padrão sempre testará as duas condições, aconteça o que acontecer.)

Aqui está um exemplo de como o curto-circuito funciona no Visual Basic quando duas condições são avaliadas em uma instrução *If* utilizando o operador *AndAlso*. Um teste condicional um tanto complexo (7 / idadeHumana <= 1) é utilizado depois do operador *AndAlso* para determinar o que alguns chamam de "idade do cachorro" de uma pessoa:

```
Dim idadeHumana As Integer
idadeHumana = 7
'Um ano de um cachorro equivale a sete anos de um humano
If idadeHumana <> 0 AndAlso 7 / idadeHumana <= 1 Then
    MsgBox("Você tem pelo menos um ano de cachorro")
Else
    MsgBox("Você tem pelo menos um ano de cachorro")
End If
```

Como parte de um programa maior, que determina a assim chamada idade do cachorro de uma pessoa dividindo sua idade atual por 7, essa rotina simples tenta estipular se o valor na variável de tipo inteiro *idadeHumana* é pelo menos 7. (Se você nunca ouviu falar de "idade do cachorro", seja paciente comigo – seguindo essa lógica, uma pessoa de 28 anos teria quatro em anos de cachorro. Isso foi sugerido como uma maneira interessante de comparar a expectativa de vida do homem com a dos cachorros, pois estes têm uma expectativa de vida equivalente a cerca de um sétimo da dos humanos.)

O código utiliza duas condições de instrução *If* e pode ser usado em diversos contextos diferentes – eu o utilizei na rotina de tratamento de eventos *Click* para um objeto botão. A primeira condição verifica se um número diferente de zero foi colocado na variável *idadeHumana* – pressupus momentaneamente que o usuário teve sensatez suficiente para colocar uma idade positiva em *idadeHumana*, pois um número negativo produziria resultados incorretos. A segunda condição testa se a pessoa tem pelo menos sete anos. Se ambas as condições forem avaliadas como True, a mensagem "Você tem pelo menos um ano de cachorro" será exibida em uma caixa de mensagem. Se a pessoa tiver menos de sete, será exibida a mensagem "Você tem menos de um ano de cachorro".

Agora imagine que eu tenha mudado o valor da variável *idadeHumana* de 7 para 0. O que acontece? A primeira condição da instrução *If* é avaliada como False pelo compilador do Visual Basic e essa avaliação impede que a segunda condição seja avaliada, suspendendo, ou curto-circuitando, portanto, a instrução *If* e poupando-nos de um erro desagradável de "divisão por zero", que poderia resultar se dividíssemos 7 por 0 (o novo valor da variável *idadeHumana*). E lembre-se de que, se você dividir por zero em um programa do Visual Basic e não perceber o problema de alguma maneira, o resultado será um erro, porque a divisão por zero não é permitida.

Em resumo, os operadores *AndAlso* e *OrElse* no Visual Basic abrem algumas possibilidades novas para os programadores dessa linguagem, incluindo o potencial de impedir erros de tempo de execução e outros resultados inesperados. Também é possível melhorar o desempenho colocando condições cujo cálculo é demorado no final da instrução de condição, porque o Visual Basic não efetua esses cálculos de condição dispendiosos, a menos que seja necessário. Entretanto, você precisa estudar cuidadosamente todas as possíveis condições que suas instruções *If* podem encontrar, já que os estados das variáveis mudam durante a execução do programa.

Como dominar as estruturas de decisão *Select Case*

Você já utilizou blocos de código *Select Case* neste livro, quando escreveu rotinas de tratamento de eventos para processar seleções em uma caixa de listagem. Lembre-se de que uma estrutura *Select Case* é semelhante a uma estrutura *If...Then...ElseIf*, mas é mais elegante e eficiente quando o desvio depende de uma variável-chave ou, *caso de teste*. As estruturas *Select Case* também tornam o código de seu programa mais legível.

A sintaxe básica de uma estrutura *Select Case* é parecida com esta:

```
Select Case variável
    Case valor1
        instruções executadas se valor1 corresponder à variável
    Case valor2
        instruções executadas se valor2 corresponder à variável
```

```
Case valor3
    instruções executadas se valor3 corresponder à variável
...
Case Else
    instruções executadas se nenhuma correspondência for encontrada
End Select
```

Um bloco de código *Select Case* inicia com a palavra-chave *Select Case* e termina com a palavra-chave *End Select*. Você substitui *variável* pela variável, propriedade ou outra expressão que será o valor-chave, ou caso de teste, para a estrutura. Substitui também *valor1*, *valor2* e *valor3* por números, strings ou outros valores relacionados ao caso de teste que está sendo considerado. Se um dos valores corresponder à variável, as instruções abaixo da cláusula *Case* serão executadas e, então, o Visual Basic pulará para a linha depois da instrução *End Select* e retomará a execução a partir daí. Você pode incluir qualquer número de cláusulas *Case* em uma estrutura *Select Case* e pode incluir mais de um valor em uma cláusula *Case*. Se você listar vários valores depois de um caso, separe-os com vírgulas.

O próximo exemplo mostra como uma estrutura *Select Case* poderia ser utilizada para imprimir uma mensagem apropriada sobre a idade de uma pessoa e fatos culturais marcantes em um programa. Como a variável *age* contém o valor 18, a string "Agora você pode votar!" é atribuída à propriedade *Text* do objeto *TextBoxConselho*. (Você notará que os fatos marcantes têm um viés norte-americano; personalize-os livremente para que correspondam ao seu cenário cultural.)

```
Dim idade As Integer
idade = 18
Select Case idade
    Case 16
        TextBoxConselho.Text = "Agora você pode dirigir!"
    Case 18
        TextBoxConselho.Text = "Agora você pode votar!"
    Case 21
        TextBoxConselho.Text = "Você pode beber vinho em suas refeições."
    Case 65
        TextBoxConselho.Text = "Hora de se aposentar e curtir!"
End Select
```

Uma estrutura *Select Case* também aceita uma cláusula *Case Else*, a qual pode ser usada para exibir uma mensagem caso nenhum dos casos anteriores corresponda à variável *idade*. Aqui está como *Case Else* funcionaria no exemplo a seguir – observe que mudei o valor de *idade* para 25 a fim de disparar a cláusula *Case Else*:

```
Dim idade As Integer
idade = 25
Select Case idade
    Case 16
        TextBoxConselho.Text = "Agora você pode dirigir!"
    Case 18
        TextBoxConselho.Text = "Agora você pode votar!"
    Case 21
        TextBoxConselho.Text = "Você pode beber vinho em suas refeições."
    Case 65
        TextBoxConselho.Text = "Hora de se aposentar e curtir!"
    Case Else
        TextBoxConselho.Text = "Você está em uma ótima idade! Aproveite!"
End Select
```

Como utilizar operadores de comparação com uma estrutura *Select Case*

Estruturas de decisão Select Case mais sofisticadas utilizam operadores de comparação para incluir um intervalo de valores de teste. Os operadores de comparação do Visual Basic que podem ser utilizados são =, <>, >, <, > = e <=. Para utilizar os operadores de comparação, você precisa incluir a palavra-chave *Is* ou *To* na expressão, a fim de identificar a comparação que está fazendo. A palavra-chave *Is* instrui o compilador a comparar a variável de teste com a expressão listada depois dela. A palavra-chave *To* identifica um intervalo de valores. A seguinte estrutura utiliza *Is, To* e vários operadores de comparação para testar a variável *idade* e exibir uma de cinco mensagens:

```
Select Case idade
    Case Is < 13
        TextBoxConselho.Text = "Aproveite sua juventude!"
    Case 13 To 19
        TextBoxConselho.Text = "Aproveite sua adolescência!"
    Case 21
        TextBoxConselho.Text = "Você pode beber vinho em suas refeições."
    Case Is >= 100
        TextBoxConselho.Text = "Você está indo bem!"
    Case Else
        TextBoxConselho.Text = "Esta é uma ótima idade para se ter."
End Select
```

Se o valor da variável *idade* for menor que 13, será exibida a mensagem "Aproveite sua juventude!". Para as idades de 13 a 19, será exibida a mensagem "Aproveite sua adolescência!" e assim por diante.

Está claro como *Select Case* é uma alternativa a *If...Then...Else* em código VB? Por exemplo, normalmente, blocos de código *Select Case* são mais fáceis de decifrar. Mas, além disso, blocos de código *Select Case* são mais eficientes do que estruturas *If...Then...Else* quando se está tomando três ou mais decisões de desvio com base em uma variável ou propriedade. Contudo, quando estiver fazendo duas ou menos comparações ou trabalhando com vários valores diferentes, você provavelmente vai querer usar uma estrutura de decisão *If...Then*.

No exercício a seguir, você vai praticar o uso de uma estrutura *Select Case* para processar a entrada recebida de um controle caixa de listagem em um aplicativo Windows Store. Você usará a propriedade *ListBox.SelectedIndex* para coletar a entrada e o evento *SelectionChanged* para exibir uma saudação em um de quatro idiomas.

Utilize uma estrutura *Select Case* para processar entrada de uma caixa de listagem

1. No menu File, clique em New Project.

   A caixa de diálogo New Project abre.

2. Escolha Visual Basic/Windows Store sob Templates e, então, verifique se o template Blank App (XAML) está selecionado.

3. Digite **My Select Case** na caixa de texto Name.

CAPÍTULO 12   Estruturas de decisão criativas e loops   **353**

4. Clique em OK para abrir e configurar o novo projeto.

   O Visual Studio cria o novo projeto Windows Store com os arquivos de suporte apropriados.

5. Clique com o botão direito do mouse no arquivo MainPage.xaml no Solution Explorer e, em seguida, selecione View Designer.

   Uma página em branco abre no Designer.

6. Altere a porcentagem de ampliação na caixa Zoom do Designer para 100%.

7. Clique no controle XAML *TextBlock* da Toolbox e crie um rótulo de texto próximo à parte superior da página para exibir um título para o programa.

8. Digite **Greetings from around the World** no objeto bloco de texto e configure o tamanho como 28 pontos. Configure a propriedade *Name* do objeto como **PageTitle**.

9. Utilize o controle *TextBlock* para criar um segundo objeto texto abaixo do primeiro.

   Você utilizará esse bloco de texto como título para a caixa de listagem.

10. Digite **Choose a Country** no objeto bloco de texto e configure o tamanho como 12 pontos. Configure a propriedade *Name* do objeto como **ListBoxTitle**.

11. Clique no controle XAML *ListBox* da Toolbox e crie uma caixa de listagem abaixo do segundo rótulo. Configure a propriedade *Name* do objeto como **CountryListBox**.

    Você vai adicionar marcação XAML a esse objeto caixa de listagem no próximo procedimento, que é o mecanismo mais fácil de adicionar itens a uma caixa de listagem.

12. Utilize o controle *TextBlock* para desenhar um terceiro objeto rótulo de texto abaixo da caixa de listagem.

13. Remova o texto do objeto bloco de texto, mas configure o tamanho como 12 pontos para o objeto. Configure a propriedade *Name* do objeto como **Country**.

    Parece que o bloco de texto desapareceu da página, mas ainda está presente. (Você pode vê-lo listado na parte XAML do Code Editor.) Quando o programa executar e o usuário selecionar um nome de país na caixa de listagem, esse nome será copiado para esse objeto bloco de texto.

14. Utilize o controle *TextBox* para criar uma janela de saída retangular abaixo do terceiro objeto bloco de texto.

15. Remova o texto do objeto caixa de texto e configure a propriedade *Name* do objeto como **GreetingTextBox**.

    Quando você terminar de configurar as propriedades, a página e o IDE serão como segue:

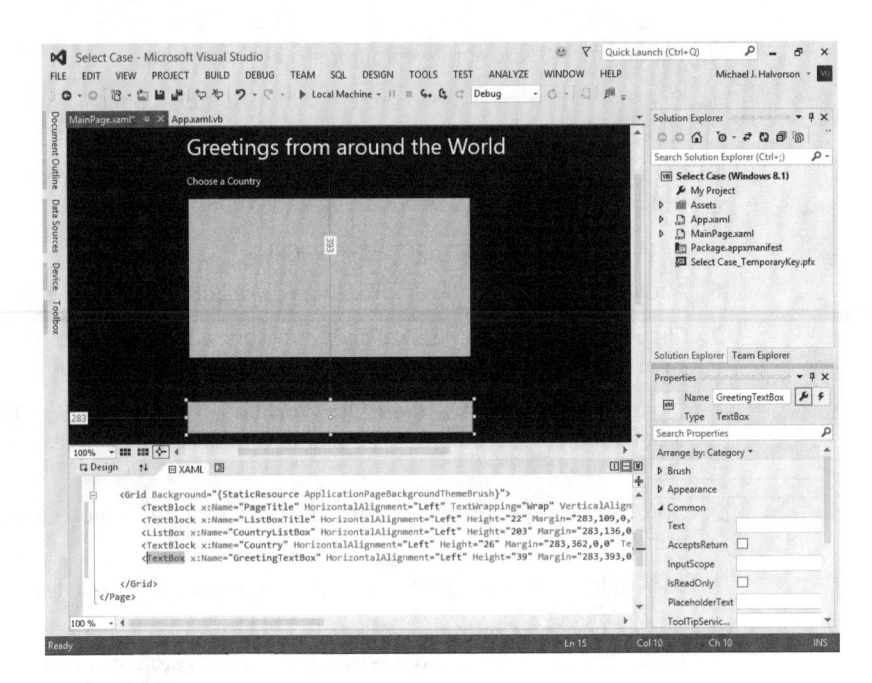

Agora você vai inserir a marcação XAML para adicionar itens à caixa de listagem na página. Para executar essa tarefa, você vai editar a marcação XAML do objeto caixa de listagem no Code Editor.

Utilize marcação XAML para definir um controle *ListBox*

1. Clique no botão Swap Panes no Designer (um botão contendo duas setas – uma apontando para cima e a outra, para baixo).

    O botão Swap Panes dá a você mais espaço para ver a marcação XAML no Code Editor.

2. Localize o objeto *ListBox* na marcação XAML no Code Editor. Coloque o ponto de inserção no final da linha (use a barra de rolagem, se necessário).

3. Altere a marcação no final dessa linha, de "/>" para ">". (Ou seja, remova o caractere "/".)

4. Você está removendo esse caractere "/" porque agora seu objeto *ListBox* será definido por várias linhas de marcação XAML. Quando existem elementos subordinados para um objeto, o "/>" de encerramento é colocado no final da marca que define o objeto. Normalmente, os elementos subordinados são recuados em suas próprias linhas, mas isso não é obrigatório. (Para obter mais informações sobre essa sintaxe, consulte o Capítulo 7, Marcação XAML passo a passo".)

5. Após a edição, coloque o ponto de inserção no final da linha e pressione Enter.

CAPÍTULO 12 Estruturas de decisão criativas e loops **355**

6. Digite a seguinte marcação XAML para definir os itens na caixa de listagem:
```
<ListBoxItem Name="List1"
          Content="Australia"/>
<ListBoxItem Name="List2"
          Content="Germany"/>
<ListBoxItem Name="List3"
          Content="Italy"/>
<ListBoxItem Name="List4"
          Content="Mexico"/>
</ListBox>
```

Novos itens são adicionados a uma caixa de listagem pela definição das propriedades *ListBoxItem* de cada item. Observe que, nessa marcação, dei a cada item seu próprio nome, o qual especifiquei utilizando nomes numerados em sequência (*List1*, *List2*, *List3* e *List4*). Esses nomes são arbitrários e designados aqui por simplicidade – você pode usar nomes diferentes para os itens, se desejar. Além disso, especifiquei o conteúdo textual de cada item usando a propriedade *Content*. Isso define o que aparece na caixa de listagem na página. Por fim, observe que a série inteira de itens termina com a marca *</ListBox>*. Isso é necessário, como mencionado anteriormente, pois agora a caixa de listagem contém elementos subordinados.

Além dessas configurações básicas, você também pode definir *FontFamly*, *FontSize*, *FontWeight*, *Foreground*, *Height*, *Width* e outras propriedades para itens caixa de listagem. A aparência das caixas de listagem é totalmente personalizável. Apenas certifique-se de dar a cada item caixa de listagem uma propriedade *Name* exclusiva, para que possa ser referenciada no código de programa em Visual Basic.

Quando você concluir sua entrada de XAML, o IDE do Visual Studio será como segue:

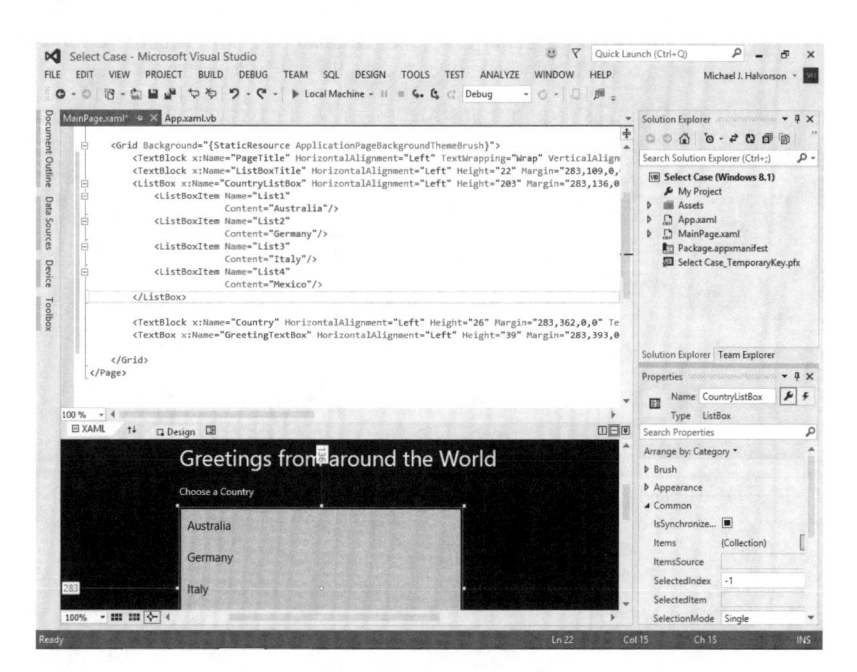

7. Clique novamente no botão Swap Panes no Designer para mover a guia XAML do Code Editor de volta para a parte inferior do Designer.

Agora você vai inserir o código de programa para gerenciar seleções de caixa de listagem e outras atividades no programa.

Utilize código Visual Basic para processar itens de caixa de listagem

1. Na guia XAML do Code Editor, clique na linha de marcação XAML que começa com a instrução *ListBox x:Name="CountryListBox"*.

   Uma maneira simples de definir uma rotina de tratamento de eventos para uma caixa de listagem é selecionar a caixa de listagem no Code Editor e, então, clicar no botão Event Handler (o raio) na janela Properties. Contudo, você precisa ter a certeza de selecionar a caixa de listagem em si e não simplesmente um dos itens dela.

   Quando você clicar na caixa de listagem, suas propriedades serão carregadas na janela Properties e aparecerá *CountryListBox* na propriedade *Name*.

   O evento que você quer capturar enquanto o programa executa é *Selection-Changed*, o qual é disparado quando um item caixa de listagem é selecionado pelo usuário.

2. Na janela Properties, clique no botão Event Handler próximo à caixa de texto *Name*.

   O botão Event Handler exibe os eventos a que a caixa de listagem pode responder, incluindo *SelectionChanged*.

3. Clique duas vezes ao lado do evento *SelectionChanged* na janela Properties.

   O Visual Studio insere uma rotina de tratamento de eventos chamada *CountryListBox_SelectionChanged* na caixa de texto *SelectionChanged* e abre o arquivo code-behind MainPage.xaml.vb no Code Editor.

4. Digite as seguintes instruções em Visual Basic no Code Editor, entre as instruções *Private Sub* e *End Sub*:

```
Select Case CountryListBox.SelectedIndex
    Case 0
        Country.Text = "Australia"
        GreetingTextBox.Text = "How ya goin' programmer?"
    Case 1
        Country.Text = "Germany"
        GreetingTextBox.Text = "Hallo, programmierer"
    Case 2
        Country.Text = "Italy"
        GreetingTextBox.Text = "Ciao, programmatore"
    Case 3
        Country.Text = "Mexico"
        GreetingTextBox.Text = "Hola, programador"
End Select
```

Finalmente vemos *Select Case* funcionando no centro desse aplicativo Windows Store, o qual exibe uma lista de países em uma caixa de listagem e utiliza uma estrutura de decisão *Select Case* para processar a escolha do usuário. A propriedade usada para o caso de teste é *CountryListBox.SelectedIndex*. A propriedade *SelectedIndex* sempre contém o número do item selecionado na caixa de listagem; o primeiro item é 0 (zero), o segundo é 1, o terceiro é 2 e assim por diante. (O valor -1 significa que não houve seleção na caixa de listagem, uma situação que não é tratada por essa rotina em particular.) Utilizando *SelectedIndex*, a estrutura *Select Case* pode identificar rapidamente a escolha do usuário e exibir a saudação correta na página. A saudação é exibida no objeto *GreetingTextBox* e o nome do país é colocado no bloco de texto chamado *Country*.

5. Clique no botão Save All da barra de ferramentas Standard para salvar as alterações. Especifique a pasta Meus Documentos\Visual Basic 2013 SBS\Chapter 12 como o local.

Agora, execute o programa para ver como a instrução *Select Case* funciona.

6. Clique no botão Start Debugging na barra de ferramentas Standard para executar o programa.

7. Clique em cada um dos nomes de países na caixa de listagem Choose A Country.

O programa exibe uma saudação para cada um dos países listados. A captura de tela a seguir mostra a saudação para a Itália:

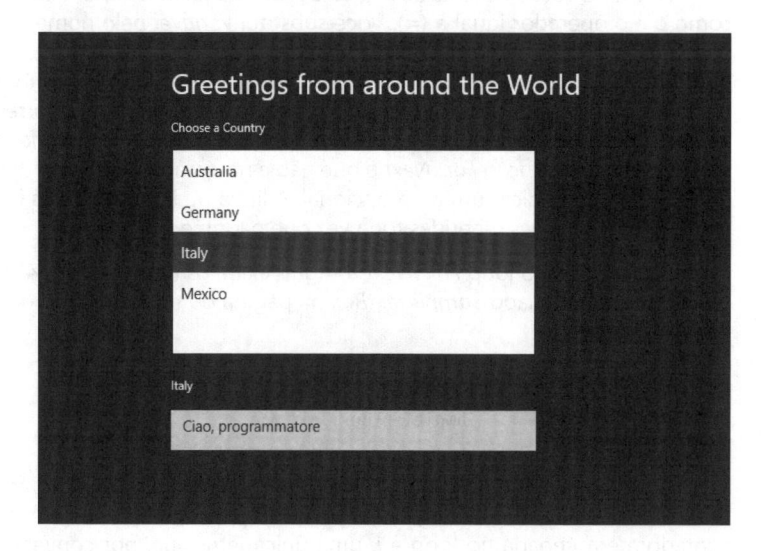

8. Feche o programa.

O aplicativo Windows Store para e o ambiente de desenvolvimento retorna.

9. Clique em Close Project no menu File para fechar o aplicativo Windows Store.

Você acabou de trabalhar com as estruturas de decisão *If...Then* e *Select Case* neste capítulo. Contudo, terá várias outras oportunidades de trabalhar com elas neste livro. Elas são mecanismos de tomada de decisão fundamentais na linguagem Visual Basic e você descobrirá que as utilizará em quase todos os programas que escrever.

Como dominar os loops *For...Next*

Com um loop *For...Next*, você pode executar um grupo específico de instruções de programa um número predefinido de vezes em uma rotina de tratamento de eventos ou em um módulo de código. Essa estratégia pode ser útil se você estiver efetuando vários cálculos relacionados, trabalhando com elementos na tela ou processando várias partes da entrada de usuário. Um loop *For...Next* é na realidade apenas uma maneira abreviada de escrever uma longa lista de instruções de programa. Como cada grupo de instruções nessa lista faz basicamente a mesma coisa, você pode definir somente um grupo de instruções e solicitar que este seja executado quantas vezes quiser.

A sintaxe para um loop *For...Next* se parece com esta:

```
For variável = início To fim
    instruções a serem repetidas
Next [variável]
```

Nessa instrução de sintaxe, *For*, *To* e *Next* são palavras-chave obrigatórias, assim como o é o operador igual a (=). Você substitui *variável* pelo nome de uma variável numérica que monitora a contagem atual do loop e substitui *início* e *fim* por valores numéricos que representam os pontos inicial e final do loop. A *variável* após *Next* é opcional, mas se você incluir *variável* no final do loop, ela deverá corresponder à *variável* do início do loop. Observe também que você deve declarar *variável* antes de ela ser utilizada na instrução *For...Next* e que não é necessário digitá-la entre colchetes, os quais incluí para indicar um item opcional. A linha ou linhas entre as instruções *For* e *Next* são as instruções repetidas toda vez que o loop é executado.

Por exemplo, o loop *For...Next* a seguir exibe os números "1234" em um objeto caixa de texto chamado *SampleTextBox* na página ou no formulário de um aplicativo em Visual Basic:

```
Dim i As Integer
For i = 1 To 4
    SampleTextBox.Text = SampleTextBox.Text & i
Next i
```

A cada passagem pelo loop, um dígito é anexado à caixa de texto, pois o caractere de concatenação de strings (&) é utilizado para combinar os números. A variável contadora empregada no loop é *i*, uma única letra que, por convenção, significa o primeiro contador inteiro em um loop *For...Next* e é declarada como um tipo *Integer*. (Você também pode usar um nome de variável contadora mais prolixo, se desejar.)

Sempre que esse loop em particular é executado, a variável contadora *i* é incrementada por 1. Na primeira passagem pelo loop, a variável contém o valor 1, o valor de *início*; na última passagem, ela contém o valor 4, o valor de *fim*.) Como verá no exemplo a seguir, você pode tirar muito proveito dessa variável contadora em seus loops.

> **Dica** Em loops que usam variáveis contadoras, a prática normal é usar o tipo *Integer* para a declaração da variável, como fiz anteriormente. Entretanto, você conseguirá desempenho similar no Visual Basic 2013 se declarar a variável contadora como um tipo *Long* ou *Decimal*.

Como utilizar um loop para preencher um controle *TextBox* com dados de string

Uma variável contadora é simplesmente como qualquer outra variável em uma rotina de tratamento de eventos. Ela pode ser atribuída a propriedades, utilizada em cálculos ou exibida em um programa. Um dos usos práticos para uma variável contadora é na exibição de saída em um controle *TextBox* de um aplicativo Window Store ou de área de trabalho Windows.

Existe algum truque para exibir mais de uma linha de texto em uma caixa de texto? A resposta é não – o controle XAML *TextBox* para um aplicativo Windows Store exibe várias linhas de texto automaticamente. Contudo, em um aplicativo Windows Forms, você precisa configurar a propriedade *Multiline* do controle *TextBox* como True. (Também pode optar por configurar a propriedade *ScrollBars* como Vertical, se o controle *TextBox* do Windows Forms for receber mais linhas do que pode exibir.)

Considere o seguinte exemplo de loop *For...Next*, que exibe 10 linhas de texto em um controle *TextBox* na página (ou formulário), o qual é chamado *SampleTextBox*.

```
Dim i As Integer
For i = 1 To 10
    SampleTextBox.Text = SampleTextBox.Text & "Line " & i & vbCrLf
Next i
```

O código inicializa uma variável contadora *i* e utiliza um loop *For...Next* para atualizar 10 vezes o conteúdo do objeto caixa de texto. A cada passagem, uma nova linha é adicionada à caixa de texto. O conteúdo adicionado consiste na palavra "Line" e no número da linha atual (o qual é armazenado na variável contadora). A constante *vbCrLf* também é usada para adicionar um carriage return e um avanço de linha a cada linha. Sem isso, todas as informações seriam escritas na mesma linha, como aconteceu no exemplo anterior.

Esse código atualizará um controle *TextBox* em um aplicativo Windows Store ou Windows Forms. Por exemplo, você poderia colocá-lo em uma rotina de tratamento associada ao evento *Click* de um objeto botão.

Após a execução do loop, o objeto caixa de texto aparece assim na página:

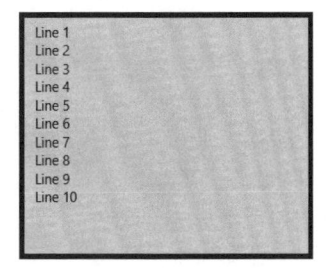

```
Line 1
Line 2
Line 3
Line 4
Line 5
Line 6
Line 7
Line 8
Line 9
Line 10
```

> **Dica** Preocupado com a falta de espaço no objeto caixa de texto? Isso demorará um pouco se você só estiver exibindo linhas de texto simples. Em um aplicativo Windows Forms (de área de trabalho para Windows), o número máximo de caracteres é especificado na propriedade *MaxLength* de uma caixa de texto. Por padrão, *MaxLength* é configurada com 32.767 caracteres. Se você precisar de mais caracteres, poderá aumentar esse valor. Se quiser mais opções de formatação, pode usar o controle *RichTextBox* da Toolbox do Windows Forms – um controle semelhante, mas com ainda mais capacidade de exibir e manipular texto. (Contudo, atualmente esse controle está disponível somente para aplicativos de área de trabalho para Windows.)

Loops *For...Next* complexos

A variável contadora de um loop *For...Next* pode ser uma ferramenta poderosa em seus programas. Com um pouco de imaginação, você pode utilizá-la para criar várias sequências úteis de números em seus loops. Para criar um loop com um padrão de contagem diferente de 1, 2, 3, 4 etc., você pode especificar um valor diferente para *início* no loop e utilizar a palavra-chave *Step* para incrementar o contador em intervalos diferentes. Por exemplo, o código

```
Dim i As Integer
For i = 5 To 25 Step 5
    SampleTextBox.Text = SampleTextBox1.Text & "Line " & i & vbCrLf
Next i
```

exibe a seguinte sequência de números de linha em uma caixa de texto:

```
Line 5
Line 10
Line 15
Line 20
Line 25
```

Você também pode especificar valores decimais em um loop se declarar *i* como um tipo de ponto flutuante. Por exemplo, o loop *For...Next*:

```
Dim i As Single
For i = 1 To 2.5 Step 0.5
    SampleTextBox.Text = SampleTextBox.Text & "Line " & i & vbCrLf
Next i
```

exibe os seguintes números de linha em uma caixa de texto chamada *SampleTextBox*:

```
Line 1
Line 1.5
Line 2
Line 2.5
```

CAPÍTULO 12   Estruturas de decisão criativas e loops   **361**

Além de exibir a variável contadora, você pode utilizá-la para configurar propriedades, calcular valores ou processar arquivos. O próximo exercício mostra como usar a variável contadora para ajudar na conversão de milhas para quilômetros. O programa de demonstração é um aplicativo Window Store, mas você pode usar as mesmas técnicas para aplicativos Windows Forms/de área de trabalho para Windows.

Converta distâncias usando um loop *For...Next*

1. No menu File, clique no comando New Project.
2. Crie um novo projeto Windows Store Application chamado **My Miles-Kilometers**.

    Quando o projeto for carregado, exiba o arquivo MainPage.xaml no Designer.
3. Clique no controle *TextBox* na Toolbox da XAML e crie um objeto caixa de texto retangular alto na página.
4. Clique no controle *Button* e, então, crie um objeto botão pequeno na página, abaixo da caixa de texto.
5. Configure as seguintes propriedades para os dois objetos:

Objeto	Propriedade	Configuração
TextBox	Name	DataTextBox
	Text	(vazia)
Button	Name	CreateButton
	Content	"Create Table"

Você também vai configurar uma propriedade adicional para o objeto *TextBox*, usando marcação XAML no Code Editor. A propriedade *ScrollViewer.VerticalScrollBarVisibility* determina se uma barra de rolagem vertical aparece na caixa de texto. Na janela Properties, ela também pode ser configurada na parte estendida da categoria de propriedades Layout. Mas também é bom ter alguma prática na configuração de propriedades com marcação.

6. No painel XAML do Code Editor, na linha que define o objeto *DataTextBox* (em algum lugar após a propriedade *Name* ser definida), digite

    `ScrollViewer.VerticalScrollBarVisibility="Auto"`

    Com a configuração da propriedade como "Auto", o Visual Studio adicionará uma barra de rolagem automaticamente, se houver mais informações na caixa de texto do que possam ser vistas simultaneamente. Isso acontecerá neste exemplo em particular.

    Sua página será semelhante a esta no Designer:

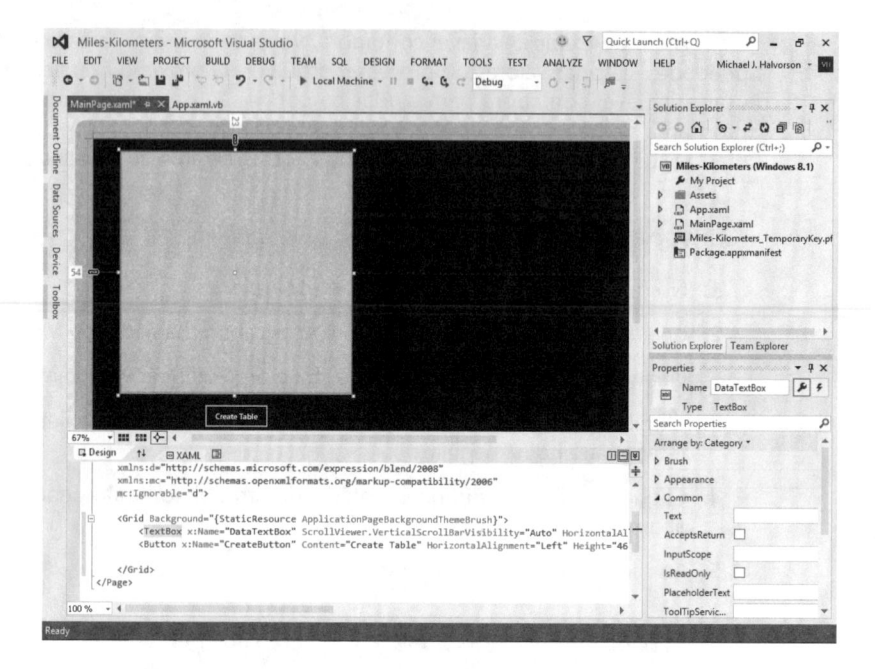

Agora você vai criar uma rotina de tratamento para o evento *Click* do botão e vai converter uma série de valores de milhas para quilômetros.

7. Clique duas vezes no botão Create Table na página.

   Uma rotina de tratamento de eventos chamada *CreateButton_Click* abre no Code Editor.

8. Digite o seguinte código em Visual Basic:

```
Dim miles As Single
Dim kilometers As Single
Const milesToKM As Single = 1.609344
DataTextBox.Text = "Miles" & vbTab & "Kilometers" & vbCrLf
For miles = 0.1 To 6.3 Step 0.1   'faz loop 63 vezes; exibe cada décimo de milha
    kilometers = milesToKM * miles
    'exibe milhas e quilômetros separados por um caractere de tabulação
    'formata a saída com ToString; uma casa decimal numérica para milhas
    'e cinco casas decimais numéricas para quilômetros
    DataTextBox.Text &= miles.ToString("N1") & vbTab _
        & kilometers.ToString("N5") & vbCrLf
Next miles
```

CAPÍTULO 12 Estruturas de decisão criativas e loops **363**

Esse código começa declarando duas variáveis e uma constante. As variáveis de precisão simples *miles* e *kilometers* armazenarão distâncias correspondentes a milhas e a quilômetros, respectivamente. *miles* também será a variável contadora no loop *For...Next*. O terceiro valor nesse grupo é *milesToKM*, uma constante de tipo precisão simples que armazena o valor de conversão utilizado na conversão de milhas em quilômetros. Esse número é 1.609344 – o número aproximado de quilômetros em uma milha.

Após declarar valores fundamentais e imprimir um cabeçalho no objeto caixa de texto, a rotina de tratamento de eventos usa um loop *For...Next* para criar uma tabela de conversão que mostra equivalências entre milhas e quilômetros. O loop usa a palavra-chave *Step* para repetir uma vez a cada décimo de milha. O operador abreviado de concatenação de strings (&=) é usado para construir cada linha da tabela e anexá-la às linhas anteriores. (Você aprendeu a utilizar o operador &= no Capítulo 11, "Tipos de dados, operadores e processamento de strings".) O loop usa também as constantes *vbTab* e *vbCrLf* para ajudar na formatação das informações.

Menos óbvio, mas igualmente importante, é o uso da função *ToString* para converter as variáveis numéricas *miles* e *kilometers* em strings para que possam ser formatadas mais facilmente. A sintaxe utiliza *strings de formato numérico padrão*, as quais assumem a forma A*xx*, onde A é um caractere alfanumérico chamado *especificador de formato* e *xx* é um inteiro opcional conhecido como *especificador de precisão*. O intervalo do especificador de precisão é de 0 a 99; esse valor afeta o número de dígitos formatados exibidos por *ToString*.

Eu quis mostrar o número de milhas com um dígito decimal após o ponto decimal e o número de quilômetros com cinco dígitos decimais após o ponto decimal. Sem esse tipo de estrutura, a tabela mostrará números de comprimento diferente e parecerá irregular. Usei o especificador de formato "N" para solicitar um valor numérico com casas decimais. Contudo, existem outras opções para diferentes tipos de informação. Você poderá examinar a lista completa de especificadores de formato se pesquisar *online* o tópico "Standard Numeric Format Strings", em *http://msdn.microsoft.com*.

Por último, observe o número de iterações no loop *For...Next*. Especifiquei que o loop deve circular 63 vezes, incrementando um décimo de milha (por 0.1) a cada passagem. Escolhi esse número de iterações para criar uma tabela de valores que abrangesse de 0,1 a 6,3 milhas.

9. Clique no botão Save All da barra de ferramentas Standard para salvar as alterações. Especifique a pasta Meus Documentos\Visual Basic 2013 SBS\Chapter 12 como o local.

10. Clique no botão Start Debugging para executar o programa e, então, clique no botão Create Table.

O loop *For...Next* mostra a seguinte saída:

Miles	Kilometers
0.1	0.16093
0.2	0.32187
0.3	0.48280
0.4	0.64374
0.5	0.80467
0.6	0.96561
0.7	1.12654
0.8	1.28748
0.9	1.44841
1.0	1.60934
1.1	1.77028
1.2	1.93121
1.3	2.09215
1.4	2.25308
1.5	2.41402
1.6	2.57495
1.7	2.73589
1.8	2.89682
1.9	3.05775
2.0	3.21869
2.1	3.37962

Create Table

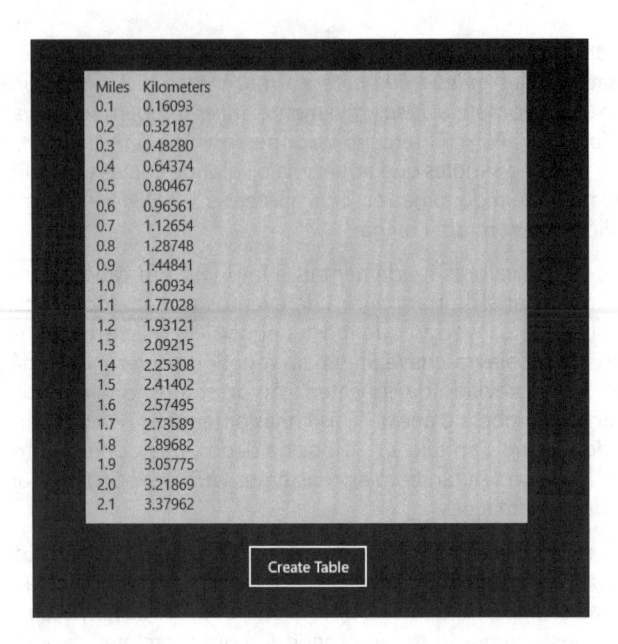

Observe os números formatados e como ficam alinhados na tabela. Observe também que, quando você coloca o cursor do mouse na caixa de texto, aparece uma barra de rolagem para mostrar as informações na metade inferior da tabela.

11. Use a barra de rolagem vertical para rolar para baixo e ver os dados de conversão restantes.

    Como você pode ver, os valores finais indicam que 10 quilômetros são aproximadamente iguais a 6,2 milhas. Os fundistas saberão muito bem disso, pois é uma equivalência reconhecida internacionalmente.

12. Quando terminar, feche o aplicativo Windows Store.

    O programa para e o IDE retorna. Modifique o loop *For...Next* se quiser experimentar o número de iterações no loop ou como a tabela é formatada.

13. Quando terminar, clique em Close Project no menu File.

A instrução *Exit For*

A maioria dos loops *For...Next* executa até sua conclusão sem incidentes, mas de vez em quando você achará útil encerrar o processamento de um loop *For...Next* quando uma determinada condição de saída ocorrer. O Visual Basic leva em conta essa possibilidade fornecendo a instrução *Exit For*, a qual você pode usar para finalizar a execução de um loop *For...Next* antes do tempo e mover a execução para a primeira instrução depois dele.

Por exemplo, o loop *For...Next* a seguir calcula a circunferência de uma série de círculos. (Lembre-se de que a fórmula da circunferência de um círculo quando o raio é conhecido é 2 * pi * raio.) Na rotina a seguir, *Radius* é uma variável de tipo inteiro que também é usada como variável contadora para o loop. A cada iteração no loop, uma nova circunferência é calculada e o resultado exibido em uma caixa de texto chamada *OutputBox*. Contudo, observe que, se a circunferência passar de 50, o loop parará prematuramente por causa da instrução *Exit For*.

```
Dim circumference As Single
Dim radius As Integer
For radius = 1 To 10
    'a fórmula da circunferência do círculo é 2 * pi * raio
    circumference = 2 * 3.14 * radius
    'se a circunferência do círculo for maior do que 50, para o loop
    If circumference > 50 Then Exit For
    OutputBox.Text = circumference   'exibe o resultado na caixa de texto
Next Radius
```

Esse código é projetado para ser colocado em uma rotina de tratamento de eventos de um controle de entrada, como a rotina de tratamento de eventos *Click* de um objeto botão. Quando o código é executado, o valor em *circumference* aumenta gradualmente até ultrapassar 50, durante a oitava passagem pelo loop. A instrução *If...Then* no loop detecta essa condição e a instrução *Exit For* obriga o loop a terminar prematuramente. Como resultado, o valor da sétima iteração pelo loop (43.96) é o resultado final exibido no objeto caixa de texto.

Escreva loops *Do*

Como uma alternativa a um loop *For...Next*, você pode escrever um loop *Do* que executa um grupo de instruções em Visual Basic até que certa condição seja True. Os loops *Do* são valiosos porque você pode não saber de antemão quantas vezes um loop deve se repetir. Por exemplo, talvez você queira deixar o usuário inserir nomes em um banco de dados até que digite a palavra "Done" (pronto) em um controle de entrada. Nesse caso, você pode utilizar um loop *Do* que se repete indefinidamente até que a string de texto *Done* seja inserida.

Um loop *Do* tem vários formatos, dependendo de onde e como a condição do loop é avaliada. A sintaxe mais comum é

```
Do While condição
    bloco de instruções a ser executado
Loop
```

Por exemplo, o loop *Do* a seguir solicita uma entrada ao usuário e exibe essa entrada em uma caixa de texto até que a palavra *Done* seja digitada na caixa de entrada. A rotina utiliza a função *InputBox*, a qual está disponível para aplicativos de área de trabalho para Windows, e também um objeto caixa de texto chamado *OutputBox*.

```
Dim inputName As String = ""
Do While inputName.ToUpper <> "DONE"
    inputName = InputBox("Enter your name or type Done to quit.")
    If inputName.ToUpper <> "DONE" And inputName <> "" Then
        OutputBox.Text = inputName
    End If
Loop
```

A instrução condicional nesse loop é *InpName.ToUpper <>"DONE"*, a qual o compilador do Visual Basic traduz como "execute o loop enquanto a variável *inputName*, quando formatada em maiúsculas, não contiver a palavra 'DONE'. Isso levanta um fato interessante a respeito desse tipo de loop *Do*: se a condição no início do loop não for True quando a instrução *Do* for avaliada pela primeira vez, o loop *Do* nunca será executado. Aqui, se a variável string *inputName*, quando convertida em maiúsculas, contivesse o valor "DONE" antes que o loop iniciasse (talvez devido a uma atribuição anterior na rotina de tratamento de eventos), o Visual Basic pularia o loop completamente e continuaria na linha abaixo da palavra-chave *Loop*.

Se quiser que o loop sempre execute pelo menos uma vez em um programa, coloque o teste condicional na parte inferior do loop. Por exemplo, o loop:

```
Dim inputName As String = ""
Do
    inputName = InputBox("Enter your name or type Done to quit.")
    If inputName.ToUpper <> "DONE" And inputName <> "" Then
        OutputBox.Text = inputName
    End If
Loop While inputName.ToUpper <> "DONE"
```

é basicamente igual ao loop *Do* anterior, mas aqui a condição do loop é testada depois que um nome é recebido da função *InputBox*. Isso tem a vantagem de atualizar a variável *inputName* antes do teste condicional no loop, de modo que um valor *Done* preexistente não fará com que o loop seja pulado. Testar a condição do loop no final garante que o loop seja executado pelo menos uma vez.

Evite um loop infinito

Devido à natureza repetitiva dos loops *Do*, é muito importante projetar suas condições de teste de modo que cada loop tenha um ponto de saída verdadeiro. Se um teste de loop nunca for avaliado como False, o loop executará indefinidamente e seu programa talvez não responda a entrada alguma. Considere o exemplo a seguir, de um aplicativo de área de trabalho para Windows em Visual Basic:

```
Dim number as Double
Do
    number = InputBox("Enter a number to square. Type -1 to quit.")
    number = number * number
    OutputBox.Text = number
Loop While number >= 0
```

Nesse loop, o usuário insere número após número e o programa eleva cada número ao quadrado e exibe o resultado na caixa de texto. Infelizmente, quando o usuário estiver satisfeito, ele não poderá encerrar o programa, porque a condição de saída anunciada não funcionará. Quando o usuário digita -1, o programa o eleva ao quadrado e a variável *number* recebe o valor 1. (O problema pode ser corrigido pela configuração de uma condição de saída diferente. O próximo exemplo demonstra como verificar se o usuário clicou no botão Cancel e saiu do loop.) Ter cuidado com loops infinitos é essencial ao se escrever loops *Do*. Felizmente, é muito fácil detectá-los se você testar seus programas completamente.

Converta temperaturas

O exercício a seguir mostra como você pode utilizar um loop *Do* para converter temperaturas Fahrenheit em Celsius em um aplicativo Windows Forms/de área de trabalho para Windows. O programa simples solicita a entrada ao usuário utilizando a função *InputBox*, converte a temperatura e exibe a saída em uma caixa de mensagem utilizando a função *MsgBox*.

Note que *InputBox* e *MsgBox* não estão disponíveis em aplicativos Windows Store, pois as diretrizes de projeto do Windows 8.1 desestimulam o uso visível de caixas pop-up em programas Windows Store. Isso é uma pena, pois *InputBox* e *MsgBox* são muito fáceis de usar, especialmente para propósitos de teste.

O equivalente mais próximo para aplicativos Windows Store é a classe *MessageDialog* no namespace *Windows.UI.Popups*, a qual suporta uma variedade de tipos de mensagens e também operações assíncronas. (Para obter mais informações, pesquise "MessageDialog Class" online, em *http://msdn.microsoft.com*.) Você também pode usar o controle *Flyout*, discutido no Capítulo 9, "Recursos de design do Windows 8.1: barra de comandos, flyout, blocos e toque".

Converta temperaturas utilizando um loop *Do*

1. No menu File, clique em New Project.

   A caixa de diálogo New Project abre.

2. Crie um novo projeto Visual Basic Windows/Windows Forms Application chamado **My Celsius Conversion**.

   O novo projeto é criado e um formulário em branco abre no Designer.

   Neste exercício, você colocará todo o código de seu programa na rotina de tratamento de eventos *Form1_Load* para que o Visual Basic solicite a temperatura em Fahrenheit imediatamente ao iniciar o aplicativo. Em um aplicativo Windows Forms, a rotina de tratamento de eventos *Form_Load* normalmente é uma das primeiras a executar quando o programa inicia. Dentro dessa rotina, você utilizará a função *InputBox* para solicitar os dados em Fahrenheit e utilizará a função *MsgBox* para exibir o valor convertido.

3. Clique duas vezes no formulário.

   A rotina de tratamento de eventos *Form1_Load* aparece no Code Editor.

4. Digite as seguintes instruções de programa na rotina de tratamento de eventos *Form1_Load*:

   ```
   Dim fahrenTemp, celsius As Single
   Dim fTempInput As String
   Dim prompt As String = "Enter a Fahrenheit temperature."
   Do
       fTempInput = InputBox(prompt, "Fahrenheit to Celsius")
       If IsNumeric(fTempInput) Then
           fahrenTemp = CSng(fTempInput)
           celsius = Int((fahrenTemp + 40) * 5 / 9 - 40)
           MsgBox(celsius, , "Temperature in Celsius")
       End If
   Loop While fTempInput <> ""
   End
   ```

> **Dica** Certifique-se de incluir a instrução *End* no final da rotina de tratamento de eventos *Form1_Load*. O programa terminará quando as conversões de temperaturas do usuário tiverem sido preenchidas.

Esse código trata dos cálculos do projeto. A primeira linha declara duas variáveis de precisão simples, *fahrenTemp* e *Celsius*, para armazenar as temperaturas em Fahrenheit e Celsius, respectivamente. A segunda linha declara uma variável string chamada *fTempInput* que armazena uma versão string da temperatura em Fahrenheit. A terceira linha declara uma variável string chamada *prompt*, que será utilizada na função *InputBox*, e lhe atribui um valor. O loop *Do* solicita repetidamente ao usuário uma temperatura em Fahrenheit, a converte para Celsius e, em seguida, a exibe na tela utilizando a função *MsgBox*.

O valor inserido pelo usuário na caixa de entrada é armazenado na variável *fTempInput*. A função *InputBox* sempre retorna um valor do tipo *String*, ainda que o usuário insira apenas números. Como queremos efetuar cálculos matemáticos com o valor inserido, *fTempInput* deve ser convertida em um número. O método *IsNumeric*, apresentado aqui pela primeira vez, é usado para determinar se a entrada do usuário pode ser avaliada como um número. Em caso positivo, a função *CSng* é utilizada para converter uma string no tipo de dados *Single*. *CSng* é uma das muitas funções de conversão que você pode utilizar para converter uma string em um tipo de dados diferente. (Consulte o Capítulo 11 para ver uma listagem de mais funções e também informações sobre métodos e estratégias de conversão.) Após a conversão, o valor é armazenado na variável *fahrenTemp*.

O loop executa até o usuário clicar no botão Cancel ou pressionar Enter, ou clicar em OK sem nenhum valor na caixa de entrada. Clicar no botão Cancel ou não inserir valor algum retorna uma string vazia (""). O loop verifica se a string está vazia utilizando um teste condicional *While* no final. A instrução de programa

```
Celsius = Int((FTemp + 40) * 5 / 9 - 40)
```

trata da conversão de Fahrenheit para Celsius no programa. Essa instrução emprega uma fórmula padrão de conversão, mas utiliza a função *Int* para retornar um valor que não contém casas decimais para a variável Celsius. (Tudo que está à direita do ponto de fração decimal é descartado.) Esse corte sacrifica a exatidão, mas ajuda a evitar números muito longos como 21,11111, o valor de graus Celsius equivalente a 70 graus Fahrenheit.

5. Clique no botão Save All da barra de ferramentas Standard para salvar as alterações. Especifique a pasta Meus Documentos\Visual Basic 2013 SBS\Chapter 12 como o local.

Agora você tentará executar o aplicativo de área de trabalho para Windows.

6. Clique no botão Start Debugging da barra de ferramentas Standard.

O programa inicia e a função *InputBox* solicita uma temperatura em Fahrenheit.

7. Digite **212**.

   Sua tela se parece com esta:

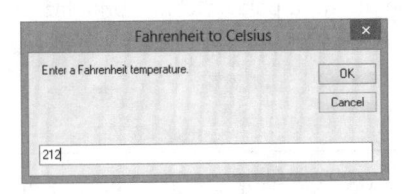

8. Clique em OK.

   A temperatura 212 graus Fahrenheit é convertida em 100 graus Celsius, como mostrado nesta caixa de mensagem:

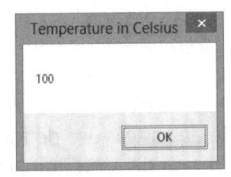

9. Clique em OK. Então, digite **72** na caixa de entrada e clique em OK novamente.

   A temperatura 72 graus Fahrenheit é convertida em 22 graus Celsius.

10. Clique em OK e então clique em Cancel na caixa de entrada.

    O programa fecha e o IDE retorna. Você terminou de trabalhar com estruturas de decisão neste capítulo. Você vai ampliar essas técnicas essenciais à medida que trabalhar no livro.

11. No menu File, clique em Exit para encerrar o Visual Studio.

Como utilizar a palavra-chave *Until* em loops *Do*

Os loops *Do* com que você trabalhou até agora utilizaram a palavra-chave *While* para executar um grupo de instruções enquanto a condição do loop permanecesse True. No Visual Basic, também é possível utilizar a palavra-chave *Until* em loops *Do* para repetir *até* (until) que certa condição seja True. Utilize a palavra-chave *Until* no início ou no fim de um loop *Do* para testar uma condição, exatamente como a palavra-chave *While*. Por exemplo, o loop *Do* a seguir utiliza a palavra-chave *Until* para fazer um loop repetidamente até que o usuário insira a palavra *Done* na caixa de entrada:

```
Dim inputName As String = ""
Do
    inputName = InputBox("Enter your name or type Done to quit.")
    If inputName.ToUpper <> "DONE" And inputName <> "" Then
        OutputBox.Text = inputName
    End If
Loop Until inputName.ToUpper = "DONE"
```

Como você pode ver, um loop que utiliza a palavra-chave *Until* é semelhante a um loop que utiliza a palavra-chave *While*, exceto pelo fato de a condição de teste normalmente conter o operador oposto – nesse caso, o operador = (igual a) *versus* o operador <> (não igual a). Se utilizar a palavra-chave *Until* faz sentido para você, sinta-se livre para utilizá-la com condições de teste em seus loops *Do*.

Resumo

Neste capítulo, você explorou como usar, de modo eficiente, estruturas de decisão e loops do Visual Basic em aplicativos Windows Store e em aplicativos de área de trabalho para Windows criados com o modelo Windows Forms. Você praticou a escrita de programas utilizando instruções *If...Then* e *Select Case*, assim como loops *For...Next* e loops *Do*.

Embora a sintaxe dessas poderosas estruturas de controle de fluxo do Visual Basic não tenham mudado muito nas últimas versões do produto, as plataformas e o contexto dentro do qual elas são utilizadas mudaram. Por isso, você aprendeu a usar *If...Then* com controles *TextBox* e *MaskedTextBox* em um aplicativo Windows Forms e a usar uma instrução *Select Case* com o controle *ListBox* em um aplicativo Windows Store. Também praticou mais o processamento de dados e o uso de fórmulas matemáticas, incluindo rotinas que calcularam imposto de renda, determinaram uma circunferência, converteram milhas em quilômetros e converteram Fahrenheit em Celsius.

No próximo capítulo, você continuará trabalhando com elementos da linguagem Visual Basic, enfocando a interceptação de erros de tempo de execução com técnicas de tratamento de erro estruturado e o uso de blocos de código *Try...Catch*.

CAPÍTULO 13

Interceptação de erros com tratamento de erros estruturado

Neste capítulo, você vai aprender a:

- Gerenciar erros de tempo de execução e exceções usando a rotina de tratamento de erros *Try...Catch*.

- Criar uma rotina de tratamento de erros que testa condições de erro específicas utilizando a instrução *Catch*.

- Escrever rotinas de tratamento de erros complexas que utilizam o objeto *Exception* e a propriedade *Message*.

- Construir instruções *Try...Catch* aninhadas.

- Utilizar rotinas de tratamento de erros em combinação com técnicas de programação defensivas.

- Sair das rotinas de tratamento de erros prematuramente utilizando a instrução *Exit Try*.

Os erros de tempo de execução e outros defeitos de programa são ossos do ofício para os desenvolvedores de software. Como programador de Visual Basic, sem dúvida você já recebeu seu quinhão de mensagens de erro e de comportamentos de programa inesperados à medida que planejou e escreveu seu software. Neste capítulo, seu foco será em como tratar os erros de tempo de execução, também chamados de *exceções*, que ocorrem como resultado de condições normais de operação – por exemplo, erros devidos a uma conexão de Internet perdida, um web service defeituoso, uma impressora off-line ou um arquivo de imagem necessário de um DVD ou flash drive que está ausente. As rotinas que tratam de exceções são as *rotinas de tratamento de erros estruturadas* (ou *rotinas de tratamento de exceções estruturadas*), e você pode utilizá-las para detecção de erros de tempo de execução, supressão de mensagens de erro indesejadas e ajuste de condições de programa para que o aplicativo possa recuperar o controle e executar novamente.

O Visual Basic 2013 fornece o poderoso bloco de código *Try...Catch* para tratar erros e exceções, uma ferramenta atualizada para trabalhar no ambiente de programação multitarefas e assíncrono do Windows 8.1. Neste capítulo, você aprenderá a interceptar erros de tempo de execução utilizando blocos de código *Try...Catch* e aprenderá a usar o objeto *Exception* para identificar erros de tempo de execução específicos. Aprenderá também a utilizar várias instruções *Catch* para escrever rotinas de tratamento de erros flexíveis, construir blocos de código *Try...Catch* aninhados e empregar a instrução *Exit Try* para sair de um bloco de código *Try...Catch* prematuramente. As técnicas de programação que você aprenderá são similares às rotinas de tratamento de erros estruturadas fornecidas pelas linguagens de programação mais avançadas, como Java e C++. Com essas habilidades, você criará programas em Visual Basic confiáveis, ou *robustos*, que tratam circunstâncias imprevistas e proporcionam ao usuário uma experiência de computação coerente e livre de problemas.

Como processar erros com a instrução *Try...Catch*

Um *crash de programa* é um problema inesperado a partir do qual um programa não pode se recuperar. Talvez você tenha experimentado seu primeiro crash de programa quando o Visual Basic não conseguiu resolver um problema de hardware detectado em seu sistema ou quando tentou uma operação relacionada à web que fez o programa travar ou terminar prematuramente. Não é que o Visual Basic não seja esperto o suficiente para lidar com o defeito, mas simplesmente que não foi dito ao programa o que fazer quando algo desse errado.

Felizmente, você não tem de conviver com erros ocasionais que causam paradas em programas. Você pode criar *rotinas de tratamento de erros estruturadas* para gerenciar e responder a erros, antes que eles obriguem o compilador do Visual Basic a encerrar seu programa. Uma rotina de tratamento de erros de tempo de execução instrui o programa sobre como continuar quando uma de suas instruções não funcionar. As rotinas de tratamento de erros podem ser colocadas em qualquer rotina de tratamento de eventos onde exista o potencial de problemas. Na verdade, uma rotina de tratamento de erros pode aparecer em qualquer módulo de código ou função em um programa Visual Basic.

As rotinas de tratamento de erros lidam com, ou *interceptam*, um problema utilizando um bloco de código *Try...Catch* e um objeto especial de tratamento de erro denominado Exception. O objeto *Exception* tem uma propriedade *Message* que pode ser utilizada para exibir uma descrição do erro. Por exemplo, se o erro de tempo de execução estiver associado ao carregamento de um arquivo de um flash drive que desapareceu, a rotina de tratamento de erros pode exibir uma mensagem de erro personalizada identificando o problema e solicitando ao usuário para que insira a mídia ausente, em vez de deixar a operação que falhou travar o programa. Outras rotinas de tratamento de erros podem ser mais sutis, trabalhando nos bastidores (sem interação com o usuário) para repetir uma operação ou resolver um problema.

Quando utilizar rotinas de tratamento de erros

Você pode utilizar rotinas de tratamento de erros em qualquer situação em que uma ação (esperada ou inesperada) tenha o potencial para disparar, ou *lançar*, uma exceção ou produzir um erro que interrompa a execução do programa. Normalmente, as rotinas de tratamento de erros são usadas para gerenciar condições de erro relacionadas a eventos externos – por exemplo, exceções causadas por uma conexão de Internet ou uma transação de web service perdida entre computadores, um flash drive ou DVD ausente, uma impressora ou um scanner off-line, ou um algum tipo de problema de hardware. A Tabela 13-1 lista os possíveis problemas que podem ser resolvidos por rotinas de tratamento de erros.

TABELA 13-1 Possíveis problemas para rotinas de tratamentos de erros

Problema	Descrição
Problemas de rede/Internet	Servidores de rede, conexões de Internet, web services e outros recursos que falham, ou *caem*, inesperadamente.
Problemas de banco de dados	Incapacidade de estabelecer uma conexão de banco de dados, uma consulta não pode ser processada ou expirou, um banco de dados retorna um erro e assim por diante.
Problemas de unidade de disco/mídia	CDs e DVDs não formatados ou formatados incorretamente, ou mídias não inseridas adequadamente, setores com defeito, CDs, DVDs ou flash drives cheios, problemas em uma unidade de CD ou DVD e assim por diante.
Problemas de sistema de arquivos	Um caminho para um arquivo necessário está faltando ou está incorreto.
Problemas de impressora	Impressoras que estão desligadas, sem papel, sem memória ou, de outro modo, indisponíveis.
Software não instalado	Um arquivo ou componente com o qual seu aplicativo conta, mas que não está instalado no computador do usuário, ou uma incompatibilidade do sistema operacional.
Problemas de segurança	Um aplicativo ou processo que tenta modificar arquivos do sistema operacional, utilizar a Internet impropriamente ou modificar outros programas ou arquivos.
Problemas de permissões	Permissões de usuário que não são apropriadas para realizar uma tarefa.
Erros de estouro (overflow)	Uma atividade que excede o espaço de armazenamento alocado.
Erros de esgotamento de memória	Espaço de aplicativo ou recurso insuficiente disponível no esquema de gerenciamento de memória do Microsoft Windows.
Problemas de área de transferência	Problemas com transferência de dados ou com a área de transferência do Windows.
Erros de lógica	Erros de sintaxe ou erros de lógica não detectados pelo compilador e por testes prévios (como um nome de arquivo digitado incorretamente).

Os erros ou exceções não tratados que fazem um programa em Visual Basic parar de funcionar não são tão comuns como acontecia anteriormente, em especial no modelo de aplicativo Windows Store, que tem um pouco mais de tratamento de erro incorporado do que algumas das versões anteriores do Windows. Por isso, os exemplos de projeto deste capítulo serão destinados a ajudar na execução de aplicativos Windows Forms na área de trabalho do Windows. Contudo, as técnicas de *Try...Catch* ensinadas aqui são rotineiramente utilizadas em trabalhos de programação para Windows Store. (A sintaxe é a mesma.) Independentemente da plataforma Windows que você utilize, é muito importante levar o tratamento de erros a sério. Tratar exceções não diz respeito apenas a impedir falhas terríveis de programa, mas a estabelecer a base de uma experiência de computação previsível, isenta de mensagens de erro que atrapalham, atrasos imprevistos e pedidos de informação confusos.

Como configurar a interceptação: o bloco de código *Try...Catch*

Para criar uma rotina de tratamento de erros no código, coloque a instrução *Try* em uma rotina imediatamente antes da instrução com a qual está preocupado e a instrução *Catch* imediatamente após, com uma lista das instruções que deseja executar caso realmente ocorra uma exceção. Várias instruções opcionais, como *Finally*, *Exit Try* e blocos de código *Try...Catch* aninhados, também podem ser incluídos, como os exemplos deste capítulo demonstrarão. Os componentes típicos de uma rotina de tratamento de exceções *Try...Catch* são os seguintes:

```
Try
    Instruções que talvez produzam um erro de tempo de execução
Catch
    Instruções a executar se ocorrer um erro de tempo de execução
Finally
    Instruções opcionais a executar se ocorrer ou não um erro
End Try
```

A instrução *Try* identifica o começo de uma rotina de tratamento de erros na qual *Try*, *Catch* e *End Try* são as palavras-chave essenciais e *Finally* e as instruções seguintes são opcionais. Observe que os programadores às vezes chamam as instruções entre as palavras-chave *Try* e *Catch* de *código protegido*, pois qualquer erro de tempo de execução resultante dessas instruções não fará o programa travar. (Em vez disso, o Visual Basic executa as instruções de tratamento de erros que estão no bloco de código *Catch*.)

Erros de nome de caminho e unidade de disco

O exemplo a seguir demonstra uma situação de erro de tempo de execução comum – um problema com um caminho, flash drive ou dispositivo periférico conectado. Para completar este exercício, você carregará um projeto de exemplo em Visual Basic para a área de trabalho do Windows, o qual criei para mostrar como uma fotografia é aberta em um objeto caixa de figura em um formulário.

Para se preparar para o exercício, insira uma unidade flash drive USB ou um cartão de memória em branco na unidade E (ou equivalente) e use o File Explorer para copiar nele o arquivo Road.bmp, dos arquivos de exemplo do livro. (Tirei essa fotografia em uma recente viagem de carro até Montana.) Como alternativa, você pode copiar o arquivo .bmp em um DVD ou CD na unidade D ou em outro tipo de mídia de armazenamento removível, como uma câmera digital ou MP3 player.

> **Nota** O arquivo Road.jpg, junto com o projeto Drive Error, está na pasta Meus Documentos\Visual Basic 2013 SBS\Chapter 13.

Para completar o exercício, você precisará remover o flash drive ou DVD, conforme impuserem as condições de teste, e precisará modificar o código do programa com a letra da unidade em uso. Você vai utilizar o flash drive por todo o capítulo, para forçar erros de tempo de execução e se recuperar deles.

CAPÍTULO 13   Interceptação de erros com tratamento de erros estruturado   **375**

Teste erros de unidade de disco

1. Insira um flash drive ou cartão de memória na porta USB de seu computador e copie nele o arquivo Road.jpg.

   Use o File Explorer ou uma ferramenta de outro fornecedor para copiar o arquivo para o diretório-raiz do flash drive. Tome nota da letra da unidade que seu sistema atribuiu ao flash drive para que você possa usá-la no código de seu programa.

2. Inicie o Visual Studio e, então, abra o projeto Drive Error, um aplicativo Windows Forms localizado na pasta Meus Documentos\Visual Basic 2013 SBS\Chapter 13\Drive Error.

   O projeto Drive Error abre no IDE.

3. Se o formulário do projeto não estiver visível, exiba-o agora.

   O projeto Drive Error é um esqueleto de programa que exibe o arquivo Road.jpg em um objeto caixa de figura quando o usuário clica no botão Check Drive. Fiz o projeto como uma maneira conveniente de criar e interceptar erros de tempo de execução, e você pode utilizá-lo por todo este capítulo para construir rotinas de tratamento de erros utilizando o bloco de código *Try...Catch*.

4. Clique duas vezes no botão Check Drive no formulário para exibir a rotina de tratamento de eventos *CheckButton_Click*.

   Você verá a seguinte linha de código de programa entre as instruções *Private Sub* e *End Sub*:

   ```
   TestImage.Image = System.Drawing.Bitmap.FromFile("e:\road.jpg")
   ```

   Em um programa Windows Forms com o controle *PictureBox* ativo, uma chamada ao método *FromFile* nesse formato abrirá o arquivo especificado no objeto caixa de figura. Essa chamada em particular a *FromFile* abre o arquivo Road.jpg a partir da unidade E e o exibe no objeto caixa de figura no formulário. Contudo, se o flash drive não estiver mais na porta USB, se você estiver usando um DVD para o arquivo e a porta da unidade de DVD estiver aberta ou se o arquivo não estiver no flash drive nem no DVD, a instrução produzirá a mensagem de erro "File Not Found". Esse é o erro de tempo de execução (ou exceção) que queremos interceptar.

5. Se seu flash drive ou dispositivo periférico conectado usa agora uma letra de unidade diferente de E, mude a letra da unidade nessa instrução de programa para corresponder à letra em uso.

   Por exemplo, uma unidade de DVD em geral utiliza a letra *D*. Flash drives USB, câmeras digitais e outras mídias removíveis em geral utilizam as letras *E, F* ou mais altas para a unidade. Isso depende das outras unidades que você tenha conectado ou instalado em seu computador.

6. Com seu flash drive ainda na unidade porta USB, clique no botão Start Debugging na barra de ferramentas Standard para executar o programa.

   O formulário do projeto abre, como mostrado aqui:

> **Drive Error**
>
> This error handler checks E:\ for the image Road.jpg. If the file does not exist or if the drive is unready, a run-time error occurs. Click Check Drive when ready.
>
> [Check Drive]

7. Clique no botão Check Drive do formulário.

8. O programa carrega o arquivo Road.jpg do flash drive na caixa de imagem, como mostrado na captura de tela a seguir:

CAPÍTULO 13   Interceptação de erros com tratamento de erros estruturado   **377**

> **Drive Error**
>
> This error handler checks E:\ for the image Road.jpg. If the file does not exist or if the drive is unready, a run-time error occurs. Click Check Drive when ready.
>
> [Check Drive]

O programa exibe a imagem apenas para indicar que a função de carregamento de arquivo está funcionando corretamente. A propriedade *SizeMode* do objeto caixa de figura é configurada como StretchImage; portanto, o arquivo preenche toda a caixa de figura.

Agora veja o que acontece quando o flash drive não está na porta USB e o programa tenta carregar o arquivo.

9. Remova o flash drive da porta USB.

   Se estiver utilizando um tipo de mídia diferente, tudo bem – mas remova-o agora.

10. No programa Drive Error em execução, clique novamente no botão Check Drive no formulário.

O programa não consegue localizar o arquivo e o Windows gera um erro de tempo de execução, ou *exceção não tratada*, que faz o programa falhar. O Visual Studio entra no modo de depuração, realçando o comando que deu origem ao problema no Code Editor.

Sua tela estará parecida com esta:

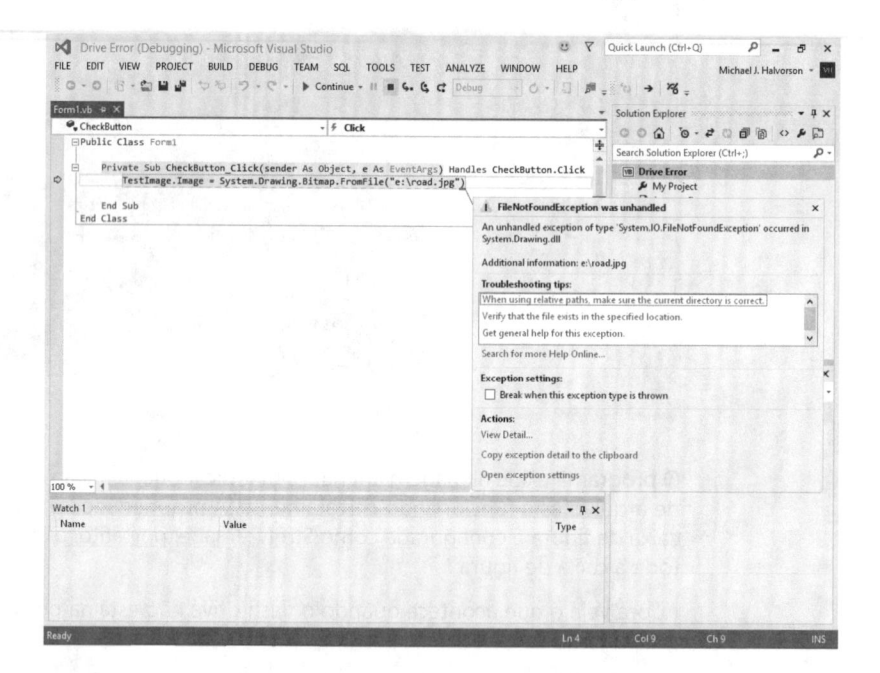

Observe como o Visual Studio tenta ser útil aqui, oferecendo dicas para a solução do problema a fim de ajudá-lo a localizar a fonte da exceção não tratada que parou o programa. A lista Actions permite que você saiba ainda mais sobre a mensagem de erro específica exibida na parte superior da janela pop-up.

11. Clique no botão Stop Debugging na barra de ferramentas Standard para fechar o programa.

O ambiente de desenvolvimento retorna.

Agora você vai modificar o código para lidar com esse cenário de erro plausível no futuro, mas primeiro uma palavra sobre aplicativos Windows Store e o tratamento de exceções.

Aplicativos Windows Store e tratamento de exceções embutido

O cenário de erro de tempo de execução que você acabou de encontrar ocorreu em um aplicativo Windows Forms (para área de trabalho do Windows). Não quero criticar o Windows Forms com isso, mas é mais fácil fazer um aplicativo de área de trabalho para Windows falhar ao carregar imagens do que desabilitar um aplicativo Windows Store. Isso acontece por dois motivos. Primeiro, é normal as imagens acompanharem um aplicativo Windows Store. Fotos e outros recursos são colocados na pasta Assets do projeto, antes de serem carregados nos controles. Utilizar a pasta Assets é particularmente importante, pois os aplicativos Windows Store são baixados do Windows Store online e precisam estar prontos para uma variedade de condições de operação e cenários de usuário. A Microsoft espera proteger o máximo possível os aplicativos de operações de arquivo diretas no sistema local, só permitindo que arquivos sejam carregados a partir da unidade de disco rígido ou de mídia conectada por meio de ferramentas como o File Picker. Como resultado, o processo de carregamento de imagens em um aplicativo Windows Store é um pouco mais complicado (e seguro) do que fazer um carregamento de arquivo direto por meio de um método do Windows Forms, como *System.Drawing.Bitmap.FromFile*.

Segundo, o processo de carregamento de imagens em um controle XAML *Image* no Windows 8.1 envolve o uso das propriedades *UriSource* e *Source*, as quais fornecem um pouco mais de tratamento de exceções do que o obtido com o controle *PictureBox* no Windows Forms. Se o arquivo de imagem que está sendo carregado no controle XAML *Image* não pode ser localizado, a exceção é tratada para que não haja uma falha que encerre o programa. Evidentemente, isso ainda poderá significar que, no aplicativo Windows Store, o usuário não verá a imagem ausente com o nome de caminho inválido – pode ser que nada apareça e o programa continue executando.

Se estiver curioso, aqui está o código que seria usado para carregar a foto Road.jpg da pasta Assets em um aplicativo Windows Store, em um controle *Image* chamado *TestImage*:

```
Dim bm As BitmapImage = New BitmapImage
bm.UriSource = New Uri("ms-appx:/Assets/Road.jpg", UriKind.Absolute)
TestImage.Source = bm
```

Tudo bem. Então esse processo é um pouco mais complicado do que utilizar o método *System.Drawing.Bitmap.FromFile* simples que empregamos no programa Drive Error para carregar uma imagem. Os passos aqui são: declarar uma variável de tipo *BitmapImage*, construir um nome de caminho absoluto para o recurso utilizando a propriedade *UriSource* e, então, localizar a imagem na pasta Assets do projeto, usando a string "ms-appx:/Assets/Road.jpg". Contudo, esse código funciona perfeitamente bem em um aplicativo Windows Store que tenha um controle *Image* na página. A única coisa que você precisa fazer antes de executar o programa é adicionar a imagem Road.jpg à pasta Assets do projeto, utilizando a ferramenta Solution Explorer do Visual Studio.

Como eu queria que você experimentasse a falha séria que pode ocorrer quando um programa em Visual Basic termina abruptamente, usei o exemplo de Windows Forms mais simples para ajudá-lo a praticar suas habilidades de tratamento de erro. Mas o bloco de código *Try...Catch* e o método de tratamento de exceções básico funcionam da mesma maneira em um aplicativo Windows Forms ou Windows Store. Embora os nomes de controle e métodos sejam um pouco diferentes, as habilidades de codificação em Visual Basic pertinentes ao tratamento de exceções são as mesmas.

Escreva uma rotina de tratamento de erros para um flash drive

O problema no programa Drive Error não é que ele desafia as capacidades inerentes do Visual Basic de processar erros. Simplesmente não especificamos o que o Visual Basic deve fazer quando ele encontra uma exceção que não sabe tratar. A solução para esse problema é escrever um bloco de código *Try...Catch* que reconheça o erro e instrua o Visual Basic sobre o que fazer com ele. Você adicionará essa rotina de tratamento de erros agora.

> **Nota** A partir deste exercício, eu salvei as alterações feitas no esqueleto de programa Drive Error no projeto Drive Handler, o qual está localizado na pasta Meus Documentos\Visual Basic 2013 SBS\Chapter 13\Drive Handler. Você verá esse nome nas capturas de tela a seguir. Contudo, pode continuar usando o programa Drive Error, adicionando código de tratamento de erros a ele conforme instruído. Se você abrir o projeto Drive Handler que criei, verá os resultados de todos os exercícios passo a passo do capítulo.

Utilize *Try...Catch* para interceptar o erro

1. Exiba a rotina de tratamento de eventos *CheckButton_Click*, se não estiver visível no Code Editor.

    Você precisa adicionar uma rotina de tratamento de erros à rotina de tratamento de eventos que está causando o problema. Como verá neste exemplo, você cria o bloco de código *Try...Catch* em torno do código que representa a fonte de problema em potencial, protegendo o restante do programa da exceção que ela poderia produzir.

2. Modifique a rotina de tratamento de eventos para que a instrução *FromFile* existente se encaixe entre as instruções *Try* e *Catch*, como mostrado no seguinte bloco de código:

```
Try
    TestImage.Image = System.Drawing.Bitmap.FromFile("e:\road.jpg")
Catch
    MsgBox("Please insert the flash drive in drive E!")
End Try
```

Não é preciso digitar a instrução *FromFile* novamente – basta digitar as instruções *Try*, *Catch*, *MsgBox* e *End Try* acima e abaixo dela. Se o Visual Studio adicionar *Catch*, uma declaração de variável, ou a instrução *End Try* no lugar errado, basta excluir as instruções e digitar novamente como mostrado no livro. (O Code Editor tenta ser útil, mas às vezes o recurso Auto Complete do Visual Basic atrapalha.)

Esse código de programa demonstra o uso mais básico de um bloco de código *Try...Catch*. Ele coloca a instrução *FromFile* problemática em um bloco de código *Try* para que, se o código de programa produzir um erro, as instruções no bloco de código *Catch* sejam executadas. O bloco de código *Catch* simplesmente exibe uma caixa de mensagem pedindo ao usuário para que insira a mídia exigida na unidade E, para que o programa possa continuar. Esse bloco de código *Try...Catch* não contém a instrução *Finally*; portanto, a rotina de tratamento de erros termina com as palavras-chave *End Try*.

CAPÍTULO 13   Interceptação de erros com tratamento de erros estruturado   **381**

Novamente, se estiver utilizando um dispositivo de armazenamento removível ou mídia associada a uma letra de unidade diferente, você fará essas alterações nas instruções que acabou de digitar.

Teste a rotina de tratamento de erros

1. Remova o flash drive da unidade E, caso não tenha feito isso no exercício anterior, e clique no botão Start Debugging para executar o programa.

2. Clique no botão Check Drive.

   Em vez de parar a execução do programa, o Visual Basic chama a instrução *Catch*, a qual exibe a seguinte caixa de mensagem:

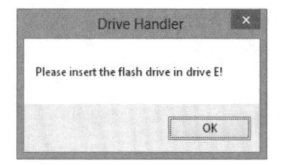

   [Caixa de diálogo "Drive Handler": Please insert the flash drive in drive E! OK]

3. Clique em OK e, em seguida, clique no botão Check Drive novamente.

   O programa exibe a caixa de mensagem outra vez, solicitando para que você insira o flash drive na unidade E. Toda vez que houver um problema ao carregar o arquivo, essa caixa de mensagem aparecerá.

4. Insira o flash drive na porta USB (unidade E), espere um momento para o sistema reconhecer o dispositivo USB (feche todas as janelas que aparecerem quando o flash drive for inserido), clique em OK e, em seguida, clique no botão Check Drive novamente.

   A fotografia aparece na caixa de figura, como se esperava. A rotina de tratamento de erros completou seu trabalho de maneira eficiente – em vez de o programa parar inadvertidamente, você é informado sobre como corrigir o erro e pode continuar trabalhando com o aplicativo.

5. Clique no botão Close no formulário para parar o programa.

   É hora de aprender algumas das variações da rotina de tratamento de erros *Try...Catch*.

Como utilizar a cláusula *Finally* para realizar tarefas de limpeza

Como na descrição da sintaxe de *Try...Catch* mencionada anteriormente no capítulo, você pode utilizar a cláusula *Finally* opcional com *Try...Catch* para executar um bloco de instruções independentemente de como o aplicativo executa os blocos *Try* ou *Catch*. Isto é, se as instruções *Try* produziram ou não um erro de tempo de execução, talvez haja algum código que você precise executar toda vez que uma rotina de tratamento de erros for concluída. Por exemplo, talvez você queira atualizar variáveis ou propriedades, exibir os resultados de um cálculo, fechar conexões de banco de dados ou realizar operações de limpeza, removendo variáveis ou desabilitando objetos desnecessários em um formulário ou na página.

O próximo exercício demonstra como a cláusula *Finally* funciona, exibindo uma segunda caixa de mensagem, produza o método *FromFile* um erro de tempo de execução ou não.

Utilize *Finally* para exibir uma caixa de mensagem

1. Exiba a rotina de tratamento de eventos *CheckButton_Click* e, então, edite o bloco de código *Try...Catch* de modo que contenha duas linhas de código adicionais acima da instrução *End Try*. A rotina de tratamento de erros completa deve ser parecida com esta:

```
Try
    TestImage.Image = System.Drawing.Bitmap.FromFile("e:\Road.jpg")
Catch
    MsgBox("Please insert the flash drive in drive E!")
Finally
    MsgBox("Error handler complete")
End Try
```

A instrução *Finally* indica ao compilador que um bloco de código final deve ser executado, seja um erro de tempo de execução processado ou não. Para ajudá-lo a aprender exatamente como esse recurso funciona, inseri uma função *MsgBox* para exibir uma mensagem de teste depois da instrução *Finally*. Embora esse uso simples da instrução *Finally* seja útil para propósitos de teste, em um programa real você provavelmente vai querer utilizar o bloco de código *Finally* para atualizar variáveis ou propriedades importantes, exibir dados ou realizar outras operações de limpeza.

2. Remova o flash drive da unidade E e, em seguida, clique no botão Start Debugging para executar o programa.

3. Clique no botão Check Drive.

A rotina de tratamento de erros exibe uma caixa de diálogo solicitando a inserção do flash drive na unidade E.

4. Clique em OK.

O programa executa a cláusula *Finally* na rotina de tratamento de erros e a seguinte caixa de mensagem aparece:

5. Clique em OK, insira o flash drive na unidade E e, em seguida, clique novamente no botão Check Drive.

O arquivo aparece na caixa de figura, como se esperava. Além disso, a cláusula *Finally* é executada e a caixa de mensagem Error Handler Complete (rotina de tratamento de erros concluída) aparece novamente. Como observei anteriormente, as instruções *Finally* são executadas no fim de um bloco *Try...Catch*, haja um erro ou não.

6. Clique em OK e no botão Close do formulário para terminar o programa.

Rotinas de tratamento de erros *Try...Catch* mais complexas

À medida que seus programas se tornam mais sofisticados, talvez você ache útil escrever rotinas de tratamento de erros *Try...Catch* mais complexas que gerenciem uma variedade de erros de tempo de execução e situações de tratamento de erro incomuns. *Try...Catch* prepara-se para essa complexidade fazendo o seguinte:

- Permitindo várias linhas de código em cada bloco de código *Try*, *Catch* ou *Finally*.

- Usando a instrução *Catch* com objetos *Exception* particulares, a qual testa condições de erro específicas.

- Permitindo blocos de código *Try...Catch* aninhados, os quais podem ser utilizados para construir rotinas de tratamento de erros sofisticadas e robustas.

Além disso, utilizando um objeto de tratamento de erro especial denominado *Exception*, você pode identificar e processar erros de tempo de execução e exceções no programa. Você investigará cada um desses recursos de tratamento de erros na seção a seguir.

O objeto *Exception*

O Microsoft .NET Framework inclui o objeto *Exception* para ajudá-lo a aprender sobre os erros que ocorrem em seus programas. *Exception* fornece informações sobre a exceção ocorrida para que você possa respondê-la com um programa. A propriedade de *Exception* mais útil é *Message*, a qual contém uma breve mensagem sobre o erro.

Existem vários tipos diferentes de objetos *Exception*. A Tabela 13-2 fornece uma lista dos objetos *Exception* importantes e o que significam.

TABELA 13-2 Objetos Exception importantes

Exceção	Descrição
ArgumentException	Ocorre quando um argumento que não é válido é passado para um método.
ArgumentOutOfRangeException	Ocorre quando um argumento que está fora do intervalo permitido é passado para um método.
ArithmeticException	Ocorre quando há um erro aritmético.
DataException	Ocorre quando há um erro ao acessar dados com ADO.NET.
DirectoryNotFoundException	Ocorre quando uma pasta não pode ser encontrada.
DivideByZeroException	Ocorre quando é feita uma tentativa de divisão por zero.
EndOfStreamException	Ocorre quando é feita uma tentativa de realizar uma leitura além do final de um fluxo.

(continua)

TABELA 13-2 *Continuação*

Exceção	Descrição
Exception	Ocorre para qualquer exceção lançada. As outras exceções herdam desse objeto.
FileNotFoundException	Ocorre quando um arquivo não pode ser encontrado.
IndexOutOfRangeException	Ocorre quando um índice usado está fora do intervalo permitido de um array.
IOException	Ocorre quando há um erro de entrada/saída.
OutOfMemoryException	Ocorre quando não há memória suficiente.
OverflowException	Ocorre quando uma operação aritmética resulta em overflow.
SecurityException	Ocorre quando há erro de segurança.
SqlException	Ocorre quando há um erro ao acesso os dados no Microsoft SQL Server.
UnauthorizedAccessException	Ocorre quando a operação nega o acesso.

E como você sabe que tipos de exceção usar? Isso depende do seu código. Por exemplo, no exercício em que estamos trabalhando, você utilizou o método *System.Drawing.Bitmap.FromFile*. Se você abrir a documentação online de *FromFile* do MSDN, verá uma seção "Exceptions".

> **Dica** Para abrir rapidamente a documentação do MSDN referente a *FromFile*, coloque o cursor sobre o texto *FromFile* no Visual Studio e, em seguida, pressione a tecla F1. Daí, clique no tópico "Image.FromFile Method (String)".

A seção "Exceptions" do tópico "Image.FromFile Method (String)" lista as seguintes exceções:

- *ArgumentException*
- *FileNotFoundException*
- *OutOfMemoryException*

Com essa informação, você pode escrever código para tratar as exceções comuns que ocorrem quando um programador usa *FromFile*. À medida que você escrever mais código, descobrirá mais objetos *Exception* e também poderá aprender sobre eles usando a documentação do MSDN. Mesmo existindo muitos objetos *Exception* diferentes, você os utilizará da mesma maneira descrita aqui e demonstrada no próximo exercício, que usa dois dos objetos *Exception* acima em uma rotina de tratamento de erros *Try...Catch* para testar mais de uma condição de erro de tempo de execução.

Teste várias condições de erro de tempo de execução

1. Na rotina de tratamento de eventos *Button1_Click*, edite a rotina de tratamento de erros *Try...Catch* para que se pareça com o bloco de código a seguir. (A instrução *FromFile* original é a mesma do código que você utilizou nos exercícios anteriores, mas as instruções *Catch* são todas novas.)

```
Try
    TestImage.Image = System.Drawing.Bitmap.FromFile("e:\road.jpg")
Catch ex As System.IO.FileNotFoundException   'Se erro File Not Found
    MsgBox("Check pathname and flash drive")
```

```
Catch ex As OutOfMemoryException   'Se erro Out Of Memory
    MsgBox("Is this really a photograph?", , ex.Message)
Catch ex As Exception
    MsgBox("Problem loading file", , ex.Message)
End Try
```

Esse código tem três instruções *Catch*. Se a exceção *FileNotFoundException* ocorrer durante o procedimento de abertura do arquivo, a mensagem Check pathname and flash drive será exibida em uma caixa de mensagem. Se a exceção *OutOfMemoryException* ocorrer – provavelmente o resultado do carregamento de um arquivo que, na verdade, não contém imagem – a mensagem Is This Really A Photograph? será exibida. (Esse erro ocorre se tentarmos abrir acidentalmente um documento do Microsoft Word em um objeto caixa de figura usando o método *FromFile*.)

A instrução *Catch* final trata todos os outros erros de tempo de execução que possivelmente poderiam ocorrer durante um processo de abertura de arquivo – é um bloco de código "que pega tudo" e que imprime uma mensagem de erro geral dentro de uma caixa de mensagem e uma mensagem de erro específica da propriedade *Message* na barra de título da caixa de mensagem.

2. Clique no botão Start Debugging para executar o programa.

3. Remova o flash drive da porta USB (unidade E).

4. Clique no botão Check Drive.

   A rotina de tratamento de erros exibe a mensagem de erro Check pathname and flash drive em uma caixa de mensagem. A primeira instrução *Catch* funciona.

5. Clique em OK e, em seguida, clique no botão Close no formulário para encerrar o programa.

6. Insira o flash drive novamente e, então, utilize o Windows Explorer ou outra ferramenta para copiar no flash drive um segundo arquivo que não seja de imagem. Por exemplo, copie para o flash drive um documento do Word ou uma planilha Microsoft Excel.

   Você não abrirá esse arquivo no Word ou Excel, mas tentará abri-lo (sem sucesso, esperamos) no objeto caixa de figura do seu programa.

7. No Code Editor, mude o nome do arquivo Road.jpg na instrução de programa *FromFile* para o nome do arquivo (Word, Excel ou outro) que você copiou para o flash drive na unidade E.

   Usar um arquivo com um formato diferente é uma oportunidade de testar um segundo tipo de erro de tempo de execução – uma exceção Out Of Memory (sem memória), que ocorre quando o Visual Basic tenta carregar um arquivo que não é uma foto ou que tem informações demais para uma caixa de figura.

8. Execute novamente o programa e, em seguida, clique no botão Check Drive.

   A rotina de tratamento de erros exibe a seguinte mensagem de erro:

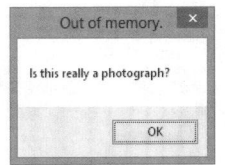

Observe que utilizei a propriedade *Message* para exibir uma breve descrição do problema (Out Of Memory) na barra de título da caixa de mensagem. Utilizar essa propriedade na rotina de tratamento de erros pode dar ao usuário uma ideia mais clara do que aconteceu.

9. Clique em OK e no botão Close do formulário para parar o programa.

10. Mude o nome de arquivo outra vez para Road.jpg no método *FromFile*. (Você o utilizará no próximo exercício.)

A instrução *Catch* é muito poderosa. Utilizando *Catch* em combinação com o objeto *Exception* e a propriedade *Message*, você pode escrever rotinas de tratamento de erros sofisticadas que reconhecem e respondem a vários tipos de exceções.

Como gerar seus próprios erros

Para fins de teste e outros usos especializados, você pode gerar artificialmente seus próprios erros de tempo de execução em um programa, com uma técnica chamada de *lançar*, ou *levantar*, exceções. Para tanto, você usa a instrução *Throw*. Por exemplo, a sintaxe a seguir utiliza a instrução *Throw* para produzir uma exceção e, então, trata a exceção usando a instrução *Catch*:

```
Try
    Throw New Exception("Ocorreu um problema")
Catch ex As Exception
    MsgBox(ex.Message)
End Try
```

Quando aprende a escrever seus próprios procedimentos, você pode gerar seus próprios erros usando essa técnica e retorná-los à rotina chamadora.

Especifique um período para nova tentativa

Outra estratégia que pode ser utilizada em uma rotina de tratamento de erros é tentar uma operação algumas vezes e, então, desativá-la se o problema não for resolvido. Por exemplo, no exercício a seguir, um bloco *Try...Catch* emprega uma variável contadora chamada *Retries* para monitorar o número de vezes que a mensagem Please Insert The Flash Drive In Drive E! é exibida e, depois da segunda vez, a rotina de tratamento de erros desabilita o botão Check Drive. O truque para essa técnica é declarar a variável *Retries* no início do código de programa do formulário para que tenha escopo por todas as rotinas de tratamento de eventos do formulário. A variável *Retries* é incrementada e testada no bloco de código *Catch*. O número de novas tentativas (retries) pode ser modificado simplesmente alterando o "2" na instrução, como mostrado aqui:

```
If Retries <= 2
```

CAPÍTULO 13 Interceptação de erros com tratamento de erros estruturado

Utilize uma variável para monitorar erros de tempo de execução

1. No Code Editor, role para o início do código de programa do formulário e, imediatamente abaixo da instrução *Public Class Form1*, digite a seguinte declaração de variável:

   ```
   Dim Retries As Short = 0
   ```

   Retries é declarada como uma variável do tipo inteiro *Short* porque não conterá números muito grandes. Ela recebe o valor inicial 0 para que reinicie adequadamente toda vez que o programa executar.

2. Na rotina de tratamento de eventos *CheckButton_Click*, edite a rotina de tratamento de erros *Try...Catch* para que se pareça com o bloco de código a seguir.

   ```
   Try
       TestImage.Image = System.Drawing.Bitmap.FromFile("e:\Road.jpg")
   Catch
       Retries += 1
       If Retries <= 2 Then
           MsgBox("Please insert the flash drive in drive E!")
       Else
           MsgBox("File Load feature disabled")
           CheckButton.Enabled = False
       End If
   End Try
   ```

   O bloco *Try* testa o mesmo procedimento de abertura de arquivo, mas desta vez, se ocorrer um erro, o bloco *Catch* incrementará a variável *Retries* e a testará para certificar-se de que é menor ou igual a 2. O valor 2 pode ser mudado para permitir qualquer número de novas tentativas – atualmente, ele permite apenas dois erros de tempo de execução. Após dois erros, a cláusula *Else* é executada e uma caixa de mensagem aparece para indicar que o recurso de carregamento de arquivos foi desabilitado. O botão Check Drive é então desabilitado – ou seja, torna-se acinzentado e não utilizável pelo resto do programa.

3. Clique no botão Start Debugging para executar o programa.

4. Remova o flash drive da unidade E.

5. Clique no botão Check Drive.

   A rotina de tratamento de erros exibe a mensagem de erro Please Insert The Flash Drive In Drive E! em uma caixa de mensagem, como mostrado aqui. Nos bastidores, a variável *Retries* também é incrementada para 1.

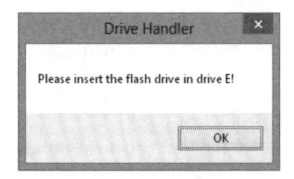

6. Clique em OK e, em seguida, clique no botão Check Drive novamente.

   A variável *Retries* é configurada como 2 e a mensagem Please Insert The Flash Drive In Drive E! aparece novamente.

7. Clique em OK e, então, clique no botão Check Drive uma terceira vez.

A variável *Retries* é incrementada para 3 e a cláusula *Else* é executada. A mensagem File Load Feature Disabled aparece, como mostrado aqui:

8. Clique em OK na caixa de mensagem.

O botão Check Drive é desabilitado no formulário, como mostrado na ilustração a seguir. Reconhecidamente, o estado acinzentado do botão é um pouco sutil, mas você verá que não funcionará quando tentar clicar nele.

A rotina de tratamento de erros respondeu ao problema de carregamento de arquivo permitindo ao usuário algumas tentativas para corrigir a exceção e, então, desabilitou o recurso problemático. (Isto é, o usuário não pode mais clicar no botão.) Essa ação de desabilitar evita futuras exceções, apesar de agora o programa não funcionar mais exatamente da maneira como foi projetado originalmente.

9. Clique no botão Close no formulário para parar o programa.

Blocos *Try...Catch* aninhados

Você também pode utilizar blocos de código *Try...Catch* aninhados em suas rotinas de tratamento de erros. Por exemplo, a rotina de tratamento de erros de unidade de disco a seguir utiliza um segundo bloco *Try...Catch* para repetir a operação de abertura de arquivo uma única vez se a primeira tentativa falhar e gerar um erro de tempo de execução:

```
Try
    TestImage.Image = System.Drawing.Bitmap.FromFile("e:\road.jpg")
Catch
    MsgBox("Insert the flash drive in drive E, then click OK!")
    Try
        TestImage.Image = System.Drawing.Bitmap.FromFile("e:\road.jpg")
    Catch
        MsgBox("File Load feature disabled")
        CheckButton.Enabled = False
    End Try
End Try
```

CAPÍTULO 13   Interceptação de erros com tratamento de erros estruturado   **389**

Se o usuário inserir o flash drive na unidade E como resultado do lembrete da mensagem, o segundo bloco *Try* abrirá o arquivo sem erro. Entretanto, se um erro de tempo de execução relacionado ao arquivo ainda ocorrer, o segundo bloco *Catch* exibirá uma mensagem informando que o recurso de carregamento de arquivo está sendo desabilitado e o botão será desabilitado.

Em geral, as rotinas de tratamento de erros *Try...Catch* aninhadas funcionam bem, contanto que você não tenha muitos testes ou novas tentativas para gerenciar. Se precisar repetir uma operação problemática muitas vezes, utilize uma variável para monitorar suas novas tentativas ou desenvolva uma função contendo uma rotina de tratamento de erros que possa ser chamada repetidamente a partir de suas rotinas de tratamento de eventos. (Por exemplo, você poderia colocá-la em um módulo de código.)

Comparação entre rotinas de tratamento de erros com técnicas de programação defensiva

As rotinas de tratamento de erros não são o único mecanismo para proteger um programa contra erros de tempo de execução. Por exemplo, o seguinte código de programa utiliza o método *File.Exists* do namespace *System.IO* do .NET Framework para verificar se um arquivo existe no flash drive na unidade E, antes de ele ser aberto:

```
If File.Exists("e:\Road.jpg") Then
    TestImage.Image = System.Drawing.Bitmap.FromFile("e:\road.jpg")
Else
    MsgBox("Cannot find Road.jpg on drive E")
End If
```

Essa instrução *If...Then* não é uma rotina de tratamento de erros verdadeira, pois não impede que um erro de tempo de execução pare um programa. Em vez disso, é uma técnica de validação que alguns programadores chamam de *programação defensiva*. Ela usa um método útil da biblioteca de classes do .NET Framework para verificar a operação de arquivo pretendida, *antes* que ela seja realmente tentada no código de programa. E, nesse caso particular, testar com o método do .NET Framework para ver se o arquivo existe ou não é mais rápido do que esperar o Visual Basic lançar uma exceção e recuperar-se de um erro de tempo de execução usando uma rotina de tratamento de erros. Contudo, você pode notar que alguns erros relacionados a arquivo ainda poderiam ocorrer durante a chamada da função *Bitmap.FromFile*, como um erro relacionado à permissão de acesso ao arquivo.

> **Nota**   Para fazer a lógica de programa anterior funcionar, a seguinte instrução deve ser incluída na seção de declarações, bem no início do código de programa do formulário, para fazer referência à biblioteca de classes do .NET Framework que está sendo chamada:
> ```
> Imports System.IO
> ```

Quando você deve usar técnicas de programação defensiva e rotinas de tratamento de erros estruturadas? A resposta é que você deve usar uma combinação de programação defensiva e técnicas de tratamento de erro estruturadas no seu código. A lógica da programação defensiva normalmente é a maneira mais eficiente de gerenciar possíveis problemas. Como mencionei anteriormente ao discutir o bloco de código *If...Then*, o método *File.Exists* é mais rápido do que usar uma rotina de tratamento de erros *Try...Catch*; portanto, também faz sentido utilizar uma técnica de programação defensiva se houver problemas de desempenho.

Você deve usar a lógica da programação defensiva para erros que espera que ocorram com frequência no programa. Utilize rotinas de tratamento de erros estruturadas para erros que você espera que não ocorram com muita frequência. As rotinas de tratamento de erros estruturadas são essenciais se você tem de testar mais de uma condição e quer fornecer ao usuário numerosas opções para responder à exceção. Rotinas de tratamento de erros estruturadas também permitem tratar elegantemente exceções de que você nem mesmo está ciente.

A instrução *Exit Try*

Neste capítulo, você estabeleceu uma boa base para tratamento de erros. Agora é hora de colocar isso para funcionar em seus aplicativos. Mas, antes de prosseguir, aqui está mais uma opção de sintaxe para blocos de código *Try...Catch* que você talvez ache útil: a instrução *Exit Try*. *Exit Try* é uma técnica rápida (embora ligeiramente abrupta) de sair prematuramente de um bloco de código *Try...Catch*. Dessa maneira, *Exit Try* é semelhante à instrução *Exit For* sobre a qual você aprendeu no Capítulo 12, "Estruturas de decisão criativas e loops", a qual permite sair antecipadamente de um loop.

Utilizando a sintaxe *Exit Try*, você pode pular completamente o bloco de código *Try* ou *Catch* atual. Se houver um bloco de código *Finally*, esse código será executado, mas *Exit Try* permite pular as instruções *Try* ou *Catch* restantes que você não queira executar.

A rotina de exemplo a seguir mostra como a instrução *Exit Try* funcionaria no aplicativo de área de trabalho para Windows que experimentamos neste capítulo. Primeiro ela verifica se a propriedade *Enabled* do objeto *TestImage* está configurada como False, um *flag* que poderia indicar que a caixa de figura não está pronta para receber entrada. Se a caixa de figura ainda não estiver ativada, a instrução *Exit Try* pulará para o fim do bloco de código *Catch* e a operação de carregamento de arquivo não será tentada.

```
Try
    If TestImage.Enabled = False Then Exit Try
    TestImage.Image = System.Drawing.Bitmap.FromFile("e:\road.jpg")
Catch
    Retries += 1
    If Retries <= 2 Then
        MsgBox("Please insert the flash drive in drive E!")
    Else
        MsgBox("File Load feature disabled")
        CheckButton.Enabled = False
    End If
End Try
```

O exemplo baseia-se na última rotina de tratamento de erros que você experimentou neste capítulo. Se quiser testar a instrução *Exit Try*, abra o Code Editor no projeto Drive Handler e insira a instrução *If* que contém a instrução *Exit Try*. Você também precisará utilizar a janela Properties para desabilitar o objeto caixa de figura no formulário (ou seja, configurar sua propriedade *Enabled* como False), antes de executar o aplicativo.

Resumo

Parabéns! Você adicionou a construção de rotinas de tratamento de erros ao seu conjunto de técnicas de programação fundamentais com Visual Basic. Aprendeu a gerenciar erros (ou exceções) de tempo de execução com a rotina de tratamento de erros *Try...Catch* e a utilizar o objeto *Exception* e sua propriedade *Message*. Além disso, aprendeu a construir instruções *Try...Catch* aninhadas e a usar rotinas de tratamento de erros em combinação com técnicas de programação defensiva.

As técnicas de tratamento de erros aprendidas se aplicam igualmente a aplicativos Windows Forms (de área de trabalho para Windows) e Windows Store. A sintaxe do bloco de código *Try...Catch* é a mesma nas duas plataformas Windows. Ao alternar entre os dois ambientes, você verá que simplesmente os nomes de exceção são diferentes de uma plataforma para outra. Além disso, os controles e objetos utilizados em seus aplicativos são um pouco diferentes, de modo que os tipos de exceções que ocorrem podem ter características distintas.

No próximo capítulo, você vai voltar aos problemas de gerenciamento de dados e vai aprender mais sobre o uso de arrays e coleções para lidar com diferentes tipos de informação, incluindo as coleções fornecidas pelo .NET Framework. Também vai criar um aplicativo Windows Store que monitora e classifica nomes utilizando uma classe de coleção genérica.

CAPÍTULO 14

Arrays, coleções e genéricos para gerenciamento de dados

Neste capítulo, você vai aprender a:

- Gerenciar dados em arrays de variáveis.
- Reordenar arrays com os métodos *Sort* e *Reverse* da classe *Array*.
- Utilizar o controle *ProgressBar* em um aplicativo Windows Forms para representar graficamente quanto tempo leva uma tarefa.
- Criar suas próprias coleções para gerenciar nomes, endereços, datas e valores numéricos.
- Utilizar um loop *For Each...Next* para circular pelos membros de uma coleção.
- Utilizar coleções genéricas do .NET Framework para criar estruturas fortemente tipadas, como listas, filas e tabelas de hash.

O gerenciamento de informações em um aplicativo Microsoft Visual Basic é uma tarefa muito importante. À medida que seus programas se tornarem maiores e cheios de informação, você precisará de mais ferramentas para armazenar e processar dados. A estratégia mais abrangente para armazenar e recuperar grandes volumes de dados é usar bancos de dados e arquivos XML, sobre o que você vai aprender mais adiante no livro. Antes disso, entretanto, há algumas técnicas de gerenciamento de dados fundamentais para aprender.

No Capítulo 14, você explorará os recursos básicos do Visual Basic relacionados a arrays e coleções. Saberá como os arrays são criados e utilizados e praticará o uso de arrays para armazenar diferentes tipos de dados. Além disso, aprenderá a redimensionar arrays e a preservar os dados quando decidir mudar o tamanho de um array. Para demonstrar como os arrays grandes podem ser processados, você vai usar os métodos *Sort* e *Reverse* da classe *Array* do Microsoft .NET Framework.

Às vezes, o processamento de arrays grandes pode demorar um pouco. Para ajudá-lo a lidar com as expectativas dos usuários em um aplicativo Windows Forms, você usará o controle *ProgressBar* para dar a eles uma indicação do tempo que uma tarefa está levando. Também criará coleções em um aplicativo Windows Store para armazenar informações e a usar coleções genéricas para gerenciar listas contendo valores fortemente tipados. Por fim, você vai aprender a usar um loop *For Each...Next* para trabalhar com os itens de uma coleção. As técnicas estudadas fornecerão uma introdução sólida à LINQ e aos conceitos de gerenciamento de dados que investigará mais adiante no livro.

CAPÍTULO 14   Arrays, coleções e genéricos para gerenciamento de dados   **393**

Arrays de variáveis

Nesta seção, você aprenderá sobre arrays, uma ferramenta essencial para armazenar listas de dados durante a execução do programa. Os arrays ampliam a noção de variáveis, atribuindo um nome a um conjunto inteiro de valores armazenados na memória enquanto um programa executa. Os desenvolvedores de C, Pascal, BASIC e outras linguagens de programação populares incorporaram os arrays nas primeiras versões desses produtos para referenciar um grupo de valores, utilizando um único nome e para referenciar os valores individual ou coletivamente.

Os arrays podem ajudar a monitorar conjuntos de valores relacionados de maneiras que não seriam possíveis com o uso de variáveis tradicionais. Por exemplo, imagine criar um placar de um jogo de basebol de nove tempos em um programa. Para salvar e se lembrar dos placares de cada tempo do jogo, talvez você se sinta tentado a criar dois grupos de nove variáveis (um total de 18 variáveis). Para organizá-los, você poderia chamá-los de *Inning1HomeTeam*, *Inning1VisitingTeam* e assim por diante. Trabalhar individualmente com essas variáveis exigiria tempo e espaço consideráveis no programa. Mas o Visual Basic permite organizar grupos de variáveis semelhantes em um array que tem um nome comum e um índice fácil de usar para referenciar os itens. Por exemplo, você pode criar um array bidimensional (com duas unidades de altura por nove unidades de largura) chamado *Scoreboard* para armazenar a pontuação do jogo de beisebol. Vamos examinar esse conceito fundamental e ver como os arrays podem ser utilizados em um aplicativo baseado no Windows.

Crie um array

Você cria, ou *declara*, arrays no código de programa exatamente como declara variáveis simples. Como de costume, o lugar em que você declara o array determina onde ele pode ser utilizado, ou seu *escopo*, como segue:

- Se declarar um array de forma local em uma rotina, você só poderá utilizá-lo nessa rotina.

- Se declarar um array perto do início de uma classe, você poderá usá-lo em todas as partes da página ou formulário.

- Se declarar um array publicamente em um módulo de código, você poderá utilizá-lo em qualquer lugar no projeto.

Ao declarar um array, em geral, você inclui as informações mostradas na Tabela 14-1 na instrução de declaração.

TABELA 14-1 Elementos de sintaxe para uma declaração de array

Elementos de sintaxe em declaração de array	Descrição
Nome do array	O nome que você utilizará para representar o array no programa. Em geral, os nomes de array seguem as mesmas regras dos nomes de variáveis. (Consulte o Capítulo 11, "Tipos de dados, operadores e processamento de strings", para obter mais informações sobre variáveis.)
Tipo de dado	O tipo de dado que você armazenará no array. Na maioria dos casos, todas as variáveis em um array são do mesmo tipo. Você pode especificar um dos tipos de dados fundamentais, um de seus tipos personalizados ou, se ainda não estiver seguro sobre qual tipo de dado será armazenado no array ou se mais de um tipo será armazenado, pode especificar o tipo *Object*.
Número de dimensões	Número de dimensões que seu array conterá. A maioria dos arrays é unidimensional (uma lista de valores) ou bidimensional (uma tabela de valores), mas é possível especificar dimensões adicionais se você estiver trabalhando com um modelo matemático complexo, como uma forma tridimensional. O número de dimensões em um array é, algumas vezes, denominado *ordem* do array.
Número de elementos	O número de elementos que o array conterá. Os elementos de seu array correspondem diretamente ao índice do array e cada dimensão inclui seu próprio número de elementos. O primeiro índice de array é sempre 0 (zero).

> **Nota** No Visual Basic 6 e em versões anteriores do Visual Basic, havia uma diferença técnica entre *arrays de tamanho fixo*, que podiam armazenar um número definido de elementos, e *arrays dinâmicos*, que podiam ser redimensionados durante a execução de um programa. Contudo, no Visual Basic .NET existe apenas um tipo de array (o redimensionável). A única distinção real é o momento escolhido para declarar o número de elementos. Vou discutir essa distinção nas próximas seções.

Declare um array com elementos definidos

A sintaxe básica para um array com o número de elementos definido antecipadamente é a seguinte:

```
Dim NomeDoArray(ÍndiceDim1, ÍndiceDim2, ...) As TipoDeDado
```

Os seguintes argumentos são importantes:

- *Dim* é a palavra-chave que declara o array. Se colocar o array em um módulo de código, use *Public* ou outras palavras-chave modificadoras de acesso.

- *NomeDoArray* é o nome de variável do array.

CAPÍTULO 14   Arrays, coleções e genéricos para gerenciamento de dados   **395**

- *ÍndiceDim1* é o limite superior da primeira dimensão do array, que é o número de elementos menos 1. (A especificação do número de elementos é opcional, mas será obrigatória se você quiser definir o número de elementos durante a declaração.)

- *ÍndiceDim2* é o limite superior da segunda dimensão do array, que é o número de elementos menos 1. (Mais dimensões podem ser incluídas, se forem separadas por vírgulas.) Novamente, especificar o número de elementos é opcional.

- *TipoDeDado* é o tipo de dado correspondente que será incluído no array.

Por exemplo, para declarar um array de strings unidimensional chamado *Employees*, com espaço para 10 nomes de funcionários (numerados de 0 a 9), você pode digitar o seguinte em uma rotina de tratamento de eventos:

```
Dim Employees(9) As String
```

Em um módulo de código, a mesma declaração de array fica assim, quando a palavra-chave *Public* é utilizada:

```
Public Employees(9) As String
```

Você também pode especificar o limite inferior do array explicitamente como zero, utilizando o seguinte código em uma rotina de tratamento de eventos:

```
Dim Employees(0 To 9) As String
```

Essa sintaxe "de 0 a 9" é incluída para tornar seu código mais legível – os recém-chegados ao seu programa entenderão imediatamente que o array *Employees* tem 10 elementos, numerados de 0 a 9. Entretanto, o limite inferior do array deve ser sempre zero. Você não pode utilizar essa sintaxe para criar um limite inferior diferente para o array.

Reserve memória

Quando você cria um array, o Visual Basic reserva espaço na memória para ele. A ilustração a seguir mostra conceitualmente como o array *Employees* de 10 elementos é organizado. Os elementos são numerados de 0 a 9, em vez de 1 a 10, porque os índices de array sempre iniciam com 0.

Para declarar um array bidimensional chamado *Scoreboard*, com espaço para duas linhas e nove colunas de dados de inteiro *Short*, você pode digitar a instrução a seguir em uma rotina de tratamento de eventos ou na parte superior da página ou formulário:

```
Dim Scoreboard(1, 8) As Short
```

Utilizando a sintaxe que enfatiza o limite inferior (zero), você também pode declarar o array assim:

```
Dim Scoreboard(0 To 1, 0 To 8) As Short
```

Depois de declarar esse array bidimensional e de o Visual Basic reservar espaço na memória para ele, você pode utilizar o array no programa como se ele fosse uma tabela de valores, como mostrado na ilustração a seguir. (Nesse caso, os elementos do array são numerados de 0 a 1 e de 0 a 8.)

```
                    Scoreboard
         Colunas
         0  1  2  3  4  5  6  7  8
Linhas 0 ┌──┬──┬──┬──┬──┬──┬──┬──┬──┐
         ├──┼──┼──┼──┼──┼──┼──┼──┼──┤
       1 └──┴──┴──┴──┴──┴──┴──┴──┴──┘
```

Elementos do array

Para referenciar um elemento de um array, você utiliza o nome do array e um índice de array entre parênteses. O índice deve ser um inteiro ou uma expressão que resulta em um inteiro. Por exemplo, o índice poderia ser um número, como 5, uma variável inteira, como *num*, ou uma expressão, como *num-1*. (A variável contadora de um loop *For...Next* é frequentemente utilizada.) Por exemplo, a instrução a seguir atribui o valor "Leslie" ao elemento com o índice 5 – o sexto elemento – no array de exemplo *Employees* da seção anterior:

```
Employees(5) = "Leslie"
```

Essa instrução produz o seguinte resultado em nosso array *Employees*:

```
    Employees
0 ┌─────────────┐
  ├─────────────┤
1 ├─────────────┤
2 ├─────────────┤
3 ├─────────────┤
4 ├─────────────┤
5 │ Leslie      │
6 ├─────────────┤
7 ├─────────────┤
8 ├─────────────┤
9 └─────────────┘
```

De maneira semelhante, a seguinte instrução atribui o número 4 à linha 0, coluna 2 (a parte superior do terceiro tempo) no exemplo de array *Scoreboard* da seção anterior:

```
Scoreboard(0, 2) = 4
```

Essa instrução produz o seguinte resultado em nosso array *Scoreboard*:

```
                    Scoreboard
            Colunas
            0   1   2   3   4   5   6   7   8
Linhas  0 [   ][   ][ 4 ][   ][   ][   ][   ][   ][   ]
        1 [   ][   ][   ][   ][   ][   ][   ][   ][   ]
```

Você pode usar essas técnicas de indexação para atribuir um valor a qualquer elemento do array.

Declare um array e atribua valores iniciais

É comum os programadores declararem um array, definir o número de elementos e, simultaneamente, atribuir valores iniciais ao array. Essa sintaxe de instrução é um tanto parecida com o que você aprendeu sobre atribuição de um valor inicial a uma variável no momento da declaração, e ela é útil quando se sabe de antemão o tamanho que o array deve ter e qual o seu conteúdo.

Para criar um array dessa maneira, você usa o que é denominado *literal de array*. Um literal de array consiste em uma lista de valores separados por vírgula, colocados entre colchetes ({}). Ao usar essa sintaxe, você pode fornecer o tipo do array ou permitir que o Visual Basic use *inferência de tipo* para determinar de que tipo o array deve ser. Por exemplo, para declarar um array unidimensional denominado *Musicians* do tipo *String* e preenchê-lo com seis nomes, você usaria a sintaxe a seguir:

```
Dim Musicians() As String = {"Greg", "George", "Steve", "Eric", "Steve", "Mike"}
```

Note que o tamanho desse array é determinado automaticamente pelo Visual Basic quando *Musicians* é declarado. Além disso, se você não indicar um tipo de array, o Visual Basic usará a inferência de tipo para determinar o tipo de dado correto do array. Obviamente, se todos os valores forem do mesmo tipo, deve ficar claro para o compilador que tipo de dado deverá ser usado para o array. Mas se houver uma mistura de tipos, com uma variedade de números inteiros, de precisão simples e dupla, o Microsoft Visual Studio selecionará um tipo de dado para o array que seja grande o bastante para acomodar todos os valores. Em muitos casos, esse será o tipo de dado *Object*, pois as variáveis (e arrays) *Object* são especificamente projetadas para armazenar qualquer tipo de dado.

A instrução a seguir declara um array denominado *Investments* e usa um literal de array para adicionar quatro valores ao array quando ele é criado. Como nenhum tipo é especificado, o Visual Basic avalia os elementos do array e determina que, nesse caso, o tipo *Object* é o mais apropriado.

```
Dim Investments() = {5000, 20350.50, 499.99, 10000}
```

> **Nota** Se a configuração *Option Infer* do compilador estiver definida como On (ou a instrução *Option Infer On* for usada no código Visual Basic), o tipo *Double* será especificado quando a instrução anterior for executada. Consulte o Capítulo 2, "O ambiente de desenvolvimento integrado do Visual Studio", para ajuda com o ajuste dessa configuração.

Um array multidimensional também pode ser declarado com o uso de literais de arrays, embora você precise listar os elementos na ordem correta (isto é, primeiro a linha 0, depois a linha 1, a linha 2 e assim por diante). Por exemplo, a instrução a seguir declara um array bidimensional denominado *Box* e atribui quatro valores a ele:

```
Dim Box = {{10, 20}, {50, 60}}
```

Esse array tem duas linhas e duas colunas. O elemento do array (0, 0) – isto é, linha 0, coluna 0 – agora contém o valor 10 e o elemento (0, 1) – isto é, linha 0, coluna 1 – agora contém o valor 20. Além disso, observe que existem três conjuntos de chaves na declaração; essas chaves esclarecem a quais elementos os valores estão sendo atribuídos e os mantêm na ordem correta.

A captura de tela a seguir mostra o Code Editor do Visual Studio com os três exemplos de declarações de literais de array que mostrei nesta seção. Observe que o Code Editor está no modo de depuração (ou modo break) e que a janela Watch está visível e mostra o conteúdo do array *Musicians*. Também está sendo utilizado um loop *For...Next* para exibir o conteúdo do array *Musicians* em um objeto XAML *TextBox* denominado *ArrayContentTextBox*.

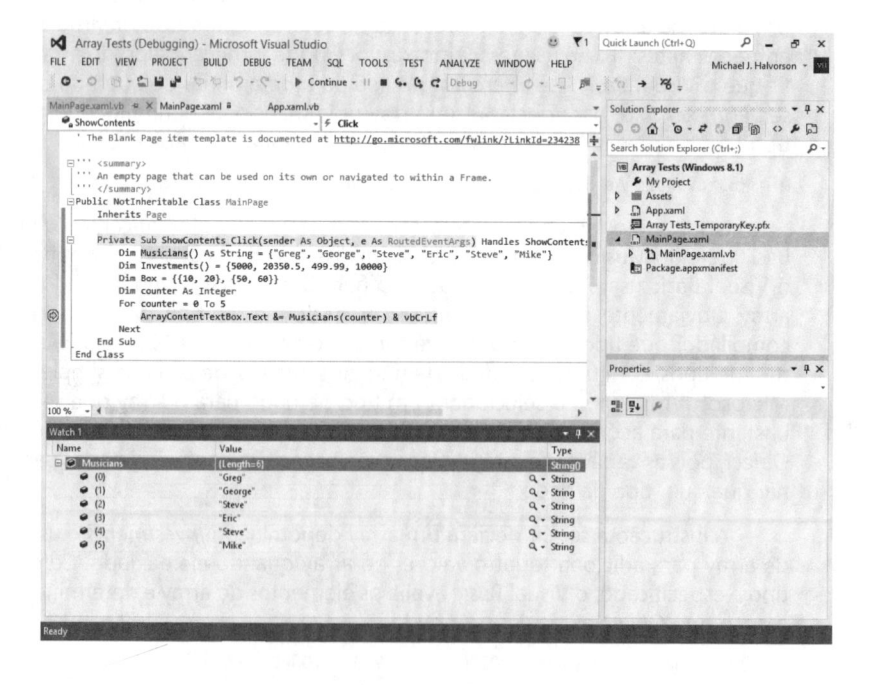

CAPÍTULO 14   Arrays, coleções e genéricos para gerenciamento de dados

Como criar um array para armazenar temperaturas

O exercício a seguir utiliza um array unidimensional chamado *Temperatures* para registrar diariamente as altas temperaturas durante os sete dias de uma semana. O aplicativo Windows Store demonstra como utilizar um array para armazenar e processar um grupo de valores relacionados em uma página. A variável do array *Temperatures* é declarada no início da página e, então, temperaturas são atribuídas ao array por meio de uma rotina de tratamento de eventos que utiliza uma variável chamada *count* para o índice do array. O conteúdo do array é, então, exibido na página por meio de um loop *For...Next* e um objeto caixa de texto.

Os métodos *GetUpperBound* e *GetLowerBound*

Para simplificar o trabalho com o array, o programa Array Input utiliza o método *GetUpperBound*, fornecido pelo .NET Framework, para verificar o limite superior, ou valor de índice mais alto, do array. Com *GetUpperBound*, você pode processar arrays sem recorrer às instruções de declaração que definiriam exatamente quantos valores o array armazenaria.

Também está disponível a função estreitamente relacionada *GetLowerBound*, que confirma o valor de índice mais baixo, ou limite inferior, de um array. Contudo, como todos os arrays do Visual Basic têm o limite inferior zero (0), a função quase sempre retorna o valor 0. A qualificação "quase" leva em conta o fato de que, tecnicamente, o .NET Framework aceita arrays que não têm zero como base, embora normalmente não sejam utilizados no Visual Basic. Tais arrays são criados com o método *Array.CreateInstance*, mas a técnica não será demonstrada neste capítulo.

Os métodos *GetUpperBound* e *GetLowerBound* têm a sintaxe

```
NomeDoArray.GetUpperBound(dimensão)
NomeDoArray.GetLowerBound(dimensão)
```

onde *NomeDoArray* é o nome de um array que foi declarado no projeto e *dimensão* é a dimensão dentro do array para o qual você quer determinar os limites. (Sim, lembre-se de que os arrays podem ter e frequentemente têm várias dimensões!) Quando estiver especificando o argumento *dimensão*, use um valor inteiro e lembre-se de que a primeira dimensão é 0, a segunda é 1 e assim por diante.

Vamos experimentar isso.

> **Utilize um array unidimensional**
>
> 1. Inicie o Visual Studio e crie um novo projeto Visual Basic/Windows Store chamado **My Array Input**.
> 2. No início da página, crie um objeto *TextBlock* contendo o texto descritivo "Enter 7 temperatures (one at a time)".
> 3. Abaixo do objeto *TextBlock*, crie um objeto *TextBox* pequeno, conveniente para entrada numérica na página.
>
>   Os usuários vão inserir uma temperatura por vez nessa caixa de texto e, então, adicioná-la ao array.

PARTE III Técnicas de programação com Visual Basic

4. Abaixo da caixa de texto de temperatura, crie dois objetos *Button*.

   O primeiro adicionará temperaturas ao array. O segundo exibirá todo o conteúdo do array.

5. Crie um segundo (e maior) objeto *TextBox*, à direita dos objetos já criados. Oriente a caixa de texto verticalmente (mais alta do que larga) para que tenha espaço para umas doze linhas de dados de temperatura.

6. Configure as seguintes propriedades para os cinco controles XAML da Toolbox na página:

Objeto	Propriedade	Configuração
TextBlock	Name	Directions
	Text	"Enter 7 temperatures (one at a time)"
	FontSize	16
TextBox	Name	TempInput
	Text	""
Button	Name	AddButton
	Content	"Add Temp to Array"
Button	Name	DisplayButton
	Content	"Display Array"
TextBox	Name	TempOutput
	Text	""

Agora sua página deve ser parecida com esta:

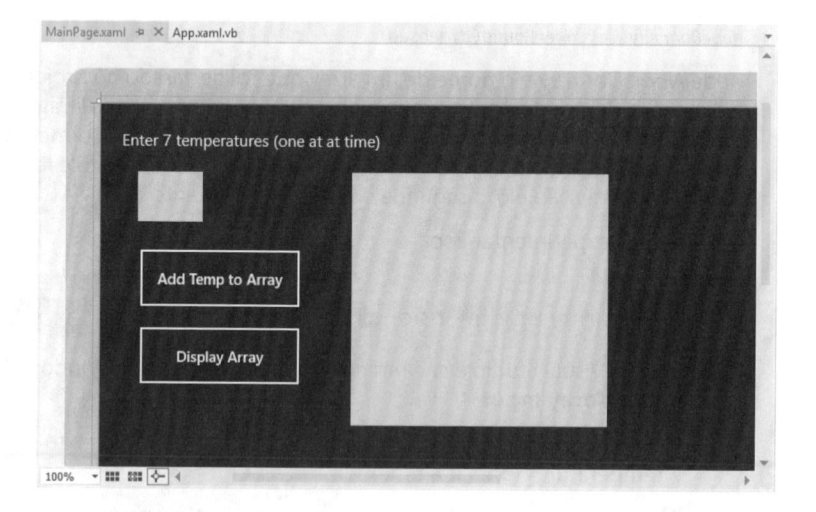

CAPÍTULO 14   Arrays, coleções e genéricos para gerenciamento de dados   **401**

7. Clique duas vezes no objeto *AddButton* (o primeiro botão da página).

8. O Visual Studio cria uma rotina de tratamento de eventos chamada *AddButton_Click* e abre o arquivo code-behind MainPage.xaml.vb no Code Editor.

   Agora você vai declarar um array e uma variável no início da página e, então, vai criar a rotina de tratamento de eventos *AddButton_Click*.

9. Role até a parte superior do Code Editor e coloque o ponto de inserção abaixo da instrução *Inherits Page*. Digite as duas linhas de código a seguir:

   ```
   Dim Temperatures(0 To 6) As Single
   Dim count As Short = 0
   ```

   A primeira instrução cria um array chamado *Temperatures* (do tipo *Single*), contendo sete elementos, numerados de 0 a 6. Como o array foi declarado no início da página, está disponível para uso (isto é, mantém seu valor) em todas as rotinas de tratamento de eventos na página. Uma variável contadora chamada *count* também é declarada aqui e recebe o valor 0. (0 corresponde ao primeiro elemento do array *Temperatures*.) Variáveis contadoras, em geral, são utilizadas para percorrer um array. Conforme você vai ver a seguir, outra tática útil para percorrer um array é um loop *For...Next*.

   Embora esse programa Visual Basic em particular seja um aplicativo Windows Store, não há nada de excepcional no fato de declarar um array nessa plataforma de desenvolvimento. O processo é idêntico em um aplicativo Windows Forms (de área de trabalho para Windows) ou em um aplicativo Windows Phone, pois os arrays são um recurso interno da linguagem Visual Basic. Você apenas declararia seu array no início do formulário em um aplicativo Windows Forms, colocando a declaração abaixo da instrução *Public Class Form1*.

10. Role de volta para a rotina de tratamento de eventos *AddButton_Click*, mais abaixo no Code Editor, e insira lá a seguinte rotina para preencher o array *Temperatures* com dados do usuário:

    ```
    Temperatures(count) = TempInput.Text
    Directions.Text = "Enter " & _
        Temperatures.GetUpperBound(0) - count & " more temperatures"
    If count = Temperatures.GetUpperBound(0) Then
        AddButton.IsEnabled = False
    Else
        count = count + 1
    End If
    ```

    Essa rotina de tratamento de eventos é executada quando o usuário clica no objeto *AddButton*. Ela é projetada para adicionar um valor de temperatura por vez no array *Temperatures*. A primeira linha de código recebe a temperatura inserida pelo usuário na caixa de texto *TempInput* e a atribui ao array usando a variável *count* como índice do array. Como essa variável é inicializada com o valor 0 quando a página é carregada, *count* corresponde ao primeiro índice do array na primeira vez que a rotina de tratamento de eventos é chamada. Observe que o usuário pode inserir uma temperatura em Fahrenheit ou em Celsius e que o valor pode ser inteiro ou ter casa decimal, como 74.5. (Contudo, o código presume que a entrada é um valor numérico; seria necessário adicionar mais lógica de programa para verificar se a entrada é do tipo correto, caso você esteja preocupado com o fato de o usuário tentar fazer o programa falhar intencionalmente.)

A segunda linha da rotina de tratamento de eventos atualiza o objeto bloco de texto para que exiba o número restante de temperaturas que devem ser inseridas. Essa informação é determinada pela avaliação do array com o método *GetUpperBound*, o qual retorna o limite superior do array. (O valor 0 nos parênteses após esse método indica que você está investigando a primeira dimensão no array.) Neste caso, o valor retornado por *GetUpperBound* será 6, pois o array tem 0 como limite inferior e 6 como limite superior. O número de locais de temperatura restantes é calculado pela subtração do índice atual (*count*) do limite superior do array. Então, o bloco de texto é configurado com essa informação.

Próximo ao final da rotina, a variável *count* é incrementada por uma unidade na cláusula *Else* de uma estrutura *If...Then...Else*. Essa modificação da variável contadora prepara o programa para fazer referência ao próximo elemento do array, quando a rotina de tratamento de eventos for chamada outra vez. Contudo, quando o array estiver cheio (quando a variável *count* for igual ao limite superior do array), o objeto *AddButton* será desabilitado na página, proibindo mais armazenamento. A única opção que restará ao usuário será exibir o conteúdo do array, usando o botão Display Array.

Agora você precisa criar a lógica de programa para o botão Display Array, chamado *DisplayButton* no projeto.

11. Exiba novamente a página MainPage.xaml no Designer e, então, clique duas vezes no objeto *DisplayButton* na página.

12. O Visual Studio cria uma rotina de tratamento de eventos chamada *DisplayButton_Click* e abre outra vez o arquivo code-behind da página.

13. Digite as seguintes instruções na rotina de tratamento de eventos *DisplayButton_Click*:

```
Dim i As Short
TempOutput.Text = ""
For i = 0 To Temperatures.GetUpperBound(0)
    TempOutput.Text &= Temperatures(i) & vbCrLf
Next
```

Essa rotina de tratamento de eventos limpa a caixa de texto *TempOutput* e, então, utiliza um loop *For...Next* para circular pelos elementos do array, adicionando cada elemento à caixa de texto. O operador de concatenação abreviado (&=) é utilizado para combinar a lista de elementos do array com o que já estiver na caixa de texto. Isso significa que você pode clicar no botão mais de uma vez, e a cada vez verá uma série nova de valores do array na caixa de texto. Você pode examinar esses elementos usando as teclas de direção, caso alguns não estejam visíveis. Como você já viu neste livro, a constante *vbCrLf* cria novas linhas para que os elementos do array sejam adequadamente separados uns dos outros.

Um loop *For...Next* é a ferramenta perfeita para exibir o conteúdo de um array, quando se sabe o número de elementos antecipadamente. Isso porque o ponto final do loop pode ser prontamente definido como o limite superior do array, um valor que os programadores podem determinar utilizando o método *GetUpperBound*.

CAPÍTULO 14   Arrays, coleções e genéricos para gerenciamento de dados   **403**

14. Clique no botão Save All na barra de ferramentas Standard para salvar o projeto. Especifique a pasta Meus Documentos\Visual Basic 2013 SBS\Chapter 14 como o local.

    Agora você vai executar o programa.

15. Clique no botão Iniciar para executar o aplicativo Windows Store.

16. Digite o número **71** na caixa de temperatura da página e, então, clique no botão Add Temp To Array.

    Sua tela estará parecida com esta:

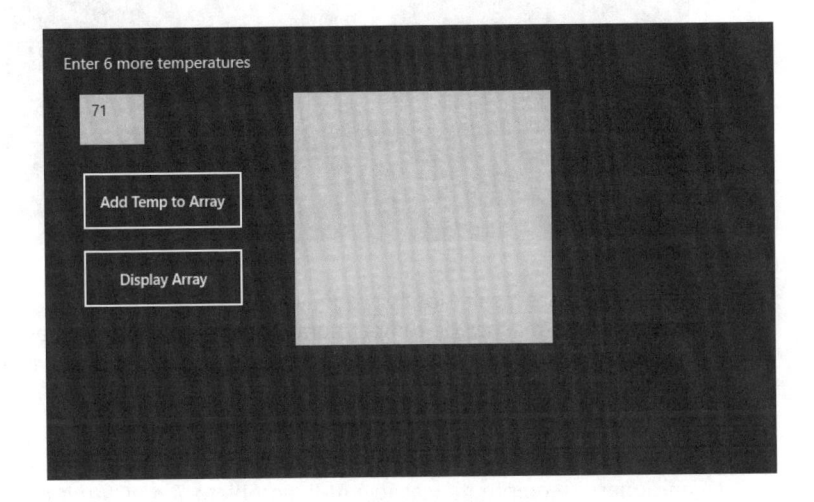

17. Substitua 71 na caixa de temperatura pelo número **72** e clique novamente em Add Temp To Array.

18. Continue a inserir temperaturas no array, utilizando o bloco de texto na parte superior da página para monitorar os espaços restantes no array *Temperatures*.

    Para propósitos de teste, recomendo usar uma série simples de valores de temperatura que você possa recordar facilmente, para lembrar deles quando exibir o array novamente (algo como a série 71, 72, 73, 74, 75, 76 e 77). Certifique-se de clicar no botão Add Temp To Array após cada valor.

    Quando terminar a sequência, você notará que o botão Add Temp To Array ficará acinzentado e não estará mais disponível. O array está cheio.

19. Agora, clique em Display Array para exibir o conteúdo do array *Temperatures*.

    Sua tela será parecida com esta:

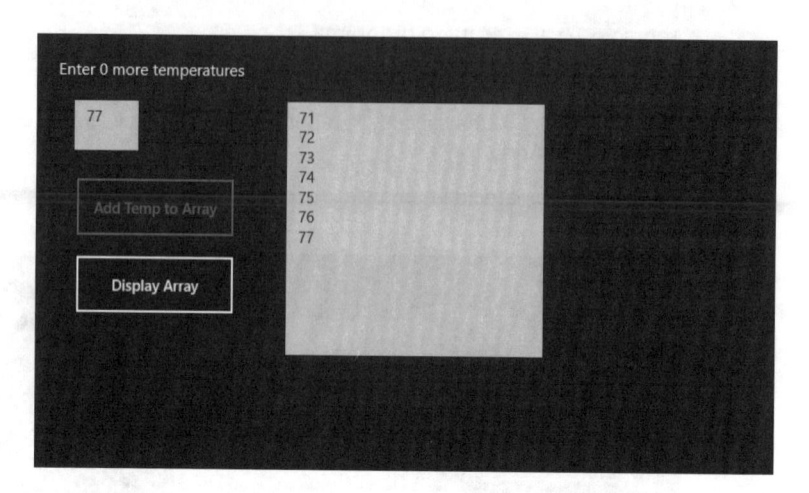

    Se você vir esses resultados, isso significa que seu aplicativo armazenou corretamente as informações de temperatura e que o loop *For...Next* as está exibindo na página adequadamente. Se você clicar em Display Array novamente, o conteúdo do array será exibido outra vez na caixa de texto.

    Embora este exemplo não tenha adicionado à caixa de texto mais linhas do que poderiam ser exibidas, talvez você queira tratar dessa situação. Se quiser, pode adicionar a seguinte marcação XAML ao objeto *TempOutput* no painel XAML do Designer, a qual adicionará uma barra de rolagem vertical à caixa de texto, quando o programa executar:

    ```
    ScrollViewer.VerticalScrollBarVisibility="Visible"
    ```

20. Feche o programa.

    É hora de experimentar outro tipo de array fundamental.

Configuração do tamanho de um array em tempo de execução

Conforme você aprendeu, os arrays são muito convenientes para gerenciar listas de números, especialmente se você os manipular com variáveis contadoras ou um loop *For...Next*. Mas e se você não tiver certeza de quanto espaço precisará antes de executar o programa? Por exemplo, e se você quiser deixar o usuário escolher a quantidade de temperaturas inseridas no programa Array Input?

CAPÍTULO 14 Arrays, coleções e genéricos para gerenciamento de dados

Os arrays do Visual Basic .NET são projetados para lidar com esse tipo de cenário de computação com facilidade. Basta omitir o tamanho do array ao declará-lo e, então, usar a instrução *ReDim* para definir o número de elementos do array quando forem conhecidos em tempo de execução. Para criar um array assim, você seguiria estes passos básicos:

1. Especifique o nome e tipo do array no programa no momento do projeto, omitindo o número de elementos do array. Por exemplo, para criar um array chamado *Temperatures*, digite:

   ```
   Dim Temperatures() As Single
   ```

2. Adicione código para determinar o número de elementos que o array deve ter em tempo de execução. Você pode solicitar a informação ao usuário utilizando uma caixa de texto ou pode calcular as necessidades de armazenamento do programa utilizando propriedades ou outra lógica. Por exemplo, as instruções a seguir em um aplicativo Windows Forms obtêm do usuário o tamanho do array e o atribuem à variável *Days* do tipo *Short*:

   ```
   Dim days As Short
   days = InputBox("How many days?", "Create Array")
   ```

   Essa lógica mostra a função simples, porém eficaz, *InputBox*, que está disponível somente para aplicativos Windows Forms. (Em um aplicativo Windows Store, normalmente você usaria uma caixa de texto ou o recurso App Bar para solicitar o valor inteiro.)

3. Utilize a variável de tipo inteiro em uma instrução *ReDim* para dimensionar o array, subtraindo 1, pois os arrays são baseados em zero. Por exemplo, a instrução a seguir configura o tamanho do array *Temperatures* em tempo de execução, utilizando a variável *days*:

   ```
   ReDim Temperatures (days - 1)
   ```

> **Importante** Com *ReDim*, você não deve tentar mudar o número de dimensões de um array que declarou anteriormente.

4. Use o método *GetUpperBound* para determinar o limite superior em um loop *For...Next* e processar os elementos do array conforme a necessidade. Por exemplo, você poderia fazer isto:

   ```
   For i = 0 to Temperatures.GetUpperBound(0)
       Temperatures(i) = InputBox(prompt, title)
   Next
   ```

   No próximo exercício, você usará os passos anteriores para revisar o programa Array Input a fim de que ele possa processar qualquer número de temperaturas utilizando um array. O novo programa se chamará Variable Elements Array, e você poderá carregá-lo no Visual Studio e examiná-lo quando quiser.

Utilize *ReDim* para mudar o tamanho de um array

1. Com o projeto Array Input ainda aberto, exiba o Code Editor e role até o início da página onde você declarou originalmente o array *Temperatures*.

2. Remova *0 To 6* da declaração do array *Temperatures* para que o array agora possa ser redimensionado.

    A instrução é esta:

    ```
    Dim Temperatures() As Single
    ```

3. Exiba a página no Designer.

4. Altere a propriedade *Text* do bloco de texto Directions para "Use Create Array text box and button to set number of array elements".

5. Clique no objeto *AddButton* (o botão que contém o texto Add Temp To Array) e, na janela Properties, remova a marca de visto da caixa de seleção IsEnabled.

    Você encontrará essa caixa de seleção sob a categoria Common, se a expandir totalmente. Desabilitando esse botão quando o programa inicia, você obrigará o usuário a dimensionar o array *Temperatures* primeiro. (Depois de dado esse passo, o programa reabilitará o botão.)

6. Clique no objeto *DisplayButton* (o botão que contém o texto Display Array) e, na janela Properties, remova a marca de visto da caixa de seleção IsEnabled.

    Esse botão também deve ser desabilitado quando o programa iniciar.

7. Crie um novo (e pequeno) objeto caixa de texto e um objeto botão na página, abaixo dos outros objetos no programa.

8. Chame a caixa de texto de *ArrayElements* e remova o texto dela.

    Você vai usar essa caixa de texto para inserir o número de elementos que o array pode armazenar. Como essa caixa de texto é o primeiro objeto na página a ser manipulado pelo usuário, você vai configurar sua propriedade *TabIndex* como 0 na marcação XAML para que o objeto receba o foco quando o programa executar. Essa técnica, apresentada no livro pela primeira vez, é algo que você pode usar quando quiser chamar a atenção do usuário para um objeto na página. E, se quiser, você pode configurar a propriedade *TabIndex* de outros itens para que recebam o foco em seguida, caso o usuário pressione a tecla Tab.

9. Na marcação XAML da nova caixa de texto *ArrayElements*, insira a seguinte marcação:

    ```
    TabIndex="0"
    ```

CAPÍTULO 14   Arrays, coleções e genéricos para gerenciamento de dados   **407**

10. Chame o novo objeto botão que você adicionou à página de *CreateArrayButton* e mude sua propriedade *Content* para Create Array.

    Sua página atualizada será parecida com esta:

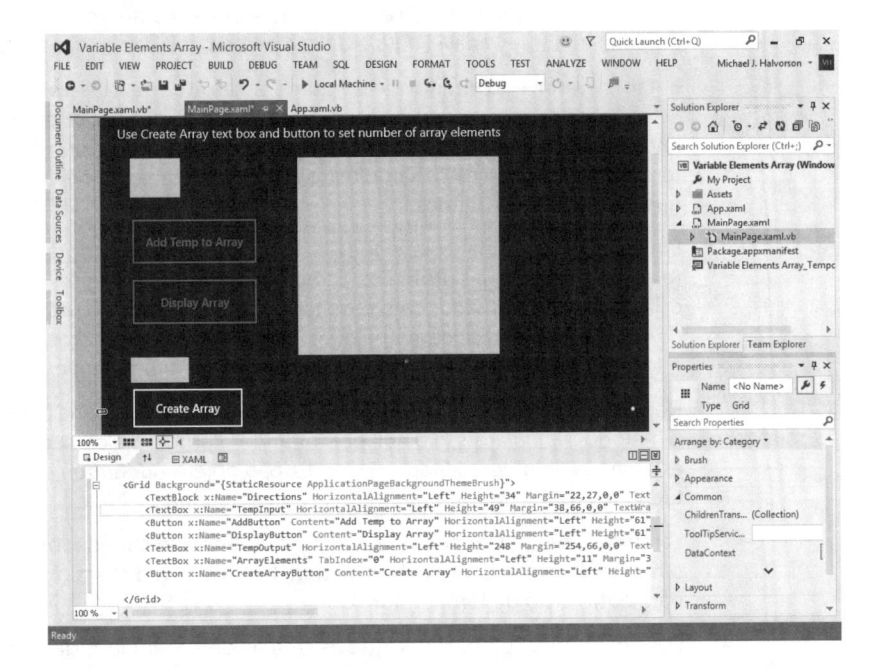

    ![Screenshot do Visual Studio mostrando a página MainPage.xaml com os botões Add Temp to Array, Display Array e Create Array]

    Agora você vai adicionar uma rotina de tratamento de eventos para redimensionar o array *Temperatures*.

11. Clique duas vezes no objeto *CreateArrayButton* no Designer.

12. O Visual Studio cria uma rotina de tratamento de eventos chamada *CreateArrayButton_Click* e abre o arquivo code-behind da página.

13. Digite as seguintes instruções na rotina de tratamento de eventos *CreateArrayButton_Click*:

    ```
    Dim days As Short = 0
    days = ArrayElements.Text
    If days > 0 Then ReDim Temperatures(days - 1)
    count = 0
    TempOutput.Text = ""
    Directions.Text = "Enter " & days & " temperatures (one at a time)"
    TempInput.Focus(FocusState.Programmatic)
    AddButton.IsEnabled = True
    DisplayButton.IsEnabled = True
    ```

Uma nova variável, chamada *days*, é declarada e carregada com o número de elementos do array, a partir da entrada do usuário na caixa de texto *ArrayElements*. Então, uma estrutura de decisão *If...Then* é usada para verificar se o número de dias é maior que zero. (Dimensionar um array com um número menor ou igual a zero gera um erro.) Como o índice 0 do array é usado para armazenar a temperatura do primeiro dia, a variável *days* é decrementada por 1 ao se dimensionar o array.

Então, a variável contadora é zerada e a caixa de texto *TempOutput* é limpa. Essas ações só são executadas para tratar de situações nas quais mais de um array é criado e preenchido com dados no programa. Uma mensagem atualizada também é impressa na caixa de texto *Directions*, com o número de temperaturas que precisam ser inseridas.

Em seguida, a rotina utiliza duas novas instruções de programa, as quais são relativamente simples. Primeiro, o foco de entrada na página é mudado para a caixa de texto *TempInput* com o método *Focus* e o valor *FocusState.Programmatic*. Utilize essa técnica com qualquer controle XAML na página, se quiser mudar o foco (isto é, o ponto de inserção ou seleção) para um item específico.

Depois, os objetos *AddButton* e *DisplayButton* são habilitados para entrada com o método *IsEnabled*. Isso é útil, pois quando o programa começa, os dois botões estão no estado desabilitado. Além disso, o objeto *AddButton* pode ser desabilitado pela rotina de tratamento de eventos *AddButton_Click*.

Lembre-se de que, depois que o array é preenchido com dados, a rotina de tratamento de eventos *CreateArrayButton_Click* pode redimensioná-lo e prepará-lo para outro ciclo de temperaturas.

Por fim, é importante notar que as rotinas de tratamento de eventos *AddButton_Click* e *DisplayArray_Click* que você construiu para o programa Fixed Array Temps serão executadas sem modificação nesse programa atualizado. Você simplesmente adicionou uma nova caixa de texto e um botão para redimensionar o array. Os recursos que adicionam informações ao array e o alteram funcionam perfeitamente como estão.

14. Salve suas alterações em disco.

    O projeto revisado é denominado Variable Elements Array na pasta Meus Documentos\Visual Basic 2013 SBS\Chapter 14.

15. Clique no botão Start Debugging para executar o programa.

    O programa executa e, desta vez, os objetos *AddButton* e *DisplayButton* são desabilitados.

16. Digite o número **5** na segunda caixa de texto para indicar que você pretende inserir temperaturas para cinco dias.

17. Clique no botão Create Array.

18. Insira cinco temperaturas, uma por uma, na caixa de texto superior. Clique em Add Temp To Array uma vez para cada nova temperatura.

    Desta vez, você pode experimentar valores com casas decimais, como **70.5**, **71**, **72.5**, **73** e **73.5**.*

---

* N. de R.T.: Lembre-se de que, dependendo da configuração de idioma do seu sistema, talvez você deva usar vírgulas no lugar dos pontos decimais para os valores informados.

CAPÍTULO 14   Arrays, coleções e genéricos para gerenciamento de dados   **409**

19. Quando terminar de inserir as temperaturas, clique em Display Array.

    O programa exibirá as cinco temperaturas na página. Sua tela é semelhante à seguinte ilustração.

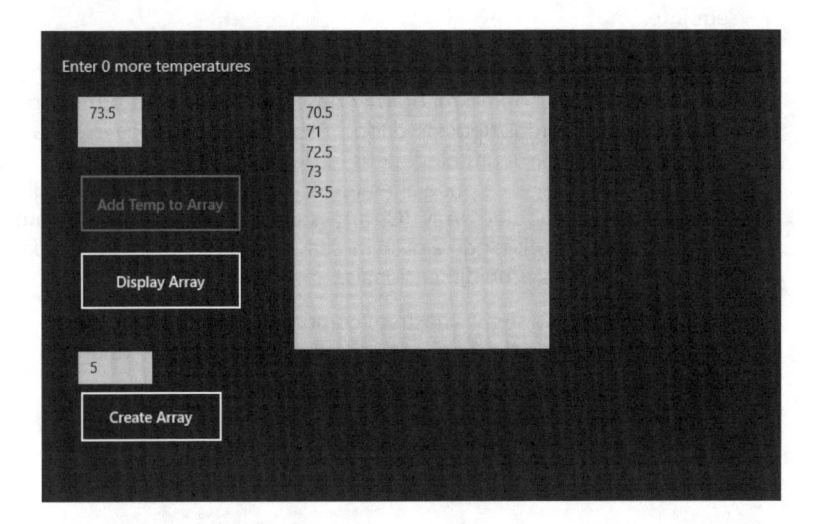

20. Continue experimentando o programa Variable Elements Array.

    Se quiser, pode redimensionar o array novamente, colocando um novo número na caixa de texto Create Array e clicando em Create Array.

21. Quando acabar, feche o programa.

    Se quiser, pode descartar suas alterações, pois criei o projeto Variable Elements Array para você no disco.

    Tudo bem – você praticou operações fundamentais de array no Visual Basic. Agora, vamos passar para algumas práticas mais sofisticadas, incluindo o uso de *ReDim Preserve* e de métodos da classe *Array* do .NET Framework.

Preserve o conteúdo de um array com *ReDim Preserve*

No exercício anterior, você utilizou a instrução *ReDim* para especificar o tamanho de um array em tempo de execução. Entretanto, uma possível desvantagem associada à instrução *ReDim* é que, se você redimensiona um array que já tem dados, todos os dados nele existentes são perdidos. Após a execução da instrução *ReDim*, o conteúdo de um array é configurado com seu valor padrão, como zero ou *nulo*. Dependendo do seu ponto de vista, isso pode ser considerado um recurso útil para esvaziar o conteúdo de arrays ou pode ser um problema que exige uma maneira de ser contornado.

Felizmente, o Visual Basic fornece a palavra-chave *Preserve*, a qual você utiliza para manter os dados de um array o máximo possível, ao alterar suas dimensões. (Contudo, se você usar *ReDim* para criar um array menor, perderá os dados que não cabem mais no array redimensionado.) A sintaxe da palavra-chave *Preserve* é a seguinte:

```
ReDim Preserve NomeDoArray(ElementosDim1, ElementosDim2, ...)
```

Nessa instrução *ReDim*, o array deve continuar com o mesmo número de dimensões e os mesmos tipos de dados. Além disso, há a advertência de que você só pode redimensionar a última dimensão do array. Por exemplo, se o array tem duas ou mais dimensões, você pode alterar apenas o tamanho da última dimensão e ainda conservar o conteúdo do array. (Os arrays unidimensionais passam automaticamente nesse teste, assim, utilizando a palavra-chave *Preserve*, você pode expandir livremente o tamanho dos arrays unidimensionais.)

Os exemplos a seguir mostram como você pode utilizar *Preserve* para aumentar o tamanho da última dimensão de um array, sem apagar nenhum dos dados contidos nele.

Se originalmente você declarou um array de strings chamado *Philosophers* usando a sintaxe:

```
Dim Philosophers() As String
```

pode redimensionar o array e adicionar dados a ele usando um código semelhante ao seguinte:

```
ReDim Philosophers(200)
Philosophers(200) = "David Probst"
```

Você pode expandir o tamanho do array *Philosophers* para 301 elementos (0–300) e preservar o conteúdo existente, utilizando a seguinte sintaxe:

```
ReDim Preserve Philosophers(300)
```

Como utilizar *ReDim* para arrays tridimensionais

Um exemplo mais complexo que envolve um array tridimensional utiliza uma sintaxe semelhante. Imagine que você queira utilizar em seu programa um array de ponto flutuante, de precisão simples e tridimensional, chamado *myCube*. Você pode declarar o array *myCube* com a seguinte sintaxe:

```
Dim MyCube(,,) As Single
```

Então, você pode redimensionar o array e adicionar dados utilizando o seguinte código:

```
ReDim MyCube(25, 25, 25)
MyCube(10, 1, 1) = 150.46
```

após o qual pode expandir o tamanho da terceira dimensão do array (e ainda preservar o conteúdo) empregando a seguinte sintaxe:

```
ReDim Preserve MyCube(25, 25, 50)
```

Contudo, nesse exemplo somente a terceira dimensão pode ser expandida – a primeira e a segunda não podem ser alteradas se você redimensionar o array utilizando a palavra-chave *Preserve*. Tentar alterar o tamanho da primeira ou da segunda dimensão nesse exemplo produz um erro de tempo de execução quando a instrução *ReDim Preserve* é executada.

Experimente um pouco a instrução *ReDim Preserve* e veja como pode utilizá-la para tornar seus arrays flexíveis e robustos.

Processe arrays grandes com métodos da classe *Array*

Nas seções anteriores, você examinou os conceitos básicos dos arrays e como eles são usados para armazenar informações em um programa Visual Basic. Nesta seção, você conhecerá métodos poderosos da classe *Array* do .NET Framework, os quais permitem classificar (pôr em ordem), pesquisar e inverter rapidamente os elementos de um array. O programa de exemplo que criei demonstra como esses recursos funcionam com arrays maiores. Você também vai aprender a utilizar o controle *ProgressBar*, uma útil ferramenta da Toolbox do Windows Forms, projetada para fornecer resposta visual em aplicativos de área de trabalho para Windows.

A classe *Array*

Ao criar arrays no Visual Basic, você utiliza uma classe base que é definida pelo Visual Basic para implementar arrays dentro de programas criados pelo usuário. Essa classe *Array* também fornece uma coleção de métodos que você pode usar para manipular arrays enquanto eles estão ativos nos programas. Os métodos mais úteis incluem *Array.Sort*, *Array.Find*, *Array.Reverse*, *Array.Copy* e *Array.Clear*. Você pode encontrar outros métodos interessantes experimentando a classe *Array* no Code Editor (utilizando o Microsoft IntelliSense) e consultando os recursos do MSDN online.

Os métodos da classe *Array* funcionam de modo muito semelhante aos métodos do .NET Framework já utilizados neste livro; isto é, são chamados pelo nome e (nesse caso) exigem um nome de array válido como argumento. Eles também fazem parte de um namespace que é incluído automaticamente em programas Visual Basic.

Por exemplo, para classificar (pôr em ordem) um array de temperaturas (como o array *Temperatures* criado no exercício anterior), use a seguinte sintaxe:

```
Array.Sort(Temperatures)
```

Você faria essa chamada após o array *Temperatures* ser declarado e preenchido com dados no programa. Quando o Visual Basic executa o método *Array.Sort*, utiliza uma rotina de classificação para reorganizar o array em ordem alfanumérica. Depois que a classificação está completa, o array original está classificado em ordem crescente, com o menor valor no local 0 do array e o maior valor no último local. Com o exemplo *Temperatures* anterior, a classificação produziria um array das temperaturas diárias organizadas das mais frias para as mais quentes.

No exercício a seguir, você vai ver como os métodos *Array.Sort* e *Array.Reverse* podem ser usados para reordenar rapidamente um array grande, contendo números de seis dígitos selecionados aleatoriamente entre 0 e 1.000.000. Vai também experimentar o controle *ProgressBar*, o qual fornece resposta visual útil para o usuário durante classificações longas ou outras operações demoradas. Esse controle *ProgressBar* é um componente da Toolbox do Windows Forms, projetado para aplicativos de área de trabalho Windows. (Você pode adicionar algo parecido em seus aplicativos Windows Store, se usar os controles XAML *ProgressBar* ou *ProgressRing*, localizados na Toolbox da XAML para aplicativos Windows Store.)

Utilize os métodos *Array* para classificar um array de 3 mil elementos

1. No menu File, clique em Open Project e abra o projeto Array Class Sorts, um aplicativo de área de trabalho para Windows localizado na pasta Meus Documentos\Visual Basic 2013 SBS\Chapter 14.

2. Exiba o formulário, se não estiver visível.

   A interface de usuário do programa se parece com esta:

   Esse formulário contém três botões de comando e um exemplo de caixa de texto para exibir dados de array. Contém também um objeto barra de progresso que fornecerá resposta ao usuário durante operações de array mais longas. A resposta visual em uma barra de progresso é particularmente útil quando os cálculos demoram mais do que alguns segundos para terminar. Esse programa começa a mostrar tal atraso quando um array de 3.000 elementos ou mais é classificado.

3. Clique na barra de progresso no formulário.

   O objeto *ProgressBar* é selecionado no formulário e listado na janela Properties. Criei o objeto barra de progresso com o controle *ProgressBar* da guia Common Controls da Toolbox do Windows Forms. (Um efeito de suavização é aplicado para que a barra de progresso seja gradualmente preenchida com uma faixa uniforme de cores – um efeito particularmente atraente.) É provável que você tenha visto a barra de progresso muitas vezes enquanto fazia download de arquivos ou instalava programas dentro do Windows. Agora é possível criá-la em seus próprios programas!

   As propriedades importantes que fazem uma barra de progresso funcionar são *Minimum*, *Maximum* e *Value*; em geral, elas são manipuladas com código de programa. (As outras propriedades da barra de progresso, que podem ser examinadas na janela Properties, controlam a aparência e o funcionamento da barra.) Podemos observar como as propriedades *Minimum* e *Maximum* são configuradas examinando a rotina de tratamento de eventos *Form1_Load* desse programa.

CAPÍTULO 14   Arrays, coleções e genéricos para gerenciamento de dados   413

4. Clique duas vezes no formulário para exibir a rotina de tratamento de eventos *Form1_Load*.

   Você vê o seguinte código:

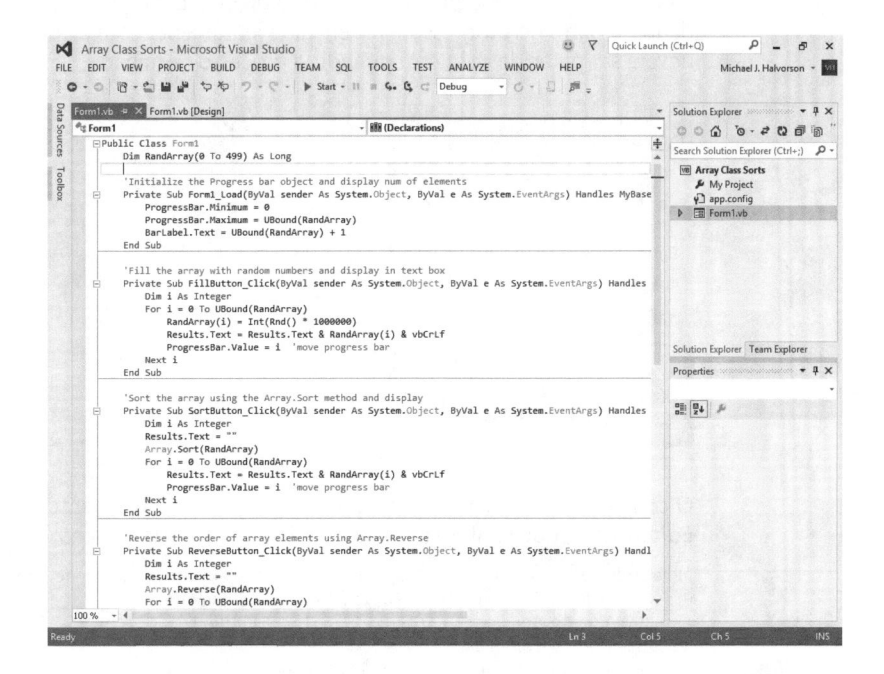

   ```
   Public Class Form1
       Dim RandArray(0 To 499) As Long

       'Initialize the Progress bar object and display num of elements
       Private Sub Form1_Load(ByVal sender As System.Object, ByVal e As System.EventArgs) Handles MyBase
           ProgressBar.Minimum = 0
           ProgressBar.Maximum = UBound(RandArray)
           BarLabel.Text = UBound(RandArray) + 1
       End Sub

       'Fill the array with random numbers and display in text box
       Private Sub FillButton_Click(ByVal sender As System.Object, ByVal e As System.EventArgs) Handles
           Dim i As Integer
           For i = 0 To UBound(RandArray)
               RandArray(i) = Int(Rnd() * 1000000)
               Results.Text = Results.Text & RandArray(i) & vbCrLf
               ProgressBar.Value = i   'move progress bar
           Next i
       End Sub

       'Sort the array using the Array.Sort method and display
       Private Sub SortButton_Click(ByVal sender As System.Object, ByVal e As System.EventArgs) Handles
           Dim i As Integer
           Results.Text = ""
           Array.Sort(RandArray)
           For i = 0 To UBound(RandArray)
               Results.Text = Results.Text & RandArray(i) & vbCrLf
               ProgressBar.Value = i   'move progress bar
           Next i
       End Sub

       'Reverse the order of array elements using Array.Reverse
       Private Sub ReverseButton_Click(ByVal sender As System.Object, ByVal e As System.EventArgs) Handl
           Dim i As Integer
           Results.Text = ""
           Array.Reverse(RandArray)
           For i = 0 To UBound(RandArray)
   ```

   Para uma barra de progresso exibir a indicação exata de quanto tempo uma tarefa de computação levará para ser concluída, precisamos configurar medidas relativas para o início e o fim da barra. Isso é realizado com as propriedades *Minimum* e *Maximum*, que são configuradas para corresponder ao primeiro e ao último elementos do array que estamos construindo.

   Como mencionei, o primeiro elemento do array é sempre zero, mas o último depende do tamanho do array; portanto, usei o método *GetUpperBound* para retornar o valor de índice superior do array e configurar a propriedade *Maximum* da barra de progresso de maneira correspondente. O array que estamos manipulando neste exercício é *RandArray*, um array de inteiros *Long* declarado inicialmente para armazenar 500 elementos (0 a 499).

5. Clique no botão Start Debugging para executar o programa.

   O programa executa e o formulário Array Class Sorts abre na tela. Em sua rotina de tratamento de eventos *Form1_Load*, o programa declarou um array chamado *RandArray* e o dimensionou com 500 elementos. Um objeto barra de progresso foi calibrado para monitorar um cálculo de 500 unidades (o tamanho do array) e o número 500 aparece à direita da barra de progresso (o trabalho de um objeto rótulo chamado *BarMax* e do método *GetUpperBound*).

6. Clique no botão Fill Array.

   O programa carrega *RandArray* com 500 números aleatórios (extraídos pela função *Rnd*, membro da classe *VBMath*) e exibe os números na caixa de texto. Enquanto o programa processa o array e preenche o objeto caixa de texto com dados, a barra de progresso é preenchida lentamente com a cor verde. Sua tela deverá ser parecida com esta quando o processo terminar:

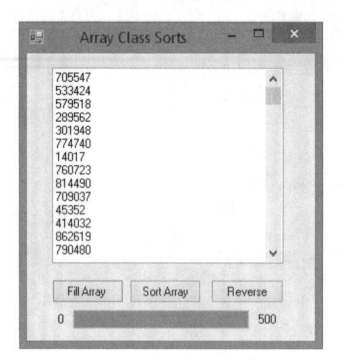

   O código que produziu esse resultado é a rotina de tratamento de eventos *Fill-Button_Click*, que contém as seguintes instruções de programa:

```
'Preenche o array com números aleatórios e o exibe na caixa de texto
Private Sub FillButton_Click(ByVal sender As System.Object, _
    ByVal e As System.EventArgs) Handles FillButton.Click
    Dim i As Integer
    For i = 0 To RandArray.GetUpperBound(0)
        RandArray(i) = Int(Rnd() * 1000000)
        Results.Text = Results.Text & RandArray(i) & vbCrLf
        ProgressBar.Value = i  'move a barra de progresso
    Next i
End Sub
```

Para obter números aleatórios inteiros, usei as funções *Int* e *Rnd* juntas e multipliquei por 1.000.000 o número aleatório produzido por *Rnd*, a fim de obter números inteiros com seis dígitos ou menos. (A função *Rnd* é uma alternativa ao gerador de números aleatórios descrito no Capítulo 3, "Crie seu primeiro aplicativo Windows Store".) A atribuição desses números ao array é facilitada usando um loop *For...Next* com um índice de array que corresponda ao contador de loop (*i*).

O preenchimento do array é uma operação extremamente rápida; a lentidão (e a necessidade da barra de progresso) é causada pela atribuição individual de elementos do array ao objeto caixa de texto. Isso envolve atualizar um componente de interface de usuário no formulário 500 vezes e o processo leva alguns segundos para ser concluído. (Em código de produção, seria mais comum utilizar a classe *StringBuilder* do .NET Framework para montar strings dessa maneira. Mas o exemplo é instrutivo e o atraso me proporciona uma maneira de mostrar

CAPÍTULO 14 Arrays, coleções e genéricos para gerenciamento de dados

o controle *ProgressBar*.) Como o objeto barra de progresso foi calibrado para utilizar o número de elementos do array como seu máximo, atribuir o contador de loop (*i*) à propriedade *Value* da barra de progresso permite que a barra exiba exatamente quanto do cálculo foi concluído.

7. Clique no botão Sort Array.

O programa segue um processo semelhante para classificar *RandArray*, desta vez, utilizando o método *Array.Sort* para reordenar o array em ordem crescente. (Os 500 elementos são listados do menor para o maior.) Sua tela se parece com esta:

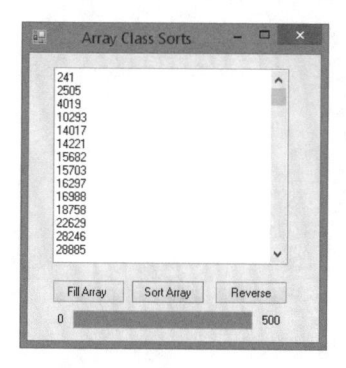

O código que produziu esse resultado é a rotina de tratamento de eventos *Sort-Button_Click*, a qual contém as seguintes instruções de programa:

```
'Classifica o array utilizando o método Array.Sort e o exibe
Private Sub SortButton_Click(ByVal sender As System.Object, _
    ByVal e As System.EventArgs) Handles SortButton.Click
    Dim i As Integer
    Results.Text = ""
    Array.Sort(RandArray)
    For i = 0 To RandArray.GetUpperBound(0)
        Results.Text = Results.Text & RandArray(i) & vbCrLf
        ProgressBar.Value = i    'move a barra de progresso
    Next i
End Sub
```

Essa rotina de tratamento de eventos limpa o objeto caixa de texto quando o usuário clica no botão Sort Array e, então, classifica o array utilizando o método *Array.Sort* descrito anteriormente. O processo de classificação é muito rápido. Novamente, o único atraso é a reconstrução do objeto caixa de texto uma linha por vez no loop *For...Next*, um processo informado pelo objeto *ProgressBar* e sua propriedade *Value*. Viu como é simples usar o método *Array.Sort*?

8. Clique no botão Reverse.

O programa utiliza o método *Array.Reverse* para manipular *RandArray*, reordenando o array em ordem decrescente ou inversa; isto é, o primeiro elemento torna-se o último e o último torna-se o primeiro.

> **Nota** Esse método nem sempre produz uma lista ordenada; os elementos do array só estão em ordem decrescente porque *RandArray* classificou anteriormente na ordem crescente por meio do método *Array.Sort*. (Para examinar a lista detalhadamente, use as barras de rolagem ou as teclas de seta.)

Sua tela se parece com esta:

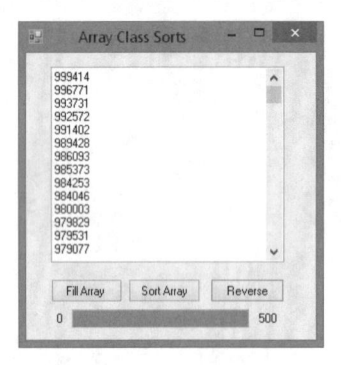

O código que produziu esse resultado é a rotina de tratamento de eventos *ReverseButton_Click*, a qual contém as seguintes instruções de programa:

```
'Inverte a ordem de elementos do array utilizando Array.Reverse
Private Sub ReverseButton_Click(ByVal sender As System.Object, _
    ByVal e As System.EventArgs) Handles ReverseButton.Click
    Dim i As Integer
    Results.Text = ""
    Array.Reverse(RandArray)
    For i = 0 To RandArray.GetUpperBound(0)
        Results.Text = Results.Text & RandArray(i) & vbCrLf
        ProgressBar.Value = i   'move a barra de progresso
    Next i
End Sub
```

Essa rotina de tratamento de eventos é idêntica à rotina *SortButton_Click*, com a seguinte exceção:

```
Array.Sort(RandArray)
```

tornou-se

```
Array.Reverse(RandArray)
```

9. Clique no botão Stop Debugging para encerrar o programa.

CAPÍTULO 14   Arrays, coleções e genéricos para gerenciamento de dados   **417**

10. Role até a parte superior do Code Editor e localize a instrução de programa que declara o array *RandArray*:

    ```
    Dim RandArray(0 To 499) As Long
    ```

11. Substitua 499 na instrução de declaração de array por **2999**.

    A instrução agora é como esta:

    ```
    Dim RandArray(0 To 2999) As Long
    ```

12. Execute o programa novamente para ver como a declaração e o preenchimento de um array com 3 mil elementos afetam o desempenho do programa.

    Como processar 3 mil elementos dá muito mais trabalho, o Visual Basic demora um pouco para atualizar o objeto caixa de texto repetidamente, à medida que preenche, classifica e inverte *RandArray*. Entretanto, a barra de progresso o mantém informado, e você pode ver que, com apenas uma pequena alteração, é possível adaptar o que aprendeu neste capítulo a diferentes situações. (O segredo foi utilizar o método *GetUpperBound* para informar o tamanho do array às rotinas de tratamento de eventos do programa, em vez de codificar o limite superior em 499.)

Dê prosseguimento à sua classificação

Você pode experimentar ainda mais esse programa adicionando uma instrução *Randomize* à rotina de tratamento de eventos *Form1_Load* (para tornar os resultados verdadeiramente aleatórios toda vez que executar o programa) ou tentando tamanhos e tipos de array adicionais. (Experimente, por exemplo, um tamanho de array de 100, 800, 2 mil ou 5 mil elementos.)

Se você experimentar números maiores, por fim, excederá a quantidade de dados que o objeto caixa de texto pode exibir, mas leva um tempo antes de exceder o tamanho máximo de array permitido pelo Visual Basic.

Se quiser se concentrar nas operações de array sem exibir os resultados, coloque um caractere de comentário (') antes de cada linha de código que manipula um objeto caixa de texto, para transformar em comentário as partes referentes à caixa de texto (mas não à barra de progresso) do programa. Você ficará surpreso com a rapidez com que as operações de array são executadas quando os resultados não precisam ser exibidos no formulário. (Um array de 100 mil elementos é carregado em apenas alguns segundos.)

Coleções

Nesta seção, você vai aprender sobre as coleções, um mecanismo poderoso para controlar dados e objetos intimamente relacionado à noção de arrays. As coleções fazem parte das bibliotecas de classes básicas do .NET Framework, e o .NET Framework fornece também várias coleções e ferramentas relacionadas a elas que você pode usar para aprimorar seus aplicativos. Use o Object Browser do Visual Studio para procurar coleções em seu sistema, sendo essa uma das importantes maneiras de aprender sobre recursos do sistema operacional e como acessá-los.

No .NET Framework, o namespace *Collections* é um componente dentro do namespace *System*. O namespace *Collections* contém classes que você pode usar para trabalhar com listas de objetos e também com estruturas de dados complexas. Conceitualmente, as coleções têm muito em comum com os arrays, mas não é necessário redimensionar uma coleção quando você quer adicionar mais itens a ela; basta usar o método *Add* (ou um dos métodos equivalentes a *Add*).

As coleções podem ser usadas para armazenar listas de dados simples, como nomes, endereços ou datas. Para algumas coleções, você pode atribuir uma *chave* para um item que você coloca na coleção, de forma a recuperar rapidamente o objeto. Cada coleção em um programa tem seu próprio nome; portanto, você pode referenciá-la como uma unidade distinta no código de programa.

A Tabela 14-2 mostra algumas das classes do namespace *Collections* que podem ajudá-lo a criar e manter listas e outras estruturas em código Visual Basic. Você pode começar a usar essas classes quando entender a sintaxe básica das coleções e como elas são manipuladas em Visual Basic.

TABELA 14-2 Algumas classes úteis para manter listas no namespace *System.Collections*

Classe	Descrição
ArrayList	Lista simples que funciona como um array dinâmico.
BitArray	Array compacto de valores de bit, os quais são representados como valores booleanos.
Dictionary	Lista de pares chave/valor organizados com base na chave.
Hashtable	Lista de pares chave/valor organizados com base no código de hash da chave.
List	Lista básica de valores que podem ser acessados por um índice.
Queue	Lista de valores do tipo primeiro a entrar, primeiro a sair.
SortedList	Lista de valores classificados por um ou mais índices.
Stack	Lista de valores do tipo último a entrar, primeiro a sair.

Crie coleções e listas genéricas

Dentro do .NET Framework existem muitas coleções que você pode acessar e manipular em seus programas. Contudo, você também pode criar suas próprias coleções para monitorar informações e trabalhar com elas de maneira sistemática. Embora as coleções às vezes sejam criadas para armazenar objetos, como controles de interface de usuário, você também pode utilizá-las para armazenar nomes, datas e valores numéricos enquanto um programa está executando. Desse modo, as coleções complementam e expandem os recursos fornecidos pelos arrays.

No .NET Framework, algumas das coleções mais úteis são denominadas *coleções genéricas*. As coleções genéricas são definidas em forma de template, com o tipo de dado listado como argumento. Isso significa que as coleções genéricas têm dados específicos, de modo que impõem a segurança de tipos melhor do que as coleções menos estruturadas do tipo *Object*. Portanto, ao recuperar um elemento de uma coleção genérica que não foi especificamente definida com o tipo *Object*, você não precisa determinar seu tipo de dado nem convertê-lo – seu tipo já está autenticado. Além disso, a Microsoft afirma que as coleções genéricas são mais rápidas na memória do que outras coleções, de modo que há uma vantagem relacionada à velocidade em seu uso.

CAPÍTULO 14   Arrays, coleções e genéricos para gerenciamento de dados   **419**

O termo *genérica* talvez exija mais explicação. Basicamente, o termo significa que você declara uma coleção com um template de uso geral que identifica a estrutura da coleção. O tipo de dado em particular da coleção é incluído como argumento e todos os tipos de dados padrão do Visual Basic podem ser usados. Uma analogia comum oferecida pela Microsoft para uma declaração de coleção genérica é a de um estojo que contém uma chave de fenda básica com diversas cabeças removíveis, usadas para personalizar a chave de fenda. Nessa analogia, a chave de fenda básica é o template que contém muitos recursos padrão e técnicas associados à operação de uma chave de fenda. Contudo, dentro do estojo de ferramentas também existem cabeças removíveis para diferentes tipos de parafusos (fenda, phillips, estrela etc.). Essas cabeças removíveis são os vários argumentos de tipo de dado que permitem a personalização da chave de fenda genérica para se adequar a um aplicativo em particular. Como programador, você simplesmente utiliza (ou *chama*) a ferramenta da maneira como faria normalmente. Isto é, a ferramenta genérica é personalizada com facilidade para diferentes situações.

Esse conceito de templates genéricos, ou técnicas de codificação, é importante no Visual Studio. Além das coleções, os *genéricos*, ou as estratégias de codificação genérica, têm sido aplicados no modo de definir e utilizar novas classes, estruturas, interfaces, procedimentos e delegates. Portanto, como programador Visual Basic, é importante entender o conceito e começar a trabalhar com ele. Definindo recursos e funcionalidade comuns e, então, aplicando-os a tipos e situações específicas, você economizará tempo de desenvolvimento e reduzirá os erros.

Declare coleções genéricas

O .NET Framework fornece várias classes de coleção genéricas nos namespaces *System.Collections.Generic* e *System.Collections.ObjectModel*. Essas classes podem ser utilizadas para declarar coleções genéricas poderosas e muito fáceis de usar.

Por exemplo, para declarar uma lista genérica de itens chamada *MyFavoriteCollection* com o tipo de dados *String*, você usaria a seguinte sintaxe:

```
Dim MyFavoriteCollection As New Generic.List(Of String)
```

Uma lista é uma coleção básica de itens, muito parecida com um array. Na documentação do Visual Studio, às vezes você verá essa estrutura referida como *List (Of T)*, onde a letra *T* é um espaço reservado (ou template) para um argumento que especificou o tipo de dado da coleção.

Então, você poderia adicionar itens a essa lista utilizando uma sintaxe como a seguinte:

```
MyFavoriteCollection.Add("Rocking Chair")
```

Note que a lista *MyFavoriteCollection* anterior só aceitará valores de tipo *String*. Outros valores, a não ser que possam ser representados no formato *String*, produzirão um erro de tempo de execução, quando atribuídos à coleção. Contudo, ao contrário de um array *String*, que você experimentou anteriormente no capítulo, não é preciso saber quantos elementos a lista conterá, quando for declarada.

Para criar uma lista genérica de valores *Integer*, você digitaria:

```
Dim MyFavoriteIntegers As New Generic.List(Of Integers)
```

Para criar uma *fila* genérica (uma lista de valores do tipo primeiro a entrar, primeiro a sair), você digitaria uma declaração no formato a seguir. (Neste caso, note que estou indicando que a fila armazenará valores *Date*.)

```
Dim KeyGameDates As New Generic.Queue(Of Date)
```

Para adicionar itens a essa fila, você usaria o método *Enqueue*. Esse exemplo de sintaxe mostra como você poderia adicionar um valor à fila no formato *Date*, o qual estou especificando com uma string de data literal. (No contexto desse exemplo, estou mantendo um calendário de eventos esportivos pela adição de datas específicas à fila *KeyGameDates*.)

```
KeyGameDates.Enqueue(#1/5/2014#)
```

A data em meu contexto cultural norte-americano é 5 de janeiro de 2014. Uma string de data literal como essa é incluída entre símbolos numéricos (#) e deve ser formatada de acordo com os requisitos de sua cultura e fuso horário.

Para remover uma data dessa fila *KeyGameDates*, você usaria o método *Dequeue*, de maneira semelhante à seguinte:

```
OutputTextBox.Text = KeyGameDates.Dequeue()
```

Essa instrução em particular copia o valor de data na estrutura que é "a próxima" no objeto *OutputTextBox* de uma página. Não é necessário usar um índice para extrair dados de uma fila.

Exemplo de aplicativo com lista genérica e imagem de fundo

O exercício a seguir mostra como criar uma lista genérica que armazenará os nomes de homens e mulheres da história francesa. A lista genérica será declarada com o tipo *String*. O programa é um aplicativo Windows Store escrito em Visual Basic que contém cinco controles da Toolbox da XAML: um controle *TextBlock* que exibe instruções de operação; um controle *TextBox* que aceita entrada do usuário; dois controles *Button* que carregam e exibem a lista, respectivamente; e um controle *TextBox* que exibe o conteúdo da lista.

O aplicativo exibe a imagem de fundo de um castelo francês (Chateau Fontainebleau, perto de Paris), configurando as propriedades *Background* e *ImageBrush* da página com um arquivo .jpg que já carreguei na pasta Assets do projeto. A marcação XAML que produz o efeito fotográfico está no arquivo MainPage.xaml. Ela é como segue:

```
<Grid.Background>
    <ImageBrush ImageSource="ms-appx:/Assets/French_Castle.JPG"/>
</Grid.Background>
```

As imagens de fundo são uma característica dos aplicativos Windows Store e você pode utilizar essa técnica para fazer seus programas parecerem muito profissionais. Apenas certifique-se de carregar previamente a imagem na pasta Assets, utilizando o Solution Explorer.

CAPÍTULO 14   Arrays, coleções e genéricos para gerenciamento de dados   **421**

Siga estes passos para carregar e executar o programa Historical Names Collection.

Monitore nomes com uma lista genérica

1. Clique no comando Close Project no menu File.
2. Abra o aplicativo Windows Store existente, chamado Historical Names Collection, na pasta Meus Documentos\VB 2013 SBS\Chapter 14\Historical Names Collection.
3. Exiba a interface de usuário do programa (MainPage.xaml) no Designer.

   Você verá uma página parecida com esta:

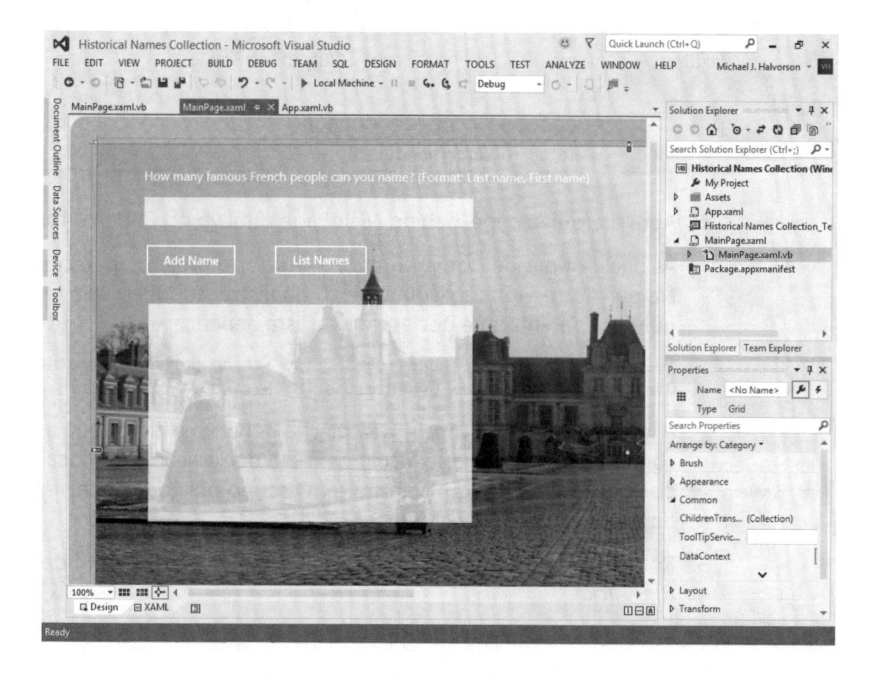

As seguintes configurações de propriedades foram feitas no projeto:

Objeto	Propriedade	Configuração
Grid	Background/ImageBrush	ImageSource="ms-appx:/Assets/French_Castle.JPG"
TextBlock	Text	"How many famous French people can you name? (Format: Last name, First name)"
TextBox	Name	NameInput
	Text	""
Button	Name	AddButton
	Content	"Add Name"
Button	Name	ShowButton
	Content	"List Names"
TextBox	Name	OutputTextBox
	Text	""
	ScrollViewer.VerticalScrollBarVisibility	Visible

4. Abra o arquivo code-behind MainPage.xaml.vb no Code Editor.

   As duas rotinas de tratamento de eventos do projeto aparecem no Code Editor. Na parte superior da página, perto da instrução *Inherits Page*, você verá os seguintes comentário e declaração de lista genérica:

   ```
   'declara nova coleção genérica de tipo String para armazenar nomes
   Dim FrenchNames As New Generic.List(Of String)
   ```

   A instrução *Dim* cria uma nova coleção genérica e indica que a estrutura em lista conterá entradas do tipo *String*. Como a declaração foi colocada na área de declaração geral da página, a lista tem escopo por todas as rotinas de tratamento de eventos da página.

5. Role para baixo no Code Editor, até a rotina de tratamento de eventos *AddButton_Click*.

   Você verá o seguinte código:

   ```
   'adiciona o nome da caixa de texto NameInput à coleção
   FrenchNames.Add(NameInput.Text)
   'limpa o novo nome da caixa de texto e mantém o cursor lá
   NameInput.Text = ""
   NameInput.Focus(Windows.UI.Xaml.FocusState.Programmatic)
   ```

CAPÍTULO 14 Arrays, coleções e genéricos para gerenciamento de dados   423

Essa rotina de tratamento de eventos é executada quando o objeto *AddButton* é clicado na página. Ela adiciona à lista o nome especificado na primeira caixa de texto. O método *Add* é a técnica simples de executar essa tarefa. Então, faço alguma limpeza – limpo a caixa de texto *NameInput* e preparo para a inserção de um novo nome mantendo o cursor nela. Isso é feito com o método *Focus*, apresentado anteriormente no capítulo.

6. Role para baixo no Code Editor, até a rotina de tratamento de eventos *ShowButton_Click*.

   Você verá o seguinte código:

   ```
   'determina quantos nomes existem na coleção e exibe uma mensagem
   If FrenchNames.Count >= 2 Then
       OutputTextBox.Text = "There are " & FrenchNames.Count & " names: " & vbCrLf
       'classifica os nomes em ordem alfabética
       FrenchNames.Sort()
   ElseIf FrenchNames.Count = 1 Then
       OutputTextBox.Text = "There is 1 name:" & vbCrLf
   End If
   'então, faz um loop pela coleção, remove os espaços à direita e exibe
   For Each Name As String In FrenchNames
       OutputTextBox.Text = OutputTextBox.Text & Name.TrimEnd & vbCrLf
   Next
   ```

   Essa rotina de tratamento de eventos utiliza vários métodos da coleção de lista genérica, incluindo *Count*, *Sort* e *TrimEnd*. A rotina começa utilizando a propriedade *Count* em uma estrutura de decisão *If...Then* para ver se a lista *FrenchNames* contém pelo menos dois itens. Em caso positivo, é impressa uma mensagem especial contendo o número exato de itens e, então, a lista é classificada em ordem alfabética com o método *Sort*.

   Se o método *Count* revelar que existe apenas um item na lista, será impressa uma mensagem especial indicando isso. (Observe como a mensagem utiliza a forma singular e não a plural.)

   As últimas três linhas de código na rotina são um loop *For Each...Next*, que foi usado para exibir os nomes franceses. Um loop *For Each...Next* é conceitualmente semelhante a um loop *For...Next*. A estrutura *For Each...Next* foi projetada especificamente para trabalhar com coleções e, neste caso, a variável *Name* é declarada na linha de abertura do loop. Se o usuário tiver adicionado um espaço inadvertidamente ao final de um nome, ele será removido pela segunda linha. O resultado aparece na caixa de texto *OutputTextBox*, sendo que a string constante *vbCrLf* é utilizada para colocar o nome em sua própria linha.

Execute o programa Historical Names Collection

> **Nota** O programa Historical Names Collection completo se encontra na pasta Meus Documentos\VB 2013 SBS\Chapter 14\Historical Names Collection.

1. Clique no botão Start Debugging para executar o programa.

    O programa exibe sua interface de usuário padrão e a imagem de fundo. O cursor pisca na caixa de texto superior, pronto para receber um nome.

2. Digite **Montesquieu** na primeira caixa de texto.

    Sua tela estará parecida com esta:

3. Clique no botão Add Name.

    O Visual Basic adiciona o filósofo do iluminismo à lista e remove o nome da caixa de entrada.

CAPÍTULO 14   Arrays, coleções e genéricos para gerenciamento de dados   **425**

4. Clique no botão List Names.

   Você verá a seguinte saída:

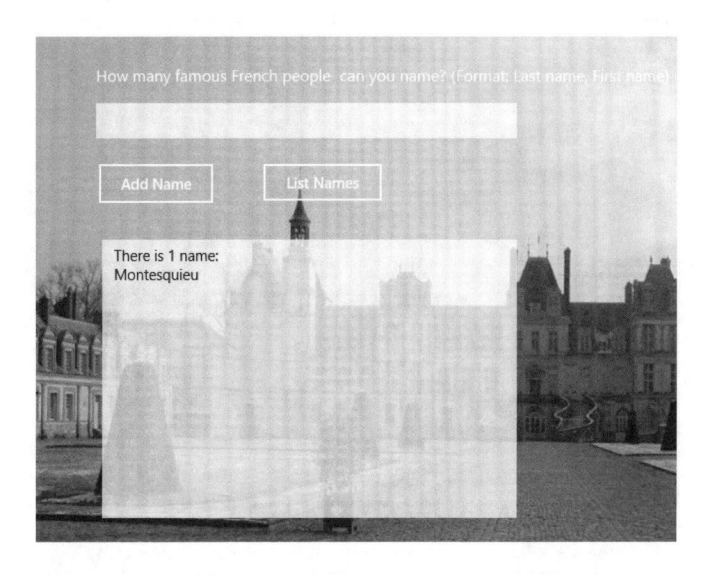

   > How many famous French people can you name? (Format: Last name, First name)
   >
   > [Add Name]   [List Names]
   >
   > There is 1 name:
   > Montesquieu

5. Agora, digite o nome a seguir na caixa de texto: **King Henri IV**.
6. Clique em Add Name.

7. Clique em List Names e você verá que a lista expandiu. (A estrutura *If...Then... ElseIf* também exibe um novo cabeçalho.)

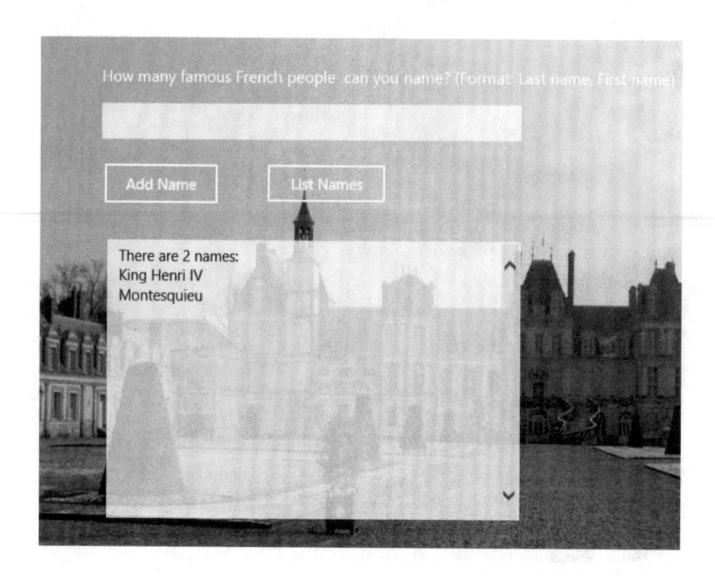

Agora você vai adicionar uma série de nomes à lista. Após cada nome, certifique-se de clicar em Add Name, pois o programa foi projetado para inserir um nome por vez. Sinta-se livre para usar os seguintes nomes franceses ou alguns que desejar.

8. Adicione os nomes a seguir, clicando em Add Name após cada um: **Bonaparte, Napoleon**; **Ajenstat, François**; **Pitie, Jean-Christophe**; **Duby, Georges**; **Jeanne d'Arc**; **King Francis I**.

CAPÍTULO 14   Arrays, coleções e genéricos para gerenciamento de dados   **427**

9. Clique em List Names.

   A coleção cresceu e, agora, a lista de nomes ocupa grande parte da segunda caixa de texto. Observe também que o programa classificou a lista de nomes em ordem alfabética. Isso é o método *Sort* trabalhando. Seu programa será parecido com este:

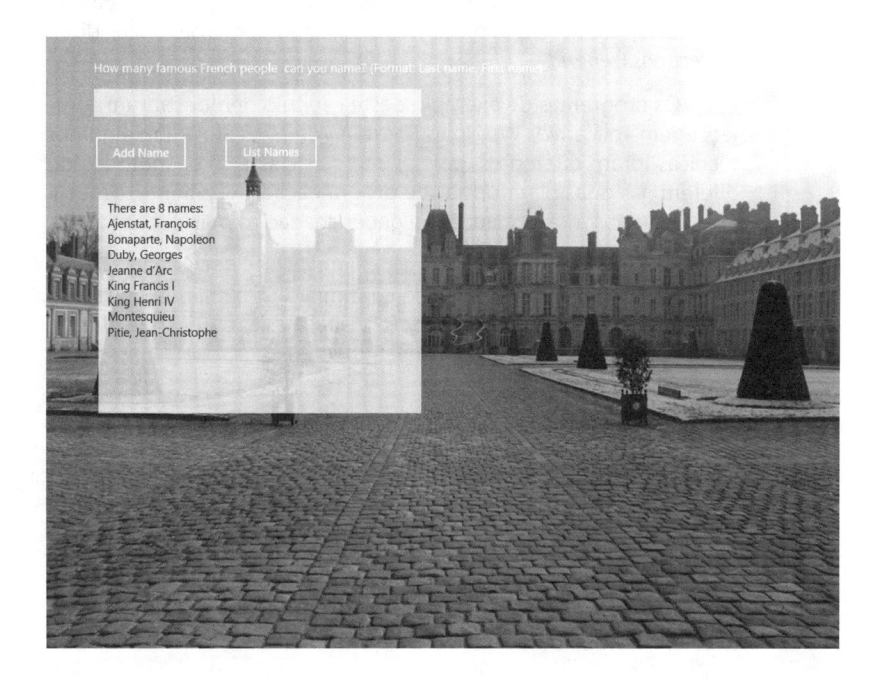

   Sinta-se livre para experimentar um pouco mais o programa, adicionando mais nomes e listando-os.

10. Quando terminar, feche o aplicativo Windows Store e, então, salve suas alterações e encerre o Visual Studio.

    Parabéns – você aprendeu os fundamentos dos arrays e das coleções, e também a usar estruturas genéricas do .NET Framework, assim como loops *For Each...Next* para processar informações. Essas habilidades serão úteis sempre que você trabalhar com coleções de dados. À medida que conhecer melhor as estruturas de dados clássicas da ciência da computação e seus usos (abstrações como pilhas, filas, dicionários, tabelas de hash, listas encadeadas e outras estruturas), você descobrirá que o .NET Framework fornece ferramentas poderosas para ajudá-lo a gerenciar dados de maneiras bastante inovadoras. Você teve um bom começo.

Resumo

Neste capítulo, você aprendeu a usar arrays, coleções e listas genéricas para gerenciar informações em um programa Visual Basic. Embora tenha começado o capítulo examinando técnicas fundamentais, como a declaração e o uso de arrays unidimensionais, passou rapidamente a usar os recursos do .NET Framework para gerenciar informações, incluindo métodos da classe *Array* e templates genéricos do namespace *System.Collections.Generic*.

Os programas de exemplo deste capítulo demonstraram como usar arrays e coleções em aplicativos Windows Forms e Windows Store. Em algumas circunstâncias, as técnicas foram diferentes, pois às vezes as classes e os métodos do .NET Framework diferem nas duas plataformas de programação. Felizmente, as técnicas fundamentais associadas aos arrays, coleções e genéricos são as mesmas em todas as versões recentes da linguagem Visual Basic.

No próximo capítulo, você continuará trabalhando com técnicas de gerenciamento de dados fundamentais no Visual Basic, enfocando a ferramenta Language Integrated Query (LINQ) do Visual Studio 2013.

CAPÍTULO 15

Gerenciamento de dados inovador com LINQ

Neste capítulo, você vai aprender a:

- Entender a sintaxe de consulta básica da LINQ e as técnicas fundamentais de extração de dados.
- Utilizar LINQ para recuperar dados de arrays e coleções.
- Utilizar LINQ para recuperar dados de documentos XML.

No Microsoft Visual Studio, uma tecnologia importante utilizada para gerenciar e recuperar dados é conhecida como *Language Integrated Query (LINQ)* (pronuncia-se *link*). A LINQ permite a recuperação de dados de quase *qualquer* fonte de dados da mesma maneira, sejam eles armazenados em arrays, coleções, listas, bancos de dados ou documentos XML (Extensible Markup Language). Se você já teve contato com as instruções em SQL que buscam informações de tabelas estruturadas em um banco de dados, descobrirá que a LINQ é semelhante em muitos aspectos.

Este capítulo ensina a utilizar LINQ para extrair dados de arrays e de outras listas estruturadas e a usar a informação selecionada eficientemente em um programa. Você também aprenderá a escrever *expressões de consulta* LINQ em código Visual Basic e a usar palavras-chave essenciais da LINQ, incluindo *From*, *Where* e *Select*. Depois de conhecer os fundamentos do gerenciamento de dados de arrays e coleções com LINQ, você abrirá documentos XML em um programa e usará os dados desses documentos como fonte para consultas LINQ.

Ferramentas e técnicas da LINQ

No último capítulo, você aprendeu a preencher arrays e coleções com dados. A verdade é que os programadores passam muito tempo pensando a respeito dos dados e em qual é a melhor maneira de torná-los disponíveis e movê-los de um lugar para outro em um programa. O conceito de projeto fundamental por trás da LINQ é que ela simplifica para os programadores de Visual Studio a recuperação de dados dos muitos contêineres de dados que existem no mundo de um desenvolvedor, incluindo arrays, listas, coleções, bancos de dados relacionais, documentos XML e outras fontes.

Em termos gerais, a LINQ permite aos programadores que utilizam Visual Studio a fazer *consultas* complexas para recuperar dados de uma variedade de contêineres de dados, para que a informação possa ser integrada em um projeto de desenvolvimento para Windows. Embora essa definição ampla dos recursos da LINQ possa parecer complicada, na realidade a LINQ é apenas uma ferramenta para selecionar, ou *extrair*, informações de uma ou mais fontes de dados. Assim como a *Structured Query Language*

(SQL), a LINQ foi projetada para ajudar os desenvolvedores a fazer perguntas sobre coleções de dados importantes, que em geral são grandes ou complicadas demais para inspecionar manualmente (isto é, item por item). Por exemplo, quantos instrutores de esqui da Alpine Ski House trabalharam na escola de esqui por 10 anos ou mais? Ou quantos livros publicados pela Lucerne Publishing renderam mais de US$100.000 em vendas brutas nos últimos 12 meses?

É da natureza investigativa dessas pesquisas de dados que vem o termo *query* (consulta) da LINQ. Mas não é necessário ter à mão coleções de dados extremamente grandes para começar a trabalhar com LINQ em seus programas. Na verdade, a maioria dos programadores não percebe como é simples começar a usar LINQ. Assim que você entender os fundamentos da sintaxe de consulta básica da LINQ, poderá recuperar ou filtrar dados de fontes comuns, como arrays ou documentos XML estruturados. Nas seções a seguir, você vai aprender a criar expressões básicas em LINQ e a começar a utilizar seleção de dados LINQ em um aplicativo Windows Store.

Sintaxe de consulta básica

Como as palavras-chave da LINQ que constroem uma consulta LINQ fazem parte do Visual Studio e da linguagem Visual Basic, é muito fácil começar a trabalhar com LINQ em módulos de código e rotinas de tratamento de eventos. Cada vez que você criar uma expressão de consulta em LINQ, normalmente incluirá as seguintes palavras-chave:

- **Dim** Ao construir uma consulta LINQ, você precisa primeiro de uma variável para armazenar as informações relacionadas aos elementos da consulta. Embora, tecnicamente, a palavra-chave *Dim* não faça parte da sintaxe LINQ, ela é frequentemente usada para declarar a variável que armazena as informações retornadas pela LINQ. Na sintaxe a seguir, você verá que nenhum tipo de variável específico é exigido com *Dim*, pois a LINQ utiliza algo chamado *tipo anônimo* para deduzir o tipo de dado automaticamente. Um tipo anônimo é um tipo de dado de objeto criado automaticamente pelo Visual Basic e não recebe um nome para o programa usar. Assim como um doador anônimo que dá um presente, mas não é citado nos registros públicos, um tipo anônimo fornece um objeto que pode ser usado em um programa, sem a sintaxe que define um tipo.

    A linha de código a seguir declara uma variável chamada *queryData* para armazenar os resultados de uma consulta LINQ. Ela declara também uma variável de iteração chamada *person* para representar individualmente cada elemento da fonte de dados. (Declarar a variável *person* é muito parecido com declarar uma variável contadora para um loop *For...Next*.) A fonte de dados *Musicians* especificada aqui será discutida na próxima seção.

    ```
    Dim queryData = From person In Musicians
    ```

- **From** Na instrução anterior, talvez você tenha notado a palavra-chave *From*. Em uma consulta LINQ, a palavra-chave *From* é exigida para identificar de onde virão os dados que você pretende usar. Você pode incluir mais de uma fonte de dados em uma consulta LINQ, e essa capacidade é responsável por parte do poder e da flexibilidade da LINQ. Na instrução a seguir (que foi simplesmente copiada da anterior – você vai incluir essa instrução somente uma vez em seu código), o array de strings *Musicians* é especificado como fonte de dados para a consulta:

    ```
    Dim queryData = From person In Musicians
    ```

- **Where** A cláusula opcional *Where* filtra o resultado retornado pela consulta LINQ. Você pode incluir uma ou mais *condições*, ou nenhuma condição. Normalmente, a variável de iteração é usada em uma cláusula *Where*. Por exemplo, a instrução a seguir filtraria a consulta LINQ de modo que seriam retornados apenas os elementos do array que correspondessem ao texto "Robert". Note que essa instrução utiliza a variável de iteração person definida na instrução *Dim* anterior.

  ```
  Where person = "Robert"
  ```

- **Select** A cláusula *Select* também é opcional – ela permite retornar apenas campos selecionados ou partes da fonte de dados para refinar melhor seus resultados. Isso é mais eficiente quando a fonte de dados que está sendo usada tem numerosos campos ou quando você especifica mais de uma fonte de dados e quer limitar os resultados retornados pela consulta.

  Estão disponíveis muitas opções para a cláusula *Select*, mas o uso básico de *Select* é muito simples. No exemplo a seguir é declarada uma nova consulta LINQ, chamada *queryData*, que pesquisa dois arrays de strings (*WeekendInstructors* e *WeekdayInstructors*) para ver se existe alguma sobreposição entre eles. As variáveis de iteração *person* e *teacher* representam cada elemento do array durante a consulta; o Visual Basic compara os arrays elemento por elemento e, se há uma correspondência (se *person* é igual a *teacher*), esse item é selecionado e armazenado com outras correspondências na variável *queryData*.

  ```
  Dim queryData = From person In WeekendInstructors, teacher In WeekdayInstructors
      Where person = teacher
      Select person
  ```

> **Dica** Ao trabalhar no Code Editor, você descobrirá um recurso para economizar tempo associado à LINQ. Como a LINQ é totalmente integrada ao Visual Studio e à linguagem Visual Basic, o IDE fornece o IntelliSense para ajudá-lo a construir seu bloco de código em LINQ, assim que você especifica a fonte de dados que vai usar com a cláusula *From*.

Como extrair informações de arrays

Agora, vamos examinar um trecho de código de programa para ver como a LINQ funciona em uma rotina de tratamento de eventos em Visual Basic. A primeira fonte de dados que você vai usar com LINQ é um array do tipo *Double*. Você também vai aprender a usar um loop *For Each...Next* para exibir os resultados de uma consulta LINQ em um programa. O exemplo de projeto com que vai trabalhar é Linq Queries, um aplicativo Windows Store que utiliza como fontes de dados três arrays, uma coleção genérica e um documento XML.

Esse aplicativo é baseado nas atividades de uma escola de esqui fictícia, chamada Alpine Ski House, uma empresa que oferece aulas de esqui alpino e snowboard durantes os meses de inverno. O programa está parcialmente concluído, mas exige que você complete as consultas LINQ para extrair informações relacionadas à empresa e aos seus funcionários e alunos.

Construa uma consulta para extrair dados numéricos de um array

1. Inicie o Visual Studio e abra o programa Linq Queries, um aplicativo Windows Store localizado na pasta Meus Documentos\Visual Basic 2013 SBS\Chapter 15.

   O aplicativo da escola de esqui já contém um array de tipo *Double* chamado *WeekRevenue*, o qual armazena dados de valores de vendas de uma semana da empresa. Além disso, existem dois arrays do tipo *String* (*WeekdayInstructors* e *WeekendInstructors*), que contêm os nomes dos instrutores da escola que trabalham durante a semana e nos fins de semana.

   Existe ainda um arquivo de documento XML associado ao projeto, que foi carregado na pasta Assets. Esse arquivo contém os nomes dos alunos da escola que estão participando no programa de competição de esqui e snowboard. O formato desse documento é típico de um arquivo XML utilizado para dados em um programa Visual Basic; ele contém campos para nome, sobrenome, idade e sexo de 24 alunos.

   A interface de usuário básica do aplicativo Alpine Ski House se parece com esta no IDE. (Dependendo de como você usou o arquivo de exemplo no passado, o botão Add Name poderá estar ativo ou acinzentado; não importa em qual estado o botão está.)

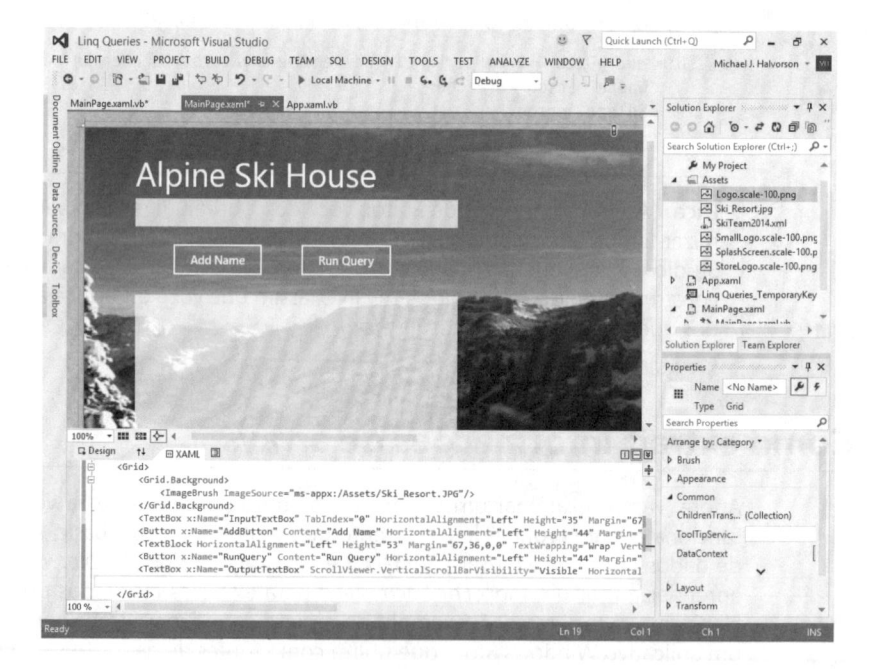

2. Como tudo nesse programa se resume a dados, comece abrindo o arquivo MainPage.xaml.vb e examine no Code Editor as fontes de dados de array e coleção fornecidas no início do arquivo code-behind.

CAPÍTULO 15 Gerenciamento de dados inovador com LINQ

Você verá os seguintes comentários e declarações:

```
'declara array de tipo Double para armazenar o valor da receita de uma semana da escola de esqui
Dim WeekRevenue() As Double = {842.55, 340.05, 725.25, 680.43, 1120.38, 2675.99, 2175.64}
'declara dois arrays de strings com nomes de instrutores
Dim WeekdayInstructors() As String = {"Bart", "Ken", "Maria", "Eve", "Claude", "Nikki"}
Dim WeekendInstructors() As String = {"Eve", "Allen", "Juan", "Larry", "Kim", "Al"}
'declara uma lista de coleção genérica para armazenar nomes de alunos digitados pelo usuário
Dim StudentNames As New Generic.List(Of String)
```

Conforme os comentários explicam, essas quatro instruções *Dim* declaram um array de tipo *Double* para a receita gerada pelas vendas, dois arrays de tipo *String* para nomes de instrutores e uma coleção genérica para nomes de alunos que serão digitados pelo usuário e armazenados em uma lista. Todas essas fontes de dados serão usadas como provedoras de informações para as consultas LINQ que você vai escrever neste programa, e uma quinta fonte de dados será adicionada (o documento XML) quando completar este exercício. Observe que as amostras de dados são bastante limitadas e servem apenas para demonstração; um programa completo provavelmente teria arrays, coleções e arquivos de documento muito maiores para armazenar os registros de uma empresa típica.

Comece seu trabalho com LINQ agora, construindo sua primeira expressão, uma consulta de recuperação que é executada quando o usuário clica em Run Query na página e que extrai informações do array *WeekRevenue* com base em critérios específicos.

Como esse programa já está parcialmente concluído, já criei a rotina de tratamento de eventos *RunQuery_Click* para você, um procedimento executado quando o usuário clica no botão Run Query na página.

3. No Code Editor, role para baixo no arquivo code-behind MainPage.xaml.vb a fim de localizar a rotina de tratamento de eventos *RunQuery_Click*.

4. Digite o código a seguir no Code Editor, entre *Private Sub* e *End Sub*. As linhas dois e três compreendem uma consulta LINQ completa.

```
OutputTextBox.Text = "Days with revenue greater than $500 this week" & vbCrLf & vbCrLf
Dim queryData = From dayrevenue In WeekRevenue
                Where dayrevenue > 500

For Each scanResult In queryData
    OutputTextBox.Text = OutputTextBox.Text & scanResult & vbCrLf
Next
```

> **Importante** Por convenção, coloquei uma linha em branco após a consulta LINQ (isto é, antes do loop *For Each*) para esclarecer ao compilador que a consulta está completa. Você sempre deve incluir essa linha em branco em seus blocos de código LINQ.

A primeira linha dessa rotina exibe uma mensagem em *OutputTextBox* (a caixa de texto grande na página), descrevendo o que essa consulta LINQ em particular está fazendo. Neste capítulo, sempre iniciarei as consultas configurando esse banner de caixa de texto simples, apenas para tornar claro o que você está vendo.

As duas instruções seguintes definem a consulta LINQ que analisa o array *WeekRevenue*. Aqui, a palavra-chave *Dim* cria uma variável (*queryData*) para armazenar os resultados da consulta LINQ. *WeekRevenue* é um array de tipo *Double*, com entradas que foram atribuídas quando o array foi inicialmente dimensionado. A variável de intervalo *dayrevenue* é uma variável iterativa que representa cada item no array *WeekRevenue*, à medida que é processado pela consulta LINQ.

A cláusula *Where* filtra os resultados da consulta, passando apenas os itens do array maiores que 500. Lembre-se de que mais condições poderiam ser adicionadas para refinar ainda mais os dados retornados por essa consulta. Esse é o lugar na consulta onde você pode ser muito específico com relação ao intervalo e ao tipo de informação que deseja extrair.

As últimas três linhas das rotinas de tratamento de eventos formam um loop *For Each...Next* que percorre a variável *queryData* item por item e exibe na caixa de texto uma linha separada para cada valor retornado. Apenas os itens maiores que 500 aparecerão nessa consulta em particular. (A informação permitirá ao gerente da empresa identificar os dias com os maiores valores de vendas.) Observe que, se não existir um valor no conjunto de dados que satisfaça aos critérios, o loop *For Each...Next* não será executado.

Agora, você executará o programa para ver como essa consulta LINQ funciona.

5. Clique no botão Start Debugging.

    O aplicativo é ativado e exibe uma página contendo uma foto de inverno, um rótulo descritivo, dois botões e duas caixas de texto.

6. Clique em Run Query.

    O Visual Basic carrega a rotina de tratamento de eventos *RunQuery_Click* e executa a expressão em LINQ para localizar os itens do array que satisfazem os critérios especificados. Seis itens compatíveis foram encontrados, e o loop *For Each...Next* exibe cada valor de venda na caixa de texto. Sua tela deve ser parecida com esta:

CAPÍTULO 15 Gerenciamento de dados inovador com LINQ

[Imagem: Tela do aplicativo "Alpine Ski House" com botões "Add Name" e "Run Query", mostrando "Days with revenue greater than $500 this week": 842.55, 725.25, 680.43, 1120.38, 2675.99, 2175.64]

Tudo parece correto – sua expressão em LINQ funcionou e os valores financeiros foram extraídos conforme o esperado. Parece que eles tiveram uma boa semana na escola de esqui!

7. Feche o programa e retorne ao IDE do Visual Studio.

Você começou bem. Aprendeu um uso fundamental da LINQ: procurar itens numéricos que correspondam a um intervalo ou critério específico dentro de um array ou de uma coleção de dados. Agora, vamos passar a algo mais interessante, relacionado ao array *WeekRevenue*. Vamos tentar estreitar os resultados obtidos.

Construa uma consulta com uma cláusula *Where* complexa

1. No Code Editor, role para baixo até a rotina de tratamento de eventos *RunQuery_Click* e modifique a cláusula *Where* na consulta LINQ para que fique como segue. (As mudanças que você precisa fazer estão formatadas em negrito.)

```
Where dayrevenue > 500 And dayrevenue < 1000
```

A novidade é que adicionei um operador *And* à consulta, para agrupar duas expressões na cláusula *Where* existente. E, na verdade, com um pouco de prática no uso do recurso IntelliSense do Visual Studio, você pode encontrar muitos outros operadores para expandir suas cláusulas *Where* e aumentar a complexidade. Neste caso, estou pedindo à LINQ para que avalie os valores de receitas com vendas diárias item por item e recupere somente os itens que tiverem um valor maior que 500, mas menor que 1000.

2. Agora, modifique a propriedade *OutputTextBox.Text* que contém nosso banner de "documentação" na rotina de tratamento de eventos, para que também reflita a alteração que você fez na consulta. (Novamente, a alteração que você deve fazer está indicada em negrito.)

```
OutputTextBox.Text = "Days with revenue between $500 and $1000 this week" &
vbCrLf & vbCrLf
```

Agora, execute o programa novamente para ver como a LINQ funciona com a cláusula *Where* aprimorada.

3. Clique no botão Start Debugging.

O aplicativo é ativado e exibe a página de abertura da empresa Alpine Ski House.

4. Clique em Run Query.

O Visual Basic executa a rotina de tratamento de eventos *RunQuery_Click* novamente, mas desta vez são retornados apenas os valores entre 500 e 1000. Você verá os seguintes resultados:

Como você pode ver, uma cláusula *Where* mais detalhada nos permitiu filtrar melhor os resultados, dando mais significado e identificando importantes tendências nos dados.

5. Feche o programa e retorne ao IDE do Visual Studio.

Mesmo esses primeiros passos com a LINQ tornam claro que existem numerosas maneiras de extrair informações de uma fonte de dados; tudo depende do que você quer extrair e das maneiras como deseja reunir e combinar informações.

Agora você vai ver como a LINQ funciona com consultas projetadas para dados no formato *String*. Essa tarefa nos oferece uma oportunidade de trabalhar com dados de array contendo nomes de funcionários. Além disso, você terá uma chance de rever alguns dos úteis métodos de processamento de strings, sobre os quais aprendeu no Capítulo 11, "Tipos de dados, operadores e processamento de strings", como *ToUpper*, *Contains* e *TrimEnd*.

Utilize LINQ com métodos de processamento de strings para extrair dados de string

1. No Code Editor, exiba novamente a rotina de tratamento de eventos *RunQuery_Click* dentro do programa Linq Queries.

2. Agora, modifique a consulta LINQ para que ela extraia informações do array *WeekendInstructors*. Esse array de tipo *String* contém os nomes de seis instrutores de esqui da escola Alpine Ski House. Como você já viu no arquivo code-behind, esse array contém a seguinte informação:

```
Dim WeekendInstructors() As String = {"Eve", "Allen", "Juan", "Larry", "Kim", "Al"}
```

Agora, você vai modificar a rotina de tratamento de eventos *RunQuery_Click* para que ela recupere os instrutores cujos nomes incluem as letras *Al*.

3. Altere a rotina de tratamento de eventos de modo que ela se pareça com a seguinte. (Novamente, os elementos que você precisa modificar estão formatados em negrito.)

```
OutputTextBox.Text = "Names that include 'Al'" & vbCrLf & vbCrLf
Dim queryData = From person In WeekendInstructors
                Where person.Contains("Al")

For Each scanResult In queryData
    OutputTextBox.Text = OutputTextBox.Text & scanResult & vbCrLf
Next
```

Como sempre, a rotina começa definindo a propriedade *OutputTextBox.Text* com o propósito da consulta LINQ. Isso serve como um lembrete a respeito do que você está fazendo, quando testar o programa.

Na segunda linha, a instrução *From* foi alterada para consultar uma nova fonte de dados, o array de strings *WeekendInstructors*. A variável de iteração foi alterada para *person* na instrução *From*, e as linhas seguintes também utilizam essa variável para processar informação, à medida que ela muda na consulta. Lembre-se de que *person* é uma variável *placeholder** semelhante às variáveis contadoras que você vê em loops *For...Next*.

Desta vez, a cláusula *Where* foi modificada para usar o método *Contains* para filtrar os dados, o qual é fornecido pela classe *String*. *Contains* determina se a string especificada ("Al") ocorre na variável de iteração (*person*), a qual representa cada elemento do array *WeekendInstructors* à medida que a consulta prossegue. Se a LINQ determina que "Al" faz parte de um elemento do array, o item é exibido no objeto *OutputTextBox*.

Execute o programa agora para ver como a LINQ funciona com o método *Contains*.

---

* N. de R.T.: Nesse caso, trata-se de uma variável que reserva um espaço para receber diversos valores, um de cada vez.

4. Clique no botão Start Debugging.

   O aplicativo é ativado e exibe a página de abertura da empresa Alpine Ski House.

5. Clique em Run Query.

   O Visual Basic executa a rotina de tratamento de eventos *RunQuery_Click* e extrai dois nomes do array *WeekendInstructors* com base no critério "Al" dado. Você verá estes resultados:

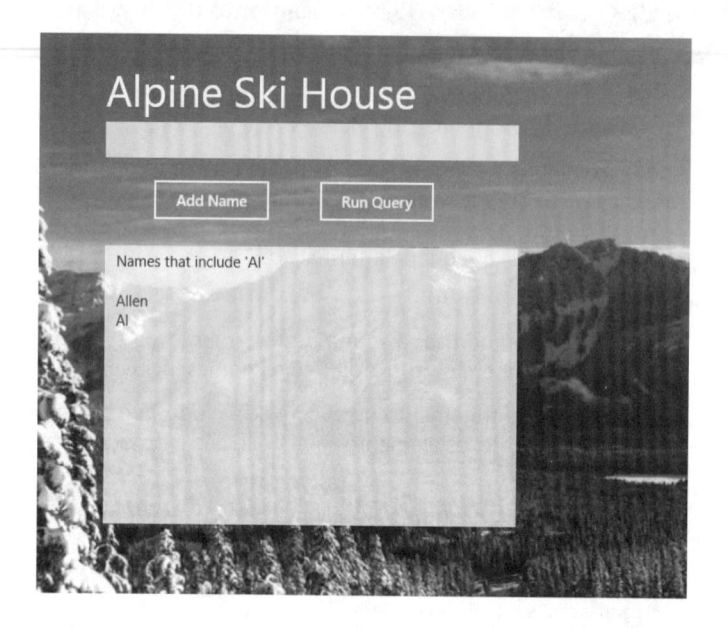

Novamente, temos um resultado bem-sucedido. Allen e Al são de fato nomes que contêm a string "Al". Mas espere um minuto. Essa expressão LINQ em particular funcionou bem porque o padrão de letras maiúsculas e minúsculas "Al" correspondia exatamente a duas combinações de letra específicas no array. Mas lembre-se de que o Visual Basic e o .NET Framework às vezes diferenciam letras maiúsculas e minúsculas quando se trata de comparar e classificar valores alfanuméricos. Isso significa que é preciso ter cuidado ao extrair informações textuais com a LINQ – você nunca sabe quando algum outro padrão de letras maiúsculas e minúsculas dentro da fonte de dados poderá ser desconsiderado, porque um nome incluiu esquemas menos comuns de letras maiúsculas e minúsculas, como "AL", "al" ou "aL".

Então, existe um modo de procurar strings de maneira mais inclusiva, utilizando técnicas que você aprendeu neste livro?

CAPÍTULO 15 Gerenciamento de dados inovador com LINQ **439**

A resposta é "sim". Lembre-se de que, no Capítulo 11, você viu uma variedade de métodos e técnicas de processamento de strings, fornecidos pelo namespace *System.String* justamente por esse motivo. E, felizmente, na LINQ você pode construir cláusulas *Where* que combinam vários desses métodos *String*. Vamos ver como os métodos *ToUpper*, *Contains* e *TrimEnd* podem ser usados para resolver esse problema e construir uma consulta LINQ muito interessante.

6. Modifique a rotina de tratamento de eventos *RunQuery_Click* de modo que apareça como segue (os elementos alterados aparecem em negrito):

```
OutputTextBox.Text = "Names that contain " & InputTextBox.Text & vbCrLf & vbCrLf
Dim queryData = From person In WeekendInstructors
                Where person.ToUpper.Contains(InputTextBox.Text.ToUpper.TrimEnd)

For Each person In queryData
    OutputTextBox.Text = OutputTextBox.Text & person & vbCrLf
Next
```

O ator principal nessa rotina é o objeto *InputTextBox* (a primeira caixa de texto na página), o qual servirá como uma caixa de texto "Localizar" ou "Procurar" no programa. Qualquer que seja o padrão textual digitado pelo usuário nessa caixa de texto, a consulta LINQ tentará localizar dentro do array *WeekendInstructors*. Se o usuário não digitar uma string de busca em *InputTextBox*, todos os elementos do array serão extraídos e exibidos.

A função de processamento de strings importante dentro da rotina é dada pela seguinte instrução:

```
Where person.ToUpper.Contains(InputTextBox.Text.ToUpper.TrimEnd)
```

Aqui, o conteúdo da variável de iteração *person* é convertido em maiúsculas e, então, esse novo valor de string é comparado com o conteúdo de *InputTextBox*, o qual o usuário acabou de digitar. Para tornar as coisas ainda mais sutis, observe que também converti em maiúsculas o conteúdo de *InputTextBox* e removi todo espaço em branco do final desse valor (esse ajuste final é facilitado pelo método *TrimEnd*). O corte final é mais importante do que você possa imaginar, pois às vezes, em entradas de usuário ou em operações de strings, espaços em branco ou retornos de carro (carriage returns) extras se infiltram e devem ser eliminados. (Note que também é possível cortar o início *e* o fim de uma string com o método *Trim*.)

O resultado final é que tanto os itens do array como a string de busca são ambos temporariamente convertidos em maiúsculas, antes que a consulta LINQ seja avaliada. (Assim, quando o nome "Allen" é avaliado no array, torna-se temporariamente "ALLEN" para a comparação.) Apenas saiba que a alteração não é feita sobre os elementos reais do array, mas apenas em uma cópia dos elementos que estão sendo usados pelo método *ToUpper*.

Execute o programa agora para ver como o novo recurso de caixa de texto e a consulta LINQ funcionam.

7. Clique no botão Start Debugging.

O aplicativo é ativado e exibe sua página de abertura.

8. Clique em Run Query.

   O Visual Basic executa a rotina de tratamento de eventos *RunQuery_Click*. Como você não especificou uma string de busca na caixa de texto *InputBox*, todos os elementos do array são extraídos pela consulta. Você verá estes resultados:

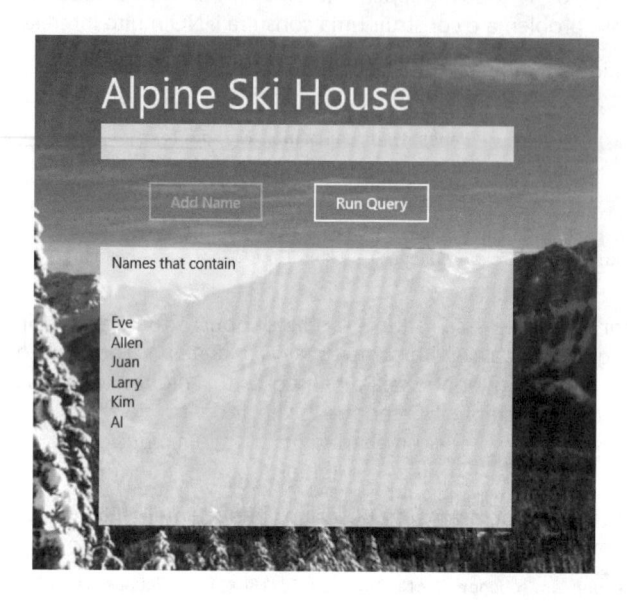

   [Alpine Ski House — Names that contain: Eve, Allen, Juan, Larry, Kim, Al]

9. Foi assim que a consulta LINQ foi projetada, de modo que essa é a funcionalidade esperada (embora um tanto incomum). Agora, experimente algumas strings de busca específicas.

10. Digite "l" (um *L* minúsculo) na caixa de texto e clique em Run Query.

    O Visual Basic procura nomes no array que contenham a letra *L* (maiúsculo ou minúsculo). Sua tela estará parecida com esta:

CAPÍTULO 15   Gerenciamento de dados inovador com LINQ   **441**

Tudo bem – isso parece correto, pois tanto letras maiúsculas como minúsculas parecem corresponder ao filtro especificado.

11. Agora, continue a pesquisar padrões de letras que você ache que possam existir (ou não) no array *WeekendInstructors*. Use padrões como "e", "Al", "an", "Kim", "u" etc.

    Uma por uma, o programa completa suas consultas LINQ com os valores de filtro especificados. Eu acho essa qualidade interativa da LINQ muito útil – você pode usar LINQ para criar seus próprios recursos de busca, avaliando fontes de dados grandes ou pequenas. Essa funcionalidade também é impressionante, se você considerar quantos dados a LINQ poderia pesquisar se o array ou a fonte de dados fosse muito maior. Essa é uma ferramenta de consulta bem rápida.

12. Quando terminar, feche o programa Linq Queries e retorne ao IDE.

    Agora você vai praticar o uso de LINQ para extrair informações de dois arrays simultaneamente. Nesse cenário, você vai comparar o array *WeekdayInstructors* com o array *WeekendInstructors* e determinar se algum dos instrutores da escola de esqui está trabalhando nos dois grupos.

Utilize LINQ para localizar elementos de array que se sobrepõem

1. Exiba o Code Editor e, então, modifique a rotina de tratamento de eventos *Run-Query_Click* de modo que seja semelhante a esta (os elementos alterados aparecem em negrito):

```
OutputTextBox.Text = "Instructors that work weekdays and weekends" & vbCrLf & vbCrLf
Dim queryData = From person In WeekendInstructors, teacher In WeekdayInstructors
                Where person = teacher
                Select person

For Each scanResult In queryData
    OutputTextBox.Text = OutputTextBox.Text & scanResult & vbCrLf
Next
```

Essa rotina de tratamento de eventos modifica a caixa de texto para indicar a finalidade da consulta LINQ (localizar elementos de array que se sobrepõem) e, então, adiciona um segundo array ao bloco de código LINQ. Observe como agora a cláusula *From* identifica dois arrays e as variáveis de iteração que serão utilizadas como *placeholders* (espaços reservados) durante a consulta: *person* será um *placeholders* para elementos de array de *WeekendInstructors* e *teacher* será um *placeholders* para elementos de array de *WeekdayInstructors*.

A cláusula *Where* filtra os resultados de modo que somente os funcionários que aparecem nos dois arrays sejam retornados pela consulta LINQ. (Ou seja, onde pares de registros dos dois arrays compartilham um valor comum.) Contudo, a instrução *Select*, utilizada aqui pela primeira vez, retorna apenas o elemento do array *person*. Neste caso, não é desejável exibir duas vezes os nomes correspondentes no objeto *OutputTextBox* – uma vez é suficiente.

Execute o programa agora para ver como essa consulta LINQ funciona.

2. Clique no botão Start Debugging.

O aplicativo é ativado e exibe sua página de abertura.

3. Clique em Run Query.

4. O Visual Basic executa o código de programa LINQ e retorna o instrutor da escola de esqui e snowboard que trabalha em fins de semana e durante a semana. Você verá este resultado:

A consulta ajudou a Alpine Ski House a concluir algo que talvez não fosse óbvio no início: existe certa sobreposição em seus turnos de ensino, e a instrutora Eve é a única que atualmente trabalha nos fins de semana e durante a semana. Os resultados seriam ainda mais impressionantes se os arrays contivessem centenas ou mesmo milhares de elementos.

5. Feche o programa e exiba o IDE mais uma vez.

Utilizando essas técnicas e as que acabou de aprender nos exercícios anteriores, é fácil ver como você poderia refinar essa consulta com uma caixa de texto para permitir pesquisas feitas pelo usuário que comparam vários arrays ou fontes de dados diferentes, e como poderia usar métodos de processamento de strings para procurar diferentes padrões de nome ou de caracteres dentro dos arrays. Quando você entender o significado e o fluxo da sintaxe da LINQ e os seus elementos básicos, poderá escrever muito rapidamente suas próprias expressões sofisticadas.

> ### Estratégias de depuração com LINQ
>
> O IDE do Visual Studio fornece várias ferramentas para ajudá-lo a localizar erros em seus programas Visual Basic. À medida que você se aprofundar no tema da LINQ e do gerenciamento de informações de diferentes fontes em seus aplicativos, as ferramentas de depuração do Visual Studio se tornarão particularmente úteis. Por exemplo, você pode usar um DataTip ou uma janela Watch para inspecionar todo o conteúdo de uma fonte de dados, enquanto seu programa está no modo de depuração. Se você colocar uma instrução *Stop* em um loop *For...Next* que processa um array ou coleção de algum modo, poderá entrar no modo de depuração e usar o botão Step Into da barra de ferramentas Debug para observar o conteúdo do contêiner de dados mudar, à medida que percorre o loop.
>
> Do mesmo modo, consultas LINQ complexas podem ser esclarecidas e depuradas se você colocar uma instrução *Stop* após a última instrução *Select* em uma consulta e utilizar o modo de depuração para percorrer as linhas restantes da rotina de tratamento de eventos. Isso pode ser especialmente útil em loops *For Each...Next* que processam variáveis de consulta, como as que você usou no último exercício. A janela Locals também é muito útil ao se avaliar e depurar consultas LINQ.
>
> Por fim, quando começar a trabalhar com documentos XML em aplicativos Visual Basic, tente usar um *visualizador* de XML para examinar a estrutura do documento e a formatação de elementos XML, enquanto opera em seu programa. Um visualizador é representado por um pequeno ícone de lupa, que aparece no Code Editor para certos elementos do programa no modo de depuração. Se você vir essa ferramenta ao lado de uma variável que contém dados XML em seu código, clique no ícone e verá uma caixa de diálogo com informações úteis sobre o conteúdo do documento.

Como utilizar LINQ com coleções

Conforme você aprendeu no Capítulo 14, "Arrays, coleções e genéricos para gerenciamento de dados", as coleções também representam um método útil para armazenar informações em um programa Visual Basic e, de muitas maneiras, *superam* as capacidades dos arrays, pois oferecem mais recursos e verificação de tipo internos, e podem ser configuradas de modo a representar estruturas de dados úteis, como listas, filas, pilhas, tabelas de hash e outras entidades.

Agora que você entende a sintaxe básica da LINQ para usar arrays, será simples utilizar coleções como fonte de dados. No próximo exercício, você vai usar uma coleção genérica do tipo *lista* para armazenar os nomes dos novos alunos da escola de esqui que estão entrando no programa da Alpine Ski House. Vamos usar os recursos de gerenciamento de coleções desenvolvidos no Capítulo 14 para adicionar nomes a uma coleção do tipo lista, usando o objeto *InputTextBox* da página e o teclado. A lista de nomes criada pode ter qualquer tamanho, mas a consulta a ser construída se destina a processar itens de tipo *String*, e recomendo inserir seus dados no formato *Sobrenome, Nome*. A consulta LINQ pesquisa a lista inteira digitada por você e recupera os itens que incluem o nome "Smith".

CAPÍTULO 15 Gerenciamento de dados inovador com LINQ

> **Nota** Para obter mais informações sobre coleções genéricas e o uso de coleções do tipo lista em um programa, consulte "Crie coleções e listas genéricas" no Capítulo 14. Recomendo utilizar uma coleção *genérica*, pois é mais fortemente tipada e, portanto, mais segura e mais fácil de usar.

Crie uma consulta LINQ que recupere dados de uma coleção genérica

1. Exiba o Code Editor e role até o início da página para examinar a seção de declarações do arquivo MainPage.xaml.vb, onde as fontes de dados do programa foram declaradas.

2. Localize a variável *StudentNames*, a qual é declarada com a seguinte instrução *Dim*:

```
'declara uma lista de coleção genérica para armazenar nomes de alunos digitados pelo usuário
Dim StudentNames As New Generic.List(Of String)
```

StudentNames é uma coleção genérica do tipo lista, projetada para armazenar valores de string. Atualmente ela está vazia, mas o programa a preencherá com dados utilizando a rotina de tratamento de eventos *AddButton_Click*, a qual executa quando o usuário clica no botão Add na página. Você viu essa rotina no Capítulo 14, quando trabalhou com coleções pela primeira vez em um aplicativo Windows Store. Contudo, a finalidade deste exercício é mostrar a você como extrair dados de uma coleção usando LINQ. Você vai fazer isso no próximo passo.

3. Role para baixo até a rotina de tratamento de eventos *RunQuery_Click* e modifique-a para que contenha as seguintes linhas de código. (Os elementos atualizados aparecem em negrito.)

```
OutputTextBox.Text = "New ski school students named Smith" & vbCrLf & vbCrLf
Dim queryData = From person In StudentNames
                Where person.ToUpper.Contains("SMITH")

For Each scanResult In queryData
    OutputTextBox.Text = OutputTextBox.Text & scanResult & vbCrLf
Next
```

A nova rotina de tratamento de eventos começa modificando o objeto *OutputTextBox* para explicar o que a consulta LINQ faz. Neste caso, a consulta foi projetada para procurar nomes na lista que correspondam a "SMITH". O método *ToUpper* é usado para converter em maiúsculas os nomes da coleção, para que qualquer padrão de grafia em maiúsculas e minúsculas de "Smith" seja uma correspondência.

Isso é tudo que há no código LINQ nesse exemplo simples. Agora é preciso apenas fazer duas modificações de configuração de propriedades na interface do usuário. Primeiro, você vai habilitar o botão AddName para que os usuários possam clicar nele para inserir nomes na lista *StudentNames*.

4. Exiba MainPage.xaml no Designer e clique no botão AddName.
5. Na janela Properties, expanda a categoria Common e adicione uma marca de visto à caixa de seleção IsEnabled.

   A propriedade *IsEnabled* determina se um objeto na página está disponível para uso ou não. (Os objetos desabilitados aparecem acinzentados e não podem receber o foco.) Para diminuir a confusão, desabilitei esse botão anteriormente, para que não fosse uma distração quando você estivesse completando os primeiros exercícios do capítulo. Mas agora que você quer usar a caixa de texto e o botão para entrada, é hora de habilitá-lo e torná-lo pronto para uso.

   Em seguida, você vai mudar o foco para o objeto caixa de texto *InputTextBox* quando o programa começar. Esse é um passo opcional, mas estabelecer o foco é um recurso prático útil. Como agora esse é o primeiro elemento da interface com que o usuário vai interagir, você pode facilitar isso para ele.

6. No painel XAML do Code Editor, localize a linha de marcação que define o botão RunQuery.
7. Selecione e mova o elemento de marcação *TabIndex="0"* de seu local atual para a linha de marcação que define a caixa de texto *InputTextBox*.

   Quando você configura a propriedade *TabIndex* como "0" na marcação de um objeto, esse objeto se torna o primeiro a receber o foco quando a página é carregada. Mudando a configuração de propriedade *TabIndex="0"* agora, você está transformando a primeira caixa de texto no objeto de atenção quando o programa começa. (A propósito, você pode configurar a propriedade *TabIndex* de mais itens, seguindo o padrão *TabIndex="1"*, *TabIndex="2"* e assim por diante. Essas configurações de propriedade controlam a ordem na qual os objetos recebem o foco quando o usuário pressiona a tecla Tab.)

   OK, perfeito. Agora, execute o programa para ver como a consulta LINQ extrai informações da coleção *StudentNames*.

8. Clique no botão Start Debugging.

   O aplicativo é ativado e exibe sua página de abertura. O cursor pisca na caixa de texto *InputBox*, pois ela recebeu o foco.

9. Digite **Smith, Denise** na caixa de texto e clique em Add Name.
10. Digite **Smith Jr., Ronaldo** na caixa de texto e clique em Add Name.
11. Digite **Spencer, Phil** na caixa de texto e clique em Add Name.
12. Digite **Krebs, Peter J.** na caixa de texto e clique em Add Name.
13. Digite **Smith-Bates, Lorrin G.** na caixa de texto e clique em Add Name.

    Agora você vai executar a consulta LINQ e ver os nomes que ela retorna.

CAPÍTULO 15 Gerenciamento de dados inovador com LINQ **447**

14. Clique em Run Query.

    O Visual Basic processa a expressão de consulta e retorna os nomes que incluem o padrão alfanumérico "SMITH". Você verá este resultado:

    ![Alpine Ski House - New ski school students named Smith: Smith, Denise; Smith Jr., Ronaldo; Smith-Bates, Lorrin G.]

    A consulta está funcionando conforme o esperado e retorna diversas variações do nome "Smith".

    Como a lista *StudentNames* é expansível, você pode continuar adicionando nomes à coleção e executar a consulta LINQ quantas vezes quiser. Talvez você queira experimentar esquemas de letras maiúsculas e minúsculas diferentes, adicionando variações do nome "Smith" à coleção, como "SMIth", "smith", "sMiTh" e assim por diante.

15. Quando acabar de testar, feche o programa e exiba o IDE novamente.

    Ótimo trabalho. Vamos aprender mais uma técnica de recuperação de dados neste capítulo.

Como utilizar LINQ com documentos XML

Arrays e coleções são importantes fontes de dados para consultas LINQ, mas representam apenas o início do que pode ser feito com a LINQ. Outras fontes de dados aceitas pela LINQ incluem bancos de dados relacionais, planilhas do Excel, produtos e resultados de busca de outros provedores, como Amazon e Google, e o tema desta seção – documentos XML.

Um *documento XML* é um arquivo de texto estruturado que segue as especificações da XML. Você pode adicionar um documento XML ao seu programa incluindo-o na pasta Assets do projeto, ou pode acessar esses documentos em tempo de execução, localizando-os no sistema local ou na nuvem. Conforme já discutimos neste livro, os arquivos XAML também obedecem as regras gerais dos documentos XML e, basicamente, são um tipo especial de documento XML, projetados para instanciar objetos .NET em um aplicativo Windows.

Fora a linha de declaração inicial, os documentos XML não têm uma lista de elementos predefinidos que precisem conter. Em vez disso, eles permitem a você criar seus próprios nomes para elementos em um documento. Os elementos precisam apenas obedecer as regras sintáticas básicas de marcação e se encaixar em uma hierarquia sob um único elemento de nível superior. Em um aplicativo Visual Basic é possível usar quaisquer estruturas de dados hierárquicas que existam em documentos XML, de modo que é vantajoso criá-los e mantê-los.

Os documentos XML têm diversas vantagens em relação aos formatos de dados proprietários, como aqueles usados pelo Microsoft Access (formato .mdb). Primeiramente, a XML é lida com facilidade por seres humanos, de modo que não são necessárias ferramentas de banco de dados especiais para abrir e entender os arquivos de dados XML. Segundo, a linguagem XML é baseada em um padrão público aberto, e foi adotada pela Microsoft e por outros publicadores de software para troca de informações e uso na web. Terceiro, é fácil incluir os arquivos XML em projetos de programação do Visual Studio. Basicamente, os arquivos XML são apenas arquivos de texto, de modo que, se você precisar em seu projeto de uma fonte de dados eficiente e flexível, que possa ser facilmente atualizada e instalada com seu aplicativo, os documentos XML podem ser uma boa opção.

O documento XML que você vai usar neste capítulo se chama SkiTeam2014.xml. O arquivo serve para representar informações sobre um grupo de alunos da empresa Alpine Ski House, os quais estão participando do programa de competição da escola de esqui. O arquivo contém campos chamados *FirstName*, *LastName*, *Gender* e *Age*. (Esse é o tipo de informação que o coordenador de uma escola de esqui poderia usar para registrar esquiadores para uma competição por idade ou por sexo.) Embora o documento XML contenha agora informações de apenas 24 atletas, é o tipo de arquivo que poderia ser expandido para conter centenas ou mesmo milhares de registros. Esse é justamente o tipo de informação que um programador talvez queira incluir em um projeto de programação e que você pode usar para praticar a elaboração de consultas LINQ.

O arquivo SkiTeam2014.xml pode ser encontrado na pasta Meus Documentos\Visual Basic 2013 SBS\Chapter 15 em seu disco rígido. SkiTeam2014.xml é simplesmente um arquivo de texto, e você pode editá-lo em um editor de texto (como o Bloco de Notas ou o WordPad) ou no IDE do Visual Studio, o qual é projetado para abrir e editar documentos XML. Se você abrir SkiTeam2014.xml no Internet Explorer, os vários elementos do documento aparecerão em cores diferentes, e poderá navegar pela estrutura lógica do documento por meio de uma árvore que pode ser recolhida e expandida.

CAPÍTULO 15   Gerenciamento de dados inovador com LINQ   **449**

A ilustração a seguir mostra SkiTeam2014.xml no Visual Studio, o qual carreguei abrindo a pasta Assets no Solution Explorer e clicando duas vezes no arquivo SkiTeam2014.xml.

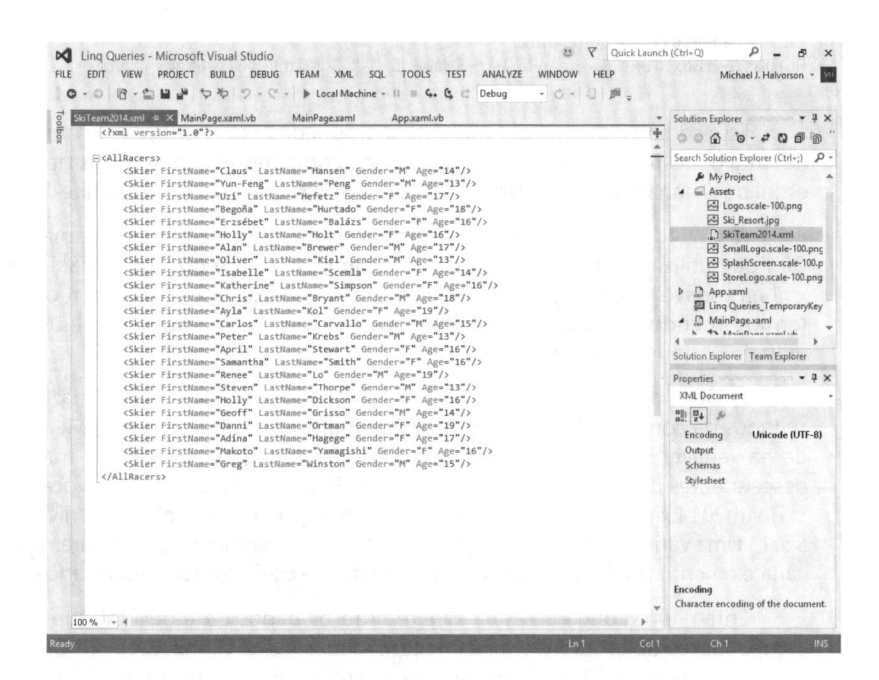

Se quiser integrar um documento XML em um projeto do Visual Basic, antes que o projeto seja compilado, você precisa incluir o documento na pasta Assets do projeto. O procedimento para abrir um documento XML na pasta é igual ao processo de adicionar arte eletrônica, arquivos de áudio ou de vídeo à pasta Assets. Clique com o botão direito do mouse na pasta Assets no Solution Explorer, clique em Add | Existing Item e localize o documento XML na caixa de diálogo Add Existing Item. Como já completei esse passo para você, resta escrever uma consulta LINQ para extrair informações do documento XML. Você vai criar uma consulta complexa que recupera os campos de nome e sobrenome de cada aluno do sexo masculino do programa de competição de esqui, com idades entre 17 e 19 anos, inclusive.

Crie uma consulta LINQ que recupere dados de um documento XML

1. No Code Editor, role até a rotina de tratamento de eventos *RunQuery_Click* do programa Linq Queries.
2. Modifique o procedimento de modo que ele contenha o seguinte código.

   (Existem muitas alterações aqui. Talvez você queira apenas excluir o que está atualmente na rotina de tratamento de eventos e redigitar tudo. Ou então, pode apenas modificar as instruções que aparecem em negrito.)

```
OutputTextBox.Text = "Male ski racers between 17 and 19, inclusive" & vbCrLf & vbCrLf

Dim SkiRacingTeam = XElement.Load("Assets/SkiTeam2014.xml")
Dim queryData = From skier In SkiRacingTeam.Descendants("Skier")
```

```
Where (skier.Attribute("Gender").Value = "M") _
    And (skier.Attribute("Age").Value >= 17) And (skier.Attribute("Age").Value <= 19)
Select FName = skier.Attribute("FirstName").Value,
    LName = skier.Attribute("LastName").Value

For Each scanResult In queryData
    OutputTextBox.Text &= scanResult.FName & " " & scanResult.LName & vbCrLf
Next
```

Esse código começa configurando a propriedade *OutputBox.Text* com um rótulo descritivo; neste caso, você vai recuperar os competidores masculinos da escola de esqui que tenham idades entre 17 e 19 anos, e isso inclui os valores-limite 17 e 19.

A segunda linha de código é única neste capítulo – trata-se de uma instrução *Dim* que utiliza o método *XElement.Load* para carregar o documento SkiTeam2014. xml na variável *SkiRacingTeam*. Observe como essa instrução conta com o fato de já termos inserido o documento XML na pasta Assets do projeto; o nome de caminho utiliza a pasta Assets em sua sintaxe.

Então, a rotina declara uma variável chamada *queryData* para armazenar os resultados da consulta LINQ. A cláusula *From* indica que o documento XML armazenado na variável *SkiRacingTeam* será usado como fonte para os dados e que todos os descendentes do elemento de nível superior *Skier* serão incluídos. (Se você examinar SkiTeam2014.xml novamente, verá que ele começa com o elemento de nível superior *Skier*.) Uma variável local de iteração, chamada *skier*, também é usada para representar cada elemento no documento XML à medida que os dados são processados.

Então, uma longa cláusula *Where* filtra os dados de modo tal que apenas os competidores de esqui masculinos e com idades entre 17 e 19 anos (inclusive) apareçam na lista final. Observe como utilizo parênteses para separar os diferentes componentes nas cláusulas *Where* e como utilizo a palavra-chave *And* para combinar as três condições da cláusula *Where*. (Aqui os parênteses são usados apenas por clareza.)

O Visual Studio permite escrever cláusulas *Where* bastante complexas, com diversos operadores lógicos, incluindo *And, Or, AndAlso, OrElse, Is* e *IsNot*. Também é possível acrescentar cláusulas sofisticadas, como *Order By, Distinct* e *Aggregate*, para filtrar ainda mais os resultados de uma consulta.

Para registros de esquiadores que correspondem aos filtros de sexo e idade, os elementos *FirstName* e *LastName* de cada competidor de esqui são retornados e exibidos na caixa de texto na página. Note a sintaxe específica das propriedades *Attribute* e *Value* – elas permitem retornar elementos de dados XML dentro da hierarquia do documento XML. O processo é apenas um pouco mais complicado do que o trabalho de processamento de arrays e coleções realizado anteriormente no capítulo, pois nesses documentos XML há mais estrutura do que nos arrays e coleções utilizados.

Por fim, os itens recuperados pela consulta LINQ são processados por um loop *For Each...Next*, o qual utiliza a variável *scanResult* para iterar pelos resultados retornados pela variável *queryData*, exibindo na caixa de texto uma linha para cada competidor de esqui masculino com idade entre 17 e 19 anos. Mas... no documento XML existem realmente alunos que se encaixem nesse perfil?

Execute o programa agora para ver quais registros (se houver) são recuperados.

3. Clique no botão Start Debugging.

   O aplicativo é ativado e exibe o conhecido banner da Alpine Ski House, com sua vívida fotografia de esportes de inverno.

4. Clique em Run Query.

   O Visual Basic carrega a rotina de tratamento de eventos *RunQuery_Click* e executa a expressão LINQ para extrair do arquivo SkiTeam2014.xml os competidores de esqui masculinos com idades de 17 a 19 anos. E, pelo que você sabe, três nomes compatíveis são encontrados no arquivo e exibidos na caixa de texto pelo loop *For Each...Next*. Sua tela deve ser parecida com esta:

Como vimos, o documento XML era bastante complexo, com vários campos e marcas. Contudo, a consulta não teve problema para extrair imediatamente apenas os dados que queríamos ver. Tais informações seriam úteis para um coordenador de competição que estivesse preparando planilhas de páreos para o fim de semana. Mas a realidade mais ampla é que consultas LINQ e cláusulas *Where* complexas podem ser extremamente poderosas na análise de dados. Consegue imaginar como uma ferramenta assim seria poderosa, se houvesse centenas ou milhares de registros em uma empresa como a Alpine Ski House?

5. Feche o programa e retorne ao IDE do Visual Studio.

6. Clique no botão Save All para salvar as alterações feitas no projeto e, então, encerre o Visual Studio.

   Você terminou de trabalhar no Visual Basic por enquanto. Excelente trabalho com a LINQ! Você aprendeu valiosas habilidades de gerenciamento de dados que poderá expandir no futuro, conforme for necessário. De fato, você verá que há muito mais a aprender sobre LINQ, e pode encontrar essas informações em livros sobre programação avançada com Visual Basic e Visual Studio, assim como em livros especializados sobre bancos de dados e em fóruns na Web. Na verdade, esses passos fundamentais são apenas o início!

Resumo

Este capítulo ensinou habilidades fundamentais de programação com LINQ, incluindo a sintaxe de consultas com expressões LINQ, cláusulas LINQ essenciais, como *From*, *Where* e *Select*, e como trabalhar com três importantes fontes de dados para consultas LINQ: arrays, coleções e documentos XML. Você também aprendeu a integrar consultas LINQ em um aplicativo Windows Store que gerenciava diferentes tipos de informação para uma escola de esqui e snowboard fictícia, chamada Alpine Ski House.

Como parte de seu trabalho com a LINQ, você recuperou valores de vendas semanais com base em critérios específicos, filtrou registros de funcionários, combinou arrays de strings, procurou elementos sobrepostos e extraiu de um documento XML registros que correspondiam a critérios específicos. Trabalhar com fontes de dados e ferramentas é uma tarefa fundamental na programação de computadores, e à medida que você continuar trabalhando com Visual Basic, terá muitas oportunidades de aprender sobre como conectar fontes de dados e processar dados eficientemente. Você continuará esse trabalho na Parte IV, "Bancos de dados e programação web".

No próximo capítulo, vamos explorar técnicas de programação com Visual Basic fundamentais, relacionadas à programação orientada a objetos. Especificamente, você vai aprender a herdar formulários e classes e a criar suas próprias classes com propriedades e métodos personalizados.

CAPÍTULO 16

Técnicas de programação orientada a objetos

Neste capítulo, você vai aprender a:

- Utilizar o Inheritance Picker para incorporar elementos de interface de usuário existentes aos seus projetos.
- Criar suas próprias classes base com propriedades e métodos personalizados.
- Derivar novas classes a partir de classes base utilizando a instrução *Inherits*.
- Experimentar conceitos avançados, como polimorfismo e sobrescrita de métodos.

Este livro explorou habilidades de programação fundamentais com Visual Basic, incluindo o projeto de interface de usuário, o domínio de elementos da linguagem, o trabalho com dados e o conhecimento de classes, objetos e métodos essenciais do .NET Framework. O Capítulo 16 traz uma habilidade básica, fundamental para empregar tópicos avançados: criar e derivar novas classes, uma técnica associada à *programação orientada a objetos* (*OOP, object oriented programming*).

A programação orientada a objetos pode ser definida como um método para a criação de software no qual toda atividade gravita em torno da manipulação de objetos organizados em uma hierarquia. Nesse paradigma, o programador utiliza classes para criar objetos e definir sua estrutura básica, assim como um empreiteiro utiliza uma planta para construir prédios. Na OOP, os objetos interagem uns com os outros lendo e configurando propriedades, chamando métodos e respondendo a eventos. O Visual Basic 2013 é uma linguagem de programação totalmente orientada a objetos, com recursos comparáveis às principais linguagens de OOP, como C++, Java e Python.

Neste capítulo, você conhecerá os conceitos de OOP fundamentais relacionados à criação de classes base com propriedades e métodos, e derivará novas classes a partir de classes base usando a instrução *Inherits*. Também vai ter uma introdução sobre importantes conceitos de OOP, como polimorfismo e sobrescrita de métodos, percorrendo exemplos passo a passo. Embora este capítulo aborde superficialmente os recursos avançados da OOP no Visual Studio, o que você aprenderá será útil para criar e usar suas próprias classes, uma habilidade essencial que tornará a programação em Visual Basic mais rápida e flexível. Você também vai desenvolver habilidades que utilizará mais adiante no livro, como quando ler e escrever registros em fontes de dados XML.

Como herdar um formulário com o Inheritance Picker

Na sintaxe OOP, *herança* significa fazer uma classe receber objetos, propriedades, métodos e outros atributos de outra classe. O Visual Studio passa por esse processo rotineiramente ao criar uma nova interface de usuário para um projeto no IDE. Por exemplo, talvez você tenha notado que, na plataforma Windows Forms/área de trabalho do Windows, o primeiro formulário criado em um projeto (*Form1*) conta com a classe *System.Windows.Forms.Form* para sua definição e valores padrão. De fato, essa classe é identificada na janela Properties quando você seleciona o formulário padrão no Designer, como mostrado na ilustração de tela a seguir:

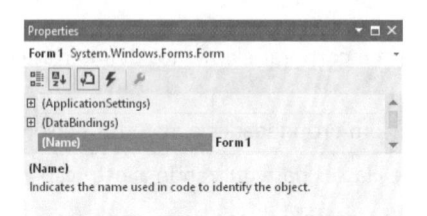

Embora talvez não tenha percebido, você esteve utilizando herança desde o começo, como programador em Visual Basic. Herança é um mecanismo importante dentro da linguagem Visual Basic, dentro do sistema operacional Windows e dentro dos objetos e métodos do Microsoft .NET Framework.

Você também verá código de programa relacionado à herança em cada aplicativo Windows Store criado pelo Visual Studio. Por exemplo, considere este template Blank Page, o qual cria uma nova classe, chamada *MainPage*, para armazenar objetos na interface de usuário de um aplicativo Visual Basic:

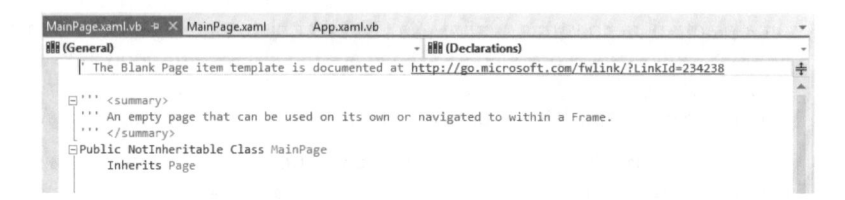

Próxima ao início dessa definição de classe está a instrução, *Inherits Page*, a qual instrui o Visual Studio a derivar a classe *MainPage* da classe base *Page*. Ou seja, a classe *MainPage* herda (ou deriva) seus eventos, propriedades e métodos da definição geral de *Page*. Embora haja alguma variação, os conceitos básicos relacionados à criação e à herança de classes permanecem os mesmos dentro da linguagem Visual Basic.

Conquanto este capítulo ocupe-se principalmente com a criação e o uso de classes em um aplicativo Windows, os primeiros exercícios que preparei para você demonstram algo único sobre o IDE do Visual Studio, quando está configurado para editar um aplicativo Windows Forms. Nesse modo, você tem acesso a uma ferramenta útil chamada *Inheritance Picker*, a qual demonstra nos termos mais claros como a herança funciona em um projeto Visual Basic. Além disso, você pode ver de perto um importante objetivo da programação orientada a objetos – a reutilização e ampliação da funcionalidade de objetos e código já existentes.

Complete os passos a seguir para construir uma caixa de diálogo Windows Forms e, então, herdá-la em um projeto utilizando o Inheritance Picker.

Herde uma caixa de diálogo simples

1. Inicie o Visual Studio e crie um novo projeto Visual Basic Windows Forms Application chamado **My Form Inheritance**.
2. Exiba o formulário do projeto e utilize o controle *Button* para adicionar dois objetos botão na parte inferior do formulário, posicionados lado a lado.
3. Altere as propriedades *Text* dos botões *Button1* e *Button2* para "OK" e "Cancel", respectivamente.
4. Clique duas vezes em OK para exibir o procedimento de evento *Button1_Click* no Code Editor.
5. Digite a seguinte instrução de programa:

   ```
   MsgBox("You clicked OK")
   ```

6. Exiba o formulário novamente, clique duas vezes no botão Cancel e digite a seguinte instrução de programa no procedimento de evento *Button2_Click*:

   ```
   MsgBox("You clicked Cancel")
   ```

7. Exiba o formulário novamente e configure a propriedade *Text* do formulário como "Dialog Box".

   Agora você tem um formulário simples que pode ser utilizado como base de uma caixa de diálogo em um programa. Com alguma personalização, você pode utilizar esse formulário base para processar várias tarefas – você só precisa adicionar os controles que são específicos do seu aplicativo em particular.

8. Clique no botão Save All para salvar seu projeto e especifique a pasta Meus Documentos\Visual Basic 2013 SBS\Chapter 16 como local.

   Agora você praticará a herança de formulário. O primeiro passo nesse processo é construir, ou *compilar*, o projeto (criar um arquivo .exe ou .dll), pois você não pode abrir um formulário no Windows Forms Designer se o Visual Studio não puder criar uma instância dele. Note que toda vez que o formulário base de um projeto é recompilado, as alterações feitas no formulário base são passadas para o formulário derivado (herdado).

9. Clique no comando Build My Form Inheritance no menu Build.

   O Visual Basic compila seu projeto e cria um arquivo .exe.

10. Clique no comando Add New Item no menu Project e, então, na categoria Windows Forms no lado esquerdo da caixa de diálogo e no modelo Inherited Form no meio da caixa de diálogo.

PARTE III Técnicas de programação com Visual Basic

A caixa de diálogo Add New Item é semelhante a esta:

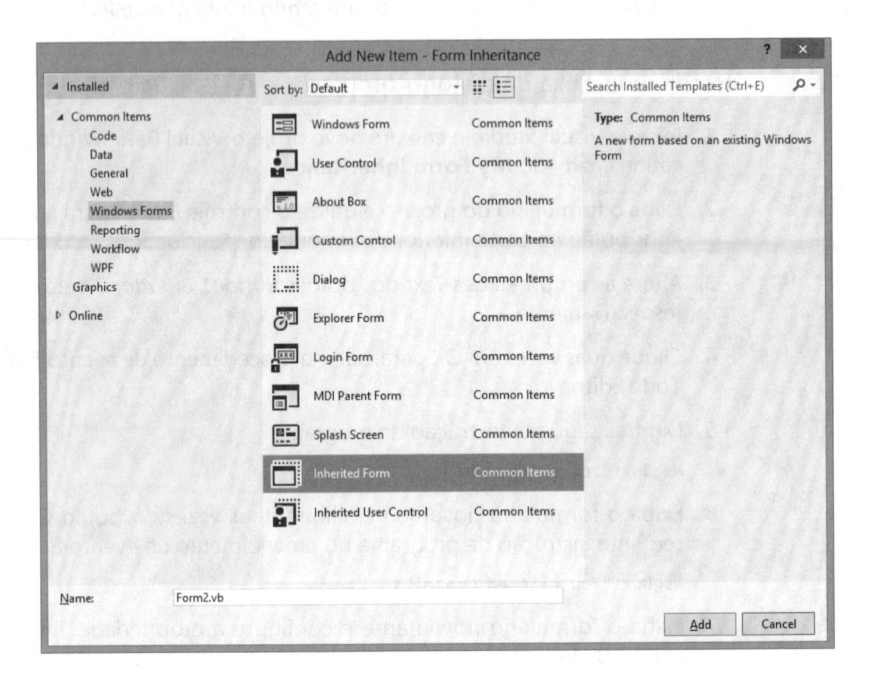

> **Nota** A maioria das versões do Visual Basic Express não inclui o template Inherited Form. Se você está utilizando Visual Basic Express e procurando uma justificativa para migrar para o Visual Studio Professional, essa pode ser uma delas. (Em geral, a versão Professional e outras versões do Visual Studio fornecem vários modelos adicionais úteis.) Neste ponto, talvez você queira simplesmente analisar o projeto que incluí nos arquivos de exemplo do livro e examinar o código.

Como de costume, o Visual Studio lista todos os possíveis modelos que você pode incluir em seus projetos, não só os relacionados com herança. O modelo Inherited Form dá acesso à caixa de diálogo Inheritance Picker, quando um aplicativo Windows Forms é carregado.

Você também pode usar a caixa de texto Name na parte inferior da caixa de diálogo para atribuir um nome ao seu formulário herdado, embora isso não seja necessário para esse exemplo. Esse nome aparecerá no Solution Explorer e no nome de arquivo do formulário em disco.

CAPÍTULO 16   Técnicas de programação orientada a objetos   **457**

11. Clique em Add para aceitar as configurações padrão para o novo formulário herdado.

O Visual Studio exibe a caixa de diálogo Inheritance Picker, como mostrado aqui:

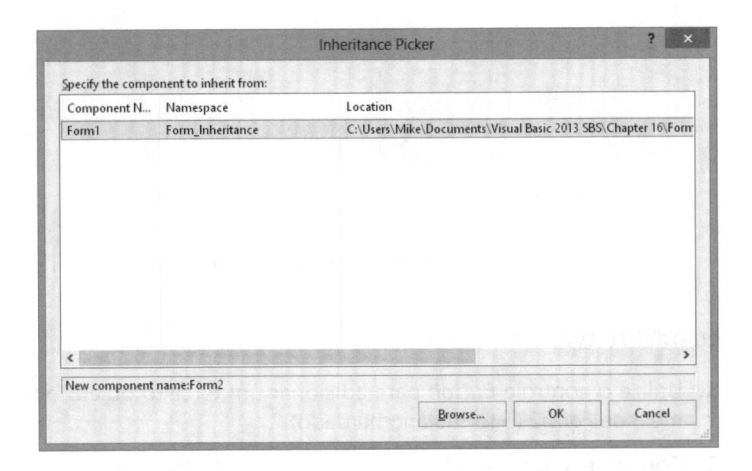

Essa caixa de diálogo lista todos os formulários herdáveis no projeto atual. Se quiser procurar outro formulário compilado, clique no botão Browse e localize o arquivo .dll em seu sistema.

> **Nota** Se quiser herdar um formulário que não é um componente do projeto atual, o formulário deve ser compilado como um arquivo .dll.

12. Clique em Form1 na caixa de diálogo Inheritance Picker e depois em OK.

O Visual Studio cria a entrada Form2.vb no Solution Explorer e exibe o formulário herdado no Designer. Note, na captura de tela a seguir, que o formulário parece idêntico à janela *Form1* que você criou anteriormente, exceto pelo fato de que os dois botões contêm pequenos ícones, indicando que os objetos vêm de uma fonte herdada.

Pode ser difícil diferenciar um formulário herdado de um formulário base (os pequenos ícones de herança não são tão óbvios), mas você também pode utilizar o Solution Explorer e as guias do IDE para distingui-los.

Agora, você vai adicionar alguns novos elementos ao formulário herdado.

Personalize o formulário herdado

1. Utilize o controle *Button* para adicionar um terceiro objeto botão próximo ao meio de *Form2* (o formulário herdado).
2. Configure a propriedade *Text* do objeto botão como "Click Me!".
3. Clique duas vezes no botão Click Me!.
4. No procedimento de evento *Button3_Click*, digite a seguinte instrução de programa:

   ```
   MsgBox("This is the inherited form!")   'Este é o formulário herdado!
   ```
5. Exiba *Form2* novamente e tente clicar duas vezes nos botões OK e Cancel no formulário.

   Observe que você não pode exibir ou editar os procedimentos de evento nem as propriedades desses objetos herdados sem seguir passos extras que estão além dos objetivos deste capítulo. (Pequenos ícones de "cadeado" indicam que os objetos herdados são somente de leitura.) Entretanto, é possível adicionar novos objetos ao formulário ou personalizá-lo de outras maneiras.
6. Amplie o formulário.

   Isso funciona muito bem. Além de modificar o tamanho, você pode alterar o local e outras características de exibição e operacionais do formulário. Observe que, se você utilizar a janela Properties para personalizar um formulário, a caixa de listagem Object na janela Properties exibirá o formulário do qual o formulário atual é derivado. Aqui está como a janela Properties se apresenta no seu projeto quando *Form2* é selecionado:

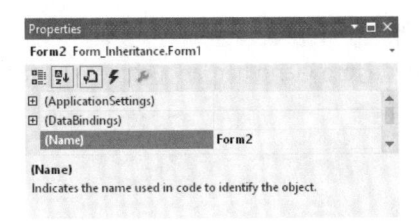

CAPÍTULO 16   Técnicas de programação orientada a objetos   **459**

Agora, configure o objeto de inicialização no seu projeto como *Form2*.

7. Clique no comando My Form Inheritance Properties no menu Project.

A janela de propriedades Project aparece.

8. Na guia Application, clique na caixa de listagem Startup Form, clique em *Form2* e, então, feche a janela de propriedades Project clicando no botão Close na guia.

Não há botão Save no Project Designer porque o Visual Studio salva suas alterações à medida que você as realiza na caixa de diálogo. Agora execute o novo projeto.

9. Clique no botão Start Debugging.

O formulário herdado abre, como mostrado aqui. (A partir do passo 6 deste exercício, minha versão é mostrada um pouco maior.)

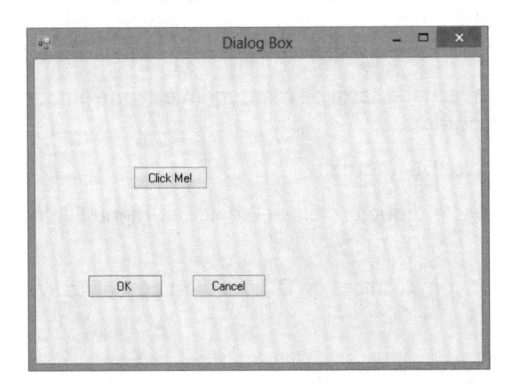

10. Clique em OK.

O formulário herdado executa a rotina de tratamento de eventos que herdou de *Form1* e ela exibe a seguinte mensagem:

11. Clique em OK e, em seguida, clique no botão Click Me!

    Form2 exibe a mensagem de formulário herdado, como mostrado aqui.

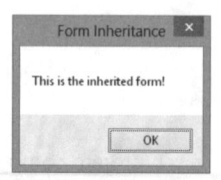

Isso demonstra que *Form2* (o formulário herdado) tem características próprias (um novo botão Click Me! e um tamanho maior). *Form2* também utiliza dois botões (OK e Cancel) que foram herdados de *Form1* e contêm o código de *Form1*, bem como a representação visual exata dos botões.

Isso significa que você pode implementar novamente a interface do usuário e os recursos do código criados anteriormente sem a trabalheira de recortar e colar. Isto é, você encontrou uma das principais vantagens da OOP – reutilizar e ampliar a funcionalidade de objetos já existentes (neste caso, um formulário e seus objetos e propriedades). Além disso, aprendeu a usar a caixa de diálogo Inheritance Picker do Visual Studio, a qual oferece uma maneira prática de selecionar objetos que você quer reutilizar em um aplicativo Windows Forms. Contudo, conforme mencionei anteriormente, hoje isso está disponível no IDE apenas quando um aplicativo Windows Forms é carregado. Mas não se preocupe; todos esses procedimentos podem ser executados com código de programa.

12. Clique em OK para fechar a caixa de mensagem e clique em Close no formulário para encerrar o programa.

    O programa para e o IDE retorna.

13. Salve suas alterações e clique em Close Project no menu File para descarregar o projeto.

    É hora de trabalhar com técnicas de OOP em um aplicativo Windows Store.

Crie suas próprias classes base

O Inheritance Picker gerenciou o processo de herança no exercício anterior, criando uma nova classe em seu projeto Windows Forms, chamada *Form2*. Para criar a classe *Form2*, o Inheritance Picker estabeleceu uma ligação entre a classe *Form1* no projeto My Form Inheritance e o novo formulário. Aqui está como a nova classe *Form2* aparece no Code Editor:

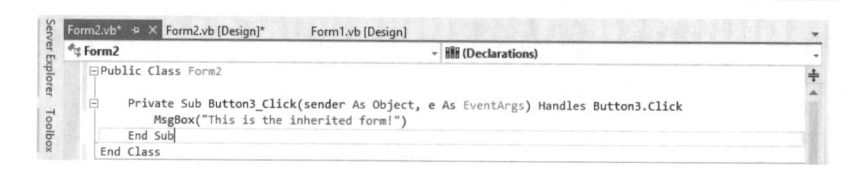

O procedimento de evento *Button3_Click* que você adicionou também é membro da nova classe. Mas lembre-se de que a própria classe *Form1* baseou-se na classe *System.Windows.Forms.Form* para obter seu comportamento e características fundamentais. Assim, o último exercício demonstra que uma classe derivada (*Form2*) pode herdar sua funcionalidade de outra classe derivada (*Form1*), a qual por sua vez herdou sua funcionalidade básica de uma classe base (*Form*), que é membro do namespace *System.Windows.Forms* do Microsoft .NET Framework.

Conforme você aprendeu no início deste capítulo, o Visual Studio fornece a instrução *Inherits*, que faz a classe atual herdar as propriedades, métodos e variáveis de outra classe. Para utilizar a instrução *Inherits* a fim de herdar um formulário ou uma página, você deve colocá-la no início do formulário ou da página, como a primeira instrução da classe. Embora você possa optar pelo uso do Inheritance Picker para esse tipo de trabalho com formulários em um aplicativo Windows Forms (que existe principalmente para inserir a instrução *Inherits* na classe derivada), é obrigatório utilizar *Inherits* em outros contextos, inclusive na herança de objetos em aplicativos Windows Store. Você verá um exemplo da instrução *Inherits* um pouco mais adiante neste capítulo.

Reconhecendo que classes são um bloco de construção tão fundamental em programas Visual Basic, você poderia muito bem perguntar como novas classes são criadas e como essas novas classes poderiam ser herdadas mais tarde por classes derivadas subsequentemente. Dedico as seções a seguir a essas possibilidades, começando com a sintaxe para criar classes no Visual Basic 2013.

Adicione uma nova classe ao seu projeto

Em termos simples, uma *classe* no Visual Basic é uma representação ou molde que define a estrutura de um ou mais objetos. A criação de uma classe permite a você definir seus próprios objetos em um programa – objetos que têm propriedades, métodos, campos e eventos, exatamente como os objetos que os controles da Toolbox criam no Visual Studio. Para adicionar uma nova classe ao seu projeto, você clica no comando Add Class no menu Project e então define a classe utilizando código de programa em Visual Basic.

No exercício a seguir, você vai construir o aplicativo Alpine Ski House com que começou a trabalhar no Capítulo 15, "Gerenciamento de dados inovador com LINQ". Você vai modificar um aplicativo Windows Store existente, chamado Skier Class, que solicita do usuário informações sobre novos alunos de competição de esqui, incluindo seus nomes, sobrenomes, idades e sexo. Essas informações serão armazenadas nas propriedades de uma nova classe chamada *Skier* e você vai criar um método na classe para determinar a qual grupo de competição de esqui o novo aluno deve pertencer. Esse projeto o ensinará a criar uma nova classe e também a utilizá-la em uma rotina de tratamento de eventos de seu programa.

Abra e modifique o projeto Skier Class

1. No Visual Studio, abra um projeto Windows Store Application existente, chamado Skier Class.

   Criei parcialmente esse programa de demonstração para que você não precise perder tempo criando os vários objetos bloco de texto e caixa de texto na página, exigidos para adicionar dados à nova classe *Skier*. Isso permitirá que você se concentre em suas habilidades de OOP.

2. Exiba a página MainPage.xaml no IDE.

   A interface de usuário do projeto é semelhante a esta:

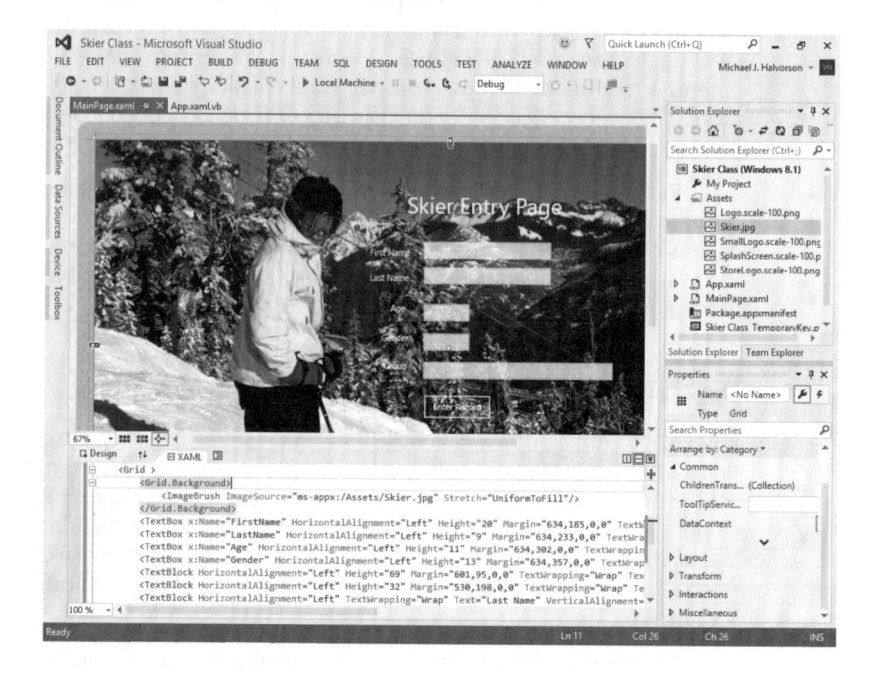

Essa é a interface de usuário básica para uma página que define um novo registro de aluno para um aplicativo da empresa. A página não está conectada a um banco de dados; portanto, somente um registro pode ser armazenado de cada vez.

Agora você adicionará uma classe ao projeto para armazenar as informações no registro.

CAPÍTULO 16 Técnicas de programação orientada a objetos 463

3. Clique no comando Add Class no menu Project.

   O Visual Studio exibe a caixa de diálogo Add New Item, com o modelo Class selecionado, como mostrado aqui:

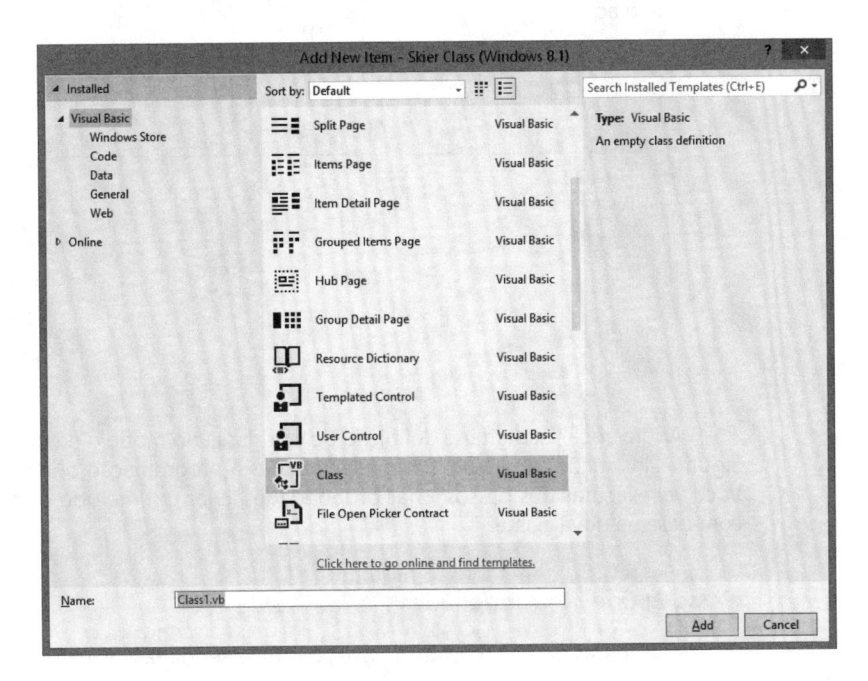

   A caixa de diálogo Add New Item permite atribuir um nome à classe. Como é possível armazenar mais de uma classe em um novo arquivo de classe, talvez você queira especificar um nome um pouco genérico. (Não existe uma correspondência de um para um entre arquivos de classe e classes.) Neste caso, você está usando um nome (*Skier*) que por acaso é igual ao do novo arquivo e ao da nova classe.

4. Digite **Skier.vb** na caixa Name e clique em Add.

   O Visual Studio abre um módulo de classe em branco no Code Editor e lista um arquivo chamado Skier.vb no Solution Explorer para seu projeto, como mostrado aqui:

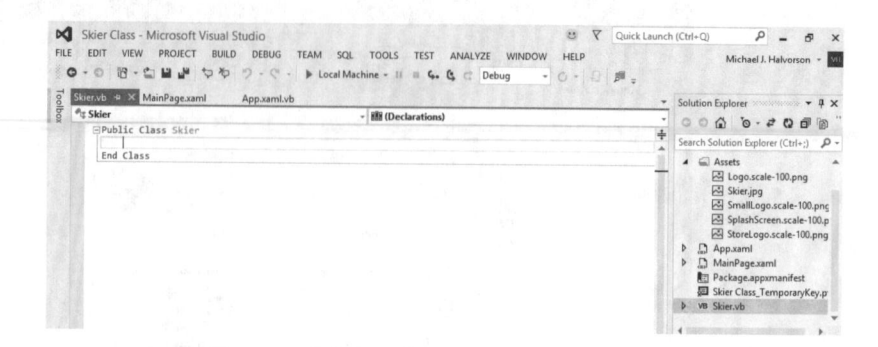

   Agora você vai digitar a definição de sua classe no módulo de classe e conhecer algumas instruções do Visual Basic relacionadas à programação orientada a objetos. Você vai executar três passos: criar propriedades, criar um método e criar um objeto com base na nova classe.

Passo 1: Crie as propriedades

Abaixo das declarações de variável, digite as seguintes instruções de programa:

```
'Declara propriedades da classe Skier usando propriedades autoimplementadas
Public Property FirstName() As String
Public Property LastName() As String
Public Property Age() As Short
Public Property Gender() As String
```

Essas instruções criam propriedades para sua nova classe utilizando tipos adequados aos dados que você está coletando para alunos da escola de esqui. As propriedades são declaradas com a palavra-chave *Public*, pois esses valores serão retornados ao programa por meio de configurações de propriedades da classe.

Há algum tempo, na programação com Visual Basic (Visual Basic versões 2008 e anteriores), definições de propriedade como essas exigiam também a definição de um bloco *Get* e de um bloco *Set* com código de programa. Agora essa sintaxe é opcional e normalmente é adicionada apenas quando você precisa efetuar alguma operação adicional, relacionada à definição de um valor de propriedade. Neste caso, a lógica interna relacionada às propriedades pode ser autoimplementada *e você não precisa fazer mais nada*.

Agora, você vai criar um novo método chamado *Group*, o qual determinará a que grupo de competição de esqui o aluno será designado.

Passo 2: Crie um método

1. Abaixo da propriedade *Gender*, digite a seguinte definição de função:

```
Public Function Group() As String
    'Cria um método chamado Group para a classe Skier
    Dim notice As String = "" 'declara variável de string local para armazenar o resultado
    Select Case Age  'usa Select Case e a propriedade Age para agrupar por idade
        Case Is <= 12
            notice = "not assigned (too young for team)"
        Case 13 To 16
            If Gender.ToUpper = "M" Then  'usa a propriedade Gender para agrupar por sexo
                notice = "Blue Storm"
            ElseIf Gender.ToUpper = "F" Then
                notice = "Pink Storm"
            End If
        Case 17 To 19
            If Gender.ToUpper = "M" Then
                notice = "Blue Lasers"
            ElseIf Gender.ToUpper = "F" Then
                notice = "Pink Lasers"
            End If
        Case Is >= 20
            notice = "Not assigned (too old for team)"
    End Select

    Return notice   'o método retorna a mensagem da variável notice
End Function
```

Para criar um método na classe que realiza uma ação específica, você adiciona uma função ou um procedimento *Sub* à sua classe. Você pode criar métodos que exigem (ou não exigem) argumentos para fazer seu trabalho. Neste caso, criei uma função chamada *Group*, que retornará uma mensagem curta do tipo *String*, indicando em qual grupo de competição de esqui o novo aluno será colocado. Os próximos parágrafos descrevem a função, a qual utiliza uma estrutura de decisão *Select Case* para determinar onde os alunos serão designados.

A função coloca cada aluno em um grupo, com base na idade e no sexo. Como o programa de competição de esqui contém um fator de risco e se destina a atletas adolescentes, somente alunos da escola com idades entre 13 e 19, inclusive, podem participar. Como resultado, a estrutura *Select Case* precisa determinar em qual dos quatro grupos os alunos qualificados caem, exibindo uma mensagem apropriada para os que não se encaixam no programa. (Alunos com idades entre 1 e 12 anos são jovens demais e os alunos com 20 anos ou mais são velhos demais para serem designados a uma equipe.) Dentro das cláusulas *Select Case* existe lógica de programa adicional para determinar se o aluno pretendente é menino ou menina. Essa determinação do sexo é baseada nas letras "M" (para masculino) e "F" (para feminino), as quais o usuário digita na caixa de texto Gender na página. Também usei o método *ToUpper* da classe *String* para fornecer uma conversão de string, caso o usuário digite a letra "m" ou "f" na página. (Contudo, presumo que o usuário vai digitar as letras "m" ou "f" na caixa de texto *Gender*; um mascaramento de entrada adicional poderia ser feito aqui para impor uma entrada no formato correto.)

Os quatro grupos em potencial são: Blue Storm (para meninos com idades entre 13 e 16 anos), Pink Storm (para meninas com idades entre 13 e 16 anos), Blue Lasers (para meninos com idades entre 17 e 19 anos) e Pink Lasers (para meninas com idades entre 17 e 19 anos). O texto criado para cada subgrupo é armazenado temporariamente na variável string *notice*. No entanto, no final da função, esse valor é retornado para o programa por meio da palavra-chave *Return*.

Observe que essa função utiliza as propriedades *Age* e *Gender*, as quais são mantidas pela classe *Skier*. Para que a função trabalhe da maneira planejada, essas propriedades devem ser preenchidas com os dados adequados do aluno da escola de esqui, antes que o método *Group* seja chamado. Escrevi o método dessa maneira para demonstrar que os objetos podem usar, e frequentemente usam, suas próprias propriedades e métodos para fazer seu trabalho. Contudo, você precisa projetar seus métodos de modo que haja tratamento de erros e verificação de tipo suficientes quando lidar com entrada do usuário. No próximo passo, mostrarei uma maneira de fazer isso antes que o método *Group* seja usado.

Sua definição de classe está concluída e, no Code Editor, a classe *Skier* agora se parece com isto:

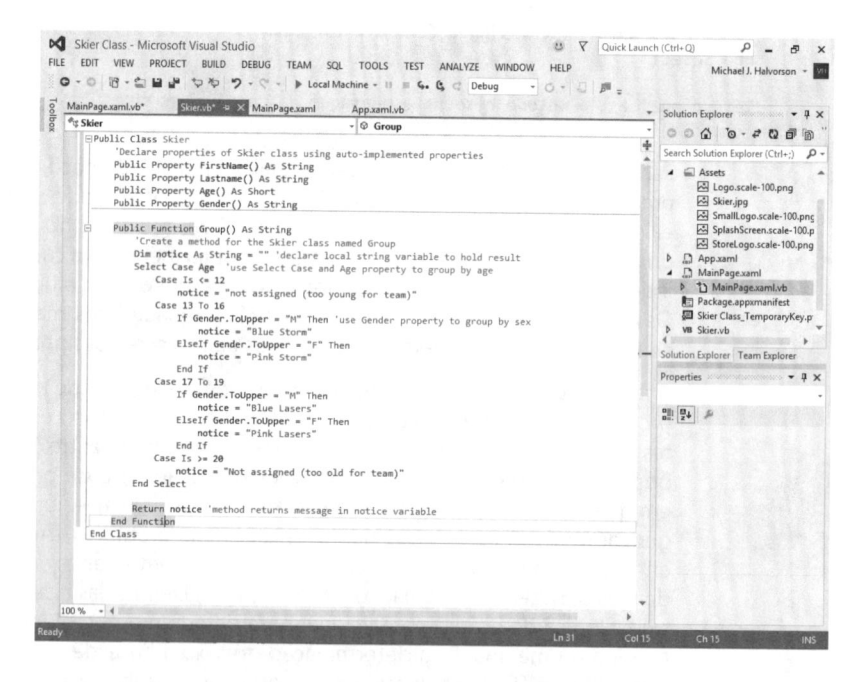

2. Clique em Save All para salvar suas alterações e volte para MainPage.xaml.vb, onde você pode usar a nova classe em uma rotina de tratamento de eventos.

CAPÍTULO 16 Técnicas de programação orientada a objetos   **467**

Passo 3: Crie um objeto baseado na nova classe

1. No Code Editor, role para baixo no arquivo code-behind MainPage.xaml.vb a fim de localizar a rotina de tratamento de eventos *EnterButton_Click*.

   Como esse programa já está parcialmente concluído, já criei a rotina de tratamento de eventos *EnterButton_Click* para você, um procedimento executado quando o usuário clica no botão Enter Record na página.

2. Digite o código a seguir no Code Editor, entre *Private Sub* e *End Sub*:

```
'Declara novo objeto SkiRacer do tipo Skier
Dim SkiRacer As New Skier
'Configura propriedades do objeto SkiRacer utilizando as caixas de texto como entrada
SkiRacer.FirstName = FirstName.Text
SkiRacer.LastName = LastName.Text
If (Age.Text <> Nothing) Then SkiRacer.Age = Age.Text
SkiRacer.Gender = Gender.Text
'Exibe o grupo de competição em que o esquiador está, usando chamada para o método
Group do objeto SkiRacer
GroupBox.Text = SkiRacer.LastName & " in group: " & SkiRacer.Group()
```

   Essa rotina armazena os valores inseridos pelo usuário em um objeto chamado *SkiRacer* que é declarado como do tipo *Skier*. A palavra-chave *New* indica que você quer criar imediatamente uma nova instância da classe *SkiRacer*. Você declarou variáveis com frequência neste livro – agora precisa declarar uma variável com base em uma classe que você mesmo criou!

   Então, a rotina começa configurando propriedades no novo objeto, usando valores digitados pelo usuário em caixas de texto na página. A propriedade *FirstName* do objeto *SkiRacer* recebe um valor de string da caixa de texto *FirstName* na página, e a propriedade *LastName* do objeto *SkiRacer* recebe um valor de string da caixa de texto *LastName*. A propriedade *Age* é então atribuída após uma verificação de tipo – um valor é atribuído desde que o usuário tenha digitado algum valor na caixa de texto Age na página. (Um tratamento adicional de erros poderia ser feito nesse caso, pois, se o usuário digitar intencionalmente um valor textual aqui, em vez de um número, a atribuição gerará uma exceção.)

   Após a propriedade *Gender* do objeto *SkiRacer* ser definida a partir da caixa de texto Gender, o método *Group* do objeto *SkiRacer* é chamado. O resultado é exibido, junto com algumas informações de formatação, na caixa de texto *GroupBox* na página.

   Como você pode ver, essa parte do programa é muito simples. Depois de definir uma classe em um módulo de classe, é uma simples questão de utilizá-la em uma rotina de tratamento de eventos.

3. Clique no botão Save All para salvar suas alterações.

4. Clique no botão Start Debugging para executar o programa.

   A interface de usuário da nova página de esquiadores da Alpine Ski House aparece, pronta para sua entrada.

5. Digite **Dan** na caixa de texto First Name e **Jump** na caixa de texto Last Name.

6. Digite **17** na caixa de texto Age e **M** na caixa de texto Gender.

7. Clique em Enter Record.

   O Visual Basic processa as informações utilizando o novo objeto *SkiRacer* e atribui Dan Jump ao grupo de competição de esqui Blue Lasers. Sua página se parece com esta:

   A classe está funcionando perfeitamente e o esquiador foi designado ao grupo esperado. Agora, modifique os dados para ver como a instrução *Select Case* trata as outras atribuições de grupo.

8. Altere a caixa de texto Age para **15** e clique em Enter Record.

   O programa revisa a atribuição de grupo. Levando em conta a idade de Dan Jump, modificada para 15, a classe *Skier* o atribui à equipe de competição de esqui Blue Storm.

9. Digite **Anne** na caixa de texto First Name e **Weiler** na caixa de texto Last Name.

10. Digite **19** na caixa de texto Age e **F** na caixa de texto Gender.

11. Clique em Enter Record.

    O programa muda cada uma das configurações de propriedade do objeto *SkiRacer* e atribui Anne Weiler à equipe de competição de esqui Pink Lasers. Sua página se parece com esta:

CAPÍTULO 16   Técnicas de programação orientada a objetos

Skier Entry Page

First Name: Anne
Last Name: Weiler
Age: 19
Gender: F
Group: Weiler in group: Pink Lasers

[Enter Record]

12. Altere a caixa de texto Age para **13** e clique em Enter Record.

    O programa revisa a atribuição de grupo de Anne Weiler para a equipe de competição Pink Storm.

    A estrutura *Select Case* ainda está funcionando corretamente. Agora, experimente algumas condições de entrada nas quais nenhuma equipe de competição de esqui deve ser designada pelo método *Group* da classe *Skier*.

13. Altere a caixa de texto Age para **8** e clique em Enter Record.

    O programa exibe a mensagem Weiler In Group: Not Assigned (Too Young For Team). Esse é o resultado esperado, pois 8 anos de idade atualmente é jovem demais para o programa de competição de esqui para adolescentes na escola Alpine Ski House.

14. Remova o número inteiramente da caixa de texto Age e clique em Enter Record.

    O programa detecta que não há valor algum na caixa de texto Age e não atribui valor à propriedade *Age* na classe *SkiRacer*. Quando o método *Group* executa, a instrução *Select Case* não atribui valor à variável *Banner* e a caixa de texto Group na página exibe Weiler In Group: Not Assigned (Too Young For Team). Esse também é o resultado esperado; um registro de aluno incompleto resulta em nenhuma atribuição de grupo.

    Agora, faça um teste final.

15. Digite **Dylan** na caixa de texto First Name e **Miller** na caixa de texto Last Name.

16. Digite **35** na caixa de texto Age e **m** na caixa de texto Gender. (Tenha o cuidado de digitar um *m* minúsculo.)
17. Clique em Enter Record.

    A estrutura *Select Case* avalia o registro de Dylan Miller e determina que ele é velho demais para ser colocado em uma equipe de competição nesse programa. Você verá a seguinte saída:

18. Continue experimentando diferentes cenários de dados no programa Skier Class. Quando terminar de experimentar a nova classe, feche o programa e volte ao IDE do Visual Studio.

    O ambiente de desenvolvimento retorna. Ótimo trabalho!

Herde uma classe base

Assim como as páginas da interface do usuário podem herdar seus atributos da classe *Page*, também é possível herdar classes que você (ou outro programador) criou em um projeto. O mecanismo para herdar uma classe base (pai) é usar a instrução *Inherits*. Você pode então adicionar mais propriedades ou métodos à classe derivada (filha) para diferenciá-la da classe base. Se isso parece um pouco abstrato, vamos experimentar um exemplo baseado no exercício anterior.

CAPÍTULO 16 Técnicas de programação orientada a objetos **471**

Na tarefa a seguir, você vai modificar o projeto My Skier Class para que ele armazene informações sobre alunos de esqui e seu estado administrativo na escola Alpine Ski House. Primeiro, você adicionará ao módulo de classe *Skier* uma segunda classe definida pelo usuário, chamada *Student*. Essa nova classe herdará as propriedades *FirstName, LastName, Age* e *Gender*, e o método *Group*, da classe *Skier*. Contudo, também adicionará duas novas propriedades, chamadas *Balance* e *Certificate*, para manter mais informações sobre alunos da escola de esqui.

Utilize a palavra-chave *Inherits*

1. Clique na guia da classe Skier.vb, na parte superior do Code Editor, para exibir a classe Skier.

2. Role até a parte inferior do Code Editor para que o ponto de inserção fique abaixo da instrução *End Class*.

   Como mencionado anteriormente, é possível incluir mais de uma classe em um módulo de classe, contanto que cada classe seja delimitada pelas instruções *Public Class* e *End Class*. Você vai criar uma segunda classe, chamada *Student*, nesse módulo de classe e vai utilizar a palavra-chave *Inherits* para incorporar o método e as propriedades que definiu na classe *Skier*.

3. Digite a definição de classe a seguir no Code Editor:

   ```
   Public Class Student
       Inherits Skier
       Public Property Balance As Double
       Public Property Certificate As Boolean
   End Class
   ```

   A instrução *Inherits* vincula a classe *Skier* a essa nova classe, incorporando todas as suas variáveis, propriedades e métodos. Se a classe *Skier* estivesse em um módulo ou projeto separado, você poderia identificar seu local utilizando uma designação de namespace, exatamente como identifica classes quando utiliza a instrução *Imports* no início de um arquivo de programa que usa classes das bibliotecas de classe do .NET Framework. Basicamente, defini a classe *Student* como um tipo especial da classe *Skier* – além das propriedades *FirstName, LastName, Age* e *Gender*, a classe *Student* tem uma propriedade *Balance* que registra a quantidade de dinheiro que o aluno deve atualmente pelas aulas (se houver) e uma propriedade *Certificate* que registra se ele recebeu um certificado de final de temporada da escola de esqui.

   A nova propriedade *Balance* é declarada com o tipo *Double*, que é conveniente para saldos financeiros. A nova propriedade *Certificate* é declarada com o tipo *Boolean*, um valor True ou False que indica se o certificado foi emitido ou não.

   Agora você vai utilizar a nova classe na rotina de tratamento de eventos *EnterButton_Click*.

4. Exiba a rotina de tratamento de eventos *EnterButton_Click* em MainPage.xaml.vb.

   Em vez de criar uma nova variável para armazenar a classe *Student*, apenas modificarei o programa de modo que agora a variável *SkiRacer* seja derivada da classe *Student*, em lugar da classe *Skier*. Assim, posso usar o código existente e simplesmente adicionar algumas linhas para preencher com dados as novas propriedades *Balance* e *Certificate*.

5. Modifique a rotina de tratamento de eventos *EnterButton_Click* como segue. (As instruções em negrito são as que você precisa alterar.)

```
'Declara o novo objeto SkiRacer do tipo Student
Dim SkiRacer As New Student
'Configura propriedades do objeto SkiRacer utilizando caixas de texto para entrada
SkiRacer.FirstName = FirstName.Text
SkiRacer.LastName = LastName.Text
If (Age.Text <> Nothing) Then SkiRacer.Age = Age.Text
SkiRacer.Gender = Gender.Text

SkiRacer.Balance = 121.95
SkiRacer.Certificate = False

'Exibe o saldo que o esquiador deve para a escola usando a propriedade Balance e
ToString(currency)
GroupBox.Text = SkiRacer.LastName & " owes " & SkiRacer.Balance.ToString("C")
```

Nesse exemplo, eliminei o uso do método *Group* e modifiquei a informação exibida na caixa de texto *GroupBox* para que seja exibido o saldo atual (se houver) devido pelo aluno à escola de esqui. Exibo a propriedade *Balance* do objeto *SkiRacer* usando o método *ToString*, o qual pode ser usado para exibir formatação de moeda adequada à cultura definida para seu sistema. (O caractere "C" solicita a formatação como moeda.)

Embora eu tenha atribuído o valor False para a propriedade *Certificate*, não estou usando esse valor especificamente no código do programa. Contudo, bastaria criar uma estrutura *If...Then...Else* que exibisse uma mensagem apropriada para o usuário, com base no valor mantido pela propriedade *Certificate*.

Agora você executará o programa.

6. Clique no botão Start Debugging para executar o programa.

   A conhecida Skier Entry Page da Alpine Ski House abre na tela, pronta para sua entrada.

7. Digite **Modesto** na caixa de texto First Name e **Estrada** na caixa de texto Last Name.

8. Digite **18** na caixa de texto Age e **M** na caixa de texto Gender.

9. Clique em Enter Record.

   O Visual Basic processa as informações usando o objeto *SkiRacer* aprimorado e atribui os valores digitados, junto com as novas propriedades *Balance* e *Certificate*. Sua página se parece com esta:

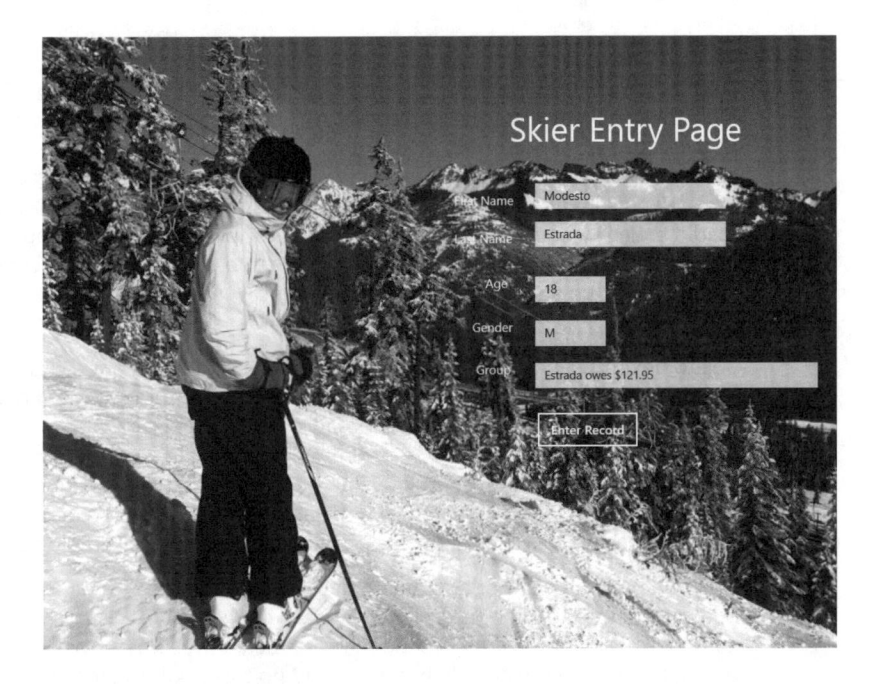

CAPÍTULO 16 Técnicas de programação orientada a objetos

[Imagem: Página Skier Entry Page com campos First Name: Modesto, Last Name: Estrada, Age: 18, Gender: M, Group: Estrada owes $121.95, e botão Enter Record.]

Agora, o valor 121.95 atribuído à propriedade *Balance* aparece na caixa de texto Group na página, formatado como moeda no contexto cultural norte-americano. (Em meu computador, o valor aparece como $121.95.) A nova classe *Student* está funcionando como o esperado.

10. Continue experimentando mais alguns valores, se quiser, e quanto terminar, feche o aplicativo Windows Store.

11. Quando o IDE retornar, pense na possibilidade de modificar um pouco a rotina de tratamento de eventos *EnterButton_Click* por conta própria, para experimentar a classe *SkiRacer* e suas várias propriedades e métodos.

    Por exemplo, pense na possibilidade de adicionar mais métodos e propriedades à nova classe e, então, usar esses membros no arquivo code-behind MainPage.xaml.vb.

12. Quando terminar de experimentar, salve suas alterações e feche o projeto Skier Class.

    Agora você tem a capacidade de criar suas próprias classes base e de derivar novas classes a partir de classes já existentes, usando a instrução *Inherits*.

Polimorfismo

Além da criação de classes base e da herança de classes, existem mais alguns conceitos relacionados à programação orientada a objetos que você deve conhecer, à medida que progredir para tópicos de programação intermediários e avançados com Visual Basic. Você vai vê-los em livros de nível profissional sobre programação com Visual Studio e eles se baseiam nos conceitos que acabamos de experimentar. Nesta seção, você vai aprender sobre polimorfismo e sobrescrita de métodos e procedimentos, dois mecanismos que aumentam o poder da herança.

O *polimorfismo* descreve um método de programação no qual você trata um objeto de uma classe como se fosse de uma classe-pai ou de outra classe na hierarquia de herança. Originalmente, o termo vem das ciências naturais, onde variações estreitamente relacionadas entre diferentes organismos ou espécies são consideradas aparentadas e, portanto, *polimórficas*. Um exemplo é a variação entre os tipos de sangue nos humanos, a qual tem persistido há milhares de anos e ainda não conduziu a uma vantagem ou desvantagem perceptível entre as pessoas, em termos de seleção natural. A diferença na cor dos olhos entre os humanos também é um exemplo de polimorfismo.

Na programação orientada a objetos, polimorfismo é uma espécie de herança que permite criar código mais elegante e fácil de manter. O polimorfismo cria relações mais próximas entre os objetos, de maneira ideal reduzindo erros de programação e permitindo escrever menos linhas de código no total, pois muitos dos objetos contam com os atributos e funcionalidades de outros.

Às vezes, a Microsoft descreve o polimorfismo utilizando a seguinte ilustração criativa: imagine que existam duas classes em um programa Visual Basic, chamadas *Flea* e *Tyrannosaur*. E imagine ainda que, por meio de uma instrução *Inherits*, as classes *Flea* e *Tyrannosaur* obtenham muitos de seus atributos básicos de *Animal*, uma classe base contendo comportamentos e características comuns aos animais.

Agora, aqui está a parte do polimorfismo. Imagine que, para realizar o ato de mastigar, as classes *Flea* e *Tyrannosaur sobrescrevem* (isto é, *substituem* e melhoram) o método *Bite* da classe *Animal*, de modo que cada criatura possa morder com suas próprias características exclusivas. Na verdade, a pulga (flea) e o tiranossauro (tyrannosaur) fazem algumas coisas em comum, mas mastigam de maneiras exclusivas. Para realizar seu trabalho, eles substituem o método *Bite* da classe *Animal* por uma definição melhorada de *Bite*. Em termos de Visual Basic, a troca é facilitada por um processo chamado *sobrescrita de método*.

De fato, para continuar o exemplo, o polimorfismo ocorre quando um método *Bite* substituto é definido em qualquer classe derivada de *Animal*. Com o polimorfismo, o chamador não precisa saber a qual classe um objeto pertence antes de chamar a propriedade ou o método. Basta verificar a relação hierárquica entre os objetos.

Sintaxe para sobrescrever métodos e propriedades

Conforme você aprendeu anteriormente neste capítulo, uma classe derivada herda propriedades e métodos de uma classe base. Isso é verdade, quer a classe base seja uma que você acabou de criar, quer seja uma entidade bem conhecida do .NET Framework. Mas, se você decidir que um método ou uma propriedade herdada precisa funcionar de um modo diferente na classe derivada, o Visual Basic permite sobrescrever o método ou a propriedade original.

CAPÍTULO 16   Técnicas de programação orientada a objetos   **475**

Embora o processo possa parecer complicado, a sobrescrita de métodos e propriedades pode ser feita utilizando-se apenas algumas palavras-chave do Visual Basic na definição da classe base e na chamada dos métodos e propriedades da classe base. As seguintes palavras-chave facilitam a sobrescrita e o polimorfismo no Visual Basic:

- **Overridable**   Palavra-chave que permite a um método ou propriedade de uma classe ser sobrescrita por uma classe derivada.

- **Overrides**   Palavra-chave que, quando usada em uma classe derivada, sobrescreve um método ou propriedade definida como *Overridable* na classe base.

- **NotOverridable**   Palavra-chave que impede um método ou uma propriedade de ser sobrescrita em uma classe herdada. (Os métodos públicos são *NotOverridable* por padrão.)

- **MustOverride**   Palavra-chave que obriga uma classe derivada a sobrescrever o método ou a propriedade.

Você vai ver as palavras-chave *Overridable* e *Overrides* sendo utilizadas no exercício a seguir.

Como referir à classe base com *MyBase*

Há um último detalhe. Quando você está criando uma nova classe, derivada de uma classe já existente, é útil referenciar a classe base por meio de programa. Para ajudar nesse tipo de referência, o Visual Studio fornece a palavra-chave *MyBase*, a qual se refere (ou aponta para) a classe base da instância atual de uma classe. Também é possível usar a palavra-chave *Me* para se referir explicitamente aos membros da classe local (derivada).

MyBase é normalmente usada para acessar membros da classe base que são sobrescritos ou *obscurecidos* (parcialmente ocultos) em uma classe derivada. Você também pode usar a sintaxe *MyBase.New* para chamar explicitamente um construtor da classe base a partir de um construtor da classe derivada. (Um *construtor* é simplesmente um procedimento chamado *New* que o Visual Basic chama quando uma nova instância de uma classe ou estrutura é criada. Os construtores fazem o trabalho de inicialização básico e aprontam um objeto para uso.)

Experimente com o polimorfismo

O exemplo passo a passo a seguir demonstra o funcionamento do polimorfismo e da sobrescrita de métodos em um programa Visual Basic. Nesse exemplo, você vai construir um aplicativo Windows Store que calcula o valor do desconto recebido pelos alunos da escola de esqui quando se inscrevem online para as aulas. O desconto típico é de 8,5% para novos alunos que se inscrevem online e de 14% para alunos já matriculados. Hoje, a escola de esqui Alpine Ski House também permite que os alunos já matriculados que se inscrevem online combinem os dois descontos.

No projeto Polymorphism, a seguir, a primeira taxa de desconto será calculada por meio de uma nova classe, chamada *BaseDiscount*. A classe *BaseDiscount* contém o método *FindDiscount*, o qual calcula o valor total do desconto, em dólares, quando o custo da aula da escola de esqui é passado a ele como argumento. A classe *BaseDiscount* é muito simples, como normalmente devem ser os objetos que podem ser herdados nos programas. A classe é usada para criar um novo objeto na rotina de tratamento de eventos *TestButton_Click*, denominado *WebDeal2014*. Esse objeto é passado para um procedimento *Sub* denominado *ViewSavings*, o qual chama de fato o método *FindDiscount* e exibe o desconto apropriado em um objeto caixa de texto na página.

O que torna isso uma demonstração de polimorfismo é a segunda classe definida no programa, denominada *DeepDiscount*. Essa classe é derivada da classe *BaseDiscount*, mas utiliza a palavra-chave *Overrides* para criar um método substituto (sobrescrito) denominado *FindDiscount*, o qual mudará a funcionalidade da classe base e calculará o preço com desconto que ocorre quando os alunos se inscrevem online e estão retornando para mais aulas no programa.

A fim de tornar a digitação do código do programa relativamente simples para você neste exercício, vou instruí-lo a declarar as constantes, classes, procedimentos *Sub* e a rotina de tratamento de eventos *TestButton_Click* do programa, tudo no mesmo arquivo MainPage.xaml.vb. Também incluí muitos comentários no código, para que você possa saber o que está acontecendo.

Calcule taxas de desconto utilizando sobrescrita de método

1. No menu File, clique em New Project.
2. Escolha Visual Basic/Windows Store sob Templates e, então, verifique se o template Blank App (XAML) está selecionado.
3. Digite **My Polymorphism** na caixa de texto Name e clique em OK para abrir e configurar o novo projeto.

   O Visual Studio cria o novo projeto Windows Store com os arquivos de suporte apropriados.
4. Clique com o botão direito do mouse no arquivo MainPage.xaml no Solution Explorer e, em seguida, Selecione View Designer.

   Uma página em branco abre no Designer.
5. Altere a porcentagem de ampliação na caixa Zoom do Designer para 100%.
6. Clique no controle XAML *TextBlock* da Toolbox e crie um rótulo de texto próximo à parte superior da página para exibir um título para o programa.
7. Configure a propriedade *Text* do objeto bloco de texto como "**Ski School Tuition Discounts**" e altere a propriedade *FontSize* para **48**.
8. Posicione o objeto bloco de texto de modo que fique no canto superior esquerdo da página.
9. Crie na página um controle *Button* e, ao lado dele, um controle *TextBox* retangular grande.
10. Mude a propriedade *Name* do objeto botão para "**TestButton**" e altere a propriedade *Content* para "**Show Discounts**".
11. Mude a propriedade *Name* do objeto caixa de texto para "**Output**" e exclua o conteúdo da propriedade *Text* para que o objeto caixa de texto apareça vazio.

    Agora você vai adicionar uma imagem de fundo ao objeto *Grid* na página. (Você vai usar outra foto de esqui de minha coleção.) Insira a imagem, configurando a propriedade *Background* da grade conforme mostrado nos passos 12-14.

CAPÍTULO 16   Técnicas de programação orientada a objetos   477

12. No Solution Explorer, adicione uma imagem existente à pasta Assets, chamada Mountain.jpg.

    Você encontrará o arquivo dessa foto na pasta Meus Documentos\Visual Basic 2013 SBS\Chapter 16.

13. Agora, exiba a guia XAML do Code Editor e adicione a marcação XAML a seguir, imediatamente abaixo da marca *<Grid>* no arquivo MainPage.xaml.

14. Digite a seguinte marcação para carregar a imagem na página:

```
<Grid>
    <Grid.Background>
        <ImageBrush ImageSource="ms-appx:/Assets/Mountain.jpg" Stretch="UniformToFill"/>
    </Grid.Background>
```

A primeira marca *<Grid>* talvez precise ser ligeiramente modificada para que fique como a que mostrei. Conforme você aprendeu nos últimos capítulos, essa técnica permite exibir uma imagem gráfica interessante como pano de fundo de sua página, o que é um efeito atraente.

Agora você vai adicionar código de programa que define constantes, duas novas classes, um procedimento *Sub* e uma rotina de tratamento de eventos para o objeto botão na página. Em vez de criar as classes e o procedimento em um arquivo ou módulo separado, você vai simplesmente digitar todo o código de programa no final do arquivo MainPage.xaml.vb.

15. Abaixo das linhas que definem o procedimento *OnNavigatedTo* (isto é, abaixo da instrução *End Sub* desse procedimento), digite as seguintes linhas de código em Visual Basic:

```
' Declara uma constante para o desconto básico de 8,5% da escola de esqui
Public Const webRateDiscount As Double = 0.085
' Declara uma constante para os 14% de desconto para aluno que está retornando
Public Const returnStudentDiscount As Double = 0.14

Public Class BaseDiscount
    'Declara uma nova classe BaseDiscount que contém o método FindDiscount.
    'O uso da palavra-chave Overridable durante a declaração do método permite que este
    método seja sobrescrito
    Overridable Function FindDiscount(ByVal CashValue As Double) As Double
        Return CashValue * webRateDiscount  'determina o desconto básico para o aluno
    End Function
End Class

Public Class DeepDiscount
    ' Declara a nova classe DeepDiscount, que modifica um método na classe BaseDiscount
    Inherits BaseDiscount  'A palavra-chave Inherits deve ser a primeira instrução da classe
    Private initialDiscount As Double  'declara uma variável local para armazenar o cálculo

    'Esse método FindDiscount modificado sobrescreverá o mesmo método da classe base
    'quando a palavra-chave Overrides for usada
    Overrides Function FindDiscount(ByVal CashValue As Double) As Double
        'O uso da palavra-chave MyBase aqui se refere à classe base da instância atual.
        'Esse cálculo é o primeiro, mas então o segundo desconto é somado a ele
        initialDiscount = MyBase.FindDiscount(CashValue)
        'O objetivo é retornar o "desconto acumulado" total (ou valor de desconto múltiplo)
        Return (returnStudentDiscount * CashValue) + initialDiscount
    End Function
End Class
```

```vb
'O procedimento ViewSavings calcula o valor economizado nas aulas da escola de esqui
'e o exibe na caixa de texto Output na página.
'O procedimento recebe dois argumentos, um objeto do tipo BaseDiscount e
'um valor de aula que deve ser descontado.

Sub ViewSavings(ByVal Item As BaseDiscount, ByVal SaleAmount As Double)
    'Note o suporte ao polimorfismo: embora o primeiro argumento exija um objeto
    'do tipo BaseDiscount, um objeto do tipo DeepDiscount também funciona.
    Dim taxAmount As Double
    taxAmount = Item.FindDiscount(SaleAmount)
    Output.Text = Output.Text & "On " & SaleAmount.ToString("C") & _
        " tuition, the amount saved was " & taxAmount.ToString("C") & vbCrLf
End Sub

Private Sub TestButton_Click(sender As Object, e As RoutedEventArgs) Handles TestButton.Click
    'Declara objetos relacionados às novas classes
    Dim WebDeal2014 As New BaseDiscount
    Dim ReturnStdBargain2014 As New DeepDiscount

    'Chama o procedimento ViewSavings para determinar o desconto sobre $150 da aula na escola
    de esqui.
    'A primeira chamada usa a taxa de desconto normal pela inscrição via web
    ViewSavings(WebDeal2014, 150)
    'A segunda chamada adiciona o desconto via web ao desconto para o aluno que está retornando
    ViewSavings(ReturnStdBargain2014, 150)
End Sub
```

16. Clique no botão Save All para salvar suas alterações e especifique a pasta Meus Documentos\Visual Basic 2013 SBS\Chapter 16 como local.

Agora você vai executar o aplicativo Windows Store.

17. Clique em Start Debugging.

O programa é carregado e exibe sua interface de usuário básica, mostrando uma cena de montanha coberta de neve, um objeto bloco de texto, uma caixa de texto e um botão.

18. Clique em Show Discounts.

O Visual Basic declara duas variáveis baseadas nas classes *BaseDiscount* e *DeepDiscount*, denominadas *WebDeal2014* e *ReturnStdBargain2014*, respectivamente. Essas variáveis são passadas para o procedimento *ViewSavings* e utilizadas para calcular os descontos nas aulas para o aluno, para um período de aulas de $150. Os dois descontos são exibidos na caixa de texto. Aos alunos que se inscrevem online para uma aula de $150 na escola de esqui, o desconto é de $12,75. Aos alunos que se inscrevem online para uma aula e também já estão matriculados no programa, o desconto combinado é de $33,75.

Sua tela estará parecida com esta:

19. Feche o programa e encerre o Visual Studio.

    Você terminou de escrever código neste capítulo.

    Utilizando herança e sobrescrita de métodos, você criou um programa que define suas próprias classes e as modifica para realizar trabalho útil. Essa funcionalidade foi obtida por meio de algumas palavras-chave bastante simples, incluindo *Overridable*, *Overrides*, *Inherits* e *MyBase*.

    Os conceitos subjacentes da programação orientada a objetos são mais complexos, mas, com a prática necessária, o ajudarão a escrever aplicativos reais impressionantes. Os programadores profissionais utilizam polimorfismo em diversos contextos para criar código elegante e fácil de manter.

Resumo

Este capítulo apresentou a terminologia e as técnicas fundamentais da programação orientada a objetos. Abordamos a criação de classes base com propriedades e métodos personalizados e a derivação de novas classes a partir de classes base e experimentamos conceitos avançados, como polimorfismo e sobrescrita de métodos. Há mais para aprender sobre OOP e sua utilidade em aplicativos Visual Basic. Você vai continuar trabalhando com classes personalizadas e seus usos no Capítulo 18, "Acesso a dados para aplicativos Windows Store".

Na Parte IV, "Bancos de dados e programação web", você vai continuar sua introdução às habilidades de desenvolvimento com Visual Studio, com uma discussão sobre programação de bancos de dados e criação de aplicativos web utilizando ASP. NET. No Capítulo 17, "Controles de banco de dados para aplicativos de área de trabalho para Windows", você vai examinar os assistentes e controles que permitem a um aplicativo Windows Forms se conectar com um banco de dados Access.

PARTE IV

Bancos de dados e programação web

CAPÍTULO 17 Controles de banco de dados para aplicativos de área de trabalho para Windows. 483

CAPÍTULO 18 Acesso a dados para aplicativos Windows Store. 509

CAPÍTULO 19 Desenvolvimento para web com ASP.NET no Visual Studio 536

CAPÍTULO 17

Controles de banco de dados para aplicativos de área de trabalho para Windows

Neste capítulo, você vai aprender a:

- Utilizar o Data Source Configuration Wizard para estabelecer uma conexão com um banco de dados e construir um dataset.
- Utilizar o Dataset Designer e a janela Data Sources para examinar membros do dataset e criar objetos vinculados em formulários.
- Vincular controles Windows Forms a um banco de dados Access e criar aplicativos baseados em dados utilizando objetos dataset e navegador de dados.
- Escrever instruções SQL para filtrar e classificar informações de datasets com a ferramenta Visual Studio Query Builder.

Como programador com alguma experiência em desenvolvimento de software, você já sabe que trabalhar com dados é uma atividade básica no gerenciamento de informações. Na Parte III, "Técnicas de programação com Visual Basic", você passou um bom tempo trabalhando com conceitos de processamento de dados, incluindo gerenciamento de tipos de dados, processamento de strings, uso de arrays e coleções, e escrita de consultas com expressões LINQ. Na Parte IV, "Bancos de dados e programação web", você vai trabalhar especificamente com origens de dados em aplicativos Windows Forms e Windows Store e vai ampliar suas habilidades de codificação para a plataforma web com ASP.NET.

Este capítulo ensinará a vincular controles a um banco de dados em um aplicativo Windows Forms (para área de trabalho do Windows). Será usado o Data Source Configuration Wizard para estabelecer uma conexão com um banco de dados Microsoft Access em seu sistema e será criado um dataset que representa um subconjunto de campos e registros úteis de uma tabela de banco de dados. Você usará o Dataset Designer e a janela Data Sources para examinar membros do dataset e criar objetos vinculados em seus formulários. Além disso, os controles *TextBox* e *MaskedTextBox* serão usados para apresentar informações de banco de dados ao seu usuário, e você aprenderá a escrever instruções SELECT da Structured Query Language (SQL) que filtram datasets (e, portanto, o que seu usuário vê e utiliza) de maneiras interessantes.

Este capítulo trata especificamente de acesso a dados em aplicativos Windows Forms e apresenta o ADO.NET, o mais popular modelo de dados para programação de banco de dados no Visual Studio 2013. No Capítulo 18, "Acesso a dados para aplicativos Windows Store", você vai aprender a usar documentos XML como origens de dados em programas Windows Store criados no Visual Basic 2013. Projetei esses capítulos para serem lidos em sequência; o Capítulo 18 amplia a discussão sobre o uso de origens de dados que começo neste capítulo e leva a conversa para uma nova plataforma.

Programação de banco de dados com ADO.NET

Um *banco de dados* é uma coleção organizada de informações armazenadas em um ou mais arquivos. Você pode criar bancos de dados poderosos utilizando qualquer um dos vários produtos de banco de dados, incluindo Access, Microsoft SQL Server e Oracle. Também pode armazenar e transmitir informações de banco de dados utilizando a Extensible Markup Language (XML), um formato de arquivo projetado para trocar dados estruturados pela Internet e em outros ambientes.

Criar e manter bancos de dados tornou-se uma tarefa essencial para todas as grandes corporações, instituições governamentais, órgãos sem fins lucrativos e pequenas empresas. Recursos de dados ricos ("rich data") – por exemplo, endereços de clientes, estoques de fábricas, saldos de contas, registros de empregados, listas de doadores e históricos de pedidos – tornaram-se essenciais no mundo dos negócios.

Você pode usar o Microsoft Visual Studio 2013 para criar novos bancos de dados, mas o Visual Studio 2013 é projetado principalmente para exibir, analisar e manipular as informações em bancos de dados ou arquivos XML já existentes. O ADO.NET, introduzido pela primeira vez no Microsoft Visual Studio .NET 2002, ainda é o modelo de dados padrão para programação de bancos de dados no Visual Studio 2013. Com os anos, foi aprimorado para trabalhar com um grande número de cenários de acesso a dados e foi cuidadosamente otimizado para uso na Internet. Por exemplo, ele usa o mesmo método básico para acessar origens de dados locais, cliente-servidor e baseadas na Internet, e a XML é fortemente integrada ao ADO.NET.

Felizmente, a maioria dos aplicativos de banco de dados que os programadores criaram utilizando versões anteriores do Microsoft Visual Basic e do ADO.NET ainda funciona muito bem, e as técnicas básicas para acessar um banco de dados são predominantemente as mesmas no Visual Basic 2013. Contudo, existe um modelo adicional para gerenciamento de banco de dados no Visual Studio, chamado Entity Framework, lançado pela primeira vez com o Visual Studio 2010. O Entity Framework não substitui o ADO.NET, mas oferece um modelo de dados para trabalhar com informações, de certa forma mais rico e flexível do que o ADO.NET. Isto é, o Entity Framework não é uma maneira radicalmente nova de acessar informações, mas sim uma extensão do ADO.NET e de sua funcionalidade. Por isso, é muito importante conhecer o modelo de objetos do ADO.NET, tanto por sua viabilidade atual como por seu potencial futuro.

Terminologia de banco de dados

Um tema subjacente na seção anterior é que os programadores de banco de dados frequentemente têm pela frente novas tecnologias a decifrar e dominar, uma reorientação muitas vezes iniciada pelos termos *novo paradigma* ou *novo modelo de banco de dados*. Embora o contínuo aprendizado de novas técnicas possa ser uma fonte de frustração, a rapidez dessas mudanças pode ser parcialmente explicada pela relativa novidade da programação de aplicativos para bancos de dados distribuídos e de múltiplas camadas no Windows, bem como inovações técnicas, necessidades de segurança e desafios de programação web que estão além do controle da equipe de desenvolvimento do Visual Studio.

CAPÍTULO 17 Controles de banco de dados para aplicativos de área de trabalho... 485

Neste capítulo, porém, começaremos no início e, na programação de banco de dados mais do que em qualquer outro tema, você realmente precisa conhecer os tópicos *passo a passo*. Vamos começar entendendo alguma terminologia de banco de dados básica. Acredito que você já conheça parte dessas informações, mas elas foram incluídas para que, desde o início, estejamos de acordo em relação aos termos importantes.

Um *campo* (também chamado de *coluna*) é uma categoria de informações armazenadas em um banco de dados. Campos típicos em um banco de dados de corpo docente poderiam conter números de registro, nomes dos professores, endereços de email, números de telefones comerciais e nomes de departamentos. Todas as informações sobre um membro específico são chamadas de *registro* (também chamado de *linha*). Quando um banco de dados é criado, as informações são inseridas em uma *tabela* de campos e registros.

Os registros correspondem às linhas na tabela, e os campos, às colunas, como mostrado no banco de dados de corpo docente a seguir (*Faculty.accdb*) no Access 2010:

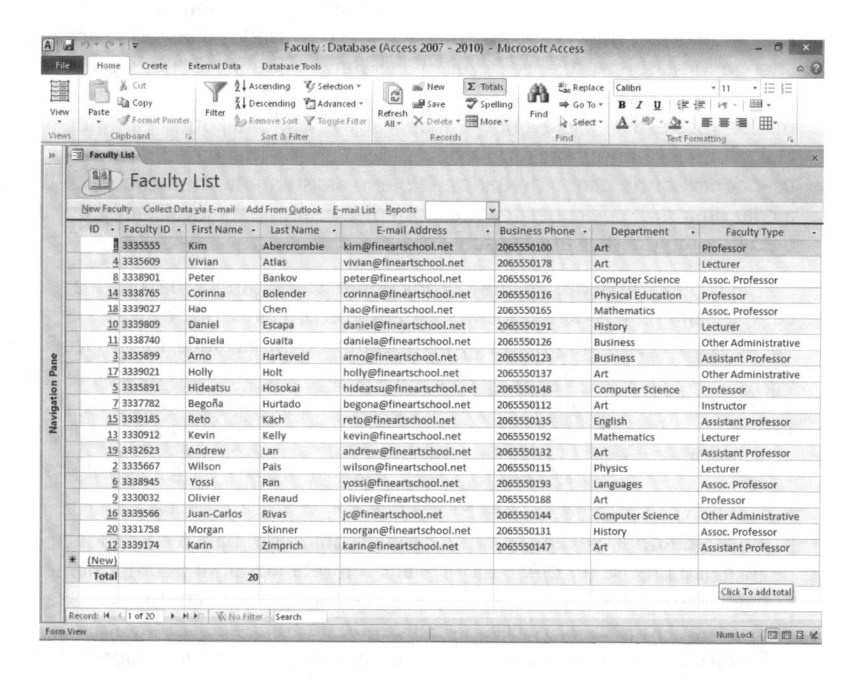

Um *banco de dados relacional* pode consistir em várias tabelas vinculadas. Em geral, a maioria dos bancos de dados aos quais você se conecta a partir do Visual Studio provavelmente será relacional, contendo várias tabelas de dados organizadas em torno de um tema particular.

No ADO.NET, vários objetos são utilizados para recuperar e modificar informações em um banco de dados. Primeiro, é estabelecida uma *conexão*, a qual especifica as informações de conexão sobre o banco de dados e cria algo para outros controles e componentes se vincularem. Em seguida, o Data Sources Configuration Wizard cria um *dataset* (ou conjunto de dados), que é uma representação de uma ou mais tabelas de banco de dados com o qual você planeja trabalhar no programa. (Você não manipula os dados reais, mas uma cópia deles.) O Data Sources Configuration Wizard também adiciona um *arquivo de esquema XML* ao seu projeto e associa um *adaptador de tabela* e um *navegador de dados* ao dataset para tratar da recuperação de dados do banco de dados, postar alterações e mover-se de um registro para o próximo no dataset. Você pode então vincular as informações no dataset a controles em um formulário, usando a janela Data Sources ou as configurações da propriedade *DataBindings*.

Embora neste capítulo estejamos testando esse processo em um aplicativo Windows Forms, você também pode vincular as informações do dataset a aplicativos cliente Windows Presentation Foundation (WPF), a aplicativos Windows Store, a aplicativos web (via ASP.NET) e a aplicativos Windows Phone. Contudo, em algumas plataformas (como o ambiente Windows Store), o Data Sources Configuration Wizard não pode ser usado para estabelecer uma conexão de dataset.

Banco de dados Access

Nas seções a seguir, você vai aprender a usar a tecnologia de acesso a dados ADO. NET no Visual Basic 2013. Vai começar utilizando o Data Source Configuration Wizard para estabelecer uma conexão com um banco de dados chamado *Faculty.accdb*, que criei no Microsoft Access. Às vezes, os assistentes podem ter má reputação por serem muito simplistas (e, conforme mencionei, não funcionam em todas as plataformas), mas se você estiver escrevendo um aplicativo Windows Forms, verá que a ferramenta Data Source Configuration do Visual Studio é uma maneira muito útil de começar a usar conexões de banco de dados. O que o assistente faz bem, nesse caso, é ajudá-lo a criar uma *string de conexão*, que é um mecanismo para localizar e abrir uma origem de dados em um aplicativo Visual Studio.

O banco de dados *Faculty.accdb* contém várias tabelas de informações acadêmicas que seriam úteis para um administrador ou professor que estivesse organizando as agendas ou a carga horária do corpo docente, ou importantes informações de contato dos funcionários em uma faculdade ou colégio. Você vai aprender a criar um dataset baseado em uma tabela de informações no banco de dados *Faculty* e a exibir essas informações em um formulário Windows. Quando terminar, você será capaz de colocar essas habilidades em prática em seus próprios projetos de banco de dados.

> **Nota** Embora o exemplo neste capítulo utilize um banco de dados Access, você não precisa ter o Access instalado. Entretanto, alguns componentes de conectividade da Microsoft podem ser necessários no seu computador para trabalhar com arquivos do Access, dependendo de como seu sistema foi configurado. Se você tentar fazer os exercícios a seguir e receber uma mensagem de erro indicando que o Microsoft.Jet.OLEDB não está registrado em seu computador ou que o formato do banco de dados Access não é reconhecido, deve completar o passo 1 do próximo exercício para instalar os componentes de conectividade necessários, antes de trabalhar com ADO.NET. Além disso, se quiser abrir o arquivo no Access e trabalhar com ele, você precisará ter o Access 2007 ou posterior instalado em seu sistema.

Estabeleça uma conexão utilizando o Data Source Configuration Wizard

1. Certifique-se de que você tem o Access 2007 ou posterior instalado. Se você não tem o Access 2007 instalado, baixe e instale o 2007 Office System Driver: Data Connectivity Components a partir de *http://microsoft.com*.

CAPÍTULO 17   Controles de banco de dados para aplicativos de área de trabalho...   **487**

2. Inicie o Visual Studio e crie, em seguida, um novo projeto Visual Basic Windows Form Application chamado **My ADO Faculty Form**.

   Um novo projeto abre no Integrated Development Environment (IDE).

3. No menu Project, clique no comando Add New Data Source.

   O Data Source Configuration Wizard inicia no ambiente de desenvolvimento, como mostrado na captura de tela a seguir.

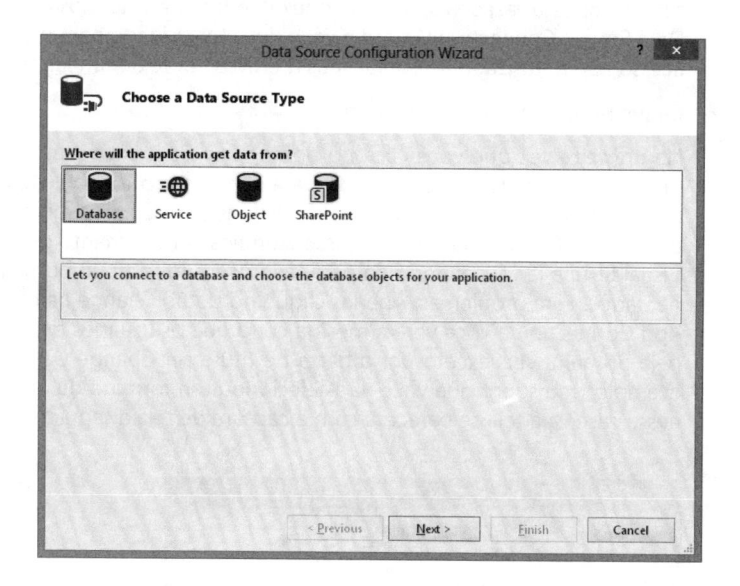

O Data Source Connection Wizard é um recurso dentro do IDE do Visual Studio que prepara automaticamente seu programa Visual Basic para receber informações de banco de dados. O assistente pede informações sobre o tipo de banco de dados ao qual se conectará (um banco de dados local ou remoto, um web service, um objeto de dados personalizado que você criou ou um site Microsoft SharePoint), estabelece uma conexão com os dados e, então, cria um dataset ou uma entidade de dados dentro do programa para armazenar tabelas e campos específicos do banco de dados. Como resultado final, o assistente abre a janela Data Sources e a preenche com uma representação visual de cada objeto de banco de dados que você pode utilizar em seu programa.

4. Clique no ícone Database (se ainda não estiver selecionado) no Data Source Configuration Wizard e então clique em Next.

   O assistente exibe uma tela solicitando que você escolha um modelo de banco de dados para o seu aplicativo e a conexão que seu programa usará para acessar as informações do banco de dados.

5. Clique em Dataset e, em seguida, clique em Next para selecionar o modelo do dataset.

   O assistente agora exibe uma tela que o ajuda a estabelecer uma conexão com seu banco de dados, criando uma string de conexão. Uma string de conexão contém as informações que o Visual Studio precisa para localizar e abrir um banco de dados. Isso inclui o arquivo ou local baseado na rede do banco de dados e também, possivelmente, dados sigilosos como um nome de usuário e senha. Por essa razão, a string de conexão é tratada cuidadosamente dentro do Data Source Connection Wizard e você deve ter cuidado para protegê-la contra acesso não autorizado ao copiar seus arquivos-fonte de um lugar para outro.

6. Clique no botão New Connection.

   Na primeira vez que você clica no botão New Connection, a caixa de diálogo Choose Data Source abre, pedindo para selecionar o formato de banco de dados a ser usado. Se você vir a caixa de diálogo Add Connection em vez da caixa de diálogo Choose Data Source, isso significa simplesmente que sua cópia do Visual Studio já foi configurada para favorecer um formato particular de banco de dados. Sem problemas. Apenas clique no botão Change na caixa de diálogo Add Connection e você verá a mesma coisa que os usuários do assistente veem pela primeira vez, exceto por a barra de título ser Change Data Source. Neste exemplo, vou supor que você não selecionou um formato de origem de dados; nesse caso, sua tela se parecerá com a captura de tela a seguir:

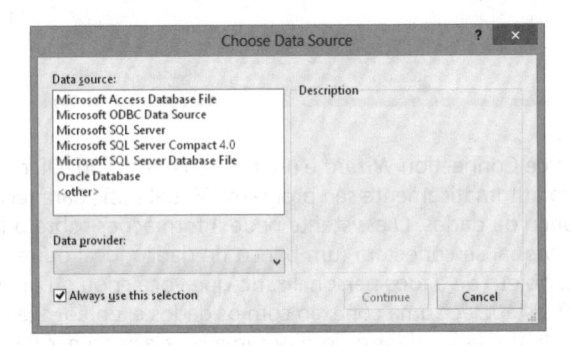

   A caixa de diálogo Change/Choose Data Source é o lugar em que você seleciona seu formato preferido de banco de dados, o qual o Visual Studio usa como formato padrão. Neste capítulo, você selecionará o formato Access, mas note que é possível mudar o formato do banco de dados para uma das outras opções a qualquer momento. (A lista de origens de dados disponíveis muda periodicamente.) Você também pode estabelecer mais de uma conexão de banco de dados – cada uma com um tipo de banco de dados diferente – dentro de um único projeto.

7. Clique em Microsoft Access Database File e depois clique em Continue (ou OK).

   A caixa de diálogo Add Connection abre, como mostrado na captura de tela a seguir:

Agora você vai especificar as configurações de local e conexão de seu banco de dados para que o Visual Studio possa construir uma string de conexão válida.

8. Clique em Browse.

A caixa de diálogo Select Microsoft Access Database File abre. Ela funciona como uma caixa de diálogo Open.

9. Acesse a pasta Meus Documentos\Visual Basic 2013 SBS\Chapter 17, clique no arquivo Faculty.accdb e clique em Open.

Você selecionou o banco de dados do Access que construí para demonstrar como os campos e registros de banco de dados são exibidos dentro de um programa Visual Basic. A caixa de diálogo Add Connection abre novamente com o nome de caminho registrado. Não impus qualquer restrição de acesso a esse arquivo, de modo que Faculty.accdb não exige nome de usuário e senha. Mas, se seu banco de dados exigir um nome de usuário, uma senha ou ambos, você pode especificá-los agora nas caixas User Name e Password. Esses valores serão, então, incluídos na string de conexão.

10. Clique no botão Test Connection.

O Visual Studio tenta abrir o arquivo de banco de dados especificado com a string de conexão que o assistente construiu para você. Se o banco de dados estiver em um formato reconhecido e as entradas de nome de usuário e senha (se houver) estiverem corretas, você verá a mensagem mostrada aqui.

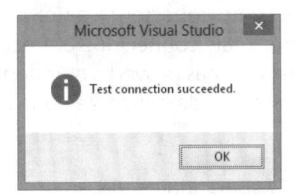

> **Nota** Se você receber uma mensagem que diz Unrecognized Database Format, talvez não tenha o Access 2007 ou posterior instalado. Se não tiver o Access 2007 ou posterior instalado, precisará baixar e instalar o 2007 Office System Driver: Data Connectivity Components ou uma ferramenta mais recente a partir de Microsoft.com. (Consulte o passo 1 deste procedimento.) Feche o Visual Studio, instale o driver exigido, reinicie o Visual Studio e, então, complete os passos novamente.

11. Clique em OK para fechar a caixa de mensagem e em OK de novo para fechar a caixa de diálogo Add Connection.

    O Visual Studio exibe o Data Source Configuration Wizard novamente.

12. Clique no sinal de adição (+) ao lado do item Connection String na caixa de diálogo para exibir sua string de conexão concluída.

    A página do assistente deve ser semelhante a esta:

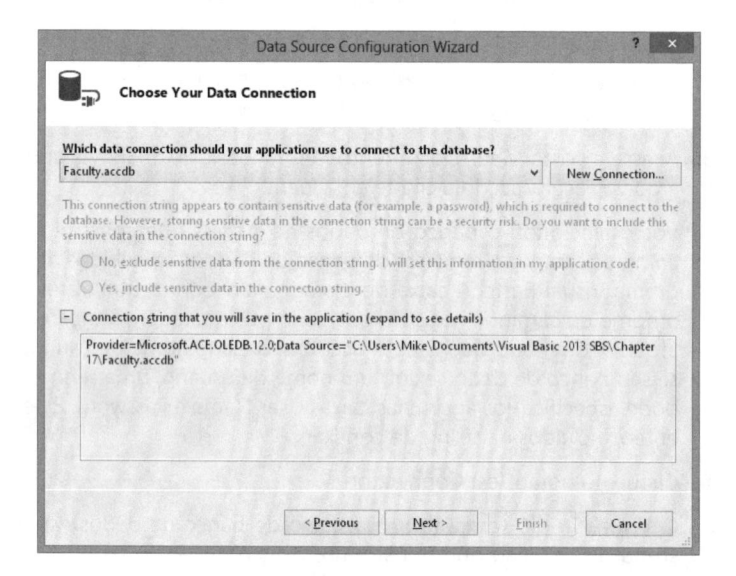

    A string de conexão identifica um *provedor* (também conhecido como *provedor gerenciado*) chamado Microsoft.ACE.OLEDB.12.0, ou seja, um componente de banco de dados subjacente que sabe como conectar-se a um banco de dados e extrair seus dados. Os dois provedores mais conhecidos oferecidos pelo Visual Studio são Microsoft OLE DB e SQL Server, mas provedores independentes estão disponíveis para muitos dos outros formatos de banco de dados.

13. Clique no botão Next.

    O assistente exibe uma mensagem de alerta indicando que foi selecionado um novo banco de dados local (ou arquivo de dados local) que não está no projeto

CAPÍTULO 17 Controles de banco de dados para aplicativos de área de trabalho... 491

atual e pergunta se o banco de dados deve ser copiado para suas pastas de projeto. (Essa mensagem aparece somente na primeira vez que você faz uma conexão com um arquivo de banco de dados local. Se estiver repetindo esse exercício, você provavelmente não verá a mensagem.)

Em um aplicativo comercial que usa um banco de dados, você talvez queira controlar o modo como isso funciona com um pouco mais de cuidado. (Para aprender mais sobre suas opções, clique no botão da Ajuda ou em F1.)

14. Clique em No para não criar uma cópia extra do banco de dados nesse momento.

Você não está distribuindo comercialmente esse projeto; ele é apenas um programa de exemplo e uma cópia extra não é necessária.

O Data Source Configuration Wizard agora faz a seguinte pergunta: Do You Want To Save The Connection String To The Application Configuration File? ("Você quer salvar a string de conexão no arquivo de configuração do aplicativo?") Salvar a string de conexão é a seleção padrão e, neste exemplo, o nome de string recomendado é *FacultyConnectionString*. Normalmente, é recomendável salvar essa string dentro do arquivo de configuração padrão do aplicativo, pois, se o local do banco de dados mudar, você poderá editar a string em seu arquivo de configuração (que é listado no Solution Explorer), em vez de localizar a string de conexão dentro do código de programa e recompilar o aplicativo.

15. Clique em Next para salvar a string de conexão padrão.

Agora você deve selecionar o subconjunto de objetos do banco de dados que deseja utilizar para esse projeto em particular, como mostrado nesta caixa de diálogo:

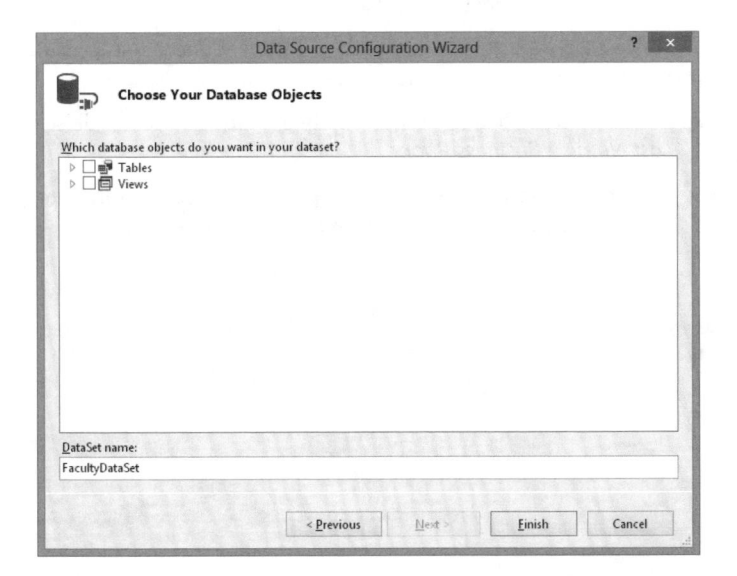

> **Nota** O Visual Studio permite utilizar apenas parte de um banco de dados ou combinar bancos de dados diferentes – um recurso útil quando você está trabalhando para construir aplicativos baseados em dados.

Os itens selecionados nessa caixa de diálogo são referenciados dentro do projeto como *objetos de banco de dados*. Os objetos de banco de dados podem incluir tabelas de campos e registros, visualizações de banco de dados, procedimentos armazenados, funções e outros itens únicos do seu banco de dados. Assim, a programação de banco de dados no Visual Studio se encaixa perfeitamente no paradigma da programação orientada a objetos que você já viu neste livro.

O termo coletivo para todos os objetos de banco de dados que você seleciona é *dataset*. Neste projeto, o nome padrão *FacultyDataSet* é atribuído ao dataset, o qual você pode ajustar na caixa DataSet Name.

> **Importante** O dataset que você cria agora somente *representa* os dados em seu banco de dados – se você adicionar, excluir ou modificar registros de banco de dados no dataset, não modificará realmente as tabelas subjacentes do banco de dados até executar um comando que grave as alterações no banco de dados original. Os programadores de banco de dados chamam esse tipo de esquema de *origem de dados desconectada*.

16. Clique na seta ao lado do nó Tables para expandir a lista das tabelas contidas no banco de dados *Faculty.accdb*.

    Neste caso há somente uma tabela listada, denominada *Faculty*, que usaremos em nosso programa de exemplo.

17. Clique na seta ao lado do nó Faculty e marque as caixas de seleção dos campos *Last Name* e *Business Phone*.

    Você vai adicionar esses dois campos ao dataset *FacultyDataSet*. A página do assistente é semelhante à captura de tela a seguir:

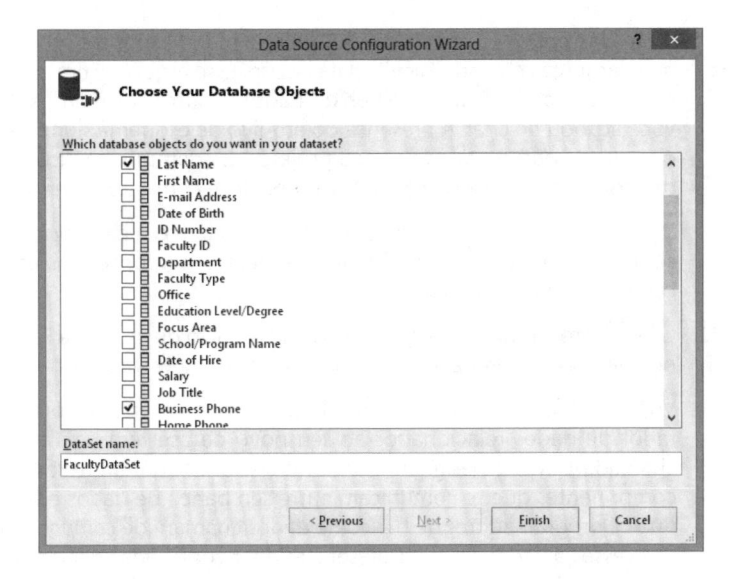

CAPÍTULO 17   Controles de banco de dados para aplicativos de área de trabalho...   **493**

18. Clique no botão Finish para completar e fechar o Data Source Configuration Wizard.

    O Visual Studio conclui as tarefas de adicionar uma conexão de banco de dados ao seu projeto e configurar o dataset com os objetos de banco de dados selecionados.

19. Clique no botão Save All da barra de ferramentas Standard para salvar as alterações. Especifique a pasta Meus Documentos\Visual Basic 2013 SBS\Chapter 17 como o local.

20. Se o Solution Explorer não estiver atualmente visível, abra-o agora para exibir os principais arquivos e componentes contidos no projeto ADO Faculty Form.

    O Solution Explorer fica assim:

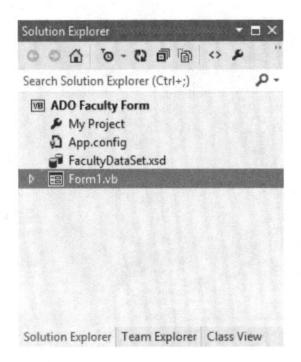

Além das entradas padrão do Solution Explorer para um projeto, você vê um novo arquivo chamado FacultyDataSet.xsd. Esse arquivo é um esquema XML que descreve tabelas, campos, tipos de dados e outros elementos do dataset que você acabou de criar. A presença do arquivo de esquema significa que você adicionou um *dataset tipado* ao seu projeto. (Os datasets tipados têm um arquivo de esquema associado, mas isso não acontece com os datasets não tipados.)

Datasets tipados são vantajosos porque habilitam o recurso Microsoft IntelliSense do Code Editor do Visual Studio e oferecem informações específicas sobre campos e tabelas em uso.

21. Clique com o botão direito do mouse no arquivo de esquema FacultyDataSet.xsd no Solution Explorer e, em seguida, clique em View Designer.

    Você vê uma representação visual das tabelas, campos e comandos de adaptador de dados relacionados ao seu novo dataset em uma ferramenta visual chamada *Dataset Designer*. O Dataset Designer contém ferramentas para criar componentes que se comunicam entre seu banco de dados e seu aplicativo – o que os programadores de banco de dados chamam de *componentes da camada de acessos a dados*. Com o Dataset Designer você pode criar e modificar adaptadores de tabela, consultas de adaptador de tabela, tabelas de dados, colunas de dados e relacionamentos de dados. Pode utilizá-lo também para revisar e configurar propriedades importantes relacionadas a objetos em um dataset, como o comprimento de campos do banco de dados e os tipos de dados associados aos campos.

22. Clique no campo *Last Name* e pressione F4 para destacar a janela Properties.

23. Clique na propriedade *MaxLength*. Sua tela é semelhante à captura de tela mostrada a seguir.

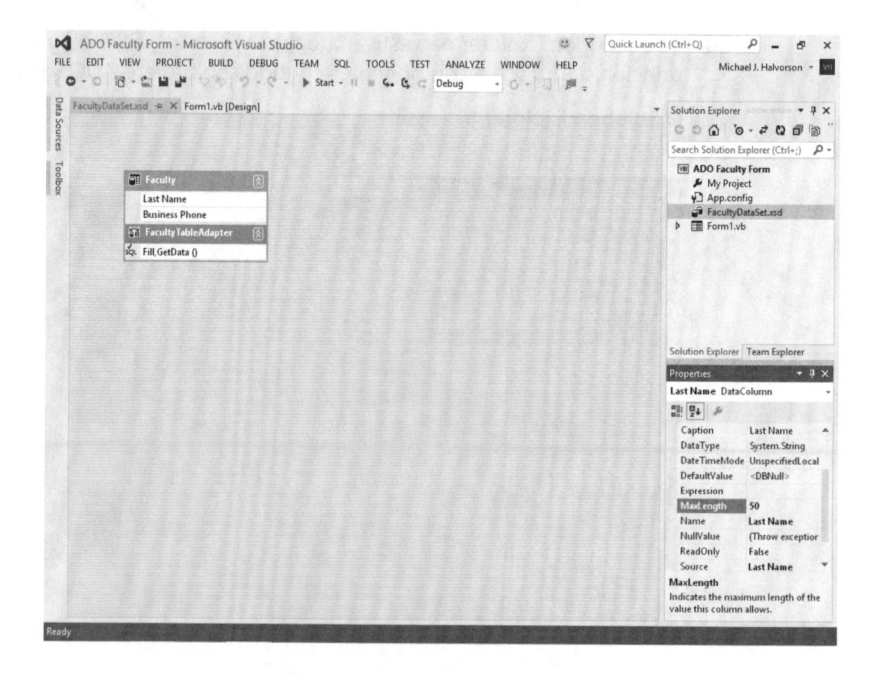

CAPÍTULO 17   Controles de banco de dados para aplicativos de área de trabalho...   **495**

Aqui, o Dataset Designer é mostrado com um dataset ativo chamado *FacultyDataSet* e a janela Properties mostra que a propriedade *MaxLength* está configurada para permitir um máximo de 50 caracteres no campo *Last Name*. Embora esse comprimento pareça suficiente para exibir os sobrenomes mais longos imagináveis em um banco de dados, você pode ajustar essa propriedade (e outras, também) se achar que as configurações de banco de dados básicas são inadequadas para seu aplicativo.

Colocando o Dataset Designer de lado por um momento, vamos continuar construindo o aplicativo de banco de dados de exemplo na janela Data Sources.

A janela Data Sources

A janela Data Sources é um recurso útil e que economiza tempo do IDE do Visual Studio 2013. Seu objetivo é exibir uma representação visual dos datasets que foram configurados para uso dentro de seu projeto e ajudá-lo a vincular esses datasets a controles na interface do usuário. Lembre-se de que um dataset é apenas uma representação temporária das informações de banco de dados em seu programa e que cada dataset contém somente um subconjunto das tabelas e campos dentro do arquivo do banco de dados inteiro – isto é, apenas os itens que você selecionou ao usar o Data Source Configuration Wizard. O dataset é exibido em uma visão hierárquica (árvore) na janela Data Sources, com um nó raiz para cada um dos objetos que você selecionou no assistente. Toda vez que você executa o assistente para criar um novo dataset, uma nova árvore de dataset é adicionada à janela Data Sources, oferecendo acesso potencial a um amplo espectro de origens de dados e visões dentro de um único programa.

Se você acompanhou as instruções para selecionar campos na tabela *Faculty* do banco de dados *Faculty*, tem algo interessante para exibir na janela Data Sources agora. Para se preparar para os próximos exercícios e exibir a janela Data Sources, apresente o formulário novamente (clique na guia Form1.vb [Design]), aponte para o submenu Other Windows no menu View e clique no comando Data Sources. Quando a janela Data Sources abrir, expanda a tabela *Faculty* para ver os dois campos que selecionamos. Sua janela Data Sources deve se parecer com a seguinte agora:

Ao longo da parte superior da janela estão quatro ferramentas úteis que permitem trabalhar com datasets. Da esquerda para a direita, esses botões da barra de ferramentas permitem adicionar uma nova origem de dados ao seu projeto, editar o dataset selecionado no Dataset Designer, adicionar ou remover campos do dataset com o assistente e atualizar o dataset.

A maneira mais fácil de exibir as informações de um dataset em um formulário (e, portanto, para seus usuários) é arrastar objetos da janela Data Sources para o Windows Forms Designer. (Esse é o Designer que você utilizou nos capítulos anteriores, mas que chamo de *Windows Forms Designer* aqui para diferenciá-lo do Dataset Designer.)

No restante deste capítulo, você experimentará arrastar campos individuais de dados para o Windows Forms Designer a fim de vincular controles para selecionar campos no banco de dados *Faculty*. Experimente agora.

Utilize a janela Data Sources para criar objetos de banco de dados em um formulário

1. Na janela Data Sources, clique na seta ao lado do nó *Faculty* para exibir os campos disponíveis em *FacultyDataSet* (se você ainda não fez isso).

   Sua janela Data Sources deve se parecer com a captura de tela anterior. No Visual Studio, você pode exibir campos individuais ou uma tabela de dados inteira simplesmente arrastando os objetos de banco de dados desejados para seu formulário.

2. Clique no campo *Last Name*, o qual contém o nome de cada instrutor no banco de dados *Faculty*. Uma seta aparece à direita do campo *Last Name* na janela Data Sources. Se a seta não aparecer, certifique-se de que a guia Form1.vb [Design] está ativa na janela Designer e, então, clique em *Last Name* novamente.

3. Clique na seta *Last Name*.

   Clicar nessa seta exibe uma lista de opções relacionadas ao modo como um campo de banco de dados é exibido no formulário quando você o arrasta, como mostrado na captura de tela a seguir.

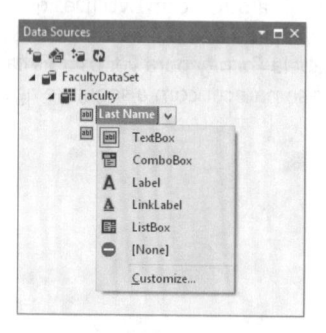

Embora ainda não tenhamos discutido isso, a maioria dos controles na guia Common Controls da Toolbox tem a capacidade incorporada de exibir informações de banco de dados. Na terminologia do Visual Studio, esses controles são chamados de *controles vinculados* (bounds controls), quando conectados a campos data-ready (aptos a manipular dados) em um dataset. Vincular dados a controles é um tema importante em todas as plataformas de programação Windows. Você vai aprender a vincular controles XAML a dados XML em um aplicativo Windows Store no Capítulo 18.

A lista de controles que você vê agora é um grupo de opções comuns para exibir as informações de string de um banco de dados, mas é possível adicionar outros controles à lista (ou remover itens) clicando no comando Customize. Neste caso, porém, você simplesmente utilizará o controle *TextBox*, o controle vinculado padrão para dados string.

4. Clique em *TextBox* na lista.

   A lista é recolhida e o Visual Studio registra sua seleção.

5. Agora, arraste o campo *Last Name* para o meio do formulário no Windows Forms Designer.

   Quando você arrasta o campo sobre o formulário, um sinal de adição (+) abaixo do ponteiro indica que adicionar esse objeto de banco de dados a um formulário é uma operação válida. Quando você solta o botão do mouse, o Visual Studio cria um objeto caixa de texto que suporta dados e coloca uma barra de navegação de aparência profissional na parte superior do formulário. O formulário é parecido com este (a sua janela Data Sources pode estar em um local diferente):

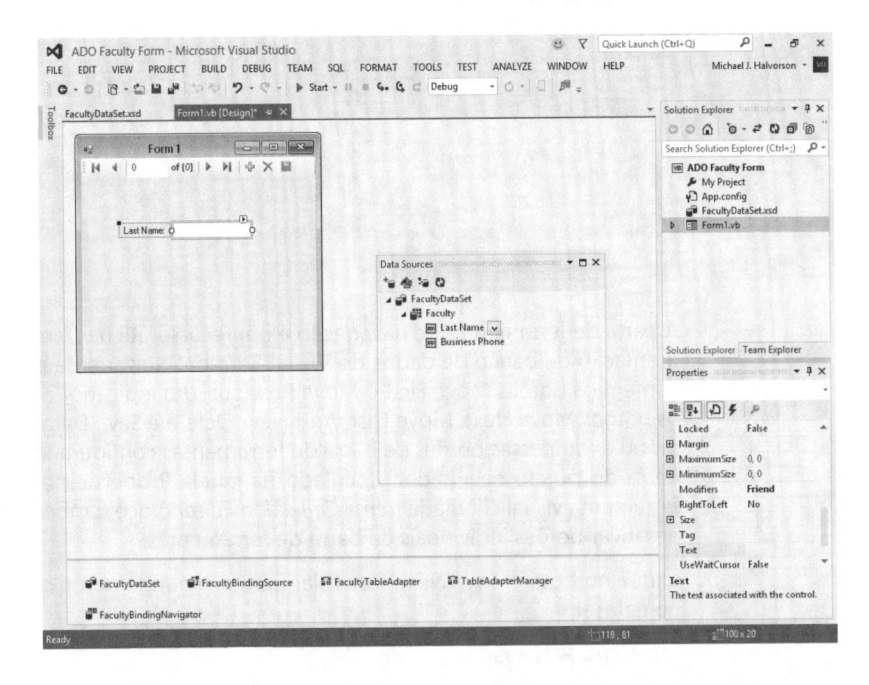

Na realidade, o Visual Studio criou dois objetos para esse campo *Last Name*: um objeto rótulo descritivo contendo o nome do campo e um objeto caixa de texto vinculado que exibirá o conteúdo do campo quando você executar o programa. Abaixo do formulário, na bandeja de componentes, o Visual Studio também criou vários objetos para gerenciar aspectos internos do processo de acesso a dados, incluindo os seguintes:

- **FacultyDataSet**   O dataset que você criou com o Data Source Configuration Wizard para representar campos no banco de dados *Faculty*.

- **FacultyBindingSource**   Um componente intermediário que atua como um canal entre a tabela *Faculty* e objetos vinculados no formulário.

PARTE IV   Bancos de dados e programação web

- **FacultyTableAdapter e TableAdapterManager**   Componentes intermediários que movem dados entre *FacultyDataSet* e tabelas no banco de dados *Faculty* subjacente.

- **FacultyBindingNavigator**   Componente que fornece serviços de navegação e propriedades relacionadas à barra de ferramentas de navegação e à tabela *Faculty*.

Agora você executará o programa para ver como funcionam todos esses objetos.

6. Clique no botão Start Debugging da barra de ferramentas Standard.

    O programa ADO Faculty Form executa no IDE. O objeto caixa de texto é carregado com o primeiro registro de *Last Name* no banco de dados (Abercrombie) e uma barra de ferramentas de navegação com diversos botões e controles aparece na parte superior do formulário, como mostrado na captura de tela a seguir:

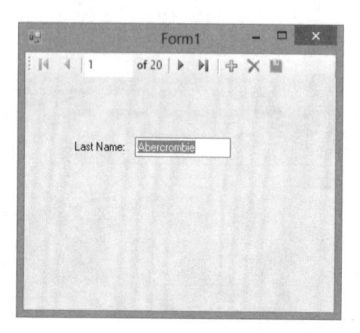

    A barra de ferramentas de navegação é um recurso útil nas ferramentas de programação de banco de dados do Visual Studio. Da esquerda para a direita, ela contém os botões Move First e Move Previous, um indicador de posição atual e os botões Move Next, Move Last, Add New, Delete e Save Data. Você pode alterar ou excluir esses botões de barra de ferramentas configurando a propriedade *Items* do objeto navegador vinculado na janela Properties, a qual exibe uma ferramenta visual chamada *Items Collection Editor*. Você também pode ativar ou desativar botões individuais da barra de ferramentas.

7. Clique no botão Move Next para rolar para o segundo nome do corpo docente no dataset.

    O registro Pais aparece.

8. Continue rolando pelo dataset um registro de cada vez. À medida que rolar pela lista de nomes, note que o indicador de posição monitora onde você está na lista de registros.

9. Clique nos botões Move First e Move Last para mover-se para o primeiro e para o último registros do dataset, respectivamente.

10. Exclua o último registro do dataset (Skinner) clicando no botão Delete quando o registro estiver visível.

    O registro é excluído do dataset e o indicador de posição mostra que há agora 19 registros restantes. (Lan tornou-se o último e atual registro.) Seu formulário é parecido com este:

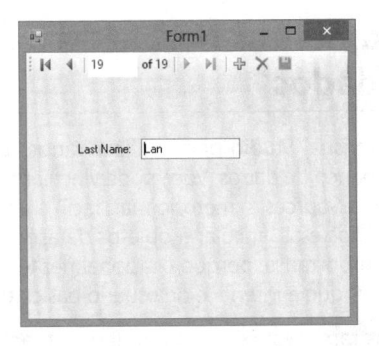

CAPÍTULO 17   Controles de banco de dados para aplicativos de área de trabalho...   **499**

Como mencionei anteriormente, o dataset representa somente o subconjunto de tabelas do banco de dados *Faculty* que foi utilizado nesse projeto – o dataset é uma imagem desconectada do banco de dados, não o próprio banco de dados. Portanto, o registro que você excluiu foi excluído somente do dataset que é carregado na memória enquanto o programa está executando. Entretanto, para verificar que o programa realmente está trabalhando com dados desconectados e não está modificando o banco de dados original, você vai parar e reiniciar o programa agora.

11. Clique no botão Close no formulário para fechar o programa.

O programa encerra e o IDE retorna.

12. Clique em Start Debugging para executar o programa novamente.

Quando o programa reinicia e o formulário é carregado, a barra de ferramentas de navegação mostra que o dataset contém 20 registros, como continha originalmente. Ou seja, funciona conforme o esperado.

13. Clique no botão Move Last para visualizar o último registro do dataset.

O registro de Skinner aparece novamente. Esse último nome do corpo docente foi excluído somente da memória e reapareceu porque o banco de dados subjacente ainda contém o nome.

14. Clique no botão Close novamente para fechar o programa.

Muito bem. Sem escrever nenhum código de programa, você construiu um aplicativo de banco de dados simples que exibe informações específicas de um banco de dados. Configurar o dataset exigiu muitos passos, mas agora ele está pronto para ser utilizado de muitas maneiras no programa.

Embora eu tenha selecionado apenas uma tabela e um campo do banco de dados *Faculty* para reduzir a confusão na tela e focalizar nossa atenção, você provavelmente desejará selecionar uma variedade de objetos muito mais ampla de seus bancos de dados ao construir datasets utilizando o Data Source Configuration Wizard. Como você pode ver, não é necessário criar objetos vinculados para cada item de dataset em um formulário – você pode decidir quais registros de banco de dados quer utilizar e exibir.

Controles da caixa de ferramentas para exibir informações de banco de dados

Como mencionei anteriormente, o Visual Studio pode utilizar vários controles da sua Toolbox para exibir informações de banco de dados. Você pode vincular controles a datasets arrastando campos da janela Data Sources (o método mais fácil) e pode criar controles separadamente em seus formulários e os vincular a objetos dataset posteriormente. Esta segunda opção é um recurso importante, porque ocasionalmente você adicionará origens de dados a um projeto depois que a interface de usuário básica tiver sido criada.

O procedimento que demonstrarei nesta seção trata dessa situação e ao mesmo tempo permite que você pratique a vinculação de objetos de dados a controles dentro de um aplicativo Visual Basic. Você vai criar um objeto caixa de texto com máscara em seu formulário, configurar o objeto para formatar informações de banco de dados de uma maneira útil e então vai vincular o campo *Business Phone* de *FacultyDataSet* ao objeto.

Vincule um controle caixa de texto com máscara a um objeto dataset

1. Exiba o formulário no Windows Forms Designer.

2. Na janela Properties, altere a propriedade *Text* do formulário para **Faculty Contacts**.

3. Abra a Toolbox, clique no controle *MaskedTextBox* na guia Common Controls e crie um objeto caixa de texto com máscara no formulário, abaixo do rótulo *Last Name* e da caixa de texto.

   Como talvez você se lembre, a partir do que foi discutido no Capítulo 12, "Estruturas de decisão criativas e loops", o controle *MaskedTextBox* é semelhante ao controle *TextBox*, mas tem mais capacidade de regular ou limitar as informações inseridas pelo usuário em um programa. O formato de entrada do controle *MaskedTextBox* é ajustado configurando-se a propriedade *Mask*.

   Neste exercício, você utilizará *Mask* a fim de preparar o objeto caixa de texto com máscara para exibir números de telefone formatados a partir do campo *Business Phone*. (Por padrão, os números de telefone no banco de dados *Faculty* são armazenados sem espaços, parênteses ou traços, mas você quer ver essa formatação em seu programa.)

4. Clique na marca inteligente no canto superior direito do objeto caixa de texto com máscara e clique no comando Set Mask.

   O Visual Studio exibe a caixa de diálogo Input Mask, que lista diversas máscaras de formatação predefinidas. O Visual Studio utiliza essas máscaras para formatar a saída no objeto caixa de texto com máscara bem como para receber entrada de usuários.

5. Clique na máscara de entrada Phone Number e em OK.

   O objeto caixa de texto com máscara agora aparece com as regras de formatação de entrada definidas pelas configurações de país e idioma armazenadas dentro do Windows. (Essas configurações podem variar de um país para outro, mas para mim se parecem com um número de telefone norte-americano com código de área.)

CAPÍTULO 17 Controles de banco de dados para aplicativos de área de trabalho... **501**

6. Altere a propriedade *Name* do objeto caixa de texto com máscara para **BizPhoneMasked**.

7. Adicione um controle Label à esquerda do novo objeto caixa de texto com máscara e configure sua propriedade *Text* como **Phone:** (incluindo o dois-pontos).

   O primeiro rótulo descritivo foi adicionado automaticamente pela janela Data Sources, mas precisamos adicionar esse manualmente.

8. Ajuste o espaçamento entre os dois rótulos e caixas de texto de modo que fiquem perfeitamente alinhados. Quando tiver terminado, seu formulário será semelhante a este:

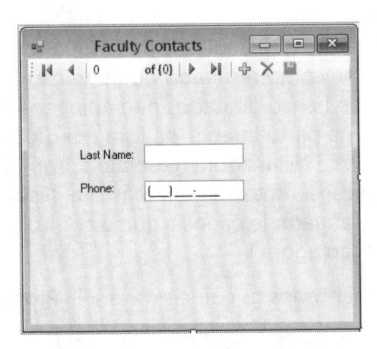

   Agora você vai vincular o campo *Business Phone* de *FacultyDataSet* ao novo objeto caixa de texto com máscara. O processo é fácil – basta arrastar o campo *Business Phone* da janela Data Sources para o objeto que você quer vincular aos dados – neste caso, o objeto *BizPhoneMasked*.

9. Exiba a janela Data Sources, caso não esteja visível, e arraste o campo *Business Phone* para o objeto *BizPhoneMasked*.

   Quando você arrasta um objeto dataset para um objeto que já existe no formulário (o qual poderíamos chamar de *objeto-alvo*), não é criado um novo objeto vinculado. Em vez disso, as propriedades *DataBindings* do objeto-alvo são configuradas de modo a corresponder ao objeto dataset arrastado na janela Data Sources.

   Depois dessa operação de arrastar, o objeto caixa de texto com máscara é vinculado ao campo *Business Phone* e a propriedade *Text* desse objeto contém um pequeno ícone de banco de dados na janela Properties (um sinal de que o objeto está vinculado a um dataset).

10. Verifique se o objeto *BizPhoneMasked* está selecionado no formulário e pressione F4 para destacar a janela Properties.

11. Role até a categoria *DataBindings* dentro da janela Properties e clique na seta para expandi-la.

    O Visual Studio exibe as propriedades geralmente associadas ao acesso a dados de um objeto caixa de texto com máscara. Sua janela Properties se parece com esta:

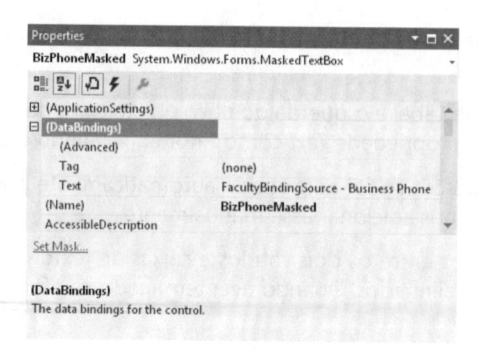

A propriedade vinculada digna de nota aqui é *Text*, configurada como Faculty-BindingSource – Business Phone como resultado da operação de arrastar. (Observe que o minúsculo ícone de banco de dados não aparece aqui; ele aparece somente na propriedade *Text*, na parte inferior da lista em ordem alfabética de propriedades.) Além disso, se você clicar agora na seta da propriedade *Text*, verá uma representação do objeto caixa de texto com máscara. (Essa exibição visual permite alterar rapidamente a origem de dados a que o controle está vinculado, mas não ajuste essa configuração agora.)

12. Clique no formulário para fechar todos os painéis da janela Properties.
13. Clique no botão Start Debugging para executar o programa.

    O Visual Studio executa o programa no IDE. Depois de um momento, os dois campos de banco de dados são carregados na caixa de texto e nos objetos caixa de texto com máscara, como mostrado na captura de tela seguir.

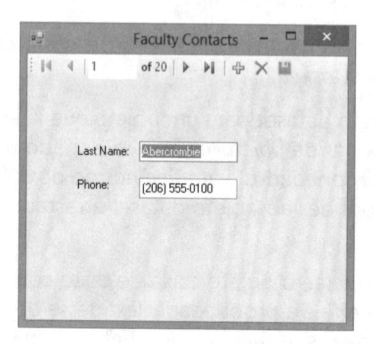

    O importante aqui é que o objeto caixa de texto com máscara formata corretamente as informações de número de telefone para que fiquem no formato esperado para números de telefone norte-americanos.

14. Clique no botão Move Next algumas vezes.

    Outro recurso importante também é demonstrado aqui: os dois campos de dataset rolam juntos e os nomes do corpo docente exibidos coincidem com os números de telefone comerciais correspondentes gravados no banco de dados *Faculty*. Essa sincronização é tratada pelo objeto *FacultyBindingNavigator*, que monitora o registro atual para cada objeto vinculado no formulário.

CAPÍTULO 17   Controles de banco de dados para aplicativos de área de trabalho...   **503**

15. Clique no botão Close a fim de parar o programa e em Save All para salvar suas alterações.

Você aprendeu a exibir vários campos de banco de dados em um formulário, a usar a barra de ferramentas de navegação para percorrer um dataset e a formatar informações de banco de dados com uma máscara. Muito bem!

Contudo, antes de deixar este capítulo, filtre seu dataset utilizando algumas instruções SQL.

Instruções SQL e filtragem de dados

Você utilizou o Data Source Configuration Wizard para extrair apenas a tabela e os campos desejados do banco de dados *Faculty*, criando um dataset personalizado chamado *FacultyDataSet*. Além dessa filtragem, você pode organizar e ajustar ainda mais os dados exibidos pelos controles vinculados, utilizando instruções SQL e o Visual Studio Query Builder. Esta seção apresenta essas ferramentas.

Para usuários do Visual Basic que conhecem o Access ou o SQL Server, filtrar dados com instruções SQL não é novidade. Mas os demais precisam saber que *instruções SQL* são comandos que extraem, ou *filtram*, informações de uma ou mais tabelas estruturadas em um banco de dados. A razão dessa filtragem é simples: assim como usuários da web se deparam rotineiramente com uma quantidade extraordinária de dados na Internet (e usam palavras-chave de pesquisa inteligentes em seus navegadores para localizar somente as informações que precisam), os programadores de banco de dados se deparam rotineiramente com tabelas contendo dezenas de milhares de registros que precisam de refinamento e organização para cumprir uma tarefa específica. A instrução SQL SELECT é um mecanismo tradicional para organizar informações de banco de dados. Encadeando um grupo dessas instruções, os programadores podem criar diretivas de pesquisa complexas, ou *consultas*, que extraem de um banco de dados somente os dados necessários.

Percebendo a aceitação da SQL pelo mercado, o Visual Studio oferece vários mecanismos para usar instruções SQL. Você já foi apresentado a uma prima próxima da SQL, a *Language-Integrated Query* (LINQ), que permite aos programadores de Visual Basic escrever consultas estilo SQL diretamente dentro de código Visual Basic. O Capítulo 15, "Gerenciamento de dados inovador com LINQ", apresentou essa ferramenta e explorou o modo de extrair informações de arrays, coleções e listas genéricas.

No próximo exercício, vou demonstrar um segundo mecanismo relacionado à SQL, um recurso poderoso do IDE chamado *Query Builder*. O Query Builder é uma ferramenta visual que ajuda os programadores a construir consultas de banco de dados com base na sintaxe da SQL. No próximo exemplo, você utilizará o Query Builder para organizar mais ainda seu dataset *FacultyDataSet*, classificando-o em ordem alfabética.

Crie instruções SQL com o Query Builder

1. No formulário, clique no objeto *Last_NameTextBox* (o primeiro objeto vinculado que você criou para exibir os sobrenomes dos membros do corpo docente do banco de dados *Faculty*).

2. Clique na marca inteligente no canto superior direito do objeto *Last_NameTextBox* e clique no comando Add Query.

O comando Add Query torna-se disponível quando um objeto vinculado, como *Last_NameTextBox*, é selecionado no Designer. A caixa de diálogo Search Criteria Builder abre, como nesta captura de tela:

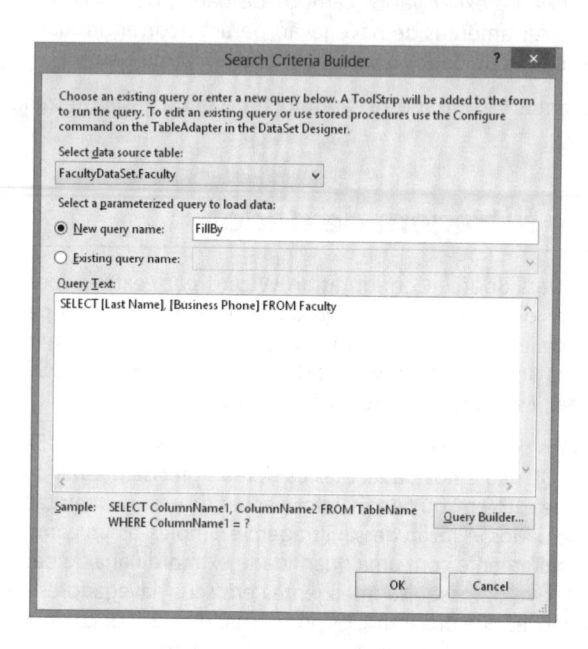

Essa caixa de diálogo o ajuda a organizar e visualizar suas consultas, que são criadas pelo Query Builder e consistem em instruções SQL. (Contudo, uma discussão completa sobre a sintaxe da SQL está fora dos objetivos deste livro.) A tabela que sua consulta filtrará e organizará por padrão (*FacultyDataSet.Faculty*) é selecionada na caixa Select Data Source Table, próximo da parte superior da caixa de diálogo. Você reconhecerá o formato de hierarquia de objetos usado pelo nome da tabela, que é lido como "a tabela *Faculty* dentro do dataset *FacultyDataSet*". Se houvesse outras tabelas para escolher, elas estariam na caixa de listagem exibida quando você clica na seta Select Data Source Table.

3. Digite **SortLastNames** na caixa New Query Name.

Essa caixa de texto atribui um nome à sua consulta e forma a base dos botões da barra de ferramentas adicionados ao formulário. (Para acesso fácil, o arranjo padrão é as novas consultas serem atribuídas a botões de barra de ferramentas dentro do aplicativo que você está construindo.)

CAPÍTULO 17   Controles de banco de dados para aplicativos de área de trabalho...   **505**

4. Clique no botão Query Builder na caixa de diálogo para abrir a ferramenta Query Builder.

   O Query Builder permite criar instruções SQL digitando-as diretamente em uma caixa de texto grande ou clicando em caixas de listagem e em outras ferramentas visuais.

5. Na linha *Last Name* que representa o campo *Last Name* em seu dataset, clique na célula sob Sort Type e, então, clique na seta para exibir a caixa de listagem Sort Type.

   Sua tela se parece com esta:

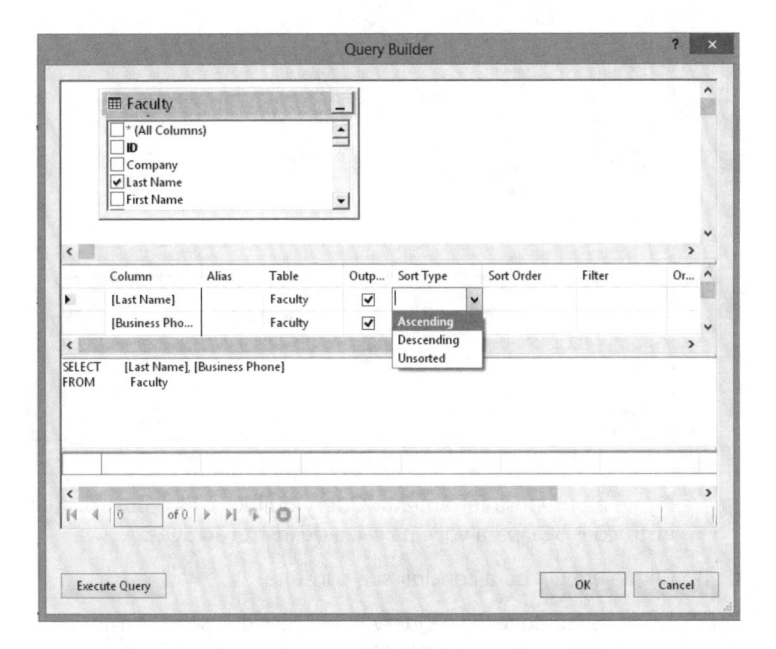

6. Na caixa de listagem Sort Type, clique em Ascending.

   Você vai classificar os registros no campo *Last Name* em ordem crescente.

PARTE IV   Bancos de dados e programação web

7. Clique na caixa de texto de instrução SQL abaixo do painel de grade para atualizar a janela Query Builder.

Uma nova cláusula (ORDER BY [Last Name]) é adicionada à caixa de instrução SQL e sua tela se parece com esta:

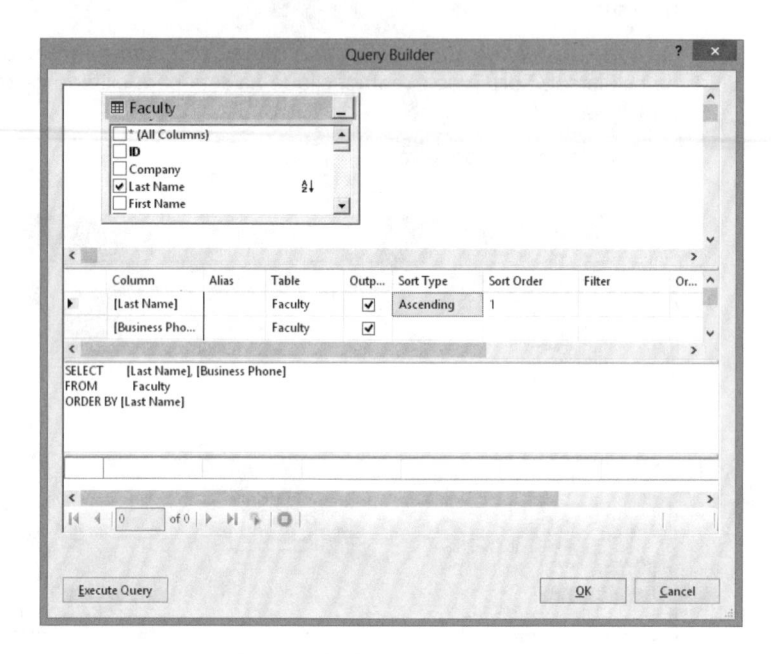

![Query Builder com cláusula ORDER BY [Last Name] adicionada]

Essa é a poderosa ferramenta Query Builder – ela constrói automaticamente as instruções SQL para você na caixa de instrução SQL.

8. Clique em OK para concluir sua consulta.

O Visual Studio fecha o Query Builder e exibe sua nova consulta na caixa de diálogo Search Criteria Builder. O nome da consulta (*SortLastNames*) é listado, bem como as instruções SQL que compõem a classificação.

CAPÍTULO 17 Controles de banco de dados para aplicativos de área de trabalho... 507

9. Clique em OK para fechar a caixa de diálogo Search Criteria Builder e, então, configure o objeto *Last_NameTextBox* para listar nomes em ordem alfabética crescente.

    O processo também criou um objeto *SortLastNamesToolStrip* na bandeja de componentes abaixo do formulário. O Designer e a bandeja de componentes agora se parecem com isto:

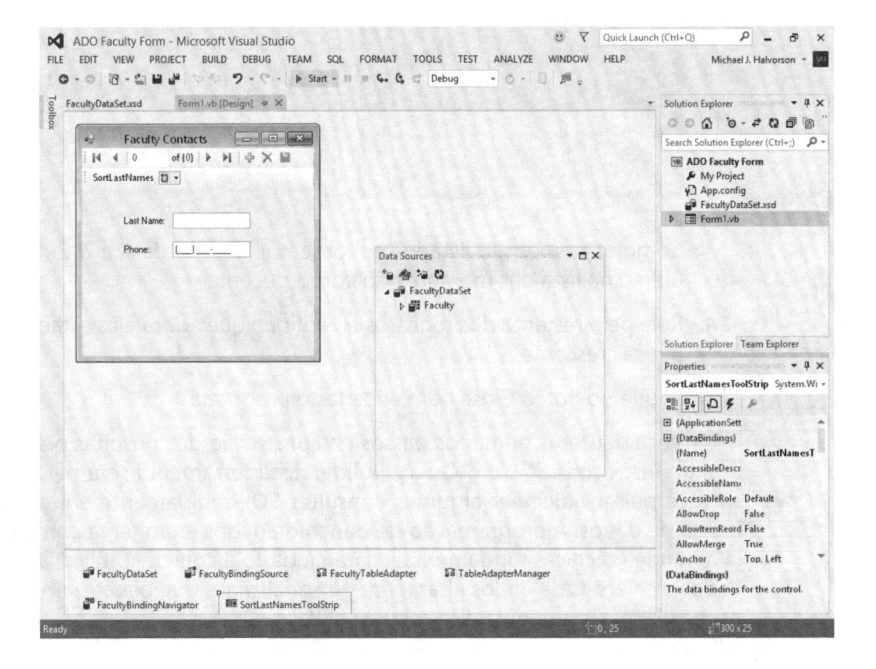

10. Clique no botão Save All para salvar suas alterações.
11. Clique no botão Start Debugging para executar o programa.

    O Visual Studio carrega o formulário e exibe o primeiro registro de dois objetos dataset.

12. Clique no botão de SortLastNames na nova barra de ferramentas.

    Sua nova instrução SQL classifica os registros *Last Name* no dataset e os exibe em sua nova ordem. O primeiro registro ainda é Abercrombie, mas agora o segundo e o terceiro nomes são Atlas e Bankov, respectivamente. Tal classificação seria útil para fornecer acesso mais sistemático aos registros do banco de dados. Em vez de exibir os registros conforme são inseridos no banco de dados (sem uma ordem aparente), uma classificação em ordem alfabética oferece ao usuário algo mais tangível.

13. Clique no botão Move Last na barra de ferramentas.

    Agora Zimprich aparece, como mostrado na captura de tela a seguir:

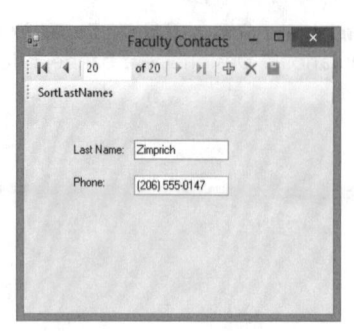

    Como os nomes são listados em ordem alfabética de A a Z, Zimprich é agora o último na lista dos membros do corpo docente.

14. Role pelo restante dos registros e verifique que agora eles estão em ordem alfabética crescente.

15. Clique no botão Close para encerrar o programa.

    Você deu seus primeiros passos na construção de consultas personalizadas utilizando instruções SQL e o Query Builder. Essa ferramenta será particularmente útil se você quiser adicionar algumas consultas SQL rapidamente em seu aplicativo de banco de dados. A programação de banco de dados é um tema complexo, mas você já aprendeu técnicas fundamentais para ajudá-lo a construir aplicativos baseados em dados – coleções de dados altamente personalizadas que beneficiam o usuário e suas necessidades de computação – no Visual Basic.

Resumo

Este capítulo fez uma introdução à programação de bancos de dados no Visual Basic com Windows Forms e o modelo de dados ADO.NET. ADO.NET é a tecnologia de acesso a dados padrão para programadores que usam Visual Studio; trata-se de um elemento fundamental para programas em Visual Basic que se conectam com bancos de dados locais e remotos. Você começou seu trabalho com ADO.NET utilizando o Data Source Connection Wizard para conectar um banco de dados Access local em seu sistema. Aprendeu a criar um dataset que representa os campos e registros de uma tabela de banco de dados e a usar o Dataset Designer e a janela Data Sources para criar objetos vinculados nos formulários de um aplicativo de área de trabalho para Windows. Aprendeu também a usar instruções SELECT da SQL e a ferramenta Query Builder para filtrar informações de banco de dados.

No próximo capítulo, você vai complementar essas importantes habilidades conectando-se com documentos XML em um aplicativo Windows Store. Você irá além dos assistentes e das ferramentas visuais e explorará técnicas fundamentais de gerenciamento de dados dentro de código Visual Basic. Embora as técnicas sejam um tanto diversas em um aplicativo Windows Store que organiza recursos de dados de forma diferente, você ainda vai vincular dados a objetos na página – uma habilidade essencial que também será explorada nesse capítulo.

CAPÍTULO 18

Acesso a dados para aplicativos Windows Store

Neste capítulo, você vai aprender a:

- Vincular controles XAML a dados em um aplicativo Windows Store.
- Utilizar as classes *XDocument* e *XElement* do namespace *System.Xml.Linq*.
- Ler e gravar registros em origens de dados XML.
- Utilizar LINQ para pesquisar e filtrar documentos XML.

Neste capítulo, você vai continuar trabalhando com dados em um aplicativo do Visual Studio 2013. No Capítulo 17, "Controles de banco de dados para aplicativos de área de trabalho para Windows", você aprendeu a estabelecer uma conexão com um banco de dados usando o Data Source Configuration Wizard e a vincular controles do Windows Forms a um banco de dados Access e extrair registros. Em um aplicativo Windows Store, o acesso a dados é conceitualmente semelhante, embora o processo de vinculação de dados a controles XAML seja um pouco diferente. Você aprenderá a sintaxe para isso, e as informações que acessará serão provenientes de classes, coleções e documentos XML.

Os aplicativos Windows Store muitas vezes usam documentos XML como origem quando precisam de informações de bancos de dados. Isso acontece porque os documentos XML têm algumas vantagens importantes em relação aos formatos de banco de dados proprietários, como o Microsoft Access.

Primeiro, a XML é baseada em um padrão público aberto adotado pela Microsoft e por outros publicadores de software para troca de informações. Segundo, os arquivos XML são criados dentro de um aplicativo ou baixados por meio da Windows Store com facilidade. Como seu projeto é instalado e atualizado por meio da web, o acesso aos dados em geral é muito mais complexo do que apenas acessar registros de um banco de dados local. Terceiro, os arquivos XML têm uma hierarquia bem conhecida e um formato de marcação facilmente integrado a um projeto de programação com Visual Studio. Por fim, a estrutura de banco de dados ADO.NET foi otimizada para origens de dados e sintaxe XML.

Este capítulo ensina a vincular controles XAML aos dados de um aplicativo Windows Store e a ler, pesquisar e gravar em documentos XML – uma importante origem de dados na plataforma Windows.

Vinculação de dados em XAML

A primeira habilidade a ser aprendida ao se trabalhar com dados em um aplicativo Windows Store é como *vincular* dados aos controles XAML na página. Vincular significa estabelecer uma conexão entre um controle de interface de usuário e um objeto de dados (data object) que foi incluído ou referenciado no projeto. Normalmente, você vincula controles Windows Store a dados utilizando marcação XAML, enquanto está projetando a interface do usuário de seu aplicativo.

Depois de estabelecida a vinculação dos dados, o controle na página mudará automaticamente sempre que o objeto de dados for atualizado. Além disso, seu programa pode enviar de volta para a origem de dados primária as alterações feitas nos dados em controles vinculados, para que um aplicativo Windows Store possa interagir com arquivos locais armazenados no sistema do usuário ou na Internet e atualizá-los.

Uma variedade de origens de dados

Os dados de um aplicativo Windows Store podem existir em diversos locais. Em alguns casos, o desenvolvedor que utiliza Visual Studio se envolverá com a localização e o carregamento dos arquivos diretamente, mas em alguns casos o Windows tratará da maioria dos detalhes relativos a onde os arquivos estão localizados e como são armazenados.

Se seu aplicativo trabalha com arquivos locais no computador, você pode acessar esses recursos utilizando objetos e métodos relacionados à XML no ADO.NET (discutido mais adiante neste capítulo) ou carregando os arquivos diretamente, por meio de uma das ferramentas de seleção de arquivos fornecidas pelo .NET Framework. Também é possível acessar dados dinâmicos na Internet, como feeds RSS ou Bing Maps, usando chamadas de API em Web Services Windows.

Você também deve saber que o Windows armazenará os dados associados ao seu aplicativo em diferentes locais. Se você construir um aplicativo habilitado para *transferência entre áreas de serviço* (*roaming*), significando que as configurações e os arquivos podem ser mantidos em sincronismo entre vários dispositivos, o Windows tratará de onde as informações estão armazenadas na nuvem e de como serão acessadas. Quando seu programa tiver *dados de aplicativo* específicos para um usuário ou sessão em particular, como no caso de informações confidenciais ou preferências do usuário, o Windows armazenará as informações com segurança no registro do sistema e em vários arquivos locais. Quando o usuário executar o programa outra vez, essas informações serão carregadas automaticamente.

Embora a gama em potencial de origens de dados e conexões esteja bem além dos objetivos deste capítulo, a maior parte dos dados em um aplicativo Windows Store pode ser empacotada como uma instância de uma classe ou utilizando-se um template de dados para que os dados possam ser exibidos em uma página com controles vinculados. Você vai ver como isso funciona nos exercícios a seguir.

Elementos da vinculação

Toda vinculação de dados inclui os seguintes elementos:

- Uma *origem de vinculação* (*binding source*) – um objeto com os dados que você deseja acessar ou exibir. Normalmente, uma propriedade do objeto de dados é a origem dos dados (*data source*).

- Um *destino de vinculação* (*binding target*) – um controle da interface do usuário que exibe dados. Uma propriedade do controle normalmente é definida como destino da vinculação, como a propriedade *Text* do controle *TextBox*.

- Um *objeto de vinculação* (*binding object*) – transfere os dados entre a origem e o destino da vinculação e que também pode formatar os dados utilizando um conversor, se necessário.

A vinculação de dados é expressa em marcação XAML como uma *extensão de marcação*. As extensões de marcação são usadas na XAML quando há necessidade de identificar um atributo que não é simplesmente um valor literal. O nome de uma origem de dados se encaixa nessa definição; outro uso típico da extensão de marcação é quando você deseja especificar um recurso estático, como um estilo de texto predefinido no Visual Studio para formatar um objeto na página.

Um par de chaves, "{" e "}", indica que o código XAML especificado é uma extensão de marcação. Essa sintaxe obrigará o processador da XAML a avaliar o atributo fornecido e a inserir o recurso especificado quando o programa executar. Uma das palavras de referência mais comuns utilizada em extensão de marcação é *Binding*, indicando que o controle é um destino de vinculação e que um objeto de vinculação especificará como a vinculação de dados ocorrerá.

Por exemplo, o código XAML a seguir define um controle *TextBox* chamado *OutputTextBox* na página de um aplicativo Windows Store. Observe que a propriedade *Text* desse controle utiliza uma referência de extensão de marcação para indicar que o controle é um destino de vinculação no aplicativo.

```
<TextBox x:Name="OutputTextBox" Text="{Binding}" FontSize="28" IsReadOnly="True"
    TextWrapping="Wrap" AcceptsReturn="True" Margin="12,51,1001,637"
    ScrollViewer.VerticalScrollBarVisibility="Auto" />
```

Quando a vinculação de dados é especificada em XAML, como mostrado no exemplo anterior, outras propriedades também podem ser definidas para controlar o funcionamento da vinculação no programa. Por exemplo, o código XAML a seguir mostra como a propriedade *Text* poderia ser configurada para vinculação de dados, especificando também que o acesso aos dados deve ser *TwoWay* (indicando que tanto o destino como a origem serão atualizados quando um ou outro mudar) e que o texto exibido será formatado pelo estilo *Converter1* dentro de um dicionário *StaticResource*.

```
Text="{Binding Mode=TwoWay, Converter={StaticResource Converter1}}"
```

A documentação do Visual Studio na MSDN fornece vários exemplos de como os objetos de vinculação podem ser especificados com as várias propriedades e métodos da classe *Binding*. Consulte *http://msdn.microsoft.com/en-us/library/windows/apps/windows.ui.xaml.data.binding.aspx*.

No exercício a seguir, você vai ver como o controle *TextBox* definido no exemplo anterior pode ser vinculado a uma classe em um programa Visual Basic.

Como vincular um controle a uma classe

No Capítulo 16, "Técnicas de programação orientada a objetos", você aprendeu a criar suas próprias classes base com propriedades e métodos personalizados e a usar as novas classes com sobrescrita de métodos e outras técnicas. Essas habilidades serão úteis neste exercício, onde você vai usar uma classe base personalizada chamada *Student* para armazenar informações de registro para uma escola de esqui. A classe em Visual

Basic terá quatro propriedades que armazenarão dados sobre os alunos e o curso de esqui em que estão inscritos, incluindo *Student*, *ClassName*, *StartDate* e *Instructor*. Você vai aprender a vincular essa classe a um controle *TextBox* na página, para que o controle possa exibir informações de uma origem vinculada.

Embora o exemplo não demonstre como fazer conexão a uma origem de dados XML ou a uma coleção inteira de registros, este primeiro exercício é um ponto de partida nessa direção. Quando você souber como vincular um controle XAML a um objeto de dados (como uma instância da classe *Student*), poderá usar técnicas semelhantes para vincular qualquer tipo de dado em um aplicativo Windows Store.

Vincule uma origem de dados a um controle *TextBox*

1. Inicie o Visual Studio e abra o programa Data Binding, um aplicativo Windows Store localizado na pasta Meus Documentos\Visual Basic 2013 SBS\Chapter 18.

   Esse programa de demonstração já contém controles *TextBox* e *ListBox*, definidos com marcação XAML, para mostrar como a vinculação funciona em diferentes cenários de acesso a dados. A origem da vinculação nesse exemplo é a classe *Student*, uma classe personalizada definida no arquivo code-behind MainPage.Xaml.vb.

   A interface de usuário básica do aplicativo Data Binding se parece com esta no IDE:

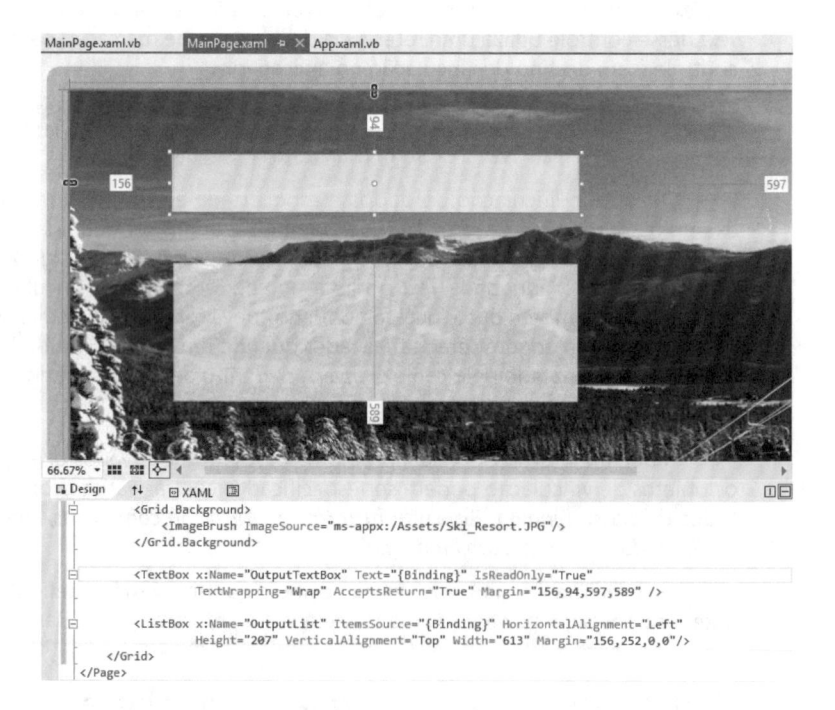

   ```xaml
   <Grid.Background>
       <ImageBrush ImageSource="ms-appx:/Assets/Ski_Resort.JPG"/>
   </Grid.Background>

   <TextBox x:Name="OutputTextBox" Text="{Binding}" IsReadOnly="True"
            TextWrapping="Wrap" AcceptsReturn="True" Margin="156,94,597,589" />

   <ListBox x:Name="OutputList" ItemsSource="{Binding}" HorizontalAlignment="Left"
            Height="207" VerticalAlignment="Top" Width="613" Margin="156,252,0,0"/>
   </Grid>
   </Page>
   ```

   Agora, examine o código XAML que produz a imagem de fundo em *Grid* e o controle *TextBox*. (Você vai examinar o controle *ListBox* no próximo exercício.)

2. Abra a guia XAML do Code Editor e examine a marcação da página.

   Você verá as seguintes declarações:

CAPÍTULO 18   Acesso a dados para aplicativos Windows Store

```xaml
<Grid.Background>
    <ImageBrush ImageSource="ms-appx:/Assets/Ski_Resort.JPG"/>
</Grid.Background>

<TextBox x:Name="OutputTextBox" Text="{Binding}" IsReadOnly="True"
    TextWrapping="Wrap" AcceptsReturn="True" Margin="156,94,597,589"/>
```

O primeiro bloco de marcação simplesmente configura a propriedade *ImageSource* da imagem de fundo em *Grid*. Utilizamos essa sintaxe em capítulos anteriores; lembre-se de que, para fazê-la funcionar, você precisa carregar o arquivo de imagem na pasta Assets do projeto (o que fiz para você). A imagem Ski_Resort.jpg proporciona ao aplicativo uma sensação invernal.

Agora, examine o segundo conjunto de linhas, o qual define o objeto *OutputTextBox*. Observe, em especial, a propriedade *Text* da caixa de texto, que é definida como *{Binding}*. Esse trecho de extensão de marcação prepara a caixa de texto para uma conexão de dados quando o programa executa. De fato, o código XAML define o objeto *OutputTextBox* como destino da vinculação para uma origem de dados.

Você tem duas opções para especificar a origem da vinculação. Primeiro, pode definir a propriedade *Binding.Source* no código XAML da caixa de texto para especificar (por nome) o objeto de dados no programa que é a origem das informações. Como alternativa, você pode definir a propriedade *DataContext* do objeto caixa de texto, que é o método preferido, se estiver estabelecendo mais de uma conexão com a origem de dados no programa. Vou usar o segundo método neste programa e vou configurar a propriedade *DataContext* com a classe *Student* utilizando código de programa.

3. Abra o arquivo code-behind MainPage.xaml.vb no Code Editor.

Esse é o local do construtor do programa e da classe personalizada utilizada para acesso a dados. Primeiro, veja como a classe *Student* é definida com código Visual Basic:

```vb
' Uma classe pública que fornece uma origem de dados (com 4 propriedades) para
  controles vinculados.
Public Class Student
    Public Sub New()
    End Sub

Public Sub New(ByVal studentName As String, ByVal classTitle As String,
        ByVal sessionDate As DateTime, ByVal teacher As String)
    Student = studentName
    ClassName = classTitle
    StartDate = sessionDate
    Instructor = teacher
End Sub

'Essas propriedades contêm nome de aluno, curso, data de início e instrutor.
    Public Property Student As String
    Public Property ClassName As String
    Public Property StartDate As DateTime
    Public Property Instructor As String
    'A instrução a seguir sobrescreve o método ToString.
    Public Overloads Overrides Function ToString() As String
        Return Student + " enrolled in " + ClassName + "; Begins: " _
            + StartDate.ToString("d") + "; Instructor: " + Instructor
    End Function
End Class
```

Student é uma nova classe criada apenas para esse programa e seus requisitos de dados. Ela define quatro propriedades públicas e sobrescreve o método *ToString* para exibir os dados. As propriedades são: *Student*, *ClassName*, *StartDate* e *Instructor*. Estou usando sintaxe de procedimento de classe e de propriedades típicas para a declaração – você pode aprender mais sobre essas palavras-chave do Visual Basic no Capítulo 16.

4. Role para cima no Code Editor, para exibir o procedimento *Public Sub New*.

   Você vai ver as seguintes instruções de programa, seguidas por um bloco de comentários:

```
'Construtor
Public Sub New()
    InitializeComponent()

    'Exemplo 1: vincula um controle TextBox à classe Student para exibir
    'um registro de aluno.
    'Configura a propriedade DataContext da caixa de texto com novo registro
    'de aluno com campos para nome, curso, data de início e instrutor.
    OutputTextBox.DataContext = New Student("Kim Akers", "Intermediate Skiing",
        New DateTime(2015, 2, 5), "Hamlin")
```

Esse procedimento *New* é executado quando o programa é ativado, fornecendo uma maneira simples de testar o código de programa que vincula o controle *TextBox* aos dados da classe *Student*. Lembre-se, do Capítulo 16, que esse procedimento é denominado construtor. Um *construtor* é simplesmente um procedimento denominado *New* que o Visual Basic chama quando uma nova instância de uma classe ou estrutura é criada. Os construtores fazem trabalho de inicialização básico e preparam um objeto para uso.

A instrução relacionada ao acesso a dados aqui é a última (dividida em duas linhas), a qual configura a propriedade *DataContext* do objeto caixa de texto com uma nova instância da classe *Student*. Conforme mencionado anteriormente, a propriedade *DataContext* proporciona uma maneira simples de especificar a origem de dados utilizada para vinculação.

Um uso típico de *DataContext* é configurá-la de modo a apontar diretamente para um objeto origem de dados. Esse objeto pode ser uma instância de uma classe, como a classe *Student* utilizada aqui. Como alternativa, você poderia criar uma origem de dados como uma coleção observável (o que farei no próximo exercício), para que o contexto permitisse que as modificações feitas nos dados voltassem para a coleção vinculada.

A propriedade *DataContext* é mais conveniente quando você quer vincular várias propriedades diferentes do mesmo objeto a uma origem de dados compartilhada. No entanto, também é possível deixar a propriedade *DataContext* indefinida, relegando as diretivas de vinculação para outras instruções, como a palavra-chave *Binding.Source*.

Em sua totalidade, a instrução de duas linhas que acabamos de examinar define um novo objeto de dados (uma classe chamada *Student*), preenche o objeto com dados e, então, identifica o objeto de dados como a origem de vinculação para o controle *TextBox* da página. Contudo, também seria simples atribuir outro tipo de objeto de dados ao controle *TextBox* – você está limitado apenas pela capacidade do controle *TextBox* de exibir dados.

CAPÍTULO 18   Acesso a dados para aplicativos Windows Store   **515**

Por fim, observe o bloco de comentário composto de 12 linhas, no final do procedimento *Sub New*. Esse é o exemplo de código para o próximo exercício em que você vai trabalhar. O deixei como comentário aqui apenas para evitar distração neste momento.

Agora você vai executar o programa para ver como a vinculação de dados funciona.

5. Clique no botão Start Debugging.

   O aplicativo é ativado e exibe uma página contendo uma imagem de estação de esqui, uma caixa de texto e uma caixa de listagem. O procedimento *Sub New* executa imediatamente e produz o seguinte resultado:

Como você pode ver, o Visual Basic criou a classe *Student*, a preencheu com as informações de um aluno, a vinculou ao controle *TextBox* e exibiu as informações na tela. Em cada exemplo com que você trabalhar neste capítulo, o controle *TextBox* usará o método *ToString* como origem do conteúdo que será exibido. Feche o programa e retorne ao IDE do Visual Studio.

Você começou bem. Aprendeu um uso fundamental da vinculação de dados – estabelecer uma conexão entre um controle na página e uma classe personalizada que contém dados. Agora você vai vincular um controle *ListBox* a uma coleção inteira de registros de alunos.

Como utilizar uma coleção como origem de dados

Agora que você conhece o funcionamento da vinculação de dados, é hora de um exemplo mais típico em um aplicativo Windows Store. Complementando a habilidade aprendida no Capítulo 14, "Arrays, coleções e genéricos para gerenciamento de dados", nesta seção você vai aprender a vincular uma coleção genérica a um controle *ListBox*.

O tipo de coleção genérica que usaremos neste exercício é uma lista conhecida como *ObservableCollection*, pois implementa as interfaces *INotifyCollectionChanged* e *INotifyPropertyChanged*. Essas interfaces enviam eventos de notificação de alteração para controles vinculados quando um item é modificado na coleção ou quando uma propriedade da coleção é modificada, respectivamente. No Visual Studio 2013, nem todos os objetos de dados enviam esse tipo de notificação para controles vinculados, de modo que *ObservableCollection* é particularmente útil. Contudo, você mesmo pode implementar a interface *INotifyPropertyChanged* para uma origem de vinculação, caso seja necessário. Para obter mais informações, consulte a seção "Change notification" no tópico "Data binding overview", em *http://msdn.microsoft.com/en-us/library/windows/apps/hh758320.aspx*.

O código de exemplo que vamos examinar e executar também está localizado no projeto Data Binding, o qual deve estar carregado no Visual Studio agora, se você completou o exercício anterior.

Vincule uma coleção observável a um controle *ListBox*

1. Exiba o arquivo MainPage.xaml novamente no Code Editor, para que você possa ver o código XAML que define o objeto *ListBox* na página que será o destino da vinculação da coleção observável.

    Você verá a seguinte marcação:

    ```
    <ListBox x:Name="OutputList" ItemsSource="{Binding}" HorizontalAlignment="Left"
            Height="287" VerticalAlignment="Top" Width="655" Margin="156,252,0,0"/>
    ```

    Lembre-se de que um controle XAML *ListBox* é uma ferramenta de interface de usuário que exibe uma lista de itens em uma caixa retangular na tela. Ao contrário do controle *TextBox*, em um controle *ListBox* os itens podem ser acessados individualmente e modificados, removidos ou classificados. Você também pode adicionar novos itens a um controle *ListBox* em tempo de execução.

    Nesse trecho de marcação, estou chamando o controle de *OutputList* (para poder referenciá-lo no código Visual Basic) e estou configurando a propriedade *ItemsSource* como *{Binding}*, o que estabelece *OutputList* como destino da vinculação. (Você verá que a maioria dos controles XAML que podem receber uma coleção de objetos tem uma propriedade *ItemsSource*.) Assim como no exercício anterior, vou definir a origem da vinculação para a conexão de dados configurando a propriedade *DataContext* do controle *ListBox* com a instância da coleção observável *AllStudents*.

2. Exiba o arquivo code-behind MainPage.xaml.vb no Code Editor.

    Agora você vai ver como a coleção observável é definida e vai retirar as marcas de comentário do código de programa para preencher a coleção com dados.

3. Localize a instrução de programa *Public AllStudents* próxima ao meio do arquivo.

Você verá o seguinte código:

```
'Uma coleção genérica pública, utilizada pelo Exemplo 2 para armazenar dados de alunos.
Public AllStudents As New ObservableCollection(Of Student)()
```

Essa instrução cria uma nova coleção observável pública, chamada *AllStudents*, para armazenar registros de alunos da escola de esqui. A coleção conterá registros do tipo *Student* – isto é, registros que correspondem à estrutura da classe *Student* que você criou no primeiro exercício. (Como você ainda está no mesmo programa, essa classe ainda está definida, inalterada, no arquivo MainPage.xaml.vb.) Aqui, pode-se ver a vantagem de criar suas próprias classes, se ainda não estava evidente – você pode criar registros de dados personalizados que são facilmente combinados em coleções de quase qualquer tamanho.

O único código que resta é o bloco que preenche a coleção com dados e depois configura a propriedade *DataContext* do objeto *ListBox* com a coleção *AllStudents*. Como esse é um programa de demonstração simples, vou apenas usar o método *Add* da coleção *AllStudents* para adicionar quatro registros ao objeto de dados. Mas em um programa completo, você poderia usar controles de entrada para solicitar registros de alunos ao usuário, validá-los e, então, adicioná-los à coleção. Também poderia carregar na coleção informações de um arquivo de texto ou de um banco de dados.

4. Localize o procedimento *Public Sub New* próximo ao início do arquivo.

Você verá o seguinte código:

```
' Construtor
    Public Sub New()
        InitializeComponent()

        'Exemplo 1: vincula um controle TextBox à classe Student para exibir
        'um registro de aluno.
        'Configura a propriedade DataContext da caixa de texto com novo registro de
        'aluno com campos para nome, curso, data de início e instrutor.
        OutputTextBox.DataContext = New Student("Kim Akers", "Intermediate Skiing",
            New DateTime(2015, 2, 5), "Hamlin")

        'Exemplo 2: vincula um controle ListBox a uma coleção de registros de alunos.
        'Para executar este exemplo, retire as marcas de comentário do código a seguir, o qual
        'adiciona 4 registros de alunos à coleção, no formato exigido pela classe Students.
        'AllStudents.Add(New Student("Walter Harp", "Beginning Snowboarding",
        '    New DateTime(2014, 1, 15), "Khan"))
        'AllStudents.Add(New Student("Toni Poe", "Advanced Ski Racing",
        '    New DateTime(2014, 1, 8), "Hanson"))
        'AllStudents.Add(New Student("Paul Cannon", "Beginning Nordic",
        '    New DateTime(2015, 1, 13), "Khan"))
        'AllStudents.Add(New Student("Sunil Uppal", "Beginning Nordic",
        '    New DateTime(2015, 1, 13), "Khan"))
        'OutputList.DataContext = AllStudents    'esta linha atribui a coleção à caixa de listagem

    End Sub
```

Essa é a rotina executada quando o aplicativo Windows Store é ativado. Atualmente, apenas o código de vinculação de dados que conecta o controle *TextBox* à classe *Student* está ativo. Entretanto, agora você vai ativar (ou retirar as marcas de comentário) o código Visual Basic relacionado ao Exemplo 2, o qual preenche a coleção *AllStudents* com dados e a vincula ao controle *ListBox*.

5. Retire as marcas de comentário das nove linhas de código desse procedimento que começam com uma aspa simples ('). A primeira linha da qual você vai retirar a marca de comentário começa com *'AllStudents.Add*. A última começa com *'OutputList.DataContext*.

Para retirar a marca de comentário de uma linha de código, basta remover a aspa simples do início da linha. Se estiver usando a configuração de teclado padrão do VB, você também pode selecionar um grupo de linhas com marcas de comentário e pressionar Ctrl+K, seguido de Ctrl+U. (Também é possível retirar as marcas de comentário de um conjunto de linhas selecionadas pressionando Ctrl+K, seguido de Ctrl+C.)

O procedimento *New Sub* deverá ficar assim quando você tiver terminado:

```
' Constructor
Public Sub New()
    InitializeComponent()

    ' Sample 1: Bind a TextBox control to the Student class to display
    ' one student record.
    ' Sets DataContext property of text box to new student record with name,
    ' course, start date, and instructor fields.
    OutputTextBox.DataContext = New Student("Kim Akers", "Intermediate Skiing", _
        New DateTime(2015, 2, 5), "Hamlin")

    ' Sample 2: Bind a ListBox control to a collection of student records.
    ' To run this sample, uncomment the following code, which adds 4 student
    ' records to the collection in the format required by Students class.
    AllStudents.Add(New Student("Walter Harp", "Beginning Snowboarding", _
        New DateTime(2014, 1, 15), "Khan"))
    AllStudents.Add(New Student("Toni Poe", "Advanced Ski Racing", _
        New DateTime(2014, 1, 8), "Hanson"))
    AllStudents.Add(New Student("Paul Cannon", "Beginning Nordic", _
        New DateTime(2015, 1, 13), "Khan"))
    AllStudents.Add(New Student("Sunil Uppal", "Beginning Nordic", _
        New DateTime(2015, 1, 13), "Khan"))
    OutputList.DataContext = AllStudents   'this line assigns collection to list box

End Sub
```

Cada uma das instruções de programa em Visual Basic atribui um registro de aluno à coleção *AllStudents*. A sintaxe *New DataTime* adiciona à coleção a data da primeira aula da escola de esqui, no formato *DateTime*, o que é mais flexível do que simplesmente armazenar a data em uma variável *String*. A última instrução completa o processo de conexão de dados, usando a propriedade *DataContext* da caixa de listagem para definir a coleção *AllStudents* como origem de vinculação.

Agora você vai executar o programa para ver como a vinculação a uma coleção funciona.

6. Clique no botão Start Debugging.

O aplicativo inicia e exibe uma página contendo uma imagem de estação de esqui, uma caixa de texto e uma caixa de listagem. O procedimento *Sub New* executa e produz o seguinte resultado:

CAPÍTULO 18   Acesso a dados para aplicativos Windows Store   519

> Kim Akers enrolled in Intermediate Skiing; Begins: 2/5/2015; Instructor: Hamlin
>
> Walter Harp enrolled in Beginning Snowboarding; Begins: 1/15/2014; Instructor: Khan
> Toni Poe enrolled in Advanced Ski Racing; Begins: 1/8/2014; Instructor: Hanson
> Paul Cannon enrolled in Beginning Nordic; Begins: 1/13/2015; Instructor: Khan
> Sunil Uppal enrolled in Beginning Nordic; Begins: 1/13/2015; Instructor: Khan

Os quatro registros de alunos da coleção aparecem no objeto caixa de listagem. Isso significa que o Visual Basic criou a classe *Student*, utilizou a classe para definir uma coleção observável chamada *AllStudents*, preencheu a coleção com dados, vinculou a coleção ao controle *ListBox* e exibiu as informações com sucesso, utilizando o método *ToString*.

7. Clique em cada item da caixa de listagem individualmente.

   Caixas de listagem são um bom controle para exibir listas de dados, pois, como os itens da caixa de listagem são mantidos separados, cada um deles pode ser selecionado e manipulado individualmente.

   Agora seria uma tarefa relativamente simples escrever rotinas de tratamento de eventos individuais que adicionassem ou removessem itens da coleção, desabilitassem itens ou reorganizassem a lista. (Cada rotina poderia ser ligada a um controle da interface do usuário, como um objeto botão.) Os principais mecanismos para criar esses recursos são o evento *SelectionChanged* do controle *ListBox*, disparado quando um item é selecionado na caixa de listagem, e a propriedade *SelectedIndex*, que contém informações sobre o item selecionado.

   Como você vinculou uma coleção observável à caixa de listagem, quaisquer alterações feitas nos itens da lista também podem ser enviadas de volta ao objeto de dados *AllStudents*, se preferir. Para fazer isso, uma mudança que você precisaria fazer seria configurar a propriedade *Mode* do objeto de vinculação como *Two-Way*. Contudo, também precisaria permitir que a origem de dados fosse atualizada por ações que são independentes da interação do usuário com o controle *ListBox*. (Ou seja, você pode presumir que seu aplicativo é a única maneira de adicionar ou remover itens de uma origem de dados.)

8. Feche o programa.

9. Quando o IDE do Visual Studio reaparecer, salve suas alterações e feche o projeto Data Binding.

Você viu como a vinculação de dados funciona em um aplicativo Windows Store e, esperançosamente, parte do potencial dessa poderosa tecnologia ADO.NET. Agora, você vai aprender mais sobre o uso de documentos XML em um aplicativo Windows Store.

Acesse dados em documentos XML

No Capítulo 15, "Gerenciamento de dados inovador com LINQ", você aprendeu alguma coisa sobre documentos XML e como podem ser usados como origem de dados para consultas LINQ. Agora é hora de experimentar um pouco mais a XML e ver como os documentos XML podem ser lidos, pesquisados e gravados por um aplicativo Windows Store.

Um *documento XML* é simplesmente um arquivo de texto estruturado que está de acordo com as especificações XML abertas, estabelecidas pelo World Wide Web Consortium (W3C). Os documentos XML não têm uma lista de elementos predefinidos que precisem conter. Em vez disso, eles permitem a você criar seus próprios nomes e a estrutura para elementos em um documento. Os elementos precisam apenas obedecer as regras sintáticas básicas de marcação (incluir os itens entre as marcas < e >) e se encaixar em uma hierarquia sob um único elemento de nível superior. No Visual Studio, você pode adicionar um documento XML em um projeto, incluindo-o na pasta Assets do projeto.

Basicamente, os arquivos XML são apenas arquivos de texto; portanto, são relativamente pequenos quando comparados com bancos de dados relacionais que armazenam o mesmo conteúdo. Isso torna os arquivos XML eficientes para se trabalhar e trocar por meio da web. A popularidade do formato levou a Microsoft a integrar suporte para XML no ADO.NET e nas linguagens do Visual Studio, e desde o Visual Studio 2008, a marcação XAML, estreitamente relacionada à XML, é um recurso para desenvolvimento de aplicativos para Windows. No restante deste capítulo você vai trabalhar com dois documentos XML simples. Vai praticar habilidades de acesso a dados fundamentais, incluindo a leitura de um arquivo XML, a busca de informações em arquivos XML e a gravação de um arquivo XML. Você vai usar o namespace *System.Xml.Linq* do Visual Studio para ajudar nesse trabalho.

Leia um arquivo XML

Com o advento da Language Integrated Query (LINQ), trabalhar com documentos XML se tornou ainda mais fácil em um programa Visual Studio. Duas classes do namespace *System.Xml.Linq*, que fornecem funcionalidade útil, são *XDocument* e *XElement*. Você vai usar essas duas classes neste capítulo.

XDocument permite armazenar uma cópia completa em memória de um documento XML em seu programa. Depois de carregar o documento na memória, você pode exibir seu conteúdo, procurar itens específicos com LINQ ou adicionar itens ao documento. *XDocument* tem até um método *Save*, que permite salvar em disco a versão em memória alterada do documento XML.

CAPÍTULO 18   Acesso a dados para aplicativos Windows Store   **521**

O código em Visual Basic a seguir demonstra como carregar um documento XML chamado Students.xml na memória, armazenando o conteúdo do documento em um novo objeto, chamado *Students*.

```
Dim Students As XDocument = XDocument.Load("Assets/Students.xml")
```

Observe que a instrução anterior presume que o arquivo Students.xml já foi adicionado à pasta Assets do projeto, tornando-o disponível para uso por todo o projeto. E, como o objeto *Students* é do tipo *XDocument*, ele tem acesso a todas as propriedades e métodos da classe *XDocument*. (Você vai ver alguns deles utilizados nos exercícios a seguir.)

A classe *XElement* complementa *XDocument*, permitindo a você carregar na memória apenas uma parte de um documento XML. Por exemplo, você poderia criar um objeto *XElement* contendo apenas um elemento marcado (uma tag) ou criar um objeto *XElement* que armazenasse na memória grande parte de um documento XML para algum propósito de processamento.

A instrução de programa a seguir cria um novo objeto *XElement* chamado *xe*, que contém marcas LASTNAME de início e fim e o valor de string "Lyon":

```
Dim xe As XElement = New XElement("LASTNAME", "Lyon")
```

Isso cria o equivalente da seguinte marcação XML:

```
<LASTNAME>Lyon</LASTNAME>
```

No exercício a seguir, você vai abrir o projeto XML Document Data, um aplicativo Windows Store escrito em Visual Basic. O projeto contém seis exemplos de código que demonstram como os documentos XML são lidos, pesquisados e gravados – as tarefas de programação de banco de dados mais comuns em um aplicativo Windows Store. Você vai retirar as marcas de comentário dos vários exemplos de código, à medida que trabalhar pelas seções restantes deste capítulo.

O primeiro exercício demonstra como abrir um documento XML em um aplicativo Windows Store e, então, exibir todo o seu conteúdo – inclusive marcas (tags) – em um objeto caixa de texto na página. Esse exercício se destina simplesmente a mostrar a estrutura do documento XML e como é fácil exibir um arquivo assim em um programa. Contudo, normalmente você suprimirá as marcas XML (tags), e fará isso na maioria dos exercícios subsequentes.

Abra um documento XML e exiba seu conteúdo

1. Inicie o Visual Studio e abra o programa XML Document Data, um aplicativo Windows Store localizado na pasta Meus Documentos\Visual Basic 2013 SBS\ Chapter 18.

    Esse programa de demonstração já contém um controle *TextBox* chamado *OutputTextBox*, um controle *Button* chamado *XmlTestButton*, um arquivo code-behind contendo rotinas de acesso a dados, dois arquivos XML na pasta Assets e uma imagem de fundo para a página.

A interface de usuário básica do aplicativo XML Document Data se parece com esta no IDE:

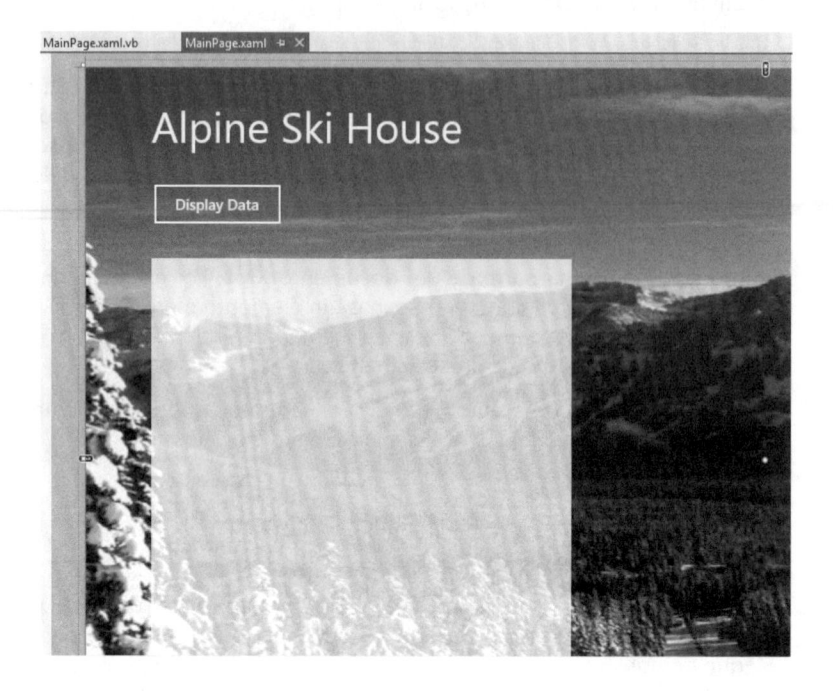

O código XAML dos controles *Button* e *TextBox* é muito simples; no entanto, você deve notar que o controle *TextBox* não está vinculado a uma origem de dados nesse exemplo em particular. (Você aprendeu o funcionamento da tecnologia ADO.NET no último exercício.)

Quando o usuário clica no controle *XmlTestButton*, uma rotina de tratamento de eventos chamada *XmlTestButton_Click* é disparada, a qual executa as rotinas de acesso a dados que desenvolvi para você no arquivo code-behind. A saída das rotinas de acesso a dados é sempre exibida no objeto *OutputTextBox* para que você possa ver como os dados XML são carregados e processados pelo programa.

2. Abra o arquivo code-behind MainPage.xaml.vb no Code Editor.

Esse é o local de seis rotinas ou exemplos que demonstram como ler, exibir, pesquisar e gravar documentos XML. A primeira rotina está sem as marcas de comentário e pronta para ser usada. (Os outros exemplos têm marcas de comentário e você vai retirá-las nos próximos exercícios.)

Você verá o seguinte código Visual Basic próximo ao início do arquivo code-behind:

```
'EXEMPLO 1: Abrindo um documento XML em uma caixa de texto.
'Esse código carrega um documento XML no objeto Students e o exibe
'em uma caixa de texto, completo com marcas.

OutputTextBox.Text = "All content in the XML file including tags:" & vbCrLf & vbCrLf
Dim Students As XDocument = XDocument.Load("Assets/Students.xml")
OutputTextBox.Text &= Students.ToString
```

CAPÍTULO 18 Acesso a dados para aplicativos Windows Store   523

A primeira linha exibe um cabeçalho explicativo no início do arquivo de texto. A segunda linha declara um objeto *XDocument* chamado *Students* para armazenar o conteúdo do arquivo Students.xml. A terceira atribui o conteúdo do objeto *Students* ao objeto *OutputTextBox* para que ele apareça na página com o cabeçalho. O método *ToString* é utilizado para converter os dados XML para o formato *String*.

Note que esse código simplesmente exibe o conteúdo do documento XML na caixa de texto – marcas e tudo mais. Como consequência, ele serve principalmente para propósitos de teste e para demonstrar como é fácil trabalhar com conteúdo de documento XML e exibi-lo em um programa.

3. Clique em Start Debugging para executar o programa.
4. Clique no botão Display Data.

O Visual Studio carrega o documento XML no objeto *Students* e o exibe na caixa de texto. Sua página será parecida com esta:

O arquivo Students.xml contém os sobrenomes dos alunos da escola de esqui Alpine House escalados para assistir aulas durante o período letivo de inverno de 2014. Marcas aparecem em torno dos vários cabeçalhos estruturais e nomes, e você pode usar as barras de rolagem para ver o documento inteiro. Esses são os dados com que você vai trabalhar nos próximos exercícios.

5. Feche o programa.

PARTE IV   Bancos de dados e programação web

Agora você vai aprender a exibir registros de um documento XML sem as marcas. Essa tarefa pode ser executada de várias maneiras, mas talvez a estratégia mais simples seja com LINQ, a ferramenta de extração de dados que você aprendeu a usar no Capítulo 15. Como a LINQ é incorporada ao Visual Studio e à linguagem Visual Basic, ela tem uma estrutura de codificação compacta e também fornece o IntelliSense para ajudá-lo a trabalhar com registros de banco de dados.

No exercício a seguir, você vai usar LINQ para exibir todos os registros do documento Students.xml que estão circundados por marcas <LASTNAME></LASTNAME>.

Leia uma seleção de elementos XML com marcas

1. Abra o arquivo code-behind MainPage.xaml.vb, se ainda não estiver visível no Code Editor.

    A rotina de tratamento de eventos *XmlTestButton_Click* é a que mais se sobressai no arquivo MainPage.xaml.vb, e você verá que ela contém seis blocos de código de acesso a dados, escritos em Visual Basic. Como todas essas seis seções utilizam o objeto *OutputTextBox* para exibir informações de banco de dados na página, as projetei para serem executadas e testadas uma por vez. Assim, o procedimento que você vai seguir neste exercício e nos seguintes é retirar as marcas de comentário do bloco que deseja executar e testar, e colocar marcas de comentário nos blocos que não está mais usando.

    > **Nota** *Retirar as marcas de comentário* quer dizer simplesmente remover o caractere de comentário (') do início de cada linha na rotina. *Colocar as marcas de comentário* significa colocar o caractere ' no início de cada linha, efetivamente ocultando o código do compilador e tornando-a inativa.

2. Coloque marcas de comentário no primeiro bloco (Exemplo 1) da rotina de tratamento de eventos *XmlTestButton_Click* e, então, retire as marcas de comentário do segundo bloco (Exemplo 2).

    Lembre-se de que você pode colocar marcas de comentário em um bloco se selecioná-lo e pressionar Ctrl+K, seguido por Ctrl+C. As marcas de comentário podem ser retiradas de um bloco se você selecioná-lo e pressionar Ctrl+K, seguido por Ctrl+U.

    Quando terminar, você verá o seguinte código para Exemplo 2, o qual demonstra como ler uma seleção de registros com marcas de um documento XML:

```
'EXEMPLO 2: Exibe uma seleção de registros de um documento XML utilizando LINQ.
'Na consulta LINQ a seguir, todos os itens com marcas que correspondem a LASTNAME
'são exibidos em uma caixa de texto. Observe as letras em maiúsculas exatas de LASTNAME!

OutputTextBox.Text = "Last Names of all Students in program" & vbCrLf & vbCrLf
Dim Students As XDocument = XDocument.Load("Assets/Students.xml")
Dim query = From person In Students.Descendants("LASTNAME")
            Select person.Value

For Each item In query
    OutputTextBox.Text &= item & vbCrLf
Next
```

CAPÍTULO 18 Acesso a dados para aplicativos Windows Store **525**

O Capítulo 15 discutiu a sintaxe das expressões de consulta LINQ em detalhes, mas como revisão, lembre-se de que a maioria das consultas LINQ utiliza *Dim* para declarar uma variável de armazenamento para guardar os resultados da consulta e, neste caso, utilizei *query*. A LINQ é basicamente uma ferramenta de extração de dados, e os elementos de uma consulta LINQ extraem sistematicamente os itens especificados de uma origem de dados. Aqui, a origem de dados é o documento XML armazenado no objeto de dados *Students* e os registros que quero extrair são todos os itens com marcas ou "nós" identificados pelo elemento LASTNAME.

Não existe uma cláusula *Where* específica nessa consulta LINQ. Todos os registros LASTNAME são retornados pela instrução *Select* e armazenados na variável *person*. Então, um loop *For Each...Next* exibe os nomes, um por um, no objeto *OutputTextBox*.

Saiba que as operações envolvendo XML e LINQ diferenciam letras maiúsculas e minúsculas, de modo que nessa rotina você deve identificar o elemento LAST-NAME utilizando apenas letras maiúsculas. (Isso porque no arquivo Students.xml as marcas são codificadas com todas as letras maiúsculas.)

3. Clique em Start Debugging para executar o programa.
4. Clique no botão Display Data.

O Visual Studio carrega o documento XML no objeto *Students* e, então, utiliza LINQ para extrair e exibir os registros LASTNAME especificados. Sua página será parecida com esta:

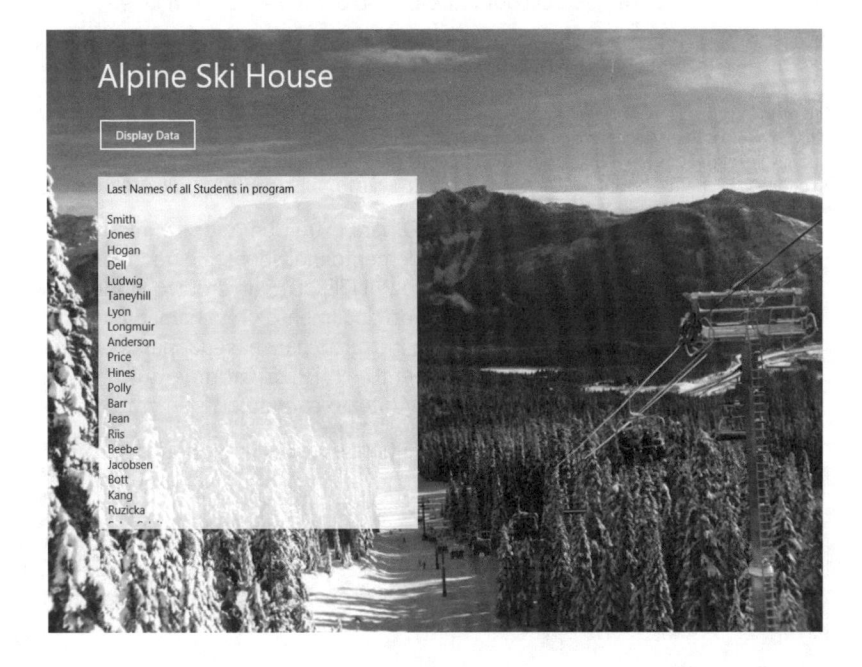

Existem 32 nomes no arquivo Students.xml. Você pode examinar os nomes que não estão visíveis utilizando a barra de rolagem vertical na caixa de texto. (Lembre-se de que as barras de rolagem não aparecerão até que você toque na caixa de texto ou deixe o mouse sobre ela.)

Como mostra a ilustração anterior, a consulta LINQ extraiu uma seleção de itens com marcas a partir do documento XML e os exibiu na página. Agora você pode usar essa técnica para ler e manipular muitos tipos de elementos de documentos XML. Será necessário apenas certa prática na escrita de expressões que navegam pela algumas vezes complexa hierarquia de uma origem de dados XML.

5. Feche o programa.

No próximo exercício, você vai aprender a referenciar elementos da XML localizados um pouco mais fundo na estrutura de um documento XML. O principal item sintático com que vai trabalhar no Exemplo 3 é o método *Element*, fornecido pelas classes *XDocument* e *XElement*. O método *Element* permite acessar elementos-filho dentro da estrutura do documento XML especificado.

Utilize a propriedade *Element* para localizar elementos-filho em uma hierarquia XML

1. Exiba o arquivo code-behind MainPage.xaml.vb novamente.
2. Coloque marcas de comentário no segundo bloco (Exemplo 2) na rotina de tratamento de eventos *XmlTestButton_Click* e, então, retire as marcas de comentário do terceiro bloco (Exemplo 3).

   Este exercício demonstra como você pode usar o método *Element* do objeto de dados *Students* para referenciar elementos individuais dentro de uma árvore de dados XML. O código de Exemplo 3 se parece com este:

```
'EXEMPLO 3: Exibe os elementos XML aninhados em uma hierarquia XML mais complexa.
'Este exemplo exibe um instrutor escalado para trabalhar no inverno de 2015 em Students.xml.

OutputTextBox.Text = "Instructors scheduled to work in Winter 2015" & vbCrLf & vbCrLf
Dim Students As XDocument = XDocument.Load("Assets/Students.xml")
OutputTextBox.Text = OutputTextBox.Text & _
Students.Element("STUDENTS").Element("WINTER2015").Element("INSTRUCTOR").Value
```

   Essa rotina não utiliza LINQ para extrair um registro, mas usa o método *Element* e a propriedade *Value*. O elemento individual que quero extrair é o nome do instrutor que aparece na seção WINTER2015 do arquivo Students.xml. Essa seção do arquivo está perto do final do documento. Três chamadas ao método *Element* são combinadas em uma única instrução para navegar para baixo na árvore de dados XML, até o primeiro elemento INSTRUCTOR no arquivo. Então, a propriedade *Value* é usada para retornar o texto contido no elemento referenciado.

3. Clique em Start Debugging para executar o programa.
4. Clique no botão Display Data.

   O Visual Studio exibe a mensagem do banner, carrega o documento XML e utiliza o método *Element* para localizar o primeiro registro INSTRUCTOR. O instrutor da Alpine Ski House para o inverno de 2015 (Hamlin) aparece na caixa de texto.

CAPÍTULO 18   Acesso a dados para aplicativos Windows Store   **527**

Sua tela estará parecida com esta:

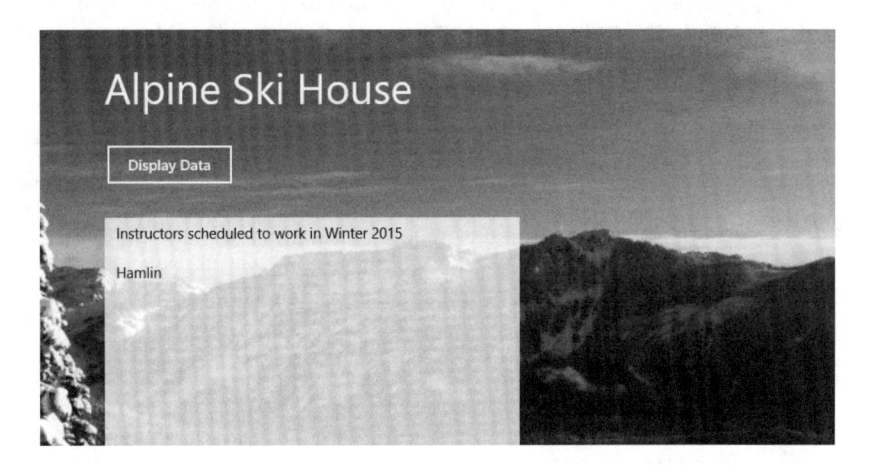

[Alpine Ski House — Display Data — Instructors scheduled to work in Winter 2015 — Hamlin]

Como a ilustração anterior mostra, é possível extrair de um documento XML um elemento que está fundo dentro de sua estrutura, usando sucessivas chamadas ao método *Element*. Basta conhecer a estrutura do contêiner XML que você está referenciando.

Essa sintaxe também oferece uma alternativa a usar LINQ para ler dados de um documento XML. No entanto, a LINQ é muito mais eficiente na extração de informações quando você tem critérios de recuperação mais complexos. Isso é particularmente verdade quando se está tentando extrair uma série de elementos que satisfazem a um critério.

5. Feche o programa.

No próximo exercício, você verá outro exemplo dos impressionantes recursos de extração da LINQ.

Procure itens em um arquivo XML

A ferramenta LINQ é projetada especificamente para extrair ou *pesquisar* informações dentro de arquivos XML. Em especial, a LINQ pode ajudar simplesmente localizando cabeçalhos específicos em uma origem de dados XML – ela também pode pesquisar dentro das marcas XML para extrair informações específicas, baseadas em vários critérios de busca. Conforme você aprendeu no Capítulo 15, essa capacidade permite fazer perguntas sofisticadas a respeito de seus dados, como "Quantos quantos livros publicados pela Lucerne Publishing renderam mais de US$100.000 em vendas brutas nos últimos 12 meses?" ou "Quantas alunas de esqui temos no programa, com idades entre 16 e 17 anos, inclusive?"

O segredo para fazer esses tipos de perguntas com LINQ é a cláusula *Where*, que pode especificar filtragem adicional dos dados da consulta. Também é possível usar o método *Attribute*, que identifica atributos específicos dentro de uma hierarquia de dados XML.

O próximo exercício, Exemplo 4 no projeto XML Document Data, usa LINQ para procurar no documento SkiTeam2014.xml a resposta da pergunta feita anteriormente: "Quantas alunas de esqui temos no programa, com idades entre 16 e 17 anos, inclusive?"

O documento SkiTeam2014.xml foi usado pela primeira vez no Capítulo 15 deste livro. (Embora, aqui, você vá utilizar consultas LINQ diferentes.) Adicionei esse documento à pasta Assets do projeto XML Document Data para que você tenha mais um contêiner de dados para trabalhar. O conteúdo do documento SkiTeam2014.xml é como segue:

```xml
<?xml version="1.0"?>

<AllRacers>
    <Skier FirstName="Claus" LastName="Hansen" Gender="M" Age="14" />
    <Skier FirstName="Yun-Feng" LastName="Peng" Gender="M" Age="13"/>
    <Skier FirstName="Uzi" LastName="Hefetz" Gender="F" Age="17"/>
    <Skier FirstName="Begoña" LastName="Hurtado" Gender="F" Age="18"/>
    <Skier FirstName="Erzsébet" LastName="Balázs" Gender="F" Age="16"/>
    <Skier FirstName="Holly" LastName="Holt" Gender="F" Age="16"/>
    <Skier FirstName="Alan" LastName="Brewer" Gender="M" Age="17"/>
    <Skier FirstName="Oliver" LastName="Kiel" Gender="M" Age="13"/>
    <Skier FirstName="Isabelle" LastName="Scemla" Gender="F" Age="14"/>
    <Skier FirstName="Katherine" LastName="Simpson" Gender="F" Age="16"/>
    <Skier FirstName="Chris" LastName="Bryant" Gender="M" Age="18"/>
    <Skier FirstName="Ayla" LastName="Kol" Gender="F" Age="19"/>
    <Skier FirstName="Carlos" LastName="Carvallo" Gender="M" Age="15"/>
    <Skier FirstName="Peter" LastName="Krebs" Gender="M" Age="13"/>
    <Skier FirstName="April" LastName="Stewart" Gender="F" Age="16"/>
    <Skier FirstName="Samantha" LastName="Smith" Gender="F" Age="16"/>
    <Skier FirstName="Renee" LastName="Lo" Gender="M" Age="19"/>
    <Skier FirstName="Steven" LastName="Thorpe" Gender="M" Age="13"/>
    <Skier FirstName="Holly" LastName="Dickson" Gender="F" Age="16"/>
    <Skier FirstName="Geoff" LastName="Grisso" Gender="M" Age="14"/>
    <Skier FirstName="Danni" LastName="Ortman" Gender="F" Age="19"/>
    <Skier FirstName="Adina" LastName="Hagege" Gender="F" Age="17"/>
    <Skier FirstName="Makoto" LastName="Yamagishi" Gender="F" Age="16"/>
    <Skier FirstName="Greg" LastName="Winston" Gender="M" Age="15"/>
</AllRacers>
```

Utilize LINQ para extrair informações específicas de uma origem de dados XML

1. Exiba o arquivo code-behind MainPage.xaml.vb no Code Editor.

2. Coloque marcas de comentário no terceiro bloco (Exemplo 3) na rotina de tratamento de eventos *XmlTestButton_Click* e, então, retire as marcas de comentário do quarto bloco (Exemplo 4).

   O código de programa do Exemplo 4 será semelhante ao seguinte, quando forem retiradas as marcas de comentário da seção e ela se tornar pronta para uso. Observe que recuei ligeiramente as cláusulas *Where*, *And* e *Select* para tornar o código um pouco mais legível e para atender às convenções sintáticas da LINQ.

CAPÍTULO 18 Acesso a dados para aplicativos Windows Store

```
'EXEMPLO 4: Usa LINQ para pesquisar criativamente um documento XML.
'Esta consulta procura no arquivo SkiTeam2014.xml esquiadoras com idades
'entre 16 e 17 anos (inclusive) que estejam no documento XML.

OutputTextBox.Text = "Female ski school students between 16 and 17" & vbCrLf & vbCrLf
Dim xdoc As XDocument = XDocument.Load("Assets/SkiTeam2014.xml")
Dim query = From skier In xdoc.Descendants("Skier")
    Where (skier.Attribute("Gender").Value = "F") _
    And (skier.Attribute("Age").Value >= 16) And (skier.Attribute("Age").Value <= 17)
    Select FName = skier.Attribute("FirstName").Value,
        LName = skier.Attribute("LastName").Value

For Each skier In query
    OutputTextBox.Text &= skier.FName & " " & skier.LName & vbCrLf
Next
```

Essa rotina em Visual Basic exibe um cabeçalho, abre o arquivo SkiTeam2014. xml e executa uma consulta LINQ para extrair informações específicas da origem de dados. (A variável *query* armazena uma árvore de expressões que define a consulta.)

Você deve reconhecer a cláusula *From*, que indica que os descendentes do elemento *<Skier>* serão usados como origem para a pesquisa de dados. Uma longa cláusula *Where* filtra o documento XML de modo tal que apenas as alunas de esqui com idades entre 16 e 17 anos (inclusive) apareçam nos resultados da consulta. Observe como uso parênteses opcionais para separar claramente os diferentes componentes nas cláusulas *Where*, como uso o método *Attribute* para identificar elementos específicos em cada registro e como uso a palavra-chave *And* para combinar diferentes partes da cláusula *Where*.

Para registros de esquiadores que correspondem aos filtros de sexo e idade, os atributos *FirstName* e *LastName* de cada competidor são retornados e exibidos na caixa de texto na página. O processo é um pouco mais complexo do que nos exemplos usados anteriormente no capítulo, pois estamos procurando tendências específicas no dados.

Por fim, os itens recuperados pela consulta LINQ são processados por um loop *For Each...Next*, o qual percorre os resultados de *query* item por item, exibindo na caixa de texto uma linha para cada aluna de esqui com idade entre 16 e 17 anos.

Vamos ver quantas alunas se encaixam nesses critérios de busca em particular.

3. Clique em Start Debugging para executar o programa.
4. Clique no botão Display Data.

O Visual Studio exibe o cabeçalho, carrega a origem de dados XML e, então, usa LINQ para procurar um subconjunto dos registros e elementos do documento. Sua tela estará parecida com esta:

Como mostra a ilustração anterior, nove nomes de alunas foram retornados pela consulta. Seria muito maçante reunir essas informações se examinássemos o arquivo manualmente e tentássemos contar as alunas examinando os dados XML brutos.

Agora, consegue imaginar como essa ferramenta de busca poderia ser poderosa, se você tivesse milhares de registros em um documento XML que quisesse examinar em um aplicativo Windows Store?

5. Feche o programa.

No próximo exercício, você vai ver como faz alterações em um documento XML que está carregado na memória.

Grave em um arquivo XML

Gravar em um arquivo XML significa modificar o contêiner de dados XML armazenado na memória e (opcionalmente) salvar essas alterações no disco. Como programador, talvez você decida gravar em um arquivo XML quando seu usuário tentar atualizar um registro de aluno ou funcionário ou quando quiser adicionar registros totalmente novos em seu armazém de dados baseado em XML.

O Visual Studio trata da modificação de dados XML por meio de diversos mecanismos. Nos exercícios a seguir, você vai aprender a atualizar um elemento em um objeto de dados XML com os métodos *Element* e *SetValue*. Também vai criar um novo nó em um documento XML, criando um novo objeto *XElement* para o nó, especificando o conteúdo do nó e, então, usando o método *Add* para adicionar o nó ao documento XML. Essas são habilidades essenciais quando você trabalha com armazéns de dados XML e os constrói na memória.

CAPÍTULO 18   Acesso a dados para aplicativos Windows Store   **531**

Por fim, pode haver ocasiões em que você queira salvar um documento XML modificado da memória do computador para o disco para que as alterações sejam guardadas permanentemente. Isso pode ser feito com o método *Save* para um objeto de dados XML que foi declarado com a classe *XDocument*. Contudo, não demonstro esse método no procedimento a seguir. (Quero preservar os arquivos XML de exemplo para você no estado não modificado.)

Você vai começar modificando um elemento na cópia em memória de um documento XML.

Modifique um elemento em um documento XML

1. Exiba o arquivo code-behind MainPage.xaml.vb no Code Editor.

   Você ainda está trabalhando no programa XML Document Data, um aplicativo Windows Store escrito em Visual Basic. Desta vez, você vai voltar aos testes com o documento Students.xml. Vamos aprender a modificar o primeiro registro no documento XML que está circundado pelas marcas <LASTNAME></LASTNAME>.

2. Coloque marcas de comentário no quarto bloco (Exemplo 4) na rotina de tratamento de eventos *XmlTestButton_Click* e retire as marcas de comentário do quinto bloco (Exemplo 5).

   O código de programa do Exemplo 5 será semelhante a este, quando forem retiradas as marcas de comentário da seção e ele se tornar pronto para uso.

```
'EXEMPLO 5: Modifica um elemento na cópia em memória de um documento XML.
'Este código mostra como alterar o campo LASTNAME no primeiro registro do arquivo XML,
'de Smith para George. A última linha exibe o nome para que você possa verificar a alteração.

Dim xdoc As XDocument = XDocument.Load("Assets/Students.xml")
xdoc.Element("STUDENTS").Element("WINTER2014").Element("LASTNAME").SetValue("George")
OutputTextBox.Text = xdoc.Element("STUDENTS").Element("WINTER2014").Element("LASTNAME").Value
```

   Essa rotina usa três métodos *Element* para referenciar o primeiro registro LASTNAME no documento Students.xml. A segunda linha de código usa o método *SetValue* para alterar o nome armazenado nesse local, de "Smith" para "George". A terceira linha usa a propriedade *Value* para exibir o registro modificado. (Digite a instrução inteira em uma única linha – ela muda de linha aqui apenas devido às margens do livro.) O que esperamos ver é o nome "George" na caixa de texto na página – não "Smith".

   Essa rotina é muito curta – ela não exibe um cabeçalho nem outra informação na caixa de texto. Tudo que esperamos ver lá é o nome modificado "George".

   Vamos ver como essa operação de gravação básica funciona na cópia em memória de Students.xml.

3. Clique em Start Debugging para executar o programa.

4. Clique no botão Display Data.

   O Visual Studio executa a rotina de tratamento de eventos, carrega o documento XML na memória e modifica o primeiro registro LASTNAME que encontra. Sua tela estará parecida com esta:

   O programa funcionou como pretendido. A saída na caixa de texto é simplesmente "George", nada mais, nada menos. Isso significa que o código está funcionando.

   Aqui, usamos apenas sintaxe de objeto *XDocument* e *XElement*. Como você pode ver, modificar um elemento XML na memória é tão fácil como exibi-lo.

5. Feche o programa.

   No próximo exercício, você vai ver como cria um novo nó de dados XML e como adicioná-lo ao documento XML que está armazenado na memória.

Crie um novo nó com dados e adicione-o a um documento XML

1. Exiba o arquivo code-behind MainPage.xaml.vb uma última vez.

2. Coloque marcas de comentário no quinto bloco (Exemplo 5) na rotina de tratamento de eventos *XmlTestButton_Click* e retire as marcas de comentário do sexto bloco (Exemplo 6).

   O código de programa do Exemplo 6 será semelhante a este, depois que estiver pronto para uso.

```
'EXEMPLO 6: Amplia um documento XML criando um novo nó.
'Para criar um novo "nó" XML e adicioná-lo ao final da seção LASTNAME, faça isto:
'Carregue o documento XML na variável Students. Crie um novo objeto XElement para armazenar
'o novo nó e atribua o valor de LASTNAME "Lyon" ao nó.
'Use o método Add para adicionar o novo nó ao final da seção LASTNAME.
'Exiba o documento XML modificado na caixa de texto (com marcas) para verificar a alteração.
Dim Students As XDocument = XDocument.Load("Assets/Students.xml")
Dim xe As XElement = New XElement("LASTNAME", "Lyon")
Students.Element("STUDENTS").Element("WINTER2014").Add(xe)
OutputTextBox.Text = Students.ToString
```

Essa rotina começa com a declaração do objeto *Students* (de tipo *XDocument*) e carrega o arquivo Students.xml no objeto. Então, é declarado um novo nó, chamado *xe*, de tipo *XElement*. Dados também são atribuídos ao novo nó, na segunda linha. Neste caso, o nó obedece o formato de um elemento LASTNAME, e o nome "Lyon" é atribuído ao nó.

Na terceira linha de código, o novo objeto *xe* é adicionado ao objeto de dados *Students* por meio do método *Add*. Conforme você verá em instantes, o método *Add* instrui o Visual Studio a adicionar o nó não ao final do documento, mas ao final da seção <WINTER2014>.

Por último, todo o conteúdo da cópia em memória modificada do documento Students.xml é exibido no objeto *OutputTextBox* na página. Isso permitirá que você examine o arquivo XML e veja como ele foi alterado.

3. Clique em Start Debugging para executar o programa.
4. Clique no botão Display Data.

   O Visual Studio carrega o documento Students.xml na memória, cria o nó *xe* contendo novos dados XML, adiciona o nó à cópia em memória do documento XML e exibe o documento inteiro na caixa de texto na página. Observe que a rotina também exibe todas as marcas XML do documento; portanto, você pode ver como o novo nó aparece no contexto.

5. Role para a parte inferior da caixa de texto.

   Sua tela estará parecida com esta:

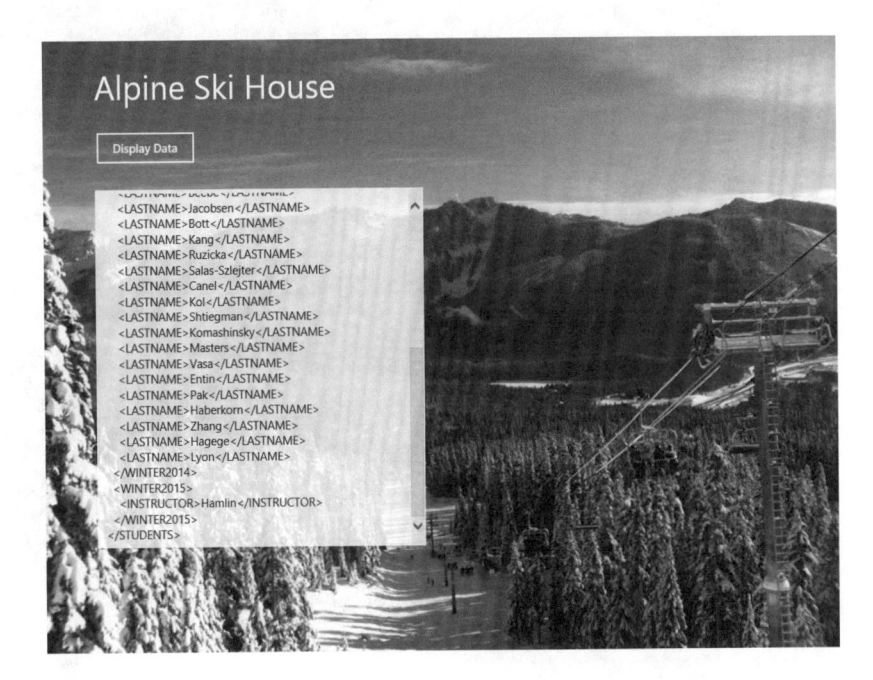

No final de uma longa lista de elementos <LASTNAME></LASTNAME>, você verá o nó <LASTNAME>Lyon</LASTNAME>. Essa é a nova adição ao documento XML que foi criado neste exercício. Algo importante a notar também é que o novo elemento não é colocado no final do arquivo, mas no final da seção <WINTER2014>. Ou seja, o Visual Studio não somente modificou o documento XML como também soube onde colocar as informações.

6. Feche o programa, salve suas alterações e, então, feche o Visual Studio.

Você terminou de trabalhar com conceitos de acesso a dados para Windows Store por enquanto.

Uma interface de usuário para entrada de dados

Embora este capítulo tenha se concentrado nas habilidades fundamentais relacionadas à vinculação de dados a controles XAML e na manipulação do conteúdo de documentos XML, você começa a ver como esses elementos podem ser utilizados em programas Visual Basic mais sofisticados para receber entrada do usuário, manipulá-la na memória e armazená-la permanentemente no disco, por meio de documentos XML ou outro mecanismo.

Por exemplo, lembre-se da interface de usuário para entrada de dados que você desenvolveu junto com classes personalizadas no Capítulo 16, a qual fornecia vários campos para receber entrada do usuário e exibir a saída:

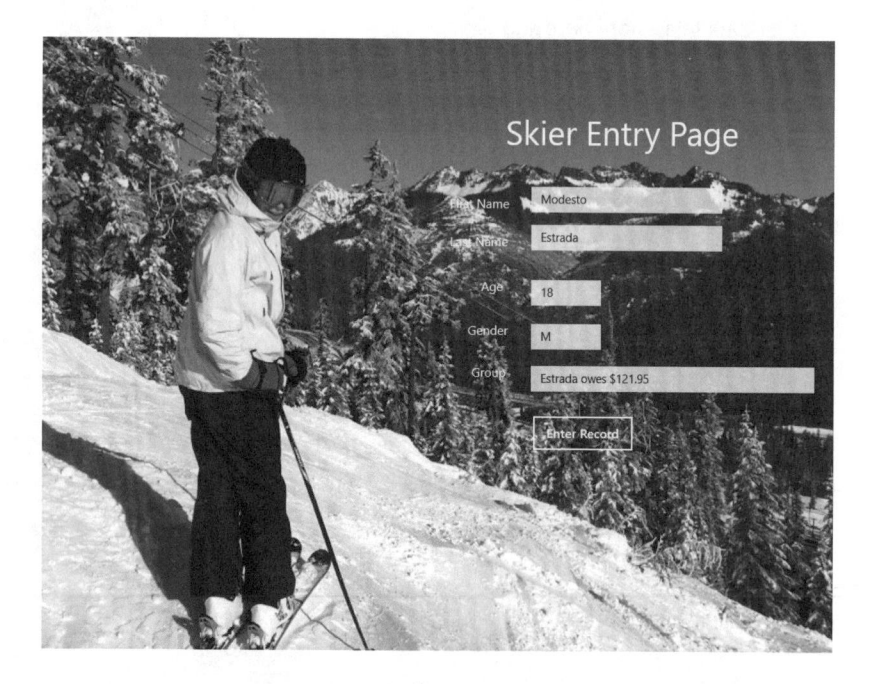

CAPÍTULO 18 Acesso a dados para aplicativos Windows Store **535**

Esse tipo de interface poderia ser ideal para coletar informações de alunos ou funcionários em um aplicativo Windows Store. Você poderia pegar as informações coletadas por uma página assim e armazená-las em uma coleção observável declarada de acordo com os parâmetros de uma classe que definisse para armazenar registros de alunos. Então, poderia vincular essa coleção a controles na interface do usuário e usar LINQ para extrair informações interessantes da coleção.

Por fim, você poderia armazenar o conteúdo da coleção em um documento XML, o qual poderia carregar, modificar e salvar no disco, de acordo com a necessidade em seu programa. Também poderia ser interessante complementar os controles *TextBox* e *Button* que você vê na ilustração anterior, com controles *CommandBar* e *Flyout*, sobre os quais aprendeu no Capítulo 9, "Recursos de design do Windows 8.1: barra de comandos, flyout, blocos e toque". A decisão fica realmente por sua conta!

Resumo

Este capítulo introduziu as técnicas de acesso a dados fundamentais em aplicativos Windows Store. Primeiro, você aprendeu a vincular controles XAML a classes e a coleções de dados em um aplicativo Windows Store. Aprendeu a configurar os elementos de vinculação necessários em um projeto, a usar a classe *Binding* em marcação XAML e a escrever código em Visual Basic para executar diversas tarefas de acesso a dados.

Você também aprendeu mais sobre o uso de documentos XML em um aplicativo Windows Store, incluindo como ler e exibir elementos de dados XML, como extrair dados XML com LINQ e como modificar documentos XML com métodos das classes *XDocument* e *XElement*. Essas habilidades essenciais o prepararão para aproveitar ao máximo as origens de dados XML em seus programas. Aprender a acessar dados com XML é uma habilidade importante a ser adquirida, pois a XML tem obtido aceitação mundial e é altamente conveniente para transações pela web. A estrutura de banco de dados ADO.NET foi otimizada para origens de dados e sintaxe XML.

No próximo capítulo, você vai conhecer as opções de desenvolvimento para a web no Visual Studio 2013. Vai explorar vários modelos de programação ADO.NET, incluindo Web Forms, ASP.NET MVC, Web Pages com sintaxe Razor e HTML5/JavaScript. Você também vai criar um site tipo calculadora de financiamento de veículos que demonstra como usar os controles de servidor, como escrever rotinas de tratamento de eventos em Visual Basic e como lidar com cenários típicos de desenvolvimento para web em ASP.NET e Visual Basic.

CAPÍTULO 19

Desenvolvimento para web com ASP.NET no Visual Studio

Neste capítulo, você vai aprender a:

- Entender o ASP.NET 4.5.1, a mais nova estrutura de desenvolvimento para web da Microsoft.

- Avaliar importantes plataformas de desenvolvimento para web com ASP.NET, incluindo Web Forms, ASP.NET MVC, Web Pages (com Razor) e HTML5/JavaScript.

- Construir um exemplo de aplicativo de financiamento de veículos com Web Forms.

- Adicionar controles de servidor e rotinas de tratamento de eventos a um projeto Web Forms.

- Exibir registros de banco de dados e personalizar um template de site.

A criação de aplicativos no Visual Studio 2013 para a web merece um livro inteiro sobre o assunto. Na verdade, merece muitos livros. Mas, em vez de simplesmente encaminhá-lo para outras fontes de informação, quero dar um panorama das interessantes tecnologias web disponíveis no Visual Studio 2013 e oferecer um exame da poderosa plataforma de desenvolvimento Web Forms. Acho que você vai ficar bastante impressionado com o que pode fazer com apenas poucas horas de trabalho no Web Forms, e vai encontrar muitas semelhanças conceituais no desenvolvimento de aplicativos nos modelos Windows Forms e Windows Store.

O capítulo começa com uma introdução ao ASP.NET 4.5.1, uma extensão do .NET Framework, e continua com uma análise dos projetos para a web que podem ser criados no Visual Studio 2013, incluindo Web Forms, ASP.NET MVC, Web Pages (com Razor) e um modelo de programação que utiliza HTML5 e JavaScript.

Embora uma descrição completa do ASP.NET não seja possível aqui, você deverá encontrar material suficiente para ajudá-lo a tomar algumas decisões básicas a respeito de qual plataforma investigar quando decidir projetar aplicativos Visual Studio para a web. Na maioria dos casos, você vai usar as habilidades com Visual Basic e .NET Framework que aprendeu e praticou ao longo deste livro.

Por dentro do ASP.NET

ASP.NET é um *framework para aplicativos web* destinado a criar páginas web dinâmicas e sites para a Internet. O ASP.NET foi lançado em 2002 com o Microsoft Visual Studio.NET versão 1.0. As versões subsequentes do ASP.NET estavam em consonância com as novas versões do .NET Framework e do Visual Studio. Seguindo esse padrão geral, o Visual Studio 2013 lançou o ASP.NET 4.5.1 como interface de desenvolvimento para a web, o qual correspondeu ao lançamento do .NET Framework 4.5.1. As duas bibliotecas são projetadas para serem usadas juntas.

Um dos objetivos do ASP.NET foi simplificar o desenvolvimento para a web, fornecendo um modelo de programação semelhante ao que os desenvolvedores já estavam fazendo na plataforma Windows. O ASP.NET conseguiu isso permitindo aos desenvolvedores construir páginas compostas de controles, de modo semelhante a como os aplicativos Windows Forms eram criados no IDE do Visual Studio. Um controle Web Forms, como um botão ou rótulo, funcionava de modo semelhante a um botão Windows Forms. Nos dois casos, havia propriedades, métodos, eventos e arquivos code-behind que podiam ser personalizadas e que funcionavam de acordo com os princípios gerais da programação orientada a objetos no Visual Studio. Isso incluía a capacidade de usar a linguagem Visual Basic inteira e referenciar objetos do ASP.NET Framework, exatamente como os desenvolvedores utilizavam esses recursos para programação para Windows e o .NET Framework. Contudo, ao passo que os controles Windows Forms são desenhados na tela, os controles ASP.NET Web Forms produzem segmentos de código *HTML* e *JavaScript* que formam as páginas enviadas para um navegador no computador ou dispositivo portátil do usuário.

Assim como o .NET Framework, o ASP.NET é construído sobre o Windows *Common Language Runtime* (CLR), o qual permite aos desenvolvedores que utilizam o Visual Studio escreverem programas ASP.NET utilizando qualquer *linguagem .NET* suportada, inclusive Visual Basic. Utilizando o ASP.NET, você pode criar um site que exibe uma interface de usuário, processa dados e fornece muitos dos comandos e recursos que um aplicativo padrão para Windows poderia oferecer. Contudo, o site criado é visualizado em um navegador web, como Internet Explorer, Google Chrome, Mozilla Firefox, Apple Safari, ou em um dispositivo móvel, como Windows Phone 8, um smartphone Android ou um iPhone da Apple.

Os sites ASP.NET geralmente são armazenados em um ou mais *servidores web*, os quais utilizam o Microsoft Internet Information Services (IIS) para exibir páginas web corretas e tratam da maioria das tarefas de computação exigidas pelo site. Essa estratégia distribuída permite que seus sites funcionem em uma ampla variedade de computadores baseados na Internet ou independentes – onde quer que seus usuários e suas origens de dados ricos estejam localizados.

> **Nota** Quando você utiliza o Visual Studio, os sites que cria também podem ser instalados e executados em um computador local que não exige IIS, fornecendo mais opções para desenvolvimento e distribuição. Essa é uma particularidade relacionada ao desenvolvimento e teste de aplicativos que examinaremos mais adiante no capítulo.

As seções a seguir descrevem as oportunidades para desenvolvimento web mais importantes disponíveis para desenvolvedores que utilizam Visual Basic 2013, incluindo Web Forms, ASP.NET MVC, Web Pages (com Razor) e HTML5 com JavaScript.

Web Forms

O ASP.NET Web Forms permite construir sites dinâmicos ou aplicativos web utilizando um conhecido modelo voltado a eventos, com operações de arrastar e soltar. Você cria as páginas arrastando controles da Toolbox para uma superfície de projeto. Como esse modelo já está disponível há algum tempo, dezenas de controles e componentes estão disponíveis, incluindo um modelo de acesso a dados semelhante ao que os desenvolvedores têm utilizado com Windows Forms. Muitos desenvolvedores para Visual Studio e para a web conhecem esse modelo e suas vantagens.

O framework Web Forms atende desenvolvedores que já utilizavam Visual Studio e se sentem à vontade com programação declarativa e baseada em controles, incluindo Windows Forms e Windows Presentation Foundation (WPF). O modelo Web Forms oferece um paradigma de desenvolvimento voltado ao designer, de modo que é popular entre os desenvolvedores que estão procurando uma estratégia de desenvolvimento rápido de aplicativos (RAD - rapid application development) para a web. O Web Forms também serve para os programadores de área de trabalho tradicional (desktop) que não têm muita experiência com HTML e JavaScript. Uma possível desvantagem desse modelo é que o ASP.NET envia um volume considerável de conteúdo para o navegador do usuário, para habilitar sua rica coleção de controles e recursos. Os modelos de programação para a web, como ASP.NET MVC e Web Pages (com Razor), foram desenvolvidos em parte para criar aplicativos web que ocupem menos espaço.

Para criar um aplicativo ASP.NET Web Forms com Visual Basic no Visual Studio 2013, selecione o comando New Project no menu File. Sob Templates, selecione Web e depois ASP.NET Web Application. Na caixa de diálogo New ASP.NET Project, selecione Web Forms e clique em Create Project.

Você também pode criar um site com o modelo Web Forms, a estratégia que será adotada mais adiante neste capítulo. A captura de tela a seguir mostra a caixa de diálogo New ASP.NET Project com o tipo de projeto Web Forms selecionado. Esse é o tipo que você seleciona quando quer criar um aplicativo web utilizando o modelo Web Forms.

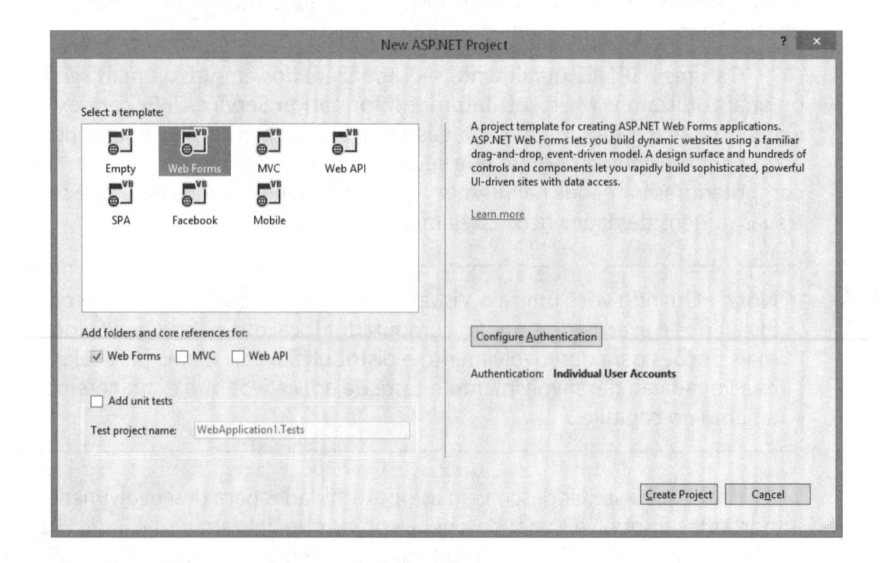

CAPÍTULO 19   Desenvolvimento para web com ASP.NET no Visual Studio   **539**

ASP.NET MVC

O ASP.NET MVC é um framework alternativo, para criar aplicativos web, que surgiu em 2009. Como apareceu depois do Web Forms, o novo framework foi projetado para tratar do que eram percebidas como limitações do Web Forms, inclusive o modo como o código HTML era renderizado em páginas web, a combinação de lógica do negócio e código de apresentação da interface do usuário em arquivos code-behind e o modo como os aplicativos Web Forms eram testados. A arquitetura Model-View-Controller (MVC) foi escolhida para esse framework (que já existia desde os anos 1970), pois tinha uma organização interna da camada de lógica do negócio de um aplicativo web separada da camada de apresentação. Consequentemente, um aplicativo ASP.NET MVC exige que o desenvolvedor construa um aplicativo web como uma composição de três funções: Modelo, Visualização e Controlador.

Nesse cenário de programação, o *modelo* representa os objetos de negócio no aplicativo, a *visualização* desenha a interface do usuário para exibir informações e o *controlador* trata de pedidos do usuário e gerencia a lógica e o fluxo do aplicativo. Os pedidos são mapeados em métodos de classes e esses métodos recebem entrada do usuário e fornecem outras funcionalidades. Muitos desenvolvedores de software já conhecem esse modelo de programação e, portanto, acharão fácil de usar, especialmente quando integrado nos poderosos recursos das bibliotecas de objetos .NET Framework e ASP.NET. A separação da lógica de negócio e do código de apresentação é particularmente útil. A versão atual do ASP.NET MVC é a 5.

Para criar um aplicativo ASP.NET MVC com Visual Basic no Visual Studio 2013, selecione o comando New Project no menu File. Sob Templates, selecione Web e depois ASP.NET Web Application. Na caixa de diálogo New ASP.NET Project, selecione MVC e clique em Create Project.

A captura de tela a seguir mostra a caixa de diálogo New ASP.NET Project com o tipo de projeto MVC selecionado:

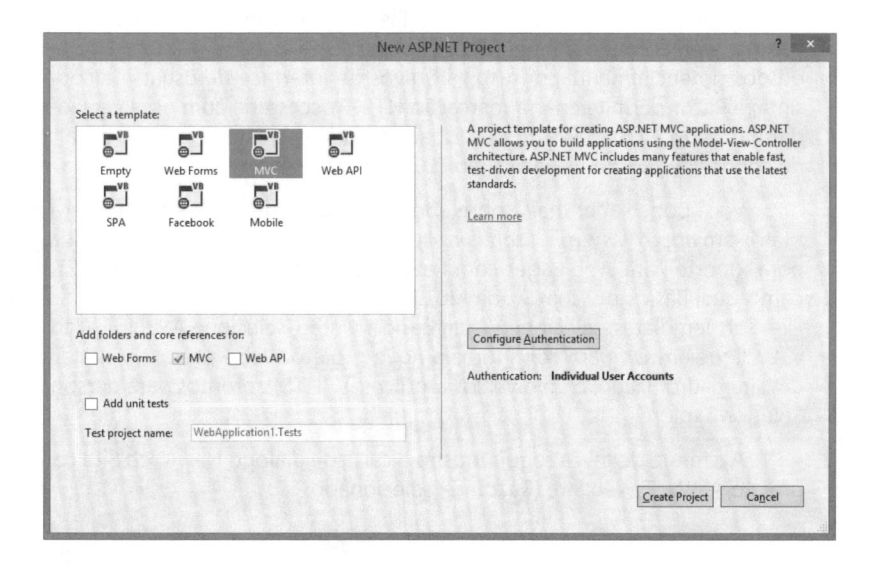

Web Pages (com Razor)

Em 2011, a Microsoft lançou uma ferramenta gratuita de desenvolvimento para a web, chamada WebMatrix, um aplicativo conectado à nuvem que permite aos desenvolvedores construir sites dinâmicos utilizando templates e conteúdo de código-fonte aberto de sistemas de gerenciamento de informações, como Drupal e WordPress. O WebMatrix também foi projetado para ser compatível com ASP.NET e Visual Studio 2010. Ele fornecia uma ferramenta de desenvolvimento para a web fácil de aprender, que oferecia uma alternativa e um aprimoramento para os modelos Web Forms e ASP.NET MVC. Para diferenciar as ferramentas WebMatrix do Web Forms e do ASP.NET MVC, o novo modelo foi denominado ASP.NET Web Pages nos produtos Visual Studio 2012 e Visual Studio 2013. A tecnologia está evoluindo rapidamente e atraindo partidários, especialmente aqueles que têm alguma experiência com HTML, Visual Basic e Visual C#. A versão atual é a 3.

No modelo Web Pages, você cria páginas web dinâmicas que têm a extensão .VBHTML (para Visual Basic) ou .CSHTML (para C#). Basicamente, esses são arquivos HTML dentro de código em linha escrito na linguagem Visual Basic ou Visual C#. Código em linha significa que não há um requisito absoluto de separar arquivos code-behind em um projeto Web Pages, como você veria em um aplicativo Web Forms ou Windows Store (embora, normalmente, os desenvolvedores criem arquivos de código separados, exatamente como qualquer outro aplicativo .NET). A estratégia de codificação em linha é muitas vezes chamada de "Web Pages com sintaxe Razor", pois o código em linha segue certas regras sintáticas. A diferença entre marcação HTML e o código Razor em um arquivo Web Page pode ser identificada pelo caractere '@' que aparece antes do código Visual Basic ou Visual C#. As instruções Razor normalmente são utilizadas para enviar comandos para o servidor web.

Tecnicamente, Razor é um *mecanismo de visualização* – isto é, um módulo que pode ser conectado e que implementa sintaxe de templates dentro da plataforma ASP.NET MVC. Como resultado, Web Pages com Razor deve ser na realidade entendido como uma extensão do ASP.NET MVC. Ele permite criar código HTML otimizado para páginas web com um mínimo de instruções. Em vez da maçante codificação manual ou dos potencialmente confusos arquivos de interface de usuário e code-behind, a sintaxe Razor permite criar a marcação HTML necessária com uma versão modificada da sintaxe do Visual Basic ou do Visual C#. Tudo isso está disponível para você dentro do conhecido IDE do Visual Studio 2013.

Você pode saber mais sobre a ferramenta de desenvolvimento para web WebMatrix em *http://www.microsoft.com/web/*. Contudo, o Visual Studio 2013 agora incorpora suporte para Web Pages com Razor. Para criar um aplicativo ASP.NET Web Pages com Visual Basic no Visual Studio 2013, selecione o comando New Web Site no menu File. Sob Templates, selecione Visual Basic e, então, selecione ASP.NET Web Site (Razor v3). Clique em OK para configurar o novo projeto Web Pages. O Visual Studio criará um site padronizado, com diversos arquivos .VBHTML prontos para personalização no Solution Explorer.

A captura de tela a seguir mostra a caixa de diálogo New Web Site com o tipo de projeto ASP.NET Web Site (Razor v3) selecionado:

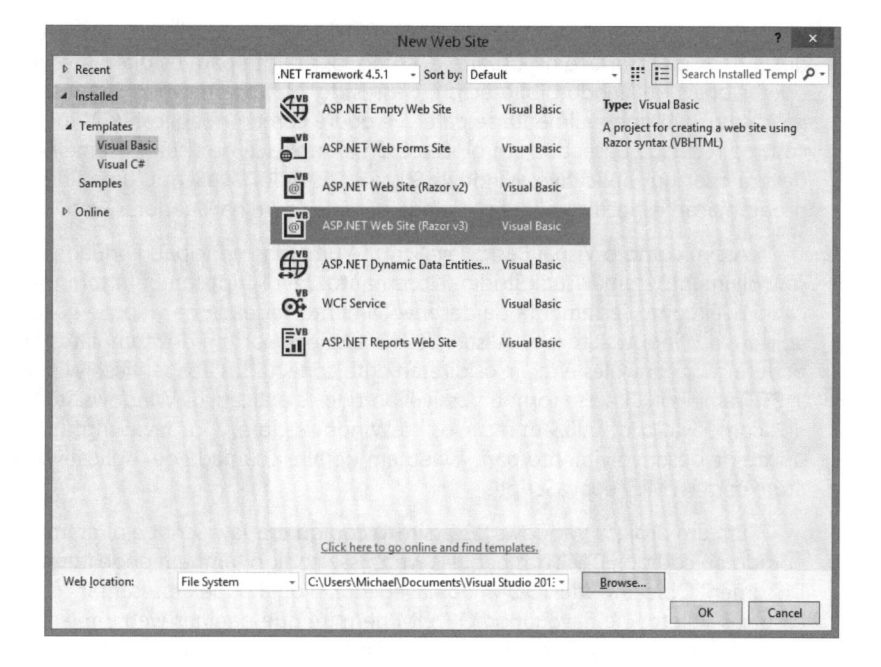

CAPÍTULO 19 Desenvolvimento para web com ASP.NET no Visual Studio

HTML5 e JavaScript

Você passou um tempo considerável neste livro aprendendo a escrever aplicativos Windows Store. Uma excelente pergunta agora poderia ser: existe uma maneira fácil de criar aplicativos web que se pareçam e se comportem como os aplicativos Windows Store baseados em blocos, mas que executem em um navegador da Internet? E, já que estamos falando nisso, aqui está uma continuação: existe no Visual Studio uma maneira simples de escrever um aplicativo Visual Basic que execute no Windows 8.1 *e* em uma variedade de navegadores web e dispositivos portáteis, de modo que não seja exigida nenhuma conversão, atualização ou portabilidade entre plataformas?

Infelizmente, a resposta para essas duas perguntas é: "não".

Não é possível (ainda) simplesmente atualizar ou recompilar um aplicativo Windows Store para uso na web nem criar um aplicativo, como a Calculadora do Windows, que execute automaticamente no Windows 8.1, Windows Phone 8 e em servidores web. O motivo é que as plataformas Windows, Phone e web são consideravelmente diferentes e as necessidades dos aplicativos baseados em navegador ou móveis são simplesmente muito diferentes das dos computadores de mesa e laptops tradicionais executando Windows 8.1. Isso não quer dizer que não existam muitas semelhanças e ferramentas comuns utilizadas para criar aplicativos baseados em Windows, Phone e web, mas o Santo Graal do desenvolvimento de um projeto no Visual Studio e de sua distribuição automática para uma variedade de plataformas ainda está muito distante.

Assim, no Visual Studio 2013, você desenvolve código básico, armazéns de dados e itens da interface do usuário e, então, os adapta para os diferentes ambientes operacionais utilizando bibliotecas e classes do .NET Framework. Se quiser criar um aplicativo web que realmente se pareça e opere como um aplicativo Windows Store, com os recursos baseados em blocos e uma interface de usuário semelhante, você deverá criar um aplicativo Windows Store utilizando JavaScript, uma linguagem de programação especificamente projetada para uso com navegadores web.

Assim como o Visual Basic, JavaScript é uma das principais linguagens para desenvolvimento com Visual Studio. No entanto, JavaScript também tem uma herança incrível como ferramenta de desenvolvimento baseada na web. Se você criar um aplicativo Windows Store no Visual Studio e selecionar um dos templates JavaScript, poderá criar controles e recursos diretamente conectados aos serviços Windows 8.1 e .NET Framework. Isso se tornou possível porque os aplicativos Windows Store projetados com JavaScript utilizam recursos da Windows Library for JavaScript (WinJS). Essa opção de desenvolvimento para a web em geral é chamada de "aplicativo Windows Store com HTML5 e JavaScript".

Em um projeto Windows 8.1 assim, o código em JavaScript é diretamente incorporado ao código HTML das páginas web. Esse código também pode interagir com o Document Object Model (DOM) do navegador, o qual pode representar código HTML e outros objetos de navegador. O DOM permite que páginas web implementem recursos HTML5 típicos, como animações, transições, mudanças de cor de texto e efeitos de texto.

A linguagem JavaScript utiliza uma sintaxe semelhante à do C e suporta construções como *if...else* e *do...while*. A linguagem JavaScript também aceita vários tipos de dados, incluindo *Array* e *Object*. O melhor de tudo é que você pode usar os templates e controles que já conhece de aplicativos Windows Store, tudo dentro do ambiente familiar do IDE do Visual Studio 2013. No entanto, é preciso trocar de linguagem, basicamente fazendo uma pausa no Visual Basic e mudando para JavaScript para manter recursos e ferramentas ao estilo Windows Store. Isso não é o fim do mundo, mesmo para tradicionalistas do Visual Basic como eu.

Para criar um aplicativo Windows Store para a web com JavaScript, inicie o Visual Studio 2013 e selecione o comando New Project no menu File. Sob Templates, selecione Other Languages e, então, selecione JavaScript. Clique em Windows Store e, então, clique no novo template de projeto que você quer abrir. (A lista de templates é idêntica à que você vê sob aplicativos Visual Basic/Windows Store.) Especifique um nome de projeto e, então, clique em OK para abrir o novo aplicativo web.

A captura de tela a seguir mostra a caixa de diálogo New Project com o template JavaScript/Windows Store/Navigation App selecionado:

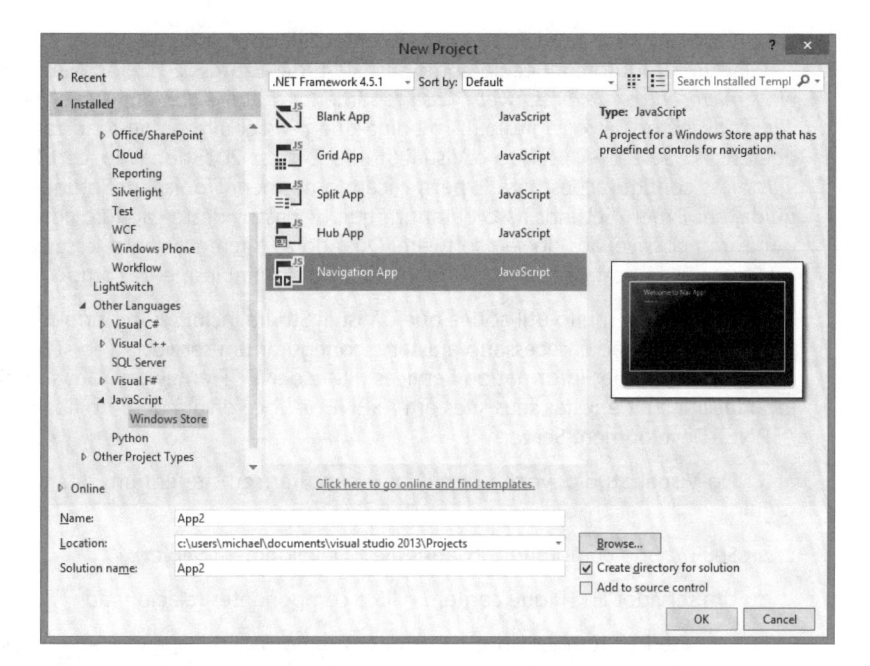

Construa um site Web Forms com ASP.NET

Depois de um exame de algumas das principais tecnologias de desenvolvimento para a web do Visual Studio, a melhor maneira de começar com o ASP.NET é a experiência prática. Nos exercícios a seguir, você vai criar uma calculadora simples de financiamento de veículos com o modelo de desenvolvimento Web Forms descrito anteriormente neste capítulo. Vamos criar um site que determinará os pagamentos mensais pela compra de um veículo, exibirá uma tabela de dados de um banco de dados e mostrará uma página de ajuda quando necessário.

    Você iniciará o processo verificando se o Visual Studio está corretamente configurado para a programação ASP.NET e então examinará os passos essenciais para criar o projeto de um site Web Forms. (Com o modelo Web Forms é possível criar tanto sites como aplicativos web, mas aqui vamos testar a estratégia do site, mais abrangente.)

    Em seguida, passaremos à criação do projeto com o Visual Studio, o que envolve criar várias páginas ASP.NET, usar controles da Toolbox, escrever código, testar e outras tarefas conhecidas.

Requisitos de software para desenvolvimento com ASP.NET

Antes de começar, preste atenção aos requisitos de software para o que se segue. Para iniciar a programação com ASP.NET, você precisa ter o Visual Studio 2013 Professional, Premium ou Ultimate instalado. Também precisa estar executando o Windows 8.1.

Caso não tenha uma das versões comerciais completas do Visual Studio, pode instalar um produto conhecido como Visual Studio Express 2013 for Web, em *http://www.microsoft.com/express/web/*. Essa ferramenta gratuita contém quase todos os recursos descritos neste capítulo. (À medida que prosseguirmos, vou indicar quaisquer diferenças.) Se estiver usando o Visual Studio Express 2013 for Web, certifique-se de ajustar as configurações para Expert, clicando no menu Tools, em Settings e, em seguida, em Expert Settings. Isso garantirá que os passos deste capítulo correspondam o máximo possível aos do seu software. Quando as diferenças entre essas edições do software não importarem, vou me referir ao produto simplesmente como Visual Studio.

Um detalhe muito útil aqui é que o Visual Studio inclui seu próprio servidor web local; portanto, não é necessário ajustar e configurar um servidor web separado com o Microsoft Internet Information Services (IIS) e o .NET Framework. Um servidor web local facilita criar e testar seus sites em ASP.NET e você o verá descrito abaixo como o ASP.NET Development Server.

No Visual Studio, você pode criar e executar seu site em um dos três locais a seguir:

- Seu próprio computador (via ASP.NET Development Server).
- Um servidor HTTP que contém o IIS e componentes relacionados.
- Um site FTP (um servidor de arquivos remoto). Esta opção é apenas para distribuição. O Visual Studio pode copiar um site web para um site FTP, mas o site então deverá ser instalado em um servidor HTTP que contenha o IIS e os componentes relacionados.

O primeiro local é a opção que usaremos neste livro, porque não exige hardware ou software adicional. Além disso, quando você desenvolve seu site no sistema de arquivos local, todos os arquivos do site são armazenados em um único local. Quando terminar de testar o aplicativo, você pode instalar os arquivos em um servidor web de sua escolha.

Etapas essenciais

Para criar um site no Visual Studio 2013, clique no comando New Web Site no menu File e utilize o IDE do Visual Studio para construir uma ou mais páginas web que coletivamente representarão seu site. Cada página consiste nas duas partes a seguir:

- Uma página Web Forms, que contém código HTML, marcação ASP.NET e controles para criar a interface de usuário.
- Um arquivo code-behind, que é um módulo contendo código Visual Basic diretamente relacionado à página Web Forms.

Essa divisão é conceitualmente muito parecida com as plataformas Windows Forms e Windows Store com que você já trabalhou neste livro – há um componente de interface de usuário e um componente de módulo de código. O código de ambos pode ser armazenado em um único arquivo .aspx, mas em geral o código da página Web Forms é armazenado em um arquivo .aspx e o arquivo code-behind é armazenado em um arquivo .aspx.vb.

CAPÍTULO 19   Desenvolvimento para web com ASP.NET no Visual Studio

Além das páginas web, os sites podem conter módulos de código (arquivos .vb), páginas HTML (arquivos .htm), informações de configuração (arquivos Web.config), informações globais sobre o aplicativo web (arquivo Global.asax), informações sobre CSS (folha de estilo em cascata), arquivos de script (JavaScript), páginas mestre, arquivos de imagem e outros componentes. Você pode usar o Web Designer e o Solution Explorer para alternar entre esses componentes de maneira rápida e eficiente.

Páginas web *versus* Windows Forms

Quais são as principais diferenças entre páginas web e Windows Forms? Para começar, as páginas web oferecem um paradigma de programação ligeiramente diferente daquele do Windows Forms. Enquanto o Windows Forms utiliza uma janela de aplicativo baseada no Windows como interface de usuário principal para um programa, um site apresenta informações para o usuário por meio de uma ou mais páginas web com código de programa de suporte. Essas páginas são visualizadas por um navegador web e você pode criá-las utilizando o Web Designer.

Como um Windows Forms, uma página web pode incluir texto, imagens, botões, caixas de listagem e outros objetos que são utilizados para fornecer informações, processar entrada ou exibir saída. Entretanto, o conjunto básico de controles que você utiliza para criar uma página web não é o da guia Common Controls da Toolbox. Em vez disso, os sites ASP.NET devem utilizar controles de uma das guias da Toolbox do Web Forms, incluindo Standard, Data, HTML e muitas outras. Cada um dos controles Web Forms tem seus próprios métodos, propriedades e eventos e, embora haja muitas semelhanças entre esses controles e os controles Windows Forms, também há várias diferenças importantes. Por exemplo, o controle Windows Forms *DataGridView* é chamado *GridView* no Web Forms e tem diferentes propriedades e métodos.

Muitos controles de página web são *controles de servidor*, ou seja, são controlados pelo servidor web. Os controles de servidor têm o prefixo "asp" nas suas marcas. Os controles HTML (localizados na guia HTML da Toolbox do Web Forms) são *controles de cliente* por padrão, ou seja, executam somente dentro do navegador do usuário. Contudo, por enquanto, você precisa simplesmente saber que pode utilizar controles de servidor, controles HTML ou uma combinação de ambos em seus projetos de site*.

Controles de servidor

Os controles de servidor têm mais capacidade do que os controles HTML e, sob vários aspectos, funcionam exatamente como os controles Windows Forms. De fato, muitos dos controles de servidor têm os mesmos nomes dos controles Windows Forms e oferecem muitas das mesmas propriedades, métodos e eventos. Além dos controles simples, como *Button*, *TextBox* e *Label*, são fornecidos outros, mais sofisticados, como *Chart*, *FileUpload*, *LoginView* e *RequiredFieldValidator*, em diversas guias da Toolbox. A captura de tela na página a seguir mostra um exemplo dos controles de servidor na Toolbox do Web Forms. (Os controles AJAX Extensions, Dynamic Data e Reporting não são mostrados.) Essa impressionante coleção de controles é um dos principais motivos pelos quais os desenvolvedores web gostam de trabalhar com aplicativos Web Forms.

---

* N. de R.T.: Se você for procurar mais informações na documentação do Visual Studio, os termos originais são *server controls* e *HTML controls*.

Controles HTML

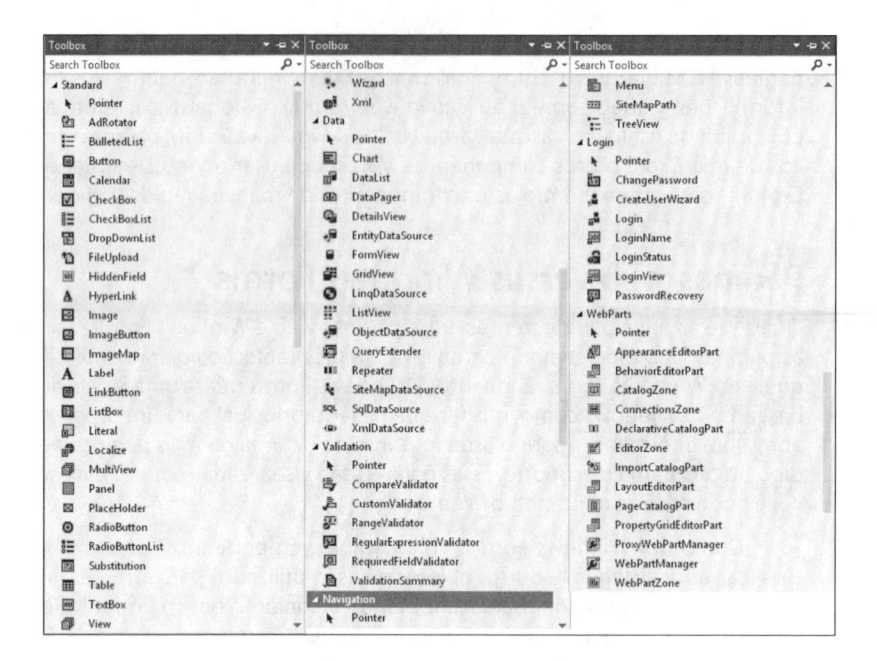

Os controles HTML são o conjunto de controles de interface de usuário mais antigos, suportados por todos os navegadores web, e obedecem estritamente aos padrões HTML iniciais desenvolvidos para gerenciar elementos da interface de usuário em uma página web típica. Eles incluem os controles básicos úteis *Button*, *Text* e *CheckBox* – para gerenciar informações sobre uma página web que pode ser representada inteiramente com código HTML. É bem provável você reconheça esses controles, se já tiver codificado em HTML. Mas, embora sejam fáceis de usar e tenham a vantagem de ser um denominador comum para navegadores web, eles são limitados pelo fato de não possuírem qualquer capacidade de manter seu próprio estado. (Isto é, os dados que contêm serão perdidos entre as visualizações de uma página web, a menos que você escreva código para gerenciar o estado.) A próxima captura de tela mostra os controles HTML oferecidos na guia HTML da Toolbox quando o Web Designer é carregado:

CAPÍTULO 19   Desenvolvimento para web com ASP.NET no Visual Studio   **547**

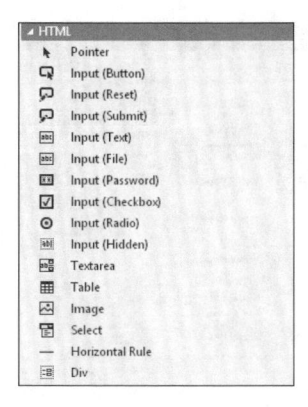

```
▲ HTML
    ▶   Pointer
    ⌑   Input (Button)
    ⌑   Input (Reset)
    ⌑   Input (Submit)
   abl   Input (Text)
   abl   Input (File)
   •••   Input (Password)
   ☑    Input (Checkbox)
   ⊙    Input (Radio)
   abl   Input (Hidden)
   ▦    Textarea
   ⊞    Table
   🖾    Image
   🗐    Select
   —    Horizontal Rule
   ⊞    Div
```

Crie um novo site

1. Inicie o Visual Studio e clique no comando New Web Site no menu File.

> **Nota**   Se estiver usando Visual Studio Express 2013, você não verá o comando New Web Site no menu File, pois esse produto não suporta desenvolvimento para a web. Mas não se preocupe, você pode obter o software necessário baixando o Visual Studio Express 2013 for Web em *http://www.microsoft.com/express/web/*. Faça isso agora e volte para este passo quando estiver pronto para prosseguir.

Embora você talvez tenha visto o comando New Web Site antes, ainda não o utilizamos neste livro. Esse comando prepara o Visual Studio para construir um site. Você vê uma caixa de diálogo New Web Site semelhante a esta:

PARTE IV · Bancos de dados e programação web

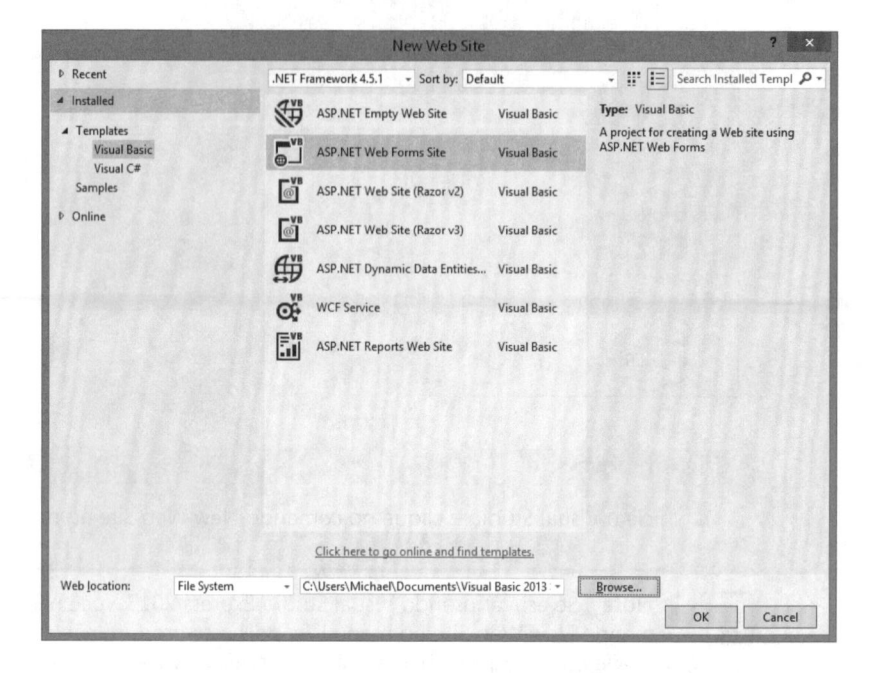

Nessa caixa de diálogo, você pode selecionar uma variedade de templates de site (incluindo um site Web Forms), o local do site (sistema de arquivos local, servidor HTTP ou site FTP) e a linguagem de programação que deseja usar (Visual Basic ou Visual C#).

Pode também identificar a versão do .NET Framework que você quer usar no seu aplicativo web. (A versão 4.5.1 oferece os recursos mais recentes, mas haverá ocasiões em que talvez você precise projetar especificamente para plataformas com uma versão anterior do .NET Framework. Entretanto, o produto Express não fornece a opção de direcionar para uma versão específica do .NET Framework.)

2. Na caixa de diálogo New Web Site, verifique se Visual Basic é a linguagem selecionada e se ASP.NET Web Forms Site é o template selecionado.

3. Na caixa de listagem Web Location, certifique-se de que File System está selecionado.

4. Clique no botão Browse, acesse a pasta Meus Documentos\Visual Basic 2013 SBS e, então, edite o caminho de Folder para que seja Meus Documentos\Visual Basic 2013 SBS**My Chapter 19**.

Como um site do Visual Studio ocupa uma pasta inteira, você vai criar uma nova pasta para seu projeto, com o prefixo "My". Embora você tenha especificado o local da pasta para projetos *depois* de ter construído os projetos neste livro, em desenvolvimento para a web os projetos normalmente são salvos logo no início.

5. Clique em Open para confirmar a seleção do local e, então, clique em Yes para criar a nova pasta em seu sistema.

CAPÍTULO 19   Desenvolvimento para web com ASP.NET no Visual Studio

6. Clique em OK para aceitar suas seleções e criar o novo site.

   O Visual Studio carrega o Web Designer, cria uma página web (Default.aspx) contendo a interface do usuário e cria um arquivo code-behind (Default.aspx.vb) que armazenará o código de sua página web.

   Se você não vir Default.aspx aberto no Web Designer, clique duas vezes em Default.aspx no Solution Explorer para abri-lo agora.

7. Na parte inferior do Web Designer, clique na guia Design, caso ainda não esteja selecionada.

   Sua tela é parecida com a ilustração a seguir:

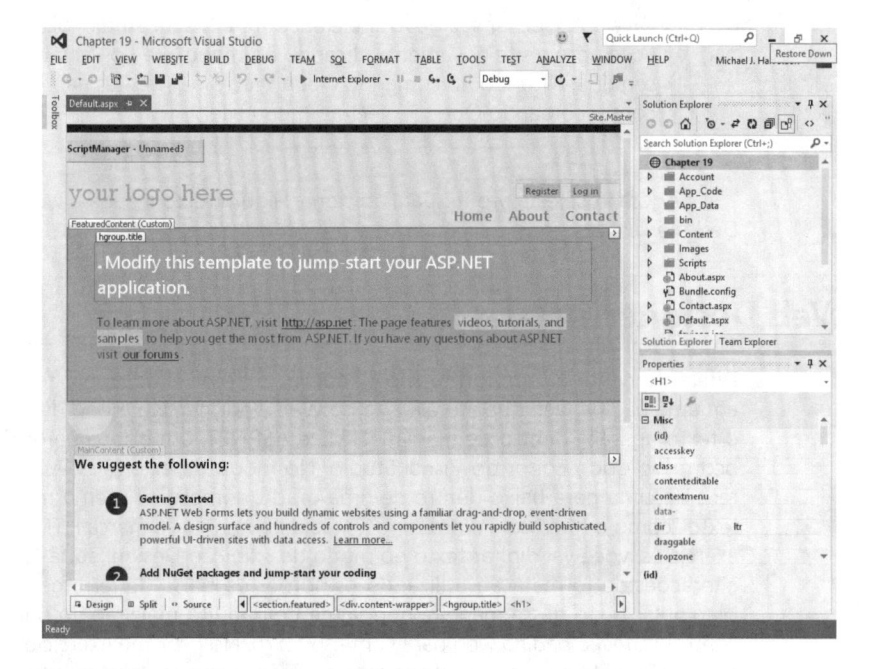

Diferentemente do Windows Forms Designer, o Web Designer mostra a página web em três modos de exibição possíveis no IDE, e três guias na parte inferior do Designer (Design, Split e Source) permitem alterar o modo de exibição da página web.

A guia Design mostra aproximadamente como a página web aparecerá quando um navegador web a exibir. Quando a guia Design está selecionada, uma página de template básica com as palavras Modify This Template To Jump-Start Your ASP.NET Application aparece no Designer, e você pode adicionar controles à sua página web e ajustar a maneira como os objetos são dispostos na página.

Na guia Source, você pode ver e editar a marcação HTML e ASP.NET usada para exibir a página web em um navegador web. A guia Split oferece uma visão composta das guias Design e Source. Como você está acostumado a ver marcação XAML e uma página Windows Store no modo de exibição Split do Designer, a aparência global do Web Designer será bastante familiar.

PARTE IV Bancos de dados e programação web

Algumas diferenças adicionais entre o Windows Forms Designer e o Web Designer merecem ser mencionadas neste ponto. A Toolbox contém agora várias coleções de controles usados exclusivamente para programação web. O Solution Explorer também contém uma lista diferente de arquivos de projeto para o site que você está construindo, conforme mostrado na captura de tela anterior. Em particular, observe o arquivo Default.aspx no Solution Explorer – esse arquivo contém o código de interface do usuário para a página web ativa. Aninhado sob o arquivo Default.aspx, você encontrará o arquivo code-behind chamado Default.aspx.vb. Também são listados um arquivo de configuração chamado Web.config e um arquivo de página mestre chamado Site.master.

> **Dica** Ao fechar seu novo site e encerrar o Visual Studio, observe que você abre o site novamente clicando no menu File do Visual Studio e, em seguida, clicando no comando Open Web Site. Os sites não são abertos com o comando Open Project no menu File.

Agora você está pronto para adicionar algum texto à página web usando o Web Designer.

Web Designer

Diferentemente de um formulário Windows, é possível adicionar texto diretamente em uma página web quando ela está no Web Designer. No modo de exibição Source, o texto aparece dentro de marcas HTML e ASP.NET, um pouco parecido com o que ocorre no Code Editor do Visual Studio. No modo de exibição Design, o texto aparece de cima para baixo dentro de uma grade, como ocorre em um processador de textos como o Microsoft Word, e você não verá nenhuma marca HTML. Nos próximos exercícios, você vai digitar texto no modo de exibição Design, editá-lo e, então, fazer alterações de formatação utilizando os botões da barra de ferramentas Formatting. Manipular texto dessa maneira normalmente é muito mais rápido que adicionar um controle *Label* à página web para conter o texto. No próximo exercício, você praticará a inserção de texto em sua calculadora de financiamento de veículos.

Adicione texto no modo de exibição Design

1. Clique na guia Design, se não estiver atualmente selecionada, para ver o Web Designer no modo de exibição Design.

   Aparece um retângulo tênue na parte superior da página web, próximo ao texto do template Modify This Template To Jump-Start Your ASP.NET Application. O texto do template está ali para mostrar a você como o texto aparece em um Web Form e onde pode obter informações adicionais sobre ASP.NET. Você também notará que sua página web tem as guias Home, About e Contact, assim como os campos Register e Log In, os quais são fornecidos automaticamente como parte de sua página padrão.

CAPÍTULO 19   Desenvolvimento para web com ASP.NET no Visual Studio   **551**

2. Posicione o ponto de inserção no final do texto Jump-Start Your ASP.NET Application.

   Um cursor intermitente em forma de I aparece no final da linha.

3. Pressione a tecla Backspace para remover Modify This Template To Jump-Start Your ASP.NET Application. Você também deve excluir o ponto final no início da linha.

4. Digite **Car Loan Calculator** no lugar do texto que você excluiu.

   O Visual Studio exibe o título de sua página web exatamente como aparecerá quando você abrir o site em seu navegador.

5. Exclua o parágrafo que começa com To Learn More About ASP.NET... e, no seu lugar, digite a seguinte frase:

   Enter the required information and click Calculate!

   Agora você usará a barra de ferramenta Formatting para formatar o título com itálico.

6. Clique com o botão direito do mouse na barra de ferramentas Standard do Visual Studio para exibir a lista de barras de ferramentas disponíveis no IDE.

7. Se não houver uma marca de visto ao lado de Formatting nessa lista, clique em Formatting para adicionar a barra de ferramentas Formatting.

   Se ainda não estava visível, a barra de ferramentas Formatting agora aparece no IDE. Observe que ela contém alguns recursos normalmente não encontrados em uma barra de ferramentas de formatação de texto.

8. Selecione o texto Car Loan Calculator. Antes de formatar texto no Visual Designer, você precisa selecioná-lo.

9. Clique no botão Italic na barra de ferramenta Formatting.

   Sua tela se parece com esta:

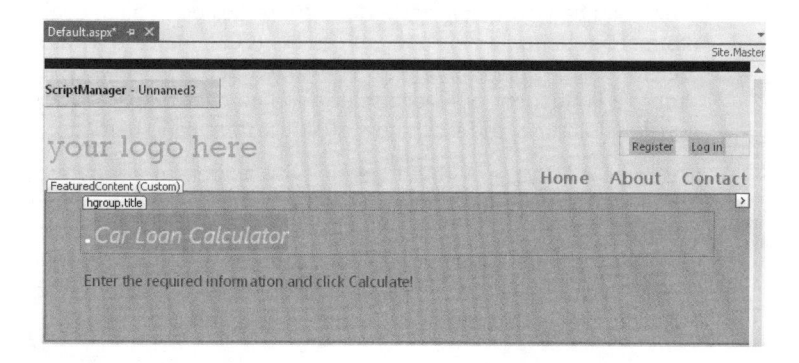

Agora, você examinará o código HTML e a marcação ASP.NET para o texto e a formatação que você inseriu.

Veja a marcação HTML e ASP.NET de uma página web

1. Clique na guia Source na parte inferior do Designer.

   A guia Source exibe o código HTML real e a marcação ASP.NET da sua página web. Para ver mais da marcação, você pode redimensionar algumas ferramentas de programação temporariamente e usar as barras de rolagem do documento. A marcação é semelhante à captura de tela a seguir. A sua pode ter algumas diferenças.

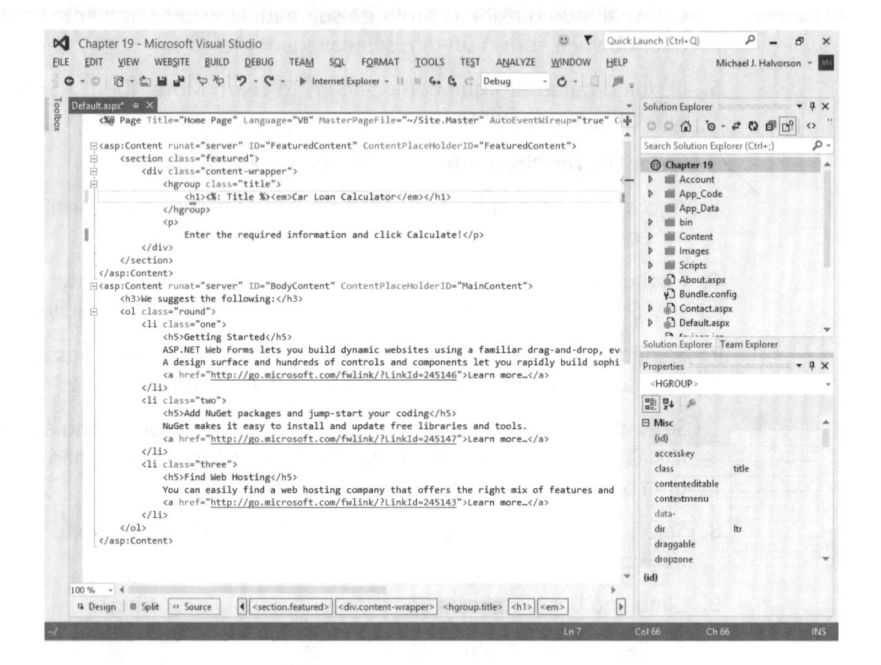

   Uma página web é composta de informações da página, código de script, informações da folha de estilo em cascata (CCS), marcas HTML, marcas ASP.NET, referências de imagem, objetos e texto. A diretiva @ *Page* contém informações sobre a linguagem que você selecionou ao criar o aplicativo web, o nome de qualquer arquivo code-behind e qualquer formulário herdado.

   As marcas HTML e ASP.NET geralmente aparecem em pares; portanto, você pode ver claramente onde uma seção inicia e onde termina. Por exemplo, a marca *<h1>* identifica o início de um cabeçalho importante e a marca *</hi>* identifica o final. Observe que Car Loan Calculator aparece dentro de marcas *<em></em>* para tornar o texto itálico. Abaixo do texto Car Loan Calculator é exibida a segunda linha do texto que você digitou.

   > **Importante** Lembre-se de que a guia Source é um editor de verdade; portanto, você pode alterar o texto inserido utilizando técnicas padrão de edição de texto. Se você conhece HTML e ASP.NET, pode também acrescentar outras marcas e conteúdo.

CAPÍTULO 19 Desenvolvimento para web com ASP.NET no Visual Studio   553

2. Examine a linha *<h1><%: Title %>Car Loan Calculator</h1>*.

   A marca *<%: Title %>* instrui o navegador web para que coloque o título da página no início da linha (antes das palavras Car Loan Calculator) quando a página for carregada. (Atualmente, o valor *Title* recebe a string "Home Page" pela marcação no início da página.)

3. Como você não quer mais esse rótulo em particular em sua página, selecione a marca *<%: Title %>* e pressione Del.

4. Agora, clique na guia Design para exibir novamente sua página web no modo Design e veja como a mudança a afetou.

   O cabeçalho da página não aparece mais. Agora você vai criar espaço para conteúdo, excluindo da página web as instruções da seção *MainContent*.

5. Selecione a linha We Suggest The Following: e também todo o conteúdo dos três passos numerados em seguida.

6. Pressione Del para excluir a informação padronizada.

   Isso dará espaço para novo conteúdo.

7. Pressione Enter oito vezes para criar espaço para texto e controles na página.

   Sua tela deve ser parecida com esta:

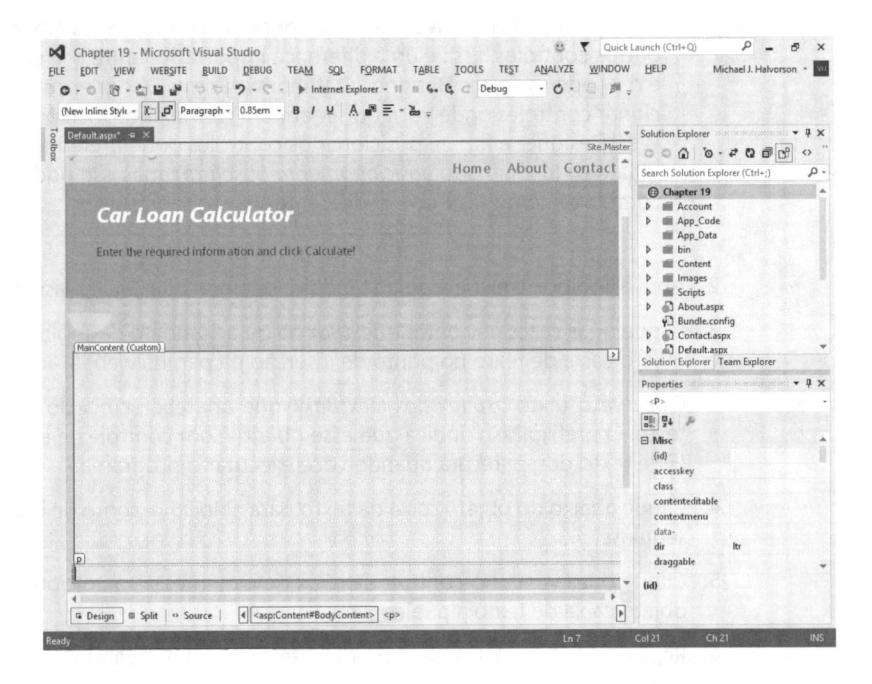

Agora você vai abrir a Toolbox, se não estiver visível, e adicionar um conteúdo novo.

Adicione controles de servidor a um site

No próximo exercício, você vai adicionar controles *TextBox*, *Label* e *Button* à página principal da calculadora de financiamento de veículos. Embora esses controles encontrem-se na Toolbox do Web Forms, eles são muito parecidos com os controles Windows Forms de mesmo nome que você utilizou por todo este livro. (Abordarei algumas das diferenças importantes conforme elas surgirem.) O mais importante a lembrar é que, no Web Designer, os controles serão colocados no ponto de inserção se você clicar duas vezes no nome do controle na Toolbox. Depois de adicionar os controles à página web, você definirá configurações de propriedade para eles.

Utilize os controles *TextBox*, *Label* e *Button*

1. Dê um clique para colocar o ponto de inserção perto da terceira linha a partir do início da seção *MainContent* que você acabou de apagar e preencher com oito linhas.

   Como os controles são colocados no ponto de inserção, você precisa colocar o cursor em um local específico, antes de clicar duas vezes em um controle na Toolbox.

   > **Dica** Por padrão, o Web Designer posiciona os controles em relação aos outros controles. Essa é uma diferença importante entre o Web Designer e o Windows Forms Designer. O Windows Forms Designer permite posicionar controles onde você quiser em um formulário. Você pode alterar o Web Designer a fim de posicionar os controles onde preferir em uma página web (o chamado *posicionamento absoluto*); mas isso pode causar um comportamento distinto em diferentes navegadores web.

2. Abra a Toolbox e exiba a guia Standard, se ainda não estiver visível.

3. Clique duas vezes no controle *TextBox* na guia Standard da Toolbox para criar um objeto caixa de texto no ponto de inserção na página web.

   Observe o texto *asp:textbox#TextBox1* que aparece acima do objeto caixa de texto. O prefixo "asp" indica que esse objeto é um controle de servidor ASP.NET. (Esse texto desaparecerá quando você executar o programa.)

4. Clique abaixo do objeto caixa de texto para colocar o ponto de inserção na linha seguinte.

5. Clique duas vezes no controle *TextBox* novamente, para adicionar um segundo objeto caixa de texto à página web.

6. Repita os passos 4 e 5 para criar um terceiro objeto caixa de texto, abaixo da segunda caixa de texto.

   Agora você vai usar o controle *Label* para inserir rótulos que identificam o propósito das caixas de texto.

7. Clique à direita do primeiro objeto caixa de texto para colocar o ponto de inserção na borda direita da caixa de texto.

CAPÍTULO 19   Desenvolvimento para web com ASP.NET no Visual Studio   **555**

8. Pressione a tecla Barra de espaço duas vezes para adicionar dois espaços em branco e, então, clique duas vezes no controle *Label* na Toolbox para adicionar um objeto rótulo à página web.

9. Repita os passos 7 e 8 para adicionar objetos rótulo à direita da segunda e da terceira caixas de texto.

10. Clique à direita do terceiro objeto rótulo para colocar o ponto de inserção à direita dele e, então, pressione Enter.

11. Clique abaixo do terceiro objeto caixa de texto e, então, clique duas vezes no controle *Button* para criar um objeto botão próximo à parte inferior da página.

    O controle *Button*, como os controles *TextBox* e *Label*, é muito parecido com seu correspondente no Windows Forms. Sua tela se parece com esta:

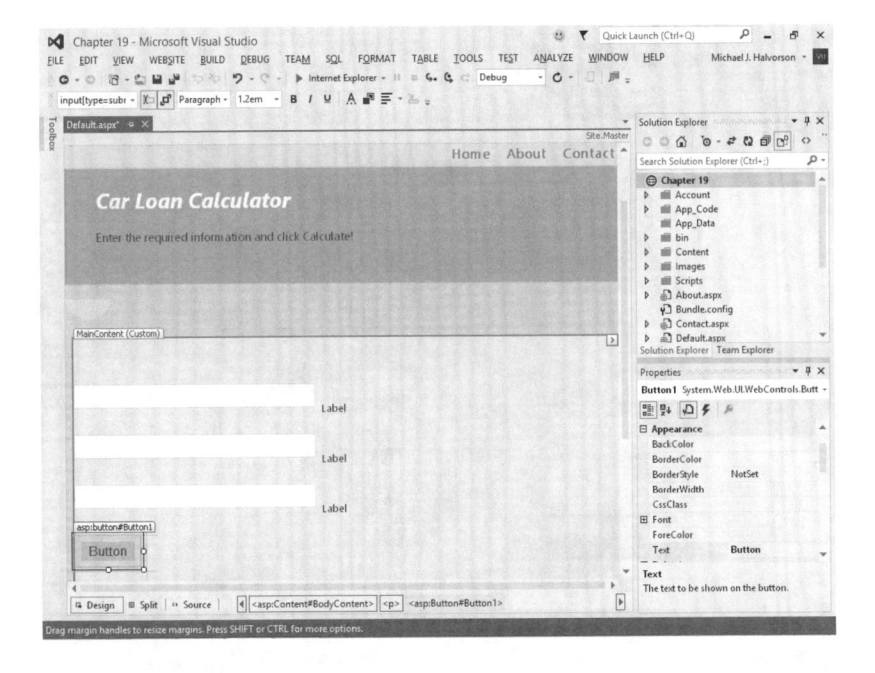

Agora você vai configurar algumas propriedades dos sete novos controles que criou na página web. Se ainda não estiver visível, abra a janela Properties pressionando F4. À medida que configurar as propriedades, você notará uma diferença importante entre páginas web e formulários Windows – a conhecida propriedade *Name* foi alterada para *ID* no Web Forms. Apesar dos nomes diferentes, as duas propriedades têm a mesma função.

12. Configure as seguintes propriedades dos objetos na página web:

Objeto	Propriedade	Configuração
TextBox1	ID	AmountTextBox
TextBox2	ID	InterestTextBox
TextBox3	ID	PaymentTextBox

Objeto	Propriedade	Configuração
Label1	ID	AmountLabel
	Text	"Loan Amount"
Label2	ID	InterestLabel
	Text	"Interest Rate (for example, 0.09)"
Label3	ID	PaymentLabel
	Text	"Monthly Payment"
Button1	ID	CalculateButton
	Text	"Calculate"

Sua página web se parece com esta:

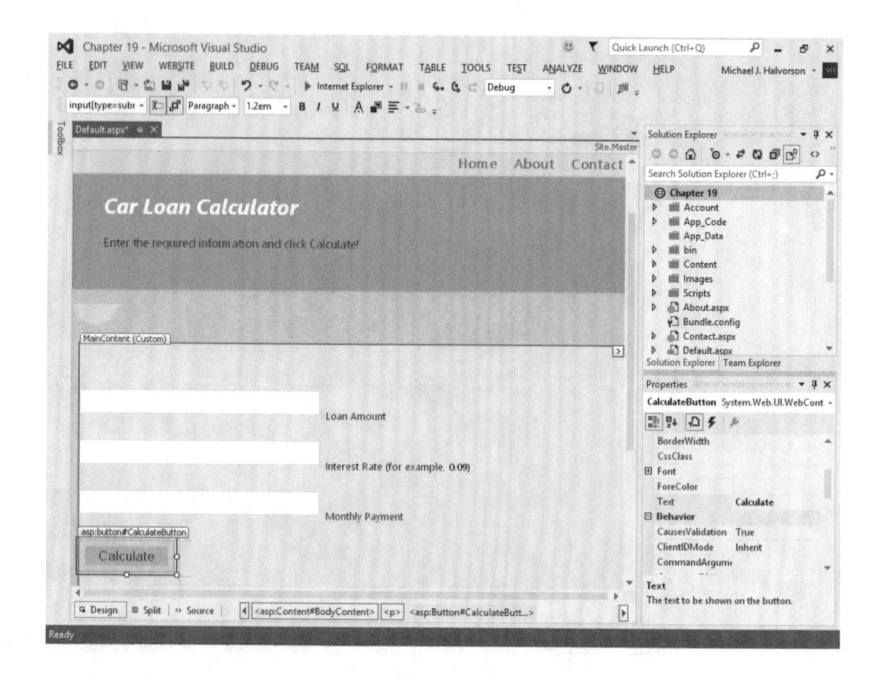

Escreva rotinas de tratamento de eventos para controles de página web

Você escreve rotinas de tratamento de eventos padrão para controles em uma página web clicando duas vezes nos objetos da página e digitando o código de programa necessário no Code Editor. Embora o usuário veja os controles da página web em seu próprio navegador web, o código real executado estará no computador local de teste ou em um servidor web, dependendo de como você configurou seu projeto para desenvolvimento e como ele será implantado.

CAPÍTULO 19 Desenvolvimento para web com ASP.NET no Visual Studio

Por exemplo, quando o usuário clica em um botão em uma página web hospedada por um servidor web, o navegador envia o evento de clique de botão para o servidor, o qual processa o evento e envia uma nova página web para o navegador. Embora o processo pareça semelhante ao do Windows Forms, na realidade há muita coisa acontecendo nos bastidores quando um controle é utilizado em uma página web ASP.NET!

No exercício a seguir, você praticará a criação de uma rotina de tratamento de eventos padrão para o objeto *CalculateButton* na página web.

Crie a rotina de tratamento de eventos *CalculateButton_Click*

1. Clique duas vezes no botão Calculate na página web.

   O arquivo code-behind (Default.aspx.vb) abre no Code Editor e a rotina de tratamento de eventos *CalculateButton_Click* aparece.

2. Digite o seguinte código de programa:

```
Dim LoanPayment As Double
'Utiliza a função Pmt para determinar o pagamento para um financiamento de 36 meses
LoanPayment = Pmt(CDbl(InterestTextBox.Text) / 12, 36, CDbl(AmountTextBox.Text))
PaymentTextBox.Text = Format(Abs(LoanPayment), "$0.00")
```

   Essa rotina de tratamento de eventos utiliza a função *Pmt*, uma função financeira que faz parte do namespace *Microsoft.VisualBasic*, para determinar o pagamento mensal de um financiamento de veículo utilizando a taxa de juros especificada (*InterestTextBox.Text*), um período de financiamento de três anos (36 meses) e a quantia principal especificada (*AmountTextBox.Text*). O resultado é armazenado na variável de precisão dupla *LoanPayment* e então recebe a formatação monetária apropriada e é exibido utilizando o objeto *PaymentTextBox* na página web.

   As duas propriedades *Text* são convertidas do formato string para o formato de precisão dupla pela função *CDbl*, sobre a qual você aprendeu no Capítulo 11, "Tipos de dados, operadores e processamento de strings".

   A função *Abs* (valor absoluto) é usada para tornar o pagamento do financiamento um número positivo. (*Abs* tem atualmente uma linha ondulada no Code Editor porque depende da classe *System.Math*, que você especificará em seguida.)

   Por que fazer o pagamento do financiamento aparecer como um número positivo? A função *Pmt* retorna um número negativo por padrão (refletindo que é dinheiro devido), mas acho que formatação negativa parece estranha quando não faz parte de uma planilha de balanço, por isso estou convertendo para positivo.

   Observe que as instruções de programa no arquivo code-behind são apenas código normal em Visual Basic – o mesmo conjunto que você tem utilizado por todo este livro. Basicamente, o processo é semelhante a criar um aplicativo baseado no Windows em um ambiente RAD.

3. Role para a parte superior do Code Editor e insira a seguinte instrução de programa como a primeira linha do arquivo:

```
Imports System.Math
```

A função *Abs* não é incluída no Visual Basic por padrão, mas faz parte da classe *System.Math* no .NET Framework e pode ser mais facilmente referenciada em seu projeto pela instrução *Imports*. Os aplicativos web podem fazer uso das bibliotecas de classe do .NET Framework exatamente como os aplicativos Windows.

O Code Editor se parece com esta ilustração:

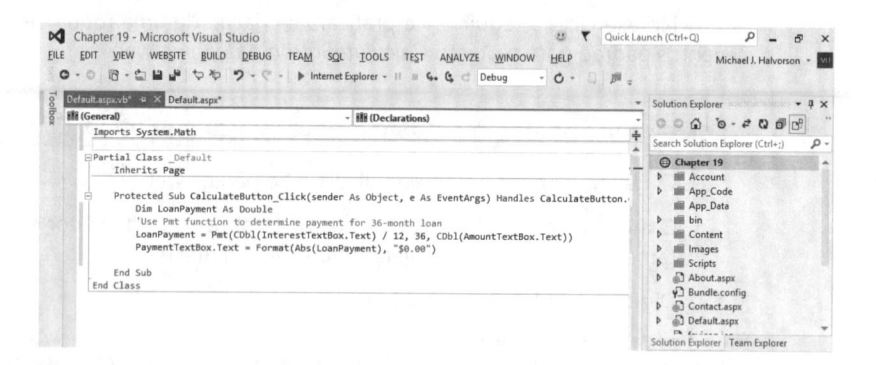

4. Clique no botão Save All na barra de ferramentas Standard.

É isso aí! Você inseriu o código de programa necessário para executar a calculadora de financiamento de veículos e tornou sua página web interativa. Agora você vai compilar e executar o projeto e ver como ele funciona. Também vai aprender um pouco sobre configurações de segurança no Internet Explorer, um tópico estreitamente relacionado ao desenvolvimento web.

Compile e visualize o site

1. Clique no botão Start Debugging da barra de ferramentas Standard.

   O Visual Studio inicia o ASP.NET Development Server, que executa os aplicativos ASP.NET localmente (no seu próprio computador) para que você possa testar esse aplicativo. Um balão de status aparece na parte inferior da sua tela e permite que você saiba o URL (Uniform Resource Locator) local que foi estabelecido no seu computador. Você também poderá ver uma mensagem sobre depuração:

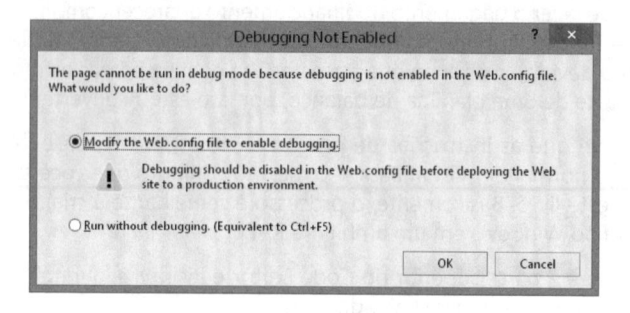

A caixa de diálogo Debugging Not Enabled potencialmente confusa não deve causar preocupação. O Visual Studio está apenas indicando que o arquivo Web.config do seu projeto atualmente não permite depuração (um recurso de segurança padrão). Embora você possa pular essa caixa de diálogo toda vez que testar o aplicativo dentro do Visual Studio, clicando no botão Run Without Debugging, recomendo modificar o arquivo Web.config agora.

> **Importante** Antes de distribuir ou implantar em larga escala um site real, certifique-se de desabilitar a depuração no Web.config para manter seu aplicativo seguro contra adulteração não autorizada.

2. Se vir essa caixa de diálogo, clique em OK para modificar o arquivo Web.config.

O Visual Studio modifica o arquivo, compila seu site e exibe a página web de abertura no Internet Explorer (ou em seu navegador padrão).

A calculadora de financiamento de veículos é semelhante à captura de tela a seguir. (Estou usando Internet Explorer como navegador.) Se a janela de seu navegador não aparecer, talvez você precise selecioná-lo na barra de tarefas do Windows.

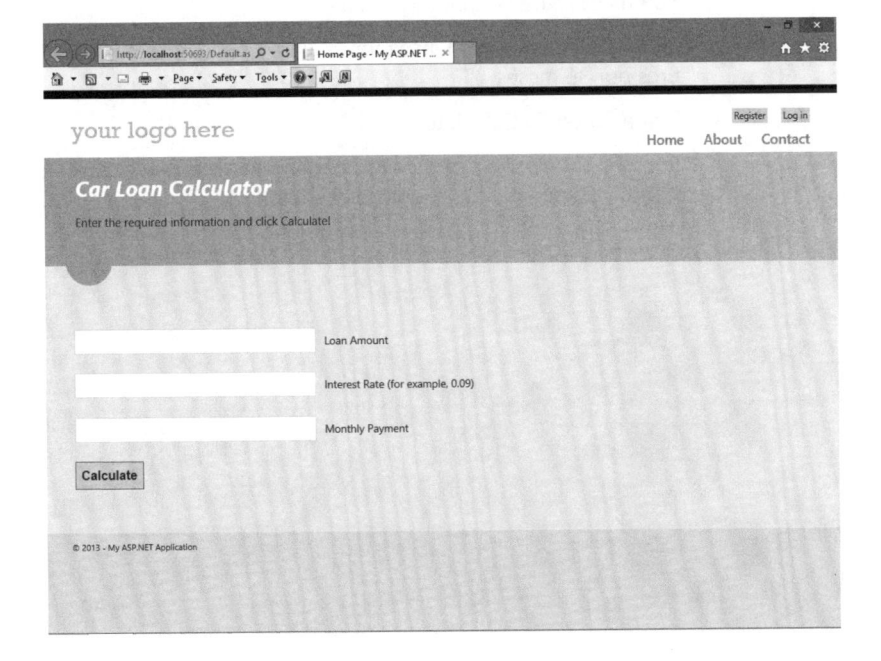

> **Importante** Se você estiver usando o Internet Explorer, poderá ver uma Barra de Informações na parte superior do navegador agora, indicando que as configurações de intranet estão desativadas por padrão. Esse aviso se destina a protegê-lo de programas perigosos ou de acesso não autorizado. Uma intranet é uma rede local (normalmente uma rede residencial ou uma pequena rede de grupo de trabalho) e, como o Visual Studio usa o endereçamento no estilo de intranet, quando você testar sites construídos no seu computador, provavelmente verá essa mensagem de alerta. Para suprimir o alerta temporariamente, clique na Barra de Informações e então clique em Não Exibir Isso Novamente. Para remover alertas da intranet de maneira mais permanente, clique no comando Opções da Internet no menu Ferramentas do Internet Explorer, clique na guia Segurança e, então, clique em Intranet Local. Clique no botão Sites e desmarque a caixa de seleção Detectar Rede Intranet Automaticamente na caixa de diálogo Intranet Local. Mas tenha cuidado sempre que desabilitar os alertas de segurança, pois o propósito deles é protegê-lo.

Agora, vamos voltar ao teste da nossa página web.

3. Digite **18000** na caixa de texto de Loan Amount, pressione Tab e então digite **0.09** na caixa de texto Interest Rate.

   Você calculará o pagamento mensal para um financiamento de $18.000 a 9% de juros por 36 meses.

4. Clique no botão Calculate.

   O Visual Basic calcula o valor do pagamento e exibe $572.40 na caixa de texto Monthly Payment. Sua tela se parece com esta:

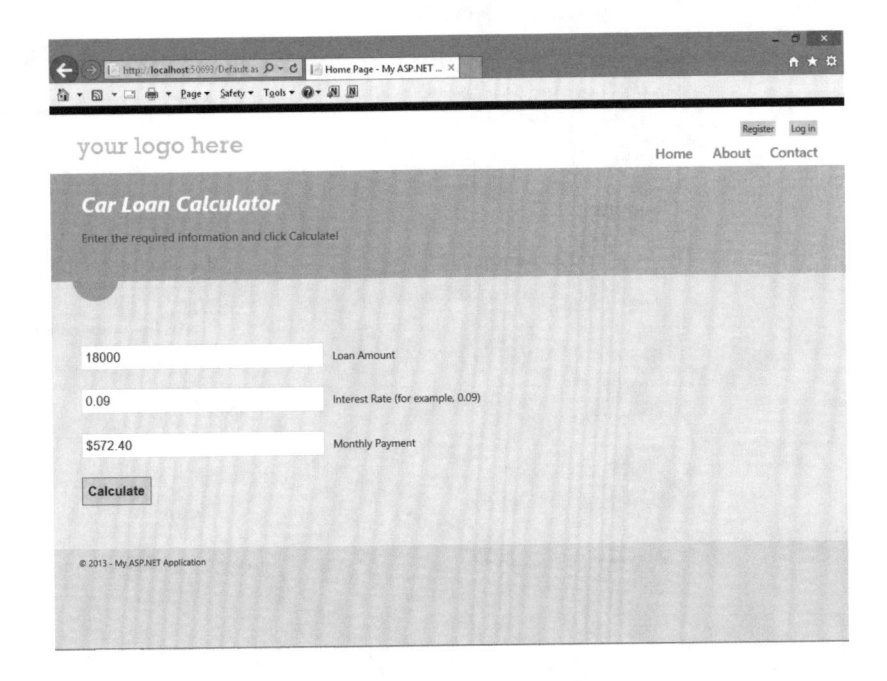

CAPÍTULO 19   Desenvolvimento para web com ASP.NET no Visual Studio   **561**

Seu programa está funcionando corretamente.

Agora que você está no template de site padrão, examine o aplicativo e veja o que mais o template padrão oferece.

5. Clique no link About, no canto superior direito do site.

    O texto padrão da página About atual aparece. Esse é o conteúdo que você pode personalizar rapidamente. (E vai ver como, em instantes.)

6. Clique no link Contact, no canto superior direito do site.

    Aparecem informações de contato básicas padronizadas, as quais você também pode personalizar para seu negócio.

7. Clique no link Log In.

    Você verá um template de tela Log In básico, como mostrado na ilustração a seguir:

562 PARTE IV Bancos de dados e programação web

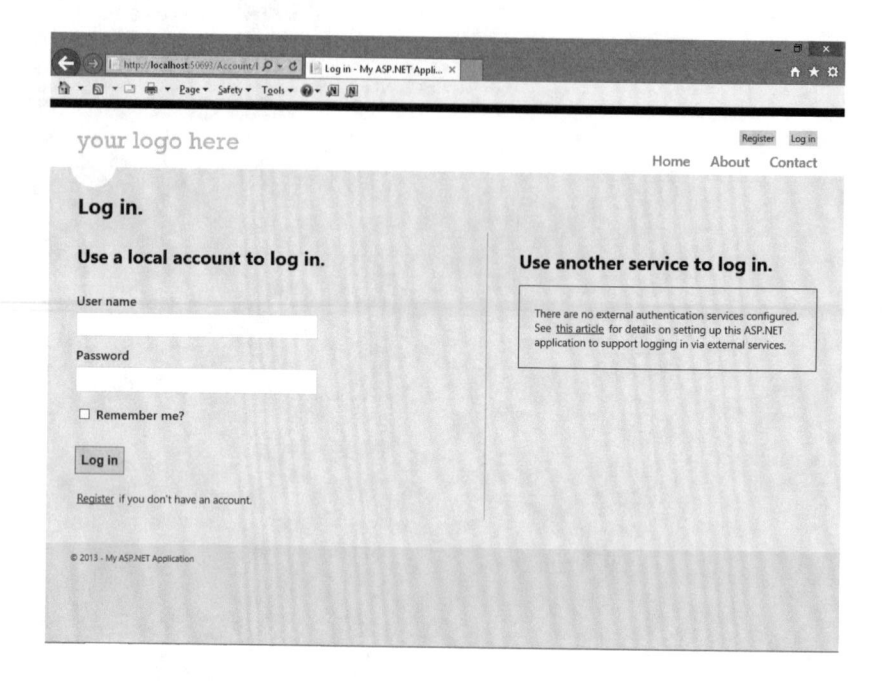

8. Há realmente muita coisa no template de site padrão. Conforme já mencionado, a grande quantidade de controles e recursos úteis do template de site padrão são alguns dos motivos pelos quais os desenvolvedores gostam de usar o modelo Web Forms para construir sites e escrever aplicativos web.

9. Feche a janela de seu navegador.

    Você terminou de testar seu site por enquanto. Quando seu navegador web fecha, seu programa é efetivamente encerrado. Como você pode ver, construir e ver um site é basicamente o mesmo que construir e executar um aplicativo baseado no Windows, exceto pelo fato de que o site é executado no navegador. Você mesmo pode configurar pontos de interrupção e depurar seu aplicativo, assim como faz em um aplicativo Windows.

    Está curioso sobre como instalar um site como esse em um servidor web real? O procedimento básico para implantar sites é copiar os arquivos.aspx e quaisquer arquivos de suporte necessários ao projeto para um diretório virtual apropriadamente configurado em um servidor web que execute o IIS e o .NET Framework. Há algumas maneiras de fazer a implantação no Visual Studio. O primeiro passo é clicar em Copy Web Site no menu Website ou clicar em Publish Web Site no menu Build. Para obter informações adicionais sobre suas opções, consulte "ASP.NET Deployment Content Map" na documentação da Ajuda do Visual Studio. Para encontrar uma empresa de hosting que possa hospedar os aplicativos web ASP.NET, consulte *http://www.asp.net*.

CAPÍTULO 19   Desenvolvimento para web com ASP.NET no Visual Studio   **563**

> ### Validação de campos de entrada em uma página web
>
> Embora essa página web seja útil, ocorrerão problemas se o usuário esquecer de inserir uma quantia de capital ou uma taxa de juros, ou se especificar dados no formato errado. Para tornar sites como esse mais robustos, normalmente adiciono um ou mais *controles validadores* que obrigam os usuários a inserir a entrada no formato adequado. Os controles validadores encontram-se na guia Validation da Toolbox do Web Forms e incluem controles que exigem entrada de dados em um campo (*RequiredFieldValidator*), entrada no intervalo adequado (*RangeValidator*) e assim por diante. Eles são simples de usar.

Personalize o template de site

Agora começa a diversão! Somente sites muito simples consistem em apenas uma página web. Utilizando o Web Designer, você pode expandir seu site rapidamente para adicionar mais informações e recursos, incluindo páginas HTML, páginas XML, arquivos de texto, registros de banco de dados, web services, sessões de login, mapas de site e muito mais. Se quiser criar mais páginas web, você tem as seguintes opções:

- É possível usar uma página web existente que faça parte do template de site que você está usando. Por exemplo, no template de site que está aberto agora há as páginas About, Contact e Log In, que você pode personalizar rapidamente.

- Você pode criar uma nova página web usando o template HTML Page ou o template Web Form. Esses modelos são selecionados com o comando Add New Item no menu Website. Depois de criar a página, você adiciona texto e objetos a ela com o Web Designer ou com HTML.

- Você pode adicionar uma página web que já criou, utilizando o comando Add Existing Item do menu Website e, então, personalizar a página no Web Designer. Use esse método se quiser incluir uma ou mais páginas web que já criou em uma ferramenta como a Microsoft Blend for Visual Studio. (Contudo, se você adicionar páginas que não dependem de folhas de estilo ou outros recursos, também precisará adicionar esses itens ao projeto.)

No exercício a seguir, você exibirá a página web About fornecida pelo template que está usando e a personalizará com algumas informações sobre o funcionamento do aplicativo de financiamento de veículos.

Personalize a página web About.aspx

1. Exiba o Solution Explorer e, então, clique duas vezes no arquivo About.aspx.

    O Visual Studio exibe a página About.aspx no Designer e ela apresenta uma linha de texto como um placeholder (Your App Description Page).

2. Exclua o texto de marcação de lugar e as linhas abaixo dele; em seguida, digite estas informações:

Car Loan Calculator

The Car Loan Calculator website was developed for the book Microsoft Visual Basic 2013 Step by Step, by Michael Halvorson (Microsoft Press, 2013). The website is best viewed using Microsoft Internet Explorer. To learn more about how this ASP.NET Web Forms application was created, read Chapter 19 in the book.

Operating Instructions:

Type a loan amount, without currency symbol or commas, into the Loan Amount box.

Type an interest rate in decimal format into the Interest Rate text box. Do not include the "%" sign. For example, to specify a 9% interest rate, type "0.09".

Note that this loan calculator assumes a three-year, 36-month payment period.

Click the Calculate button to compute the basic monthly loan payment that does not include taxes or other fees.

3. Use o botão Italic da barra de ferramentas Formatting para adicionar itálico ao título do livro *Microsoft Visual Basic 2013 Step by Step*.

4. Use o botão Bold da barra de ferramentas Formatting para adicionar formatação em negrito ao cabeçalho Operating Instructions, como mostrado aqui:

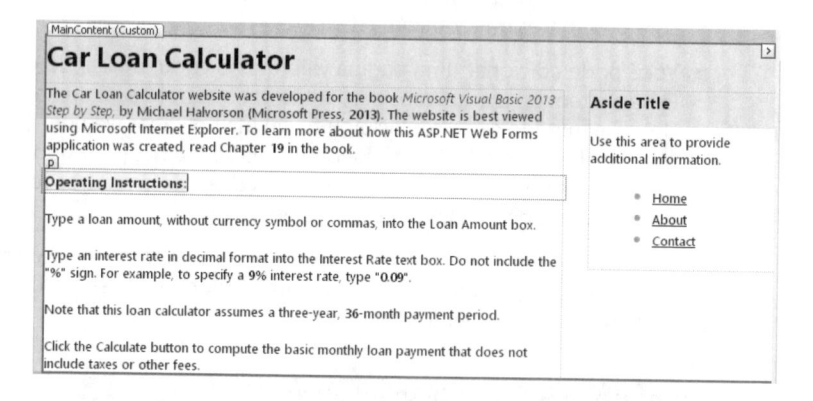

5. Clique no botão Save All da barra de ferramentas Standard para salvar as alterações.
6. Clique no botão Start Debugging.

   O Visual Studio compila o site e o exibe no Internet Explorer.
7. Clique na guia Home da página web.

   O Visual Studio exibe a página inicial do seu site, a calculadora de financiamento de veículos.

CAPÍTULO 19   Desenvolvimento para web com ASP.NET no Visual Studio   **565**

8. Calcule outro pagamento de financiamento para testar mais a calculadora.

   Se quiser testar outro conjunto de números, experimente inserir **20000** para o valor do financiamento e **0.075** para a taxa de juros. O resultado deve ser $622,12*.

9. Agora clique na guia About para ver a página web About com instruções para o seu programa.

   O Internet Explorer exibe a página About na tela. Seu navegador deve se parecer com este:

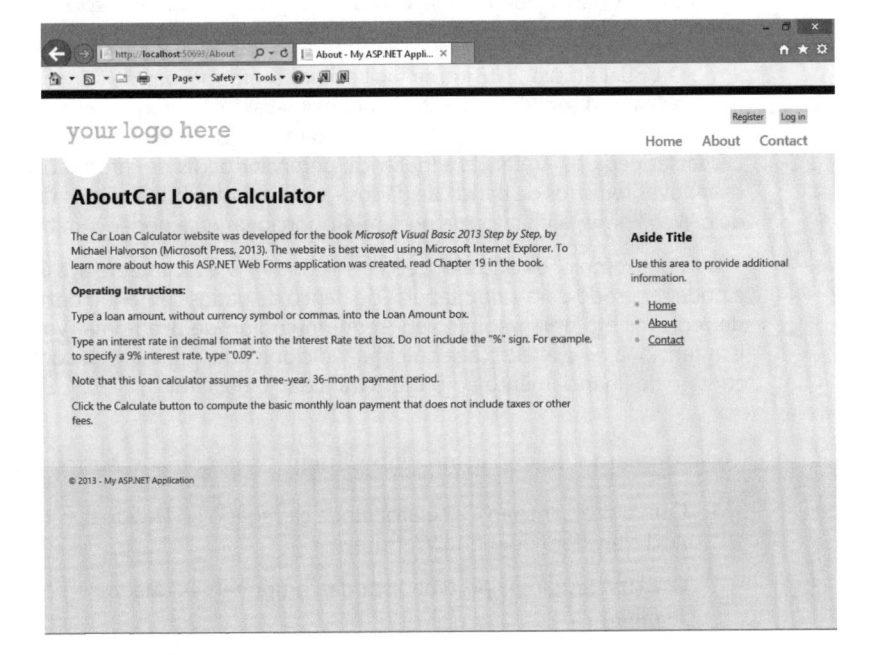

10. Leia o texto e então clique no botão Voltar no Internet Explorer.

    Assim como qualquer site, este permite clicar nos botões Voltar e Avançar para pular de uma página web para outra.

11. Feche o Internet Explorer para fechar o site.

    Você adicionou uma página About simples ao seu site e experimentou a movimentação de uma página para a seguinte. Até aqui, muito bom. Agora, tente algo mais sofisticado, que mostre até onde você pode levar seu site se optar por incluir informações de um banco de dados.

---

* N. de R.T.: Mais uma vez, lembre-se de que, dependendo da configuração de idioma do seu sistema, talvez você precise usar vírgulas no lugar dos pontos decimais para os valores informados.

Como exibir registros de banco de dados em uma página web

Acessar a web é uma atividade diária para muitas (e, em breve, para a maioria?) pessoas em nosso planeta. Um cenário típico na computação baseada na web é usar um navegador web para acessar grandes volumes de informação. Com frequência, o enorme volume de informações que precisam ser acessadas em um site comercial excede em muito o que um desenvolvedor pode manipular utilizando simples documentos de texto. Nesses casos, os programadores web adicionam objetos de banco de dados aos seus sites para exibir tabelas, campos e registros de informações, e conectam esses objetos a um banco de dados seguro residente na nuvem.

O Visual Studio 2013 torna fácil exibir as informações de banco de dados armazenadas em um servidor, e existem muitos mecanismos para fazer isso. À medida que suas necessidades de computação aumentarem, você poderá usar o Visual Studio para processar pedidos, tratar da segurança, gerenciar perfis de informações de clientes e criar novos registros de banco de dados – tudo a partir da web. Se optar por usar o modelo Web Forms, a plataforma poderá proporcionar esse poder com muita eficiência.

Por exemplo, o controle Web Forms *GridView* é fácilmente acessado na Toolbox, e pode ser usado para exibir tabelas de banco de dados contendo dezenas ou milhares de registros em uma página web, sem um código de programa. Você vai ver como isso funciona no exercício a seguir, que adiciona uma página web contendo dados de contato de financiamento ao projeto Car Loan Calculator.

Adicione uma nova página web para informações de banco de dados

1. Com o site Car Loan Calculator ainda carregado no Designer, clique no comando Add New Item do menu Website.

    O Visual Studio exibe uma lista de componentes que você pode adicionar ao seu site.

2. Clique no template Web Form (o primeiro item da lista), digite **FacultyLoan-Leads.aspx** na caixa de texto Name e clique em Add.

    O Visual Studio adiciona uma nova página web ao seu site. Você vai personalizá-la com algum texto e controles de servidor.

3. Clique na guia Design a fim de trocar para o modo de exibição Design.

4. Insira o seguinte texto na parte superior da página web:

    The following grid shows instructors who want loans and their contact phone numbers:

5. Pressione Enter duas vezes para adicionar duas linhas em branco abaixo do texto.

> **Nota** Lembre-se de que os controles de página web são adicionados às páginas no ponto de inserção; portanto, é sempre importante criar algumas linhas em branco quando você estiver se preparando para adicionar um controle.

CAPÍTULO 19   Desenvolvimento para web com ASP.NET no Visual Studio   **567**

A seguir, você vai exibir dois campos da tabela *Faculty* do banco de dados *Faculty.accdb*, adicionando um controle *GridView* à página web. *GridView* apresenta informações em uma página web estabelecendo uma grade de linhas e colunas para exibir dados, como pode ser visto em um programa como o Microsoft Excel ou o Microsoft Access. *GridView* pode ser usado para exibir praticamente qualquer tipo de dado tabular, inclusive texto, números, datas ou o conteúdo de um array.

Observe que estou utilizando a mesma tabela de banco de dados do Access que usei no Capítulo 17, "Controles de banco de dados para aplicativos de área de trabalho para Windows", para que você possa ver a semelhança do acesso a dados no ASP.NET. Em um projeto mais sofisticado, seria provável que você utilizasse bancos de dados SQL para armazenar dados. O ASP.NET também manipula esses formatos muito bem.

Adicione um controle *GridView*

1. Com a nova página web aberta e o ponto de inserção no local desejado, clique duas vezes no controle *GridView* na guia Data da Toolbox do Web Forms.

   O Visual Studio exibe a caixa de listagem GridView Tasks e adiciona à página web um objeto de visualização de grade chamado *GridView1*. O objeto atualmente contém informações de marcação de lugar.

   Se a lista do GridView Tasks não estiver visível, clique na marca inteligente do objeto *GridView1* para exibi-la.

2. Em GridView Tasks, clique na seta de Choose Data Source e, então, clique na opção <New Data Source>.

3. O Visual Studio exibe o Data Source Configuration Wizard, uma ferramenta que você utilizou no Capítulo 17 para estabelecer uma conexão com um banco de dados, e selecionar as tabelas e campos que vão compor um dataset.

   Sua tela se parece com esta:

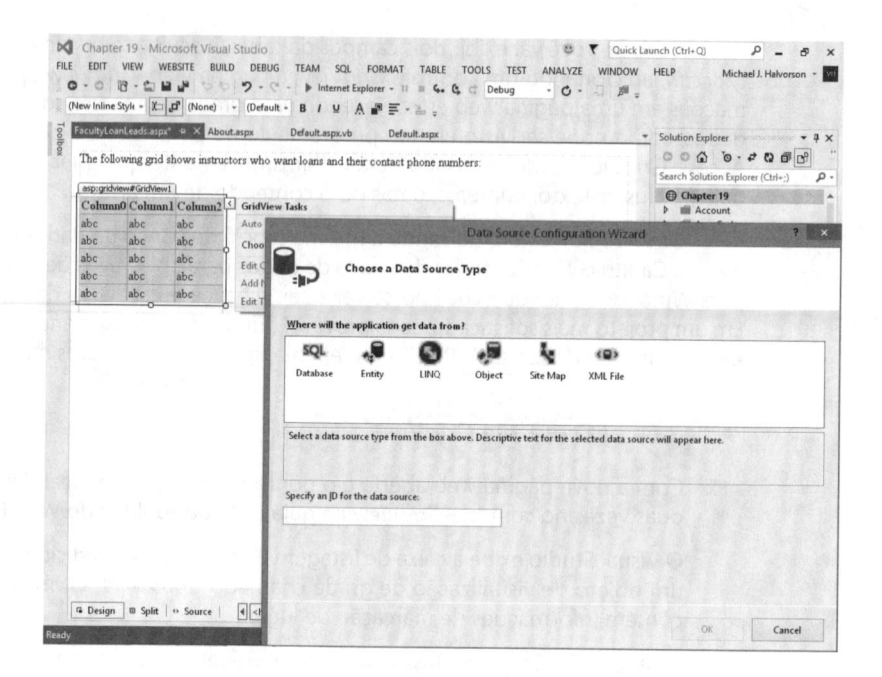

4. Clique no ícone SQL Database, digite **Faculty** na caixa Specify An ID For The Data Source e, então, clique em OK.

   Agora você é solicitado a especificar o local do banco de dados em seu sistema.

5. Clique no botão New Connection.

6. Clique em Microsoft Access Database File sob Data Source e, então, clique em Continue.

7. Na caixa de diálogo Add Connection, clique no botão Browse e selecione o arquivo Faculty.accdb na pasta Meus Documentos\Visual Basic 2013 SBS\Chapter 17. Clique em Open.

8. Clique em OK na caixa de diálogo Add Connection.

9. Clique em Next na caixa de diálogo Choose Your Data Connection, para confirmar o arquivo Faculty.accdb que você selecionou.

10. Clique em Next na caixa de diálogo Save The Connection String.

    Agora você é solicitado a configurar sua origem de dados com uma instrução SQL *Select* – isto é, selecionar a tabela e os campos que deseja exibir em sua página web. Aqui, você utilizará dois campos da tabela *Faculty*. (Lembre-se de que, no Visual Studio, os campos de banco de dados costumam ser chamados de *colunas*; portanto, você verá a palavra *columns* no IDE e *colunas* nas instruções a seguir).

11. Se a tabela *Faculty* não estiver selecionada, clique na seta da caixa de listagem Name e, então, clique em Faculty. (Existem apenas uma ou duas tabelas de banco de dados nesse arquivo em particular, mas se fossem várias, você poderia utilizar a lista Name para vê-las.)

12. Marque as caixas de seleção Last Name e Business Phone na caixa de listagem Columns.

Sua tela se parece com esta:

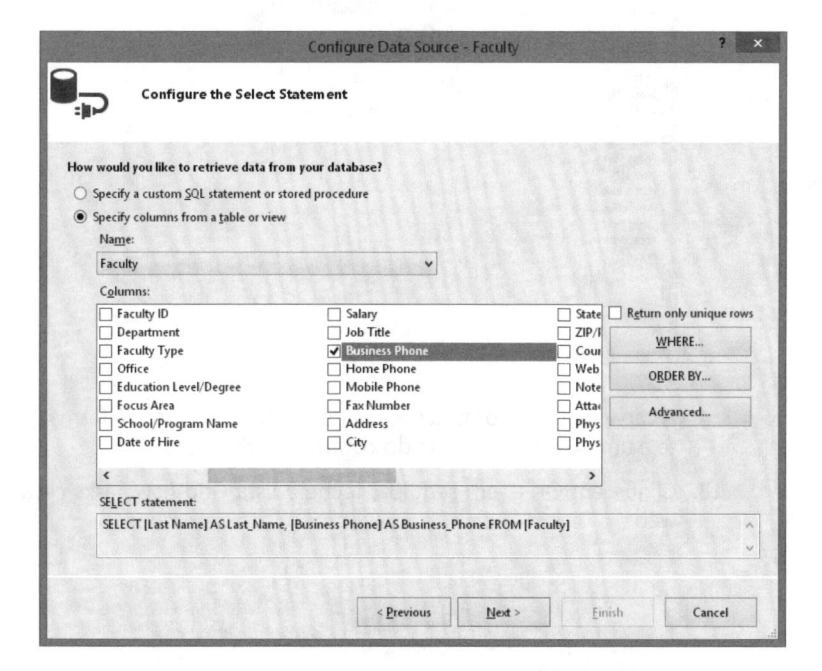

À medida que faz seleções nessa caixa de diálogo, você está construindo uma instrução SQL Select, a qual pode ver na parte inferior da caixa de diálogo.

13. Clique em Next para ver a tela Test Query.

14. Clique no botão Test Query para visualizar seus dados.

Você verá uma prévia dos campos *Last Name* e *Business Phone* reais do banco de dados. Esses dados têm a aparência esperada, mas se estivéssemos preparando esse site para distribuição mais ampla, formataríamos a coluna Business Phone de modo que contivesse espaçamento padrão e formato de números de telefone.

15. Clique em Finish.

O Visual Studio fecha o assistente e ajusta o número de colunas e cabeçalhos de coluna no objeto visualização de grade para corresponder às seleções que você fez. Entretanto, ele continua a exibir marcadores de lugar ("abc") nas células de visualização da grade.

16. Com a lista GridView Tasks ainda aberta, clique no comando Auto Format.
17. Clique no esquema Professional.

A caixa de diálogo Auto Format se parece com esta:

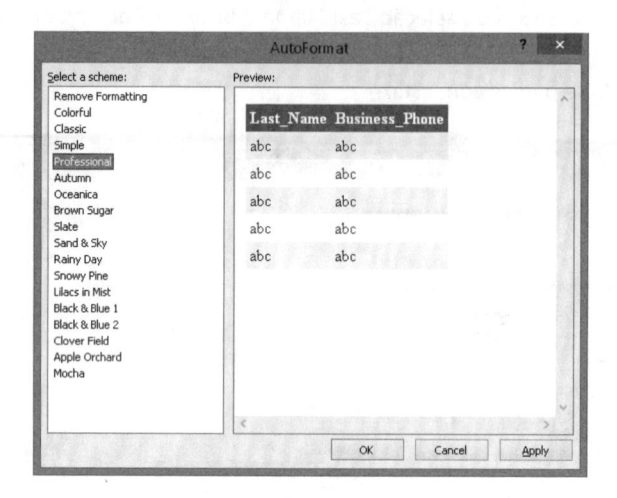

A capacidade de formatar, ajustar e visualizar opções de formatação rapidamente é um excelente recurso do controle *GridView*.

18. Clique em OK e, em seguida, feche a lista GridView Tasks clicando na página web.

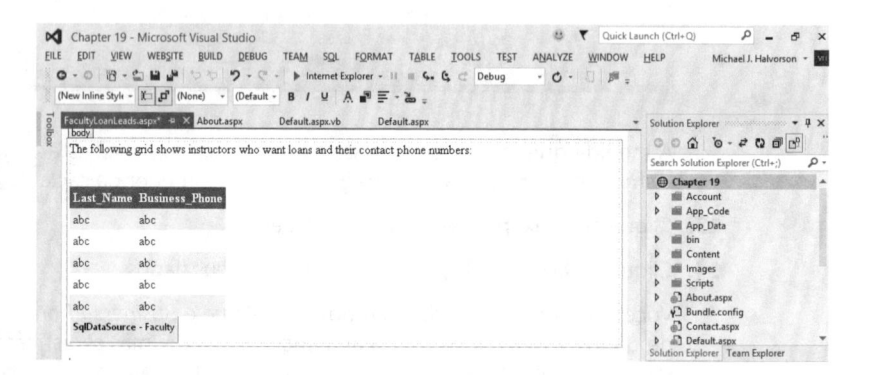

19. Salve suas alterações no projeto.

Agora você vai adicionar um hyperlink à primeira página web (ou home page), o qual exibirá essa página quando o usuário quiser ver a tabela do banco de dados. Você vai criar o hyperlink com o controle *HyperLink*, que foi projetado para permitir aos usuários pularem da página atual para uma nova página com um simples clique de mouse.

CAPÍTULO 19   Desenvolvimento para web com ASP.NET no Visual Studio

Como o controle *HyperLink* funciona? O controle *HyperLink* está localizado na Toolbox Standard. Ao adicionar um controle *HyperLink* à sua página web, você define o texto que será exibido na página usando a propriedade *Text* e, em seguida, especifica o recurso ou a página web para a qual deseja navegar (um URL ou um caminho local) usando a propriedade *NavigateUrl*. Isso é tudo.

Adicione um hyperlink à home page

1. Clique na guia Default.aspx na parte superior do Designer.

   A home page de seu site abre no Designer.

2. Clique abaixo do objeto botão Calculate para colocar o ponto de inserção depois desse objeto.

3. Clique duas vezes no controle *HyperLink* na guia Standard da Toolbox para criar um objeto hyperlink no ponto de inserção.

4. Selecione o objeto hyperlink e, então, configure a propriedade *Text* do objeto como "Display Loan Prospects".

   Vamos supor que seus usuários sejam os encarregados pelos financiamentos bancários (ou negociantes de veículos bem informados) procurando vender financiamentos de automóveis para professores universitários. Display Loan Prospects será o link em que eles clicarão para exibir os registros de banco de dados selecionados.

5. Configure a propriedade *ID* do objeto hyperlink como "ProspectsLink".

6. Clique na propriedade *NavigateUrl* e, então, clique no botão de reticências na segunda coluna.

   A caixa de diálogo Select URL é aberta.

7. Clique no arquivo FacultyLoanLeads.aspx na caixa de listagem Contents Of Folder e então clique em OK.

8. Clique em Save All para salvar as suas alterações.

   Seu link está terminado e você está pronto para testar o site e o controle *GridView* em seu navegador.

Teste o site Car Loan Calculator final

1. Clique no botão Start Debugging.

   O Visual Studio compila o site e o exibe no navegador padrão.

2. Digite **8000** para o valor do financiamento e **0.08** para a taxa de juros; em seguida, clique em Calculate.

   O resultado é $250,69. Quando você adiciona algo a um projeto, é sempre bom voltar e testar os recursos originais para verificar se não foram modificados inadvertidamente. Sua captura de tela é parecida com esta.

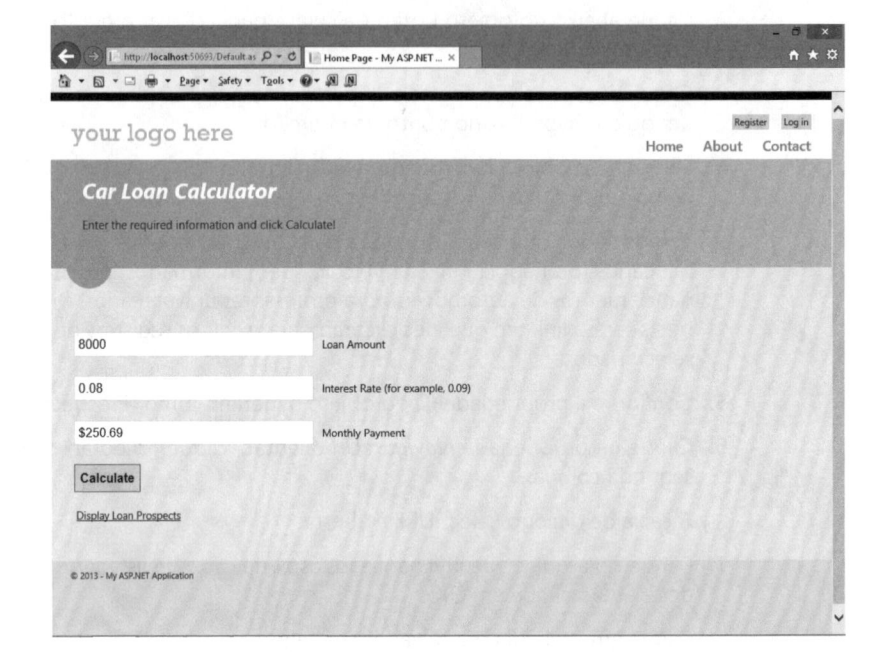

O novo hyperlink (Display Loan Prospects) aparece na parte inferior da página web.

CAPÍTULO 19   Desenvolvimento para web com ASP.NET no Visual Studio

3. Clique em Display Loan Prospects para carregar a tabela de banco de dados.

O Internet Explorer carrega os campos *Last Name* e *Business Phone* do banco de dados *Faculty.accdb* no objeto de visualização de grade. Sua página web deve se parecer com esta:

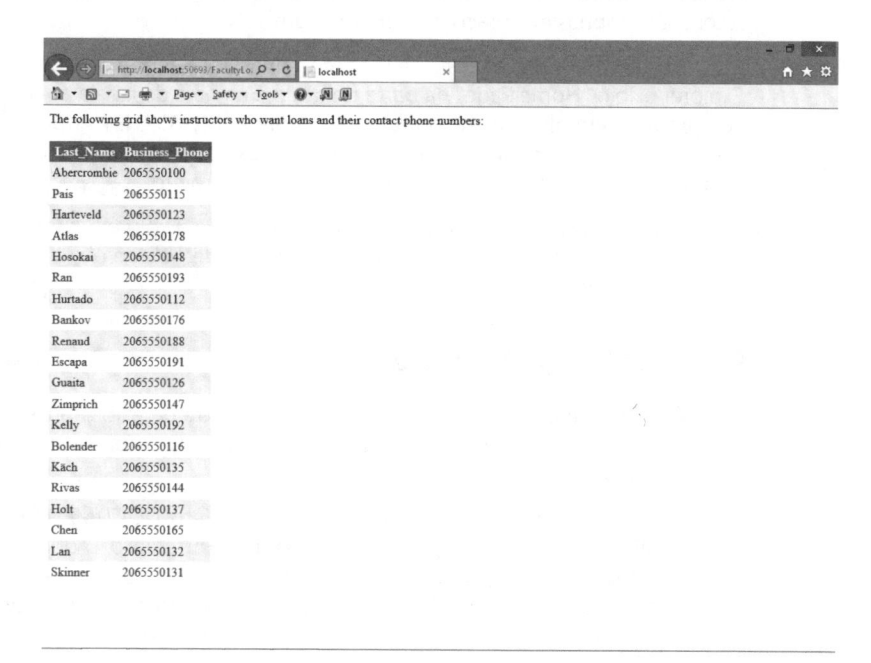

Last_Name	Business_Phone
Abercrombie	2065550100
Pais	2065550115
Harteveld	2065550123
Atlas	2065550178
Hosokai	2065550148
Ran	2065550193
Hurtado	2065550112
Bankov	2065550176
Renaud	2065550188
Escapa	2065550191
Guaita	2065550126
Zimprich	2065550147
Kelly	2065550192
Bolender	2065550116
Käch	2065550135
Rivas	2065550144
Holt	2065550137
Chen	2065550165
Lan	2065550132
Skinner	2065550131

As informações estão bem formatadas e parecem úteis. Você descobrirá que os dados dessa tabela, por padrão, não podem ser classificados (ordenados), mas essa opção pode ser alterada marcando-se a caixa de seleção Enable Sorting em GridView Tasks. Se o banco de dados contiver muitas linhas (registros) de informação, você pode marcar a caixa de seleção Enable Paging em GridView Tasks para exibir uma lista de números de página na parte inferior da página web (como uma lista que talvez você veja em um mecanismo de busca que exibe muitas páginas de "hits" para sua pesquisa).

4. Clique nos botões Voltar e Avançar no Internet Explorer.

Como você já sabe, é possível navegar para frente e para trás entre páginas web em seu site, exatamente como faria em qualquer site profissional.

5. Quando terminar de experimentar, feche o Internet Explorer para fechar o site.

Você adicionou uma tabela de informações de banco de dados personalizadas ao seu site.

Como editar propriedades de documento e do site mestre

Aqui estão duas últimas habilidades com ASP.NET para aprimorar seu site e deixá-lo fazer suas próprias explorações com Web Forms.

Ao testar o site Car Loan Calculator, talvez você tenha notado que o Internet Explorer exibiu "Home Page" na barra de título e na guia da janela ao mostrar seu site. Seu programa também exibe o título de template "My ASP.NET Application" na parte superior da janela, em uma mensagem de direitos de cópia. Talvez você queira mudar essas e outras configurações padrão dentro de seu projeto.

Primeiro, você pode personalizar o que o Internet Explorer e outros navegadores exibem na barra de título, configurando a propriedade *Title* do objeto *DOCUMENT* da página web. Experimente isso agora.

Configure a propriedade *Title*

1. Com a página web Default.aspx aberta no modo de exibição Design, clique no objeto *DOCUMENT* na caixa de listagem Object, na parte superior da janela Properties.

   Toda página web em um site contém um objeto *DOCUMENT* que armazena configurações gerais importantes da página. Entretanto, o objeto *DOCUMENT* não é selecionado por padrão no Designer, de modo que talvez você não o tenha notado. Uma das propriedades importantes do objeto *DOCUMENT* é *Title*, que define o título da página web atual no navegador.

2. Configure a propriedade *Title* como **Car Loan Calculator**.

A alteração não aparece na tela, mas o Visual Studio a registra internamente. Agora, altere o título do seu aplicativo em algo chamado *página mestre do site*.

Edite o título da página mestre do site

1. Clique duas vezes no arquivo Site.master no Solution Explorer para editar a página mestre no Designer.

   O Visual Studio exibe a página mestre para edição. A página mestre é um template que fornece configurações padrão para seu site e permite ajustar características como aparência, títulos de banner, logotipo, menus e links. Por exemplo, você pode clicar nas marcas inteligentes associadas a itens de menu do site e ajustá-los.

   Sua tela se parece com esta:

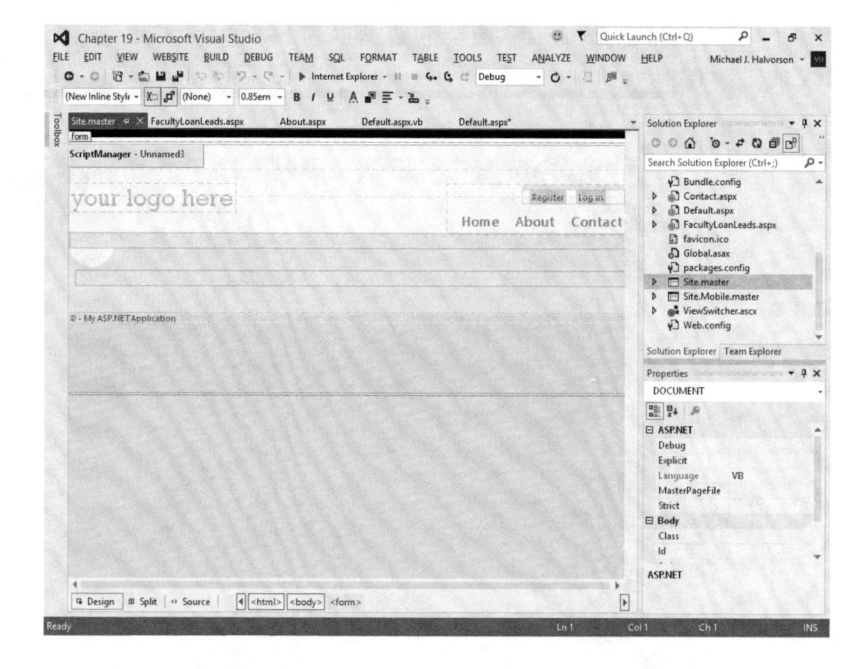

CAPÍTULO 19   Desenvolvimento para web com ASP.NET no Visual Studio   575

2. Exclua o texto Your Logo Here.

    Embora um logotipo seja um recurso atraente, você não vai adicionar um agora.

    Digite **Time for a new car?** na área onde estava a mensagem do logotipo.

    Na parte inferior da página, altere a mensagem de direitos de cópia para **Trey Research**.

3. Clique no botão Start Debugging.

    O Visual Studio abre o Internet Explorer e carrega o site. Agora uma barra de título e uma mensagem de banner mais úteis aparecem, como mostrado na seguinte ilustração:

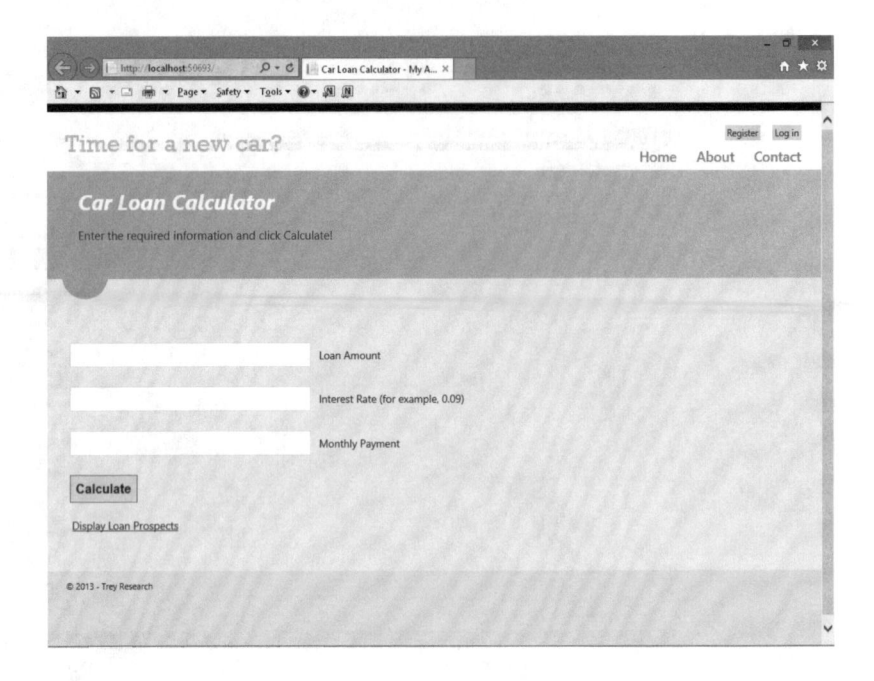

Agora parece melhor.

4. Feche o Internet Explorer e, então, atualize a propriedade *Title* da nova página de possibilidades de financiamento que você adicionou, para que corresponda ao padrão das outras páginas web em seu site.

5. Quando terminar de testar a página Car Loan Calculator, salve suas alterações e feche o Visual Studio.

CAPÍTULO 19   Desenvolvimento para web com ASP.NET no Visual Studio

Resumo

Este capítulo explorou a programação para web com Visual Studio 2013 e ASP.NET 4.5.1, framework da Microsoft para desenvolvimento web. O capítulo examinou as principais plataformas web no Visual Studio e explicou que cada modelo tem suas complexidades, vantagens e entusiastas. Apresentei Web Forms, ASP.NET MVC, Web Pages (com sintaxe Razor) e desenvolvimento para a web com HTML5 e JavaScript. Embora o tema do desenvolvimento para web com Visual Studio mereça vários livros para destacar totalmente as oportunidades e complexidades, este capítulo enfatizou o que parecerá familiar para os programadores em Visual Basic que escrevem aplicativos tradicionais baseados no Windows.

Para adquirir alguma experiência prática no desenvolvimento para web no Visual Studio 2013, você criou uma calculadora de financiamento de veículos utilizando o modelo de desenvolvimento Web Forms e o Designer. Você examinou os requisitos de software para desenvolvimento com ASP.NET, examinou os controles de servidor e os controles HTML da Toolbox e criou um novo site no IDE do Visual Studio. Depois de adicionar ao projeto controles de servidor e uma rotina de tratamento de eventos em Visual Basic, você usou um controle *GridView* para exibir registros de um banco de dados do Access e personalizou ainda mais o site com o .NET Framework, adicionando uma nova página web, um hyperlink e fazendo ajustes no arquivo Site.master. Seu projeto concluído ficou muito bom ao executar no Internet Explorer, um testemunho da qualidade dos controles e do template Web Forms, os quais, coletivamente, produzem páginas web de excelente aparência e elegantemente formatadas.

Na Parte V, "Programação para Microsoft Windows Phone", você vai aprender os fundamentos do SDK do Windows Phone 8 e como escrever programas para a plataforma Windows Phone 8 utilizando Visual Basic 2013 e o IDE do Visual Studio.

PARTE V

Programação para Microsoft Windows Phone

CAPÍTULO 20 Introdução ao desenvolvimento para Windows Phone 8 . . . . **581**
CAPÍTULO 21 Crie seu primeiro aplicativo para Windows Phone 8 . . . . **600**

CAPÍTULO 20

Introdução ao desenvolvimento para Windows Phone 8

Neste capítulo, você vai aprender a:

- Descrever as oportunidades de desenvolvimento na plataforma Windows Phone 8.
- Identificar os principais recursos e atributos do ecossistema Windows Phone.
- Avaliar a Windows Phone Store.
- Instalar os kits de ferramentas SDK 8.0 e SDK 8.0.1 do Windows Phone.
- Entender as diferenças e semelhanças entre a plataforma Windows Phone 8 e a plataforma Windows Store.

Você está pronto para testar a programação para Windows Phone? O Capítulo 20 apresenta os requisitos e oportunidades da plataforma Windows Phone 8 aos programadores em Visual Basic.

Ainda que muitos dos livros introdutórios e intermediários sobre Visual Basic não discutam programação para telefones celulares, as oportunidades que essa plataforma emergente apresenta são simplesmente importantes demais para deixar passar. Em especial, a equipe de desenvolvimento do Visual Studio 2013 trabalhou muito para estreitar a lacuna entre o desenvolvimento para área de trabalho do Windows 8.1 e o desenvolvimento para Windows Phone 8. Se você se sentiu à vontade escrevendo aplicativos Windows Store com as ferramentas apresentadas neste livro, ficará surpreso com a rapidez com que é possível começar a escrever seus próprios aplicativos para telefones celulares com Visual Studio e o SDK 8.0 do Windows Phone.

Neste capítulo, você terá uma visão geral dos recursos e capacidades apresentadas pela plataforma Windows Phone 8. Vai identificar as principais características de hardware no *ecossistema* Windows Phone, além de explorar as impressionantes oportunidades de comercialização oferecidas pela Windows Phone Store. Você aprenderá a instalar o SDK 8.0 do Windows Phone em seu sistema e a verificar se o Visual Studio está pronto para o desenvolvimento de aplicativos para telefones celulares. Por último, vai ver como o desenvolvimento para Windows Phone se compara e contrasta com o desenvolvimento de aplicativos Windows Store. Embora a criação de um aplicativo para Windows Phone não seja apenas uma questão de portar seu aplicativo Windows Store para a plataforma Windows Phone, você vai descobrir que há muitas semelhanças e técnicas compartilhadas entre esses dois ambientes.

Este capítulo é basicamente um aquecimento. A matéria aprendida aqui o preparará para o trabalho de desenvolvimento prático no Capítulo 21, "Crie seu primeiro aplicativo para Windows Phone 8". Observe que não é necessário um aparelho Windows Phone 8 registrado para fazer os exercícios dos Capítulos 20 e 21, embora, se você tiver um aparelho desses (como eu), pode utilizá-lo para pensar criativamente sobre o desenvolvimento para Windows Phone.

Oportunidades na plataforma Windows Phone 8

Em 2007, o mercado consumidor de telefones celulares e aplicativos móveis explodiu como máquina de geração de renda, com o advento dos smartphones. Embora os novos aparelhos smartphone tenham gerado rapidamente uma grande quantidade de seguidores entusiastas, a real revolução para os clientes de telefonia celular e desenvolvedores de software se tornou o *mercado público* que se revelou para aplicativos de telefones móveis. Repentinamente, os desenvolvedores podiam atingir um público de milhões de pessoas com seus programas para telefones, e os consumidores podiam utilizar a grande quantidade de aplicativos para transformar seus smartphones em ferramentas completas, dispositivos de jogos e reprodutores de mídia, mudando sua experiência de computação diária do computador de mesa para a nuvem.

A Microsoft respondeu a essa revolução abandonando a plataforma Windows Mobile e duplicando seus esforços para criar uma plataforma de smartphone que concorresse e superasse tudo que havia sido lançado pela Apple ou pelo Google. Sua contribuição, em 2010, foi a plataforma Windows Phone 7, que apresentou uma interface de usuário redesenhada e uma arquitetura baseada nos então recentes desenvolvimentos feitos nos ambientes Zune, Xbox e Windows. Em particular, a nova plataforma Windows Phone 7 exigia que os fabricantes de hardware de telefonia satisfizessem a um novo e agressivo conjunto de requisitos de hardware para telefones celulares, incluindo um conjunto padrão de botões de recursos. Para facilitar a aceitação do sistema por parte dos desenvolvedores para Windows, a Microsoft escolheu a plataforma de desenvolvimento Visual Studio como principal ferramenta para criar aplicativos Windows Phone.

Quando a Microsoft lançou o sistema operacional Windows 8, em 2012, também revisou e aprimorou sua plataforma para telefones, apresentando o Windows Phone 8. As duas plataformas Windows compartilharam as diretrizes de projeto para construção de interfaces de usuário – um layout baseado em blocos (titles) a que me referi neste livro como "as diretrizes para aplicativos Windows Store".

A plataforma Windows Phone 8 representa uma entrada bastante impressionante no mercado altamente competitivo de smartphones. Atualmente, os aparelhos Windows Phone 8 são fabricados por Nokia, HTC, Samsung e Huawei. No final de 2012, vários milhões de aparelhos Windows Phone 8 haviam sido vendidos pelas concessionárias nos Estados Unidos, como Verizon, T-Mobile, AT&T e Sprint.

Embora os aparelhos Android e iPhone ainda superem as vendas de Windows Phone, a plataforma Windows Phone 8 tem sido um sucesso e agora existe uma oportunidade de negócios significativa para desenvolvedores para Windows Phone. Em particular, desenvolvedores com experiência em Visual Studio e Visual Basic ou Visual C# descobrirão que suas habilidades de programação atuais oferecem uma base excelente para desenvolvimento com Windows Phone.

> **Nota** Quando este livro foi enviado para a gráfica, no 4º trimestre de 2013, a Microsoft havia acabado de anunciar a disponibilidade do Windows Phone 8 Update 3. A atualização do sistema operacional Windows Phone inclui um novo recurso Modo de direção (Driving Mode), compartilhamento pela Internet aprimorado, suporte para dispositivos 1080p com telas de 5 e 6 polegadas, e numerosas melhorias de desempenho. Contudo, são poucas as alterações, se houver, que os desenvolvedores precisam fazer nos aplicativos Windows Phone 8 atuais para torná-los compatíveis com o Windows Phone 8 Update 3. Uma nova versão do SDK do Windows Phone está disponível (versão 8.0.1) e as instruções para instalá-lo serão fornecidas mais adiante neste capítulo. Os exercícios deste livro são compatíveis com o Windows Phone 8 Update 3 e com o SDK 8.0.1 do Windows Phone.

Principais recursos do Windows Phone 8

Como os aplicativos Windows Phone 8 e Windows Store compartilham as mesmas diretrizes de interface de usuário, as duas plataformas têm muitos recursos comuns. Por exemplo, a captura de tela a seguir, de meu aparelho HTC Windows Phone 8, mostra a página Phone Start com seu conhecido layout baseado em blocos. Esse é o lugar onde os aplicativos são ativados com um toque nos respectivos blocos, um conceito bastante conhecido dos usuários da Windows Store.

Além disso, observe como os blocos da página Phone Start têm um fundo colorido uniforme e letras brancas em cima, exatamente como os blocos ativos em um aplicativo Windows Store. Na verdade, você já aprendeu a projetar blocos como esses no Capítulo 9, "Recursos de design do Windows 8.1: barra de comandos, flyout, blocos e toque".

Os aplicativos Windows Phone também valorizam os toques e gestos, exatamente como recomendam as especificações para aplicativos Windows Store. Na verdade, exceto pelos dispositivos Bluetooth e comandos de voz (um interessante recurso do Windows Phone), não há uma outra maneira de fornecer entrada de usuário em um smartphone Windows além do toque – tudo está relacionado ao uso de gestos, como tocar, tocar duas vezes, tocar e segurar, pressionar, pressionar e segurar, deslizar e aplicar panorâmica.

Requisitos de hardware

Os requisitos de hardware do Windows Phone 8 especificam que todos os telefones devem ter um botão liga/desliga, tela sensível ao toque que suporte pelo menos quatro pontos de toque simultâneos, controle de volume com *interruptor*, um botão de câmera, um botão para retroceder, um botão para iniciar e um botão de pesquisa. O botão para iniciar deve ser centralizado na parte inferior do dispositivo e ser marcado com o logotipo de página Iniciar do Windows. O botão de pesquisa deve estar no lado inferior direito e ser rotulado com a charm Pesquisar (ícone de lupa). O botão para retroceder deve estar no lado inferior esquerdo e ser rotulado com uma seta apontando para a esquerda. Exigindo todos esses controles e rótulos de hardware de entrada, o ecossistema Windows Phone oferece um ambiente confiável para usuários e programadores.

Além disso, existem alguns requisitos de hardware importantes para dispositivos Windows Phone 8 que têm impacto em como o telefone pode ser usado pelos desenvolvedores. A câmera deve ser capaz de capturar imagens de 5 megapixels (no mínimo), é exigida conectividade com Bluetooth, capacidade de Wi-Fi e diversos sensores ambientais, incluindo GPS, um acelerômetro, uma bússola, um sensor de luz, um sensor de proximidade e um giroscópio. Esses sensores estão entre os recursos de hardware mais notáveis do Windows Phone, capazes de produzir efeitos especiais surpreendentes nos aplicativos. Um aplicativo Windows Phone 8 desenvolvido no Visual Studio e no Visual Basic é capaz de interagir com todos esses recursos de hardware.

Integração e colaboração

Um recurso impressionante da plataforma Windows Phone 8 é a capacidade de aplicativos e usuários de Windows Phone serem altamente interativos, estimulando a comunicação e a colaboração de um modo sem precedentes. O Windows Phone permite gerenciar contatos pessoais, mensagens telefônicas, mensagens de texto, correio de voz e email em um único lugar, e armazenar todas as comunicações relacionadas na nuvem, para que possam ser acessadas a partir de qualquer local.

O hub Pessoas suporta espaços de reunião e colaboração denominados Clubes e Grupos, assim como conectividade com aplicativos de rede social, como Facebook e Twitter. Os aplicativos de escritório para Windows Phone fornecem ferramentas de produtividade e integração com projetos do Outlook, Word, Excel e PowerPoint. O Windows SkyDrive permite aos usuários compartilhar e preservar informações na nuvem e sincronizá-las com outros sistemas de mesa e laptop.

O aplicativo Calendário do Windows Phone permite a você compartilhar seu calendário com amigos e colegas de trabalho, e sincronizar com dispositivos Windows, Google e iPhone. O hub Vídeos + Música permite a você ouvir música, assistir vídeos, assinar podcasts e criar listas de reprodução. Se adicionar um Xbox Music Pass, você poderá baixar ou receber streaming de música de um catálogo global contendo milhões de músicas.

Você também pode fixar blocos ativos na página Iniciar e personalizar a aparência e a operação de seu telefone para que contatos, aplicativos, música, sites, instruções, jogos, fotos, documentos e muito mais, estejam na ponta de seus dedos. Se fixar um bloco representando uma pessoa na página Iniciar, você poderá ver rapidamente suas postagens mais recentes em mídias sociais, tweets e fotos relacionadas a um indivíduo em um instante. Junto com as atualizações de mídias sociais, você verá também novos textos, emails e ligações recebidas da pessoa que está seguindo. Sempre que você precisa acessar a Internet, o Windows Phone 8 ativa uma versão completa do navegador Internet Explorer 10, suportado pelo mecanismo de busca Bing.

E, sim, você também pode fazer ligações telefônicas com os aparelhos Windows Phone!

A Windows Phone Store

Como a Windows Phone Store oferece uma maneira nova e potencialmente lucrativa de vender e distribuir aplicativos Windows Phone 8 para um público amplo, esta seção fornece uma visão geral do que ele é e como você pode usá-lo para atingir clientes de aplicativos Windows Phone. Há um incentivo comercial convincente para desenvolver aplicativos Windows Phone, semelhante à oportunidade apresentada pela Windows Store para desenvolvedores em Windows 8.1.

O que é a Windows Phone Store?

A Windows Phone Store é um mercado eletrônico que permite aos consumidores procurar e adquirir aplicativos Windows Phone. Você pode acessar a Windows Phone Store a partir de um computador baseado em Windows, utilizando o aplicativo do Windows Phone ou um navegador web (*http://www.windowsphone.com*), mas a Store é acessado em um Windows Phone por meio do aplicativo Store (Loja). Esse hub para aquisição e download de programas para Windows Phone era conhecido anteriormente como Windows Phone Marketplace e atende aos clientes que possuem aparelhos Windows Phone 7 e Windows Phone 8.

A Windows Phone Store é projetada de forma muito parecida com a Windows Store. A diferença, evidentemente, é que a loja do Windows Phone se destina a comercializar, vender e instalar aplicativos para Windows Phone. Assim, é semelhante à App Store da Apple para iPhone e à loja Google Play que vende aplicativos para Android.

A Windows Phone Store permite aos desenvolvedores de software ganhar dinheiro com aplicativos Windows Phone, ou cobrando pelo aplicativo ou incluindo anúncios nele. Os aplicativos baixados da Windows Phone Store são certificados e estão prontos para funcionar. Os detalhes sobre download, distribuição e atualização do aplicativo são tratados automaticamente pela Windows Phone Store.

Acesse a Windows Phone Store

A Windows Phone Store é feita para consumidores que já têm Windows Phone. Contudo, caso você ainda não tenha um e queira saber mais sobre os telefones e aplicativos que estão disponíveis, visite a loja partir de um computador ou dispositivo baseado em Windows, consultando o site *http://www.windowsphone.com*.

A captura de tela a seguir mostra como é a Windows Phone Store quando você a visita a partir de um computador baseado em Windows, utilizando Internet Explorer:

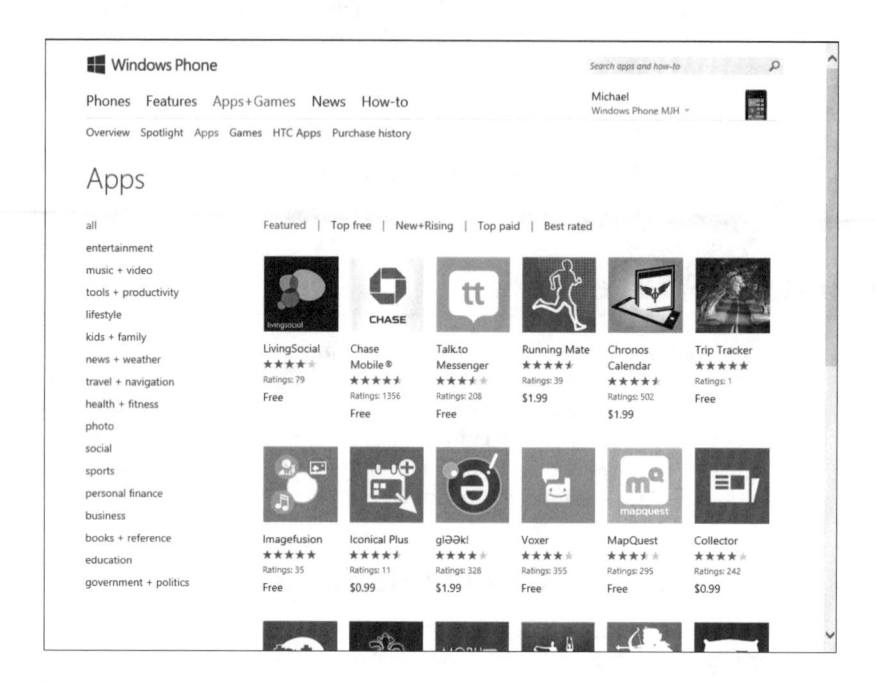

Ao longo da parte superior da tela existem guias que permitem aos clientes procurar telefones, aplicativos, jogos e outras informações disponíveis. Como sou cliente e usuário registrado do Windows Phone, meu telefone particular e nome de usuário aparecem no canto superior direito da tela. (Tenho um telefone HTC executando Windows Phone 8.0. A resolução de tela desse aparelho em especial é de 720×1280.) Posso acessar a Windows Phone Store a partir de meu smartphone, mas também é conveniente acessá-la por meio de meu computador de mesa Windows 8.1. Isso me permite gerenciar configurações, ver fotos e outras mídias e examinar compras de aplicativos.

Como você pode ver na ilustração anterior, na Windows Phone Store alguns dos aplicativos são vendidos e outros são gratuitos. Às vezes, os aplicativos gratuitos exibem anúncios como uma maneira de ganhar dinheiro ou são utilizados para dar suporte a produtos ou serviços já existentes, como um aplicativo de restaurante, de time esportivo ou que dá acesso a uma instituição financeira. Outro recurso do mercado de aplicativos é o sistema de classificação que mostra a satisfação do cliente com um aplicativo em particular.

Quando você selecionar um aplicativo na Windows Phone Store, verá uma página de detalhes semelhante à tela a seguir:

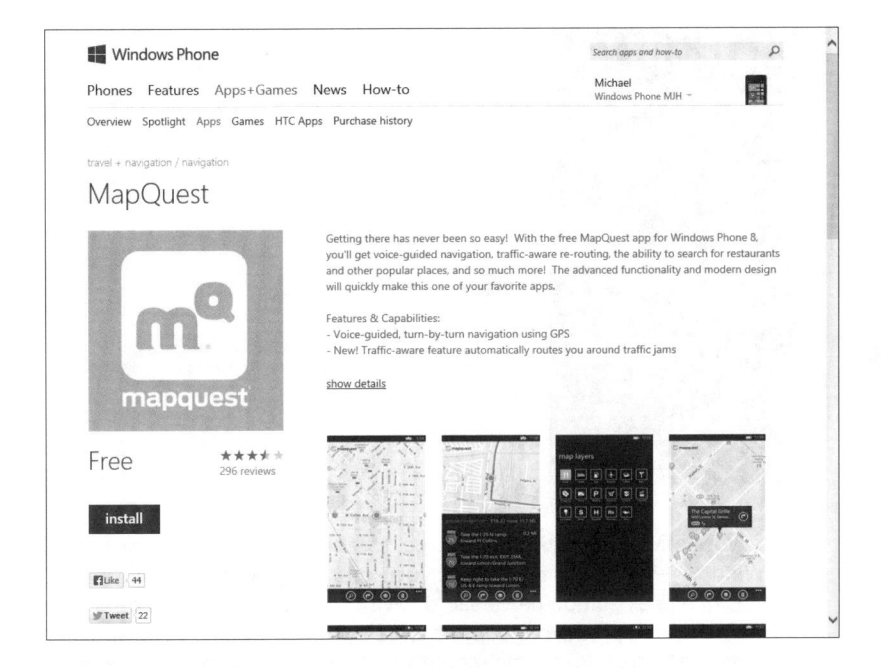

CAPÍTULO 20   Introdução ao desenvolvimento para Windows Phone 8

A página de listagem de aplicativos é o local onde os vendedores de software têm chance de comercializar seus produtos e descrever as vantagens. É tremendamente importante apresentar seu aplicativo Windows Phone sob a melhor ótica possível nesse local. O nome, logotipo, descrição, classificação dos clientes, preço e ilustrações de tela do aplicativo são todos fatores importantes para causar boa impressão em seu público. À medida que as pessoas compram ou baixam seu aplicativo, o sistema de classificação (baseado em cinco estrelas possíveis para o nível mais alto de satisfação do cliente) se tornará especialmente importante para os consumidores, pois em geral existem no mercado vários produtos que oferecem serviços semelhantes.

Aqui está como o ícone de aplicativo da loja aparece em um aparelho Windows Phone 8. (O bloco Store está no meio da tela a seguir.)

Você ativa o aplicativo Store (Loja) tocando no respectivo bloco na página Iniciar do Windows Phone. Dentro da loja, você verá categorias de produto muito parecidas com as que já examinou na versão da Windows Store para área de trabalho do Windows, incluindo aplicativos, jogos, música e podcasts. Como o Windows Phone possui menos espaço na tela, normalmente você verá apenas uma coluna de texto em um aplicativo.

Você pode procurar aplicativos Windows Phone na loja utilizando o charm Pesquisar, como faria na Windows Store. Na ilustração a seguir, você verá que localizei o aplicativo MapQuest Phone e exibi sua página Details. Essa página contém um ícone, o título do aplicativo, tamanho (2 MB), classificação do cliente e um botão Install.

Instalar um aplicativo Windows Phone a partir da Windows Phone Store é extremamente simples. Basta clicar no botão Install e em instantes o aplicativo estará instalado em seu Phone, pronto para uso. É necessária uma conexão de celular ou Wi-Fi confiável para baixar o aplicativo e (frequentemente) para obter dados para o aplicativo durante a execução do programa.

Quanto os desenvolvedores ganham?

Os aplicativos Windows Phone podem ser distribuídos gratuitamente via Windows Phone Store ou vendidos. A Microsoft segue um modelo de partilha de receitas para pagar os desenvolvedores de software pelos aplicativos que vendem na Windows Phone Store. Atualmente, a taxa de partilha é de 70% da receita líquida para o desenvolvedor e 30% para a Microsoft. (Receita líquida significa a receita bruta das vendas menos os impostos aplicáveis e as sobretaxas do país.) Esse modelo de partilha pode mudar com o tempo.

Um esquema conhecido como *price tier* (nível de preço) define a remuneração pelo aplicativo Windows Phone que você vende na Windows Phone Store. Por exemplo, os níveis de preço típicos nos Estados Unidos para aplicativos Windows Phone 8 são $0,99, $1,49, $1,99 e $2,99. Impostos locais e federais também são somados a esse valor quando o usuário faz uma compra.

O Windows Phone Dev Center oferece a você a opção de personalizar o preço de seu aplicativo para cada país em que o comercializar. Quando você se registrar como desenvolvedor para Windows Phone, terá uma conta de desenvolvedor que monitorará suas vendas e mostrará seu fluxo de rendimentos, assim como informações sobre a conta para receber por meios eletrônicos. Atualmente, nos fóruns do MSDN existem interessantes debates sobre se é mais lucrativo vender aplicativos Windows Phone ou ganhar dinheiro anunciando ou vendendo serviços diretamente em seu aplicativo Windows Phone. Você também pode oferecer aos usuários um teste gratuito de seu aplicativo, deixando-os utilizar seu produto e solicitando pagamento após determinado período de tempo.

Planejamento antecipado para a certificação

A Microsoft recomenda examinar cuidadosamente os requisitos de certificação de aplicativos Windows Phone, antes de você iniciar trabalho de desenvolvimento sério em seu projeto, para que não seja surpreendido pelos passos necessários. Na maior parte, esses passos são simplesmente boas práticas de desenvolvimento que tornarão seus programas robustos e de alta qualidade. A Microsoft está impondo padrões elevados para que os clientes confiem na Windows Phone Store e em todo software distribuído por meio dela.

A Microsoft mantém uma lista de requisitos de certificação na Microsoft Developer Network (MSDN), no Windows Phone Development Center. Os requisitos são atualizados periodicamente e servem para manter fora da loja os aplicativos mal construídos e de conteúdo inadequado. Assim, os requisitos da Windows Phone Store são semelhantes aos dos aplicativos Windows Store, sobre os quais você leu no Capítulo 1, "Oportunidades de desenvolvimento com Visual Basic 2013 e a Windows Store".

A lista atual de requisitos de certificação pode ser encontrada na MSDN, em: *http://msdn.microsoft.com/en-us/library/windowsphone/develop/hh184843.aspx*. Você verá as seguintes categorias de certificação listadas na MSDN:

- Políticas de aplicativos para Windows Phone
- Políticas de conteúdo para Windows Phone
- Requisitos de envio (ou submissão) para Windows Phone
- Requisitos de certificação técnica para Windows Phone
- Requisitos adicionais para tipos específicos de aplicativos para Windows Phone

A próxima seção deste capítulo descreve o Software Development Kit (SDK) (versão 8.0) do Windows Phone, necessário para escrever aplicativos Windows Phone 8. Quando esse SDK estiver instalado e um projeto para Windows Phone carregado no Visual Studio, o menu Project do IDE terá um comando Open Store Test Kit que você poderá usar para avaliar seu aplicativo Windows Phone 8 perante a lista de requisitos de certificação. Essa é uma ferramenta muito útil, com testes amplos que o ajudarão a aprontar seu aplicativo Phone para apreciação. Examine essa lista de requisitos antes de ir longe demais em seu trabalho de desenvolvimento.

Você também precisará se registrar como desenvolvedor para Windows Phone antes de submeter um aplicativo à certificação. Há uma taxa anual para ser desenvolvedor para Windows Phone, embora tenha um custo relativamente pequeno. Se você for estudante ou professor que recebe software por meio do Microsoft DreamSpark, um programa educativo que apoia ensino e pesquisa, estará isento da taxa. O registro fornece algumas ferramentas úteis e seu próprio painel pessoal para monitorar seus aplicativos Windows Phone e seus ganhos.

O SDK 8.0 do Windows Phone

Caso possua o Visual Studio 2013 Professional, Premium ou Ultimate, você já deve ter o software necessário para escrever seus primeiros aplicativos Windows Phone 8. Essas edições comerciais do Visual Studio contêm os templates, emuladores e arquivos de suporte necessários para permitir desenvolvimento para Windows Phone 8. Contudo, talvez você precise executar a instalação novamente, para obter os arquivos necessários. (O SDK do Windows Phone 8.0 é um recurso opcional na instalação.)

Para saber se você tem os arquivos necessários, inicie o Visual Studio e, então, selecione o comando New Project no menu File. Se não vir a categoria Windows Phone sob Visual Basic, você precisará modificar sua instalação do Visual Studio. O modo mais fácil de fazer isso é abrir o Painel de Controle, selecionar Programas e, em seguida, Programas e Recursos. Clique duas vezes em Microsoft Visual Studio 2013 para modificar os recursos do programa. Quando a instalação do Visual Studio iniciar, selecione Windows Phone 8.0 SDK sob Optional Features to Install. Você verá a seguinte tela:

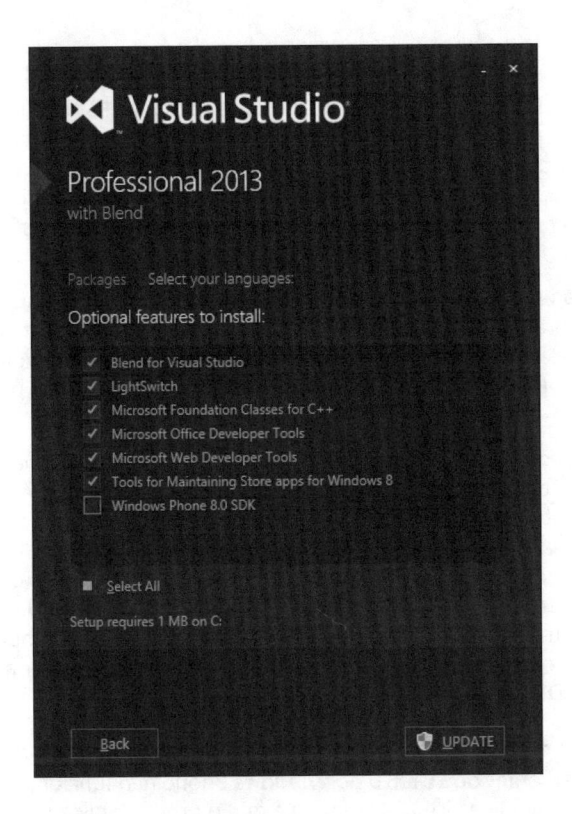

Se ainda estiver usando o Visual Studio 2012 ou se tiver o Visual Studio Express 2013 for Windows, você precisará baixar o SDK 8.0 do Windows Phone a fim de preparar seu computador para desenvolvimento em Windows Phone 8. Além disso, precisará baixar o SDK 8.0 do Windows Phone, caso tenha uma edição comercial do Visual Studio 2013, mas também queira desenvolver aplicativos para Windows Phone 7.5. (O Visual Studio 2013 suporta Windows Phone 8, mas não Windows Phone 7, a não ser que você baixe o SDK.) A seção a seguir descreve como baixar o SDK, caso seja necessário.

Baixe o SDK

O SDK 8.0 do Windows Phone inclui uma edição Express do Visual Studio e todas as ferramentas necessárias para desenvolver aplicativos para Windows Phone 8.0 e Windows Phone 7.5. O produto é configurado dessa maneira para reduzir os requisitos necessários para criar aplicativos Windows Phone e para torná-lo conveniente para estudantes que estão aprendendo a programar no contexto dos aplicativos Windows Phone.

Caso você tenha uma edição comercial do Visual Studio 2012 ou Visual Studio 2013, o SDK não instalará o produto Express, mas sim as bibliotecas, templates e emuladores necessários para configurar sua versão de Visual Studio para desenvolvimento de aplicativos Windows Phone. O download inclui também o Blend Express para Windows Phone.

No site da Microsoft você também verá informações sobre o SDK mais recente do Windows Phone, denominado Windows Phone SDK 8.0.1. Essa versão do SDK suporta Windows Phone 8 Update 3, que é uma atualização do sistema operacional Windows Phone planejada para 2013. O SDK 8.0.1 não oferece novas APIs para os desenvolvedores, mas suporta os novos aparelhos 1080p com telas de 5 e 6 polegadas, e fornece emuladores de software para esses aparelhos. Do ponto de vista do desenvolvedor, não há muita diferença entre o SDK 8.0 e o SDK 8.0.1, não importando qual SDK você utilizará quando fizer os exercícios deste livro. Vou me referir a ambos, coletivamente, como SDK 8.0 do Windows Phone.

> **Nota** O kit de ferramentas do SDK 8.0 do Windows Phone não funciona bem em um ambiente de máquina virtual. O motivo é que o próprio aplicativo emulador, que simula um aparelho Windows Phone 8 dentro do Visual Studio, já é uma máquina virtual. Assim, as coisas ficam realmente lentas, e essa configuração não é recomendada para seu computador.

Para baixar o SDK 8.0 do Windows Phone, use os passos a seguir.

Obtenha o SDK

1. Abra um navegador web e acesse o seguinte site: *https://dev.windowsphone.com/en-us/downloadsdk*.
2. Sob SDK 8.0, clique em Download.
3. Siga as instruções de instalação que aparecem na tela.

   À medida que versões mais recentes do SDK se tornarem disponíveis, talvez você precise reinstalar o SDK ou modificar as técnicas descritas nesta seção ou os exercícios a seguir. Obviamente, a Microsoft investiu muito no Windows Phone e continuará refinando e revisando o produto.

4. Quando a instalação terminar, talvez você queira pensar na possibilidade de adquirir uma assinatura anual do Windows Phone Dev Center.

CAPÍTULO 20   Introdução ao desenvolvimento para Windows Phone 8

A assinatura anual autoriza o desenvolvedor a enviar um número ilimitado de aplicativos pagos para a Windows Phone Store e até 100 aplicativos gratuitos. Conforme já mencionei, o registro é um empreendimento de custo relativamente baixo, e será gratuito se você for um aluno com acesso ao DreamSpark.

Como alternativa, você pode concluir os Capítulos 20 e 21 deste livro e, então, decidir se tem interesse no desenvolvimento para Windows Phone. Não é necessário adquirir uma assinatura anual para fazer os exercícios que preparei. Entretanto, você precisará de uma para publicar aplicativos na Windows Phone Store.

Agora, verifique se você está pronto para começar a programar para Windows Phone.

5. Inicie o Visual Studio 2013.

   Você deverá ver um template Windows Phone quando criar um novo projeto.

6. No menu File, clique em New Project.

7. Sob Templates, selecione Visual Basic e, então, selecione a categoria Windows Phone.

   Você deverá ver uma coleção de templates para Windows Phone, como mostrado na captura de tela a seguir:

8. Clique em Windows Phone App (Visual Basic) e em OK.

   Se as bibliotecas e arquivos de suporte necessários estiverem instalados, o Visual Studio 2013 configurará seu sistema para programação para Windows Phone 8 e você verá a tela a seguir:

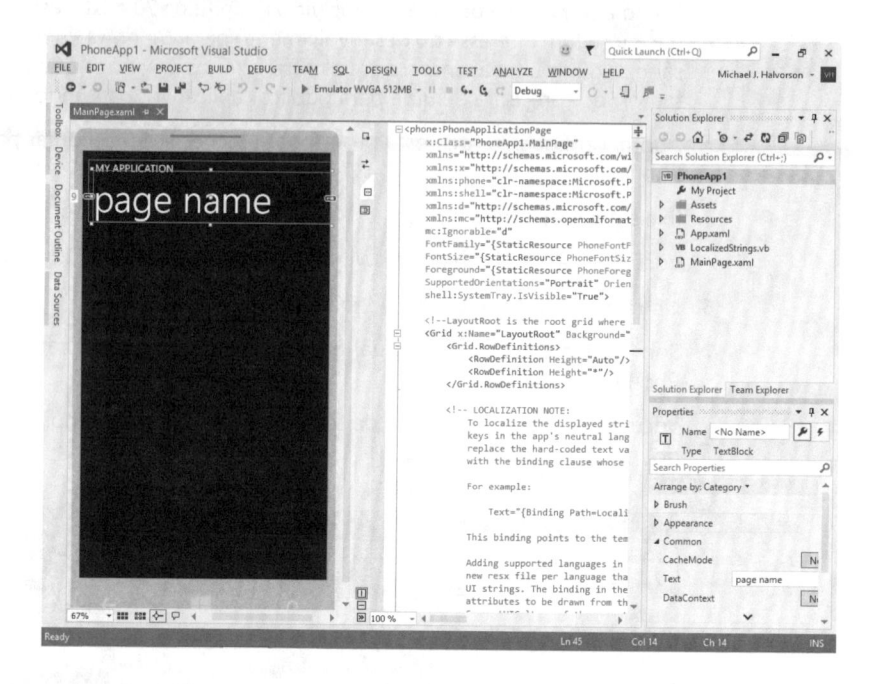

   Esse é o IDE do Visual Studio configurado para desenvolvimento em Windows Phone. Um template de telefone aparece no Designer, no lado esquerdo da tela, pronto para você adicionar controles e marcação XAML.

   Você vai criar seu primeiro aplicativo Windows Phone nesse IDE, no Capítulo 21.

Comparação entre as plataformas Windows Phone 8 e Windows Store

Antes de começar a projetar seu aplicativo Windows Phone, considere as diferenças e semelhanças entre a plataforma Windows Phone 8 e a plataforma Windows Store. Se você trabalhou nos exercícios deste livro, verá que os dois ambientes têm muito em comum, e o IDE do Visual Studio certamente está entre os paralelos mais importantes. Essas listas o ajudarão a administrar suas expectativas e a transferir suas habilidades de desenvolvimento de um ambiente para outro.

Diferenças

Foi-se o tempo em que os desenvolvedores de software achavam que portar um aplicativo de uma plataforma de hardware para outra exigiria pouco mais do que ajustar algumas configurações e então recompilar o programa para um novo ambiente. É tentador esperar por esse Santo Graal, mas muito irreal. Em termos de Windows Phone 8, a plataforma certamente tem muito em comum com o desenvolvimento para Windows Store, mas também é seu ambiente de hardware exclusivo. Algumas das principais diferenças que os desenvolvedores para Windows Store encontrarão ao escrever aplicativos para Windows Phone incluem as seguintes:

- **Interface de usuário** A tela do Windows Phone obviamente é muito menor do que a tela de um laptop ou de um computador de mesa, e a resolução de tela do telefone é diferente. Consequentemente, os aplicativos precisarão de uma reestruturação completa da interface do usuário ao serem portados para a plataforma Windows Phone, e os novos aplicativos Windows Phone precisarão se adaptar criativamente à interface do telefone, que apresenta modos de exibição panorâmicos, hubs e outros estilos de conteúdo exclusivos. Múltiplas colunas não funcionam bem em um Windows Phone – não há espaço suficiente para exibi-las.

- **Controles XAML e namespaces** Embora a XAML seja usada para definir a interface de usuário de um aplicativo Windows Phone (e, portanto, componha a lista de "semelhanças" a seguir), os controles XAML de um aplicativo Windows Phone são diferentes dos que existem em um aplicativo Windows Store (embora muitos tenham nomes iguais) e, assim, têm propriedades e métodos um pouco diferentes. Isso porque os controles XAML precisaram ser otimizados para o ambiente Windows Phone, seu projeto e suas restrições de espaço. Assim, a marcação XAML não pode ser reutilizada facilmente, se você estiver portando um aplicativo Windows Store para a plataforma Windows Phone 8. O mesmo vale para os namespaces das bibliotecas do Windows Phone. Você verá que os namespaces do Windows Phone têm nomes diferentes, e isso se aplica até às páginas utilizadas para a interface de usuário de um aplicativo. Por exemplo, *Page* é o elemento de página raiz para um aplicativo Windows Store, mas em um aplicativo Windows Phone, o elemento-raiz é *PhoneApplicationPage*.

- **Hardware** Uma vantagem importante da plataforma Windows Phone é o notável hardware que os fabricantes de smartphone são obrigados a incluir em aparelhos Windows Phone 8. Você desejará tirar proveito de parte desse hardware, que inclui uma câmera, conectividade Bluetooth, GPS, um acelerômetro, uma bússola, um sensor de proximidade etc. Isso simplesmente não acontece com dispositivos de área de trabalho para Windows – você não pode saber com certeza a que tipo de hardware seu aplicativo Windows Store terá acesso, de modo que não pode ser muito arrojado em sua programação. Mesmo em um caso onde exista um dispositivo de hardware compartilhado entre as plataformas, como uma câmera, normalmente encontrada nos computadores de mesa e laptops Windows mais recentes, a técnica de desenvolvimento para acessar o recurso é diferente. Tanto os aplicativos Windows Store como os aplicativos Windows Phone suportam captura de imagens e vídeo, mas as APIs utilizadas são diferentes.

- **Projetados somente para toque** Embora seja obrigatório os aplicativos Windows Store aceitarem toques e gestos se o computador do usuário for projetado para suportar esses recursos, muitos computadores (ou a maioria?) executando

Windows 8 e Windows 8.1 ainda não admitem totalmente entrada baseada em toques. Contudo, normalmente o toque é o único mecanismo físico para entrada em um Windows Phone, de modo que os aplicativos precisam ser projetados principalmente para toque. Isso significa que o código de programa que você escreveu para outros tipos de entrada não funcionará "no estado em que se encontra" em seu aplicativo Windows Phone. Você também precisará se acostumar com novos tipos de eventos e rotinas de tratamento de eventos em seu código.

- **Ciclo de vida do aplicativo** Embora existam semelhanças no modo como os aplicativos Windows Phone iniciam, executam, permanecem inativos e terminam, as APIs que os aplicativos Windows Store e os aplicativos Windows Phone chamam para gerenciar o ciclo de vida de um aplicativo são um tanto diferentes. Um motivo disso é que no ambiente Windows Phone existem recursos de sistema relativamente limitados em comparação com o espaço relativamente amplo de um computador de mesa Windows 8.1 (mais recente). Um novo termo a aprender, relacionado ao gerenciamento de ciclo de vida em um aparelho Windows Phone, é *marcação para exclusão* (*tombstoning*), estado latente no qual um aplicativo Windows Phone inativo é desligado para liberar recursos de sistema. Contudo, quando um aplicativo Windows Phone que está nesse estado latente é novamente ativado pelo usuário, o programa precisa abrir e executar como se nunca tivesse sido terminado. (Ou seja, o estado do aplicativo precisa ser preservado.)

- **Processamento em segundo plano** Por projeto, um aparelho Windows Phone 8 normalmente só executará um aplicativo por vez, para evitar perda da carga da bateria. Essa é uma lição que a Microsoft aprendeu depois de ver os usuários de Android reclamarem constantemente que estavam ficando sem bateria porque tinham habilitado a multitarefa inadvertidamente em seus smartphones. Por isso, um aparelho Windows Phone só executará um aplicativo por vez, e os desenvolvedores precisarão encarar a multitarefa de uma maneira diferente da que poderiam em um aplicativo Windows Store. No entanto, em algumas circunstâncias um tipo de multitarefa limitada é permitido; por exemplo, você pode tocar música de um aplicativo no alto-falante do telefone, enquanto utiliza outro aplicativo. Ou então, pode navegar na web enquanto faz uma ligação telefônica.

- **APIs do Windows Runtime** Embora os aplicativos Windows Phone e Windows Store tenham ambos acesso à ampla biblioteca de APIs do Windows Runtime, existem diferenças em como essas classes são utilizadas. A tarefas de sistema e os contratos são diferentes, o armazenamento local é diferente, o uso da rede é diferente e as notificações Toast são diferentes.

- **Testes** Conforme você verá no Capítulo 21, os procedimentos para testar um aplicativo Windows Phone são um tanto diferentes dos utilizados em um aplicativo Windows Store. Basicamente, você testa um aplicativo Windows Phone em um emulador de software que funciona como um aparelho Windows Phone real. No entanto, como o emulador é um software que mostra entrada na tela no Visual Studio, ele não tem uma interface ou botões de toque que você possa pressionar, como acontece em um Windows Phone. Como alternativa, você pode usar seu próprio Windows Phone para teste durante o processo de desenvolvimento. O único requisito é você se registrar na Microsoft como desenvolvedor para Windows Phone. Depois de fazer isso, você pode desbloquear seu telefone para que ele possa baixar um aplicativo que ainda não foi certificado.

CAPÍTULO 20   Introdução ao desenvolvimento para Windows Phone 8   **597**

- **Expectativas dos usuários**   De forma mais significativa, as expectativas dos usuários são simplesmente diferentes para aplicativos de smartphone. A plataforma exige soluções *móveis* novas e inovadoras. Os clientes querem encontrar pontos de acesso Wi-Fi quando estão se deslocando, querem permanecer conectados com seus amigos via mídia social, querem utilizar os sensores de seus telefones para reagirem ao ambiente e querem compartilhar mídia e monitorar a utilização de dados de seus telefones. Eles querem iniciar uma tarefa e, então, completá-la em seus laptops ou computadores de mesa. Por isso, são necessárias novas ideias e soluções.

Semelhanças

A lista anterior de diferenças entre as plataformas pode parecer um pouco desencorajadora a princípio, mas na realidade são notícias muito boas para os programadores no ambiente Windows Store que esperam se tornar produtivos rapidamente no desenvolvimento para Windows Phone 8. Algumas das principais semelhanças que você vai encontrar entre o desenvolvimento para Windows Store e para Windows Phone 8 incluem as seguintes:

- **Ambiente de desenvolvimento do Visual Studio**   Como você já viu, o IDE do Visual Studio pode ser facilmente configurado para desenvolvimento para Windows Phone 8 e o SDK necessário é gratuito neste momento. Dentro do Visual Studio, em sua maior parte, as ferramentas que você vai usar para escrever programas para Windows Phone são aquelas que já vem usando. O Designer, o Code Editor, o Solution Explorer e a janela Properties são todos semelhantes à janela Properties que você vê durante o desenvolvimento de aplicativos Windows Store. Você cria aplicativos com o mesmo modelo de programação orientada a objetos e o mesmo processo de criação, compilação e depuração de soluções.

- **Marcação XAML**   Continuando o sucesso do desenvolvimento de aplicativos Windows Presentation Foundation (WPF) e Windows Store, a interface de usuário de aplicativos Windows Phone é projetada com marcação XAML. Como agora você sabe, a XAML é uma linguagem de marcação baseada em XML que utiliza uma hierarquia de elementos para descrever o projeto de um aplicativo e para instanciar objetos .NET. Tudo isso é feito no IDE do Visual Studio, utilizando o Code Editor e a janela Properties. (Você também pode usar o Blend for Visual Studio para criar a marcação XAML de seu aplicativo Phone e de seu aplicativo Windows Store.)

- **Controles XAML**   Tanto os controles Windows Store como os controles Windows Phone 8 são baseados nas diretrizes de projeto do Windows 8.1, as quais afirmam reduzir a confusão na tela e o "cromo" de interface desnecessário, como barras de menu, barras de ferramentas, barras de rolagem persistentes e caixas de diálogo. Consequentemente, você verá que a maioria dos controles Windows Phone tem nomes e funcionalidades conhecidas, mesmo que propriedades, métodos e eventos específicos sejam um pouco diferentes, e precisarão ser usados de diferentes maneiras no ecossistema menor do Phone.

- **.NET Framework**   Embora algumas das APIs do Windows Runtime sejam diferentes ao se escrever aplicativos Windows Phone 8, você verá que a maioria das conhecidas bibliotecas e classes do .NET Framework funciona sem modificação ao utilizá-las em um aplicativo Windows Phone. As habilidades que você adquiriu de declarar coleções e arrays, processar strings, calcular fórmulas matemáticas etc., funcionarão praticamente inalteradas nos aplicativos Windows Phone, pois a programação para Windows Phone faz parte da família .NET de tecnologias Windows.

- **Linguagem Visual Basic**   Visual Basic 2013 é a mesma linguagem básica no desenvolvimento para Windows Phone 8 e no desenvolvimento para Windows Store. Isso porque o SDK 8.0 do Windows Phone é um kit de ferramentas que configura o Visual Studio para programação para Windows Phone e o Visual Basic (junto com o Visual C#) é uma linguagem básica no produto Visual Studio. Isso significa que as habilidades fundamentais com a linguagem que você adquiriu, como usar tipos, declarar variáveis, escrever rotinas de tratamento de eventos, usar estruturas e loops, gerenciar dados com LINQ, criar procedimentos de classes e propriedade etc., são todas atividades fundamentais que podem ser continuadas nos aplicativos Windows Phone 8.

- **Acesso a dados**   As ferramentas e técnicas de acesso a dados em um aplicativo Windows Phone 8 são semelhantes às que você já aprendeu para aplicativos Windows Store. Em seus projetos, você pode usar ADO.NET, documentos XML, coleções, LINQ etc. Em um nível bastante técnico, as APIs utilizadas nos aplicativos Windows Phone 8 são um subconjunto das APIs disponíveis para aplicativos Windows Store, e não oferecem suporte para armazenamento de dados temporário e alguns outros recursos avançados.

- **Blocos ativos**   Como já vimos neste capítulo, a página Iniciar do Windows Phone utiliza blocos de aplicativo coloridos, exatamente como a página Iniciar do Windows 8.1. As duas plataformas também suportam blocos ativos (ou dinâmicos), os quais atualizam periodicamente o seu conteúdo com informações úteis. (Contudo, o processo de envio de atualizações de blocos ativos é um tanto diferente.) Você pode projetar os blocos necessários para as duas plataformas utilizando ferramentas do IDE do Visual Studio.

- **Bibliotecas de classes portáveis**   Embora parte do código em um projeto Windows Phone precise ser exclusivo para esse aplicativo, também existem ocasiões em que código pode ser compartilhado entre um aplicativo Windows Store e um aplicativo Windows Phone. No Visual Studio, isso é facilitado pela criação de uma biblioteca de classes portável, contendo o código compartilhado. Basicamente, o que você faz é escrever seu código Visual Basic em classes que contêm a lógica e as estruturas que deseja compartilhar entre várias plataformas e, então, construir assemblies gerenciados que encapsulem essa lógica. As bibliotecas de classes portáveis permitem a você construir assemblies que funcionarão sem modificação nas plataformas Windows Store, Windows Forms, WPF, ASP.NET, Silverlight, Windows Phone 7, Windows Phone 8 e Xbox 360.

- **Windows Phone Store**   Do ponto de vista comercial, o modelo de promoção, vendas, distribuição e atualização fornecido pela Windows Phone Store é muito parecido com o fornecido pela Windows Store. Para um desenvolvedor de aplicativos Windows Store, esse modelo comercial é familiar e os requisitos de certificação são semelhantes.

- **Usabilidade do Windows**   Vale frisar a convergência e a sinergia óbvias agora existentes no mercado entre as plataformas Windows 8.1 e Windows Phone 8. Essas ferramentas funcionam muito bem juntas, e muitas vezes os usuários estão ativos nos dois ambientes, iniciando uma tarefa no computador de mesa, adicionando algo ao telefone e vendo isso posteriormente em um tablet Surface.

Se você tem experiência em escrever aplicativos Windows Store e em projetar programas para usuários de Windows 8.1, essa experiência será de grande ajuda para criar aplicativos Windows Phone.

Em resumo, as plataformas Windows Store e Windows Phone 8 fornecem um conjunto de recursos comum e um modelo comercial complementar, o que possibilita a reutilização de uma quantidade significativa de código e itens ao se compilar soluções para ambas. Contudo, existem diferenças substanciais entre os dois ambientes, especialmente em relação a como as características de hardware únicas do Windows Phone são aproveitadas em um aplicativo Windows Phone. Essas diferenças significam que você precisará criar uma interface de usuário separada para as duas plataformas e que, na maioria dos casos, as interfaces exigirão marcação XAML, controles e rotinas de tratamento de eventos próprias. No entanto, de forma mais significativa, o Windows Phone 8 oferece uma plataforma estimulante para tipos de aplicativos totalmente novos. Quando projetá-los, você poderá utilizar suas habilidades de codificação em Visual Basic e Visual Studio!

Resumo

Este capítulo apresentou as oportunidades de desenvolvimento para Windows Phone 8 para programadores em Visual Basic 2013, incluindo a Windows Phone Store, um estimulante ponto de comercialização e distribuição para desenvolvedores de software que desejam criar aplicativos para smartphone. Você aprendeu os recursos únicos do ecossistema Windows Phone 8, como a Windows Phone Store funciona, como o kit de ferramentas SDK 8.0 do Windows Phone é instalado e quais são as principais diferenças e semelhanças entre o desenvolvimento de aplicativos para Windows Phone e para Windows Store.

No Capítulo 21, você vai usar o Visual Studio e o SDK 8.0 do Windows Phone para escrever um aplicativo Windows Phone 8 a partir do zero, utilizando as habilidades e técnicas que aprendeu ao longo deste livro.

CAPÍTULO 21

Crie seu primeiro aplicativo para Windows Phone 8

Neste capítulo, você vai aprender a:

- Utilizar ferramentas do Visual Studio para construir a interface de usuário de um aplicativo Windows Phone.
- Utilizar controles XAML essenciais da Toolbox do Windows Phone.
- Escrever rotinas de tratamento em Visual Basic para eventos de toque no Windows Phone.
- Testar seu aplicativo no Visual Studio Phone Emulator.
- Gerenciar estados do ciclo de vida do Windows Phone, como *Activated* e *Deactivated*.

Como visto no Capítulo 20, "Introdução ao desenvolvimento para Windows Phone 8", o IDE do Visual Studio 2013 está pronto para ajudá-lo a criar aplicativos para Windows Phone. Se você completou aquele capítulo e estudou o conteúdo sobre programação para Windows Store deste livro, está pronto para construir seu primeiro aplicativo Windows Phone 8 agora mesmo.

O Capítulo 21 ensina a criar um aplicativo de telefone celular, o qual conta a pontuação no campo de golfe enquanto você joga uma partida de 18 buracos, real ou imaginária. Se você não tem um interesse especial em golfe, tudo bem – escolhi esse aplicativo para smartphone porque ele permite andar ao ar livre, o que gosto de fazer com meu Windows Phone. Um aplicativo de pontuação no golfe também precisa ser desativado quando não estiver em uso e novamente ativado quando você estiver pronto para registrar uma pontuação. Esse requisito de recurso é típico dos aplicativos para smartphone e me dará a chance de ensiná-lo a usar a classe *PhoneApplicationService* e as rotinas de tratamento de eventos *Activated* e *Deactivated*.

Seu trabalho começa com a criação de um novo projeto para Windows Phone 8 e a exploração de um IDE do Visual Studio configurado para programação para Windows Phone. Em seguida, você aprenderá a usar controles XAML da Toolbox Windows Phone Controls, a configurar propriedades e criar rotinas de tratamento de eventos e a declarar variáveis globais em um aplicativo Windows Phone. Depois, você vai aprender a gerenciar eventos de ciclo de vida de um aplicativo Windows Phone, incluindo eventos de abertura, ativação, desativação e fechamento. Por último, aprenderá a testar seu aplicativo Windows Phone utilizando o Visual Studio Phone Emulator.

Note que não é necessário um Windows Phone para fazer os exercícios deste capítulo. Você precisa apenas do kit de ferramentas SDK 8.0 do Windows Phone, o qual é incluído no Visual Studio 2013 Professional, Premium e Ultimate. Também é possível baixar o kit manualmente. (Para mais informações, consulte o Capítulo 20.)

Crie um projeto Windows Phone

O Visual Studio 2013 fornece vários templates para desenvolvimento de aplicativos para Windows Phone 8, os quais você poderá examinar na caixa de diálogo New Project quando abrir um novo projeto Windows Phone. A seleção de templates de aplicativos Phone é parecida com a que você vê na caixa de diálogo New Project para um aplicativo Windows Store, pois existe um template básico padrão e também templates com controles incorporados, como o template Windows Phone Panorama App, que utiliza o controle *Panorama* para criar uma área de trabalho de aplicativo que pode ser rolada e é semelhante ao que se vê em aplicativos Windows Phone 8 comerciais.

De especial interesse é o template Windows Phone Audio Playback, que permite tocar música de fundo em um aplicativo Windows Phone. Esse template explora um serviço especial da plataforma Windows Phone que permite reprodução em segundo plano mesmo depois que o aplicativo tiver sido desativado. (Isso é útil, pois, normalmente, os aplicativos Windows Phone não executam em segundo plano.)

No exercício a seguir, você vai começar a construção do aplicativo Golf Caddy para Windows Phone 8, primeiramente criando um novo projeto Phone e depois usando controles XAML para construir a interface de usuário.

Crie um novo projeto Windows Phone

1. Inicie o Visual Studio 2013.
2. No menu File do Visual Studio, clique em New Project.
3. Sob Templates, selecione Visual Basic e, então, selecione a categoria Windows Phone.

    Você verá uma coleção de templates para Windows Phone. (Se não vir, pode ser que o kit de ferramentas SDK 8.0 do Windows Phone não esteja instalado. Consulte no Capítulo 20 uma discussão sobre como configurar seu sistema corretamente para desenvolvimento de Windows Phone 8.)

4. Clique no template Windows Phone App (Visual Basic).

    Esse é o template do Windows Phone básico (padrão), com bastante código de template útil, mas sem controle ou recurso especial.

5. Na caixa de texto Name, digite **My Golf Caddy** e clique em OK.

    O Visual Studio cria um novo projeto Windows Phone 8 chamado My Golf Caddy e prepara o IDE para programação para Windows Phone. (Por todo este capítulo, você verá simplesmente Golf Caddy na barra de título, o nome do projeto dos arquivos de exemplo.) Sua tela estará parecida com esta:

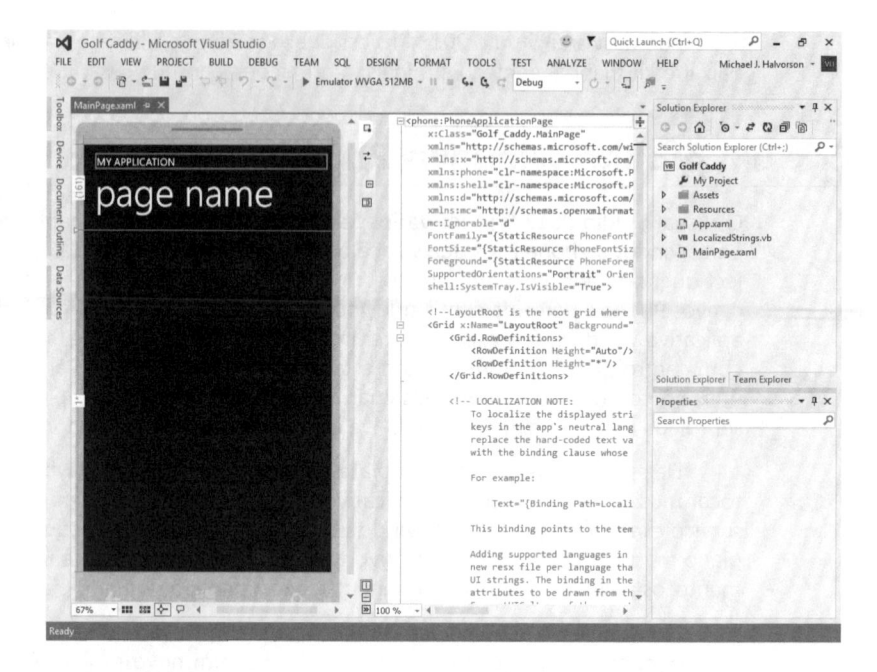

O que você vê aqui é muito parecido com a configuração padrão do IDE para um aplicativo Windows Store ou Windows Forms, exceto que o Designer, no lado esquerdo da tela, contém uma apresentação prévia da interface de usuário do Windows Phone, em vez de uma página com proporções de área de trabalho tradicionais.

Observe que o Code Editor também aparece no meio do IDE. Como há um pouco mais de espaço na tela (a interface de usuário de um aplicativo Windows Phone não é tão grande quanto um aplicativo Windows Store), alguns desenvolvedores gostam de exibir o Code Editor à direita do Designer.

No Solution Explorer, você também verá os conhecidos arquivos App.xaml e MainPage.xaml, assim como a pasta Assets que contém blocos (tiles) e outros arquivos de imagem. Todos esses três elementos são incluídos nos projetos Windows Store codificados em Visual Basic, mas o conteúdo de cada item é um pouco diferente.

Agora você vai examinar um pouco mais o IDE do Visual Studio para ver o que mais parece familiar.

Explore o IDE do Visual Studio

1. No lado direito do IDE, localize as janelas Toolbox, Device, Document Outline e Data Sources.

   Por padrão, todos esses itens estão na posição encaixada. Cada ferramenta executa no IDE uma função semelhante a quando você está criando um aplicativo Windows Phone. Você utilizará a Toolbox no próximo exercício.

CAPÍTULO 21   Crie seu primeiro aplicativo para Windows Phone 8   **603**

2. Próximo ao canto inferior esquerdo do Designer, localize a ferramenta Zoom.

   Essa ferramenta permite ampliar a página atual do Windows Phone (para ver mais detalhes) ou reduzir (para ver uma parte maior da página). Ela funciona exatamente como quando você criou aplicativos Windows Store. O valor atual da ferramenta Zoom é 67%, mas você pode escolher outro valor clicando no botão suspenso da ferramenta.

3. Próximo ao canto inferior direito do Designer, localize a janela Properties.

   Embora os controles, propriedades e eventos em um aplicativo Windows Phone sejam exclusivos para esse ambiente em particular, a janela Properties funciona como na plataforma Windows Store. Você pode configurar propriedades utilizando marcação XAML ou a janela Properties. Antes de configurar uma propriedade, você precisa selecionar o controle relevante no Designer ou na marcação XAML.

4. No Solution Explorer, clique no nó de expansão da árvore ao lado do arquivo App.xaml.

   O conteúdo padrão de App.xaml aparece no Code Editor. Esse arquivo é uma classe parcial representando configurações e recursos globais do projeto. Ele tem o mesmo nome e finalidade do arquivo App.xaml de um aplicativo Windows Store, mas o conteúdo de App.xaml é diferente em um aplicativo Windows Phone.

   Debaixo do arquivo App.xaml expandido, você também verá App.xaml.vb, o arquivo code-behind em Visual Basic que, quando combinado com App.xaml, comporá uma classe completa em seu projeto. App.xaml.vb contém código padrão em Visual Basic, fornecido pelo template Windows Phone, que define a classe App, inicializa vários componentes e fornece rotinas de tratamento para eventos de ciclo de vida no fluxo de seu programa, como início e desativação. Mais adiante no capítulo, você vai adicionar código a esse arquivo para gerenciar o estado do aplicativo.

5. No Solution Explorer, clique no nó de expansão da árvore ao lado do arquivo MainPage.xaml.

   O Visual Studio mostra a entrada do arquivo MainPage.xaml.vb. MainPage.xaml está visível no Designer – ele contém a interface de usuário padrão do template para o aplicativo Windows Phone. O arquivo code-behind MainPage.xaml.vb funciona exatamente como seu homônimo em um aplicativo Windows Store – ele importa os namespaces necessários, define a classe parcial *MainPage* e fornece espaço para rotinas de tratamento de eventos que respondem à interação com os objetos XAML definidos na página em MainPage.xaml.

   Agora você vai editar o template Windows Phone padrão no Designer. Vai usar as janelas Designer e Properties para fazer alterações no elemento *PhoneApplicationPage* do arquivo App.xaml. A classe *PhoneApplicationPage* é equivalente à classe *Page* em um aplicativo Windows Store.

Ajuste as configurações em *PhoneApplicationPage*

1. Clique no objeto bloco de texto Page Name na parte superior da página Windows Phone no Designer.

   O Visual Studio realça a marcação XAML de um controle *TextBlock* no arquivo App.xaml que contém as palavras "page name". Esse é o cabeçalho de banner padrão para o template Windows Phone básico e é fácil personalizá-lo, editando diretamente a marcação XAML em App.xaml ou utilizando a janela Properties quando o objeto *TextBlock* estiver selecionado.

2. Na janela Properties, altere a propriedade *Text* do objeto *TextBlock* selecionado para **Golf Caddy**.

   O Visual Studio atualiza o arquivo App.xaml e a página no Designer com o novo cabeçalho.

3. Clique no objeto bloco de texto MY APPLICATION, acima do novo objeto Golf Caddy que você acabou de modificar.

   O Visual Studio realça a marcação XAML de um segundo objeto bloco de texto no arquivo App.xaml.

4. Utilize a janela Properties para alterar a propriedade *Text* desse objeto para **Score Master**.

   Agora, sua página Windows Phone será semelhante a esta no Designer:

Exatamente como em um aplicativo Windows Store, você pode configurar propriedades utilizando marcação XAML diretamente ou a janela Properties.

Agora você vai adicionar um controle Windows Phone *Image* à interface do usuário.

CAPÍTULO 21   Crie seu primeiro aplicativo para Windows Phone 8   605

Adicione um controle *Image* à página

1. Clique com o botão direito do mouse na pasta Assets no Solution Explorer, aponte para o comando Add e clique em Existing Item.

2. Na caixa de diálogo Add Existing Item, acesse a pasta Meus Documentos\Visual Basic 2013 SBS\Chapter 21 e clique em Golf Course, um arquivo JPEG contendo a imagem do *green* e de uma bandeira de um campo de golfe.

3. Clique em Add para adicionar a foto à pasta Assets de seu projeto.

   Conforme você aprendeu no desenvolvimento para Windows Store, quando um arquivo é adicionado à pasta Assets, ele se torna parte do projeto em que se está trabalhando e será incluído quando o projeto for empacotado para distribuição via Windows Phone Store.

4. Agora, abra a Toolbox do Windows Phone e examine os controles que podem ser usados para criar aplicativos para smartphone.

   Sua Toolbox será parecida com esta:

Os controles da Toolbox do Windows Phone compartilham muitos dos nomes e características dos controles Windows Store e são baseados em classes .NET e em XAML. Contudo, os controles Phone são armazenados em um namespace diferente e mantêm um conjunto de métodos, propriedades e eventos distinto. Você também verá alguns controles que são exclusivos da Toolbox do Windows Phone, como *Panorama*.

5. Clique no controle *Image* e, em seguida, no Designer, crie na página um objeto *Image* que ocupe cerca de três quartos dela.

    Esse objeto fornecerá uma imagem de fundo colorida para nosso aplicativo de smartphone Golf Caddy. Dimensione a imagem de modo que ocupe toda a área do aplicativo fornecida pelo template de aplicativo Windows Phone, abaixo do bloco de texto Golf Caddy. O controle imagem ficará fixo quando você arrastar os lados do controle para a margem do template.

6. Com o novo objeto imagem selecionado, volte à janela Properties e abra a categoria Common do controle *Image*.

7. Clique na caixa de texto *Source* e, então, clique em GolfCourse.jpg.

    A foto de um campo de golfe preenche o objeto imagem no Designer.

8. Configure a propriedade *Stretch* como Fill.

9. Ajuste o espaçamento da imagem de modo que ela ocupe a área do aplicativo inteira na página, debaixo do bloco de texto Golf Caddy.

    Observe que o projeto do template preserva uma faixa de espaço muito fina em torno da borda da página Windows Phone. Recomendo deixar esse espaço preto, pois o projeto do template está preservando uma fina faixa preta em torno da tela para mostrar a hora atual e outras informações.

10. Na janela Properties, altere a propriedade *Name* do objeto imagem para **GolfImage**.

    Dar nomes aos seus objetos também é um passo importante na programação para Windows Phone e é uma necessidade quando você vai se referir a esses objetos de dentro do arquivo code-behind MainPage.xaml.vb. (Esse não é o caso aqui, mas será para outros objetos.)

    Sua página deve ser parecida com esta:

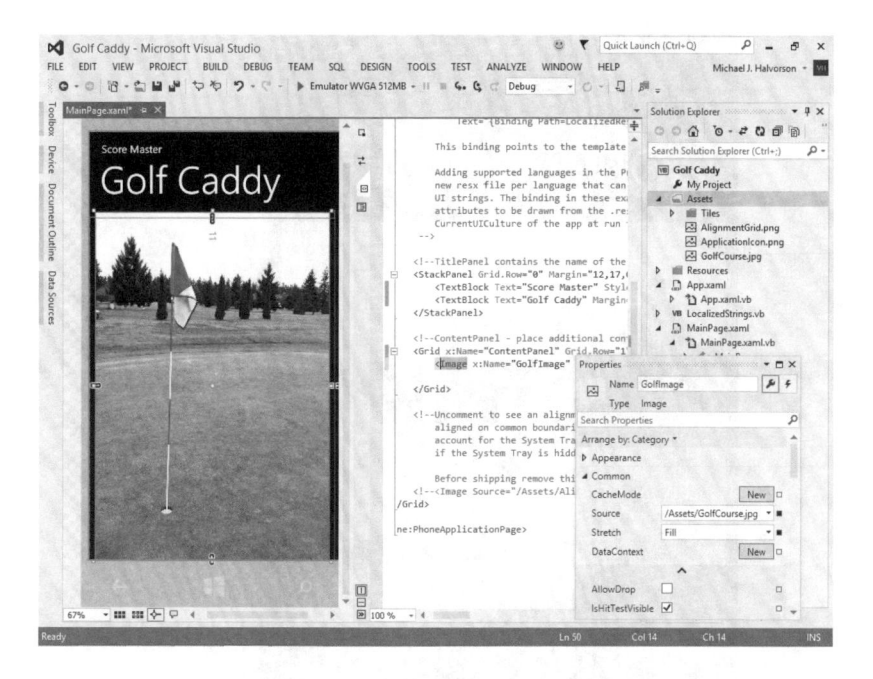

CAPÍTULO 21   Crie seu primeiro aplicativo para Windows Phone 8   **607**

Projete a interface do usuário do aplicativo Golf Caddy

Agora você vai adicionar os controles de interface de usuário que compõem o aplicativo Phone Golf Caddy. Esse programa monitora a pontuação de uma partida de golfe de 18 buracos, como uma alternativa ao uso de um cartão de marcação impresso e um lápis. Consequentemente, o programa deve ser fácil de usar e ter ferramentas de interface simples de operar por meio de toques. Escolhi esse programa em particular para este capítulo porque é obviamente um aplicativo *móvel* – você não carregaria um computador de mesa ou um laptop pelo campo de golfe para monitorar a contagem, carregaria?

O programa Golf Caddy usará um controle *TextBlock* (*TotalTextBlock*) para exibir a contagem atual no desenrolar da partida de golfe de 18 buracos. Toda vez que a pontuação de um novo buraco for inserida no aplicativo Phone, o objeto *TotalTextBlock* será atualizado para refletir a contagem sucessiva.

O aplicativo também usará um controle *TextBox* chamado *HoleScore* para receber entrada numérica do usuário e somá-la ao total. Ao lado da caixa de texto *HoleScore* haverá um rótulo sem nome que descreve a caixa de texto, assim como um controle *Button* chamado *ScoreHoleButton* que executa uma rotina de tratamento de eventos para registrar a contagem quando o usuário pressionar o botão. Há ainda um controle *TextBlock* chamado *CurrentHoleTextBlock*, o qual exibe o buraco em que se está jogando, e um segundo controle *Button* chamado *NewRoundButton*, que o usuário pressionará quando (e se) quiser zerar a pontuação e iniciar uma nova partida de golfe. Iniciar o programa a partir da página Iniciar também reiniciará o aplicativo e começará uma nova partida.

A interface de usuário concluída ficará como a página da ilustração a seguir:

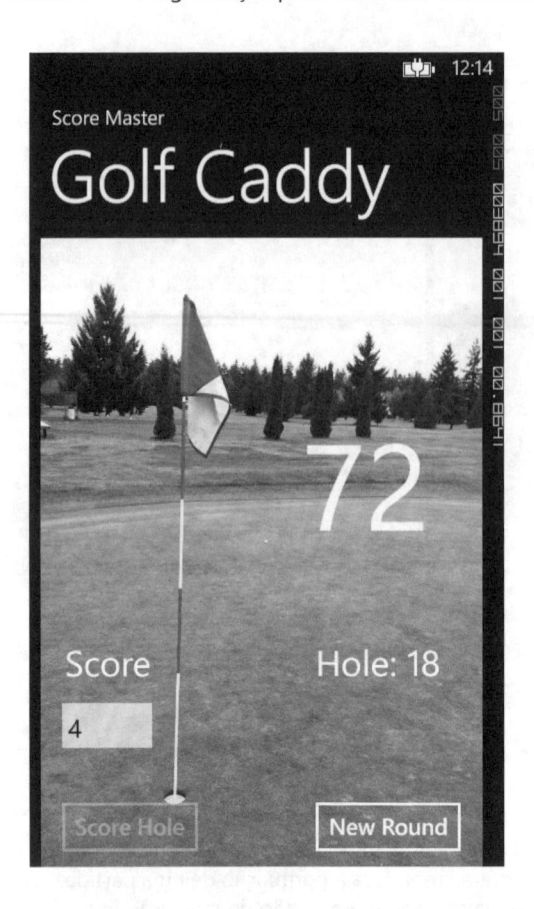

Faça os exercícios a seguir para completar a interface de usuário do aplicativo Phone Golf Caddy.

Adicione três controles *TextBlock* e um *TextBox*

1. Clique no controle *TextBlock* da Toolbox e crie um objeto bloco de texto bem grande próximo ao meio da página. Chame o bloco de texto de **TotalTextBlock** e configure sua propriedade *FontSize* como **120**. Configure a propriedade *Text* como **"0"** e centralize o texto que aparece no bloco de texto.

2. Clique no controle *TextBlock* da Toolbox novamente e, abaixo do novo objeto *TotalTextBlock*, crie outro objeto bloco de texto para exibir o número do buraco atual que está sendo jogado. Chame esse objeto de **CurrentHoleTextBlock**. Configure a propriedade *Text* como "**Hole: 1**" e a propriedade *FontSize* como **36**.

3. Crie outro controle *TextBlock* no lado esquerdo da página (defronte de *CurrentHoldTextBlock*) e configure sua propriedade *Text* como "**Score**". Mude a propriedade *FontSize* do objeto para **36**. Não é necessário dar nome a esse objeto porque ele não será usado no arquivo code-behind. É apenas um rótulo para o objeto caixa de texto que você vai criar no próximo passo.

4. Abaixo do bloco de texto que contém "Score", crie um controle *TextBox* pequeno, com espaço suficiente para exibir um número de dois ou três algarismos. Chame o objeto de **HoleScoreTextBox** e configure sua propriedade *InputScope* como Number. Remova o texto que está na caixa de texto para que ela fique vazia.

A propriedade *InputScope*, apresentada aqui pela primeira vez, dá uma pista ao Visual Studio sobre o tipo de entrada que poderá ser recebida pelo objeto caixa de texto. Como toda entrada em um aplicativo Windows Phone acontece por meio de toques, o Windows Phone exibe um painel de entrada por software (SIP – software input panel) para ajudar o usuário a inserir os caracteres necessários. Você obterá esse comportamento automaticamente com os controles *TextBox* e *PasswordBox*.

A aparência do SIP padrão do Windows Phone pode ser alterada pela configuração da propriedade *InputScope* do controle *TextBox*. Na janela Properties são fornecidas várias opções comuns para *InputScope*. Estou tornando isso mais fácil para os usuários do aplicativo Golf Caddy agora, especificando Number.

5. Abaixo do novo objeto caixa de texto, no canto inferior esquerdo da página, crie um novo controle *Button* chamado **RecordScoreButton**. Mude a propriedade *Content* do botão para "**Score Hole**".

6. No canto inferior direito da página, crie um novo controle *Button* chamado **NewRoundButton**. Mude a propriedade *Content* do botão para "**New Round**".

Bom trabalho. Sua interface de usuário será semelhante a esta no Designer:

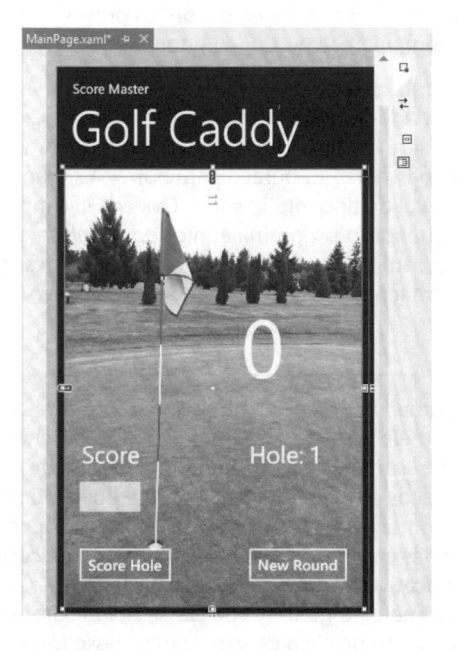

Se olhar no Code Editor agora, você verá a marcação XAML que define o layout e o conteúdo dos objetos que acabou de criar e, se quiser, poderá fazer ajustes de propriedades ou de espaçamento.

7. Clique no comando Save All no menu File para salvar as adições feitas ao projeto Golf Caddy. Especifique a pasta Meus Documentos\Visual Basic 2013 SBS\Chapter 21 como o local.

O comando Save All salva tudo no projeto – o arquivo de projeto, as páginas, os arquivos code-behind, os itens e outros componentes relacionados em seu aplicativo Windows Phone 8.

Escreva o código

Agora você está pronto para escrever o código do programa Golf Caddy. Nos passos a seguir, você vai criar um módulo de código para algumas variáveis globais e, então, vai criar rotinas de tratamento de eventos para os objetos *RecordScoreButton* e *NewRoundButton*. Você usará a mesma linguagem Visual Basic com que trabalhou ao longo deste livro.

Utilize o Code Editor

1. Clique em Add Module no menu Project para criar um novo módulo de código no projeto.

2. Com o template Module selecionado na caixa de diálogo Add New Item, clique em Add.

   O Visual Studio adiciona ao projeto um módulo de código chamado Module1.vb e os arquivos aparecem no Solution Explorer com os outros arquivos do projeto. Agora o módulo também aparece no Code Editor.

   Você vai usar esse módulo de código para declarar duas variáveis globais para que possam ser referenciadas em MainPage.xaml.vb e em App.xaml.vb. A primeira variável (*TotalScore*) será do tipo inteiro short e armazenará a pontuação do jogador à medida que passa de um buraco para outro. A segunda (*CurrentHole*) também será uma variável de tipo inteiro short. *CurrentHole* monitora o número de buracos jogados. Quando o programa é iniciado, *TotalScore* é zerada e *CurrentHole* é configurada com 1. Essas variáveis globais também serão usadas para salvar e restaurar informações de estado quando o aplicativo for desativado e ativado.

> **Nota** Nesse programa, o número de buracos jogados será sempre 18, embora uma versão melhorada do programa pudesse solicitar ao usuário diversas opções interessantes relacionadas a uma partida de golfe, incluindo o número de buracos a serem jogados, o nome do campo de golfe, a classificação do par, o nome do jogador, a data etc. Essas opções normalmente seriam definidas e armazenadas em uma página de configurações separada em seu aplicativo Windows Phone, e poderiam ser armazenadas entre as partidas por meio de métodos da classe *IsolatedStorageSettings*. (Consulte "Gerenciamento de ciclo de vida com a classe *IsolatedStorageSettings*", mais adiante neste capítulo.)

CAPÍTULO 21 Crie seu primeiro aplicativo para Windows Phone 8 **611**

3. Digite o código a seguir entre as instruções *Module* e End *Module*:

```
'Variáveis globais para o aplicativo Windows Phone Golf Caddy
Public TotalScore As Short = 0
Public CurrentHole As Short = 1
```

4. Clique no botão Save All da barra de ferramentas e, então, clique no botão Close da guia Module1.vb para fechar o módulo de código.

   Agora você vai criar rotinas de tratamento de eventos para os dois objetos botão.

5. No Designer, clique no botão que contém Score Hole (o objeto *RecordScoreButton*) e, então, clique no botão Event Handler (o raio) na janela Properties.

6. A lista de eventos suportados pelo objeto *Button* aparece na janela Properties, como mostrado na tela a seguir:

Observe que a lista de eventos de *Button* suportados é diferente da que você veria para o controle *Button* em um aplicativo Windows Store. Isso porque o controle *Button* foi otimizado para desenvolvimento para Windows Phone 8.

Pense um pouco em como a entrada do usuário funciona em um aplicativo Windows Phone. Não há mouse, teclado nem caneta ótica tradicional aqui; toda entrada é baseada em toques. Por isso, os programadores de Windows Phone frequentemente estão muito interessados em explorar os gestos *Tap*, *DoubleTap*, *Drag* e *Hold*, os quais você verá listados na coleção de eventos suportados para o controle *Button*. Contudo, verá também vários eventos aparentemente relacionados à entrada com mouse, como *Click*, *DoubleClick*, *MouseMove*, *MouseWheel* e assim por diante. Por que esses eventos de entrada com mouse ainda estão listados para o controle *Button no* Windows Phone?

A resposta é que entrada com mouse ainda é usada como um modelo conveniente para tratamento de eventos na programação para Windows Phone, apesar de um mouse físico não ser utilizado para entrada. Afinal, existe muito código por aí que processa cliques de mouse para gerenciar controles de entrada. Os projetistas da Microsoft acharam que seria adequado continuar a usar *Click* e *DoubleClick* como os principais eventos esperados por um controle *Button*, apesar de o usuário de telefone celular na verdade *tocar* na tela do aparelho e não usar um mouse.

Desse modo, as duas rotinas de tratamento de eventos que você vai escrever neste capítulo esperarão pelo evento *Click*, que ocorre quando o usuário pressiona objetos botão na tela. Ao escrever seus próprios programas Windows Phone, você desejará expandir sua lista de eventos suportados com *Hold*, *Drag* e outros gestos.

7. Clique duas vezes no evento *Click* na janela Properties do objeto *RecordScoreButton*.

   O Visual Studio abre a rotina de tratamento de eventos *RecordScoreButton_Click* no Code Editor.

8. Digite o seguinte código em Visual Basic:

```
'soma a pontuação do buraco atual ao total e exibe
TotalScore = TotalScore + HoleScoreTextBox.Text
TotalTextBlock.Text = TotalScore

'determina se ainda restam buracos para jogar
If CurrentHole = 18 Then
    'para se o 18º buraco terminou; desabilita o botão Score Hole, espera novo jogo
    RecordScoreButton.IsEnabled = False
Else
    'se ainda não terminou, passa para o próximo buraco e espera uma nova pontuação
    CurrentHole = CurrentHole + 1
    CurrentHoleTextBlock.Text = "Hole: " & CurrentHole
End If
```

Essa rotina de tratamento de eventos executa quando o usuário clica no botão Score Hole, indicando que ele digitou um número no objeto *HoleScoreTextBox* e quer passar para o próximo buraco. As tarefas que essa rotina executa são muito simples: a pontuação do buraco que está na caixa de texto é somada ao total geral e armazenada na variável global *TotalScore*. Esse número também aparece no objeto *TotalTextBlock* grande na página, para que o total parcial fique visível.

Então, a rotina faz um teste para ver onde o jogador está em sua partida no campo de golfe. Se ele estava jogando o 18º e último buraco e acabou de registrar essa pontuação, a rotina desabilita o objeto *RecordScoreButton* para que mais nenhuma pontuação possa ser somada, e a partida está terminada. O usuário pode então ver a página com sua imagem atraente e a pontuação final. Uma vez terminado seu serviço, ele pode fechar o aplicativo clicando no botão Voltar ou começar um novo jogo, clicando no botão New Round.

Contudo, se a partida não tiver terminado, a rotina de tratamento de eventos incrementará a variável global *CurrentHole* e exibirá o número do novo buraco na página, utilizando o objeto *CurrentHoleTextBlock*. A cláusula *Else* gerencia esse processo uma vez para cada buraco jogado pelo golfista. Em comparação, a cláusula *Then* é executada somente uma vez durante a partida inteira – quando o 18º buraco estiver terminado.

Agora você vai criar a rotina de tratamento de eventos para o botão New Round.

9. No Designer, clique no objeto *NewRoundButton* e, então, exiba a lista de evento na janela Properties.

10. Clique duas vezes no evento *Click* na janela Properties para criar a rotina de tratamento de eventos.

O Visual Studio abre a rotina de tratamento de eventos *RecordScoreButton_Click* no Code Editor.

11. Digite o seguinte código:

```
'reinicia o jogo, as variáveis e a interface de usuário
TotalScore = 0
TotalTextBlock.Text = TotalScore
CurrentHole = 1
CurrentHoleTextBlock.Text = "Hole: 1"
RecordScoreButton.IsEnabled = True
```

Essa rotina é executada quando o jogador está pronto para uma nova partida. A variável global *TotalScore* é zerada e *CurrentHole* é configurada como 1. Os objetos bloco de texto na página são reiniciados para exibir as mesmas configurações que o usuário viu quando iniciou o programa. Por fim, o objeto *RecordScoreButton* é habilitado para que possa ser novamente usado para inserir contagens.

12. Clique no botão Save All para salvar suas alterações.

Você adicionou recursos suficientes para executar e testar seu aplicativo. No entanto, o processo é um pouco diferente do que em um aplicativo Windows Store ou Windows Forms. Você vai usar o Visual Studio Windows Phone Emulator.

Teste aplicativos Windows Phone

Os comandos do Visual Studio para executar, testar e depurar aplicativos Windows Phone são semelhantes aos que você usou para outros tipos de aplicativo no Visual Studio 2013. A única diferença importante é que, na maioria dos testes, você executará seu aplicativo com o software Windows Phone Emulator, uma máquina virtual que simula a plataforma Windows Phone. Isso dará uma ideia da aparência e do funcionamento de seu aplicativo antes de testá-lo em um Windows Phone real.

Lembre-se de que, antes que seu aplicativo Windows Phone possa ser publicado e distribuído na Windows Phone Store, ele precisa ser formalmente registrado na Microsoft e também passar por vários testes de certificação. Ou seja, a Microsoft não permitirá que você distribua seu aplicativo Windows Phone até que ele tenha sido certificado. A exceção é que, se você se registrar na Microsoft como desenvolvedor de Windows Phone e pagar a taxa inscrição anual, poderá desbloquear seu aparelho Windows Phone 8 e utilizá-lo para executar e testar seus aplicativos Windows Phone.

Antes que isso aconteça, você desejará fazer todos os seus testes importantes com o software Windows Phone Emulator. Você vai experimentar isso agora.

Utilize o Windows Phone Emulator

1. Clique no botão Start da barra de ferramentas Standard.

   Observe que o botão Start contém o nome de um Windows Phone Emulator. Por exemplo, minha versão do Visual Studio tem um emulador chamado "WVGA 512MB" listado ao lado do botão Start. (Uma especificação de hardware padrão que deve simular o mínimo do que todos os fabricantes de aparelhos Windows Phone 8 autorizados estão usando.) Um emulador diferente pode ser selecionado na caixa de listagem suspensa do botão Start.

   Como esse emulador é uma máquina virtual, o Visual Studio demorará um pouco para iniciá-lo e exibir seu aplicativo em execução. Seja paciente. A primeira coisa que você verá será a janela do emulador na tela, com um exemplo de página Iniciar do Windows Phone. Você verá blocos e recursos típicos simulados. Foi assim que meu emulador ficou logo depois de eu ter iniciado o programa:

CAPÍTULO 21   Crie seu primeiro aplicativo para Windows Phone 8   **615**

Não se deixe levar pela emoção aqui – você não poderá começar a dar toques no emulador e operar o Windows Phone como se fosse um dispositivo de toque real. Contudo, o emulador foi projetado para funcionar com cliques de mouse em um sistema de desenvolvimento desktop. Você pode clicar nos botões Voltar, Windows ou Pesquisar, e arrastar a interface de usuário para rolar. Também poderá clicar com o mouse nos botões da interface de usuário do aplicativo Golf Caddy para testá-los.

O aplicativo Golf Caddy iniciará automaticamente. Quando o programa aparecer no emulador, terá esta aparência:

A interface de usuário tem bom aspecto. Ela está pronta para receber entrada de um jogo de golfe de 18 buracos. Mas observe que, além do aplicativo Golf Caddy, mais algumas coisas estão visíveis. Por exemplo, você pode ver um ícone de carga de bateria do telefone na barra de status, na parte superior da página, e a hora do sistema atual também aparece (1:15). Algumas informações de depuração também estão visíveis no canto superior direito da página.

Agora você vai testar o comportamento do aplicativo.

2. Clique no objeto caixa de texto abaixo do rótulo Score.

   O Windows Phone exibe o painel de software para entrada numérica.

3. Clique no número 4, sua pontuação simulada para o primeiro buraco.

   Sua tela será parecida com esta:

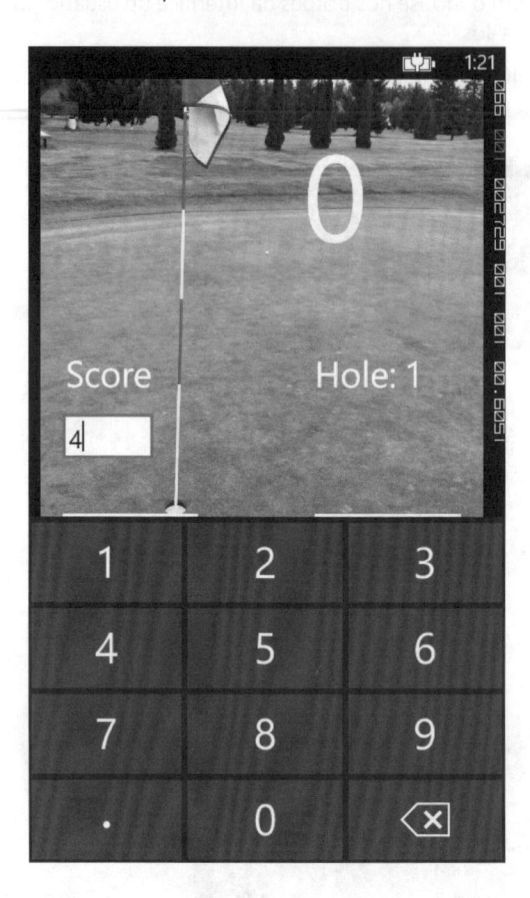

4. Clique no plano de fundo do aplicativo Golf Caddy.

   O SIP desaparece.

5. Clique no botão Score Hole.

   O aplicativo atualiza a variável *TotalScore* e o bloco de texto e muda para o buraco número 2.

   Sua tela se parece com esta:

CAPÍTULO 21 Crie seu primeiro aplicativo para Windows Phone 8 617

A pontuação numérica grande é o recurso de interface de usuário mais importante nesse programa. Ela permite ao usuário ver imediatamente como está seu desempenho.

Agora, você vai inserir informações para os 18 buracos restantes da partida. Por simplicidade, você vai usar a pontuação 4 para todos os 18 buracos, embora pudesse inserir valores diferentes facilmente com o prático teclado numérico.

6. Clique em Score Hole repetidamente, até completar o 18º buraco.

7. À medida que clicar nos buracos, imagine que você está jogando golfe e dando excelentes tacadas na partida. (A classificação de par típica para um campo de golfe completo é 72.) Evidentemente, isso levaria cerca de quatro horas para terminar e, enquanto estivesse jogando a partida, você provavelmente desativaria o telefone de vez em quando ou trocaria para outras tarefas.

Após o buraco 18, o aplicativo Golf Caddy aparecerá como segue:

Observe que agora o botão Score Hole está desabilitado. Mas você pode continuar com outra partida, clicando no botão New Round na página. Experimente fazer isso agora.

8. Clique em New Round.

   O aplicativo Golf Caddy reinicia as variáveis globais, exibe 0 para a pontuação e habilita o botão Score Hole. Seu aplicativo está pronto para outra partida.

   Em apenas alguns minutos, você criou um aplicativo básico para smartphone que utiliza controles de interface e apresenta informações de modo atraente. Como você pode ver, o processo é muito parecido com a escrita de um aplicativo Windows Store – apenas o teste é diferente.

   Agora você vai fechar o aplicativo Golf Caddy. No emulador, isso pode ser feito simplesmente clicando-se no botão Close da barra de ferramentas do próprio simulador ou no botão Stop Debugging da barra de ferramentas do Visual Studio.

9. Clique no botão Close do simulador agora.

   O emulador fecha e o IDE do Visual Studio retorna.

Evidentemente, o procedimento para fechar (ou encerrar) um aplicativo Windows Phone é muito diferente para o usuário que está realmente operando um telefone Windows. Existem várias opções aqui – algumas ações fecham (ou encerram) uma aplicativo e algumas apenas o desativam (ou suspendem), mantendo-o na memória até que enfim o usuário retorne ao programa ou até que o aplicativo seja *marcado para exclusão* (*tombstoned*) pelo sistema operacional Windows Phone e removido da memória. (Lembre-se de que *marcar para exclusão* refere-se ao encerramento forçado pelo telefone de um aplicativo desativado, o que acontece quando não há mais memória suficiente para manter o programa no estado de suspenso.)

A marcação para exclusão e outras questões de ciclo de vida serão discutidas na próxima seção.

Considerações sobre o ciclo de vida de um aplicativo

Caso não conheça bem os botões de hardware e os procedimentos de operação do Windows Phone, saiba que existem várias maneiras de abrir, fechar ou desativar um aplicativo Windows Phone. Isso faz sentido, é claro – a capacidade de trocar rapidamente de um aplicativo para outro é uma vantagem real de um Windows Phone e existem muitas maneiras de fazer isso. Pare para pensar com que frequência esse tipo de troca rápida acontece durante uma sessão de telefone típica: o usuário poderia exibir uma página web em seu telefone, mas parar para enviar uma mensagem de texto (talvez relacionada ao conteúdo do que acabou de ver em um navegador); então, poderia parar para receber uma ligação, abrir rapidamente a lista de contatos, executar o aplicativo de calculadora para somar algo e enviar uma mensagem de email, o que envia o usuário para outra sessão de navegador web para coletar mais dados. Conforme as pessoas que têm smartphones sabem, essa sessão inteira poderia demorar apenas alguns minutos!

Trocas rápidas entre aplicativos como essas chamam a atenção para um importante tópico para desenvolvedores de Windows Phone, o qual precisamos investigar agora – considerações sobre gerenciamento de ciclo de vida. Em especial, quero apresentar a você os problemas de programação relacionados à desativação, ativação, início e fechamento de aplicativos no ecossistema do Windows Phone 8.

Fechar ou desativar?

Para um usuário de Windows Phone, poderia parecer que encerrar (fechar um aplicativo) e desativar (suspender um aplicativo) são ações muito parecidas. E, na realidade, elas devem ser muito parecidas para o usuário. Contudo, acontece que fechar e desativar aplicativos são dois eventos relacionados, mas distintos, no ciclo de vida de um aplicativo Windows Phone.

Um aplicativo Windows Phone é encerrado quando ocorre um dos eventos a seguir:

- O usuário pressiona o botão Voltar quando o aplicativo está executando. (Esse é o botão "fechar" de fato em um Windows Phone.)
- O usuário pressiona o botão Iniciar e inicia outro aplicativo.
- O telefone fica sem bateria e desliga.

- Um aplicativo desativado na memória é marcado para exclusão pelo sistema operacional para economizar memória.

Um aplicativo Windows Phone é desativado quando ocorre um dos eventos a seguir:

- O usuário troca para outro aplicativo sem encerrar o primeiro.
- O aplicativo que o usuário está utilizando inicia outro aplicativo (ou o usuário clica em um link ou URL em um programa).
- O usuário recebe uma ligação telefônica.
- O bloqueio de tela aparece após um período de inatividade no Windows Phone.

Lembre-se de que o ambiente Windows Phone não suporta multitarefa verdadeira. Para economizar a carga da bateria, o recurso mais escasso do sistema, o telefone fornece apenas suporte limitado para tarefas de segundo plano para aplicativos que são desativados e ainda estão na memória. No entanto, enquanto está suspenso, os dados e os detalhes da página de um aplicativo desativado são preservados no sistema. Tudo isso é feito por definição de projeto.

O que se deve lembrar é que o desenvolvedor de software não pode ter certeza de quando ou se um aplicativo suspenso será novamente ativado. Os aplicativos desativados permanecem na memória até serem marcados para exclusão pelo sistema operacional, serem novamente ativados ou o sistema ser encerrado. Por padrão, um aparelho Windows Phone 8 pode manter na memória até oito aplicativos desativados em uma pilha de aplicativos suspensos, mas depois disso, os aplicativos são descarregados da memória para liberar recursos de sistema.

Por que esse gerenciamento de estado interno interessa ao programador? Interessa porque o desenvolvedor precisa atender às expectativas do usuário relacionadas aos dados em seus aplicativos. Se o usuário tivesse realmente terminado de usar o aplicativo e fechado, não haveria expectativa de que os detalhes da última sessão estivessem visíveis quando o aplicativo fosse iniciado novamente. Considere este exemplo: quando você usa um aplicativo de calculadora em um smartphone e inicia o programa após um longo período de inatividade, não espera que o último cálculo que fez há dias nesse aplicativo ainda esteja lá. Mas você poderia esperar que a calculadora ainda contivesse dados, se estivesse usando o aplicativo e simplesmente o deixasse de lado por cinco minutos enquanto fizesse uma ligação telefônica.

O Visual Studio fornece ferramentas e APIs do .NET Framework para ajudá-lo a gerenciar estados de ciclo de vida em seu programa, para que um aplicativo temporariamente desativado pelo usuário possa ser novamente ativado sem perda de dados. Grande parte disso é feita para você automaticamente; no Windows Phone 8, o sistema preserva dados de aplicativo e dados de página automaticamente para até oito aplicativos que foram suspensos. (Esse recurso de "retomada" é um aprimoramento em relação ao Windows Phone 7.1, que não preservava dados de aplicativo automaticamente – eles tinham de ser salvos por seu aplicativo via programação.) Contudo, talvez você ainda queira preservar dados em seus aplicativos e recarregá-los para evitar o problema em potencial da marcação para exclusão. Realmente importa o tipo de aplicativo que você está criando. Por exemplo, um usuário poderá não se importar se dados da calculadora não estão mais visíveis, mas talvez espere que mensagens de texto ou informações de calendário estejam sempre visíveis em um aplicativo quando voltar a ele.

Na próxima seção, você conhecerá a classe *PhoneApplicationService*, que pode ajudá-lo a salvar e restaurar dados de aplicativo durante períodos de suspensão.

A classe *PhoneApplicationService*

A classe *PhoneApplicationService* oferece uma maneira de monitorar e responder a vários estados de ciclo de vida pelos quais um aplicativo Windows Phone vai passar. Quando um novo projeto Windows Phone 8 é criado no Visual Studio, os templates criam recursos *PhoneApplicationService* automaticamente, nos arquivos App.xaml e App.xaml.vb. Vamos investigar esses recursos no próximo exercício.

Examine estados de ciclo de vida do Windows Phone

1. Com o projeto Golf Caddy ainda carregado no Visual Studio, exiba o arquivo App.xaml na guia XAML do Code Editor.

   Perto do final do arquivo, você verá a seguinte marcação XAML:

   ```
   <Application.ApplicationLifetimeObjects>
       <!--Objeto obrigatório que trata eventos de tempo de vida do aplicativo-->
       <shell:PhoneApplicationService
           Launching="Application_Launching" Closing="Application_Closing"
           Activated="Application_Activated" Deactivated="Application_Deactivated"/>
   </Application.ApplicationLifetimeObjects>
   ```

   Está vendo os nomes de evento *Launching*, *Closing*, *Activated* e *Deactivated*? Seu aplicativo Windows Phone os define em App.xaml e cria rotinas de tratamento de eventos para que você possa adicionar código para gerenciar o que acontece durante os quatro estados do ciclo de vida. Durante o início, às vezes é interessante carregar dados de aplicativo salvos. Durante o fechamento, parece lógico fazer uma limpeza final e salvar quaisquer dados de aplicativo que ainda não foram salvos. Entretanto, saiba que você não pode ter certeza de que um aplicativo realmente executará sua rotina de tratamento do evento de fechamento, pois antes disso poderá ser marcado para exclusão pelo sistema operacional. Isso torna os estados ativado e desativado de suma importância.

   O evento Activated fornece a você um lugar para restaurar os dados que salvou quando o aplicativo foi desativado. Note que, durante o processo de desativação, você teve apenas alguns segundos para armazenar informações; portanto, é importante que todo código colocado aqui funcione rápida e eficientemente. Conforme já mencionado, o Windows Phone trata de parte desse salvamento automaticamente por meio de seu recurso de "retomada".

2. Agora, abra o arquivo App.xaml.vb no Code Editor.

   Você verá as linhas a seguir, que referenciam as rotinas de tratamento de eventos *PhoneApplicationService* no arquivo code-behind. Essas são as rotinas de tratamento de eventos padrão.

```
'Código a executar quando o aplicativo for iniciado (por exemplo, a partir de Iniciar)
'Esse código não será executado quando o aplicativo for reativado
Private Sub Application_Launching(ByVal sender As Object, ByVal e As LaunchingEventArgs)
End Sub
```

```
'Código a executar quando o aplicativo for ativado (trazido para primeiro plano)
'Esse código não será executado quando o aplicativo for iniciado
Private Sub Application_Activated(ByVal sender As Object, ByVal e As ActivatedEventArgs)
End Sub

'Código a executar quando o aplicativo for desativado (levado para segundo plano)
'Esse código não será executado quando o aplicativo for fechado
Private Sub Application_Deactivated(ByVal sender As Object, ByVal e As DeactivatedEventArgs)
End Sub

'Código a executar quando o aplicativo for fechado (por exemplo, o usuário pressiona Voltar)
'Esse código não será executado quando o aplicativo for desativado
Private Sub Application_Closing(ByVal sender As Object, ByVal e As ClosingEventArgs)
End Sub
```

O template de aplicativo Windows Phone criou esses procedimentos vazios automaticamente e você pode adicionar código a eles para gerenciar informações de estado, se achar que seu aplicativo tirará proveito dessas informações.

Vamos executar o aplicativo Golf Caddy novamente para ver se seria útil preservar informações de estado. Contudo, primeiro você vai configurar uma opção de depuração especial para que seu programa seja marcado para exclusão automaticamente no momento em que o aplicativo for desativado. Esse não é o comportamento típico, pois um aplicativo pode residir suspenso na memória por algum tempo, após ser desativado. Lembre-se de que o aparelho Windows Phone 8 armazenará na memória até oito aplicativos desativados, antes de começar a marcar programas para exclusão na pilha. (Além disso, o usuário pode exibir a lista de aplicativos que estão na pilha, mantendo o botão Voltar pressionado.)

3. Clique em Golf Caddy Properties no menu Project e, então, clique na categoria Debug.

4. Marque a caixa de seleção Tombstone Upon Deactivation While Debugging.

Agora o Visual Studio permitirá testar a aparência de seu aplicativo quando for desativado, marcado para exclusão e novamente ativado. A questão é: ele preservará a pontuação atual de sua partida de golfe? Ou as variáveis globais e as informações da página serão perdidas?

5. Clique no botão Start Debugging para executar o aplicativo Golf Caddy no emulador.

6. Quando o aplicativo aparecer, digite a pontuação **4** para o primeiro buraco e **5** para o segundo.

Sua tela estará parecida com esta:

7. Clique no botão Windows para exibir a página Iniciar.

Sob condições de operação normais, isso simplesmente desativaria seu aplicativo, e você poderia ativá-lo novamente clicando no botão Voltar. Mas o Visual Studio marcou seu aplicativo para exclusão, simulando uma condição na qual os aplicativos desativados mais recentemente retiraram seu aplicativo da pilha de aplicativos suspensos.

8. Clique no botão Voltar.

    O Visual Studio reinicia a página do aplicativo, e seus dados foram perdidos. Sua tela se parece com esta:

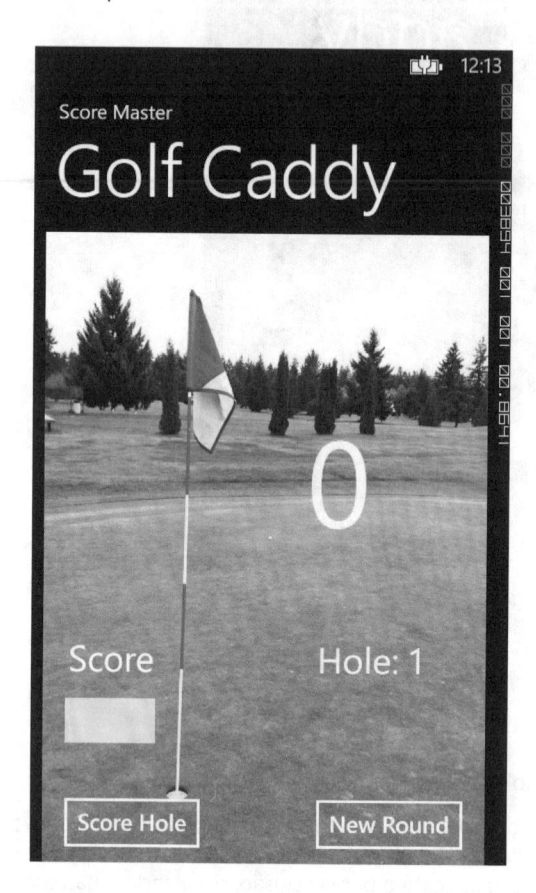

    Essa não é uma situação ideal, pois significa que o usuário pode perder sua pontuação de alguns dos 18 buracos da partida de golfe. Essa perda de dados aconteceria se ele trocasse para vários programas diferentes em algum momento durante a partida, o que é bastante normal, se você considerar como é tentador fazer uma ligação telefônica, consultar o calendário, adicionar um contato ou tirar uma foto durante a partida de golfe.

    Embora esse seja um programa de demonstração simples, há algo que possa ser feito para evitar essa possível perda de dados?

    A resposta, evidentemente, é "sim"!

9. Feche o programa clicando no botão Close na barra de ferramentas do emulador.

CAPÍTULO 21 Crie seu primeiro aplicativo para Windows Phone 8

Com o problema em potencial claramente descrito, agora você vai adicionar rotinas de tratamento para os eventos de desativação e ativação. E vai editar o arquivo MainPage.xaml.vb para restaurar configurações importantes da interface de usuário.

Trate dos estados de desativação e ativação

1. Exiba o arquivo App.xaml.vb no Code Editor novamente.

2. Na rotina de tratamento de eventos *Application_Deactivated*, digite o seguinte código:

```
If PhoneApplicationService.Current.State.ContainsKey("Score") Then
    PhoneApplicationService.Current.State("Score") = TotalScore
Else
    PhoneApplicationService.Current.State.Add("Score", TotalScore)
End If
If PhoneApplicationService.Current.State.ContainsKey("Hole") Then
    PhoneApplicationService.Current.State("Hole") = CurrentHole
Else
    PhoneApplicationService.Current.State.Add("Hole", CurrentHole)
End If
```

Essa rotina de tratamento é executada quando o sistema operacional notifica o aplicativo Windows Phone de que é hora de desativar. Embora o Windows Phone possa restaurar muito rapidamente aplicativos suspensos que são ativados, a classe *PhoneApplicationService* oferece alguns métodos e propriedades úteis para salvar informações em caso de marcação para exclusão e perdas de dados mais significativas.

No código anterior, estou usando os valores de chave "Score" e "Hole" para salvar informações de estado importantes, apenas para o caso de o aplicativo ser marcado para exclusão. Como não posso ter certeza se o aplicativo já foi desativado antes, estou criando as chaves "Score" e "Hole" para o caso de ainda não existirem. Nesse caso, os únicos valores do programa que estou salvando são as variáveis globais *TotalScore* e *CurrentHole*, que são os recursos de dados essenciais relacionados à partida de golfe que está em andamento.

3. Na rotina de tratamento de eventos *Application_Activated*, digite o seguinte código:

```
If PhoneApplicationService.Current.State.ContainsKey("Score") Then
    TotalScore = PhoneApplicationService.Current.State("Score")
End If
If PhoneApplicationService.Current.State.ContainsKey("Hole") Then
    CurrentHole = PhoneApplicationService.Current.State("Hole")
End If
'As variáveis globais TotalScore e CurrentHole são utilizadas para restaurar
'configurações da interface de usuário de Golf Caddy quando MainPage é carregado
```

Essa rotina de tratamento é a outra metade da rotina *Application_Deactivated* – ela restaura no programa os dados que foram salvos com as chaves "Score" e "Hole". Contudo, a restauração dos dados só acontece se as chaves "Score" e "Hole" existirem. Como observado no comentário final, a interface de usuário será atualizada pelo construtor de *MainPage*.

Agora você vai voltar ao arquivo MainPage.xaml.vb e utilizar as variáveis globais *TotalScore* e *CurrentHole* para restaurar as configurações da interface de usuário na página do aplicativo Golf Caddy.

4. Exiba o arquivo MainPage.xaml.vb no Code Editor.

No final do construtor (o código entre *Public Sub New()* e *End Sub* que executa sempre que o arquivo MainPage.xaml é carregado), digite o seguinte código:

```
'Atualiza a interface de usuário de Golf Caddy utilizando variáveis globais
(importante, se o aplicativo foi marcado para exclusão)
TotalTextBlock.Text = TotalScore
CurrentHoleTextBlock.Text = "Hole: " & CurrentHole
```

Em meu construtor, coloquei essas três linhas como as últimas instruções de programa, antes da instrução *End Sub*.

Essas linhas de código Visual Basic serão executadas toda vez que o arquivo MainPage.xaml for carregado. Elas atualizarão a propriedade *Text* de dois importantes blocos de texto na página. Quando o programa inicia pela primeira vez, somente os valores de inicialização são exibidos. Mas se o programa foi marcado para exclusão no meio de uma partida e depois reativado, as variáveis globais conterão a pontuação e o buraco atuais do jogo de golfe.

Agora você vai executar o programa novamente.

5. Clique no botão Start Debugging para executar o aplicativo Windows Phone no emulador.

6. Quando o aplicativo aparecer, digite a pontuação **7** para o primeiro buraco e **6** para o segundo.

Sua tela estará parecida com esta:

7. Clique no botão Windows para exibir a página Iniciar.

    O Windows Phone marca o programa para exclusão, pois a caixa de seleção para Tombstone ainda está marcada na janela Properties.

8. Clique no botão Voltar.

    O Visual Studio reinicia a página do aplicativo e, desta vez, os dados de seu aplicativo foram preservados. A pontuação total 13 aparece novamente e o aplicativo Golf Caddy indica que você ainda está no buraco de número 3. Você pode testar a restauração adicionando uma nova contagem na caixa de texto.

9. Digite **3** na caixa de texto e clique em Score Hole.

    Sua tela mostra a pontuação total 16. Isso significa que o valor foi salvo – mesmo após um evento de marcação para exclusão. A buraco atual também foi incrementado para 4. Sua tela se parece com esta:

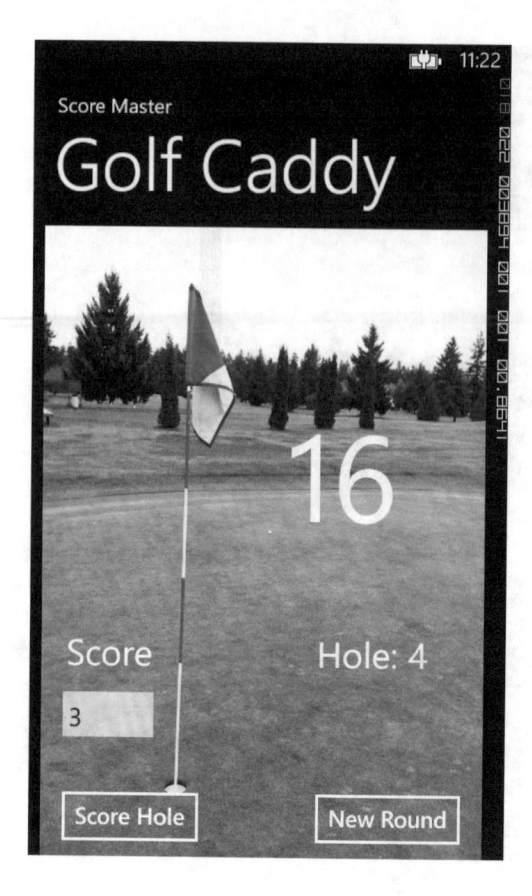

10. Feche o programa no emulador.

    O IDE do Visual Studio retorna.

11. Clique em Golf Caddy Properties no menu Project e, então, clique na categoria Debug.

12. Remova a marca de visto da caixa de seleção Tombstone Upon Deactivation While Debugging.

    Você terminou a programação de ciclo de vida do Windows Phone por enquanto.

Gerenciamento de ciclo de vida com a classe *IsolatedStorageSettings*

Um exercício interessante para você no futuro poderia ser voltar à rotina de tratamento de eventos *Application_Deactivated* em App.xaml.vb e ver quais outras variáveis e propriedades acharia útil salvar com valores de chave no programa Golf Caddy. Eu preservei os valores essenciais, salvando as variáveis *TotalScore* and *CurrentHole*. Mas talvez você também queira salvar o conteúdo da caixa de texto de buraco atual ou outro valor ou propriedade do programa.

Ao escrever aplicativos Windows Phone mais sofisticados, talvez você descubra que a classe *IsolatedStorageSettings* oferece um mecanismo útil para armazenar informações que estão um pouco mais fundo no sistema, durante operações de fechamento. Essa é a estratégia que você adotaria se quisesse salvar algumas informações quando um aplicativo fosse fechado e encerrado, as quais poderia exibir novamente quando o aplicativo fosse iniciado outra vez. Nesse cenário, o problema não é recuperar de um evento de desativação ou marcação para exclusão, mas salvar configurações durante a execução de um programa, as quais você talvez queira restaurar quando o aplicativo for iniciado.

A classe *IsolatedStorageSettings* fornece métodos para ajudá-lo a salvar o que eu chamaria de "pequenos volumes de dados" no fechamento do aplicativo – isto é, o conteúdo de algumas variáveis chave, uma lista breve de nomes importantes ou talvez uma pequena coleção de valores numéricos chave. Como alternativa, se quisesse salvar grandes volumes de dados do usuário, você desejaria abrir e atualizar um documento XML ou mesmo utilizar um banco de dados SQL Server. O Capítulo 18, "Acesso a dados para aplicativos Windows Store", descreve como trabalhar com documentos XML no contexto de uma interface de usuário XAML.

Embora uma implementação completa da classe *IsolatedStorageSettings* esteja além dos objetivos deste capítulo, aqui está uma possível rotina de tratamento para o evento *Application_Launching* que poderia ser adicionada ao programa Golf Caddy. Ela carrega a chave "Score", utilizada no exemplo anterior, com o conteúdo da variável *TotalScore*:

```
Private Sub Application_Launching(ByVal sender As Object, ByVal e As LaunchingEventArgs)
    If IsolatedStorageSettings.ApplicationSettings.Contains("Score") Then
        TotalScore = IsolatedStorageSettings.ApplicationSettings("Score")
    End If
End Sub
```

Você pode ver que a sintaxe dessa rotina de tratamento de eventos é muito parecida com a da rotina de tratamento para o evento *Application_Activated* que escreveu anteriormente neste capítulo. Aqui está como poderia ser a rotina de tratamento do evento *Application_Closing* correspondente que define a chave "Score" utilizada no exemplo anterior:

```
Private Sub Application_Closing(ByVal sender As Object, ByVal e As ClosingEventArgs)
    IsolatedStorageSettings.ApplicationSettings("Score") = TotalScore
    IsolatedStorageSettings.ApplicationSettings.Save()
End Sub
```

Nos dois casos é utilizada a classe *IsolatedStorageSettings*. Note que essas duas rotinas de tratamento de eventos exigem a seguinte instrução *Imports* no início do arquivo App.xaml.vb para funcionar corretamente:

```
Imports System.IO.IsolatedStorage
```

Com a adição da classe *IsolatedStorageSettings*, agora você tem a capacidade de gerenciar as complexas demandas do ciclo de vida de um aplicativo Windows Phone 8. A capacidade de manipular estados de marcação para exclusão e ativação tornará seus aplicativos para smartphone muito mais duráveis sob condições de operação reais.

Configure opções no arquivo de manifesto do Window Phone

Como um aplicativo Windows Store, um aplicativo Windows Phone 8 tem um arquivo de manifesto que contém importantes configurações, recursos e informações de empacotamento. Esse arquivo é denominado WMAppManifest.xml. Use o Manifest Designer no Visual Studio para personalizar o manifesto de várias maneiras interessantes.

Você vai ver o arquivo listado no Solution Explorer sob o nó My Project. Se não estiver visível, talvez você precise clicar no comando Show All Files no menu Project. Tente abrir esse arquivo de manifesto agora.

Edite o manifesto do aplicativo Windows Phone

1. Clique em Show All Files no menu Project, caso a opção ainda não esteja selecionada.

   Essa opção mostra parte dos arquivos ocultos do projeto, incluindo arquivos de projeto ou sistema ocultos no Solution Explorer.

2. Abra o nó My Project no Solution Explorer e clique duas vezes no arquivo WMAppManifest.xml.

3. O Visual Studio exibe o arquivo no Manifest Designer, como mostrado na ilustração a seguir:

CAPÍTULO 21   Crie seu primeiro aplicativo para Windows Phone 8   **631**

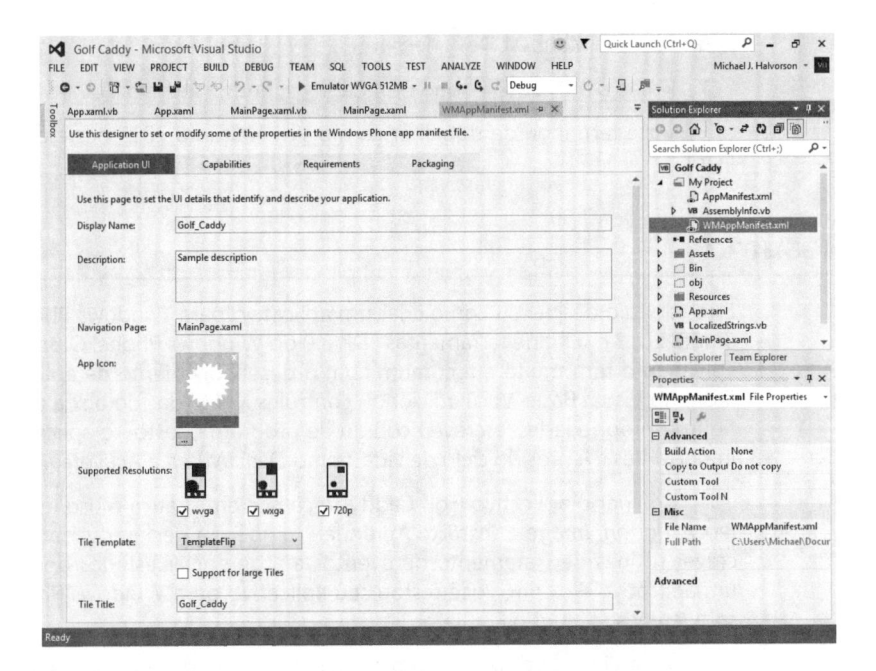

4. Examine as quatro guias do Manifest Designer e as páginas que elas representam.

   Na guia Application UI, você verá o nome do aplicativo que está exibido na página Start do Windows Phone, assim como arquivos e ícones de seu aplicativo. Você pode criar blocos personalizados para seu aplicativo utilizando os passos encontrados no Capítulo 9, "Recursos de design do Windows 8.1: barra de comandos, flyout, blocos e toque". Um projeto Windows Phone exige blocos um pouco diferentes, mas o conceito e as ferramentas de projeto são iguais.

   Na guia Capabilities, você verá uma lista dos vários recursos e permissões que pode dar ao seu aplicativo Windows Phone. A segurança é uma preocupação para aplicativos Windows Phone, de modo que você não deseja permitir que seu aplicativo acesse informações sigilosas ou hardware não autorizados no sistema. Do mesmo modo, a guia Requirements identifica os requisitos de hardware de seu aplicativo. Por exemplo, existem caixas de verificação que permitem habilitar Near Field Communication, a câmera frontal, a câmera traseira, um magnetômetro e um giroscópio.

   Na guia Packaging, você verá informações sobre fabricante de software, assim como uma lista dos idiomas aceitos por seu aplicativo.

5. Após fazer suas alterações no arquivo de manifesto do Windows Phone, clique no botão Save All na barra de ferramentas.

6. Feche o Manifest Designer.
7. Feche o aplicativo Phone Golf Caddy e, então, feche o Visual Studio.

Você terminou de trabalhar com o Visual Studio 2013 neste capítulo – e neste livro!

Resumo

Este capítulo descreveu como criar um aplicativo para Windows Phone com o Visual Studio 2013 e o kit de ferramentas SDK 8.0 do Windows Phone. O processo de desenvolvimento tem muito em comum com o desenvolvimento de aplicativos Windows Store no Visual Basic. Você adicionou controles XAML da Toolbox a uma página, configurou propriedades, escreveu código de programa, testou o aplicativo e gerenciou importantes eventos do ciclo de vida, como *Deactivated* e *Activated*.

Ao criar o aplicativo Golf Caddy, você pôs em prática o uso dos controles *TextBlock*, *Button*, *Image* e *TextBox*. Aprendeu também a declarar variáveis globais, a escrever rotinas de tratamento de eventos e a gerenciar estados do ciclo de vida de um aplicativo. Por fim, você testou seu aplicativo para Windows Phone utilizando o software Visual Studio Emulator.

Você viu muitas coisas com o desenvolvimento de aplicativos Visual Basic no Visual Studio 2013. Começou criando um aplicativo Windows Store, explorou os modelos de aplicativo Windows Forms e de console (a área de trabalho do Windows), a programação para web com Web Forms (ASP.NET) e agora concluiu um passo a passo de um aplicativo para Windows Phone 8. Você conheceu técnicas fundamentais para cada plataforma de desenvolvimento e, ao longo do caminho, também aprendeu habilidades de programação com Visual Basic em nível inicial e intermediário – os fundamentos de codificação com os quais excelentes aplicativos Windows podem ser construídos. Desejo a você muita sorte ao continuar seu trabalho com o Visual Basic e o Visual Studio!

Índice

Símbolos

& (E comercial)
　operador abreviado, 311
　operador aritmético, 303
　operador aritmético avançado, 306
　usando com a classe String, 318
< (sinal de menor), na marcação XAML, 195
* (asterisco)
　operador abreviado, 311
　operador aritmético, 303
* / (asterisco e barra), fórmulas avaliadas usando, 312
\ (barra invertida)
　operador abreviado, 311
　operador aritmético, 303
^ (acento circunflexo)
　fórmulas avaliadas usando, 312
　operador aritmético, 303
　operador aritmético avançado, 306
' (caractere de comentário), em código de programa Visual Basic, 270
{ } (chaves), indicador para extensão de marcação, 511
sinal = (igual)
　operador de atribuição, 291
　operador de comparação, 340
　operador relacional, 322
/ (barra normal)
　operador abreviado, 311
　operador aritmético, 303
　operador aritmético avançado, 306–310
/> (barra normal e um sinal de maior), na marcação XAML, 195
>=, sinal (maior ou igual)
　operador de comparação, 340
　operador relacional, 322
>, sinal (maior que)
　operador de comparação, 340
　operador relacional, 322
#If DEBUG, instruções 47, 117
<=, sinal (menor ou igual)
　operador de comparação, 340
　operador relacional, 322
<, sinal (menor que)
　operador de comparação, 340
　operador relacional, 322

.mdb (Microsoft Access), formato, documentos XML *versus*, 448
-, sinal (menos)
　fórmulas avaliadas usando, 312
　operador aritmético, 303
< >, sinal (não igual a)
　operador de comparação, 340
　operadores relacionais, 322
@ Page, diretiva, 552
( ) (parênteses), fórmulas avaliadas usando, 312
| (barra vertical), adicionando itens a Filter List usando, 186
+ -, sinais (mais e menos), fórmulas avaliadas usando, 312
+, sinal (mais)
　operador abreviado, 311
　operador aritmético, 303

A

Abs (valor absoluto), função, 557
Access
　documentos XML *versus* formato .mdb no, 448
　estabelecendo conexão de banco de dados usando Data Source Configuration Wizard, 486–495
　trabalhando com bancos de dados usando ADO.NET, 486–499
acento circunflexo (^)
　fórmulas avaliadas usando, 312
　operador abreviado, 311
　operador aritmético, 303
　operador aritmético avançado, 306
Acquire Developer License, comando, 12
adaptador de tabela, 485–486
Add, método, 418, 423, 531
Add Class, comando, 461
Add Connection, caixa de diálogo, 488–489
Add Existing Item, caixa de diálogo, 59
Add New Data Source, comando, 487
Add New Item, caixa de diálogo
　atribuição de nomes a classes, 463
　template Inherited Form na, 455–456
Add ToolStripButton, seta 182
AddButton_Click, rotina de tratamento de eventos, 401, 408, 422–423, 445

Índice

adição
  operador abreviado, 311
  operador aritmético, 303
ADO.NET, programação de banco de dados com
  construindo aplicativo de banco de dados na janela Data Sources, 495–499
  estabelecendo conexão usando Data Source Configuration Wizard, 486–495
  sobre, 484
  terminologia de banco de dados, 484–486
  trabalhando com banco de dados Access, 486–499
All Windows Forms, categoria, controle Button na, 86
All XAML Controls, categoria, na ferramenta Toolbox, 59
Always Show Solution, opção, 21, 40
ambiente de máquina virtual, SDK 8.0 do Windows Phone no, 592
American National Standards Institute (ANSI), conjunto de caracteres, 321
American Standard Code for Information Interchange (ASCII)
  conjunto de caracteres, 321
    protegendo texto com criptografia usando, 329–337
  trabalhando com, 321–323
ampliação e redução, em tela habilitada para toque, 259–260
And, operador lógico
  adicionando proteção por senha usando, 347–349
  sobre, 346–347
AndAlso, instruções condicionais, 349–350
ANSI (American National Standards Institute), conjunto de caracteres, 321
aplicativo de banco de dados, construindo na janela Data Sources, 495–499
aplicativo de console de simulação de jogo de dados, 278–282
aplicativo de console para conversão de temperatura, criando, 269–273
aplicativos. *Consulte* aplicativos de área de trabalho; aplicativos Windows Phone; aplicativos Windows Store
aplicativos de área de trabalho
  construindo o arquivo executável, 104–105
  controles
    CheckBox, 155
    DateTimePicker, 148–154
    GroupBox, 159–164
    ListBox, 164–168, 295–302
    MenuStrip, 169–183
  controles de banco de dados para
    exibindo informações de banco de dados usando controles de caixa de ferramentas, 500–503
    instruções SQL e filtragem de dados, 503–508
    programação com ADO.NET, 484–499
    sobre, 483
  controles de caixa de diálogo, 184–185
  crash (travamento) de programa em, 379
  criando
    adicionando arquivo .wav à pasta Resources, 92–93
    adicionando rótulos de número, 88–89
    atribuição de nomes a objetos por clareza, 98
    configurando propriedades de botão, 93–94
    configurando propriedades de rótulo descritivo, 96–97
    configurando propriedades de rótulos de número, 95–96
    configurando texto da barra de título de formulário, 97
    escrevendo código, 99–101
    interface de usuário, 85–87
    novo projeto para, 83–85
    propriedades de caixa de figura, 97–98
    rotina de tratamento de eventos SpinButton_Click, 101–103
    usando controle PictureBox, 89–90
  executando, 103–105
  iniciando, 80–81
  propriedade MaxLength de controles TextBox, 360
  propriedades do controle ColorDialog, 187
  publicando, 105–107
  rotinas de tratamento de eventos gerenciando caixas de diálogo comuns, 185–190
  sobre, 79
  Visual Studio 2013 e, 81–82
aplicativos de área de trabalho Windows
  construindo o arquivo executável, 104–105
  controle TextBox, usando loop para preencher caixa de texto com string de dados, 359
  controles
    CheckBox, 155–159
    controle ListBox, 295–302
    DateTimePicker, 148–154
    GroupBox, 159–164
    ListBox, 164–168, 352
    MenuStrip, 169–183
  controles de banco de dados para
    exibindo informações de banco de dados usando controles de caixa de ferramentas, 500–503

instruções SQL e filtragem de dados, 503–508
programação com ADO.NET, 484–499
sobre, 483
controles de caixa de diálogo, 184–185
crashes (travamentos) de programa em, 379
criação
   adicionando arquivo .wav à pasta Resources, 92–93
   adicionando rótulos de número, 88–89
   atribuição de nomes a objetos por clareza, 98
   configurando propriedades de botão, 93–94
   configurando propriedades de rótulo descritivo, 96–97
   configurando propriedades de rótulos de número, 95–96
   configurando texto da barra de título de formulário, 97
   escrevendo o código, 99–101
   interface de usuário, 85–87
   novo projeto para, 83–85
   propriedades de caixa de figura, 97–98
   rotina de tratamento de eventos SpinButton_Click, 101–103
   usando o controle PictureBox, 89–90
executando, 103–105
iniciando, 80–81
propriedade MaxLength de controles TextBox, 360
propriedades do controle ColorDialog, 187
publicando, 105–107
rotinas de tratamento de evento gerenciando caixas de diálogo comuns, 185–190
sobre, 79
Visual Studio 2013 e, 81–82
aplicativos de console
   criando no Visual Studio
      abrindo o template Console Application, 267–268
      aplicativo de conversão de temperatura, 269–273
      aplicativo Roll-The-Dice, 269–273
      módulos e procedimentos, 268–269
      procedimento Sub Main(), 269–273
      sobre, 266–273
   jogos matemáticos, interativos, 273–282
   objeto Console em, 270
   oportunidades com Visual Basic para, 6
   sobre, 265
aplicativos do Office, oportunidades com Visual Basic para, 6
aplicativos web. *Consulte também* site, aplicativo
   aplicativos Windows Store e, 541–542

criando aplicativos Windows Store com JavaScript em, 542–543
hospedando aplicativos web ASP.NET, 562
usando aplicativo Web Forms ASP.NET, 538
usando ASP.NET MVC, 539
vinculando datasets a, 486
aplicativos Windows Phone, vinculando datasets a, 486
aplicativos Windows Phone, controles
   controle Images, adicionando à página de aplicativo de telefone, 605–607
   controle TextBlock, 607–610
   controles botão, adicionando a aplicativo de telefone, 607, 609
   sobre, 595
aplicativos Windows Phone. *Consulte também* Windows Phone Store
   vinculando datasets a, 486
aplicativos Windows Store
   ajustando a propriedade Background em, 201–202
   aplicativos web e, 541–542
   apresentando aos usuários recursos de "cromo" em, 234
   blocos dinâmicos
      no aplicativo Microsoft Weather (Clima), 249
      programação, 255–258
      recebendo notificação, 256
      sobre, 255
   configurações de segurança e permissões, 261–264
   controles TextBox, usando loop para preencher caixa de texto com string de dados, 359–360
   correção ortográfica em, 124–127
   criando para web com JavaScript, 542–543
   documentos XML em
      abrindo e exibindo conteúdo de, 521–524
      lendo seleção de elementos marcados, 524–526
      localizando elementos filhos na hierarquia da XML, 526–527
      procurando itens em arquivo, 527–530
      sobre, 520
   edição de marcação XAML em MainPage.xaml, 200–202
   estilos XAML
      atalhos do IDE para aplicar, 230–231
      construindo novos estilos a partir de estilos existentes, 227–230
      criando, 216–220
      praticando, 220–226
      referenciando, 219
      sobre, 214–215

Índice

StandardStyles.xaml, 215–216
    usando explícitos e implícitos, 219–220
examinando App.xaml, 197–200
executando e testando, 30–33
origens de dados para, 510
planejando para entrada por toque, 257–258
projetando
    apresentando aos usuários recursos de "cromo" em, 234
    blocos dinâmicos, 255–258
    blocos personalizados para, 247–255
    configurações de segurança e permissões, 261–264
    planejando para entrada por toque, 257–258
    substituindo barras de menu e barras de ferramentas tradicionais, 234–241
    tamanho de blocos para, 248
projetando blocos personalizados para
    blocos obrigatórios para, 247–255
    pasta Assets para, 247
    sobre, 247
sobre, 7
sobre programação, 44–45
substituindo barras de menu e barras de ferramentas tradicionais, 234–241
tamanho de blocos para, 248
tratamento de exceções, 379
vinculando datasets a, 486
aplicativos Windows Store, controles. *Consulte também* Toolbox, XAML, controles
    AppBar, 234
    AppBarButton, 234–236
    AppBarToggleButton, 234, 236, 240
    CommandBar, 234–236, 238–241
    controle FlipView, 127–132
    controle Images
        adicionando imagens ao programa, 56–58
        criando, 205
        definição de estilo para, 218
        sobre, 55
    controle ListBox, 516–520
    controle MediaElement
        controlando a reprodução, 135–138
        reproduzindo vídeos usando, 139–141
        sobre, 133
        tocando música usando, 133–135, 238–241
        usando com controle Flyout, 243
    controle PictureBox, desenhando objeto quadrado no formulário, 184
    controle ToggleButton, 203–206
    controles Canvas, 209
    controles Label
        na Toolbox do Windows Forms, 88–89

controles TextBlock, adicionando blocos de texto para números aleatórios, 52–54
controles TextBox
    abrindo e exibindo conteúdo de documentos XML, 511–515
    atribuindo a variável, 118–120
    correção ortográfica em, 124–127
    multilinhas, 120–124
    recebendo entrada usando, 113–118
    vinculando controle à classe usando, 511–515
exibindo conteúdo web dinâmico usando o controle WebView, 141–146
Flyout, 241–246
propriedades Label, configurando, 95–97
sobre, 111, 191
sobre o entendimento, 112–114
suporte para gesto usando, 257–258
vinculando a dados usando XAML, 510–520
aplicativos Windows Store, criando
    configurando a propriedade Visibility, 61
    configurando cor de fundo de página, 62
    construindo o arquivo executável, 74–77
    controle Image, 205
    controle ToggleButton, 203–206
    controles Canvas, 209
    criando a tela de abertura, 70–73
    executando programa, 67–68
    novo projeto para, 197–200
    projetando a interface de usuário
        abrindo a Toolbox, 49–50
        adicionando blocos de texto para números aleatórios, 49–50
        adicionando controle botão, 54–55
        adicionando imagem, 56–58
        criando novo projeto, 45–47
        navegando no Designer, 48–49
        reproduzindo mídia de áudio, 58–60
        usando o controle TextBlock, 50–52
    rotina de tratamento de evento SpinButton_Click, 67–68
    usando o Code Editor, 63–66
    usando o comando Save All, 62–63
App.xaml
    criando estilo para, 221–226
    examinando, 197–200
AppBar, controle, 234
AppBarButton, controle, 234–236
AppBarToggleButton, controle, 234, 236, 240
Appearance, categoria, na janela Properties, 61
Application_Activated, rotina de tratamento de evento, 625–626, 629

Application_Deactivated, rotina de tratamento de evento, 625, 629
ArcadeRiff.wav, arquivo 58–59
ArgumentException, objeto 383
ArgumentOutOfRangeException, objeto 383
ArithmeticException, objeto 383
arquivo de dicionário de recursos, adicionando XAML, 217
arquivo de esquema XML , 485–486
arquivo de manifesto do Windows Phone, configurando opções no, 630–631
arquivo executável, construindo
    aplicativos de console usando versão de distribuição, 269–273
    para aplicativo de área de trabalho, 104–105
    para aplicativo Windows Store, 74–77
arquivo executável da versão de depuração, 75, 104
arquivo executável da versão de distribuição
    construindo o arquivo executável, 104–105
    criando aplicativos de console usando, 269–273
    distribuindo, 76–77
    sobre, 75
arquivos, selecionando adjacentes ou não adjacentes, 129
arquivos Global.asax (informações globais de aplicativo web), 544
Array, classe, processando arrays grandes usando métodos da, 411–417
ArrayList, classe, 418
arrays
    atribuindo valores iniciais, 397–398
    configurando o tamanho em tempo de execução de, 404–409
    criando, 393–395
    declarando com elementos definidos, 394–396
    declarando multidimensionais, 398
    extraindo informações usando LINQ a partir de
        extraindo informações numéricas, 432–435
        sobre, 431–432
    processando, grandes, 411–417
    reservando memória para, 395–396
    sobre, 393–394
    trabalhando com elementos de, 396–397
    usando LINQ para localizar elementos que se sobrepõem, 442–443
    usando ReDim Preserve para preservar o conteúdo de, 409–411
    usando unidimensionais, 399–404
arrays multidimensionais, declarando, 398
Artboard, Blend, 193–194

As Boolean, cláusula, 343
Asc, função, 323
ASCII (American Standard Code for Information Interchange)
    conjunto de caracteres, 321
    protegendo texto com criptografia usando, 329–337
    trabalhando com, 321–323
AscW, método, 323
ASP. NET Web Pages (com Razor)
    composição do, 552
    sobre, 540
ASP.NET
    construindo site de formulários web com, 543–549
    controles de servidor
        adicionando ao site, 554–556
        sobre, 545–546
    editando propriedades de documento e página mestre de site, 574–587
    escrevendo rotinas de tratamento de eventos para controles de página web, 556–562
    exibindo registros de banco de dados em página web, 566–573
    hospedando aplicativos web, 562
    marcas, 552
    personalizando template de site, 563–565
    requisitos de software para desenvolvimento em, 543–544
    sobre, 537
    usando Web Designer, 550–553
    vinculando datasets a aplicativos web via, 486
    WebMatrix e, 540
ASP.NET Development Server, 544, 554–556, 558
ASP.NET MVC
    criando aplicativos web usando, 539
    Web Pages com Razor e, 540–541
ASP.NET Web Forms
    ASP.NET Web Forms, 545
    construindo site com, 543–549
    sobre, 538
assembly, 31
Assets, pasta
    adicionando imagens à, 128–129
    criando a tela de abertura a partir da, 70–73
    no Solution Explorer, 56–57
    para projetar blocos personalizados para aplicativos, 247
asterisco (*)
    operador abreviado, 311
    operador aritmético, 303
asterisco e barra (* /), fórmulas avaliadas usando, 312

atalhos de teclado
  caixa de diálogo Open Project, 20
  exibindo a janela Properties, 34
  mudando de uma configuração de zoom para outra, 49
  selecionando arquivos adjacentes ou não adjacentes, 129
atributos, como propriedades, 196
Audio Playback, template, Windows Phone, 600
Auto Hide, botão com ícone de tachinha, 37–39
Auto Hide, comando, 38
AutoPlay, caixa de seleção, 60
AutoSize, propriedade, na janela Properties, 95
aviso de configurações de intranet desativadas, 560

B

banco de dados relacional, 485
bancos de dados
  aplicativo comercial que utiliza, 491
  combinando, 492
  compatibilidade com versões anteriores de, 484
  exibindo registros em página web, 566–573
  relação com datasets, 499
  sobre, 484
  terminologia utilizada sobre, 484–486
  usando controles de caixa de ferramentas para exibir informações, 500–503
  usando parte de, 492
barra de comandos
  criando para gerenciar tarefas, 234–241
  versus charms, 237
barra de ferramentas de navegação, 498
barra de ferramentas Debug, botão Step Into na, 444
barra invertida (\)
  fórmulas avaliadas usando, 312
  operador abreviado, 311
  operador aritmético, 303
  operador aritmético avançado, 306
barra normal (/)
  operador abreviado, 311
  operador aritmético, 303
  operador aritmético avançado, 306–310
barra normal e um sinal de maior (/>), na marcação XAML, 195
barra vertical (|), adicionando itens em Filter List usando, 186
BaseDiscount, classe, 475, 477–478
BasedOn, propriedade, usando para herdar estilo, 227–230
bibliotecas de classe portáveis, 598

Binding, classe, vinculando objetos usando, 511
Birthday, programa, criando, usando o controle DateTimePicker, 152–154
BitArray, classe, 418
Blend, 202
  adicionar controles no, 202
  XAML no, 193–194
bloco da página Iniciar, como notificação, 256
blocos
  dinâmicos
    fixando na Start Page, 584
    no aplicativo Microsoft Weather (Clima), 249
    programando, 255–258
    recebendo notificação, 256
    sobre, 255
  programação, 255–258
  projeto de, personalizados para aplicativo
    blocos obrigatórios para, 247–255
    pasta Assets para, 247
    sobre, 247
  sobre, 255
  tamanho de blocos para, 248
blocos dinâmicos
  fixando na Start Page, 584
  no aplicativo Microsoft Weather (clima), 249
  programando, 255–258
  recebendo notificação, 256
  sobre, 255
blog para desenvolvedores, preparando para Windows Store, 12
Boolean
  configurando propriedades, 98
  controle ToggleButton como, 203
  expressões, 343
  propriedade IsChecked, 204
  propriedade IsCompact, 235
  propriedade IsMuted, 137
  tipo de dados
    controle ListBox e, 298–299
    sobre, 296
botão de loop, 241
botão suspenso da ferramenta Zoom, 49
botões
  Categorized, 93
  Check Drive, 375–377, 381, 385
  Collapse Pane/Expand Pane, 30
  com ícone de tachinha Auto Hide, 37–39
  Debugging, 116–117
  Expand Pane/Collapse Pane, 30
  fazendo loop, 241
  Fill Array, 414
  Horizontal Split, 30
  New Connection, 488

Publish Now, 106
Solid Color Brush, 51
Sort Array, 415
Start Debugging, 103
Stop Debugging, 378
Test Connection, 489
Vertical Split, 30
Zoom (botão suspenso de), 49
Brush, categoria, na janela Properties, 51, 62
Build, comando, 76
Build My Form, comando, Inheritance, 455
Button1_Click, rotina de tratamento de eventos, 347–348
Byte, tipo de dados
   controle ListBox e, 298–299
   sobre, 296

C

caixa de diálogo, controles de, 183-185
caixas de diálogo, gerenciando com rotinas de tratamento de eventos comuns, 185–190
caixas de texto, classificando strings em, 323–328
Calculate_Click, rotina de tratamento de eventos, 305
CalculateButton_Click, rotina de tratamento de eventos, 557–558
Calendário, aplicativo (Windows Phone 8), 584
calendário, informações de
   executando o programa Birthday, 152–154
   usando o controle DateTimePicker para reunir, 148–152
camelo, estilo ao declarar variáveis, 270, 291
campos (colunas), 485
Canvas, controle, 209
captura de erros
   comparando rotinas de tratamento de erro com técnicas de programação defensiva, 389–391
   escrevendo rotina de tratamento de erro de flash drive, 380–381
   especificando período para nova tentativa, 386–388
   instrução Exit Try, 391
   objetos Exception, 383–386
   processando erros usando a instrução Try...Catch, 372–380
   sobre, 371
   usando a cláusula Finally para realizar tarefas de limpeza, 381
   usando blocos Try...Catch aninhados, 387–388
caractere de comentário ('), em código de programa Visual Basic, 270
Categorized, botão, na janela Properties, 93

CDbl, função, 557
certificação, planejamento para desenvolvedor de Windows Store, 12
Change Data Source, caixa de diálogo, 488
Char, tipo de dado
   controle ListBox e, 298–299
   sobre, 296
charms *versus* barras de comando, 237
chaves ({ }), indicador para extensão de marcação, 511
Check Drive, botão 375–377, 381, 385
CheckBox, controle
   criando, 155–158
   executando o programa Checkbox, 158–159
CheckButton_Click, rotina de tratamento de eventos 375, 380, 382, 387
CheckedChanged, rotina de tratamento de eventos, 163
Choose Data Source, caixa de diálogo, 488
ChrW, método, 323
Class View, ferramenta, 24
classe base
   criando, 460–470
   herdando, 470–473
   referenciando, 475
classe derivada, 474
classes
   criando, base, 460–470
   herdando, base, 470–473
   identificando no Designer, 454
   instrução Inherits em, 461
   no polimorfismo, 476
   para manter listas no namespace System, 418
   referenciando, base, 475
   vinculando controle a, 511–515
   vinculando objetos usando a classe Binding, 511
classes derivadas, 461
Clear, método, classe Array, 411
Click, evento, na janela Properties, 64–65
ClickOnce Security and Deployment, publicando aplicativo de área de trabalho usando, 105–107
Clima, aplicativo, blocos no, 248–249
CLR (Common Language Runtime), Windows, 537
Code Editor
   botões, 30
   encaixando como documento com guias, 37
   exibindo marcação XAML no Designer, 25–30
   guia XAML do
      adicionando elementos usando, 202–212
      ajustando a propriedade Background na, 201–202

configurando propriedade para objeto caixa de texto, 196
examinando arquivos de projeto XAML, 198–200
exibindo marcação no Designer, 23
sobre, 23
indicador de palavra-chave no, 100
letras verdes no, 65
recurso IntelliSense, 204, 494
usando LINQ com, 431
usando para aplicativos de área de trabalho, 99–101
usando para aplicativos Windows Phone, 610–613
usando para aplicativos Windows Store, 63–66
coleções
aplicativo com lista genérica e imagem de fundo, 420–427
genéricas
declarando, 419–420
LINQ recuperando dados de, 445–447
sobre, 418–419
vinculando ao controle ListBox, 516–520
sobre, 417–418
usando LINQ com, 444–445
coleções genéricas
declarando, 419–420
LINQ recuperando dados de, 445–447
sobre, 418–419
vinculando a controle ListBox, 516–520
coletar entrada, controles para
CheckBox, 155
GroupBox e RadioButton, 159–164
ListBox, 164–168
Collapse Pane/Expand Pane, botão, 30
Collapsed, propriedade (invisível), 61, 67
Color Resources, editor, 51
ColorDialog, controle, 184, 187
colunas (campos), 485
comandos de menu
Acquire Developer License, 12
adicionando teclas de acesso a, 172–174
Auto Hide, 38
Open Developer Account, 12
Reserve App Name, 12
Start Debugging, 30
comentários, no Code Editor, 65
CommandBar, controle, 234–236, 238–241
Common, categoria, na janela Properties, 53, 55
Common Controls guia, (ferramenta Toolbox), 496, 500

Common Language Runtime (CLR), Windows, 537
Compartilhar, charm, 237
concatenação (combinação) de strings
operador abreviado, 311
operador aritmético, 303
operador aritmético avançado, 306–310
usando com a classe String, 318
Configurações, charms, 237
configurações de segurança e permissões, 261–264
Console, classe
no aplicativo de console de simulação de jogo de dados, 278–279
no aplicativo de console Find-The-Number, 274–275
Const, palavra-chave, 293
constantes
definindo, 293–294
diretrizes para atribuição de nomes a, 293–294
sobre a declaração, 290
construtor, 475, 514
consultas, LINQ
cláusula Select em, 431, 442, 444
cláusula Where em, 431, 434–437, 442, 450, 528–529
elementos da XML, 524–526
extraindo informações numéricas de array, 432–435
extraindo string de dados, 437–441
instruções From em, 430, 437, 442, 450
lendo seleção de, marcadas
procurando itens em arquivo XML, 527–530
recuperando dados de documento XML, 449–452
sintaxe para, 430
usando cláusula Where complexa, 435–437
contadores de depuração, 47
Contains, método, 122–124, 319, 437, 439
conteúdo web, exibindo, dinâmico, 142–146
controles
adicionando controles usando a ferramenta Toolbox, 49–52
AppBar, 234
AppBarButton, 234–236
AppBarToggleButton, 234, 236, 240
botão
adicionando a aplicativos de área de trabalho, 86–88
adicionando à barra de ferramentas, 181–182
adicionando ao programa, 54–55
adicionando ao site, 555–556

Índice

configurando propriedades de, 93–94
controlando a reprodução de música com, 135–138
em aplicativo de lista, 420
em aplicativo de telefone, 607, 609
fazendo loop, 241
navegar para endereço web no navegador, 142
para abrir flyout na página, 243–246
usando com seletor de data e hora, 150
caixa de diálogo, 183–185
Canvas, 209–212
CheckBox, 155–159
ColorDialog, 184
ColorDialog, propriedades, 187
CommandBar, 234–236, 238–241
controle DateTimePicker, 148–154
entendendo, 112–114
exibindo informações de banco de dados usando caixa de ferramentas, 500–503
FlipView, 127–132
FolderBrowserDialog, 184
FontDialog, 184
Grid, 201
GridView, 567–571
GroupBox, 159–164
HTML, 546–547
HyperLink, 571–572
Image
    adicionando à página de aplicativo de telefone, 605–607
    adicionando imagens ao programa, 56–58
    criando, 205
    definição de estilo para, 218
    sobre, 55
Label
    adicionando a formulário, 175
    adicionando ao site, 555–556
    configurando propriedades, 95–97
    na Toolbox do Windows Forms, 88–89
ListBox, 164–168, 295–302, 352, 516–520
MaskedTextBox, 343–345, 347–348, 500–503
MediaElement
    controlando reprodução, 135–138
    na ferramenta Toolbox, 58–60
    propriedade Source de, 59, 134
    reproduzindo vídeos usando, 139–141
    sobre, 133
    tocando música usando, 133–135
    usando com o controle CommandBar, 238–241
    usando com o controle Flyout, 243

MenuStrip
    adicionando teclas de acesso a comandos de menu, 172–174
    criando menu, 170–172
    mudando a ordem de itens de menu, 175
    processando escolhas de menu, 175–180
    sobre, 169–170
no Windows Phone Store, 595, 597–598
OpenFileDialog, 184
PageSetupDialog, 184
PictureBox
    criando retângulo acima da caixa de seleção, 155
    criando retângulo sob caixa de grupo com, 161
    desenhando objeto quadrado no formulário, 184
    na Toolbox do Windows Forms, 89–90
PrintDialog, 184
PrintDocument, 183
Print-PreviewControl, 183
PrintPreviewDialog, 184
ProgressBar, 411–412
RadioButton, 159–164
RangeValidator, 563
RequiredFieldValidator, 563
SaveFileDialog, 184
servidor, 545–546
sobre, 111
TextBlock
    adicionando blocos de texto para números aleatórios, 52–54
    em aplicativo de lista, 420
    em aplicativo de telefone, 607–610
    usando, 50–52
TextBox
    abrindo e exibindo conteúdo de documentos XML, 511–515
    adicionando ao site, 554–555
    armazenando endereço web no navegador, 142
    atribuindo a variável, 118–120
    correção ortográfica em, 124–127
    em aplicativo de lista, 420
    multilinhas, 120–124
    na janela Data Sources, 496–497
    recebendo entrada usando, 113–118
    usando loop para preencher caixa de texto com string de dados, 359
    vinculando controle à classe usando, 511–515
ToggleButton, 203–206
ToolStrip, 180–183

validador de página web, 563
vinculados, 496
WebView, exibindo conteúdo web dinâmico usando, 141–146
controles de botão
  adicionando a aplicativo de telefone, 607, 609
  adicionando a aplicativos de área de trabalho, 86–88
  adicionando à barra de ferramentas, 181–182
  adicionando ao programa, 54–55
  adicionando ao site, 555–556
  AppBarButton, 234–236
  AppBarToggleButton, 234, 236, 240
  configurando propriedades de, 93–94
  controlando reprodução de música com, 135–138
  em aplicativo de lista, 420
  em aplicativo de telefone, 607, 609
  fazendo loop, 241
  navegar para endereço web no navegador, 142
  para abrir flyout na página, 243–246
  usando com seletor de data e hora, 150
controles de caixa de diálogo, 183–185
controles de página web
  controle GridView, 567–571
  controle RangeValidator, 563
  controle TextBox, 554–555
  controles Button, 555–556
  controles Label, 555–556
  controles validadores, 563
  escrevendo rotinas de tratamento de eventos para, 556–562
  inserindo, 554–556, 566
controles de servidor
  adicionando ao site, 554–556
  sobre, 545–546
controles validadores, 563
controles vinculados, 496
convenções de menu, 173
Convert, classe, convertendo tipos de dados usando, 316–317
Copy, método, classe Array, 411
cor de fundo, configuração de página, 62
Count, método, 423
crash (travamento) de programa, 372–373, 379
Create Directory For Solution, caixa de seleção, 63
CreateArrayButton_Click, rotina de tratamento de eventos, 407
CreateButton_Click, rotina de tratamento de eventos, 362
criptografia, protegendo texto com, 329–337

"cromo", recursos de (interface de usuário persistente), apresentando aos usuários em aplicativo Windows Store com, 234
"Cryptographic Tasks" (MSDN), 337
CSS, informações de (Folha de Estilo em Cascata) em sites, 545

D

dados, gerenciamento
  com LINQ
    estratégias de depuração, 444
    extraindo informações de arrays, 431–443
    sobre, 429–430
    usando com coleções, 444–447
    usando com documentos XML, 448–452
  preservando conteúdo de array usando ReDim Preserve, 409–411
  processando arrays grandes, 411–417
  sobre, 397
  trabalhando com arrays de variáveis, 393–404
  trabalhando com Collections, 417–427
Data Source Configuration Wizard
  conectando datasets a, 486
  escrevendo aplicativo Windows Forms em, 486
  estabelecendo conexão de banco de dados usando, 486–495
  filtrando dados com, 503
  na adição de controle GridView usando, 567–568
  sobre, 485–486
Data Sources, janela
  criando objetos de banco de dados em formulário usando, 496–499
  Data Source Configuration Wizard, 487
  sobre, 23, 495–496
  vinculando datasets a controles, 486
DataBindings, configurações de propriedade, sobre, 486
DataException, objeto exceção, 383
Dataset Designer, 494–495
datasets
  exibidos na janela Data Sources, 495
  objetos de banco de dados e, 492
  origens de dados desconectadas em, 492
  relação com bancos de dados, 499
  sobre, 486
  tipados, 494
datasets tipados, 494
DataTypeListBox_SelectionChanged, rotina de tratamento de eventos, 301–302
Date, tipo de dado
  controle ListBox e, 298–299
  sobre, 296

Índice **643**

DateButton_Click, rotina de tratamento de eventos, 151–152
DateString, propriedade, 177
DateTimePicker, controle
  criando, 148–152
  executando o programa Birthday, 152–154
  sobre, 148
DateToolStripMenuItem_Click, rotina de tratamento de eventos, 177
Debug, janelas, 24
Debug, menu, comando Start Debugging no, 30
Debugging, botão, 116–117
Debugging Not Enabled, caixa de diálogo, 558–559
Decimal, tipo de dados
  controle ListBox e, 298–299
  sobre, 296
  usando em loops com variáveis contadoras, 359
declaração de arrays
  atribuindo valores iniciais, 397–398
  com elementos definidos, 394–396
  configurando o tamanho do array em tempo de execução, 404–409
  reservando memória para, 395–396
  sobre, 393–395
  trabalhando com elementos de array, 396–397
  usando arrays unidimensionais, 399–404
declarando variáveis explicitamente, 290–291
declarando variáveis implicitamente, 290
definição de recurso em nível de página, 216
desenvolvedores
  obtendo licença para Windows, 18
  taxa de registro anual para Windows Phone, 590
  Windows Phone Store
    planejando a certificação, 589–590
    vendendo aplicativos na, 589
desenvolvedores, Windows Store
  lista de requisitos da Windows Store, 12–15
  planejando a certificação, 12
  registrando-se como, 11
desenvolvedores para a Windows Store
  lista de requisitos do Windows Store, 12–15
  planejando a certificação, 12
  registrando-se como, 11
desenvolvimento com Windows Phone 8
  classe IsolatedStorageSettings, 629
  classe PhoneApplicationService, 621–628
  configurando opções no arquivo de manifesto do Windows Phone, 630–631
  considerações sobre ciclo de vida de aplicativo, 619–629

criação de aplicativos
  adicionando o controle Image, 605–607
  ajustando configurações em PhoneApplicationPage, 604
  criando novo projeto, 600–601
  entrada com mouse, 612
  escrevendo o código, 610–613
  explorando o IDE, 602–603
  projetando a interface de usuário, 607–610
  sobre, 600
desativando aplicativos, 620
fechando aplicativos, 619–620
oportunidades na plataforma, 582
registrando aplicativos, 613–614
requisitos de hardware para, 584
sobre, 581
testando aplicativos, 613–619
desenvolvimento para Windows Phone 8, Windows
  classe IsolatedStorageSettings, 629
  classe PhoneApplicationService, 621–628
  configurando opções no arquivo de manifesto do Windows Phone, 630–631
  considerações sobre ciclo de vida de aplicativo, 619–629
  criando aplicativos
    adicionando o controle Image, 605–607
    ajustando configurações em PhoneApplicationPage, 604
    criando novo projeto, 600–601
    entrada com mouse, 612
    escrevendo o código, 610–613
    explorando o IDE, 602–603
    projetando a interface de usuário, 607–610
    sobre, 600
  desativando aplicativos, 620
  fechando aplicativos, 619–620
  oportunidades na plataforma, 582
  registrando aplicativos, 613–614
  requisitos de hardware para, 584
  sobre, 581
  testando aplicativos, 613–619
desenvolvimento web, oportunidades com Visual Basic para, 6
Design, guia (Web Designer)
  adicionando texto, 550–551, 566
  editando texto, 574–575
  sobre, 549
Designer
  adicionar controles no, 202
  botões, 30
  encaixando como documento com guias, 37
  exibindo marcação XAML no, 25–30

ferramenta Ellipse no, 71–72
identificando classes no, 454
navegando, 48–49
objeto elemento de mídia in, 59
opção Fit All no, 129
sobre, 23–24
"Designing UX for apps" (artigo do MSDN), 234
Details, página, Windows Store, 15
Device, janela, 23–24
Dictionary, classe, 418
Dim, instruções
   criando coleção genérica, 422
   declarando variáveis com, 290–292
   em consultas LINQ, 430, 433
   para tipos de dados, 299
   variáveis booleanas criadas por, 343
DirectoryNotFoundException, objeto, 383
disparando eventos, 65
DisplayArray_Click, rotina de tratamento de eventos, 408
DisplayButton_Click, rotina de tratamento de eventos, 402
DisplayImageCheckBox_CheckedChanged, rotina de tratamento de eventos, 157–158
DisplayToggleBtn_Click, rotina de tratamento de eventos, 206, 208
Dispositivos, charms, 237
distribuição local de aplicativos, 75–77
distribuição remota de aplicativos, 75
distribuindo aplicativos
   aplicativos de área de trabalho, 105–107
   em servidor web, 562
   Windows Store, 75
DivideByZeroException, objeto, 383
divisão inteira (números inteiros)
   operador abreviado, 311
   operador aritmético, 303
.dll, formato de arquivo, herdando formulário usando, 457
Do, loops
   convertendo temperaturas usando, 367–369
   evitando loop infinito, 366
   usando a palavra-chave Until em, 369–370
Do...Until Loop, no aplicativo de console Find-The-Number, 274–275
Do...While, estrutura, 542
Document Outline, janela, 23–24
documentos com guias
   encaixando o Code Editor ou a janela Designer como, 37
   sobre, 37
Double, tipo de dados
   controle ListBox e, 298–299

   em programa de matemática, 305
   sobre, 296
drivers de dispositivo, oportunidades com Visual Basic para, 6

E

E comercial (&)
   operador abreviado, 311
   operador aritmético, 303
   operador aritmético avançado, 306
   usando com a classe String, 318
Ease Of Access Center, exibir sublinhado ou pequena caixa para teclas de acesso usando, 173
efeito sonoro
   adicionando a aplicativos de área de trabalho, 92–93
   adicionando ao programa, 58–60
Element, método, 526–527, 530–531
elemento de definição básica (raiz), em documentos XAML, 198
elemento filho, na XAML, 196
elemento-raiz (definição básica)
   elemento Page e, 200
   em documentos XAML, 198
Ellipse, ferramenta, no Designer, 71–72
Else, instruções condicionais, 341
ElseIf, instruções condicionais, 341
encaixando
   Code Editor ou Designer como documentos com guias, 37–38
   programando ferramentas manualmente, 37–38
End Class, instruções, 471
End como palavra-chave, no Visual Studio 2013, 100
End If, instruções condicionais, 341
End Sub, instrução, 477–478
End Sub e Sub, palavras-chave, 65
End Try, instrução, 380
EndOfStreamException, objeto, 383
EndsWith, método, 323
EnterButton_Click, rotina de tratamento de eventos, 472
Entity Framework, 484
entrada com mouse, em aplicativos de telefone, 612
entrada de dados, interface de usuário para, 534–535
entrada por toque
   gestos, 258–260
   planejando para, 257–261

Índice **645**

erros (exceções)
   lançando seus próprios, 386
   não tratados, 373–374, 378
   tratamento incorporado de, em aplicativos Windows Store, 379
erros de nome de caminho e unidade de disco, 374–378
erros de tempo de execução, 309, 311, 374–378, 387–388
erros ou exceções não tratados, 373–374, 378
escrevendo código. *Consulte* Code Editor
estilos, XAML
   atalhos do IDE para aplicar, 230–231
   construindo novos estilos a partir de estilos existentes, 227–230
   criando, 216–220
   praticando, 220–226
   referenciando, 219
   sobre, 214–215
   StandardStyles.xaml, 215–216
   usando explícitos e implícitos, 219–220
estratégias de depuração, LINQ, 444
estruturas de decisão, 341
eventos, suportados pelos objetos do Visual Basic, 339
exceções (erros)
   lançando suas próprias, 386
   não tratadas, 373–374, 378
   sobre, 309, 311
   tratamento incorporado de, em aplicativos Windows Store, 379
Exception, objetos, 372–373, 383–386
exercícios passo a passo, configurando o IDE para, 39–42
Exit For, instrução, 364–365
Exit Try, instrução, 373–375, 391
Expand Pane/Collapse Pane, botão, 30
experiência de usuário (UX), Microsoft, 234
Express for Web, 4
Express for Windows, 4
Express for Windows Desktop, 4
Express for Windows Phone, 4
expressões condicionais
   ordem na estrutura de decisão de, 342
   usando, 340–341
   usando operadores lógicos em, 346–349
extensão de marcação
   vinculação de dados XAML expressa como, 511
Extensible Application Markup Language (XAML)
   categoria All XAML Controls, 59
   como raiz de controles de aplicativo Windows Store, 112–114

controles da Toolbox
   AppBar, 234
   AppBarButton, 234–236
   AppBarToggleButton, 234, 236, 240
   Canvas, 209–212
   CommandBar, 234–236, 238–241
   Flyout, 241–246
   Grid, 201
   Image, 205, 605–606
   ListBox, 516–520
   no Windows Phone Store, 594, 597–598
   ProgressRing, 412
   sobre, 49
   suporte para gesto usando, 257–259
   TextBlock, 420, 607–610
   TextBox, 420
   ToggleButton, 203–206
   vinculando a dados usando, 510–520
definindo caixa de listagem usando, 354–358
dicionário de recursos, 217
elemento Grid, 201
elemento-raiz em documentos, 198
elementos
   adicionando usando guia do Code Editor, 202–212
   sobre, 194–196
estilos
   atalhos do IDE para aplicar, 230–231
   construindo novos estilos a partir de estilos existentes, 227–230
   criando, 216–220
   praticando, 220–226
   referenciando, 219
   sobre, 214–215
   StandardStyles.xaml, 215–216
   usando explícitos e implícitos, 219–220
examinando arquivos de projeto, 196–202
guia do Code Editor
   adicionando elementos usando, 202–212
   ajustando a propriedade Background na, 201–202
   configurando propriedade de objeto caixa de texto, 196
   examinando arquivos de projeto XAML, 198–200
   exibindo marcação na janela Designer, 25–30
   sobre, 23
introdução à, 192–202
marcação para definir controle FlipView, 129–131
marcas < e /> na marcação, 195
namespaces na, 196, 199

sobre, 191–193
vinculação de dados expressa como extensão de marcação, 511
WPF e, 26, 82, 112–113
Extensible Markup Language (XML)
arquivos
escrevendo em, 530–534
lendo, 520–527
procurando itens em, 527–530
sobre, 520
documentos
abrindo e exibindo o conteúdo de, 521–524
acessando dados em, 520–534
adicionando nó com dados a, 532–534
lendo seleção de elementos marcados, 524–526
localizando elementos filhos na hierarquia da XML, 526–527
modificando elemento em, 531–532
procurando itens em arquivo, 527–530
sobre, 509, 520
elementos
filhos, localizando na hierarquia da XML, 524–526
lendo seleção de marcados, 524–526
modificando, 531–532
sobre, 448, 484
usando LINQ com, 448–452
versus formato .mdb do Microsoft Access, 448

F

FahrenheitTemp, variável, 270
faixa de preço, na Windows Store, 10–11
ferramentas de programação
encaixando manualmente, 37–38
organizando, 36–39
FileNotFoundException, objeto, 383
Fill Array, botão, 414
FillButton_Click, rotina de tratamento de eventos, 414
Filter List, usando barra vertical (|) para adicionar itens a, 186
Finally, instrução, 373–375, 381–382
Find, método classe Array, 411
FindDiscount, método 475–478
Find-The-Number, aplicativo de console, 273–278
Fit All, opção, no Designer, 129
fixando blocos dinâmicos, na Start Page, 584
flash drives, escrevendo rotina de tratamento de erro para, 380–381
FlipView, controle, 127–132
Flyout, controle, 241–246

Focus, método, 408, 423
FolderBrowserDialog, controle, 184
Font, propriedade, na janela Properties, 96
Font Size, caixa de texto, 51
FontDialog, controle, 184
For...Next loop,
colocando instrução Stop para, 444
dominando
instrução Exit For, 364–365
loops complexos, 360–365
sobre, 358
usando para converter distâncias, 361–364
usando para preencher Textbox com string de dados, 359–360
em arrays, 402–405, 415
no aplicativo de console de simulação de jogo de dados, 278–279
variáveis contadoras, 324, 328
For Each...Next, loop, 423, 434–435
ForeColor, propriedade, na janela Properties, 96-97
Foreground, propriedade, 51
ForegroundColor, propriedade, 274–275
Form1_Load, rotina de tratamento de eventos, 367–368, 412–413, 417
Format, função, exibindo vírgulas com tipos de dados usando, 297
fórmulas, 302, 312–313
fotos (imagens)
adicionando à pasta Assets, 128–129
adicionando à pasta Resources, 90–92
ocultando, 67
tela de abertura, 70
From, cláusula, em consultas LINQ, 430, 437, 442, 450, 529
FromFile, instrução, 380
FromFile, método, 375
funções de conversão, 317–318
Function, procedimentos, em aplicativo Visual Basic, 268–269

G

gerador de números aleatórios, declarando, 67
gerenciamento de dados
com LINQ
estratégias de depuração, 444
extraindo informações de arrays, 431–443
sobre, 429–430
usando com coleções, 444–447
usando com documentos XML, 448–452
preservando conteúdo de array usando ReDim Preserve, 409–411
processando arrays grandes, 411–417

sobre, 397
   trabalhando com arrays de variáveis, 393–404
   trabalhando com Collections, 417–427
gesto de deslizar, em tela habilitada para toque, 258–259
gesto de toque, em tela habilitada para toque, 258–259
gestos
   comuns, 258–260
   no desenvolvimento de aplicativo para telefone, 612
   suporte para, 257–259
gestos de entrada, em tela habilitada para toque, 259
Get, bloco 464
GetLowerBound, método, 399–404
GetUpperBound, método, 399–405, 413
gratuitos
   oferecendo aplicativos, 11
   versões do conjunto de desenvolvimento Visual Studio 2013, 4
Grid, elemento, na XAML, 201
Grid, objeto, 62
GridView, controle, 567–571
Group, método, 464–466, 469, 472
GroupBox controle,
   coletando entrada com controle RadioButton e, 160–163
   executando programa Radio Button, 160–163
   sobre, 158–159

H

Hashtable, classe, 418
herança
   polimorfismo como tipo de, 474
   sobre, 454
Horizontal Split, botão, 30
.htm (arquivos de página HTML), 544
HTML
   marcas, 552
   vendo marcação de página web, 552–553
HTML, controles, 546–547
HyperLink, controle, 571–572

I

IDE (Integrated Development Environment)
   atalhos para aplicar estilos, 230–231
   bandeja de componentes exibindo objetos não visíveis, 171
   comandos de menu pertinentes à Windows Store, 12
   configurando para os exercícios passo a passo, 39–42
   editando aplicativo de formulário Windows Forms com, 454–458
   executando programas a partir do, 67–68
   explorando o Windows Phone, 602–603
   ferramentas do
      importantes, 22–24
      organizando ferramentas, 24
   na distribuição de aplicativos, 75
   sobre, 5, 17
   sobre o ambiente de desenvolvimento, 19–21
   XAML no, 192–194
If...Else, estrutura, 542
If...Then, estrutura, 122, 186, 207, 306, 341–350, 389, 408
If...Then...Else, estrutura, 402
If...Then...ElseIf, estrutura, 426
IIS (Internet Information Services), Microsoft, 537, 562
Image, controle
   adicionando à página de aplicativo de telefone, 605–607
   adicionando imagens ao programa, 56–58
   criando, 205
   definição de estilo para, 218
   sobre, 55
Image Editor, ferramenta, usando para projetar blocos personalizados, 249–251
Image Gallery, programa, usando o controle FlipView no, 130–132
imagem de fundo, aplicativo com lista genérica e, 420–427
imagens
   adicionando à pasta Assets, 128–129
   adicionando à pasta Resources, 90–92
   ocultando, 67
   tela de abertura, 70
IndexOutOfRangeException, objeto, 383
informações sobre vendas, na Windows Store, 10–11
Inheritance Picker, caixa de diálogo, 456–457
Inherited Form, template, 456
Inherits, instrução,
   sobre, 461
   usando para herdar classe base, 470–473
Input Mask, caixa de diálogo, 344
InputScope, propriedade, 609
instrução condicional, em loop Do, 366
instruções de programa, no Visual Studio, 66
Integer, tipo de dados
   controle ListBox e, 297–299
   exibindo vírgulas com, 297
   sobre, 295
   usando em loops com variáveis contadoras, 359

Integrated Development Environment (IDE)
  atalhos para aplicar estilos, 230–231
  bandeja de componentes exibindo objetos não visíveis, 171
  comandos de menu pertinentes à Windows Store, 12
  configurando para os exercícios passo a passo, 39–42
  editando aplicativo de Windows Forms com, 454–458
  executando programa a partir do, 67–68
  explorando o Windows Phone, 602–603
  ferramentas do
    importantes, 22–24
    organizando ferramentas, 24
  na distribuição de aplicativos, 75
  sobre, 5, 17
  sobre o ambiente de desenvolvimento, 19–21
  XAML no, 192–194
IntelliSense, recurso, Code Editor, 494
interface de usuário, criando para aplicativos de área de trabalho, 85–87
interface de usuário, projetando
  abrindo a Toolbox, 49–52
  adicionando blocos de texto para números aleatórios, 49–50
  adicionando controle botão, 54–55
  adicionando imagem, 56–58
  criando aplicativos de console
    no Visual Studio, 266–273
    sobre, 265
  criando novo projeto, 45–47
  navegando no Designer, 48–49
  para aplicativos de telefone, 607–610
  para entrada de dados, 534–535
  reproduzindo mídia de áudio, 58–60
  usando o controle TextBlock, 50–52
Internet Explorer, aviso de configurações de intranet desativadas no, 560
Internet Information Services (IIS), Microsoft, 537, 562
IOException, objeto, 384
IsChecked, propriedade, 204
IsCompact, propriedade, 235
IsEnabled, propriedade, 446
IsLooping, propriedade, 60, 240
IsMuted, propriedade, 137
IsolatedStorageSettings, classe, 610, 629
IsSpellCheckEnabled, propriedade, 124–127
Items Collection Editor (janela Properties), 498
itens de menu, mudando a ordem de, 175

J

janelas de ferramenta, ocultando, 38–39
JavaScript
  aplicativos Windows Store projetados com, 542
  e programação com HTML5, 541–543
  sobre, 542
jogos matemáticos, interativos, 273–282
JPEG, arquivo, exibindo, 55

L

Label, controles
  adicionando ao formulário, 175
  configurando propriedades, 95–97
  na Toolbox do Windows Forms, 88–89
laço infinitivo, evitando, 366
Layout, categoria, propriedade AutoSize na, 95
Length, propriedade, usando com dados String, 116–117
letras verdes, no Code Editor, 65
linhas (registros), 485
linhas em branco, em blocos de código LINQ, 433
LINQ (Language Integrated Query). *Consulte também* consultas, LINQ
  estratégias de depuração, 444
  extraindo informações de arrays, 431–432
  extraindo string de dados, 437–441
  linhas em branco em blocos de código, 433
  sintaxe de consulta da, 430
  sobre, 429–430
  usando cláusula Where complexa, 435–437
  usando Code Editor com, 431
  usando com coleções, 444–452
  usando com documentos XML, 448–452, 520, 524–530
List, classe 418
lista de requisitos, Windows Store, 12–15
listas
  classes para manter, 418
  genéricas, criando coleções e, 418–419, 445–447
  usando LINQ com documento XML, 448–452
listas de verificação, requisitos da Windows Store, 12–15
ListBox, controle
  criando, 165–168
  executando o programa ListBox, 168–169
  sobre, 164–165
  tipos de dados e, 295–302
  usando com estrutura Select Case, 352
  vinculando coleção genérica ao, 516–520

Índice **649**

literal de array, 397
Lock, tela, notificação de distintivo aparecendo na, 248
lógica de programação defensiva, 389–391
Long, tipo de dado
    controle ListBox e, 298–299
    exibindo vírgulas com, 297
    sobre, 296
    usando em loops com variáveis contadoras, 359
loop infinito, evitando, 366
Lucky Seven, aplicativo, área de trabalho do Windows
    adicionando arquivo .wav à pasta Resources, 92–93
    adicionando rótulos de número, 88–89
    atribuição de nomes a objetos por clareza, 98
    configurando propriedades de botão, 93–94
    configurando propriedades de rótulo descritivo, 96–97
    configurando propriedades de rótulos de número, 95–96
    configurando texto da barra de título de formulário, 97
    construindo o arquivo executável, 104–105
    criando interface de usuário, 85–87
    escrevendo o código, 99–101
    executando, 103–105
    novo projeto para criar, 83–85
    propriedades de caixa de figura, 97–98
    publicando, 105–107
    rotina de tratamento de eventos SpinButton_Click, 101–103
    sobre, 79–80, 82–83
    usando o controle PictureBox, 89–90
Lucky Seven, aplicativo, Windows Store
    configurando a cor de fundo da página, 62
    configurando a propriedade Visibility, 61
    construindo o arquivo executável, 74–77
    criando a tela de abertura, 70–73
    executando o programa, 67–68
    projetando a interface de usuário
        abrindo a Toolbox, 49–50
        adicionando blocos de texto para números aleatórios, 49–50
        adicionando controle botão, 54–55
        adicionando imagem, 56–58
        criando novo projeto, 45–47
        navegando no Designer, 48–49
        reproduzindo mídia de áudio, 58–60
        usando o controle TextBlock, 50–52
    rotina de tratamento de eventos SpinButton_Click, 67–68
    sobre, 44–45
    usando o Code Editor, 63–66
    usando o comando Save All, 62–63

M

MainPage.xaml, edição de marcação XAML em, 197–200
Manifest Designer
    ajustando opções de bloco no, 252–255
    configurando opções no arquivo de manifesto do Windows Phone, 630–631
máquina local, executando programa na, 31
marcação para exclusão (tombstoning), 596–597, 623
MaskedTextBox, controle, 343–345, 347–348, 500–503
Math, classe, 270
MaxLength, propriedade, do controle TextBox, 360
MediaElement, controle
    controlando reprodução, 135–138
    na ferramenta Toolbox, 58–60
    propriedade Source do, 59, 134
    reproduzindo vídeos usando, 139–141
    sobre, 133
    tocando música usando, 133–135
    usando com controle CommandBar, 238–241
    usando com controle Flyout, 243
mensagens de erro
    corrigindo, 66
    Unrecognized Database Format, 490
MenuStrip, controle
    adicionando teclas de acesso a comandos de menu, 172–174
    criando menu, 170–172
    mudando a ordem de itens de menu, 175
    processando escolhas de menu, 175–180
    sobre, 169–170
Merry-go-round, arquivo de vídeo, 139
Message, propriedade, objeto Exception, 383
métodos
    relógio de sistema, 180
    sintaxe para sobrescrita, 474–475
    versus propriedades, 151
Microsoft .NET Framework
    versão específica do, 84
    Windows Forms e, 81
Microsoft Access
    documentos XML *versus* formato .mdb no, 448
    estabelecendo conexão de banco de dados usando o Data Source Configuration Wizard, 486–495

trabalhando com bancos de dados usando ADO.NET, 486–499
Microsoft Developer Network (MSDN), Windows Phone Development Center, 589
Microsoft IntelliSense, recurso, Code Editor, 204, 494
Microsoft Internet Information Services (IIS), 537, 562
Microsoft OLE DB, como provedor de banco de dados, 490
Microsoft Silverlight, Windows Phone 8 e, 112–113
Microsoft Visual Studio. *Consulte* Visual Studio
Microsoft Visual Studio 2013. *Consulte* Visual Studio 2013
Microsoft Visual Studio Express for Web, 4
Microsoft Visual Studio Express for Windows, 4
Microsoft Visual Studio Express for Windows Desktop, 4
Microsoft Visual Studio Express for Windows Phone, 4
Microsoft Weather (Clima), aplicativo, blocos no, 248–249
mídia de áudio, usando o controle MediaElement para reproduzir, 58–60
Mod
   fórmulas avaliadas usando, 312
   operador aritmético, 303
   operador aritmético avançado, 306
Model-View-Controller (MVC), arquitetura, 539
modo de design, Visual Basic, 87
Movie Maker, Windows, 141
movimento panorâmico, em tela habilitada para toque, 258–259
MSDN (Microsoft Developer Network), Windows Phone Development Center, 589
MsgBox, instrução, 380
multitarefa, em ambiente de telefone, 620
música
   reproduzindo usando o controle MediaElement, 133–135, 238–241
   usando com controle Flyout, 243
MustOverride, palavra-chave, 475
MVC (Model-View-Controller), arquitetura, 539
MyBase, sintaxe, 475

N

Name, propriedade, na janela Properties, 87–88, 98, 115–116
namespaces
   na terminologia de programação com Visual Studio, 199
   na XAML, 196

navegador de dados, 485–486
navegadores web, criando, 142–146
Navigate, método, 143
NavigateButton_Click, rotina de tratamento de eventos, 143
.NET Framework
   classe Math do, 270
   manipulando strings usando, 318
   versão específica de, 84
   Windows Forms e, 81
New Connection, botão, 488
New Project, caixa de diálogo, 45, 83–85, 128–129
New Web Site, caixa de diálogo, 540–541, 548
New Web Site, comando, 547
Next, método
   no aplicativo de console de simulação de jogo de dados, 278–279
   no aplicativo de console Find-The-Number, 274–275
   no aplicativo Lucky Seven, 67
nível de volume, configurando para reprodução de mídia inicial, 60
nome de array, elemento da sintaxe em declaração de array, 393–394
Not, operador lógico, 346
notificação
   bloco da página Iniciar como, 256
   blocos dinâmicos recebendo, 256
notificação agendada, 256
notificação de distintivo, aparecendo na tela Lock, 248
notificação local, 256
notificação periódica, 256
notificação push, 256
NotOverridable, palavra-chave, 475
número de dimensões, elemento da sintaxe na declaração de array, 394–395
número de elementos, elemento da sintaxe na declaração de array, 394–395
nuvem, aplicativos Windows Azure para, 6

O

Object, lista, alternando entre objetos usando, 94
Object, tipo de dado, 296
Object Browser, ferramenta, 23–24
objeto botão de alternância, criando rotina de tratamento de eventos para, 205–208
objeto caixa de texto, XAML configurando propriedade de, 196
objeto elemento de mídia, no Designer, 59
objetos, atribuição de nomes por clareza, 98

Índice **651**

objetos dataset, vinculando controle caixa de texto com máscara a, 500–503
objetos de banco de dados, 492
objetos imagem
  atribuição de nomes em programa, 58
  configurando a propriedade Visibility, 61
OLE DB, Microsoft, como provedor de banco de dados, 490
Open Developer Account, comando, 12
Open Project, caixa de diálogo, atalho de teclado para, 20
OpenFileDialog, controle, 184
OpenItem_Click, rotina de tratamento de eventos, 331–332, 336
OpenToolStripButton_Click, rotina de tratamento de eventos, 185
OpenTool-StripMenuItem_Click, rotina de tratamento de eventos, 328
operador de atribuição (=), 291
operador de exponenciação (elevar a uma potência)
  operador abreviado, 311
  operador aritmético, 303
  operador aritmético avançado, 306–310
operador de resto de divisão
  operador aritmético, 303
  operador aritmético avançado, 306–310
operadores
  abreviados, 311
  aritméticos, 303–311
  binários, 347
  de comparação, 340, 352–358
  relacionais, 322
operadores abreviados, 311
operadores aritméticos, 303–311
operadores binários, 347
operadores de comparação
  sobre, 340
  usando com a estrutura Select Case, 352–358
operadores lógicos, usando em expressões condicionais, 346
operadores relacionais, 322
Option Explicit, 41
Option Infer, 41
Option Infer, instruções, 292, 398
Option Strict, 41
Options, caixa de diálogo, 39–41
Or, operador lógico, 346–347
OrElse, instruções condicionais, 349–350
organizando ferramentas
  movendo e encaixando ferramentas, 37–38
  no IDE, 24

origens de dados
  para aplicativos Windows Store, 510
  vinculando ao controle Texbox, 512–514
origens de dados desconectadas, 492
ortografia, corrigindo em controles TextBox, 124–127
OutOfMemoryException, objeto, 384
OverflowException, objeto, 384
Overridable, palavra-chave, 475
Overrides, palavra-chave, 475–476

P

Page, elemento, elemento-raiz e, 200
PageSetupDialog, controle, 184
página de listagem de aplicativos, do Windows Store, 10
painel bandeja de componentes, objetos não visíveis exibidos na, 171
parênteses (( )), fórmulas avaliadas usando, 312
Parse, método, convertendo tipos de dados usando, 314–316
PasswordChar, propriedade, 349
PauseButton_Click, rotina de tratamento de eventos, 137
Pesquisar, charm, 237
Pessoas hub, (Windows Phone 8), 584
Phone 8, Windows
  instalando aplicativos, 589
  Microsoft Silverlight e, 112–113
  oportunidades com Visual Basic no, 6
  recursos do, 583–586
  site do, 585
Phone Emulator, Windows, usando, 614–619
Phone Store, Windows
  acessando, 585–590
  instalando aplicativo Windows Phone, 589
  planejando a certificação, 589–590
  sobre, 584
  vendendo aplicativos na, 589
  Windows Phone Store *versus*, 594–598
PhoneApplicationPage, classe, 603–604
PhoneApplicationService, classe, 621–628
PictureBox, controle
  criando retângulo acima da caixa de seleção, 161
  criando retângulo sob caixa de grupo com, 161
  desenhando objeto quadrado no formulário, 184
  na Toolbox do Windows Forms, 89–90
Pin To Start, comando, 284
Pmt, função, 557

PNG (Portable Network Graphics), formato
  exibindo arquivo no, 55
  para tela de abertura, 70
polimorfismo, 474–479
Position, propriedade, na janela Properties, 60
precedência, mudando a ordem da, 313
Preserve, palavra-chave, usando com a instrução ReDim, 410
PrintDialog, controle, 184
PrintDocument, controle, 183
Print-PreviewControl, 183
PrintPreviewDialog, controle, 184
Private e Protected, palavras-chave, 65
procedimentos, 64
programação baseada em eventos, 339
programação com HTML5 e JavaScript, 541–543
programação de aplicativo Window Store
  configurando a propriedade Visibility, 61
  configurando cor de fundo de página, 62
  construindo o arquivo executável, 74–77
  criando a tela de abertura, 70–73
  executando programa, 67–68
  projetando a interface de usuário
    abrindo a Toolbox, 49–52
    adicionando blocos de texto para números aleatórios, 49–50
    adicionando controle botão, 54–55
    adicionando imagem, 56–58
    criando novo projeto, 45–47
    navegando no Designer, 48–49
    reproduzindo mídia de áudio, 58–60
    usando o controle TextBlock, 50–52
  rotina de tratamento de eventos SpinButton_Click, 67–68
  sobre, 44–45
  usando o Code Editor, 63–66
  usando o comando Save All, 62–63
programação de telefone celular
  classe IsolatedStorageSettings, 629
  classe PhoneApplicationService, 621–628
  configurando opções no arquivo de manifesto do Windows Phone, 630–631
  considerações sobre ciclo de vida de aplicativo, 619–629
  criando aplicativos
    adicionando o controle Image, 605–607
    ajustando configurações em PhoneApplicationPage, 604
    criando novo projeto, 600–601
    entrada com mouse, 612
    escrevendo código, 610–613
    explorando o IDE, 602–603
    projetando a interface de usuário, 607–610
    sobre, 600
  desativando aplicativos, 620
  fechando aplicativos, 619–620
  oportunidades na plataforma, 582
  recursos do Windows Phone 8, 583–586
  registrando aplicativos, 613–614
  requisitos de hardware para, 584
  sobre, 581
  testando aplicativos, 613–619
programação orientada a objetos (OOP)
  construtor, 475, 514
  criando classes base, 460–470
  herdando classes base, 470–473
  herdando formulário usando seletor de herança, 454–460
  instrução de criação de método, 465
  instrução de criação de objetos, 467
  instrução Inherits, 461, 470–473
  instrução para criar propriedades, 464
  polimorfismo, 474–479
  sobre, 453
programadores, Windows Store
  lista de requisitos da Windows Store, 12–15
  planejando a certificação, 12
  registrando-se como, 11
ProgressBar, controle, 411–412
ProgressRing, controles 412
Project, menu
  comando Add Class, 461
  comando Add New Item, 455–456
Project Properties Designer, abrindo, 92
Projects, pasta, padrão, 20
projetos
  extensão de arquivo de, 22
  sobre, 22
Properties, janela
  botão Categorized na, 93
  categoria Appearance na, 61
  categoria Behavior da, 98
  categoria Brush, 51, 62
  categoria Common na, 53, 55
  categoria Text na, 51–52
  configurando propriedades em aplicativo Windows Phone Store, 604
  encaixando manualmente, 37–38
  evento Click na, 64–65
  exibindo, 34
  identificando classes na, 454
  Items Collection Editor na, 498
  mudando a propriedade Name da, 87, 88
  mudando configurações de propriedades, 35
  propriedade AutoSize na, 95

propriedade Font na, 96
propriedade ForeColor na, 96–97
propriedade IsLooping na, 60
propriedade Name na, 87, 88, 98, 115–116
propriedade Position na, 60
propriedade Text na, 94, 116
propriedade TextAlign na, 95
propriedade Visible na, 98
sobre, 23–24
trabalhando com, 33–36
propriedades
  atributos como, 196
  relógio de sistema, 180
  sintaxe para sobrescrever, 474–475
  versus métodos, 151
propriedades de caixa de figura, em aplicativo de área de trabalho, 97–98
proteção por senha, adicionando com operador And, 347–349
Protected e Private, palavras-chave, 65
provedor (provedor gerenciado), em string de conexão de banco de dados, 490
provedor gerenciado (provider), em string de conexão de banco de dados, 490
Public, palavra-chave, 293, 464
Public Class, instruções, 471, 477–478
Public Sub New, procedimento, 514
publicando aplicativo de área de trabalho, usando ClickOnce Security and Deployment, 105–107
publicando aplicativos de console, 283
Publish Now, botão, 106

Q

Query Builder, Visual Studio, criando instruções SQL com, 503–508
questões de segurança
  associando navegador web a sites desconhecidos, 146
  na distribuição de aplicativos de área de trabalho, 107
Queue, classe, 418

R

RAD (Rapid Application Development), ASP.NET Web Forms e, 538
RadioButton, controle
  coletando entrada com controle GroupBox e, 160–163
  executando o programa Radio Button, 160–163
  sobre, 159–160

RangeValidator, controle, 563
Rapid Application Development (RAD), ASP.NET Web Forms e, 538
Razor, ASP. NET Web Pages com
  composição do, 552
  sobre, 540
ReadAllText, método, 328
ReadKey, método, 270
  no aplicativo de console de simulação de jogo de dados, 278–279
  no aplicativo de console Find-The-Number, 274–275
ReadLine, método, 270
RecordScoreButton_Click, rotina de tratamento de eventos, 612, 613
recursos de interface de usuário persistentes ("cromo"), mostrando aos usuários em aplicativo Windows Store com, 234
ReDim, instrução
  especificando tamanho de array em tempo de execução usando, 405–409
  preservando tamanho de array usando, 409–410
  usando para arrays tridimensionais, 410–411
registrando-se, como desenvolvedor para a Windows Store, 11
registros (linhas), 485
relógio de sistema, propriedades e métodos, 180
Replace, método, 323
RequiredFieldValidator, controle, 563
Reserve App Name, comando, 12
Resources, pasta
  adicionando arquivo de som à, 92–93
  adicionando foto à, 90–92
retirar marcas de comentário, 524
Retries, variável, 386–388
Reverse, método, classe Array, 411, 415–416
ReverseButton_Click, rotina de tratamento de eventos, 416
Rnd, função, classe VBMath, 414
Roll-The-Dice, aplicativo de console, 282–285
rotinas de tratamento de erros
  comparando com técnicas de programação defensiva, 389–391
  escrevendo rotina de tratamento de erros de flash drive, 380–381
  especificando período para nova tentativa, 386–388
  instrução Exit Try, 391
  objetos Exception, 383
  processando erros usando a instrução Try... Catch, 372–380
  sobre, 371

usando a cláusula Finally para realizar tarefas de limpeza, 381
usando blocos Try...Catch aninhados, 387–388
rotinas de tratamento de erros estruturadas, 372–373
rotinas de tratamento de eventos
  AddButton_Click, 401, 422–423, 445
  Application_Activated, 625–626
  Application_Deactivated, 625
  Button1_Click, 347–348
  Calculate_Click, 305
  CalculateButton_Click, 557–558
  CheckButton_Click, 375, 380, 382, 387
  CheckedChanged, 163
  CreateArrayButton_Click, 407
  CreateButton_Click, 362
  criando, 64, 136, 205–208
  DataTypeListBox_SelectionChanged, 301–302
  DateButton_Click, 151–152
  DateToolStripMenuItem_Click, 177
  DisplayArray_Click, 408
  DisplayImageCheckBox_CheckedChanged, 157–158
  DisplayToggleBtn_Click, 206, 208
  em aplicativo Windows Store, 67–68
  EnterButton_Click, 472
  escrevendo para controles de página web, 556–562
  FillButton_Click, 414
  Form1_Load, 367–368, 412–413, 417
  gerenciando caixas de diálogo comuns com, 185–190
  NavigateButton_Click, 143
  OpenItem_Click, 331–332, 334
  OpenToolStripButton_Click, 185
  OpenTool-StripMenuItem_Click, 328
  PauseButton_Click, 137
  procedimento Sub e, 268–269
  RecordScoreButton_Click, 612, 613
  ReverseButton_Click, 416
  RunQuery_ Click, 433, 436–438, 440, 442, 445, 449–451
  SaveAsItem_Click, 331, 334–335
  ShowButton_Click, 423
  SortButton_Click, 415–416
  SortTextToolStripMenu-Item_Click, 326
  SpinButton_Click, 101–103
  StopButton_Click, 137
  TestButton_Click, 116, 475–476, 478
  TimeToolStripMenuItem_Click, 176–177
  ToolStripButton1_Click, 186–187
  XmlTestButton_Click, 524
Round, método, 270

runningTotal, variável, 293
RunQuery_ Click, rotina de tratamento de eventos, 433, 436–438, 440, 442, 445, 449–451

S

Save, método, 531
Save All, comando, 62–63
Save As, comando, 63
Save New Projects, opção, 40
SaveAsItem_Click, rotina de tratamento de eventos, 331, 334–335
SaveFileDialog, controle, 184
SByte, tipo de dados
  controle ListBox e, 299
  sobre, 296
ScheduleTileNotification, objeto, 256
SDK (Software Development Kit), Windows Phone
  em ambiente de máquina virtual, 592
  sobre, 590
  trabalhando com a versão 8.0, 590–593
Search Criteria Builder, caixa de diálogo, 504, 506–507
SecurityException, objeto, 384
Select, cláusula, em consultas LINQ, 431, 442
SELECT, instrução, SQL, 503
Select Case, estrutura de decisão
  avaliando registros com, 470
  dominando, 350–358
  funções usando, 465–466
  inserindo condições na, 469
  manipulando atribuições de grupo, 468
  no aplicativo de console Find-The-Number, 274–275
Select Resource, caixa de diálogo, 91
SelectedIndex, propriedade, 165, 300
seletor de herança, 454–460
Server Explorer, ferramenta, 23–24
servidores web, aplicativos Windows Azure para, 6
Set, bloco, 464
SetValue, método, 530–531
ShellSort, procedimento, 324, 327–328
Short, tipo de dados
  controle ListBox e, 298–299
  exibindo vírgulas com, 297
  sobre, 295
ShowButton_Click, rotina de tratamento de eventos, 423
ShowDialog, método, 185
Silverlight, Windows Phone 8 e, 112–113
sinais de mais e menos (+ -), fórmulas avaliadas usando, 312

Índice **655**

sinal de adição (+)
    operador abreviado, 311
    operador aritmético, 303
sinal de divisão
    fórmulas avaliadas usando, 312
    operador abreviado, 311
    operador aritmético, 303
    operador aritmético avançado, 306–310
sinal de igual (=)
    operador de atribuição, 291
    operador de comparação, 340
    operador relacional, 322
sinal de maior ou igual (>=)
    operador de comparação, 340
    operador relacional, 322
sinal de maior que (>)
    operador de comparação, 340
    operador relacional, 322
sinal de menor (<), na marcação XAML, 195
sinal de menor ou igual (<=)
    operador de comparação, 340
    operador relacional, 322
sinal de menor que (<)
    operador de comparação, 340
    operador relacional, 322
sinal de menos (-)
    fórmulas avaliadas usando, 312
    operador abreviado, 311
sinal de multiplicação
    operador abreviado, 311
    operador aritmético, 303
sinal de subtração
    fórmulas avaliadas usando, 312
    operador aritmético, 303
    operador aritmético avançado, 306–310
sinal não igual a (<>)
    operador de comparação, 340
    operadores relacionais, 322
Single, tipo de dados
    controle ListBox e, 298–299
    sobre, 296
site, aplicativo. *Consulte também* aplicativos web
    adicionando texto no modo de exibição Design (Web Designer), 550–551
    construindo formulários web, 543–549
    criando, 547–550
    distribuindo aplicativo em servidor web, 562
    editando propriedades de documento e página mestre de site, 574–587
    escrevendo rotinas de tratamento de eventos para controles de página web, 556–562
    exibindo registros de banco de dados em página web, 566–573

    personalizando template de site, 563–565
    validando campos de entrada em página web, 563
site do Microsoft Visual Studio, 4
site do Visual Studio, 4
.sln (extensão de arquivo de solução), 22
Software Development Kit (SDK), Windows Phone
    em ambiente de máquina virtual, 592
    sobre, 590
    trabalhando com a versão 8.0, 590–593
Software Development Kit (SDK) do Phone
    em ambiente de máquina virtual, 592
    sobre, 590
    trabalhando com a versão 8.0, 590–593
Software Development Kit (SDK) do Windows Phone
    em ambiente de máquina virtual, 592
    sobre, 590
    trabalhando com a versão 8.0, 590–593
Solid Color Brush, botão, 51
solução com vários projetos, abrindo, 22
soluções
    extensão de arquivo de, 22
    sobre, 22
Solution Explorer
    abrindo, 48
    clicando duas vezes em arquivos no, 27
    criando a pasta Resources, 90–92
    exibindo, 26
    pasta Assets no
        criando a tela de abertura a partir da, 70–73
        sobre, 56–57
    sobre, 23–24
Sort, método ,411, 415, 423, 427
Sort Array, botão, 415
SortButton_Click, rotina de tratamento de eventos, 415, 416
SortedList, classe, 418
SortTextToolStripMenu-Item_Click, rotina de tratamento de eventos, 326
Source, guia (Web Designer)
    sobre, 549–550
    vendo marcação HTML e ASP.NET de página web, 552–553
Source, propriedade, do controle MediaElement, 59, 134
SpinButton_Click, rotina de tratamento de eventos
    em aplicativo de área de trabalho, 101–103
    em aplicativo Windows Store, 67–68
Split, método, 324, 327
Spotlight, área, da Windows Store, 10

656 Índice

SQL (Structured Query Language)
  filtragem de dados e, 503–508
  instrução SELECT, 503
  LINQ e, 430
SQL Server, como provedor de banco de dados, 490
SqlException, objeto, 384
StandardStyles.xaml, 215–216
Start Debugging, botão, 103
Start Debugging, comando, 30
Start Here! Learn Microsoft Visual Basic 2012 (Microsoft Press), 5, 111
Start Page, fixando blocos dinâmicos na, 584
StaticResource, dicionário, 511
Step Into, botão, na barra de ferramentas Debug, 444
Stop, instruções, 444
Stop Debugging, botão, 378
StopButton_Click, rotina de tratamento de eventos, 137
StreamReader, classe, 323
StreamWriter, classe, 323
String, classe, processando strings com
  classificando strings em caixa de texto, 323–328
  classificando texto, 320
  equivalentes do Visual Basic de elementos da, 319–320
  sobre, 318
  tarefas comuns, 318–320
string, palavra-chave, na instrução Dim, 291
String, tipo de dados
  controle ListBox e, 298–299
  propriedade Length, usando com, 116
  sobre, 296
string, variável, usando para armazenar entrada de TextBox, 118–120
string de dados, usando LINQ para extrair, 437–441
Structured Query Language (SQL)
  Filtragem de dados e, 503–508
  instrução SELECT, 503
  LINQ e, 430
Sub, procedimentos
  adicionando, 477–478
  criando método adicionando à classe, 465
  em aplicativo Visual Basic, 268–269
Sub e End Sub, palavras-chave, 65
Sub Main, método, criando aplicativos de console usando, 269–273
Sub ShellSort, procedimento, 323–324
Substring, método, 323
System, namespace
  classes para manter listas no, 418
  namespace Collections dentro do, 418

T

tabelas, 485
TargetType (nome de controle), atribuindo estilos correspondentes, 219
teclas de acesso, adicionando a comandos de menu, 172–174
tela de abertura, criando, 70–73
tela Lock do Windows, notificação de distintivo aparecendo na, 248
terminologia de objeto, 36
terminologia de propriedade, 36
Test Connection, botão, 489
TestButton_Click, rotina de tratamento de eventos, 116, 475–476, 478
Text, categoria, na janela Properties, 51–52
Text, propriedade, na janela Properties, 94, 116
TextAlign, propriedade, na janela Properties, 95
TextBlock, controle
  adicionando blocos de texto para números aleatórios, 52–54
  em aplicativo de lista, 420
  em aplicativo de telefone, 607–610
  na ferramenta Toolbox, 50–52
TextBox, controles
  abrindo e exibindo conteúdo de documentos XML, 511–515
  armazenando endereço web em navegador, 142
  atribuindo à variável, 118–120
  correção ortográfica em, 124–127
  em aplicativo de lista, 420
  multilinhas, 120–124
  na janela Data Sources, 496–497
  recebendo entrada usando, 113–118
  usando loop para preencher caixa de texto com string de dados, 359–360
  vinculando controle à classe usando, 511–515
texto
  classificando usando a classe String, 320–321
  protegendo com criptografia, 329–337
texto da barra de título, configurando, 97
ThemeResource, 201
"Tiles, badges, and notifications (Windows Store apps)" (MSDN), 257–258
Tiles. *Consulte* blocos
TileUpdateManager, classe, 256
TimeToolStripMenuItem_Click, rotina de tratamento de eventos, 176–177
tipo de dados, elemento da sintaxe em declaração de array, 393–394
tipos de dados
  controle ListBox e, 295–302
  convertendo, 313–318

Índice **657**

título da página mestre do site, editando, 574–587
ToggleButton, controle, 203–206
tombstoning, marcação para exclusão, 596–597, 623
Toolbox, ferramenta
　abrindo, 49–52
　adicionando controle botão, 54–55
　adicionando controles usando, 49–52
　categoria All XAML Controls na, 59
　controle HyperLink, 571–572
　controle MediaElement na, 58–60
　controles da, como controles XAML, 49
　guia Common Controls na, 496, 500
　sobre, 23–24
　usando controles para exibir informações de banco de dados, 500–503
　usando o controle TextBlock, 50–52
Toolbox, Web Forms
　controle GridView, 567–571
　controle RangeValidator, 563
　controle TextBox, 554–555
　controles Button, 555–556
　controles de servidor na, 545–546
　controles Label, 555–556
　controles validadores de página web, 563
　sobre controles na, 545
Toolbox, Windows Forms
　adicionando controles botão, 86–88
　adicionando rótulos de número, 88–89
　categoria Common Controls da, 149
　controle CheckBox, 155
　controle DateTimePicker na, 150
　controle GroupBox na, 159
　controle ListBox na, 159–164
　controle MaskedTextBox na, 343–345, 347–348, 500–503
　controle PictureBox
　　criando retângulo acima da caixa de seleção, 161
　　criando retângulo sob a caixa de grupo com, 161
　　na Toolbox do Windows Forms, 89–90
　controle ProgressBar na, 411–412
　controle RadioButton, 160
　controle ToolStrip, 180–183
　controles de caixa de diálogo, 184–185
　controles Label
　　adicionando ao formulário, 175
　　configurando propriedades, 95–97
　　na Toolbox do Windows Forms, 88–89
　exibindo, 86
　sobre, 81

Toolbox, Windows Phone
　controle Image, 605–607
　controle TextBlock, 607–610
　controles Button, 607, 609
　sobre controles na, 605–607
Toolbox, XAML, controles. *Consulte também* aplicativos Windows Store, controles
　AppBar, 234
　AppBarButton, 234–236
　AppBarToggleButton, 234, 236, 240
　Canvas, 209–212
　CommandBar, 234–236, 238–241
　controle ListBox, 516–520
　controle ProgressBar na, 412
　controles da Toolbox
　　Image, 605–607
　　TextBlock, 607–610
　Flyout, 241–246
　Grid, 201
　Image, 205
　no Windows Phone Store, 595, 597–598
　ProgressRing, 412
　suporte para gesto usando, 257–258
　TextBlock, 420
　TextBox, 420, 511–515
　ToggleButton, 203–206
　vinculando a dados, 510–515
Toolbox do Web Forms
　controle GridView, 567–571
　controle RangeValidator, 563
　controle RequiredFieldValidator, 563
　controle TextBox, 554–555
　controles Button, 555–556
　controles de servidor na, 545–546
　controles Label, 555–556
　controles validadores de página web, 563
　sobre controles na, 545
Toolbox do Windows Forms
　adicionando controles botão, 86–88
　adicionando rótulos de número, 88–89
　categoria Common Controls da, 149
　controle CheckBox, 155
　controle DateTimePicker na, 150
　controle ListBox na, 159–164
　controle MaskedTextBox na, 343–345, 347–348, 500–503
　controle MenuStrip, 170
　controle PictureBox
　　criando retângulo acima da caixa de seleção, 161
　　criando retângulo sob a caixa de grupo com, 161

desenhando objeto quadrado no
    formulário, 184
    sobre, 89–90
controle ProgressBar na, 411–412
controle RadioButton, 160
controle ToolStrip, 180–183
controles de caixa de diálogo, 184–185
controles Label
    adicionando a formulário, 175
    na Toolbox do Windows Forms, 88–89
    exibindo, 86
    propriedades Label, configurando, 95–97
    sobre, 81
ToolStrip, controle, 180–183
ToolStripButton1_Click, rotina de tratamento de eventos, 186–187
ToString, método, 314, 514, 515
ToUpper, método, 319, 439
tratamento de exceções, 379
travamento de programa, 372–373, 379
Trim, método, 319, 439
TrimEnd, método, 423, 439
Try...Catch, instrução
    aninhada, 373–375, 388–389
    comparando rotinas de tratamento de erro com técnicas de programação defensiva, 389–391
    escrevendo rotina de tratamento de erro de flash drive, 380–381
    especificando período para nova tentativa, 386–388
    instrução Exit Try, 391
    objetos Exception, 383–386
    processando erros usando, 372–380
TwoWay, acesso a dados, 511

U

UInteger, tipo de dados
    controle ListBox e, 299
    sobre, 296
ULong, tipo de dados
    controle ListBox e, 299
    sobre, 296
UnauthorizedAccessException, objeto, 384
Unrecognized Database Format, mensagem, 490
Until, palavra-chave, em loop Do, 369–370
USB, flash drives, escrevendo rotina de tratamento de erros para, 380–381
UShort, tipo de dados
    controle ListBox e, 299
    sobre, 295

usuários, validação usando estrutura de decisão If...Then, 343–346
UX (experiência de usuário), Microsoft, 234

V

validação de usuários, usando estrutura de decisão If...Then, 343–346
valor de cor, hexadecimal, 51
valor de cor hexadecimal, 51
variáveis
    atribuindo controle TextBox a, 118–120
    booleanas, 343–345
    declarando como constantes, 293–294
    declarando explicitamente, 290–291
    declarando implicitamente, 290
    diretrizes para atribuição de nomes a, 293–294
    medida de, 295
    sobre, 118
    sobre a declaração, 290
    usando o operador de atribuição (=), 291
variáveis contadoras, tipos de dados para loops usando, 359
.vb (arquivos de módulo de código de site), 544
VBMath, classe, função Rnd na, 414
.vbproj (extensão de arquivo de projeto), 22
Vertical Split, botão, 30
vídeos, reproduzindo usando o controle MediaElement, 139–141
vinculação de dados
    a controles XAML, 510–520
    elementos para, 510–511
vinculando
    a controles XAML, 510–520
    elementos para dados, 510–511
    sobre, 510–511
vírgulas (,), exibindo com tipos de dados usando a função Format(), 297
Visibility, propriedade
    configurando, 61
    configurando em aplicativo de área de trabalho, 98
    sintaxe da, 67
Visual Basic
    sobre atualização, xvii
    operador aritmético avançado, 306
    como linguagem de programação baseada em eventos, 64
    tipos de dados no, 295
    modo de design, 87
    eventos suportados por objetos no, 339
    fórmulas, 302, 312–313
    estratégia de aprendizado multiplataforma, 7

operadores
  abreviados, 311
  aritméticos, 303–311
  binários, 347
  de comparação, 340, 352–358
  relacionais, 322
executando programa a partir do IDE, 67–68
sobre, 4–7
Visual Basic Blank App (XAML), template, 196–197
Visual Studio
  comandos de menu pertinentes à Windows Store, 12
  criando aplicativos de console no
    abrindo o template Console Application, 267–268
    aplicativo de conversão de temperatura, 269–273
    aplicativo Roll-The-Dice, 269–273
    jogos matemáticos interativos, 273–282
    módulos e procedimentos, 268–269
    procedimento Sub Main(), 269–273
    sobre, 266
  encerrando, 42
  instruções de programa, 66
  namespaces na terminologia da programação, 199
  sobre, 5
  sobre o ambiente de desenvolvimento, 19–21
  suporte para gesto no, 257–258
Visual Studio 2013
  aplicativos de área de trabalho e, 81–82
  bancos de dados e, 484
  Blend para
    adicionar controles no, 202
    XAML no, 193–194
  construindo o arquivo executável, 104–105
  criação de aplicativo de área de trabalho
    adicionando arquivo .wav à pasta Resources, 92–93
    adicionando rótulos de número, 88–89
    atribuição de nomes a objetos por clareza, 98
    configurando propriedades de botão, 93–94
    configurando propriedades de rótulo descritivo, 96–97
    configurando propriedades de rótulos de número, 95–96
    configurando texto da barra de título de formulário, 97
    escrevendo código, 99–101
    interface de usuário, 85–87
    novo projeto para, 83–85

propriedades de caixa de figura, 97–98
  rotina de tratamento de eventos SpinButton_Click, 101–103
  usando o controle PictureBox, 89–90
End como palavra-chave no, 100
executando aplicativo de área de trabalho, 103–105
iniciando, 18–19
publicando aplicativo de área de trabalho, 105–107
sobre, 4, 79–80
versões gratuitas do, 4
Visual Studio Code Editor. *Consulte* Code Editor
Visual Studio Express for Web, 4
Visual Studio Express for Windows, 4
Visual Studio Express for Windows Desktop, 4
Visual Studio Express for Windows Phone, 4
Visual Studio Query Builder, criando instruções SQL com, 503–508

W

.wav, arquivo, adicionando à pasta Resources, 92–93
Weather, aplicativo, blocos no, 248–249
Web.config, arquivos, 544
Web Designer
  guia Design
    adicionando texto, 550–551, 566
    editando texto, 574–575
    sobre, 549
  guia Source (Web Designer)
    sobre, 549–550
    vendo marcação HTML e ASP.NET de página web, 552–553
  incluindo informações e recursos usando, 563–565
  inserindo controles com, 554–556, 566
  sobre, 545, 549–550
  usando, 550–553
Web Forms
  ASP.NET
    construindo site com, 543–549
    sobre, 538
    Web Pages *versus*, 545
Web Pages (com Razor), ASP. NET
  composição do, 552
  sobre, 540
  Windows Forms *versus*, 545
WebMatrix, 540
WebView, controle, exibindo conteúdo web dinâmico usando, 141–146
Where, cláusula, em consultas LINQ, 431, 434–437, 442, 450, 528–529

Índice

While, palavra-chave, em loop Do, 369–370
Windows, obtendo licença para desenvolvedores, 18
Windows 8, Windows 7 e Windows Server, oportunidades com Visual Basic nos, 6
Windows 8.1, oportunidades com Visual Basic no, 6
Windows 8.1, projeto com
  blocos dinâmicos
    no aplicativo Microsoft Weather (Clima), 249
    programando, 255–258
    recebendo notificação, 256
    sobre, 255
  configuraçoes de segurança e permissões, 261–264
  criando barra de comandos para gerenciar tarefas, 234–241
  diretrizes de experiência de usuário da Microsoft para, 234
  planejamento para entrada por toque, 257–261
  projeto de blocos personalizados para aplicativos
    blocos obrigatórios para, 247–255
    pasta Assets para, 247
    sobre, 247
  usando charms, 237
Windows Azure, aplicativos para servidores web e nuvem
  oportunidades com Visual Basic para, 6
Windows Common Language Runtime (CLR), 537
Windows Explorer, 284
Windows Forms
  aplicativos de área de trabalho e, 81
  construindo o arquivo executável, 104–105
  controles
    CheckBox, 155–159
    GroupBox, 159–164
    ListBox, 164–168, 295–302, 352
    MenuStrip, 169–180
    sobre, 147–154
    ToolStrip, 180–183
  controles de caixa de diálogo, 184–185
  criando aplicativo de área de trabalho
    adicionando arquivo .wav à pasta Resources, 92–93
    adicionando rótulos de número, 88–89
    atribuição de nomes a objetos por clareza, 98
    configurando propriedades de botão, 93–94
    configurando propriedades de rótulo descritivo, 96–97
    configurando propriedades de rótulos de número, 95–96
    configurando texto da barra de título de formulário, 97
    escrevendo o código, 99–101
    interface de usuário, 85–87
    novo projeto para, 83–85
    propriedades de caixa de figura, 97–98
    rotina de tratamento de eventos SpinButton_Click, 101–103
    usando o controle PictureBox, 89–90
  editando aplicativo com o IDE, 454–458
  escrevendo aplicativos com o Data Source Configuration Wizard, 486–499
  executando aplicativo de área de trabalho, 103–104, 105
  limitações do, 107
  .NET Framework e, 81
  propriedades do controle ColorDialog, 187
  publicando aplicativo de área de trabalho, 105–107
  rotinas de tratamento de eventos gerenciando caixas de diálogo comuns, 185–190
  sobre, 79–80
  sobre Visual Studio e, 81
Windows Forms Designer
  criando interface de usuário, 85–87
  exibindo informações em dataset com, 495
  sobre, 81
  vinculando controle caixa de texto com máscara a objeto dataset, 500–503
Windows Library for JavaScript (WinJS), 542
Windows Movie Maker, 141
Windows Phone 8
  instalando aplicativos, 589
  Microsoft Silverlight e, 112–113
  oportunidades com Visual Basic no, 6
  recursos do, 583–586
  site do, 585
Windows Phone Audio Playback, template, 600
Windows Phone Development Center, 589
Windows Phone Emulator, usando, 614–619
Windows Phone Store
  acessando, 585–590
  configurando propriedades de aplicativos no, 604
  instalando aplicativo Windows Phone, 589
  planejando a certificação, 589–590
  sobre, 584
  vendendo aplicativos no, 589
  Windows Phone Store *versus*, 594–598
  Windows Store *versus*, 594–598

Windows Presentation Foundation (WPF)
  ASP.NET Web Forms e, 538
  controles como raiz de controles de aplicativo Windows Store, 112–114
  linguagem de marcação XAML e, 26, 82, 112–113
  usando para aplicativos de área de trabalho no conjunto de desenvolvimento Visual Studio 2013, 82
  vinculando datasets ao, 486
Windows Push Notification Service (WNS), 256
Windows Server e Windows 7, oportunidades com Visual Basic nos, 6
Windows Store
  acessando, 9–10
  área Spotlight da, 10
  conectando datasets à, 486
  faixas de preço na, 10–11
  informações sobre vendas, 10–11
  instalando aplicativos a partir da, 10
  lista de requisitos, 12–15
  oferecendo aplicativos gratuitos, 11
  página de listagem de aplicativos, 10
  página Details, 15
  planejando a certificação, 12
  recursos para desenvolvedores se preparem para, 12
  sobre, 8
  Windows Phone Store *versus*, 594–598
WinJS (Windows Library for JavaScript), 542
WNS (Windows Push Notification Service), 256
WPF (Windows Presentation Foundation)
  ASP.NET Web Forms e, 538
  controles como raiz de controles de aplicativo Windows Store, 112–114
  linguagem de marcação XAML e, 26, 82, 112–113
  usando para aplicativos de área de trabalho no conjunto de desenvolvimento Visual Studio 2013, 82
  vinculando datasets ao, 486
Write, método
  no aplicativo de console de simulação de jogo de dados, 278–279
  no aplicativo de console Find-The-Number, 274–275
  operador Xor e, 335
WriteLine, método, 270
  no aplicativo de console de simulação de jogo de dados, 278–279
  no aplicativo de console Find-The-Number, 274–275

X

x:, caracteres, namespaces prefaciados por, 196
XAML (Extensible Application Markup Language)
  categoria All XAML Controls, 59
  como raiz de controles de aplicativo Windows Store, 112–114
  controles da Toolbox
    AppBar, 234
    AppBarButton, 234–236
    AppBarToggleButton, 234, 236, 240
    Canvas, 209–212
    CommandBar, 234–236, 238–241
    Flyout, 241–246
    Grid, 201
    Image, 205, 605–607
    ListBox, 516–520
    no Windows Phone Store, 595, 597–598
    ProgressRing, 412
    sobre, 49
    suporte para gestos usando, 257–259
    TextBlock, 420, 607–610
    TextBox, 420, 511–520
    ToggleButton, 203–206
    vinculando a dados usando, 510–520
  definindo caixa de listagem usando, 354–358
  dicionário de recursos, 217
  elemento-raiz em documentos, 198
  elementos
    adicionando com a guia do Code Editor, 202–212
    sobre, 194–196
  estilos
    atalhos do IDE para aplicar, 230–231
    construindo novos estilos a partir de estilos existentes, 227–230
    criando, 216–220
    praticando, 220–226
    referenciando, 219
    sobre, 214–215
    StandardStyles.xaml, 215–216
    usando explícitos e implícitos, 219–220
  examinando arquivos de projeto, 196–202
  guia do Code Editor
    adicionando elementos usando, 202–212
    ajustando propriedade Background na, 201–202
    configurando propriedade de objeto caixa de texto, 196
    examinando arquivos de projeto XAML, 198–200
    exibindo marcação na janela Designer, 25–30
    sobre, 23

introdução à, 192–202
marcação para definir controle FlipView, 129
marcas < e /> na marcação, 195
namespaces na, 196, 199
sobre, 191–193
vinculação de dados expressa como extensão de marcação, 511
WPF e, 26, 82, 112–113
Xbox 360, oportunidades com Visual Basic para, 6
XDocument, classe, 520–521, 523, 526–527, 531
XDocument, objeto, 532
XElement, classe, 521, 526–527
XElement, objeto, 531, 532
XML (Extensible Markup Language)
arquivos
escrevendo em, 530–534
lendo, 520–527
procurando itens em, 527–530
sobre, 520
documentos
abrindo e exibindo conteúdo de, 521–524
acessando dados em, 520–534
adicionando nó com dados a, 532–534
lendo seleção de elementos marcados, 524–526
localizando elementos filhos na hierarquia da XML, 526–527
modificando elemento em, 531–532
procurando itens em arquivo, 527–530
sobre, 509, 520
elementos
filhos, localizando na hierarquia da XML, 524–526
lendo seleção de, marcados, 524–526
modificando, 531–532
sobre, 448, 484
usando LINQ com, 448–452
versus formato .mdb do Microsoft Access, 448
XmlTestButton_Click, rotina de tratamento de eventos, 524
Xor, operador, 332–337, 346–347

Z

Zoom, controle, 115
Zoom, ferramenta, no Designer, 49

IMPRESSÃO:

Pallotti
GRÁFICA EDITORA
IMAGEM DE QUALIDADE

Santa Maria - RS - Fone/Fax: (55) 3220.4500
www.pallotti.com.br